LUCRECE BORGIA

Maria Bellonci

LUCRECE
BORGIA

Editions Complexe

Le Temps & les Hommes

© Edition en langue italienne
LUCREZIA BORGIA
Arnoldo Mondadori Editore

© Edition en langue française
Editions Complexe, 1983

INTRODUCTION

Chacun sait que les accusateurs et les défenseurs des Borgia sont légion. Divisés en deux partis, on peut dire que les historiens ont eu à leur sujet pour qualités communes l'obstination et l'ardeur des convictions, obstination et ardeur qui ont infirmé en eux je ne dirai pas l'impartialité, ce mythe de l'histoire, mais la droiture du jugement, la compréhension des individus et l'intelligence des choses. Depuis la *Vie de César Borgia* écrite dans la seconde moitié du XVIᵉ siècle par Tomaso Tomasi, de Pesaro (imprimée clandestinement et rééditée ensuite avec quelques adjonctions par l'aventurier Gregorio Leti), vie qui n'est qu'un réquisitoire romancé contre les Borgia, jusqu'aux apologies d'un Cerri ou d'un Ollivier, et plus récemment de l'Espagnol Sanchis y Sivera, qui nie non seulement les crimes des Borgia, mais même leurs fautes communes à tous les hommes, des flots d'encre ont été versés et des écrits amoncelés; bien peu, comme un Alvisi, un Gebhart, un Woodward, un Pastor, réussissent à garder un prudent équilibre, si timidement toutefois qu'ils échouent presque toujours dans leur interprétation de la vie des Borgia.

Pour mon compte, en écrivant cette histoire, j'ai eu moins l'intention d'instruire à nouveau leur séculaire procès que de les représenter dans leur mode quotidien, immédiat et naturel de vie, dans une perspective humaine d'individus, et non pas monstrueuse de criminels. Et puisque je me suis occupée particulièrement de Lucrèce Borgia, j'ajouterai qu'elle a été la plus maltraitée de toute la famille, et par les accusateurs et par les paladins : un vrai destin de femme. Car les calomnies, les calomnies énormes et patentes qui gonflent sa figure dans le drame de Victor Hugo, ne sont rien, et lui conservent au moins une palpitante vitalité, à côté de la réhabilitation exsangue qu'a faite d'elle le plus autorisé de ses historiens : Ferdinand Gregorovius.

La réhabilitation de Gregorovius suit dans l'ordre chronologique l'honnête étude publiée en août 1866, dans la *Nuova Antologia*, par le marquis Giuseppe Campori, sous le titre, qui est déjà un programme : « Une victime de l'histoire. » Du travail de Campori, prouvant la connaissance exacte que l'érudit modénais avait des archives et des faits relatifs à la famille d'Este, l'image de son illustre héroïne émerge très différente du cliché, alors courant, d'une Erinnye embrasée de luxure, mais image comme décolorée et rendue timide par une reconstitution purement extérieure. Gregorovius, ayant fait copier dans les Archives de Modène et de Mantoue les documents concernant Lucrèce et sa famille, auxquels il ajouta ceux qu'il avait trouvés lui-même dans les Archives romaines, après avoir repris pour son compte, avec une pesanteur puritaine, la thèse de Campori, se mit à écrire et publia en 1874 sa fameuse *Lucrèce Borgia*, où se trouve refusée non seulement la responsabilité de ses fautes, mais aussi une vie personnelle, à celle qui avait tellement senti la valeur de l'existence dans les vicissitudes de ses saisons terrestres. En soi, ce livre aurait eu son mérite, qui réside surtout dans la sérieuse documentation (encore que parfois mal interprétée); mais, posé comme fondement de toutes les histoires des Borgia, il fut fatal à ceux qui voulaient étudier à nouveau la vie de Lucrèce et devaient passer sur les chemins battus par l'historien allemand, demeurer englués dans ses déductions et ses conclusions; car jusqu'à nos jours les nombreuses biographies données d'elle, avec une infinité d'études de détail d'une certaine valeur (je ne m'étendrai donc pas, même incidemment sur l'ouvrage du psychiatre milanais Portigliotti, exemple typique de la fausse littérature scientifique) dépendent de Gregorovius. Ceux qui ont mis en lumière quelque chose de nouveau sur Lucrèce d'après les sources sont très peu nombreux : Feliciangeli, pour la brève période du mariage et du divorce pésarais; Pastor, spécialement dans le *Supplément aux tomes I et III* de son *Histoire des papes*; Bertoni, qui a révélé d'exquis détails sur la vie de cour à Ferrare dans *le Roland furieux et la Renaissance à Ferrare;* Catalano dans sa *Lucrèce Borgia* et sa *Vie de Ludovico Arioste;* et surtout Alessandro Luzio en beaucoup de publications, principalement dans cette mine d'informations et de documents qu'est *Isabelle d'Este et les Borgia*. Aucun de ces historiens n'a toutefois voulu attaquer de front la légende de la fille d'Alexandre VI et la refondre au feu de la raison humaine; seul Riccardo Bacchelli récemment, dans sa *Conjuration de don Jules d'Este*, a dit en une courte page consacrée à Lucrèce plus de choses fines, justes et de poids qu'il n'en avait été écrites avant lui : en Bacchelli, romancier et poète, nous reconnaissons le sourcier de certains secrets des sensibilités féminines.

Dans ces conditions, il m'a semblé utile de reprendre tout le travail par la base : non seulement revoir tout ce qui a été écrit sur les Borgia depuis des siècles, mais remonter aux sources une par une, par conséquent aux histoires et aux chroniques contemporaines des Borgia, ou de peu postérieures : Machiavel, Guichardin, Paul Jove, Sigismondo dei Conti, les chroniqueurs romains Stefano Infessura et Sebastiano di Branca Tedallini, le chroniqueur ombrien connu sous le nom de Francesco Matarazzo, l'Orviétan Tommaso di Silvestro, les Vénitiens Malipiero, Sanudo et Priuli, les Napolitains Notar Giacomo et Passaro, Jacopo Gherardi de Volterra, le Ferrarais Zambotto, l'Espagnol Zurita, etc., sans jamais perdre de vue, cela va de soi, le très çélèbre et très discuté journal, *Liber Notarum*, du cérémoniaire pontifical Jean Burckard, le plus solide rempart des ennemis des Borgia. Mais cet ouvrage n'aurait été qu'une compilation s'il ne s'y était ajouté la recherche sur les documents originaux, ceux sur lesquels avait déjà travaillé Gregorovius, en majeure partie aux Archives des Este à Modène, avec d'autres des mêmes Archives jamais explorés par l'historien allemand; puis ceux des Archives des Gonzague à Mantoue, des Archives secrètes du Vatican, des Archives d'État de Florence, des Archives milanaises des Sforza.

La correspondance personnelle écrite ou reçue par les protagonistes fait partie des recherches, et partie capitale; mais elle n'est ni abondante, ni surtout suivie. Une source plus riche et plus vivante consiste, en revanche, dans les relations des ambassadeurs et des correspondants chargés par leurs princes des divers États italiens de recueillir et d'envoyer des nouvelles non seulement politiques, militaires et économiques, mais aussi privées sur les familles régnantes. A Rome, siège de la papauté, se trouvaient les ambassadeurs de toute l'Italie, milanais, napolitains, vénitiens, mantouans, ferrarais, florentins, etc. Tous rassemblaient des nouvelles et envoyaient des rapports. Cataloguées dans les Archives, un bon nombre de ces lettres nous sont parvenues, et à les lire elles sont encore animées, presque dépourvues de formules protocolaires, rapides et savoureuses, d'un style farci d'expressions dialectales ou de latinismes (souvent les correspondants appartenaient à la Curie), mais d'une vivacité qui rappelle la chaleur d'une conversation passionnée. Je citerai en exemples, pour la période romaine de la vie de Lucrèce, soit édités, soit inédits, le précieux Giustinian, le vif et piquant Cattanei, Giannandrea Boccaccio, évêque de Modène, Ettore Bellingeri, le solennel Gerardo Saraceni, le subtil Gian Luca Castellini de Pontremoli, le rond et officieux Beltrando Costabili, les Florentins Filippo Valori, Alessandro Bracci, Francesco Pepi, et d'autres, de tous pays, G. Carlo Scalona, Fioramonte et Giorgio Brognolo, Stefano Taverna, Cesare Guasco, Manfredo Manfredi, etc. Pour la période ferraraise de Lucrèce, il faut mettre au premier rang Bernardino de Prosperi, qui tous les jours renseignait la marquise de Mantoue sur les faits de la vie ferraraise et spécialement de la cour; puis le babillard « Prete da Correggio », Benedetto Capilupi, Sertorio Marziali, G. B. Stabellino et quelques-uns de moindre poids, mais tous importants pour ressusciter l'atmosphère de la vie de la Renaissance autour de Lucrèce. A la suite de ces très nombreux témoignages contemporains et de divers autres, sans oublier ceux des humanistes et des poètes, on peut sentir s'écouler les jours et les heures de la vie de Lucrèce Borgia, la saisir, comme femme, dans ses gestes familiers et intimes, et presque dans chaque battement de paupières.

J'ajoute que j'ai tiré des registres de la garde-robe et des livres de dépenses, malheureusement rares et incomplets, des détails vestimentaires et de parure, ainsi que sur les trafics des demoiselles et des seigneurs de la cour; et aussi quelques révélations importantes sur la vie et l'éducation de Jean Borgia, l'infant romain. Qu'il soit dit une fois pour toutes que ce que j'ai écrit s'appuie sur des documents authentiques, auxquels je n'ai fait allusion que dans les cas les plus importants pour ne pas ralentir par de trop nombreuses références la continuité du récit.

Maria BELLONCI.

LUCRÈCE BORGIA

PREMIÈRE PÉRIODE

CHAPITRE PREMIER

LA CONQUÊTE DU VATICAN

Durant la nuit du 25 au 26 juillet 1492 mourait à Rome le pape génois Innocent VIII Cibo. Sur ce vieillard amène, qui semblait porter sa blanche chevelure de patriarche comme le symbole de son âme limpide, s'étaient exercés depuis des années, plus ou moins ouvertement, le blâme, l'ironie, le mépris des hommes d'État contemporains, unanimes à juger pires qu'un vice les abandons consentis par sa faiblesse.

La famille avait été le grand péché d'Innocent VIII. Le frère Egide de Viterbe devait plus tard lui reprocher dans le rude latin de ses *Historiae* d'avoir non point inventé, mais affiché le népotisme, jusqu'à célébrer dans le palais apostolique les noces de ses enfants, participant aux banquets avec des femmes au mépris des lois canoniques. Certes, ces enfants n'atteignaient pas le nombre de seize, retenu par l'humaniste Marullo pour le besoin de ses épigrammes, mais, semblables à tous ceux dont les parents détiennent provisoirement le pouvoir, ils étaient inquiets et avides : le pape avait favorisé et protégé les deux plus en vue, les deux seuls, d'ailleurs, dont l'histoire ait gardé les noms, Teodorina et Franceschetto. Une pluie de faveurs et de bénéfices étaient tombés sur eux. Tout Rome avait suivi, en 1488, soit en

assistant aux cortèges publics, soit en écoutant les récits des cérémonies privées, les fêtes fastueuses qui se déroulèrent au Vatican,
à l'occasion des noces très politiques de Franceschetto avec Madeleine, fille de Laurent de Médicis. L'année 1489 vit d'autres épousailles, également célébrées au Vatican, celles de Battistina, fille
de Teodorina, avec Louis d'Aragon, qui auraient dû inaugurer
une ère de paix entre le pontife et le roi de Naples. Jusque sur
son lit de mort, Innocent VIII fut entouré de ses enfants.

Et pourtant le pape ne se croyait pas coupable ou tout au
moins s'estimait absous de ses erreurs maintenant qu'était venue
l'heure de la mort. Peut-être avait-il raison. Franceschetto se
tenait à son chevet ou dans la chambre voisine (plus tard, il écrira
que son père avait expiré dans ses bras) quand le pape fit sa
confession publique devant tous les cardinaux rassemblés. Il leur
recommanda de lui choisir un bon successeur et de lui pardonner
de n'avoir pas conduit à meilleur terme la charge qui lui avait
été confiée. Il pleurait doucement. Sa confession terminée, le
pontife pouvait espérer demeurer en paix, mais le 21 juillet, les
sauvages rivalités qui couvaient depuis quelques années entre les
belliqueux cardinaux parvinrent jusqu'aux oreilles du mourant.
Tandis que le Catalan Rodrigue Borgia, appuyant sa suggestion
par ses manières aimables et persuasives, demandait au pape d'assigner le château Saint-Ange au collège cardinalice, survint Julien
de la Rovère, tout juste à point pour rappeler avec une sèche
précision que, Borgia étant le personnage le plus important du
collège, une telle décision équivaudrait à lui assigner Rome et
la papauté; des paroles outrageantes et des injures furent
échangées; « ils se traitèrent de marrans et de maures blancs, »
dit Antonello de Salerne au marquis de Gonzague. Rovère l'emporta et le château Saint-Ange resta au gouverneur, qui devait
remettre la forteresse seulement au nouveau pontife. Quatre jours
plus tard, le 26 juillet 1492, la succession au pontificat était
ouverte.

*
* *

On sait combien la situation de l'Italie était alors difficile.
Petits États et seigneuries se partageaient le territoire, maintenant
entre eux une sorte de paix forcée, rompue et gâtée par des
escarmouches guerrières et diplomatiques. Cet équilibre douteux
mais nécessaire avait été jusqu'alors conservé grâce à d'adroites

manœuvres entre les écueils des rivalités, par les princes et les ministres, tant laïques qu'ecclésiastiques, qui pensaient avec juste raison que cette division des forces et des partis de la péninsule la mettrait finalement en mauvaise posture. Durant les dernières années du XVe siècle la menace de l'invasion étrangère semblait venir non seulement de l'Orient, mais encore, et c'était pire, du nord de l'Europe, de la France. Pacifiée et unifiée à l'intérieur en un royaume puissant par le roi Louis XI, la France ne faisait pas mystère de ses prétentions sur le royaume de Naples, déclarant que les Aragon en avaient frustré la maison d'Anjou; moins ouvertement elle considérait le duché de Milan comme français de droit par l'héritage de Valentine Visconti, épouse de Louis d'Orléans. Le jeune roi Charles VIII, successeur de Louis XI, s'efforça donc d'influer sur le conclave et, pour rendre le futur pape favorable à ses désirs de conquête napolitaine, s'appuya sur le plus irréductible ennemi de Naples, oncle, tuteur et factotum du jeune duc de Milan, Ludovic Sforza, dit le More. Riche et fort d'une présomption que nul doute ne tempérait jamais, Sforza ne craignait alors rien ni personne; il avait la main dans toutes les affaires politiques de la péninsule; ses créatures étaient partout, observateurs, amis, gens d'affaires, espions. Au Vatican, son frère Ascanio-Maria, jeune cardinal de grande ambition, plus intelligent que subtil, libéral, aventureux, un vrai Milanais. Autour du cardinal Sforza un parti s'était formé contre Naples, réunissant tous les ennemis du roi Ferrante, qui, de son côté, se défendait par l'alliance avec Julien de la Rovère et ses partisans. La fatale rivalité entre Naples et Milan, qui devait ouvrir la voie aux invasions étrangères et que nulle alliance matrimoniale, nulle influence pacificatrice n'avait pu apaiser était à la veille de se résoudre en une lutte capable de ruiner la liberté et l'indépendance des États italiens.

Les deux partis, Milan et Naples, réunirent alors le gros des cardinaux autour de leurs chefs, Ascanio Sforza et Julien de la Rovère. Ascanio — et les scrutins du conclave de 1492 récemment publiés le prouvent — n'avait aucune chance d'être élu, jeune homme de trente-sept ans à peine, et nul n'aurait certainement toléré que les armes de la papauté fussent remises aux mains d'une puissance déjà trop envahissante, comme l'était celle de Ludovic le More. Julien de la Rovère était moins jeune, mais son heure politique était encore lointaine et il ne l'ignorait pas, sans compter que parmi les cardinaux il était sans doute celui qui, par son caractère acerbe, totalisait le plus de haines et d'inimitiés. Tous deux se firent grands électeurs : Julien, pour le cardinal Georges Costa, Portugais, octogénaire encore gaillard, majestueux, dont la candidature était envisagée volontiers en raison de son grand âge, qui faisait prévoir l'aube prochaine d'un nouveau conclave (bien au contraire, il vécut encore plus de quinze ans); Ascanio, pour un Napolitain hostile au roi Ferrante, le cardinal Olivier Carafa, ou, à son défaut, pour Rodrigue Borgia, vice-chancelier de l'Église.

Le nom de Rodrigue Borgia était donc de peu de poids parmi les prévisions; aussi les informateurs contemporains le citent-ils négligemment comme s'il n'avait aucune chance de réussite. Nous ignorons ce que Rodrigue, dans sa fine cervelle de Catalan, pensait de ces façons de voir et s'il les encourageait de manière à avoir les mains libres pour sa propre manœuvre. Certes, ce n'était pas d'aujourd'hui que ses désirs et ses ambitions se tournaient vers le trône pontifical, car en 1484 déjà, lors du conclave d'Innocent VIII, il avait tenté par des intrigues et des promesses, mais sans y réussir, d'obtenir la tiare. Maintenant, après huit années, plus riche encore que jadis, mieux servi par les circonstances, représentant, au milieu des partis extrémistes, un parti non pas certes napolitain, mais point non plus complètement milanais, il recommençait avec une silencieuse ardeur à tenter l'ascension. Quant à Ascanio, l'avantage de voir élu un pape qui serait son obligé l'amenait à penser que dans l'hypothèse la moins favorable, étant donnés les opulents bénéfices qu'il en retirerait, l'élection de Borgia servirait utilement ses plans; il y avait pourtant dans son calcul une erreur non de raisonnement, mais de psychologie. Il avait tout prévu sauf une chose : c'est que jamais il ne manœuvrerait à sa guise le rusé renard qu'était Rodrigue Borgia.

Le 6 août 1492, après un courageux discours de Bernardin Carvajal sur les maux qui affligeaient l'Église, le conclave s'ouvrit et on en vint au premier scrutin. Les votes les plus importants étaient : sept voix à Rodrigue Borgia, neuf pour Carafa, cinq à Julien de la Rovère, sept à Costa et sept à Michiel, cardinal de Venise. Il est à remarquer qu'Ascanio Sforza n'avait aucune voix, preuve qu'il avait donné des consignes précises à ses plus affiliés. Scrutin nul; le peuple en attente place Saint-Pierre rentre chez soi. Second tour de scrutin : Rodrigue gagne une voix, Carafa se tient à neuf, Julien et Michiel maintiennent leurs positions. Il est neuf heures du matin, tout paraît somnoler dans le calme estival. Les conclavistes attachés à la personne des cardinaux votants se tiennent au secret, mais, cependant, quelques informations filtrent, se propagent; heure par heure des courriers partent pour transmettre les nouvelles à toute l'Italie. Carafa? Michiel? Costa? Sous l'ordre apparent il y a grande fermentation à l'intérieur du conclave : la lutte entre les deux partis est aussi âpre qu'inutile, aucun ne réussit à effriter le bloc adverse. Ascanio ne cède pas, Julien reste ferme. Voici venue l'heure de Rodrigue Borgia : dans peu d'instants le monde lui appartiendra. Que se passa-t-il en ce jour qui fut vraiment la grande journée du vice-chancelier? Comment sut-il persuader les cardinaux de s'accorder sur son nom? Nous n'établirons pas ici le long et compliqué bilan des tractations et des contrats même verbaux qui s'élaborèrent entre le 10 et le 11 août : le soir même Rodrigue Borgia pouvait compter sur dix-sept voix, dépassant ainsi la majorité nécessaire des deux tiers. La nouvelle parvient à Julien de la Rovère, il la pèse et constate son échec : « Alors », racontera plus tard l'ambassadeur ferrarais, « voyant qu'il ne pouvait ni vaincre ni gagner », il se rallia « rapidement et de bonne grâce à la cause adverse. » Il capitula, ce qui lui valut une abbaye, des bénéfices divers, la très importante légation d'Avignon, la forteresse de Ronciglione : cette dernière, sur la route du Nord, faisait pendant au château des Rovère à Ostie tourné vers la mer. Les voies d'accès à Rome étant ainsi sous bonne garde, le cardinal de Saint-Pierre-aux-liens pouvait présumer qu'il contrôlerait de près les allées et venues du nouveau pontife.

Les menées stratégiques de Rodrigue Borgia s'exercèrent jour et nuit. A l'aube du 11 août, les Romains, peu nombreux en raison de l'heure matinale, qui se trouvaient place Saint-Pierre virent tomber les briques de la fenêtre murée et entendirent annoncer, grande allégresse, l'élection au trône pontifical du vice-chancelier Rodrigue Borgia, qui prenait le nom d'Alexandre VI : au quatrième tour de scrutin il avait obtenu l'unanimité des voix.

Jusqu'à quel point cette élection fut légitime et en quelle mesure le conclave de 1492 est entaché de simonie serait l'objet d'une trop longue étude et hors du présent ouvrage. Il est certain, ainsi que l'a démontré récemment La Torre, que Rodrigue

Borgia a trouvé sa meilleure chance dans l'intransigeance politique des deux principaux antagonistes du conclave; mais il est également certain qu'il s'acquit par des dons généreux la plus grande partie des cardinaux et que chacun eut ample part des abondantes largesses. Les déplacements de fonds furent tels que la banque Spannocchi, dépositaire de la fortune des Borgia, fut à la veille de la faillite. Si la description des mules chargées d'argent conduites de la demeure de Rodrigue à celle d'Ascanio Sforza est à classer parmi les amplifications légendaires, il faut cependant convenir qu'il y eut trafic simoniaque et qu'il concorde moralement avec tous les précédents de la vie de Rodrigue Borgia.

« Notre entreprenant pontife », écrivait le 31 août, peu après l'élection, Giannandrea Boccaccio, correspondant du duc de Ferrare et évêque de Modène, « se montre déjà tel qu'il a toujours été. » Renards de curies, ces correspondants accoutumés à pénétrer les choses avec la cruauté de la pratique et de l'expérience savaient à quoi s'en tenir sur l'Espagnol en se référant aux précédents de sa vie et de sa famille.

La famille Borgia était originaire de Yativa, petite ville proche de Valence, qui sur un ciel couleur de majolique persane profile ses maisons basses et blanches habitées par une population de sang mêlé arabe et espagnol, gens importants, riches, de tempérament puissant et voluptueux. Les Borgia, issus d'antique souche locale, avaient depuis des siècles fourni des hommes de guerre et de gouvernement : c'étaient de grands personnages provinciaux, fort estimés des cours de Castille et d'Aragon, actifs et remuants, aussi unis en famille qu'une tribu israélite. Quand ils ne s'alliaient pas à quelque noble maison pour donner un nouveau lustre à leur nom, ainsi qu'ils l'avaient fait en accueillant Sibilla Doms, du sang d'Aragon, ils se mariaient entre eux. Mais c'est avec Alonso, devenu le pape Calixte III, que s'amplifia la fortune des Borgia. Le sort le favorisa : dernier-né d'une maison pourvue déjà de quatre filles, il se consacra par vocation à la carrière ecclésiastique et choisit l'étude de la jurisprudence, se passionnant pour les subtilités du droit canonique, forme entre toutes rigide de l'esprit juridique. Le dominicain Vincent Ferrier, qui l'avait entendu prêcher, lui avait annoncé un éclatant destin, le proclamant la gloire de sa famille et de sa patrie; nul doute que cette prophétie ne lui fût apparue comme la bonne étoile attendue avec confiance en même temps qu'avec les craintes et les timidités secrètes de tout jeune homme de vingt ans. Il progressa, en effet, suivant ces vues : devenu secrétaire du roi Alphonse d'Aragon, il fut envoyé comme ambassadeur près du pape Martin V, à qui le prêtre subtil qu'il était rendit de grands services et tout particulièrement celui d'amener la renonciation de l'antipape Clément VIII à la dignité qu'il avait usurpée. Il reçut, en reconnaissance, l'évêché de Valence, qui devait par la suite devenir comme un fief héréditaire des Borgia. Ses mérites et ses mœurs lui valurent la dignité cardinalice, puis, finalement, le 8 avril 1455, âgé de soixante-dix-sept ans, goutteux, mais non point las d'intriguer parmi les cabales et les cupidités, il parvint au trône pontifical à la surprise de tous et de lui-même.

Honnête, bon prêtre, sincère dans ses actes et ses intentions, Calixte III n'allait cependant pas bien loin dans les problèmes de haute politique et moins encore dans ceux de la culture et de l'art. Son manque de curiosité intellectuelle, son peu de goût pour les lettres classiques en ce XVe siècle passionné d'humanités grecques et latines le faisaient tenir pour un barbare par les humanistes italiens, qui l'accusaient d'avoir fait prélever l'or et l'argent des manuscrits enluminés du Vatican pour financer la croisade contre les infidèles. L'extrême urgence de la guerre contre l'envahissante Turquie pouvait fournir la seule excuse valable d'un tel acte. Le cimeterre turc et l'amour de sa famille furent les pensées dominantes de sa vie car, tout comme Innocent VIII, il tombait dans toutes les tentations et les faiblesses du népotisme à la vue d'une créature de sa race. La voix du sang s'émouvait en lui, l'indulgence et la compréhension, qui lui faisaient ordinairement défaut, s'épanouissaient aussitôt en une floraison spontanée. Il n'avait point d'enfants, car il est douteux que François Borgia, plus tard archevêque de Cosenza, fût né de lui; mais il avait des sœurs, neveux, cousins, parents de tous degrés qui, haïs du peuple, se jetèrent sur Rome comme sur un lieu de pillage. Ses grands favoris furent Pedro Luis et Rodrigue, fils de sa sœur Isabelle mariée à Jofré Borgia, qui se trouvaient être doublement Borgia par filiation paternelle et maternelle.

Rodrigue, engagé dans la carrière ecclésiastique, s'y trouvait fort bien. Cardinal à vingt-cinq ans, il s'était élevé avec la protection de son oncle au poste de vice-chancelier de l'Église, « un autre pontificat, » comme le disait, non sans envie, un contemporain. Prélat magnifique, éloquent, aimable, seul de la famille il réussissait à s'assurer tous les avantages de la vie sans se faire haïr; son frère Pedro Luis, au contraire, qui totalisait une extraordinaire quantité de charges et d'emplois — il était entre autres capitaine général de l'Église et préfet de Rome — était infailliblement et immédiatement détesté de tous dès qu'il apparaissait. La colère et la haine qui croissaient sourdement contre lui avaient bien des motifs de s'alimenter. Un jour, le pape tombe malade; son agonie est longue, d'une magnificence lugubre, à l'espagnole : entouré de sa parenté, des aumôniers, de ses plus fidèles compatriotes, tandis que parmi les cierges allumés jour et nuit, les lentes psalmodies, il gît, déjà retranché du monde, les premiers tumultes éclatent dans la ville. Pedro Luis ne se sent point en sécurité, il comprend qu'il doit rendre ses comptes, envisage les grands remèdes, élabore des plans de résistance; mais Rodrigue est là, dont pour la première fois on peut vérifier le prudent doigté. En ce dernier jour de la vie de Calixte, le préfet de Rome, capitaine général de l'Église, fut assisté et protégé par le cardinal Rodrigue et par le cardinal de Venise, Barbo, qui l'accompagnent jusqu'à la route d'Ostie et l'abandonnent ensuite à la lutte contre le péril et l'infortune : poursuivi par les Orsini, abandonné par ses propres soldats, il parvient, bandant ses forces et déjouant le sort, à se retrancher dans la forteresse de Civitavecchia, parmi des gens sûrs, pour y attendre le moment de regagner Rome, où une mort obscure l'emportera le 26 septembre 1458.

De retour, Rodrigue, calme et actif au milieu du tumulte populaire, se rendait à Saint-Pierre prier pour le pape mourant : sa pourpre le protégeait, mais davantage encore son prestige. Il laissa saccager son palais, persuadé qu'ainsi seraient apaisés les plus turbulents esprits; il n'eut rien d'autre à souffrir alors qu'on tuait et persécutait les Italiens amis des Borgia et jusqu'à leurs soldats mercenaires. Quand la dernière lueur de vie vacilla sur le visage de Calixte, tous, parents, amis, familiers, ses sœurs elles-mêmes, pris de peur, l'abandonnèrent : Rodrigue, seul, demeura et fut présent à la mort du vieux pontife.

Le pape suivant, Pie II, Eneas-Silvius Piccolomini, l'artiste, le penseur, l'humaniste élégant de Corsignano, avait, pour protéger les Borgia, de nombreux motifs de gratitude envers Calixte et envers Rodrigue lui-même, dont le vote pour son élection à la papauté avait été décisif — et Piccolomini n'était pas de ceux qui oublient. Cependant, parmi les documents de cette époque qui éclairent particulièrement la vie de Rodrigue, se trouve, rédigée de la main du pontife toscan, la célèbre lettre d'admonestation qu'en juin 1460 Pie II lui adressait à Sienne de Bagni da Petriolo.

« Nous avons appris, — écrivait Pie II dans son latin élégant et fluide, — qu'il y a trois jours plusieurs dames siennoises se sont réunies dans les jardins de Giovanni Bichi et que, peu soucieux de ta dignité, tu es demeuré avec elles l'après-midi depuis une heure jusqu'à six heures et que tu avais pour compagnon un cardinal que l'âge, à défaut du respect envers le siège apostolique, aurait dû faire souvenir de ses devoirs. Il nous a été référé qu'on dansa fort peu honnêtement : aucune séduction amoureuse n'a manqué et tu t'es conduit comme l'eût fait un jeune laïque. La décence nous impose de ne pas préciser ce qui advint, choses dont le nom seul est inconvenant à ta dignité; il fut interdit d'entrer aux maris, pères, frères et autres parents qui avaient accompagné ces jeunes femmes, afin de vous laisser plus libres dans les divertissements que vous présidiez seuls avec quelques familiers, ordonnant les danses et y prenant part. On dit qu'il n'est bruit à Sienne que de cela et que chacun rit de ta légèreté... Nous te laissons juger toi-même s'il t'est possible de courtiser les femmes, d'envoyer des fruits, des vins fins à celle que tu préfères, d'être tout le jour spectateur de toutes sortes de divertissements, puis finalement d'éloigner les maris pour te réserver toutes libertés, sans, du même coup, abdiquer ta dignité. A cause de toi, nous sommes blâmés et la mémoire de ton oncle Calixte est blâmée pour t'avoir confié tant de charges et d'honneurs... Souviens-toi de ta dignité et ne cherche point à te faire une réputation galante parmi la jeunesse... »

Essayer d'interpréter ces lignes comme l'écho d'un gros commérage est une absurdité qui a, cependant, été tentée. D'ailleurs, les faits étaient de notoriété publique car le pontife, attristé, ajoute : « Ici, à Bagni, où il y a beaucoup d'ecclésiastiques et de laïques, tu es devenu la fable de tous. »

Confirmant le bien-fondé de ces reproches, Luzio a publié une lettre adressée de Sienne par l'ambassadeur mantouan Bartolomeo Bonatto aux marquis de Mantoue durant ce même mois de juillet 1460. Il y relate l'histoire de la fête scandaleuse dont il précise qu'il s'agissait d'un baptême :

« Je ne vois plus rien à écrire à Votre Seigneurie sinon qu'un baptême a été aujourd'hui célébré ici ...... à un gentilhomme de cette ville, où Mgr de Rohan et le vice-chancelier [R. Borgia] furent parrains; invités dans un jardin du parrain, ils s'y rendirent et on y mena la filleule. Tout ce que la terre produit de bon était là et c'était une belle fête, mais nul n'y entra qui ne fût de cléricature... Un Siennois facétieux qui ne put entrer, expérience faite à la ronde, disait : « Pardieu! Si ceux qui naîtront « d'ici une année venaient au monde vêtus comme leur père, ils « seraient tous prêtres et cardinaux. »

Rodrigue Borgia, dans la félicité de ses trente ans, attirait les femmes, au dire du chroniqueur Gaspard de Vérone, « comme le fer attire l'aimant. » La lettre de Pie II frappait juste, mais arrivait fort mal à propos parmi l'abondance des plaisirs. Rodrigue répondit aussitôt avec des arguments si habiles que, s'il ne réussit pas à tromper le pontife, du moins l'inclina-t-il à une moindre sévérité. D'ailleurs, Pie II n'avait d'autre désir que d'absoudre de toutes critiques son vice-chancelier; cette volonté de pardon, qui n'exclut cependant pas le regret des faits survenus pendant le séjour de Rodrigue à Sienne, s'exprime dans la réponse sérieuse et ferme du pontife : « Ce que tu as fait n'est certainement pas exempt de faute, mais peut-être beaucoup moins blâmable qu'on ne me l'a référé. » Qu'il se comporte donc à l'avenir avec plus de prudence : en ce qui le concerne, il lui pardonne et l'assure qu'aussi longtemps qu'il se conduira bien, il sera toujours son père et son protecteur.

Cette lettre, loin de contredire celle du mois de juin, réaffirme que le comportement de Rodrigue est injustifiable, contrairement à ce que souhaitait ce dernier; elle laisse en même temps transparaître une certaine mélancolie en prévision d'un avenir que le pontife entrevoit et auquel il devine qu'il ne pourra remédier : Rodrigue, pour témoigner de son repentir, quitta Sienne et se retira dans les solitudes de Corsignano. Il se targuait d'y faire pénitence, mais moins pour mortifier son exubérante vitalité que pour lui donner libre cours, il menait à travers les bois et les collines de l'Apennin toscan de fougueuses battues, pour lesquelles ses amis, les marquis de Mantoue, lui envoyaient des chiens et des éperviers spécialement dressés. Le cardinal, en les remerciant, avouait que sans leur générosité il eût été réduit à vivre « oisif et sans nul plaisir » et à « supporter l'ennui de séjourner dans ces lieux agrestes et austères ». D'où l'on peut conclure quel était pour lui le langage de la pénitence.

* *
*

Rodrigue Borgia atteignant à peine la soixantième année, âge de conquête chez un homme bien équilibré, monta sur le trône pontifical avec la majesté et l'assurance de ceux qui se sentent les élus de la fortune. Plus qu'un cerveau puissant — on ne peut, à mon sens, parler d'un réel génie politique d'Alexandre VI — on doit lui reconnaître une force d'attraction qui semble presque l'émanation spirituelle de sa prestance physique, à quoi il faut ajouter l'intelligence des affaires de l'État, la maîtrise des problèmes ecclésiastiques et juridiques, l'intuition politique rapide et juste. Il n'a point appris les discours de Cicéron, comme il était alors d'usage pour les prélats, mais son expression latine est toujours admirable de vivacité, de vigueur, d'élégance, de même que son langage, aussi bien latin qu'italien ou espagnol, est toujours empreint d'une grâce naturelle; beau par la variété des accents, par les improvisations harmonieuses et pathétiques, persuasif par son ton suggestif qui, en imposant une vérité personnelle, réussit à faire oublier la vérité absolue. Quand il apparait et s'avance, il recherche les effets théâtraux; c'est un merveilleux acteur dans sa dignité, encore relevée par la pourpre et les joyaux qui semblent si bien faits pour lui. Rodrigue Borgia n'a rien d'un Antinoüs : le canon de sa beauté ne s'établit pas sur la justesse des proportions, mais spécialement par une expression de virilité tout à la fois lumineuse et insolente qui resplendit sur son visage, jaillit des lèvres charnues, se résume dans l'ample courbure nasale, indice de sa force et de sa sensibilité. A soixante ans il garde un attrait pour les femmes comparable à la tendresse mythologique de Jupiter pour la petite Danaé ou la candide Léda; il considère ses fils avec passion; plus ils sont beaux et vigoureux, plus il se retrouve en eux, il les voit s'épanouir dans une satisfaction de tout son être qui fera dire à ses contemporains : « Jamais on ne vit homme plus charnel. »

En 1492 mourut le fils premier-né de Rodrigue, appelé Pedro Luis en souvenir de son oncle et pour qui l'intervention paternelle avait fait créer en Espagne le duché de Gandie. Jeronima mourut également après s'être alliée par son mariage à la noble maison romaine des Cesarini. Une autre fille, Isabelle, épouse paisible du noble romain Pietro Matuzzi, était vivante. Leurs mères à tous trois sont demeurées inconnues des historiens; mais ce sont les benjamins, César, Juan, Lucrèce et Jofré qui réjouissent le cœur d'Alexandre. Ils sont nés de Vannozza Cattanei, la femme que Rodrigue Borgia aima le plus longtemps, qu'il protégea toujours, qui vécut dans l'ombre sans paraître exercer aucune influence directe sur son grand protecteur : elle aima, fut aimée et ses enfants grandirent comme de souples peupliers sur les rives du fleuve de l'amour paternel. César a dix-huit ans, il revêt l'habit ecclésiastique et peut-être doit-il, dans l'intention de son père, devenir le troisième pape Borgia; Juan, âgé de seize ans, qui a hérité le duché de Gandie à la mort de Pedro Luis, est destiné à la carrière des armes; l'éducation de Lucrèce, qui a douze ans, est confiée à Adrienne Mila Orsini, cousine du pape; tandis que le petit Jofré, dont l'avenir est encore incertain, se voit, à onze ans, pourvu du titre et de la rente de chanoine et archidiacre de Valence.

Vannozza, que la longue passion du cardinal Borgia a comblée de beaucoup de joies et pourvue d'une large aisance, réconfort des années où la jeunesse est finie, voit souvent ses enfants, mais ne vit pas avec eux; sa vie est réglementée par des obligations sociales de convenance et de dignité; elle a toujours habité sa demeure personnelle et, sauf de courts espaces de temps, a été mariée légalement, tout d'abord avec Domenico d'Arignano, « officier de l'Église, » puis avec un Milanais, Giorgio de Croce, qu'elle épousa vers l'année 1480. Durant ce mariage, dont elle eut un fils, Octave, elle habita une belle maison de la place Pizzo di Merlo, voisine de celle du cardinal Borgia et dont la façade sur la place recevait la lumière et le soleil si rares dans les rues étroites de la Rome médiévale; elle était pourvue de nombreuses pièces, d'une citerne et même d'un jardin, que Vannozza aimait sans doute comme elle aimait ses jolies vignes hors les murs.

Vannozza vécut plusieurs années dans cette maison, mais son mari d'abord et ensuite son fils Octave moururent; elle se remaria une fois de plus et s'en fut habiter place Branca, dans le quartier Arenula, inaugurant une nouvelle existence matrimoniale avec le Mantouan Carlo Canale. Dans une petite cour cardinalice il avait atteint une manière de notoriété régionale comme faisant partie d'un groupe d'amitiés littéraires, parmi lesquelles Politien, qui lui avait dédié son *Orphée*. En cadeau de noces pour son troisième mariage, Vannozza avait reçu, outre un don de 1 000 ducats d'or, une charge pour son mari à la cour pontificale. Qu'on n'aille point croire que ce dernier en était mécontent ou humilié et qu'il acceptait cette situation comme la planche de salut d'une faillite : bien au contraire, il s'en rengorgeait jusqu'à prendre avec les marquis de Mantoue eux-mêmes un ton qui, tout en demeurant obséquieux, était cependant empreint d'un certain sentiment d'autorité.

Il est, d'ailleurs, probable que Vannozza était elle-même originaire de Mantoue, comme le déclare Marin Sanudo, chroniqueur vénitien particulièrement informé de tout ce qui concernait le marquisat frontalier des Gonzague. Cattanei, nom fort répandu en Italie, l'était très spécialement à Mantoue, où on le rencontre fréquemment dans les archives du temps. Quoi qu'il en soit, Vannozza possédait certainement, outre la beauté, une puissance de séduction féminine correspondant à l'exubérance de Rodrigue Borgia pour avoir été tant et si longuement aimée de lui et jusqu'à la quarantaine passée, ce qui, à l'époque, était considéré comme un âge avancé. C'est alors qu'était né Jofré, dernier enfant de Rodrigue : sa liaison avec le cardinal remontait donc à plus de dix ans et avait pris l'apparence d'une sorte de mariage. Tout comme une épouse morganatique, Vannozza avait été entourée d'une cour discrète, mais riche et bien pourvue, qui la suivait quand elle se rendait dans l'un des domaines appartenant aux Borgia, à Nepi, ou plus volontiers à Subiaco, soit pour une villégiature estivale, soit aux premiers symptômes d'épidémie qui, chaque année, éclatait en ville. Sur les murailles médiévales où les belliqueux abbés de Subiaco avaient soutenu tant de batailles gagnées ou perdues Rodrigue avait relevé le château fort : c'est dans cette vaste et sûre demeure que Vannozza installait sa vie et sa cour en attendant que le cardinal l'y vînt rejoindre; elle dominait de peu le monastère peuplé du souvenir de, tant de saints, d'empereurs, de moines pacifiques ou guerriers, labyrinthe sacré aux murs couverts de fresques qu'en 1471 Calixte III avait remis en commende à Rodrigue.

*
* *

C'est sans doute à Subiaco, en avril 1480, que naquit la blonde enfant qui porterait dans l'histoire le nom de Lucrèce Borgia. L'indication du lieu est donnée dans la *Storia Sublacense* de don Alessandro Tummolini, érudit attentif qui composa son œuvre d'après les archives du monastère de Subiaco et se référa également à une chronique manuscrite, *Souvenirs sur les cardinaux commendataires*, aujourd'hui perdue, mais citée par plusieurs historiens. Il y a d'autant moins de motifs de mettre en doute le récit de Tummolini que, parlant de la naissance de César survenue dans ce même château, il s'excuse envers les habitants de Subiaco d'attribuer à leur cité le déshonneur d'avoir donné le jour à un pareil monstre et se répand en effusions ingénues pour déclarer qu'ils n'en sont point, certes, responsables, mais que telle est la vérité historique.

A tenir entre ses bras l'enfant aux cheveux clairs, aux yeux d'un gris azuré si doux, Rodrigue, brun et vigoureux, rempart de cet être fragile, sentait son cœur fondre de tendresse paternelle. On ignore si, à Rome, la petite Lucrèce fut élevée dans un couvent, mais sa prédilection pour celui des dominicaines de Saint-Sixte, sur la Voie Appienne, permet de supposer qu'elle y vécut enfant, tout au moins pour la préparation spirituelle aux grandes cérémonies religieuses. De là lui vinrent sans doute la sincérité totale de ses sentiments religieux, son amour de la prière, des chants sacrés, du parfum de l'encens et un sentiment de sa dignité qui la sauva du naufrage aux pires jours de l'égarement. Le cloître, son refuge durant les tempêtes de la jeunesse et de la maturité, ne signifiera point tant pour elle le retour à la foi que le retour à sa foi première et il lui semblera toujours trouver la sécurité parmi le murmure des voix pieuses, dans cette société exempte de sensualité.

Fille d'un très puissant cardinal, on lui témoignait grande considération mais, cependant, elle devait parfois, et pas uniquement pour s'en féliciter, réfléchir à la singularité de sa situation. Elle voyait aller et venir au Vatican Teodorina Cibo et ses filles, Battistina et Peretta, femmes de la maison pontificale d'Innocent VIII, respectées et honorées comme des princesses légitimes; les fils de cardinaux se rencontraient en tous lieux et sur un pied d'égalité avec les fils de princes. Elle se sentait certainement fière d'appartenir à une famille si étroitement liée aux choses et aux personnes d'Église, comptant un pape dans son ascendance, et de se voir élevée, grâce à la religion, à une hiérarchie supérieure à toute autre.

Lucrèce ressemblait à son père par sa foi joyeuse dans les promesses de la vie; physiquement elle tenait de lui la ligne fuyante du menton, mais si gentiment atténuée qu'elle lui conférait la grâce d'une perpétuelle adolescence; blonde aux yeux clairs, fine, sous son apparence fragile le tumultueux sang espagnol lui apportait sa vigoureuse chaleur. Lucrèce, élevée par la nièce de Rodrigue, Adrienne Mila, qui lui parlait de la terre catalane comme d'une terre de légende, se sentait Espagnole et, attentive aux récits, en faisait un beau conte à la forme de ses propres rêves. Comme toutes les filles nobles d'alors, elle apprenait les humanités et sans doute étudiait-elle avec prédilection la langue espagnole et se plaisait-elle à danser les danses du terroir paternel avec le rythme des filles de Valence. Aussi les projets de mariage entre elle et un jeune noble espagnol durent-ils lui apparaître comme l'épilogue d'une longue préparation.

Les fiançailles de Lucrèce furent son premier acte officiel : le 26 février 1491, Camille Beneimbene, notaire chargé de tous les intérêts de la famille, dressait le contrat de mariage de la jeune Borgia et de don Cherubino Juan de Centelles, seigneur de Val d'Ayora, au royaume de Valence. Le contrat, rédigé en catalan, portait engagement de verser comme cadeau à la jeune épouse par son père et ses frères la dot de 30 000 « timbres », partie en argent, partie en parures et bijoux : elle devait se rendre à Valence au cours de l'année, où dans les six mois le mariage serait célébré. Le destin de Lucrèce paraissait donc fixé et il semblait qu'elle dût avant peu prendre la route d'Espagne; mais deux mois ne s'étaient point écoulés depuis ce premier contrat que se nouaient de nouveaux accords entre elle et un jeune homme de quinze ans, don Gaspare d'Aversa, comte de Procida, dont la famille était originaire de Valence. D'ambitieux calculs avaient probablement décidé le cardinal Rodrigue à choisir ce nouveau fiancé pour sa fille.

Il est quasi certain que Lucrèce ne connaissait ni l'un ni l'autre des prétendants : elle savait seulement qu'elle était fiancée. Ses songes d'adolescente, ou plutôt d'enfant, se nommaient-ils Cherubin ou Gaspard? Qui le sait? Plus probablement ils n'avaient point de nom car, à onze ans, pour précoce qu'on soit, les rêves d'avenir sont confus, sans référence au réel, tout au plus cherchent-ils autour d'eux l'exemple d'une vie réussie qui, en exaltant leur admiration, puisse satisfaire leur imagination. Si la petite Lucrèce éprouva le besoin d'une telle référence, elle dut tout naturellement fixer son attention sur l'une des deux femmes qui vivaient à ses côtés, Adrienne Mila et Julie Farnèse, toutes deux extraordinaires mais modèles douteux l'une et l'autre, dont les noms marquent le début des romans d'Alexandre VI.

Pedro de Mila, venu en Italie alors que sous le pontificat de Calixte III l'avalanche catalane se répandait sur le palais apostolique, avait eu une fille, Adrienne, née probablement à Rome, comme le laisse supposer son nom classique. En tout cas, elle se fixa à Rome par son mariage avec Ludovic, de la grande tribu des Orsini, seigneur du petit fief de Bassanello, près de Viterbe. En 1489, elle était veuve avec un jeune fils atteint de strabisme, appelé du nom de la famille, Orsino — « Monoculus Orsinus », ainsi que le qualifie le cérémoniaire du Vatican — dont le destin sera de passer à la postérité avec la réputation d'un mari trompé. Ce fut en cette année 1489, le 21 mai, que le notaire Camille Beneimbene unit par le mariage le jeune Orsino et la « magnifique et honnête demoiselle » Julie Farnèse, en présence du cardinal de Santa Maria in Portico, G. B. Zeno, du vice-chancelier Rodrigue Borgia, des prélats, nobles, témoins et parents des maisons Orsini, Farnèse et Borgia.

Julie était issue d'une famille d'antique noblesse provinciale qui, aux environs de Bolsena, de Capodimonte, de Marta, d'Isola Farnese, régnait sur des terres belles et fertiles, mais non pas suffisamment pour permettre à leurs possesseurs de mener un train de grands seigneurs. Au château de Capodimonte on vivait à la fois dans l'auréole d'un nom illustre et dans la simplicité d'une existence patriarcale; mais la lignée des Farnèse était arrivée à ce point d'harmonie où tous les dons naturels — beauté, intelligence, grâce, habileté, opportunité — viennent à concorder et où suffit une occasion pour que commence l'ascension d'une famille à la grandeur et à la renommée. En 1489 vivaient les quatre enfants du défunt Pierre-Louis Farnèse. Le chef de famille, Ange, était, comme tous les seigneurs d'alors, destiné à la carrière des armes. Alexandre, protonotaire, était déjà sur la voie qui devait un jour, sous le nom de Paul III, le conduire jusqu'au trône pontifical; Girolama avait épousé un Pucci, de Florence, et la quatrième, Julie, était l'astre de la maison, si jeune et si splendide qu'à peine arrivée à Rome elle y fut célèbre et désignée sous le seul nom de la belle Julie. De cette beauté, qui devait demeurer à l'origine de toute la gloire des Farnèse, le cardinal Rodrigue Borgia était tombé éperdument amoureux. Il est difficile de présumer si le fait que les noces de Julie et d'Orsino furent célébrées au palais du vice-chancelier, dans le salon dit « des étoiles » à cause sans doute de la décoration picturale du plafond — fameux pour le luxe quasi oriental de son ornementation — témoigne déjà des rapports amoureux entre Borgia et cette jeune fille de quinze ans, ou si l'hospitalité leur fut donnée par le cardinal, qui assista à la cérémonie par égard envers sa nièce Adrienne, mère d'Orsino; mais en se référant à une lettre d'Alexandre VI, datée de 1494, qui fait une allusion sans équivoque à l'intimité conjugale de Julie et d'Orsino, on est en droit de conclure que le mariage fut réel et non point une feinte destinée à rendre la jeune Farnèse plus libre de répondre aux désirs du cardinal. La passion de Borgia dut naître plus tard, à la suite de rencontres avec la jeune femme chez Adrienne, pour qui il avait beaucoup d'affection et dont il écoutait volontiers les propos et les jugements. A quel moment Adrienne comprit-elle que la sensualit éeffrénée de Borgia s'orientait vers l'épouse de son fils, après quelles luttes ou seulement quelles réflexions se décida-t-elle à s'en faire complice et, qui pis est, comment fit-elle comprendre à sa bru qu'elle avait pris parti pour ce qui aurait dû, plus qu'à quiconque, lui faire horreur, c'est ce que nous ignorons.

Le fait est que les deux femmes vivaient ensemble et en bonne intelligence : les visiteurs les trouvent toujours réunies, qu'il s'agisse de recommander parents et amis ou de recevoir les ambassadeurs et les envoyés des cours étrangères. Julie se fait aimer et Adrienne mène l'intrigue avec sa vive et ténébreuse intelligence, son sens très sûr des affaires. En femme décidée, elle a résolu de sacrifier son fils à la condition que le pape paye le sacrifice par des avantages matériels et elle ne cessera jamais de recommander en ce sens Orsino au Vatican. Et puis elle se disait que le caprice de Rodrigue aurait une fin et qu'il vaudrait bien la peine pour eux tous d'avoir observé un silence complaisant.

En novembre 1493, Julie Farnèse est la favorite quasi officielle de Borgia : c'est à elle, aussi bien qu'à Adrienne et à la petite Lucrèce, que s'adressent les prélats et les princes pour obtenir du pape quelque faveur ou privilège. Toutes trois résident de compagnie dans le palais contigu à celui du Vatican que leur a cédé le cardinal de Santa Maria in Portico, G. B. Zeno, après l'avoir fait édifier en 1484 pour son usage personnel. Situé à gauche de l'entrée du palais pontifical, le passage était aisé d'une demeure à l'autre et, de plus, une communication était établie par l'église en passant directement de la chapelle privée du palais dans Saint-Pierre et grâce à une porte conduisant directement à la chapelle Sixtine. Dans cette belle demeure, ornée au premier étage d'une loggia d'honneur et qu'il faut imaginer telle que les palais de la fin du XVe siècle, avec ses fenêtres soit à meneaux soit surmontées de l'arc arrondi, avec l'enfilade de ses pièces fraîches et régulières, vivait la cour féminine chère au cœur d'Alexandre VI et sa suite juvénile de compagnes et de servantes. C'est là qu'il trouvait réunies les femmes qui émouvaient en lui soit la tendresse paternelle, soit l'ardeur des sens, soit une étrange amitié mêlée de complicité et d'affinités complexes. A cette seule pensée une onde heureuse lui parcourait le sang.

Des bandes de Borgia envahirent le Vatican, ceux de Rome et d'Italie arrivèrent les premiers, bientôt suivis par ceux d'Espagne, hommes, femmes, enfants, familles entières, gens tenaces et avides de cette fortune qu'un autre pape avait déjà apportée à leur maison, petit peuple qui développait autour de son chef les enveloppantes spirales de la parenté.

Alexandre VI allait vite en besogne : immédiatement après son élection, il avait transféré son évêché de Valence à son fils César; et le 31 août. en consistoire secret, il nomma cardinal son neveu, l'archevêque de Monreale, Jean Borgia. « Il a si, bien conduit l'affaire, déclarait Giannandrea Boccaccio, que tous les cardinaux le suppliaient instamment de faire cette nomination. » Le collège cardinalice n'était pas encore sérieusement en méfiance contre le pape; c'était, d'ailleurs, l'époque où Rodrigue Borgia faisait pleuvoir largesses et bénéfices sur les cardinaux électeurs : on ne pouvait vraiment prétendre que les propres parents du pape fussent exclus de la distribution. Le nouveau cardinal s'installa au palais apostolique, étant, dit l'un des ambassadeurs, « homme de grande excellence et très entreprenant, » capable donc de prêter main-forte au pape en quelque circonstance que ce fût; deux mois plus tard, un autre Borgia, Rodrigue, cousin d'Alexandre VI, prenait ses quartiers au Vatican en qualité de capitaine des gardes du palais et en remplacement de Domenico Doria. Tous ces Borgia devaient barrer la route à la puissance d'Ascanio Sforza. Julien de la Rovère, le premier à s'en aviser, avait, en conséquence, chaudement appuyé l'élection au cardi-nalat de Jean Borgia; le cardinal milanais ne mit pas longtemps à le comprendre et à se rendre compte qu'il lui faudrait rivaliser d'astuce avec le Catalan : déjà circulait l'opinion qu'Alexandre VI serait « un pontife qui gouvernerait suivant sa conception parti-culière et sans égard pour les personnes ». Ascanio, lui aussi, habitait le Vatican, près du pape, qu'il surveillait de près afin qu'il ne lui échappât pas; il était inquiet, sentant un péril dans l'air. Le bruit des nouvelles n'apportait rien de bon. « Ici beau-coup se proposent de nouer parenté avec le pape par le moyen de sa nièce [ainsi désignait-on parfois Lucrèce au début du pon-tificat de son père], à beaucoup d'hommes on en donne l'espoir, le roi de Naples lui-même y aspire. » Mais le cardinal Ascanio n'en laissa point le moyen au roi de Naples, connaissant trop bien la prédilection du pape envers la jeune fille pour ne point essayer de la lier au parti des Sforza.

Le duc de Milan, héritier direct de la famille Sforza, était alors le jeune et lamentable Jean-Galéas Sforza, malade, dont les plaisirs et les libertinages, permis sinon procurés par son oncle et tuteur Ludovic le More, avaient ruiné la santé. Ludovic était l'un de ces hommes en qui la soif du pouvoir est plus forte que le désir même de la vie. Il avait épousé Béatrice d'Este, de la maison ducale de Ferrare, dont les ambitions féroces renforçaient encore les siennes. Béatrice d'Este, qui n'avait pas vingt ans quand Alexandre VI accéda au trône, voyait déjà nettement ses buts et les routes à suivre pour les atteindre. Femme pleine de caprices, d'une grâce extrême, d'un grand raffinement intellectuel, d'un orgueil obstiné, elle haïssait plus que tout au monde celle qui, à son avis, lui ravissait le premier rang de princesse à Milan.

la magnanime Isabelle d'Aragon, épouse de Jean-Galéas. Si on
ne peut incriminer une femme des graves événements à venir
qui furent peut-être une nécessité historique, il faut reconnaître
cependant que, s'il était besoin d'une influence pour pousser
le More à appeler les étrangers en Italie afin d'écraser la dynastie
tant haïe d'Aragon, nul plus que Béatrice n'était qualifié pour
l'exercer. Elle était l'âme damnée de la lutte entreprise par les
Sforza contre le royaume de Naples; aussi, malgré une ombre de
jalousie (il n'existe à ma connaissance aucune lettre de Béatrice à
Lucrèce fiancée et épouse), souscrivit-elle au projet d'Ascanio
afin de ne point laisser échapper un gage aussi important que la
fille du pape.

Ascanio passa aussitôt en revue sa famille en ligne directe,
puis en ligne collatérale, où il trouva un Sforza de seconde zone,
Jean, comte de Cotignola, seigneur de Pesaro, petit fief papal
aux confins des Marches et de la Romagne, qui semblait réunir
toutes les conditions voulues. Ce jeune homme de vingt ans, veuf
de Madeleine de Gonzague, qui avait reçu une éducation humaniste, d'aspect quasi insignifiant (le « quasi » est à son avantage)
mais non dépourvu d'une certaine élégance dans sa personne et
sa vie, était extrêmement sensible aux suggestions de la vanité et
plus encore à celles de l'intérêt; il était tout dévoué et presque
inféodé à l'insolente prépotence de sa famille milanaise.

Jean Sforza fut immédiatement appelé à Rome, où il arriva
incognito vers la mi-octobre 1492. Quelqu'un qui avait vu clair dans
le jeu, était le subtil évêque de Modène, Boccaccio; et avant lui l'un
des fiancés de Lucrèce, dont le pape ne se souciait plus, voyant déjà
ses enfants au comble des honneurs, apparentés aux maisons princières et fondateurs de dynasties. Alors que don Cherubino
de Centelles se tenait coi, don Gaspare d'Aversa, dûment
informé par un adversaire probable du mariage Sforza, vint à
Rome, où il se trouva en même temps que Jean. Par une
mesure de prudence qui lui convenait fort bien, le seigneur de
Pesaro s'y tenait caché et ne sortait que la nuit. Au favori soucieux d'éviter les risques, l'Espagnol opposait une conduite toute
différente : son contrat en poche et soutenu par son père, il
demandait audience sans l'obtenir, se répandait en grandes provocations à la catalane, déclarait à qui le voulait entendre qu'il
était résolu à ne point céder, ayant le roi d'Espagne pour soutien
de sa cause, et prêt à en appeler à tous les princes et souverains

de la chrétienté. Les auditeurs de ces fanfaronnades, gens rompus depuis des années aux manœuvres d'une diplomatie d'équilibristes, se demandaient probablement combien cette rupture coûterait au pape. Sans avoir de certitude sur ce point, il semble qu'il en fût de 3 000 ducats d'or et il est certain qu'Alexandre VI enveloppa les deux Espagnols, père et fils, d'un tel réseau de refus hésitants, de feintes concessions, que, le 8 août, ils en arrivèrent à passer un contrat non point pour rompre, mais pour différer les accords matrimoniaux, par lequel le jeune Catalan s'engageait à ne point se marier avant un an, afin que, « si les circonstances devenaient plus propices, » ses noces avec Lucrèce pussent être célébrées. Quelle était la pensée d'Alexandre VI en dictant cette clause? Peut-être un piège, où tomba, non sans résistance, l'obstiné fiancé afin que Lucrèce pût être libre durant ce temps? De son côté, Jean Sforza répondait à qui lui parlait de don Gaspare qu'il était fort tranquille à son sujet; retourné à Pesaro, il envoya à Rome son procureur, messire Niccolò da Saiano, docteur ès sciences juridiques de l'Université de Ferrare, personnage habile comme il convenait à conclure des accords. Le destin de Lucrèce était désormais fixé : elle serait comtesse de Pesaro.

*
* *

Le comte de Pesaro était occupé des préparatifs nuptiaux; il se sentait un personnage important; par l'entremise du pape il avait obtenu un commandement et un grade élevé, accompagné d'une belle solde, dans l'armée milanaise; on lui enviait cette épouse que tant d'autres convoitaient, jeune comme un fruit vert encore, et qui, dans ses mains d'enfant, tenait le cœur de son père. Il savait qu'elle possédait des vêtements et des bijoux fabuleux — sa seule robe de noces coûtait 15 000 ducats — qu'elle recevrait une multitude de cadeaux, que son frère, le duc de Gandie, le plus élégant et le plus fastueux des jeunes Romains, serait paré de joyaux magnifiques. Faire aussi bonne figure qu'eux, pensait le comte de Pesaro, était un devoir de courtoisie qui s'imposait envers sa nouvelle famille, mais ses cassettes n'étaient pas aussi bien pourvues et déjà il se sentait humilié. Il lui manquait surtout un de ces somptueux colliers d'or merveilleusement travaillés par un des orfèvres d'alors et qui étaient comme l'insigne de la puissance, de la richesse et du goût de celui qui les portait.

Jean se décida à emprunter le collier du marquis de Mantoue, frère de sa première femme, et Gonzague fut trop heureux de lui envoyer quelques-uns de ses plus riches joyaux, afin de se concilier la faveur de celui qui était destiné à devenir « le cher fils d'Alexandre VI ».

Le 2 février 1493, à peine messire Niccolò da Saiano eut-il épousé Lucrèce par procuration et ratifié au nom de son seigneur les accords matrimoniaux, que la jeune épousée commença à recevoir les invités et les mandataires des maisons princières qui lui apportaient leurs vœux, assistée de Saiano et, bien entendu, d'Adrienne Mila, qui dans ces entretiens déployait sa grandiloquence espagnole en même temps que son génie de l'intrigue. A l'évêque de Modène, venu apporter les félicitations du duc et de la duchesse de Ferrare à Lucrèce et qui s'employait par tous les moyens à obtenir le chapeau de cardinal pour Hippolyte d'Este, second fils du duc, ce fut Adrienne qui, comme de coutume, répondit : plusieurs fois elle s'en était entretenue avec le pape et tous les espoirs étaient permis, puis elle conclut : « De toutes façons, *nous le ferons* cardinal, » rendant, par ce pittoresque pluriel, fait de majesté et de complicité, le son du langage coutumier des favorites. On peut se douter combien les treize ans de Lucrèce étaient éclipsés par cette brillante tutelle. A un certain moment, le destin parut changé : le bruit s'étant répandu en Italie que le pape était en train de conclure l'union de sa fille avec un Espagnol, le comte de Prada. C'était, au contraire, une feinte habile pour dérouter ceux qui voulaient faire échouer le mariage Sforza, un piège où tombèrent les chroniqueurs d'alors et même de récents historiens, y compris Gregorovius, qui vit dans ce projet un changement dans les dispositions du pape. Bien au contraire, par une lettre demeurée inconnue jusqu'à présent, Giannandrea Boccaccio informe le duc de Ferrare d'une confidence que lui a faite le cardinal Ascanio *sub sigillo confessionis*. « Pour mener les choses à bonne fin et pour des motifs fort raisonnables, on tient le mariage secret et on laisse croire qu'on la veut marier en Espagne. » Finalement, après avoir fixé les noces au 24 avril, fête de Saint-Georges, puis les avoir renvoyées au mois de mai, on s'arrêta à la date du 12 juin 1493.

L'été romain est chaud, mais rafraîchi de brise : quand le ciel apparaît d'un azur tellement opaque que le moindre espoir d'un nuage se heurte à cette limpidité profonde et implacable, soudain un vent piquant et rapide comme un souffle marin s'insinue dans tous les coins et jusque dans les ruelles de la ville, soulevant les choses et les esprits d'un mouvement vif, qui évoque celui d'une fantaisie musicale. Ce mouvement devait faire un bel accompagnement au cortège nuptial qui, dans la matinée du dimanche 9 juin, arrivait sous les murs de Rome et qui paraissait, en vérité, digne du gendre d'un grand prince. Les écuyers en costumes de brocart ouvraient la marche, suivis d'une troupe de pages vêtus de soies multicolores; les facéties d'un bouffon, habillé de velours avec une toque dorée, y apportaient la gaieté et l'insouciance. En grand nombre, les familiers des cardinaux se rendirent hors de la Porte du Peuple au-devant de l'époux à qui l'ambassadeur de Venise adressa un discours de bienvenue, témoignant ainsi de la paternelle bienveillance de la République envers le petit État frontalier de Pesaro. Puis tous se mirent en marche parmi le joyeux fracas des fifres et des trompettes; le gai cortège, resplendissant au grand soleil, passant devant le palais Saint-Marc, s'en vint, par le Campo dei Fiori, au pont Saint-Ange et de là jusqu'au Borgo, où il obliqua légèrement pour défiler sous les fenêtres du palais de l'épousée.

On peut supposer que Lucrèce, parée par les soins prénuptiaux d'Adrienne Mila, était prête depuis longtemps; elle avait reçu les souhaits et les félicitations des grandes dames romaines venues pour la fêter et éprouvé peut-être, pour la première fois de sa vie, la confusion enivrante d'être le centre de tous les regards et de tous les hommages. Mais à peine, le moment venu, avait-on entendu de loin les premiers éclats des trompettes, que les femmes et les jeunes filles avaient pris place aux fenêtres, laissant l'épouse seule au poste d'honneur de la loggia. En un instant la place s'est peuplée : les écuyers et les pages viennent d'abord, puis les familiers des cardinaux, et, enfin, les ambassadeurs entourant l'époux; tous les regards, depuis le moindre jouvenceau jusqu'au plus grave ambassadeur, sont tournés vers le palais de Santa Maria in Portico; là, dans le gynécée papal, se tiennent Julie Farnèse, dont on chuchote beaucoup de choses *(de qua est tantus sermo)*, la famille d'Innocent VIII, les Orsini, les Colonna, les plus fameuses grandes dames, et puis cette petite Lucrèce, que le pape chérit à « un degré superlatif ». Elle apparaît dans le soleil sous ses longs cheveux blonds qui, des épaules si frêles sous le lourd brocart, descendent jusqu'à ses flancs juvéniles comme de gracieux serpents d'or fin. Freinant son cheval, Jean Sforza s'arrête sous la loggia; son regard rencontre celui de Lucrèce et pour un instant leur problème est celui de l'homme envers la femme, de la femme envers l'homme. Mais l'époux s'acquitte de son devoir de courtoisie en s'inclinant vers la fenêtre où scintille une tête ornée de pierreries et Lucrèce répond par une révérence suivant les règles de l'étiquette; puis le cortège poursuit sa route, entre au Vatican, où le pape attend, entouré de cinq cardinaux. Le comte de Pesaro s'avance, s'agenouille devant la majesté de cet extraordinaire beau-père, et dans un bref discours latin lui offre sa personne et son État. La réponse est affectueuse, puis, la réception officielle terminée, le jeune homme et sa suite se rendent près du château Saint-Ange, au palais du cardinal d'Aleria, où ils doivent loger. Et on prépare maintenant les noces.

C'est alors que nous rencontrons, et nous devons nous arrêter un moment à le considérer, Jean Burckard, cérémoniaire de la cour pontificale. Ce Strasbourgeois, qui avait acheté sa charge moyennant 400 ducats d'or et vivait dans les chambres et antichambres du Vatican, s'est rendu célèbre pour avoir consigné dans un copieux journal rédigé en latin tous les faits importants dont il fut témoin durant l'exercice de ses fonctions. Malgré sa myopie en matière psychologique, il devrait être l'un des plus importants chroniqueurs de la vie des Borgia, mais les historiens en sont encore à se demander si son témoignage est valable et dans quelle mesure il conviendrait d'en tenir compte. Il faut dire tout de suite qu'on a l'impression de déceler chez Burckard une certaine volonté de dérouter les jugements : à qui feuillette patiemment son journal, le *Liber Notarum*, bourré de minutieuses descriptions des cérémonies diverses, des obligations de l'étiquette pontificale, il paraît normal de se fier à cet esprit pédant et méthodique d'un fonctionnaire sérieux, respectable, honnête, et, par conséquent, digne de foi; mais voici que, peu à peu, on découvre les pages, rares mais brûlantes, où sont portés les plus graves témoignages contre les Borgia, y compris Lucrèce. Burckard ne fait pas de commérages, ne discute jamais, exprime rarement sa propre opinion; mais, précisément, sa grande malignité réside en cette retenue bien affichée de langage et de curiosité : on ne peut douter de lui, c'est clair, quand, au cours de plus d'un millier de pages, il a patiemment prouvé qu'il savait ne pas outrepasser les limites de sa charge; il pouvait, il est vrai, par ses vues puritaines étroites, fausser le sens de certaines choses ; cependant cet argument n'est pas suffisant à controuver la vérité de son récit, car il faut reconnaître que de sa plume ne sortent point des accusations contre les Borgia, mais seulement le froid récit de certains faits et les descriptions très châtiées d'obscénités auxquelles, en sa qualité de cérémoniaire, il a peut-être assisté. Je crois impossible de ne pas faire état de Burckard quand on relate l'histoire des Borgia, d'autant plus que les historiens actuels ont dû, en majorité, reconnaître que les faits cités par lui trouvent leur correspondance exacte dans les lettres des contemporains, lesquels bien certainement ne soupçonnaient nullement l'existence du journal de Burckard. Tout cela sera examiné de nouveau plus loin. Pour l'instant, le cérémoniaire strasbourgeois apparaît seulement comme l'ordonnateur des cortèges et des réceptions, spécialement occupé en ce mois de juin 1493 à régler la cérémonie nuptiale de la fille du pape.

Les nouvelles chambres du Vatican, où Pinturicchio avait commencé à peindre des paysages, des jardins et des scènes à personnages qui semblent vouloir témoigner d'une humanité noble, policée et pittoresque, étaient très riches, mais sans encombrement ; la décoration, outre les fresques des parois, les plafonds dorés, les stucs et les marbres des consoles et des cadres, comportait des tapis d'Orient recouvrant le pavage, des tentures de soie disposées sous les peintures ; tabourets, fauteuils, coussins de velours étaient rangés en ordre et, au-dessus, s'élevait le trône pontifical, ou plutôt l'un des trônes, car l'un était dressé dans la grande salle prévue pour les réceptions et l'autre dans le petit salon où devait se dérouler la cérémonie. Au duc de Gandie incombait la mission d'aller chercher l'épousée et il était fort qualifié pour ce rôle décoratif : il avait endossé un extraordinaire vêtement « turc à la française », long jusqu'à terre, de drap d'or gaufré, aux manches rehaussées de grosses perles disposées en broderies serrées ; il portait un collier de rubis et de perles, ainsi qu'une coiffure ornée d'un joyau scintillant.

Au matin du 12 juin, l'heure de la cérémonie arriva et les nobles dames invitées entrèrent d'abord, tellement excitées par ces perspectives de fête que beaucoup, dans leur hâte, oublièrent de s'agenouiller devant le pontife, au grand scandale de Burckard qui voyait dans cette négligence un grave symptôme d'anarchie morale. Huit cardinaux groupés autour du pape attendaient l'arrivée de l'époux, qu'on avait envoyé quérir par une délégation de prélats et par « toute la baronie ». Il arriva, vêtu, lui aussi, d'un vêtement « turc à la française » de drap d'or gaufré, et s'il ne portait pas de magnifiques bijoux comme ceux du duc de Gandie, du moins avait-il sur la poitrine le collier emprunté au duc de Mantoue, qui fut identifié avec un sourire par l'ambassadeur mantouan. Tout de suite après Sforza, les deux fils aînés du pape firent une entrée quelque peu théâtrale en se glissant dans la salle par une porte secrète qui s'ouvrait dans la muraille : Juan qui, après avoir accompagné sa sœur jusqu'à l'intérieur du Vatican, se joignait aux autres pour la recevoir, et César, dont le simple vêtement épiscopal contrastait avec le somptueux habillement de son frère. Le vêtement du duc de Gandie fit sensation, car il n'était point commun, même à cette époque, de voir une seule personne porter pour 150 000 ducats de pierreries, soit environ 30 millions de nos francs dépréciés. Les pièces de l'appartement Borgia ne sont pas très vastes et le public, aussi extraordinaire que l'était sa réunion en un tel lieu, s'y écrasait; toutes les charges civiles et militaires y avaient leurs représentants; on citait des noms célèbres; des propos reflétant une ardente curiosité circulaient; les ambassadeurs aiguisaient leur regard pour tout voir et tout retenir.

On annonça l'épouse : elle apparut, parée, rehaussée de bijoux, belle et, plus encore peut-être, émouvante par sa façon de jouer à la dame, qui révélait son enfantine candeur. Une aimable fillette nègre, d'un beau noir lustré, vive comme une luciole, portait la traîne somptueuse suivant les plus modernes raffinements de la mode. Aux côtés de la petite Lucrèce se tiennent d'un côté Julie Farnèse, sur qui tous fixent des yeux curieux et éblouis, de l'autre la fille du comte de Pitigliano, Lella Orsini, qui par son mariage avec Ange, frère aîné de Julie, est entrée dans la famille Farnèse. Viennent ensuite la nièce d'Innocent VIII, Battistina d'Aragon, marquise de Gerace, la traîne portée par une négresse, d'une élégance telle qu'on lui fit la réputation d'avoir lancé toutes les modes féminines de son époque, puis les autres dames nobles, en tout cent cinquante. Les salons sont bondés, tous les Borgia sont présents, ainsi qu'Ascanio Sforza, qui triomphe, avec à son côté son fidèle Sanseverino, et puis les cardinaux, archevêques, barons romains, sénateurs, conservateurs, nobles italiens et espagnols, prélats, le capitaine de l'Église, le capitaine du palais, les officiers et les gardes. Lucrèce avance de son pas si léger qu'il semble mû par un rythme intérieur (« le port de sa personne est si suave qu'elle semble ne pas se mouvoir », dira plus tard un chroniqueur), Jean avance de même et tous deux s'agenouillent aux pieds du pape sur des coussins dorés. Dans le silence qui s'établit aussitôt s'élève la voix du notaire Beneimbene posant les questions rituelles : « Je le veux et de plein gré, » répond Sforza, et Lucrèce fait écho : « Je le veux. » L'évêque de Concordia, nom prédestiné, enfile les anneaux tandis que le comte de Pitigliano tient son épée nue au-dessus de la tête des époux. Le même évêque prononça ensuite une allocution bien composée, tout à fait de circonstance, mais fort inutile, sur la sainteté du mariage. Après quoi les fêtes commencèrent.

Il régnait une atmosphère de complicité et presque de licence amoureuse, ainsi qu'il arrive dans les fêtes nuptiales, mais que le tempérament et les habitudes des Borgia devaient peu à peu rendre étouffante. Celui qui avait préparé la représentation des *Ménechmes* de Plaute en langue latine n'avait vraiment rien compris et il était aisé de deviner que la comédie n'aurait pas grand succès : le pape lui-même l'interrompit à moitié chemin, peut-être pour avoir vu un léger bâillement réprimé sur la bouche d'une femme mieux accordée aux modernités qu'aux souvenirs antiques. On écouta, au contraire, volontiers une églogue composée en l'honneur des époux par Serafino Aquilano, « fort élégante, » dit un commentateur, afin de donner à entendre qu'elle était ornée classiquement de toutes les allusions symboliques et mythologiques, allusions que le poète, habile à mettre son talent en valeur, savait animer d'une grâce nonchalante et harmonieuse qui demeure encore sensible dans ses meilleurs vers. Serafino était un favori des cours de la fin du XVe siècle; à naviguer d'une cour à l'autre il avait acquis une dextérité infaillible pour évoquer les allégories où s'entremêlaient les noms, les parentés, les aspirations et les désirs des princes qui lui avaient commandé le travail; il s'en dégageait de flatteuses allusions et de transparentes énigmes, qui avaient l'attrait immédiat des choses actuelles. Finalement, et il devait en être grand temps, on passa au buffet. Il fut jugé abondamment pourvu, mais sans rien de « pompeux », c'est-à-dire sans chef-d'œuvre gastronomique. Les pâtisseries variées circulaient parmi les rires des femmes, heureuses de pouvoir enfin se donner elles-mêmes en spectacle. On se conformait à l'étiquette qui voulait qu'on servît d'abord le pape et les cardinaux, ensuite les époux, les femmes, les prélats, puis les autres invités. Les reliefs du buffet n'étaient point portés aux cuisines, mais jetés par les fenêtres au peuple, qui applaudissait à grands cris : ainsi furent perdues plus de 100 livres de pâtisseries, soupire Burckard.

Le soir eut lieu le dîner privé donné dans le secret par le pape en l'honneur des mariés : repas intime et d'autant plus intéressant par la liste des invités que tous les ambassadeurs cherchaient à connaître, moins par curiosité que par devoir d'informateurs. Il importait, en effet, grandement de savoir quelles personnes étaient particulièrement chères au cœur du pape. Le dîner avait lieu dans la grande salle pontificale, ornée de la parure usitée pour les cérémonies; les vêtements cardinalices alternaient avec les robes féminines et les épaules, entre toutes fameuses, de Teodorina Cibo, de sa fille Battistina, marquise de Gerace, de Julie Farnèse, de Lella Orsini, d'Adrienne Mila. Étaient également présents Ascanio Sforza, Sanseverino, le nouveau cardinal Borgia, Jules Orsini, seigneur de Monterotondo, le cardinal Colonna et son jeune frère, le comte de Pitigliano, les frères de Lucrèce et, en plus des époux, une vingtaine de personnes choisies. Le dîner, qui avait été « gaillard », se termina vers minuit et tout aussitôt parurent les camériers apportant les cadeaux de noces : à leur nouvelle parente les Sforza de Milan envoyaient des pièces de ces brocarts milanais réputés dans le monde entier et deux bagues splendides; le cardinal Ascanio faisait un présent pratique et quasi bourgeois : une « garniture de crédence », c'est-à-dire un service de table en argent massif, comprenant les tasses, tous les genres d'assiettes et de plats, un bassin avec son aiguière, un confiturier, deux coupes, le tout, doré ou non, d'un fin travail d'orfèvrerie; d'autres cadeaux furent offerts par les frères de Lucrèce, le duc de Ferrare, le cardinal Borgia et le protonotaire Lunati. Après la présentation de ces largesses commencèrent les grands divertissements, les comédies alternèrent avec les concerts et les ballets. Peut-être entendit-on ce soir-là quelque composition du plus grand musicien de l'époque, le Flamand Josquin des Prés, qui était au service d'Alexandre VI. A mesure que passaient les heures, le ton des réjouissances montait jusqu'à atteindre la licence et tous les chroniqueurs s'accordent pour signaler la mondanité de ces fêtes nuptiales.

Au chroniqueur romain Stefano Infessura, pas toujours très

digne de foi, nous devons le récit du jet de dragées dans les décolletés féminins, récit qui a tant exercé l'imagination des biographes et des romanciers. Infessura dit seulement, toutefois, que le pape s'amusait à jeter des dragées « *in sinu mulierum* », ce qu'on peut, et à mon avis on doit interpréter par « vers leur giron ». Les dames étant assises, il se serait agi d'une sorte de jeu où les dragées, lancées, et relancées, auraient donné matière à un divertissement un peu vif, mais sans rien d'une orgie collective déchaînée. Ceci dit, et compte tenu de l'heure, des vins, de la musique, et surtout du caractère de la fête, fête nuptiale autorisant certaines libertés, il faudra laisser à cette nuit sa couleur et son excitation.

On peut imaginer Lucrèce jetant sur toute cette liesse un regard ravi, tout à la fois préoccupée et amusée de son rôle d'épousée. Entre la provocante vivacité de Julie Farnèse, vraie triomphatrice de la fête, la vigueur magnifique de son père, la beauté et l'élégance de son frère Juan, le mystérieux pouvoir de fascination exercé par César, son autre frère, Lucrèce ne manquait pas de sujets d'admiration, mais de son mari et d'elle-même, pour qui se déployait une telle fête, que pensait-elle? Aucun historien, avant de l'appeler en jugement, ne s'est jamais demandé en quoi et comment sa vie personnelle pouvait s'accorder à la vie dont elle voyait les manifestations. Par un document de la main même du pape, demeuré jusqu'alors inédit, nous savons que les deux jeunes gens ne furent époux que de nom au moins jusqu'à la mi-novembre 1493 (il est à supposer que l'intimité conjugale aura été différée en raison du manque de maturité de la fillette) et nous pouvons nous demander quelles furent les réactions secrètes de Lucrèce quand, à l'aube du 13 juin, en conclusion de près de vingt-quatre heures de fête enivrantes, elle regagna son lit d'enfant. En quittant ses habits de noces, elle, qui aimait tant la parure, se sera réjouie de la riche garde-robe dont elle était pourvue; elle aura entrevu toutes les surprises du lendemain, mais comment, ensuite, les aura-t-elle accueillies? Durant les jours suivants quelle tremblante surprise à se découvrir une importance nouvelle, à recevoir des hommages, des révérences, des suppliques, des saluts, à trouver dans ses propres mains le don insoupçonné du pouvoir! Partagée entre la suite essoufflante de tant de surprises et l'effort pour bien tenir son rang, Lucrèce n'eut point la possibilité de réaliser sa maturité intérieure : épouse avant d'avoir eu conscience d'être femme, vivant au palais de Santa Maria in Portico une parodie de vie matrimoniale, elle devait éprouver, elle aussi, le malaise moral et physique que Jean Sforza ne réussissait pas à masquer. Ce mariage blanc, hâté par la seule exigence politique, marque pour Lucrèce le début d'une existence oscillante que les circonstances et les ambitions de sa famille lui imposaient, mais qu'elle acceptait et accepterait mieux encore par la suite. Le vrai drame de Lucrèce n'est point issu de sa faiblesse, mais de l'intime fatalité de ses consentements, dont chacun est une capitulation : sous cet angle, sa tactique de vouloir ignorer ce qui se passe autour d'elle apparaît comme une pauvre défense féminine, née de l'instinct, mais pathétique et courageuse. S'enhardir jusqu'à juger son père et ses frères, elle ne le pourra jamais, moins par infirmité de jugement ou par tendresse de cœur qu'en raison d'une vérité élémentaire et plus forte : c'est qu'elle aussi est une Borgia, qu'elle aussi éprouve la fougue impétueuse d'un sang qui, hors de toute morale, brutalement et splendidement, établit sa propre loi. Partagée dans le désordre de son âme entre la religion et la sensualité, entre la nostalgie d'une vie disciplinée et l'ardente anarchie de ses désirs, elle dressera en de rares circonstances contre son père, son frère ou son beau-père, le duc de Ferrare, ses rébellions qui, seule des Borgia, la conduiront au salut. Pour l'instant, fillette de treize ans soumise à toutes les puissances masculines de sa maison, la vie telle qu'elle est, lui plaît trop pour qu'elle puisse sentir le fardeau et le mensonge du titre de comtesse de Pesaro.

CHAPITRE II

L'HOMME LE PLUS CHARNEL

De son royaume de Naples, le roi Ferrante d'Aragon avait suivi avec inquiétude les fêtes marquant l'alliance du pape et des Sforza. Il n'avait point envoyé d'ambassadeur au Vatican et c'est à peine s'il avait répondu par une lettre officielle au seigneur de Pesaro lui annonçant son mariage avec Lucrèce. Il attendait, dans l'espoir de se renflouer, les oracles de don Diego Lopez de Haro que, sur ses instances, le roi Ferdinand le Catholique envoyait à Rome avec des pouvoirs étendus et avec l'intention formelle de ne pas ménager les plaintes et les menaces contre le chef de l'Église.

L'intérêt que le roi d'Espagne témoignait à la maison régnante de Naples, et dont Diego Lopez faisait grand état, commença de manifester ses effets dans l'attitude du pontife, qui semblait considérer d'un œil un peu adouci la maison d'Aragon. A peine eut-on vent à Naples de ces bonnes nouvelles que le roi crut pouvoir pousser plus avant sa victoire et envoya son fils Frédéric à Rome, pour conclure un projet matrimonial concernant Jofré — on savait dès à présent César destiné au cardinalat, *omnino cardinalabitur* — et pour persuader Alexandre VI d'abandonner la ligue formée contre le royaume de Naples. Frédéric trouva le pape fort bien disposé et traita avec lui des accords nuptiaux envisagés pour le frêle personnage qu'était le fils mineur du pape, Jofré Borgia, un enfant n'ayant pas encore douze ans, mais « de belle et agréable apparence ». Il y avait un doute au sujet de cet adolescent, car le pape confiait à ses intimes que, tout en l'ayant reconnu, il ne le croyait pas son fils et sans doute avait-il des motifs très personnels de penser qu'il était né d'une infidélité de Vannozza envers lui avec son propre mari ou même d'accuser son ancienne maîtresse de l'avoir trompé. Il est à supposer que le roi de Naples ignorait les réserves faites par Alexandre VI sur sa paternité ou que, tout au moins, il n'y croyait pas, car il n'eut point mis tant d'empressement à solliciter le mariage de Jofré avec la très belle Sancia d'Aragon, fille naturelle de l'héritier du trône Alphonse.

Les noces furent célébrées par procuration; le prince Frédéric représenta sa jeune nièce Sancia et durant la lecture des actes notariés, suivie de l'échange des anneaux, il improvisa une parodie si comique des timidités et des émois virginaux d'une jeune épousée que le pape et tous les assistants rirent à gorge déployée. Le nouveau parent embrassa tous les Borgia présents et on échangea ces démonstrations d'amitié qui peuvent parfois nouer des sympathies personnelles, mais laissent au même point les situations politiques; il semblait au petit fiancé avoir avancé en âge et cette journée mit probablement fin à l'histoire de son enfance.

Mais le point culminant de toutes les manœuvres d'Alexandre VI était le beau Juan, Juan le bien-aimé, le cœur même de son père. On ne pouvait pour obtenir les faveurs papales avoir « intercesseur meilleur ni plus avisé », disait le mari de Vannozza, Carlo Canale, aux marquis de Mantoue en sollicitant le don de chevaux provenant de l'écurie célèbre des Gonzague pour celui qu'il appelait avec une allègre désinvolture « mon beau-fils ». Juan pouvait avec juste raison se croire destiné à un brillant avenir, puisque, de son frère aîné Pedro Luis, il avait hérité, non seulement, le duché de Gandie, mais encore sa fiancée, Maria Enriquez, cousine du roi, par qui la protection royale lui serait acquise. De Pedro Luis, mort trop tôt pour avoir laissé de lui grand souvenir, nous savons seulement que, servant sous l'étendard du roi Catholique, il s'était montré vaillant dans la carrière des armes et qu'il était peut-être doué de génie militaire, tandis que son successeur n'avait pas les qualités nécessaires pour devenir le valeureux condottiere rêvé par son père, ni même celles lui permettant de devenir simplement un bon capitaine. Jeune, beau, riche, Juan Borgia ne désirait rien d'autre que jouir des avantages offerts par la vie et passer son temps dans la compagnie des femmes qui lui plaisaient : courtisanes satisfaisant son tempérament dissolu; femmes ou jeunes filles sévèrement gardées, qui excitaient en lui un certain besoin d'aventure et lui procuraient l'illusion d'avoir

gagné une bataille, seul genre de guerre auquel il fût disposé. Il
désirait tout ce qui pouvait susciter la surprise et lui valoir l'admiration d'un public, quel qu'il fût : il était d'une vanité immo-
dérée et d'un grand snobisme. On peut donc imaginer combien
il trouvait à son goût le personnage le plus pittoresque qu'il y
eût alors à Rome, le prince turc Djem, retenu au Vatican comme
otage du pape. Le visage de Djem, s'il n'était pas aussi satanique
que l'a imaginé Mantegna, exprimait cependant une sourde et
subtile cruauté asiatique. Le contraste entre la peau brune et les
yeux clairs, presque constamment mi-clos, mais parfois comme
allumés de flammes blanches, entre l'indolence de l'attitude et
l'agilité du corps prêt à l'élan, cadrait si bien avec le tempérament fantasque et vicieux de Juan qu'il voulut au moins être vêtu
comme Djem. Plus amusés que scandalisés, une épigramme mordante au coin des lèvres, les Romains voyaient le pape visiter les
églises en grande pompe, précédé de la croix devant laquelle
caracolaient, sur deux chevaux identiques, le duc de Gandie et
le prince turc, tous deux vêtus à l'orientale, coiffés du turban des
ennemis de la chrétienté. Ainsi entouré d'un grand scintillement
d'armes et d'ornements, le pape traversait la ville. La couleur de
Rome, un ton ocré chaud et profond dont les siècles avaient
patiné les églises, les palais, les maisons, les tours médiévales,
qui affirmaient leur arrogance partisane, fournissait la toile de
fond où se détachaient en relief les magnificences et l'exotisme
du cortège. Les femmes apparaissaient aux fenêtres, s'inclinaient
sous la bénédiction pontificale, feignaient un sentiment d'horreur
à la vue du Turc, sur qui couraient de cruelles histoires d'amour,
souriaient aux seize ans du duc de Gandie : sourires et œillades
lui étaient un nouveau motif de gloriole.

Par son mariage avec la cousine du roi d'Espagne Juan devait
donc entrer dans l'une des plus grandes maisons régnantes d'Europe : on peut aisément imaginer quel large crédit lui avait
ouvert le pape pour que ses noces fussent splendides. « Dans
une boutique en bas de ma maison, — écrit le bien informé Giannandrea Boccaccio, — habite un singulier orfèvre qui depuis des
mois ne fait rien d'autre que sertir des pierres précieuses en
bagues, en colliers et en acheter quelques-unes des plus appréciées.
Il me les a montrées : il y a quantité de grosses perles, de rubis,
de diamants, d'émeraudes, de saphirs parfaits. » Tout était destiné au duc de Gandie et non seulement les bijoux, mais les four-

rures de lynx, de zibeline, d'hermine, de vair; les brocarts, les velours, les draps précieux, les tapisseries, les tentures, l'argenterie, les tapis emplissaient les coffres, dont certains étaient peints et ornés de scènes diverses comme celles d'Adam et Ève. Le pape veillait à la préparation du trousseau, de la personne et, pour autant qu'il le pouvait, de l'âme de son fils. Il avait placé à ses côtés deux hommes en qui il avait toute confiance : don Ginès Fira et Mossen Jayme Pertusa; en Espagne il le recommanderait à la vigilance de son parent, l'évêque d'Oristano. Pertusa et Fira avaient pour mission de surveiller étroitement le jeune homme et de référer tous ses actes au pape sous peine d'excommunication; ils avaient en outre les oreilles, la tête et les poches bourrées d'instructions longues et détaillées, qui réglaient la vie de Juan, à partir de son arrivée en terre espagnole, avec une minutie qui révèle chez Alexandre VI la connaissance humaine de la vie et des usages espagnols, en même temps qu'elles témoignent de sa sagesse et de son équilibre.

De ces instructions il ressort clairement que le pape ne se fiait pas à Juan : il insiste trop, en effet, sur la défense de sortir la nuit, de jouer aux dés, de toucher les revenus de son duché sans l'agrément de ses conseillers; il lui recommande avec trop d'insistance de bien traiter sa femme et de lui être de bonne compagnie. Accompagné des vœux orgueilleux et inquiets de son père, Juan partit le 2 août, mais il atteignait à peine Civitavecchia qu'il était rejoint par un messager de son père, porteur d'une nouvelle liste de recommandations, parmi lesquelles celle d'être très attentif à la façon de se vêtir et de soigner son teint, sa chevelure, et surtout de mettre des gants sans plus les quitter jusqu'à Barcelone, car l'eau saline abîme la peau, expliquait le père prévoyant, et dans notre pays on prise grandement les belles mains.

Mais d'Espagne arrivèrent bientôt à Rome des informations pessimistes sur le comportement matrimonial de Juan : insoucieux de son épouse, au point que le mariage n'avait pas été consommé, il l'abandonnait pour s'échapper la nuit avec quelques jeunes débauchés. De plus, en deux mois, 2 600 ducats d'or avaient été dissipés au jeu et en orgies; enfin il avait tenté de mettre la main sur les revenus du duché. On peut se rendre compte à quel point ces nouvelles devaient irriter le pape, qui par-dessus tout et avec juste raison redoutait la colère du roi d'Espagne, lequel ne supporterait certainement pas le dédain de Juan envers une épouse de sang royal. Sous l'empire de cette crainte et attentif comme il l'était à la vie mondaine de ses enfants, Alexandre VI écrivit de Viterbe, le 30 octobre, une lettre pleine des plus grands reproches. Il lui fit adresser une autre lettre par César Borgia, ajoutant sur l'original (que j'ai découvert dans les Archives Vaticanes) quelques lignes de sa propre main; par César également il fit écrire à don Enrique Enriquez, père de la jeune femme, une lettre complètement inconnue jusqu'à présent, remplie de protestations, d'assurances, de garanties. Immédiatement, Juan répondit à son père en s'expliquant.

Peut-être éprouva-t-il une certaine peur devant l'expression de la colère paternelle, mais il la baptisa angoisse et même « la plus grande angoisse que j'aie jamais éprouvée ». Il ne parvenait pas à comprendre comment le pape avait pu ajouter foi à « de sinistres rapports contre la vérité établis par des personnes malveillantes »; en ce qui concernait son mariage, il avait été plus que consommé, comme en pouvaient témoigner l'archevêque d'Oristano, Mossen Pertusa, Fira et d'autres personnes dignes de confiance. D'ailleurs, le pape ne se souvenait-il pas qu'on lui avait référé le jour et l'heure (pourquoi pas la minute?) où l'union avait été consommée? Quant aux promenades nocturnes le fait était exact, mais il ne lui paraissait pas avoir commis rien de bien pendable, étant en compagnie de don Enrique, son beau-père et parent du roi, et d'autres « chevaliers », gens probes et fort estimés, à se promener le long de la mer, comme on a coutume de le faire à Barcelone. Cette dernière phrase était destinée à émouvoir spécialement le cœur de Rodrigue Borgia en alléguant les habitudes du pays natal. « Ce qui m'attriste spécialement est que Votre Sainteté ait ajouté foi à des assertions qui n'ont nulle apparence de vérité, » ajoutait Juan. Ces protestations de vertu calomniée ne trompèrent personne et certainement pas Alexandre VI; mais ce qui importait au pape, c'était d'acquérir la certitude qu'après cette vigoureuse admonestation son fils lui obéirait et se conduirait, sinon en bon mari, du moins en mari régulier.

D'autres lettres furent échangées entre le père et le fils, presque toujours l'un adressant des reproches, l'autre se justifiant. Prodigalité sans grandeur, égoïsme, jugement vide et superficialité transparaissent dans les lettres de Juan, contrastant avec l'indulgence paternelle et la lucidité d'Alexandre VI, qui ne se rassurait pas malgré les assurances renouvelées de son fils et qui dut se sentir soulagé quand, en février 1494, on lui annonça d'Espagne la prochaine naissance de l'héritier du duc de Gandie. Les doutes éclaircis, assuré désormais de l'avenir de Juan, le pape s'employa d'une même ardeur à pourvoir son fils aîné.

*
* *

Impossible de moins avoir la vocation religieuse que l'éprouvait et le confessait César Borgia. Un projet matrimonial ébauché pour lui par Ferrante d'Aragon s'était évanoui et avec lui l'espoir de pouvoir échapper à la vie ecclésiastique; il parut donc accepter la voie que lui traçait son père : celle-là ou une autre, qu'importe? L'essentiel est d'arriver rapidement à un poste de commandement propre à le soustraire aux servitudes d'une situation médiocre, à lui fournir les possibilités de suivre sa propre route, qui sera certainement hors des chemins battus. Déjà à cette époque César devait savoir par expérience combien ses désirs étaient loin de la réalité et depuis longtemps il avait appris à dissimuler et à attendre. César, voué depuis l'enfance à une carrière pour laquelle il n'était nullement fait et voyant son frère, dont il connaissait l'inaptitude, promis au pouvoir temporel et à la gloire des armes, dut comprendre, au moins vingt ans plus tôt que la majorité des hommes, qu'il était seul et sentir croître démesurément en lui, avec sa vigueur juvénile, une brûlante ambition en même temps qu'un pessimisme glacé. Les rancœurs et les désillusions accumulées peu à peu lui servaient à s'éloigner du monde et à le considérer objectivement; ainsi dans le silence, suprême refuge de ses contrariétés, mûrissait sa jeunesse complexe, dont la sensibilité fut peut-être pervertie en cruauté, et éclairée affreusement par une trop précoce lucidité. Trop tôt César eut connaissance de tout ce qui concernait son père, des grandes et ardentes faiblesses, des passions familiales qui s'allumaient en Alexandre VI : vision qui lui révéla comment il pourrait infailliblement s'imposer et fut pour sa nature un ferment satanique de perversion. La solitude l'attira, il s'y retrancha comme dans une forteresse, avec le courage inhumain de se suffire à soi-même et de se consacrer à l'idolâtrie du pouvoir.

Son ambition le croyait digne d'un trône et cependant on lui

contestait la pourpre cardinalice en vertu d'une loi ancienne inter-
disant de l'accorder aux bâtards, fussent-ils de sang royal. On
en vint, finalement, à trouver un accommodement. Dans la bulle
de légitimation de Sixte IV, César était déclaré fils d'un évêque
et d'une femme mariée, mais les enfants d'une femme mariée
appartenant légalement à son mari, on prouva que César avait
pour père un certain Domenico d'Arignano, officier de l'Église,
qui était alors mari de Vannozza. La légitimité de César étant
proclamée, le pape fit établir une bulle qui, pour remédier à une
naissance sans éclat, lui accordait, par particulière bienveillance,
le droit à porter le nom des Borgia. Cependant ce même jour,
19 septembre 1493, par un procédé qu'il renouvellera quelques
années plus tard, Alexandre VI signait une autre bulle, destinée
à demeurer secrète, par laquelle il revendiquait pour lui-même la
paternité de César.

De ces deux documents sont parties les recherches sur l'ordre de
naissance des deux frères; car dans la seconde bulle Alexandre VI
affirmait clairement qu'après la mort d'Arignano (survenue à la
fin de 1474 ou au début de 1475) Juan était né de sa liaison
avec Vannozza, permettant de conclure que César était l'aîné et
Juan, le cadet. Cependant quelques controverses s'établirent à ce
propos, mais, tout bien pesé, les historiens modernes acceptent
comme véridique la seconde bulle de 1493 et fixent la date de
naissance de César entre 1474 et 1475, et celle de Juan en 1476.
De ce fait établi il ne convient point de conclure, comme certains
le voudraient, que César étant l'aîné n'avait pas motif de jalouser
Juan. Bien au contraire, il faut reconnaître là une raison particulièrement justifiée d'impatience, puis d'aversion, envers celui
qui lui volait ses privilèges d'aîné et raflait tous les bénéfices terrestres dont pouvait disposer le pape. Dans une famille rien ne
blesse davantage les aînés que la préférence donnée aux cadets,
surtout lorsque rien ne peut la justifier. Pedro Luis vivant, tout
était en ordre : à l'aîné des Borgia le fief principal de la famille,
au second le pouvoir ecclésiastique, au troisième, tout comme au
quatrième, un moindre avenir; mais l'interversion des situations
survenue après la mort de Pedro Luis et qui portait un incapable
au premier plan devait être insupportable à César et alimenter sa
jalousie. Déjà la bulle qui le déclarait fils de l'obscur Arignano
devait infliger une cuisante blessure à son orgueil.

Quand tout fut mis au point, le pape réunit à l'improviste le consistoire, le 18 septembre, avec les rares membres qui se trouvaient à proximité et fit approuver en premier lieu le procès en légitimation de César. Se figure-t-on que quelqu'un eût pu faire opposition? En fermant cette parenthèse, le pontife annonça de sa voix sonore et en déployant sa grâce la plus aimable : « Messieurs les cardinaux, rendez-vous libres et préparez-vous : après-demain vendredi, nous élirons les nouveaux cardinaux. »

Tous s'inclinèrent. Il semblait difficile de discuter une proposition faite d'un ton aussi naturel et qui était un ordre. Cependant le cardinal Carafa se leva et demanda courageusement au pape s'il avait bien réfléchi à l'utilité de ces nominations? Il incombait à lui seul, répondit le pontife, de juger d'une telle utilité, et il demeura ferme dans sa détermination, nullement ébranlé par les protestations des plus énergiques, déclarant ne point vouloir pour collègues « de cette sorte de cardinaux que désirait le pape ». « Je leur ferai voir qui est Alexandre VI », disait ensuite Borgia, fort irrité en parlant de ceux qui lui avaient fait opposition, « et s'ils persévèrent, je créerai pour Noël à leur déplaisir autant de nouveaux cardinaux que je pourrai et ils ne me chasseront pas de Rome pour autant. » Après avoir menacé les protestataires, on en arriva aux élections avec la maigre brochette des cardinaux présents : approuvé seulement par onze voix, un groupe de cardinaux fut élu ayant en tête César Borgia, suivi par Alexandre Farnèse, frère de Julie, Hippolyte d'Este, de Ferrare, Lunati, de Pavie, Cesarini, puis un Français, un Espagnol et quelques autres, treize en tout, qui apportaient un bon renfort au pape et affaiblissaient la position des anciens cardinaux. Ces derniers, et particulièrement ceux qui s'étaient abstenus de se rendre à Rome, protestèrent qu'ils ne reconnaîtraient jamais la légitimité des nouvelles nominations; mais, contraints, et sans pouvoir s'en dispenser, d'admettre celle du fils du pape, ils durent en conséquence admettre également celles des autres cardinaux nouveaux et se plier en tous points à la volonté d'Alexandre VI.

Pour le roi Ferrante, de mornes jours avaient succédé aux heureux espoirs de l'été. Durant ses insomnies, le vieux souverain cherchait à comprendre quelque chose aux fluctuants remous de la politique pontificale. Bien qu'il n'ignorât point que l'ambas-

sadeur envoyé par Charles VIII de France à Rome, afin de solliciter l'investiture du royaume de Naples pour son roi, était
reparti les mains vides, il s'inquiétait cependant de la bonne
entente qui lui semblait régner entre le roi et les Sforza. Ascanio
était encore puissant; son déclin, bien que déjà sensible, ne pouvait être perceptible à des yeux éloignés du Vatican.

Le roi de Naples avait chargé son ambassadeur d'offrir au pontife des présents et des privilèges pour Jofré quand il viendrait à
Naples épouser donna Sancia; mais l'ambassadeur avait beau
présenter ces propositions avec toute l'élégance possible, il ne
recevait en réponse que des mots. Par surcroît, César Borgia, que
tous appelaient Valentino ou Valenza en raison de son titre d'archevêque de Valence, entrait en rapports directs avec le principal
ennemi de Naples, Charles VIII; d'autre part, la fortune de la
maison Sforza semblait s'accroître démesurément par le mariage
de Bianca Maria Sforza avec l'empereur Maximilien d'Autriche.
Parmi tant de sombres nouvelles le roi de Naples se mourait
sine luce, *sine cruce*, *sine Deo*, écrit Burckard : inconsolable,
assurément.

A Ferrante d'Aragon, violent et vicieux, mais portant en soi,
tel un roi maudit, quelque chose de splendide et de fatal et qui,
au milieu de ses vices, laissait fleurir l'amour des lettres et des
arts, succédait son fils Alphonse, duc de Calabre, beaucoup plus
rude et grossier que son père, et d'une férocité sans magnanimité.

Cependant, les débuts du règne d'Alphonse II ne furent pas
mauvais. Subitement Alexandre VI, ébloui par les immenses
bénéfices que le roi promettait à ses enfants, lui fut favorable.
Deux ordres furent lancés par le Vatican : l'un enjoignant au
cardinal Jean Borgia d'aller à Naples porter au nouveau roi la
bulle pontificale d'investiture; l'autre avertissant Jofré d'avoir à
se rendre à Naples afin d'y épouser sa princesse. Ils partirent l'un
et l'autre. Le jeune Borgia était accompagné par Virginio Orsini,
capitaine général des troupes d'Aragon, et de sa cour toute neuve
ayant en tête, il va sans dire, un Espagnol, le noble don Ferrando Dixer, promu à la charge de gouverneur. Outre la tutelle
de son fils, le pape lui avait confié une cassette de bijoux pour
Jofré et une autre pour sa future bru.

Sancia d'Aragon ne pouvait être satisfaite, sentiment bien compréhensible, et la raison seule pouvait lui fournir quelques motifs
de consolation. Ses seize ans resplendissaient d'une beauté déjà

réputée. Dans son visage brun couronné d'une chevelure noire, ses yeux glauques devaient être de ces clairs yeux méridionaux qui, entre l'ombre épaisse des cils, ont un singulier et magique pouvoir d'évocation rappelant la mer de Capri sous les rochers violets. La mère de Sancia, une noble napolitaine, madonna Tuscia ou Trusia Gazullo, avait eu du roi Alphonse cette fille et un fils, très beau lui aussi, élevé au palais royal comme fils légitime. Ayant dans les veines l'ardeur d'un tel sang, Sancia se sentait glacée à la pensée de cet époux qu'on lui envoyait de Rome : que peut représenter un garçonnet de treize ans pour une fille de seize ans et surtout pour ces seize ans-là? Sans bâtir d'hypothèses romanesques, on peut se demander quel degré d'intimité Sancia avait eu avec son premier fiancé, Onorato Caetani, neveu du comte de Fondi, et si même elle ne l'avait pas aimé, elle s'était habituée à l'idée d'épouser un homme fait et non point un enfant. Sancia aurait pu mettre en balance avec ses désillusions intimes, des visées ambitieuses, mais elles comptent peu pour une femme au tempérament ardent; aussi accueillait-elle sans doute des pensées plus secrètes de revanche, que n'eussent point manqué de lui suggérer les conseillers qui ne manquent jamais près des puissants de ce monde, si ses sens fort éveillés ne s'en fussent beaucoup mieux chargé.

Frédéric d'Aragon et Alphonse, le frère de Sancia, âgé de quatorze ans, s'en furent à la rencontre de Jofré qui, charmant et gai, ne dut pas faire mauvaise impression même à Sancia, si mal disposée : tous le fêtèrent, il fut traité de pair avec les autres princes royaux et appelé aux noces le 7 mai 1494, au Castel Nuovo, en présence du roi, du prince Frédéric, oncle de la mariée, du cardinal de Monreale, de douze dames et demoiselles entourant Sancia et de quelques membres de la noblesse. A la demande rituelle de l'évêque de Tropea, le jeune époux répondit avec une précipitation enfantine qui amena des sourires, mais ce fut d'admiration qu'on sourit quand apparurent les présents apportés par don Ferrando Dixer : colliers de perles parfaites; bijoux ornés de rubis, de diamants, de perles ovales; quatorze bagues de diamants, rubis, turquoises, de toutes les sortes de pierres précieuses; et puis des pièces de brocart d'or, de soie, de velours choisies par un fin connaisseur. Profondément femme et donc soumise à ses instincts, Sancia à la vue de ces dons magnifiques dut se sentir réconfortée par une vague d'allégresse et d'optimisme : elle n'aimait rien tant qu'être parée pour une fête, exciter l'admiration, la passion, le désir et elle savait que des fêtes elle en aurait autant qu'elle en voudrait et tout d'abord celles du couronnement de son père.

Ce fut une cérémonie vraiment fastueuse : l'imagination la plus férue de symbolisme ne parviendrait jamais à trouver toutes les intentions héroïques, glorieuses, chevaleresques et leur donner l'honneur et le relief en usage à la cour d'Aragon. Chaque objet du couronnement — couronne, plateau, sceptre, épée — avait son cérémonial particulier, que Burckard, venu à Naples dans la suite du cardinal Borgia, jubile de transcrire et décrit avec un pédantisme quasi lyrique. Solennellement et suivant tous les rites Alphonse II fut oint et sacré roi à l'évêché, puis, après la promulgation des indulgences accordées par le pape, il gravit les marches du trône qui lui était préparé, proche du maître autel. Alors apparut près de lui, sur une marche moins élevée, le visage serein sous ses cheveux blancs, Pontano, chargé de prononcer l'allocution royale qu'un héraut transmettait mot à mot à la foule en scandant les syllabes.

Le roi fit ensuite usage de son pouvoir de créer d'un geste les grands et les seigneurs de son royaume. Le premier favorisé était le duc de Gandie; à lui le titre et le rang de prince de Tricarico, à lui le comté de Chiaramonte et celui de Lauria, à lui enfin la charge de lieutenant du roi pour le royaume de Sicile. Puis ce fut le tour de Jofré Borgia, qui s'avança, plia le genou au pied du trône; de son épée gemmée le roi lui toucha l'oreille gauche en prononçant l'antique formule de l'investiture : « Que Dieu et saint Georges fassent de toi un bon chevalier. » Jofré fut fait prince de Squillace et comte de Coriata; il reçut en plus l'ordre de l'hermine : « Plutôt mourir que trahir. » Virginio Orsini, qui avait donné tant de preuves de fidélité — on oubliait pour l'instant celles d'infidélité — fut fait grand connétable du royaume; puis, finalement, ce fut le cortège d'honneur, spectacle pour le peuple rassemblé qui l'attendait.

Le mariage religieux de Jofré eut lieu le 11 mai. Sancia fut conduite par son père à l'autel de la chapelle du Castel Nuovo, où l'évêque de Gravina célébra la messe, qui n'était point des plus simples. L'une des cérémonies était la suivante : après avoir communié, l'évêque baisait le diacre sur la bouche, celui-ci transmettait le baiser à l'époux et ce dernier le donnait à l'épouse.

Quand la messe et la bénédiction furent terminées, on se rendit à un concert de « musique extraordinaire et parfaite en tous points » et ensuite à un long banquet; finalement, les esprits étant échauffés et le soir venu, Jofré s'en fut dans sa nouvelle demeure située à quelques pas du Castel Nuovo pour y attendre sa femme, qui peu après arriva en compagnie du roi et du cardinal Borgia, puis, avec elle, il gagna la chambre nuptiale.

Alors les dames et jeunes filles formant l'escorte de Sancia préparèrent de leurs mains le scénario de la cérémonie nocturne — et l'on veut espérer que cette fonction était dévolue aux plus âgées. Elles dévêtirent non seulement Sancia, mais également Jofré, les mirent l'un et l'autre au lit en leur découvrant la poitrine jusqu'à la taille, selon les prescriptions du cérémonial. A ce moment entrèrent le roi et le cardinal de Monreale tandis que les dames se retiraient, et ces deux grands personnages se divertirent alors, suivant la coutume du temps, à cribler de plaisanteries les deux époux et à admirer combien « le prince était gracieux et entreprenant... et je payerais cher pour que les autres le vissent comme moi je l'ai vu », déclarait le cardinal Borgia. L'aube allait poindre quand, la couche nuptiale étant bénie, le roi et le légat s'en allèrent sous une pluie battante.

En ce même temps un autre époux de la maison Borgia commençait à se sentir inquiet. Deux mois de comédie matrimoniale lui avaient sans doute semblé longs, puisqu'il avait volontiers saisi le prétexte de la peste qui sévissait à Rome durant l'été de 1493 pour demander licence au pape de regagner sa côte adriatique : l'ayant obtenue, il partit le 2 ou 3 août, laissant la petite Lucrèce seule au palais de Santa Maria in Portico. Ce mariage semblait tourner mal, du moins économiquement, étant donné qu'au début de septembre il demandait à son beau-père une avance de 5 000 ducats, alléguant qu'il devait régler les dépenses faites pour les préparatifs de son mariage. Cette lettre avait fourni motif à de longs entretiens entre le pape et le cardinal Sforza; « *super hoc ad longum locuti sumus cum dilecto filio nostro Ascanio,* » écrivait Alexandre VI à son gendre le 15 septembre 1493; d'un commun accord ils avaient décidé que vers le 15 octobre, quand l'air serait redevenu plus léger et plus salubre, le comte de Pesaro devrait revenir à Rome pour devenir en fait, et non plus seulement nominalement, le mari de Lucrèce. « *Convenimus quod, postquam X aut XV die futuri mensis octobris, quando aer erit frigidior et salubrior, ad nos venturus es pro totali consumatione matrimoni cum eadem uxore tua.* » Alors on lui verserait non seulement 5 000 ducats, mais les 30 000 de la dot et le pape pourvoirait au mieux à son apanage : qu'il réponde immédiatement. Cette lettre du pape, connue de Feliciangeli, mais publiée ici pour la première fois, se trouve sur un parchemin originaire d'Urbin dans les archives de Florence et révèle sans le moindre doute que Lucrèce et son mari avaient jusqu'alors vécu en simples fiancés. Il est probable que la petite épouse, bien que déclarée apte au mariage par le contrat nuptial, n'était cependant pas suffisamment mûre encore pour la vie conjugale. A travers ces lignes, qui semblent claires, on ne peut cependant s'empêcher de penser qu'un message plus discret, voire même secret, eût suffi à informer Sforza des possibilités d'un mariage effectif. Même si le pape voulait donner au retour de son gendre la signification d'une reconnaissance officielle de son titre marital, devait on faire miroiter à ses yeux l'assurance du paiement de la dot comme s'il s'agissait d'un appât, d'un prix? La suite fut pire. Cette invitation explicite, à laquelle tout homme eût souscrit pour remplir ses obligations et élucider sa propre position, ne fut pas retenue par Sforza, qui continua de vivre à Pesaro et ne prit la route de Rome que le 10 novembre. Les familiers du Vatican savaient fort bien alors que Sforza venait « rendre ses devoirs à Sa Sainteté et s'établir complètement en la compagnie de son illustre épouse ». Mais de ce retour nul ne peut témoigner. Bien sûr, c'était une fête intime; pas tellement une fête pour l'époux peut-être, puisque après Noël il retourna à Pesaro et ne se décida qu'à la fin de janvier à mettre fin à ses allées et venues pour se fixer près de sa femme au palais de Santa Maria in Portico.

Ce qui est évident, c'est que Jean Sforza souffrait d'un complexe d'infériorité dans une dure époque. Entre la crainte du pape et la crainte de ses parents de Milan il tremblait à tout vent de discorde et se sentait soulagé par le moindre signe d'amitié entre eux; avec son autorité précaire de prince consort, qu'il n'avait pas assez d'arrogance pour affirmer et soutenir, sa situation, qui pouvait sembler splendide, était en réalité assez mesquine.

Quant à Lucrèce, qui pourrait dire ce qu'était pour elle la vie

conjugale, si difficile à pénétrer, mystérieuse entre toutes? Plus
tard, certains affirmeront que l'accord des deux époux ne paraissait pas douteux et feront état des marques d'estime données
publiquement par la jeune femme à son mari, qui pouvaient
cependant n'être qu'un tribut rendu par Lucrèce au respect qui
lui était témoigné et auquel elle était très sensible. Mais, quelles
que fussent les nuits de l'épouse, les journées de la comtesse de
Pesaro étaient remplies par les fêtes, les festins, les cérémonies.
Entre les murs du palais de Santa Maria in Portico s'agitait une
cour intrigante où fréquentaient les ambassadeurs et les gentilshommes chargés de traiter les affaires de leur prince : « La
plupart de ceux qui veulent ici [du pape] obtenir une grâce passent
par cette porte, » disait un chroniqueur. Lucrèce possédait des
cassettes pleines de suppliques et de mémoires, Adrienne et Julie
avaient les leurs : satisfaites, les trois femmes vivaient ensemble
et en bon accord, jouissaient sans rivalité des faveurs du pontife,
qui jamais ne les oubliait et partageait avec elles les dons exquis
adressés au Vatican.

A Santa Maria in Portico, Julie habitait avec Lucrèce et avec
Adrienne, sa belle-mère; elle avait près d'elle sa petite fille Laure,
âgée de deux ans, dont on attribuait la paternité à Alexandre VI
et pour laquelle on établissait déjà des projets de mariage dans
l'espoir que le pape penserait à la doter richement; on verra
plus tard et par le témoignage du pape lui-même combien cette
paternité est douteuse. Déjà la beauté de Julie était légendaire
parmi les peuples et les contrées. Tous les biographes réfèrent
la description que fit d'elle son beau-frère Lorenzo Pucci dans
une lettre adressée à son frère Giannozzo, où il parle aussi de
Lucrèce : « J'allai au palais Santa Maria in Portico pour y voir
Mme Julie; je la trouvai qui s'était lavé la tête, près du feu, avec
Mme Lucrèce, fille du Saint Père, et Mme Adrienne... Mme Julie
a engraissé et elle est très belle; en ma présence elle dénoua sa
chevelure, qui lui tombe jusqu'aux pieds, et fit coiffer ses magnifiques cheveux; elle se couvrit ensuite d'un voile très fin, puis
d'une impalpable résille dont les côtés étaient d'or, en sorte
qu'elle paraissait un soleil... Elle portait un vêtement à la napolitaine, de même que Mme Lucrèce, mais cette dernière au bout
d'un moment alla l'ôter et revint avec une veste doublée presque
complètement de satin violacé. »

Au milieu de l'année 1494, la tribu complète des femmes s'ap-

prêtait à quitter Rome pour accompagner Lucrèce dans son fief
de Pesaro. Jean Sforza vivait dans les affres à cause de la politique napolitaine, donc antimilanaise et antifrançaise, que le pape
semblait vouloir suivre. Il paraissait évident qu'Alexandre VI
était fidèle au roi Alphonse et cherchait de son mieux à persuader le roi de France d'abandonner son projet de conquête du
royaume de Naples. Mais Charles VIII avait de tout autres intentions et avait déjà en mars informé le pape par écrit de sa ferme
intention de s'en venir en Italie pour conquérir ledit royaume :
il logerait alors au Vatican ou, plus exactement, s'y installerait.
Alexandre VI tentait encore par d'habiles manœuvres d'endiguer
ces envahissants projets quand advint le fait nouveau et définitif :
Julien de la Rovère, détaché du parti napolitain et de la maison
d'Aragon et gagné à la cause française par le cardinal Ascanio
Sforza, avait quitté sa forteresse d'Ostie pour s'embarquer et
rejoindre sa légation d'Avignon, c'est-à-dire pour se rendre en
France.

Le passage de la Rovère du parti napolitain au parti milanais
et son arrivée à la cour de Charles VIII furent décisifs : à travers
les paroles imprudentes du cardinal, le roi de France entrevit clairement les facilités de conquête qui s'offraient à lui, les désordres
qui régnaient en Italie, les faiblesses irrémédiables du royaume de
Naples, et il donna l'ordre de rassembler l'armée. De son côté,
le pape organisait la résistance; le gendre, épouvanté de ces préparatifs guerriers, sentait, malgré les apaisements donnés par son
beau-père, le sol de Rome se dérober sous lui. La peur rend parfois les timides ivres de témérité; c'est ainsi que Jean Sforza,
tous les jours présent au Vatican, ne se lassait pas de demander
ce qu'il adviendrait de lui et de sa famille durant le conflit et
comment il pourrait s'en tirer personnellement, étant à la fois
parent et capitaine stipendié des souverains milanais et gendre du
pape. Il se lamentait tant de la situation qu'un jour Alexandre VI,
impatienté de tant d'interrogations, lui répondit en l'accusant de
vouloir devancer ses décisions. Jean se tut, mais les approches de
l'avalanche française lui faisaient souffrir mort et passion, hors
de sa coquille, comme il l'était depuis son départ de Pesaro. Finalement, conseillé peut-être par plus malin que lui, il usa d'une
feinte et fit remarquer au pape que le moment était venu de présenter aux gens de Pesaro leur nouvelle comtesse, attendue et
désirée par tous ses sujets : motif trop flatteur et trop légitime

pour que le pape ne l'accueillît point sur-le-champ, d'autant plus
que la peste exerçait en ville de nouveaux ravages. Lucrèce eut
donc congé de partir, mais accompagnée de Julie Farnèse et
d'Adrienne Mila, soit pour que Pesaro ne lui parût point un lieu
d'exil, soit pour les éloigner toutes trois de la contagion, soit
pour tous autres motifs concordant avec les précédents et les ren-
forçant. Une nombreuse escorte de jeunes filles et de dames les
suivaient, parmi lesquelles Lucrezia Lopez, fille du Dataire, et
l'espagnole Juana Moncada, cette dernière spécialement attachée
à Julie Farnèse. Le pape salua les femmes avec tendresse, mais
c'est avec Adrienne qu'il eut l'entretien le plus important et le
plus significatif : avec elle il arrêta les instructions concernant le
voyage, l'époque et les modalités du retour, qui devait avoir lieu
dans le courant de juillet. Le 31 mai, les trois dames et leur suite
quittèrent Rome.

Le voyage fut long, mais non, certes, ennuyeux étant donnés
les caractères de la belle Julie, de l'aimable Lucrèce et de l'ardente Adrienne. A travers les campagnes de l'Ombrie et de la
Marche, le cortège atteignit la contrée boisée de Fossombrone,
sur les terres du duc d'Urbin, où brillait comme une douce étoile
l'humanisme de Guidobaldo de Montefeltro et la pâle et héraldique beauté de son épouse Élisabeth de Gonzague. Ni les souverains, ni leurs familiers ne se rendirent à la rencontre de la
fille et du gendre d'Alexandre VI, craignant peut-être l'épidémie
romaine, mais ils firent préparer par leurs sujets un aimable
accueil; finalement, le 8 juin, les quatorze ans de la comtesse de
Pesaro firent leur entrée dans la cité maritale, décorée triomphalement, grouillante d'une foule curieuse qui attendait de grandes
faveurs par l'intermédiaire de cette puissante dame. Ce fut toutefois une désastreuse journée : pluie de printemps et bourrasques
tombèrent sur le cortège, éteignirent le scintillement des ors et
des argents, mirent en déroute l'élégance des beaux atours. Entre
deux averses, la comtesse et sa suite, trempées et glacées, passèrent en hâte, quelques fleurs furent jetées, aussitôt maculées de
boue, mélancolique symbole des sacrifices sans gloire. Parvenue
au palais, la comtesse se retrancha dans sa chambre, fit allumer
les feux et ouvrir ses coffres; dans le désordre et l'humidité « ce
soir-là on ne s'occupa de rien d'autre que de se sécher », écrivait
le lendemain Jean Sforza à son beau-père en lui relatant l'arrivée
à Pesaro. N'importe : dès le lendemain le soleil luit dans un

ciel lavé, les femmes éprouvent l'excitation légère des vacances, elles acceptent tout un programme de bals, de spectacles, et se divertissent à ébaubir le public provincial par le luxe de leurs vêtements.

Catherine Gonzague de Montevecchio, fière de sa progéniture et célèbre par sa beauté, participe aux fêtes; les nobles dames locales ne sont pas à redouter, mais cette belle Lombarde cause quelques préoccupations à Julie et à Lucrèce. Faudra-t-il partager avec elle les honneurs du triomphe? Les deux jeunes femmes sortent leurs plus riches atours, se parent comme des châsses, se conseillent mutuellement, s'admirent, aidées d'Adrienne, qui, elle, est en dehors de la compétition. Quand Jean Sforza vient les chercher, habillé lui aussi d'un vêtement d'étoffes précieuses, ils sont tout à la joie de se contempler tous les trois et d'escompter leur prochain succès mondain. Julie notera ensuite : « Il semblait que nous eussions dépouillé Florence de tous ses brocarts et tous les assistants en étaient stupéfaits. » Une grande foule participait à la fête, les nobles dames du lieu furent présentées, Catherine Gonzague s'avança et, tout en la complimentant et feignant de lui témoigner un intérêt superficiel, Lucrèce et Julie entre une danse et une conversation l'examinent attentivement. Belle? Lucrèce sourit intérieurement et regarde Julie, qui lui répond par un furtif signe de connivence. Le jour suivant, Lucrèce écrit au pape : « Je parlerai quelque peu de la beauté de Catherine Gonzague à Votre Béatitude, qui certainement n'en ignore pas la grande renommée. Elle est plus grande que Mme Julie de six doigts, elle a une belle corpulence, la peau blanche, de belles mains, c'est une belle personne, mais elle a une vilaine bouche et des dents affreuses, de gros yeux blancs, le nez plutôt laid, une vilaine couleur de cheveux, un visage long, assez masculin, elle s'exprime bien et avec aisance; je l'ai regardé danser, mais elle ne m'a guère plu; enfin en tous points, *presentia minuit famam*. » Voici Catherine passée à l'histoire sous un aspect moins séduisant, mais plus critique, que celui sous lequel elle-même décrivait Lucrèce dans une lettre adressée au pape vers le même temps : « Elle est toute intelligence et originalité avec des manières souveraines et de grande dame. »

Quant aux spectateurs, Lucrèce occupant la première place par l'honneur dû à son rang, les uns tenaient pour la Romaine, les autres pour la Lombarde. C'est à cette bataille de cour que nous devons un bref portrait de Julie, inédit et très précieux, car il nous dépeint son genre de beauté avec ses couleurs exactes. Il nous vient d'un docteur apostolique, Jacopone Dragoni, quelque peu humaniste comme ils l'étaient tous alors, qui, après les fêtes de Pesaro, écrivait à San Lorenzo, dans les Marches, une lettre à son « patron » César Borgia, lui décrivant cette anodine compétition. Il disait entre autres choses : « Un teint brun, des yeux noirs, un visage rond et une certaine ardeur *(quidam ardor)* sont les attraits de Julie, » au contraire du teint blanc et des yeux bleus de Catherine Gonzague.

En même temps Julie expédiait à Rome une lettre dont l'adresse, un peu bien mondaine pour un pontife, portait : « A mon unique seigneur » et qui fut découverte, puis publiée, de même que celle de Lucrèce, par Pastor. Elle aussi raconte les fêtes et réceptions sur un ton de fausse modestie plein de coquetterie. Que le pape soit rassuré, assure Julie, sa Lucrèce est très bien mariée et se conduit à merveille, Pesaro est une ville encore plus évoluée que Foligno, tous sont attachés aux Sforza; on ne cesse de danser, de chanter, de faire de la musique, de se masquer. Mais que le pontife ne croie pas que Julie et Adrienne soient pour autant à la joie : hélas! « Votre Sainteté est absente et comme tout mon bien et toute ma félicité dépendent d'Elle, je ne puis trouver nul plaisir, ni satisfaction à goûter de tels plaisirs, car là où est mon trésor, là est mon cœur. » Y avait-il quelque ridicule et quelque irrévérence à appeler un pape « mon trésor »? Pas plus qu'Alexandre VI, elle n'y pensait un seul instant. « Tout est vain, sauf demeurer aux pieds de Votre Sainteté, et celui qui dirait le contraire serait bien stupide, » ajoute-t-elle. Et encore : « Que Sa Sainteté ne nous oublie pas et, après nous avoir enfermées ici, nous fasse revenir bientôt, qu'en attendant Elle nous écrive quelquefois et se souvienne de ma très fidèle servitude ». La lettre de Julie se poursuit en remerciant le pape des nouvelles faveurs accordées à son frère, le cardinal Farnèse. Puis, « pour ne pas l'ennuyer, » elle le quitte. Il s'agissait bien de l'ennuyer! Alexandre VI lui répond avec feu que plus ses lettres sont longues et détaillées, plus elles lui sont agréables, puisque la lecture en dure plus longtemps : ces lignes qu'à vingt ans tous ont adressées ou reçues tombent ici d'une plume de soixante-deux ans!

Julie avait, elle aussi, décrit Catherine Gonzague dans une

lettre qui ne nous est pas parvenue, mais si, malicieusement, elle n'avait fait que louanger sa rivale, le pape, comprenant cette coquetterie, lui répondait : « Dans ta complaisance à décrire les beautés de cette personne, qui ne serait pas digne de dénouer les cordons de tes souliers, nous voyons que tu t'es comportée avec grande modestie et nous savons pourquoi tu l'as fait : c'est que tu n'ignores pas que chacun de ceux qui nous ont écrit assurent que près de toi elle semblait une lanterne comparée au soleil. Quand tu la décris très belle, nous mesurons ta propre perfection, qu'en vérité nous n'avons jamais mise en doute, et nous voudrions que, de même que nous savons cela clairement, tu fusses attachée totalement et sans partage à la personne qui t'aime plus que toute autre au monde. Et quand tu auras pris cette détermination, si ce n'est déjà fait, nous te reconnaîtrons aussi sage que parfaite. » Amour et jalousie : quel rival empêchait Borgia de posséder Julie « totalement et sans partage », on ne nous le dit pas, mais la suite des événements fait supposer qu'il s'agit du propre mari de Julie, Orsino Orsini, relégué à Bassanello dans un exil auquel il ne se résignait pas.

« Je recommande Orsino à Votre Sainteté, » écrivait précisément de Pesaro et presque en même temps Adrienne Mila, qui, elle aussi, envoyait une lettre pleine d'assurances affectueuses où elle protestait qu'elle ne pensait qu'à vivre « à l'ombre » du pape. Le rôle d'informateur était rempli par Francesco Gaçet, chanoine de Tolède, très informé des secrets du Vatican et qui avait assisté au mariage de Julie avec Orsino Orsini. Il avait les complaisances requises par sa fonction, il était débrouillard, subtil, habile à débrouiller par l'exercice de la logique les caprices et les enchevêtrements féminins. On comprend que les femmes fissent grand cas de lui : « Parce que je le connais comme l'esclave très affectionné de Votre Sainteté et aussi à cause de ses vertus et de sa façon d'agir envers nous, je me vois portée à le recommander instamment à Votre Béatitude, afin qu'elle veuille reconnaître par quelques bienfaits son très fervent attachement, » écrivait chaleureusement Lucrèce à son père.

Gaçet était donc l'informateur du pape : dommage que presque toutes ses lettres soient perdues. Le pape ne se trouvait jamais suffisamment informé et il n'écrivait pas une lettre sans se lamenter sur la négligence et la paresse dont témoignaient ces dames envers lui. On peut imaginer dans quelle angoisse il fut lorsqu'en juin 1494 se répandit dans Rome la nouvelle que Lucrèce était mortellement malade. Alexandre VI, ému au plus profond de sa fibre paternelle, expédia lettres et messagers rapides à Pesaro jusqu'à ce qu'une lettre autographe de Lucrèce lui racontant sa maladie le vînt, enfin, rassurer. Il lui répondit aussitôt tendrement : « Lucrèce, mon enfant chérie, tu viens de nous faire passer quatre ou cinq douloureuses journées, pleines de graves angoisses, en raison des nouvelles cruelles circulant dans Rome, assurant que tu étais morte ou tellement malade qu'il ne subsistait aucun espoir de te sauver. Tu peux penser à la suite de ces rumeurs quelle douleur ressentait notre âme dans l'immense amour que nous te portons plus qu'à aucune autre créature en ce monde; et aussi longtemps que nous n'avons point reçu la lettre tracée de ta main, bien que la mauvaise écriture prouve que tu n'es pas guérie, jamais nous ne nous sommes senti l'esprit en repos. Remercions Dieu et la glorieuse Notre-Dame, qui t'ont sauvée de tout péril, et sois certaine que je ne serai pas satisfait tant que je ne t'aurai pas vue personnellement. »

Pour hâter le retour à Rome et régler les affaires de Sforza, qui tournaient au pire, le pape proposa à sa fille que le comte de Pesaro abandonnât le service des Milanais, peu exacts dans leurs payements et qui le seraient moins encore à l'avenir; « car l'État milanais, nous voyant alliés du roi Alphonse et sachant que Jean, étant donné ce qu'il est pour nous, n'a rien d'autre à faire qu'exécuter notre volonté, ne voudra pas lui donner son argent. » Qu'il prenne donc le commandement d'une brigade napolitaine et avertisse le pape sans délai de sa décision. C'était un mauvais moment pour le seigneur de Pesaro : il était bien exact qu'il dépendait d'Alexandre VI comme feudataire et comme gendre, mais il était vrai également que le pape ne se rendait pas suffisamment compte des liens qui l'unissaient intimement à sa famille de Milan, dont il ne pouvait se résoudre à abandonner la cause. Entre ces alternatives, Sforza ne sut que choisir une solution vile : accepter le commandement d'un régiment napolitain avec la solde y afférente et jouer en même temps le jeu périlleux d'informer les Sforza de Milan sur les forces et les mouvements de l'armée dans laquelle il combattait. Il s'agissait là plus que d'espionnage, mais bien de haute trahison, passible de mort suivant la loi martiale de tous les temps et de tous les pays. Sforza tremblait de peur en agissant de la sorte, comme en témoignent ses lettres; dans l'une d'elles, en effet, du 2 août 1494, après avoir informé Ludovic le More qu'il avait exactement renseigné son envoyé, Raimondo de Raimondi, sur le mouvement des troupes du duc de Calabre en Romagne, il ajoutait que s'il transpirait la moindre chose de ces confidences il se trouverait en grave danger, maintenant surtout que le pape l'avait pris à sa solde.

Lucrèce ne dut rien soupçonner de ces manœuvres et si, comme il est probable, le pape en eut quelque soupçon, il ne lui parut jamais opportun de le manifester sinon par quelques allusions. Malgré les préoccupations de l'imminente invasion française, le pape continuait d'éprouver si vivement la nostalgie de ses femmes qu'il écrivait à Adrienne Mila de hâter, s'il lui était possible, leur retour à toutes. « Mme Nièce » devait aussi s'informer dis-crètement si Jean Sforza avait l'intention de regagner Rome. Le pape écrivait : « Si jusqu'à présent il ne vous a rien dit de ses projets, agissez, ainsi que messire Francesco [Gaçet], avec pru-dence et discrétion, de la façon qui vous semblera convenable, afin de sonder sa pensée. Si Jean accepte que Lucrèce vienne avec vous tandis qu'il restera à Pesaro pour exercer ses troupes et garder la ville et son propre État, surtout à présent que les Français arrivent par terre et par mer, j'écrirai alors avec plus d'instance à votre sujet, car il ne me paraît pas souhaitable que dans les temps actuels vous vous trouviez à Pesaro, étant donnée la multitude d'hommes d'armes qui se rassemblera dans cette contrée. » Alexandre VI attendait anxieusement la réponse d'après laquelle il aurait modifié la date et la durée d'un voyage aux environs de Rome, où il devait rencontrer le roi de Naples : ce fut l'importante entrevue de Vicovaro, qui, le 14 juillet 1494, noua le pacte d'alliance entre le pontife et Alphonse II.

Il est probable que cette lettre, datée du 8 juillet, ne parvint même pas jusqu'à Adrienne, ou, si elle y parvint, elle fut lue dans un esprit qui n'était alors ni de complicité, ni d'obéissance. Durant ces premiers jours de juillet, Julie recevait lettre sur lettre de Capodimonte, son pays natal, lui annonçant que son frère Ange, chef de la famille Farnèse, était gravement malade et que, sentant sa mort prochaine, il priait sa sœur, par l'entremise du cardinal Alexandre, de venir immédiatement si elle voulait le revoir vivant. Julie décida aussitôt de partir; mais cette décision devait contrecarrer les dispositions et ordres pontificaux, car l'idée de ce voyage parut contrarier vivement Lucrèce et son mari, qui, par tous les moyens, tentèrent de l'en dissuader : ils ne réussirent qu'à obtenir un court répit dans l'attente de nouvelles précisions, celles-ci plus graves que les précédentes. Julie ne voulut plus rien entendre, pas même le rappel de l'autorité du pape invoquée par Lucrèce : emmenant avec elle Adrienne Mila, Francesco Gaçet et une petite escorte, elle se dirigea en hâte, à l'aube du 12 juillet, vers le lac de Bolsena.

A l'annonce de ce départ, dont le motif était pourtant bien légitime, Alexandre VI entra dans une étrange fureur. Du Vatican, Lucrèce et son mari reçurent de sévères reproches pour avoir permis le départ des deux femmes. Comme Jean Sforza était alors à Urbin en train d'épier le duc Guido de Montefeltro et les forces aragonaises placées sous son commandement, ce fut Lucrèce qui répondit en racontant ce qui s'était passé; mais cette lettre, qu'elle n'avait pu écrire elle-même à cause d'un bras malade, n'eut pas grand succès près du pape. Il discerna tout : négligence, duperie, fausses nouvelles, différentes d'ailleurs de celles que, dans une autre lettre, Lucrèce elle-même envoyait à César Borgia, et par-dessus tout un défaut d'amour filial, car elle ne marquait aucun désir de revenir près de son père. Le bref apporté à Pesaro par Lelio Capodiferro, autre initié aux secrets des Borgia, était accompagné d'un message verbal plus sévère encore et plus détaillé, fait pour causer à Lucrèce une « très grande mélancolie ». Les rapports avec un père aussi ombrageux dans ses affections étaient, on le voit, fort difficiles. Lucrèce s'excusa sur un ton gracieuse-ment raisonnable; elle faisait remarquer qu'il ne fallait point s'étonner si les deux lettres étaient dissemblables, l'une ayant été écrite par un chancelier, dont le style, évidemment, n'est pas celui d'une femme. Que le pape confronte avec sang-froid cette lettre avec celle adressée à César et il se convaincra qu'elles ne diffèrent en rien, qu'il demeure assuré de son affection puisqu'elle ne désire rien « sinon de demeurer aux pieds de Votre Béatitude, ce dont je la supplie humblement et de toutes mes forces de me rendre digne, car je ne me contenterai pas que je n'y sois par-venue ». Douceur et caresses, voici dompté le taureau Borgia. Inutile de dire que Lucrèce, aussitôt pardonnée, fut réintégrée dans toutes les bonnes grâces du pape.

Il en fut autrement pour Julie : à Capodimonte elle avait assisté et soutenu dans son agonie son frère Ange et réconfortait dans sa douleur la veuve, Lella Orsini, qui, quelque temps plus tard, devait prendre le voile chez les Murate, à Florence. Mais, son devoir fraternel accompli, Julie ne manifestait aucune intention de quitter sa terre, où elle demeurait, prisonnière volontaire, en compagnie de sa mère, de sa sœur, Girolama Farnèse Pucci, du cardinal Alexandre, d'Adrienne Mila et de Francesco Gaçet, sans écouter le pape qui l'appelait à Rome. On ignore ce qui l'incitait à adopter une conduite aussi contraire à son attitude et à ses lettres du mois précédent : raison politique, a-t-on allégué; mais laquelle, puisqu'à ce moment les Orsini étaient les plus fidèles alliés du roi de Naples et du pape? Ce fait n'est pas d'une interprétation aussi simple que le voudrait Pastor. Inutile de nier qu'il y a là un heurt de passions, que la politique renforce peut-être, mais ne suffit pas à justifier, et que, pour la première fois, nous tenterons ici d'éclairer.

*
* *

Entre Orte et Viterbe, inclinant vers le nord-est en direction d'Orte, se trouve Bassanello, fief des Orsini, pauvre bourgade d'une antique origine militaire, posée sur une médiocre colline comme sur un socle. Raison première et défense du lieu, le beau château, dont le plan quadrangulaire est arrondi aux angles par ses tours lisses et robustes, domine la pierraille des maisons et témoigne avec l'église romane au clocher ajouré par six étages de lucarnes, et avec les murailles d'enceinte médiévales, d'un passé où l'on a combattu et souffert plus pour d'impératives ambitions que pour la bonne récolte et la vie aisée du troupeau. Sous les hautes fenêtres du château se déploie la solennelle majesté de la vallée, où coule le Tibre, dans un silence peuplé de mythes. Au delà du regard s'allongent les routes par lesquelles, en cet automne troublé de 1494, Orsino Orsini guettait les arrivants, soit qu'ils vinssent par le nord de Capodimonte, soit de Rome par le sud.

Ces amours nouées entre le pape Borgia et Julie, connues de l'Italie depuis deux ans au moins, Orsino ne pouvait plus en supporter le poids, accablé qu'il était par la prépotence écrasante du pape, et maintenant il se rebellait, le moment étant bien choisi. Comme à tous les Orsini combattant avec un fort détachement pour le service du roi de Naples, allié d'Alexandre VI, il lui avait été commandé depuis le début de septembre de se porter en Ombrie avec ses troupes afin de rallier le camp aragonais du duc de Calabre. Comme Julie était alors à Capodimonte, sous la protection de son frère le cardinal et en compagnie de Mme Adrienne, on aurait pu croire qu'il pouvait être tranquille; mais tout au contraire il n'en fut pas ainsi, car il apprit par un de ses informateurs qu'Alexandre VI s'employait à faire venir Julie à Rome, si bien qu'arrivé à Città di Castello Orsino, feignant d'être malade, envoya ses soldats en avant et s'arrêta sur place, soi-disant pour se soigner. Puis, muet et furieux, couvant sa rage, il se dirigea vers sa demeure.

Orsino enraciné à Bassanello, c'était pour le pape un sérieux obstacle moral au voyage de Julie du château de Capodimonte à Rome, car non seulement Alexandre VI avait le respect des apparences, mais encore, sans renoncer à ses désirs, il cherchait à obtenir par l'intermédiaire d'autrui la reddition des positions convoitées; cependant il savait que dans un moment aussi délicat, alors que le roi de France arrivait en Italie avec l'intention, suggérée par les nombreux ennemis du pape, de le déposer du siège pontifical, les scandales ne le serviraient pas. Ce qu'il fallait, c'était faire souscrire à ses volontés Orsino ou tout au moins le cardinal Farnèse, frère de Julie.

Au début d'octobre, ayant abandonné toute idée de campagne militaire, Orsino s'était terré à Bassanello, où, mise en balance la protection des murailles de son château avec la lointaine autorité pontificale, il lui sembla pouvoir tenir le coup et oser se rebeller. Il fit savoir à sa mère, à sa femme et au cardinal Farnèse qu'il voulait à tout prix voir Julie quitter Capodimonte pour Bassanello; sinon, il remplirait le monde de scandales, dût-il y perdre tous ses biens et mille fois sa vie. Bien que les forces de celui qui tenait un tel langage ne fussent pas suffisantes à le soutenir, le cardinal Farnèse était soucieux et Adrienne Mila, qui ne pouvait oublier qu'elle était la mère d'Orsino, se sentait inquiète et ménageait peut-être un certain accord entre son fils rebelle et le tempérament doux et voluptueux de Julie. Cette dernière, à Capodimonte, était avertie des foudres maritales par le frère Teseo Seripando, l'un des plus fidèles conseillers d'Orsino, qui déclarait dans ses lettres que ses informations avaient pour but le bien commun des deux époux : manière habile d'excuser son espionnage. « Je vois que le seigneur Orsino a l'esprit très agité et éprouve grand déplaisir de votre éloignement persistant, et parmi tous ces phantasmes il pense que vous vous rendrez plus vite à Rome que près de lui, mais si vous commettiez une semblable erreur lui, de son côté, la combattrait, dût-il y dépenser mille vies, s'il les possédait, et tout son avoir; je le vois en grande fureur et il fait des choses étranges. Moi, pour l'obligation que j'ai envers vous deux, je cherche à le calmer et à le détourner de ces projets : cela ne sert de rien et il soutient que quand le monde entier s'en mêlerait, si vous allez à Rome, au lieu de venir ici, il se démènera comme un diable. »

Les diableries d'Orsino s'exprimant sans contradiction et étant de celles qui trouvent leur aliment en elles-mêmes ne cessaient de croître, mais d'autre part croissait également l'insistance de Borgia à réclamer Julie, à tel point que le cardinal Farnèse, honteux de cette invraisemblable histoire, dépêcha Mme Adrienne à Rome afin qu'elle tentât de sauver quelques bribes de l'honneur des Farnèse. Elle ne sauva rien du tout et dut retourner à Capodimonte le 14 octobre, « lasse Dieu sait combien, » avouait-elle, et apportant l'inflexible réponse de Borgia : Julie à Rome.

Le cardinal Farnèse eut alors un mouvement d'indignation spirituelle et se refusa à satisfaire les désirs du pape : le futur Paul III, que Pasquino avait qualifié de cardinal des jupons et dont il avait paraphrasé le nom en termes obscènes, avait une dignité foncière qui, bien que recouverte par les intérêts et les ambitions, répugnait à d'aussi viles complicités. Déjà, quelques jours plus tôt, il avait écrit au pape qu'il le servirait toujours filialement « dans les choses possibles ». Cette fois, il fit savoir à Alexandre VI, non de sa propre main, mais par l'intermédiaire d'Adrienne Mila, qu'il était disposé à tout faire pour lui, sauf ce qui lui était demandé : « Ce serait une honte pour son propre honneur de souscrire à une faute aussi grave, qui aboutirait à la rupture avec Orsino *pour une chose pareille et aussi ouvertement.* » Ces mêmes choses étaient référées le même jour par Francesco Gaçet, qui continuait à suivre Julie comme son ombre et à la surveiller pour le compte de son patron. Se dresser contre Orsino, disait Gaçet, compterait peu pour le cardinal s'il s'agissait du service de Sa Sainteté, mais non point pour un motif qui ferait jaillir le scandale et l'infamie sur sa propre maison. Ne serait-il pas plus expédient de convoquer le mari de Julie à Rome en présence de Virginio Orsini et de lui intimer l'ordre de rejoindre l'armée? La chose serait d'autant plus facile que les Orsini sont actuellement acquis au pape : Orsino parti, la route des femmes sera libre, mais pour Dieu, qu'il agisse vite car, de Bassanello, les sollicitations deviennent des injonctions et bientôt on ne pourra plus trouver d'excuses pour s'en tirer.

Pendant ce temps, Alexandre VI avait envoyé un archidiacre, peut-être Pietro de Solis, porteur d'un bref fort explicite ordonnant à Orsino de laisser sa femme partir pour Rome, mais, parvenu à Capodimonte, l'archidiacre y fut retenu puis renvoyé à Rome. Le 19 octobre, il fut suivi par l'Espagnol Navarrico, autre confident des secrets Borgia, muni des lettres d'Adrienne, de Francesco Gaçet et de Julie. Ces lettres montraient le cardinal ferme dans sa volonté d'éviter la ruine morale de sa maison et refusant de laisser sa sœur partir pour Rome contre la volonté de son mari; Adrienne, tout en se disant affligée, ne voyait pas comment résoudre la situation et Julie s'en tirait avec une cabriole féminine qui lui seyait fort bien. Irritée par ces contestations, elle pouvait aussi être intriguée et touchée par l'ardeur de ce mari qui, trahi par tous : mère, femme, famille et jusqu'à son conseiller privé, s'était décidé à résister à un ennemi de cette envergure. Si vraiment elle était, ainsi qu'on le disait, une femme douce et sensible, le don de sa beauté devait lui paraître mieux mérité par le courage que par l'abus de pouvoir et puis peut-être éprouvait-elle cette légère fièvre de révolte qui, au moins une fois dans sa vie, pousse une femme à accomplir sa propre révolution? Le fait est qu'elle déclara au pape que sans le consentement de son mari elle ne quitterait pas Capodimonte.

Par delà les feuillets reçus entre le 19 et le 20 octobre, le pape voit les positions liées de ses adversaires s'opposant à son désir exaspéré, mais, au lieu de diminuer, celui-ci s'enflamme davantage encore, croît démesurément, devient une ardente nécessité, et lui donne cette chaleur des passions qui surmonte la vieillesse et semble repousser vers un avenir lointain : en proie tout entier à une fureur amoureuse, il veut lutter. Il saisit sur son bureau l'une des lettres, en déchire la partie non écrite portant seulement l'adresse « *Sanctissimo D. N. ppe* » et immédiatement écrit d'abord à Julie :

« Ingrate et perfide Julie, Navarrico nous a apporté une lettre de toi dans laquelle tu nous signifies et déclares ton intention de ne pas venir sans l'autorisation d'Orsino. Bien que nous ayons jugé mauvaise ton âme et celle de qui te conseille, nous ne pouvions nous persuader que tu agirais avec tant de perfidie et d'ingratitude alors que si souvent tu nous as assuré et juré de demeurer fidèle à notre commandement et de ne point t'approcher d'Orsino. Voici que tu veux, maintenant, faire le contraire et te rendre à Bassanello au péril de ta vie, sans doute pour te livrer de nouveau à cet étalon; bref, nous espérons que toi et l'ingrate Adrienne vous aviserez de votre erreur et en accomplirez la pénitence convenable. Finalement par la présente *sub pena excommunicationis late sententiæ et maledictionis eternæ* nous t'ordonnons de ne pas quitter Capodimonte ou Marta et moins encore de te rendre à Bassanello pour ce qui concerne notre État. »

Les prières et les ordres étant inutiles, Alexandre VI recourt à des moyens extraordinaires pour parvenir à ses fins. Quant à l'accusation portée contre Julie qui, après lui avoir tant de fois juré qu'elle n'avait plus de rapports avec Orsino (il en était arrivé à ce point de despotique jalousie), voulait à présent se rendre à Bassanello, il faut y voir un échantillon de fureur amoureuse qui prête à la femme aimée des désirs ignobles afin de se donner le droit de la mépriser et de venger ainsi sa propre désillusion : accusations qui témoignent d'un certain degré de passion, après quoi l'amant se sent une vigueur renouvelée en sollicitant son pardon. Mais la déclaration d'Alexandre VI sur les précédentes relations intimes de Julie et d'Orsino, dont « une autre fois » était résultée une maternité de Giulia, sont plus importantes pour l'histoire. Comme nous ne lui connaissons d'autre enfant que la petite Laure, qu'on disait fille d'Alexandre VI, à moins de supposer à Julie un enfant mort-né ou tout au moins mort peu après sa naissance, il faudrait d'après cette lettre rejeter la tradition et considérer la fillette comme une Orsini authentique, que la ruse de sa mère faisait tacitement passer pour la fille du pape afin de lui assurer plus facilement un splendide mariage.

La seconde lettre était destinée à Mme Adrienne encore plus mal traitée que sa bru : « Vous avez découvert votre malignité et la méchanceté de votre âme, » écrivait le pape en lui présageant repentir et pénitence, accompagnés de menaces d'excommunication. Dans la troisième lettre, adressée au cardinal Farnèse, le pape retrouve la dignité formelle de l'expression; il se calme, mais se plaint que le cardinal, après avoir reçu de lui tant de bénéfices et de bienfaits, les ait si vite oubliés; cependant, afin que Julie n'aille point à Bassanello et qu'il ait une excuse envers Orsino, il lui envoie un bref rédigé à cet effet et l'exhorte à obéir. Finalement, quatrième lettre, la plus longue (inédite jusqu'aujourd'hui) pour Francesco Gaçet : le pape y retrouve l'aisance de son langage personnel; mêlant l'italien, le latin, l'espagnol, il se débonde largement, il se plaint de tout le monde, de Gaçet en premier lieu, de Mme Adrienne qui, après lui avoir fait tant de promesses « *tota si es voltada* », « *declarant nos expressament que ella non vuol menar açi a Giulia contro la voluntat de Ursino.* » Peut-on imaginer qu'à Capodimonte on « *prepone quella zimia* (singe) *de Ursino a nosaltres* ». Mais tous verront à qui ils ont affaire. Le pape informe Gaçet qu'il a vu la lettre envoyée de Bassanello par frère Teseo Seripando à Julie (ce qui explique pourquoi cette lettre est toujours aux Archives Vaticanes) et qu'il a compris la mauvaise volonté qui l'anime : si elle choisit, ainsi que Mme Adrienne, de satisfaire Orsino et non point lui, elles seront excommuniées. Non seulement les deux femmes sont menacées d'excommunication, mais encore Orsino et Ranuccio Farnèse, cousin de Julie. Ayant fini de se soulager, Borgia enjoint à Gaçet de lui faire connaître immédiatement les dernières décisions des femmes.

Bref par ci, bref par là, menaces d'excommunication, Julie fournissait du travail à la chancellerie vaticane! Mais elle, la Belle, recluse dans le haut château de Capodimonte surplombant le lac de Bolsena et l'innocence exquise de ses rives, dut se sentir tout d'abord blessée et puis, en femme experte aux raisonnements habiles, satisfaite des événements. Passé le temps où il lui fut donné de se considérer comme le rare et intangible enjeu d'aventureux désirs masculins et où elle fut contrainte de réintégrer la vie quotidienne, elle s'y plia avec grâce, se résignant à la conclusion sommaire et rapide de son roman. Elle s'en accommoda avec d'autant plus de facilité, peut-être, qu'Orsino était homme de peu de caractère : lui qui avait osé s'opposer au pape aurait pu, avec une poignée de soudards, galoper jusqu'à Capodimonte et user de son droit en reprenant sa femme sans que les Farnèse y pussent rien. Mais jamais il n'avait même envisagé la possibilité d'un tel geste et même il devait se sentir quelque peu las de son attitude rebelle, puisque l'archidiacre envoyé à Bassanello par Alexandre VI trouva bon accueil au château d'Orsino, y demeura

longtemps à palabrer, après quoi il s'en revint à Rome apportant
au pape une lettre inédite du mari de Julie : « L'archidiacre,
messager de la présente, m'a remis un bref de Votre Sainteté et
m'a rapporté verbalement certaines choses de votre part. J'ai
fort bien compris la teneur du bref en question. » Plus que
l'écroulement du vaincu, on sent ici l'abandon lassé d'un homme
veule. Orsino écrivait brièvement : le pape saurait par l'archidiacre combien grande est « mon entière bonne volonté ». C'était
une capitulation ou tout au moins les prémices d'une capitulation, puisque le mois suivant seulement Julie et Adrienne partirent pour Rome. Orsino voulut tirer profit de sa défaite et
le 28 novembre, oublieux de ses déclarations qu'il préférerait
perdre tous ses biens que de s'humilier, il demandait au pape
de grosses sommes d'argent, comme déjà il l'avait fait, pour
payer ses troupes, qui, disait-il, refusaient de marcher sans
avoir touché leur solde. Toutes les troupes des Orsini étaient
alors aux prises avec de singulières difficultés et de plus en plus
nettement on voyait se dégager les lignes de la grande trahison
Orsini, qui ruinerait toutes les possibilités de résistance de la
maison d'Aragon.

Finalement, les femmes étaient libres et la route de Rome s'ouvrait à elles : tout comme la résistance d'Orsino, les sophismes
de Julie s'évanouirent, dispersés par la volonté de Borgia; bien
qu'à la fin de novembre les femmes fussent encore à Capodimonte, un informateur déjà annonçait qu'elles étaient « à la disposition et à la volonté du Révérendissime légat » et dans l'attente de l'homme de confiance, messire Anichino, qui devait les
accompagner « où elles voudraient aller », sous-entendu à
Rome.

Tandis que survenaient ces incidents entre le lac de Bolsena,
Bassanello et le Vatican, tandis que Lucrèce à Pesaro vivait de
calmes journées provinciales, l'Italie connaissait les premières terreurs de l'invasion étrangère. Le roi de France y descendait avec
une armée exercée à la guerre, rompue à l'âpreté des climats,
résistante à toutes les incommodités, avide de conquêtes. Cette
guerre n'était pas désirée, même en France, mais personne, pas
même la pieuse adresse de la belle reine Anne de Bretagne,
n'avait eu le pouvoir d'en détourner Charles VIII, persuadé par
ses conseillers Étienne de Vex, grand maréchal et Guillaume
Briçonnet, évêque de Saint-Malo, qu'il existait à Naples un puis-

sant parti angevin attendant la domination française. De l'Italie elle-même arrivaient les sollicitations de Ludovic le More et de Julien de la Rovère. Attiré par ces voix et par ses goûts chevaleresques d'aventure et de gloire, Charles VIII avait pris congé à Grenoble de la reine Anne et le 3 septembre se trouvait en terre italienne.

CHAPITRE III

LA COMTESSE DE PESARO

Les nouvelles ne tardèrent pas à devenir graves et bientôt alarmantes. La flotte française, conduite par Louis d'Orléans, avait battu celle d'Aragon à Rapallo tandis que se rassemblaient à Aix, pour faire hommage au roi de France, Julien de la Rovère, le duc Hercule d'Este, Ludovic le More avec sa femme Béatrice et toute leur cour brillante. Quelques jours après advint à Pavie la tragique rencontre de Charles VIII avec Isabelle d'Aragon qui, prosternée aux pieds du roi, et tout en sachant qu'il venait en Italie combattre la famille dont elle était issue, le supplia de sauver la descendance légitime des Sforza — son mari et ses fils — contre l'usurpation de Ludovic le More. Charles VIII parut ému par cette figure et par ces accents; mais, un mois plus tard à peine, Jean-Galéas mourait. Qu'il se soit ou non agi de poison, Ludovic accéda au trône ducal de Milan avec Béatrice triomphante.

L'armée française se dirigeait alors vers Naples par Plaisance, Sarzana et Pise, où Savonarole vint au-devant du roi Très Chrétien en l'appelant messager de Dieu pour réformer l'Église. En grande liesse les Français entrèrent à Florence et se disposèrent à descendre vers Rome.

Mais, malgré ses succès, et peut-être à cause d'eux, Charles VIII ne se sentait pas disposé à attaquer le chef de la chrétienté comme l'aurait voulu le cardinal de la Rovère, qui insistait pour qu'un concile fût convoqué afin de déposer le pape simoniaque. Craignant avec raison les autres puissances européennes, l'opinion de son peuple lui-même et celle de sa sévère épouse, Charles VIII cherchait à obtenir pacifiquement l'autorisation de traverser Rome; mais Alexandre VI parlait de résister et emprisonna comme otage le cardinal Ascanio Sforza, qui venait presser les négociations. Toutefois, l'armée française avançait avec une telle rapidité qu'aux préoccupations du pape s'ajoutait un souci d'ordre sentimental concernant Julie Farnèse.

Que l'esprit du seigneur de Bassanello ait été changé ou dompté par les exigences pontificales — et ce ne fut pas une reddition facile, car, même après la réponse soumise d'Orsini, Adrienne Mila écrivait de Capodimonte au pape un billet inquiet et plein d'obscures appréhensions — Julie put, finalement, reprendre la route de Rome, accompagnée de sa sœur Girolama Farnèse Pucci et, cela va sans dire, de Mme Adrienne. Le 29 novembre, les trois dames montèrent en carrosse, suivies d'une escorte de trente cavaliers. Le petit groupe avançait rapidement dans la douceur d'une matinée préhivernale quand, brusquement, une troupe de soldats armés barra la route; toute tentative de défense eût été périlleuse et inutile, il n'y avait d'autre solution que de se rendre aux assaillants, soldats français de l'avant-garde de Charles VIII sous le commandement d'Yves d'Allègre, qui paraissait prédestiné à la conquête des jolies femmes. Les galants Français, heureux et intrigués par leur proie, conduisirent ces dames à Montefiascone, où elles furent fort bien traitées, ainsi qu'en témoigna aimablement la belle Julie et comme il est facile de le supposer; mais la nouvelle qu'en apporta à Rome un messager français en réclamant la rançon d'usage fut cruelle pour le pape. Tous les chevaux du monde lui parurent lents à porter les 3 000 écus demandés et, pour plus de sécurité, il les fit accompagner par son fidèle chambellan, Giovanni Marrades. Non encore satisfait, il s'adressa même à ceux qu'il considérait alors comme suspects, les Sanseverino, liés aux Sforza, et fit écrire par le cardinal Federico, présent à Rome, une lettre de sollicitation à son frère Galeazzo de Sanseverino, qui militait pour la cause de Charles VIII; en outre, il lui adressa un bref personnel. Galeazzo nous informe lui-même de son empressement à agir près du roi et, mieux encore que dans la lettre publiée par Pastor et adressée (Pastor ne le dit pas) à son frère le cardinal, dans une relation écrite de sa main, destinée à Alexandre VI et complètement inconnue jusqu'à présent. A peine reçu le bref papal, disait le capitaine lombard, « je me suis rendu près du roi Très Chrétien et j'ai soumis à Sa Majesté le cas de la détention des dames désignées... Je l'ai prié par les paroles et les manières qui m'ont paru les plus convenables de bien vouloir donner satisfaction à

Votre Béatitude par leur libération. Sa Majesté... me répondit bénignement que non seulement elle voulait que ces dames fussent libérées, mais qu'elle décidait d'envoyer avant ce soir une escorte d'honneur de sa suite pour les accompagner à Rome... »

Quand il apprit que les prisonnières étaient près d'arriver, Alexandre VI, rejetant avec une insouciance toute juvénile les soucis politiques, se prépara à les recevoir, voulant ce soir-là être, autant qu'il le pourrait, galant et beau. Il prit dans sa garde-robe un vêtement de velours noir à lisérés d'or, qui seyait à sa corpulence en l'amincissant, de fines bottes de Valence, une riche écharpe espagnole, une coiffure de velours; il ceignit même le poignard et l'épée, un peu comme moyen de défense, mais surtout pour que le passage d'une gaie compagnie militaire bruissante d'armes à sa propre compagnie ne produisît pas sur la belle dame l'effet de la fin décolorée d'une excitante aventure. Celle pour qui se faisaient toutes ces folies arriva donc, suivie jusqu'aux portes de Rome par une escorte de 400 Français; dans la nuit, à la lueur des torches, le pape vit le brun visage de Julie qui, en riant, lui adressait un salut amoureux. Julie, dit la chronique, passa la nuit au Vatican.

On comprend qu'avec un tempérament aussi riche Alexandre VI ait su faire front aux graves événements qui survinrent, sans se laisser déprimer. Les Français approchaient, Civitavecchia était tombée entre leurs mains — ce qui rendait irréalisable pour le pape toute possibilité de fuir par mer, ainsi qu'on l'avait envisagé un instant au Vatican puisqu'on avait même emballé l'argenterie et les tapis. Le coup final fut donné par les Orsini, qui, en décembre, trahirent à l'improviste et offrirent aux Français comme quartier général la forteresse de Bracciano. Si l'on ignorait combien comptait peu dans la famille Orsini la voix du mari de Julie, on pourrait penser qu'il prit part à cette volte-face, non seulement grave, mais fatale aux plans de résistance du pape. Ce n'est pas probable, et il n'est même pas très sûr qu'à Bassanello on s'apprêtât à jouir des consolations savoureuses de la vengeance. Ainsi Alexandre VI demeura seul avec les rares troupes aragonaises et quelques Espagnols au milieu d'une population apathique; sans alliés actifs, il fut contraint, n'ayant aucune possibilité d'y échapper, de livrer passage aux Français vers le royaume de Naples. En vain le roi Alphonse lui offrait-il la forteresse de Gaète et la fuite : en fait de forteresse, Alexandre VI ne se fiait qu'au château Saint-Ange et, quant aux soldats, il s'en défiait de toutes parts : il refusa. Des fenêtres du Belvédère, le pape regardait les vastes pelouses où pâturaient les chevaux du roi Charles. Le cardinal Sforza libéré, on en vint à un accord.

Le 31 décembre 1494, les portes s'ouvrirent et Charles VIII fit son entrée dans Rome. Durant six heures, l'armée défila avec ses 2 500 nobles richement vêtus de tissus et de joyaux italiens, Florentins pour la plupart, avec les files d'arbalétriers gascons, petits, vifs, nerveux, pleins de brio; les archers, les massiers, les artilleurs. Toute cette armée qui, débouchant de l'étroite via Lata, semblait énorme par contraste, accompagna le roi jusqu'au palais San Marco, l'actuel palais de Venise, où il devait loger; sur la place, de chaque côté du portail décoré avec la plus sobre grâce de la Renaissance italienne, les canons s'alignèrent. 30 000 jeunes hommes répandus dans une ville dont la population s'élève à un peu plus du double créent un déséquilibre inouï : ces hommes, voyant la cité inerte abandonnée à leur bon plaisir, se livraient sans scrupules au pillage des palais et des maisons, enlevaient les femmes et s'emparaient de tout ce qui leur tombait sous la main. Le roi de France fit dresser sur les places des potences, dont l'aspect aurait dû être éloquent, mais cette éloquence fut toute symbolique et les rapines continuèrent. La maison de Vannozza, sur la piazza Branca, fut l'une des plus sévèrement pillées; riche et bien garnie comme elle était, elle offrit certainement un bon butin auquel s'ajoutait le plaisir de dévaliser une favorite d'une qualité aussi exceptionnelle.

Où était alors Vannozza? La tradition selon laquelle elle fut découverte et outragée par les soldats français dans sa propre maison, ce qui aurait excité son fils César à la venger, est absolument fausse : ni la logique des faits, ni aucun document ne la confirme. Il est à présumer qu'elle avait quitté sa maison et que, peut-être même sur le conseil d'Alexandre VI, la prudence de son mari l'avait mise en lieu sûr; il se peut qu'elle se soit réfugiée au château Saint-Ange, ainsi qu'elle y fut en d'autres circonstances orageuses pour les Borgia. Trois précieux billets, découverts par Pastor (1931) dans les Archives secrètes du Vatican, prouvent que le pape n'oubliait pas la mère de ses enfants et continuait de la voir encore après son accession au trône pontifical. Pastor a transcrit ces billets extraits d'une suite de lettres se référant aux Borgia pour la période 1493-1494, reclassées par Confalonieri en 1627, mais n'a point essayé de les dater. Ici, les hypothèses sont solidement étayées : d'une part, toutes les lettres de cette liasse portent la date 1493-1494 et il est évident qu'il faut attribuer les lettres de Vannozza à la même période; d'autre part, le second des trois billets contient une référence incontestable. C'est une demande d'audience, où Vannozza prie le pape de la recevoir parce qu'elle veut lui dire « beaucoup de choses qui, j'en suis certaine, feront grand plaisir à Votre Sainteté », et surtout elle veut « se réjouir avec lui de la bonne nouvelle mandée par le duc du beau garçon qui lui est né ». Or, il n'y avait alors qu'un seul duc dans la maison Borgia, Juan de Gandie, qui avait eu, de Maria Enriquez, un héritier en novembre 1494; il est donc clair que le billet se réfère à cet événement et date des derniers jours de novembre ou des premiers de décembre. A travers ces lignes brèves Vannozza apparaît plus que jamais énergique, active, réaliste : « Saint-Père, écrit-elle, je ne suis pas contente, car Votre Sainteté me fait du bien, mais d'autres en profitent. » Son rôle de solliciteuse ne la diminue en rien et quand elle demande audience, elle sait qu'elle l'obtiendra : Carlo Canale en fixe le jour et l'heure, toujours prêt à servir d'ambassadeur entre le pape et l'épouse et vice versa.

Des gens aussi experts dans l'art de vivre dissimulés ne se laissent point prendre à découvert. La chose est si improbable que le premier billet de Vannozza, écrit à Rome et, au contraire des autres, rédigé à la troisième personne, me paraît s'y référer : « Vannozza aux pieds de Votre Sainteté la supplie humblement de consentir à l'écouter demain soir, car une si grande peur lui est entrée au cœur qu'à tout prix elle veut partir aussi vite que possible. » Il est vraisemblable que cette peur était causée par l'avance des troupes françaises; de toute façon, si ce billet n'apporte pas la certitude que Vannozza fût alors hors de Rome, il témoigne du moins de son désir de se garer à la moindre menace, épidémie ou guerre, et donne une raison de plus pour affirmer que l'incursion au palais Branca fut pillage de biens matériels mais non point violence envers les personnes.

On peut se demander également ce qu'il advenait d'une autre femme et plus chère au cœur d'Alexandre VI, de Julie Farnèse? Il est tout à fait improbable qu'elle fût, elle aussi, retranchée au château Saint-Ange en cette période épineuse des affaires pontificales. Était-elle cachée dans les demeures des Farnèse à Rome?

Il m'a été donné à ce propos de découvrir dans les Archives vaticanes une lettre qui peut éclairer certains conflits de caractères. Elle est écrite par Jacobello Silvestri, évêque d'Alatri, et adressée à « Domino Suo » Mariano Savelli, qui militait avec les Français et qu'une étroite parenté unissait aux Farnèse. En un style nerveux et troublé, révélateur de l'anxiété d'un homme qui ne sous-estime pas les périls proches, l'évêque informe Savelli qu'il a reçu du cardinal Farnèse l'ordre de s'employer à éloigner Julie de Rome le plus rapidement possible. Julie, tout d'abord « entêtée » à ne pas vouloir bouger, s'était finalement rendue aux exhortations et déclarée prête à partir dès qu'elle aurait des montures en nombre suffisant et une bonne escorte. Donc, ajoute Silvestri, « je prie Votre Seigneurie de se hâter de lui faire donner satisfaction, car il me paraît déplorable que Julie demeure ici, où il pourrait se passer des choses qui feraient peu d'honneur à tous, ainsi que le craint Monseigneur Révérendissime [le cardinal Farnèse], qui se ronge de la savoir à Rome. Pour l'amour de Dieu, que Votre Seigneurie lui fasse avoir le moyen d'en partir... »

Donc, Orsino ne se déclarait pas vaincu et moins encore le cardinal, frère de Julie. Le futur Paul III ici, aussi bien que dans d'autres documents étrangers à tout esprit partisan, se montre si cruellement peiné des relations de Julie avec le pape Borgia qu'il mérite bien d'être lavé de l'accusation d'aveugle complicité portée contre lui par certains historiens. Il dut plier devant les exigences de la force, mais le fait de souffrir si vivement (« il se consume », dit l'évêque d'Alatri) le rachète moralement. C'est à peu près de cette époque que date l'information florentine suivante : « J'apprends qu'on fait à Mme Julie des bagues pour 1 000 ducats et le pauvre cardinal n'a pas de quoi vivre, » ce qui est tout à l'honneur du cardinal Farnèse. Plus actif qu'Orsino, il tenait des gens dévoués à sa cause prêts à arracher dès que possible sa sœur à Alexandre VI. Il devait à ce moment éprouver la crainte et l'horreur de ce qui pourrait arriver si à Rome les Français entraient en conflit avec le pape. On ne sait ce qui peut advenir de la part d'une armée aussi nombreuse que celle de Charles VIII, pensait avec juste raison le cardinal, qui avait été déjà suffisamment blessé par les propos cinglants ou ironiques répandus en Italie quand Julie était prisonnière. Comment réagit Savelli si jamais cette lettre lui parvint, nous l'ignorons, mais le fait qu'elle se trouve actuellement aux Archives vaticanes nous permet de croire qu'elle a été interceptée par les services pontificaux et remise à Alexandre VI. Ce ne fut pas le cardinal Farnèse qui en paya les conséquences, mais son partisan, l'évêque d'Alatri, qu'on accusa de menées contre les Borgia et de sympathies pour les Sforza quand, peu de temps après, il fut emprisonné au château Saint-Ange, où on l'oublia jusqu'à la mort d'Alexandre VI, « pour s'être rendu suspect aux Borgia, » dit Ughelli dans l'*Italia Sacra*. Même si cette lettre ne fut pas la cause directe de sa longue réclusion, elle témoigne suffisamment de l'esprit frondeur de l'évêque d'Alatri, prêt à saisir toute occasion de contrecarrer les désirs des Borgia. Julie partit-elle réellement? Je n'ai pu trouver nulle trace de son passage à Rome et à Capodimonte vers cette époque, mais précisément du fait qu'on ne la mentionne pas durant l'arrêt des Français à Rome, on peut en conclure qu'elle était à l'abri de toute indiscrétion.

Enfermé dans la grande forteresse sur le Tibre, le pape avait compris quels périls entraînait le séjour des Français dans la cité et combien il était nécessaire de les en faire déloger, d'une façon ou d'une autre, le plus promptement possible. On signa rapidement des accords négociés d'urgence, qui livraient au roi de France et à son armée le passage à travers les États pontificaux; on lui donnait, outre la forteresse de Civitavecchia, deux otages : le prince turc Djem et le cardinal de Valence, César Borgia; ce dernier devrait suivre l'armée en qualité de cardinal légat. Ainsi, le 6 janvier, le roi s'en vint au Vatican, où il fut reçu par Alexandre VI avec ces manières brillantes et aimables qui étaient la première de ses qualités d'homme politique. Il reçut mille compliments et le chapeau cardinalice pour son Briçonnet, après quoi il fut conduit aux nouvelles pièces de l'appartement Borgia fraîchement décorées à fresques par Pinturicchio et ses élèves. Orienté au couchant, l'appartement Borgia paraît à qui le visite aujourd'hui un lieu séduisant, mais sombre : la lumière s'y diffuse péniblement, arrêtée, même dans les matinées de juin, à la fois par une corniche surplombante et par deux ailes édifiées à droite et à gauche de la vaste cour. Mais, à l'époque dont nous traitons, ni la corniche, ni aucune construction élevée n'existait à l'entour : jusqu'à Monte Mario ce n'était qu'une vaste étendue de jardins verdoyants, de terrains plantés d'orangers et de pins odoriférants, qui laissaient du midi au couchant le soleil jouer sur les ors et les émaux des compositions de Pinturicchio. De grandes fenêtres à meneaux en forme de croix, aux heureuses proportions, encadraient le paysage; par contraste les portes étaient petites et étroites, de sorte que, quand le pontife entrait enveloppé de son ample manteau doré, il devait remplir tout le vantail et apparaître comme un personnage des fresques détaché du mur. Les visiteurs ultramontains, cependant, ne semblaient nullement intimidés par la dignité pontificale : ils admiraient, bien sûr, mais avec la curiosité raisonneuse propre aux Français, voulaient se rendre compte de tout et n'avaient nul respect pour le cérémonial. Burckard les voyait, stupéfait et décontenancé, se présenter pour baiser la mule du pape dans un désordre impétueux, et comme il ne parvenait pas à régler les préséances et la succession des nobles et des capitaines, il se décida finalement à demander conseil au pape, qui lui répondit par un haussement d'épaules.

A la fin de janvier, les Français quittèrent Rome; le 26, le roi de France avait été reçu solennellement au Vatican par le pape et les cardinaux, parmi lesquels César Borgia. Le prince Djem fut appelé et remis au roi, qui l'accueillit avec d'aimables démonstrations et des paroles amicales. Finalement ils partirent. A l'esprit léger et romantique du roi de France, ce voyage à la tête d'une armée victorieuse, à travers le paysage en fleur de ce mois de février, avec comme otages un prince oriental et un cardinal fils du pape, était enivrant. Une autre satisfaction l'attendait : à Marino, il apprenait que le roi de Naples, Alphonse II, avait fui en Sicile, laissant le trône à son fils Ferrandino, prince de Capoue, et emportant le trésor de la couronne. « Jamais homme courageux ne fut cruel, » disait-on en rappelant les atrocités commises par Alphonse, et cette fuite, preuve éclatante de son indignité, fournissait un nouvel argument à l'arrogance des Français, qui se préparaient à faire leur entrée en vainqueurs quand, à Velletri, un coup de théâtre vint surprendre l'armée : César Borgia avait fait un geste silencieux.

Le cardinal de Valence, chevauchant à la suite du roi de France, avait montré une affabilité et une réserve ecclésiastique qui ne pouvait faire naître aucun soupçon, mais, certainement informé des motifs qui, bientôt, changeraient le sort français en Italie, et peut-être d'accord avec son père, il avait déjà organisé dans son esprit certains plans personnels, en attendant le moment opportun pour leur réalisation. L'occasion lui parut favorable à

Velletri, où, aidé par quelques nobles qui lui montrèrent les passages secrets, providence des fugitifs, César réussit à s'éloigner : dépassant Rome, il se rendit à Spolète, où il s'arrêta et attendit. Fort irrités, les Français accablaient le Vatican de leurs protestations : « Le cardinal a mal, très mal agi » leur répond Alexandre VI, et quand, par représailles, ils pillent les bagages du fugitif, ils ne trouvent, sous les riches couvertures des chars, que des chiffons, amère dérision pour Charles VIII, qui supportait mal d'avoir été joué par un cardinal de vingt ans. Par esprit de vengeance, l'armée aurait mis la cité à sac si Julien de la Rovère, évêque de Velletri, ne fût parvenu à apaiser ce ressentiment. Pleins de colère et de rancœur, les Français avançaient sans trouver d'obstacles; seule la forteresse de Monte San Giovanni prépara une sérieuse résistance : les habitants, qui s'étaient défendus, furent défaits et cruellement massacrés. Capoue épouvantée ouvrit ses portes. Toute tentative de lutte s'avérant inutile avec une armée couarde et infidèle, Ferrandino s'enfuit à Ischia et les Français entrèrent à Naples, croyant à peine à leur extraordinaire aventure.

Alors, au pied du Vésuve, se renouvelèrent les délices de Capoue; tandis que les Français paressaient dans les voluptés du soleil napolitain, le pape préparait activement la revanche en réunissant Ludovic le More, déçu dans son espoir de voir déposé le pape Borgia, Venise, qui avait entrevu le péril d'une domination française sur l'Italie, le roi d'Espagne et l'empereur Maximilien, qui redoutaient le même péril. La ligue entre ces diverses puissances fut proclamée le 12 avril 1495. Rapidement tout changeait.

Pour n'être pas prisonnier du royaume conquis, Charles VIII ordonna aussitôt le retour vers les Alpes, et, laissant une garnison à Naples, reprit à marches forcées la route du nord. Il ne put toutefois éviter la rencontre et sur le Taro, près de Fornoue, eut lieu la fameuse bataille qui aujourd'hui encore divise les historiens. Les chefs, le roi de France et le marquis de Mantoue, François de Gonzague, firent briller leur courage; mais il n'y eut pas de victoire proprement dite, car si Charles VIII réussit à passer, il laissa aux mains de l'ennemi quantité de prisonniers, tout le butin rassemblé en Italie, et sur le terrain des morts et des blessés en très grand nombre. On était au 6 juillet 1495. Charles VIII s'arrêta à Asti pour remettre en ordre les restes de son armée et bientôt repassa les Alpes. L'aventure italienne s'était déroulée tout entière en moins d'un an.

* *
*

Alexandre VI n'avait pas attendu que le roi de France retraversât Rome; prudemment il s'était retiré à Pérouse où Lucrèce était venue égayer ses journées. Mais après Fornoue, quand les Français eurent repassé les Alpes et que le pape fut rentré au Vatican, Lucrèce regagna aussi son palais de Santa Maria in Portico, et Jean Sforza vint l'y rejoindre, apparemment bien vu. L'hiver s'annonçait favorable. La fille du pape commença à donner des fêtes élégantes, elle reçut quatre cardinaux nouvellement promus, elle accueillit François de Gonzague, le vainqueur de Fornoue, partout fêté et brillant, joyeux et galant à la manière lombarde. Lucrèce écouta volontiers les propos « plaisants » du marquis de Mantoue, sans penser, certes, que cet homme grand et mince, aux traits accusés et à la barbe brune compterait tellement un jour dans sa vie intime.

En mars, Jean Sforza quitta Rome et y revint en avril. Mais au Vatican serpentaient d'indéchiffrables et obscurs propos : « Le seigneur de Pesaro a peut-être chez lui ce à quoi les autres ne pensent pas, » écrivait le 28 avril 1496 le correspondant mantouan G. Carlo Scalona, l'un des plus prudents à s'exprimer. Et le 2 mai il ajoutait que Sforza s'était éloigné de nouveau, « au désespoir », laissant sa femme « sous le manteau apostolique », et donnant à entendre qu'il ne reviendrait jamais plus à Rome. Il alla à Pesaro, où il demeura, bien que le pape le rappelât avec des paroles affectueusement flatteuses et des offres de charges. L'été passa ainsi, puis l'automne, et l'on s'achemina vers l'hiver.

Nous ne savons pas si Lucrèce souffrait; mais dans les premiers temps au moins, confiante dans ses seize ans, elle réussissait à se distraire; et surtout quand le pape eut décidé de rappeler près de lui Jofré, son plus jeune fils, avec sa femme, la princesse de Squillace.

De prime abord, Lucrèce n'en fut pas satisfaite; elle était encore si pleine d'inexpérience de la vie, et surtout de la vie de cour, qu'elle laissa voir son inquiétude à tout le monde : « Ceci [l'arrivée de Sancia] commence à rendre jalouse la fille [du pape], Mme de Pesaro, et ne lui plaît nullement, » disent les informateurs attentifs et malveillants, qui ajoutent qu'elle redoute évidemment la comparaison. On peut imaginer quel soin Lucrèce apporta à se parer le matin du 20 mai, alors qu'elle se préparait à accueillir sa belle-sœur; son escorte fut minutieusement choisie : douze demoiselles en beaux atours, deux pages aux manteaux magnifiques, des cavaliers vêtus de brocart or et rouge. La rencontre entre les deux cortèges que les familiers des cardinaux, la compagnie des gardes du palais, les ambassadeurs italiens et étrangers rehaussaient de mouvement et d'éclat, fut un beau spectacle. La princesse arriva vers les dix heures de cette matinée de mai avec un cortège royal égayé par six bouffons; elle montait un cheval de parade caparaçonné de velours et de satin noir en bandes alternées; elle était vêtue du costume de ville des pays méridionaux, noir avec de larges manches. Lucrèce, sur son cheval au caparaçon de satin noir, vint à sa rencontre et les deux jeunes femmes s'embrassèrent avec beaucoup de cérémonies. Puis le cortège se remit en marche. Jofré, à cheval, le précédait avec son air gracieusement insolent, son regard que les caresses de sa femme avaient rendu lascif, ses longs cheveux bien peignés aux reflets cuivrés, son visage bronzé par le soleil du Midi; moulé dans un justaucorps de satin noir, il était semblable à un page échappé d'une nouvelle galante. Entre Lucrèce et l'ambassadeur d'Espagne venait Sancia, bien fardée, épanouie, posant tout à l'entour son regard vif et arrogant. Il y eut un mouvement de désillusion parmi ceux qui avaient donné trop de crédit à la légende de la « très belle créature ». Mais « qu'elle soit comme on voudra », notait un chroniqueur, « la brebis par ses gestes et son aspect se rendra facilement au désir du loup, » et parlant des filles d'honneur de Sancia : « Elles ne sont pas indignes de la maîtresse et on dit publiquement que cela fait une belle école. »

Alexandre VI attendait avec l'impatience d'un jeune homme que l'arrivée d'une belle dame fait rêver. D'une fenêtre il scrutait la place et c'est seulement quand apparut l'avant-garde du cortège qu'il occupa son trône, entouré de ses cardinaux. Quelques minutes s'écoulent, puis de la pièce voisine parviennent cliquetis d'armes, bruissements de soie, chuchotements de voix féminines, et finalement Sancia, entre l'air effronté, nullement intimidée, elle, fille et sœur de roi; avec son mari elle s'agenouille et incline sa tête brune pour baiser le pied du pape. Puis l'escorte féminine de Sancia est admise au baise-main pontifical, parmi la pompe mi-mondaine, mi-sacrée de l'assemblée, où tous occupent leur poste respectif : Jofré près de son frère César; Sancia et Lucrèce sur deux coussins de velours rouge disposés sur les marches du trône pontifical. Le pape les regardait de haut : d'un côté, l'aile blonde des cheveux de Lucrèce, de l'autre, l'aile noire de ceux de Sancia; il les sentait entourées du respect et de la considé-ration qui rendent les jeunes et jolies femmes quasi précieuses. Il était dans son élément, entre elles arbitre et maître, et il se répandait en propos joyeux qui les faisaient rire; sous le plafond doré retraçant l'histoire d'Isis, parmi les mythes et les symboles orientaux, tout s'écoulait et se confondait pour lui dans un heureux paganisme des sens.

A Sancia fut attribué un rang souverain à la cour pontificale, bien que sa souveraineté ne fût pas directe comme celle de Lucrèce : en raison de son titre et de sa parenté royale, elle comptait plus qu'une favorite, mais beaucoup moins qu'une bru au vrai sens du mot. Mieux que quiconque, Sancia connaissait sa propre situation et ne semblait pas pour autant haïr ou mal-traiter son petit prince de mari; bien au contraire, elle ne le caressait que trop, le soutenait, le gâtait. Elle ne l'aimait pas, une telle femme ne peut aimer qu'un homme rebelle, violent, dominateur, et elle devait finir par s'apercevoir qu'il était proche d'elle celui qui possédait, et même trop abondamment, ces attraits : son beau-frère le cardinal, César Borgia. A deux mécon-tents de cette sorte il ne fallait pas longtemps pour se reconnaître et s'entendre : Sancia se jeta dans l'aventure comme dans une revanche; dès les premiers jours de sa résidence romaine et jusque dans les épisodes de la vie quotidienne, elle témoigna qu'un esprit bizarre agitait son sang aragonais.

Le 22 mai, jour de la Pentecôte, on célébrait à Saint-Pierre un office auquel participait le pape avec toute sa cour cardina-lice; toutes les femmes de la maison Borgia y assistaient, Lucrèce et Sancia en tête; un prélat espagnol officiait, qui devait se sentir investi d'une importance particulière en se faisant écouter du premier public du monde catholique. Il répandait mollement les fleurs de sa théologie pendant que les femmes, debout, se fati-guaient, que tous, y compris le pape, s'ennuyaient et s'impatien-taient, ne supportant qu'avec peine, en raison de la dignité du lieu, cette fastidieuse dissertation. Subitement, sur la grisaille de l'ennui, quelque chose bougea et on vit Sancia et Lucrèce, dont

les vêtements aux plis lourds n'arrivaient pas à entraver l'agilité
de leurs jeunes corps, monter dans les stalles de Saint-Pierre où
habituellement on chantait l'Évangile. Toutes les demoiselles, à
la suite des deux jeunes femmes, grimpèrent aussi et ce fut un
grand remue-ménage pour se caser, arranger ses robes, échanger
de petits saluts, des rires, des sourires, feignant de prêter une
attention intense au prédicateur tandis que les yeux et les visages
brillaient d'espièglerie. Le pape, lui aussi, devait se divertir au
spectacle de cette insurrection, qui n'était, après tout, qu'une
gaminerie; mais le respect de la forme était alors éprouvé si vivement que le fait parut s'être produit avec « *magno dedecore,
ignominia et scandalo nostro et populi* », selon l'expression de
Burckard. Le prêtre strasbourgeois ne savait plus que devenir
avec cette Sancia au visage un peu fou qui venait troubler
l'atmosphère déjà trop agitée du Vatican; car on devinait fort
bien que l'idée de cette invasion dans un lieu sacré venait de
la princesse d'Aragon et que Lucrèce l'avait suivie, comme une
enfant qui, invitée à jouer, consent volontiers mais qui d'elle-
même, timide et respectueuse des coutumes ecclésiastiques, n'aurait jamais fait le premier pas.

Lucrèce et Sancia devinrent donc amies; si leurs relations
étaient cependant retenues par une certaine circonspection, jamais
elles ne furent empreintes de jalousie; l'une et l'autre avaient eu
le bon esprit de comprendre combien leurs camps étaient différents. Ainsi, comme jadis avec Julie Farnèse (qui régnait maintenant beaucoup plus discrètement), Lucrèce, une fois écartée la
crainte de la comparaison, se sentait au contraire fortifiée et en
quelque sorte rassurée par le caractère impérieux et autoritaire
de Sancia dans les plaisirs qu'elle goûtait au Vatican, où les bals
et les concerts se succédaient. De la chaire de Saint-Marc à Florence, Savonarole lançait vainement contre les femmes du pape
l'avertissement du prophète Amos : « *Audite verbum hoc, vaccæ
pinguæ quæ estis in monte Samariæ.* » Ni Alexandre VI, ni sa
famille (pas même, alors, Lucrèce) ne se laissaient impressionner
par cet austère langage et le destin du célèbre frère ferrarais était
de ne rien pouvoir contre le mur des Borgia, de périr dans sa
tentative d'une conquête et d'une réforme impossibles. Déjà précédemment, la comparaison entre la propagande enflammée de
Savonarole et la vie, le caractère du pontife démontrait que nul
pont ne pouvait être jeté entre les deux rives et, parce que la

puissance était entre les mains du pape et que le moine n'admettait nul compromis, faisait prévoir le bûcher du 23 mai 1498.

*
* *

Le rassemblement des Borgia autour de leur chef continuait et faisait dire dans les cercles politiques que le pape réunissait tous ses enfants auprès de lui pour ne pas être seul lors de la prochaine invasion française, annoncée déjà dans le nord. Comme pour renforcer ces propos, on apprit durant l'été de 1496 que le pape avait appelé d'Espagne le duc de Gandie.

Le caractère politique d'Alexandre VI n'est pas facile à définir : quand on aura observé que, comme tout homme, il portait en lui l'embryon de plusieurs individus distincts et divers, on n'aura pas éclairci sous quelle impulsion les forces multiples qui s'agitaient dans son esprit entrèrent en action, ce qui faisait dire aux contemporains : « Le pape possède dix âmes. » Alexandre VI avait surtout compris au temps de l'invasion française la difficulté d'avoir en période critique des alliés qui ne trahissent pas : de là l'idée de fonder une puissante dynastie de Borgia, pouvant fournir un large front défensif, devenait logique et donnait à son népotisme un motif qui n'était pas seulement celui d'une affectivité démesurée. En outre, le moment était venu pour le pape de se souvenir des néfastes effets causés par le passage de la maison Orsini aux Français, et il était décidé à infliger à cette puissante famille une leçon qui serait le premier épisode d'un vaste projet d'élimination des barons romains, dont la turbulence menaçait continuellement les États de l'Église. C'est vers l'entreprise contre les Orsini que naviguait le duc de Gandie.

Si Alexandre VI ne se faisait pas d'illusions sur les qualités morales de son fils et savait lui adresser des reproches sévères, il pensait cependant que chez un homme d'armes, et jeune, la magnificence et la luxure sont les excès d'un tempérament trop riche, et qu'on peut, non seulement les admettre, mais même, les droits de la famille étant saufs, les admirer. D'autre part, il était fort optimiste en ce qui concernait la valeur et la capacité militaire de Juan, au point qu'il avait envisagé d'appeler son fils en Italie au temps de Charles VIII, comme s'il suffisait au duc de Gandie de paraître sur un champ de bataille pour avoir cause gagnée. C'était un rêve : pas plus en 1494 qu'en 1495 Juan n'avait quitté l'Espagne. Mais après l'exode du roi de France l'appel du pape devint si impérieux qu'il lui fallut s'embarquer, laissant seule la duchesse Maria Enriquez Borgia, enceinte, avec le petit Juan II, dans le château de Gandie qui, au milieu d'une plaine limitée par des montagnes aux lignes modérées, domine une rivière dont le nom de Serpis évoque les sinuosités. La demeure était d'une robustesse antique, bâtie en carré autour d'une cour, et les ouvertures doubles ou triples soutenues par leurs minces colonnettes égayaient à peine l'austérité des murs. Par le bel escalier découvert surplombant largement ses assises et conduisant au premier étage à la salle d'armes, dont toutes les poutres étaient peintes, le duc de Gandie montait dans l'insolence de ses vingt ans, tandis que derrière l'une des étroites fenêtres le suivait peut-être de son noir éclair le regard de sa femme. Les armes des Borgia, le taureau et la torche, qu'on voit encore partout à Rome surmontées de la tiare pontificale, étaient ici peintes ou sculptées sous un cimier léonien et se répétaient sur les murs, le portail, les tours; dans la chapelle seulement le petit trône ducal était entouré de deux anges soutenant les armes royales de Maria Enriquez, les châteaux castillans et le lion d'Aragon. C'était là le domaine de la duchesse de Gandie et là qu'elle commença ces prières ardentes et tristes qui devaient durer toute la vie, tandis que le duc, aux derniers jours de juillet 1496, avec un bel appétit de la vie que ne troublait nul pressentiment, s'apprêtait à faire voile pour l'Italie comme vers la terre de toutes les aventures.

Le 10 août, en la fête de saint Laurent, Juan Borgia, arrivant de Civitavecchia, fit son entrée à Rome. Les familiers des cardinaux étaient allés à sa rencontre avec le cérémonial accoutumé et César lui-même attendait son frère à la porte Portese pour l'accompagner avec tous les honneurs jusqu'au palais apostolique, où le duc devait loger. Les Borgia étaient maîtres dans l'art des entrées solennelles et celle-ci fut remarquable par l'éclat des envoyés du Vatican et par celui, beaucoup plus luxueux, de la suite du duc. Chevauchant un cheval bai caparaçonné « d'ornements d'or et de clochettes d'argent », la tête couverte d'un chapeau de velours rouge orné de perles, vêtu d'un habit de velours brun dont les manches et le devant étaient brodés de pierreries et de perles, Juan réussit à ébaubir un public qui, pourtant, s'y connaissait en fait de luxe.

Le futur exterminateur des Orsini eut par anticipation tous les triomphes qu'il voulait, tandis que le pape lui préparait armée et artillerie et faisait venir à Rome, comme lieutenant de l'armée, le duc Guidobaldo d'Urbin, homme expert dans l'art militaire mais dépourvu de toute ambition capable de nuire aux visées des Borgia et dont le nom était une garantie de sérieux. En octobre 1496, tout était prêt et le duc de Gandie, nommé capitaine général de l'Église, ceint d'une précieuse épée ornée de pierreries, pourvu d'étendards aux armes du pape et de l'Église, muni du bâton blanc de commandement, partit pour la campagne militaire. Il commença tout d'abord à envoyer avec le dédain altier d'un grand condottiere les premières nouvelles, qui, soit hasard, soit tactique ennemie, furent bonnes. Dix châteaux tombèrent aux mains des troupes pontificales sans grande résistance et en leur donnant la victoire les remplirent d'espoir; mais arrivée en vue de Bracciano, l'armée s'y arrêta.

La défense de cette formidable position était dirigée par l'une de ces femmes intrépides dont la Renaissance italienne eut tant à se louer, Bartolomea Orsini, sœur du grand Virginio, qui combattait avec son mari, Bartolomeo Alviano, l'homme le plus laid, le plus mal conformé, mais le plus valeureux d'Italie; par les hautes fenêtres, comme un défi lancé au pape, flottait le drapeau français. De loin, Juan regardait la masse pentagonale des tours, monument de l'orgueil humain, et pensait probablement qu'il n'était guère plaisant de camper à la pluie, sans galons d'or à son habit ni plume sur une toque élégante; en soupirant d'impatience, il établissait des plans de combat absurdes ou puérils, composait des proclamations pour inciter les troupes ennemies à la désertion ou à la trahison. Les vieux hommes d'armes, bien qu'ils fussent assiégés, riaient de ces pièges ingénus; l'écho de leurs rires moqueurs se répercutait à travers toute l'Italie, laissant Juan indifférent; mais l'esprit combatif du pape frémissait et il bombardait de messages son indolente armée. Finalement, elle se porta à l'attaque de Trevignano, au nord de Bracciano, mais, une fois pris le château, les mercenaires du duc d'Urbin et ceux de Juan se disputèrent si âprement le butin qu'il fallut combattre pour les séparer; pendant ce temps, une armée rassemblée grâce à l'argent français, sous le commandement de Giulio et Carlo Orsini, attaquait les troupes pontificales dans une bataille où le duc d'Urbin s'engagea avec sa coutumière loyauté jusqu'à ce qu'il fût fait prisonnier; quant au duc de Gandie, une légère blessure lui suffit à se déclarer hors de combat et à se faire mettre à l'abri : privée de ses chefs, l'armée pontificale livra le passage aux ennemis qui rejoignirent bientôt les assiégés.

Aux premières nouvelles parvenues à Rome, le pape entra dans une violente colère; il se répandit en fureurs et en invectives, déclarant que dans cette guerre il engagerait jusqu'à la tiare pontificale; puis, ayant réfléchi, il comprit que ce n'était pas pour lui le moment d'aller contre la force des choses et qu'il ferait mieux d'accepter la paix et de prendre ce que lui offraient les Orsini : Cerveteri et Anguillara avec 50 000 ducats d'or. On feindrait d'oublier le duc d'Urbin dans sa prison et on le laisserait aux mains des ennemis, enfermé dans la forteresse de Soriano, attendre, patient et dédaigneux, que sa famille payât sa rançon.

Tandis qu'à Rome on affichait des avis ironiques priant ceux qui avaient des nouvelles d'une certaine armée de l'Église de les transmettre au duc de Gandie, celui-ci avait sans vergogne repris son programme de fêtes et d'aventures et devait penser que, par chance, la guerre étant terminée au début du carnaval, il serait bien dommage de gâcher un temps si propice aux plaisirs; et bien dommage aussi de ne pas s'apercevoir qu'il y avait au Vatican deux yeux de femme rieurs et provocants, ceux de Sancia d'Aragon, qui semblaient précisément exciter à la conquête un homme peu scrupuleux. Ce qu'il advint entre le beau-frère et la belle-sœur n'est pas très clair : Sancia était-elle déjà lasse de s'être donné un maître dans la personne du cardinal de Valence, ou aimait-elle simplement le jeu aventureux des passions, ou se vengeait-elle en s'affirmant triplement la bru de ce beau-père qui ne l'avait reconnue pour telle qu'à demi? Il paraît certain qu'elle fit le jeu de Juan. Le pape, de son côté, subissait si éperdûment l'attrait de ce fils qu'il ne lui attribuait pas la responsabilité de la récente et ruineuse défaite, mais y voyait seulement une infortune dont Juan prendrait mille revanches. Si César avait compté sur cette humiliante campagne pour voir son frère amoindri aux yeux de leur père, il fut rapidement désillusionné. César était toujours mieux apprécié et aimé, mais l'autre demeurait le préféré, celui qui devait incarner dans l'avenir la gloire militaire du nom de Borgia. Si la passion, ou plutôt le caprice, de Juan pour Sancia fut réel, comment ne pas penser que, dans

l'âme gonflée d'orgueil de César, grandirent la rancune et la
pensée de s'opposer, fût-ce avec cruauté, à ce qui lui apparaissait comme une erreur du destin? Bien des choses tragiques
mûrissaient à la cour pontificale en cette année 1497.

*
* *

De mai à décembre 1496, le pape n'avait pas réussi à convaincre
Jean Sforza de regagner le palais de Santa Maria in Portico,
mais le considérait toujours comme étant à son service — son
traitement continuait de courir — puisqu'en novembre 1496 il
l'avait invité à joindre ses troupes à celles du duc de Gandie
contre les Orsini. Fidèle à son attitude, Sforza, entouré de peu
de gens d'armes, ne quittait pas sa ville et se contentait d'envoyer
au pape le chancelier Geronimo, chargé d'expliquer sa décision
de ne pas bouger. Alexandre VI feignait une crédulité indulgente,
acceptant justification et excuses, et le 30 décembre 1496, il
répondait qu'il avait tout pesé et compris; ce qui toutefois lui
importait, et cette lettre en faisait foi, était que son gendre se
décidât à revenir, qu'il voulait l'en persuader peu à peu et arriver
à force de bienveillance à l'en convaincre. Mais le 5 janvier 1497,
le moment lui paraissant opportun, le pape lui adressa un bref
lui intimant l'ordre de se présenter à Rome d'ici quinze jours;
et Sforza se trouvant pris de court, « pour ne pas provoquer
chez Sa Béatitude une plus grande indignation, » écrivait-il le
15 janvier au duc d'Urbin, quitta Pesaro.
   A Rome il trouva l'atmosphère éclaircie, ou du moins à force
de bon accueil on s'efforça de la lui faire croire telle; le pape et
les frères Borgia lui prodiguaient « de cordiales démonstrations
et de grandes caresses ». Lucrèce elle-même « maintenant est
fort contente et devient folle de lui », dit un chroniqueur. En
devenir folle était trop dire, mais elle qui aimait tant la vie fastueuse et qui était cette « très digne dame » que décrivent les
mémorialistes du temps, même les moins favorables aux Borgia,
appréciait ce retour qui lui rendait son rang légitime, car son
mari assistait aux fêtes et cérémonies presque de pair avec Juan
et César : d'emblée il tombait dans le piège des amabilités
d'Alexandre VI et il ne souhaitait rien autre qu'y tomber. On
voyait Jean Sforza assister aux cérémonies pontificales, comme,
par exemple, le 2 février pour la fête de la Purification, ou

prendre part aux cortèges d'honneur, telle la réception officielle
à Rome de Gonzalve de Cordoue. Le 22 mars, il recevait des
mains du pape, sur les marches du trône pontifical, le rameau
bénit tout de suite après le duc de Gandie. Il y avait lieu pour
lui de méditer sur cette paix s'il était déjà sur ses gardes; et
comment ne l'eût-il pas été? Aux anciennes méfiances d'autres
avaient dû s'ajouter, renforcées les unes et les autres par des
motifs politiques. La puissance des Sforza à Rome était sur son
déclin, le pape ne leur pardonnait pas de s'être d'abord alliés
aux Français, puis d'avoir conclu avec eux une paix séparée.
Bien que le cardinal Ascanio fît flèche de tout bois pour conjurer
la défaveur où le tenait Alexandre VI et eût parfois l'illusion
d'avoir reconquis sa situation de vice-pape, de plus en plus les
intérêts des Borgia différaient des intérêts de la maison milanaise
et s'y opposaient.

Au matin du vendredi saint, le seigneur de Pesaro se leva dès
l'aube, s'en fut saluer sa femme et l'entretenir brièvement, puis
il déclara qu'il irait se confesser soit à San Grisostomo in Tras-
tevere, soit sur le Janicule, à Sant'Onofrio, puis qu'en l'honneur
de ce jour solennel, il ferait la visite pénitentielle des sept églises.
Mais, tout au contraire, il monta à cheval avec une escorte
très réduite, gagna la campagne romaine, franchit l'Apennin et
arriva, plein d'épouvante, à Pesaro « à bout de forces à cause
de sa rapide chevauchée, » selon ses propres expressions. Ce fut,
en somme, une fuite éperdue. Immédiatement on parla de poison
à cause de certains dons qui lui avaient été adressés. Les chroniqueurs de Pesaro, Bernardo Monaldi et Pietro Marzetta, s'accordent dans ces soupçons en faisant allusion au projet des
Borgia de se débarrasser de Jean Sforza. La première version
connue et rapportée par tous les biographes de Lucrèce raconte
qu'elle fit cacher dans sa chambre un certain Giacomino, familier
de Sforza, afin qu'il assistât à la conversation qu'elle devait
avoir avec le cardinal Valentinois, d'où il résultait que les Borgia
avaient décidé l'assassinat du seigneur de Pesaro. Après le départ
de César, Lucrèce aurait dit au camérier de tout référer à son
maître. La mise en scène un peu théâtrale ne serait pas un
obstacle à la crédibilité du récit; mais comment Lucrèce, qui
voyait à tout moment son mari et l'entretint avant son départ,
eût-elle adopté ce plan périlleux pour l'avertir des menaces qui
pesaient sur lui? Le seigneur de Pesaro n'était pas d'un tempé-

rament si téméraire qu'il fallût le pousser pour qu'il se mît en sûreté. Plus sobre dans son récit, un autre chroniqueur de Pesaro, Monaldi, raconte que le pape avait le dessein de reprendre son épouse au seigneur de Pesaro ou de le tuer, « mais, averti *par sa femme*, il revint à cheval ici. » La seule importance des deux chroniques consiste dans leur affirmation concordante que Lucrèce a révélé à son mari le complot familial, quel qu'il fût : preuve que ces chroniqueurs, qui tous deux écrivaient plusieurs années après les faits, ayant donc pu en mesurer toutes les consé-quences, étaient demeurés convaincus non seulement de l'inno-cence de Lucrèce, mais de son accord avec son mari.

« Au soupçon d'empoisonnement, je ne trouve pas d'autre fon-dement et je crois que ce n'est pas vrai, » dit un des personnages les mieux informés, l'archidiacre Gian Lucido Cattanei, quelques jours après la fuite du comte de Pesaro. Toute la curie romaine, mise en émoi par cet événement qu'on devinait riche de déve-loppements imprévus, suivait les manœuvres d'attaque du pape et celles défensives du gendre, les plus avisés étant persuadés qu'il ne reviendrait plus à Rome. La question du poison étant écartée, tous se demandaient quel motif avait dicté la conduite du gendre d'Alexandre VI?

Le samedi saint, les secrétaires de Sforza demeurés à Rome firent une visite officielle à l'ambassadeur milanais, Stefano Taverna, le cardinal Ascanio étant malade, et lui racontèrent le départ de leur seigneur en donnant l'explication générique d'un « mécontentement » que lui aurait causé son beau-père. Le jour même, Taverna écrivit au duc de Milan en lui racontant la visite et la conversation; il ajoutait de son cru qu'à son avis il y avait quelque chose de plus grave concernant la « pudicité de l'épouse », ce qui avait causé au comte de Pesaro « un grand mécontentement et l'avait amené ensuite à agir de la sorte ». Il terminait par une information : Jean, avant de partir, avait laissé à un homme de confiance un message priant instamment Lucrèce de le rejoindre à Pesaro la première semaine après Pâques.

A Pesaro, Jean Sforza seul, plein de peur, de colère, d'amer-tume et de honte, parcourt les salles que deux ans auparavant la petite comtesse, toute claire et sans ombres, animait de sa présence. Il l'attend et veut croire qu'elle viendra; à Ludovic le More, qui, lui aussi, demande l'explication de la fuite de

Rome, il répond que bientôt, avec les explications désirées, il lui enverra un messager digne de confiance, pas avant, cependant, d'avoir reçu une réponse qu'il attend de Rome : celle de Lucrèce. Mais le seigneur de Pesaro devait avoir l'esprit quelque peu troublé pour fonder ses espoirs sur une attente aussi problématique : comment le pape eût-il laissé sa fille le rejoindre et serait-il demeuré seul et offensé? Aux premiers jours d'avril, au lieu de Lucrèce, ce fut le messager autrefois si bien accueilli de Sforza, messire Lelio Capodiferro, qui arriva porteur d'un bref pontifical daté du 30 mars, mesuré mais net : « Tu peux apprécier toi-même combien ton départ de Rome nous a déplu et il nous apparaît qu'il n'est qu'une seule réparation pour un tel fait; aussi exhortons-nous ta noblesse de tout notre pouvoir à revenir ici immédiatement si tu es soucieux de ton honneur. » Fort de son éloignement, Sforza répondit brusquement qu'on lui envoyât sa femme; mais avec le plus grand calme le pape l'avertit qu'il ne devait jamais espérer la revoir s'il ne revenait d'abord à Rome, et lui conseilla de ne point tenter de lui résister, étant donné, notamment, que le cardinal Ascanio et Ludovic Sforza se sont mis d'accord avec lui.

Le comte de Pesaro envoyait lettre sur lettre au duc de Milan et au cardinal Sforza, se fiant à leur aide, sans penser que la nécessité politique contraindrait ses parents à agir suivant une raison qui pourrait ne pas être conforme à la justice. Évidemment, la situation des Sforza était embarrassante et ils s'en tiraient en cherchant à couvrir par des paroles leur désir de demeurer neutres dans toute la mesure possible; pour gagner du temps, le cardinal et le duc multipliaient les demandes d'explications et d'éclaircissements à propos du mystérieux départ, mais c'était précisément sur ce point que le seigneur de Pesaro souhaitait demeurer muet. Cependant, le 12 mai, il écrivit au More que quand Ascanio viendrait en pèlerinage à Lorette selon sa promesse, alors il lui confierait tout « et j'agirai ainsi parce que je ne veux pas rendre publiques ces choses-là ». De quelles choses impubliables s'agissait-il? Son attitude prudente, son obstination à se taire, assuré comme il l'était que ses paroles seraient graves, révèlent qu'il était déjà en possession de quelque épouvantable certitude, qu'il celait au plus profond de lui-même, attentif à n'en rien laisser transpirer par crainte des conséquences qui en résulteraient. Faut-il rapprocher ces appréhensions des paroles de Taverna à propos de la défaillante « pudicité de l'épouse » et remonter jusqu'aux allusions de Scalona en avril et mai 1496?

Par ailleurs, vu l'inutilité des prières et des ordres, Alexandre VI décidait de trancher la situation et envoyait à Pesaro le frère Mariano da Genazzano, général des Augustins, le grand ennemi de Savonarole, prédicateur abondant et convaincant, un peu trop avocat pour un homme d'Église, mais c'était ce qui convenait en la circonstance présente. Par cette ambassade, Sforza apprit ce qu'on voulait de lui et à quoi, sans doute, il ne s'attendait pas encore : l'annulation de son mariage avec la fille du pape. Pour atténuer la gravité de la demande, le pape indiquait deux solutions : ou soutenir que le mariage n'avait jamais été consommé; ou alléguer que l'union avec Lucrèce n'était pas valable, ses précédents accords matrimoniaux avec Gaspare de Procida n'ayant jamais été légalement rompus. Par-dessus tout, déclarait le pape à Ascanio Sforza, sa volonté était que « en aucune façon ledit seigneur ne puisse rejoindre Mme Lucrèce, qu'il désirait envoyer en Espagne ».

Tandis que Jean Sforza écoutait les paroles qui devaient devenir une sentence, Lucrèce, pour la première fois, réagissait devant la cruauté des faits. Pensa-t-elle rejoindre son mari, résista-t-elle à son père et à ses frères? Ou bien jugea-t-elle comme un moindre mal pour son mari et pour elle-même l'acceptation du divorce? On l'ignore. Le 26 mai, elle avait certainement, consenti, puisqu'à cette date le pape signait les brefs de présentation de frère Mariano et ceux ordonnant le divorce adressés l'un et l'autre à son gendre. Mais pour Lucrèce, ce dut être une période de crise, car, le 6 juin, à l'improviste, elle chevauchait avec sa cour vers le cirque Maxime, passait devant les ruines encore debout du palais à sept étages de Septime Sévère et s'arrêtait au voisinage des thermes de Caracalla, qui élevaient un puissant fragment mutilé de la grande architecture impériale. Là, en face des thermes, existait et existe encore, dans une oasis de paix archaïque, un couvent de religieuses dominicaines où entraient les jeunes filles nobles qui renonçaient au monde; le risque, pour les plus fragiles, était de renoncer également à la vie, le lieu étant particulièrement insalubre à cette époque de malaria; mais la peur de la mort ne pesait point sur leurs jours comme une condamnation les enveloppant de mélancolie. Sereines, et convaincues de devoir l'être, les religieuses de San Sisto trouvaient dans le travail, la musique, la méditation et la prière, cet ordre spirituel qu'apporte à la femme un monastère, l'une des rares communautés féminines régies par une hiérarchie bien définie et rigoureuse. Il est normal, ainsi que le devait plus tard noter la prieure, que l'arrivée de Lucrèce et de sa cour ait troublé le calme de la vie quotidienne en apportant derrière les murs du couvent le relent des passions et des pensées mondaines : mais comment en refuser l'entrée à la fille du pape?

On prétendait que Lucrèce voulait se faire religieuse et on disait aussi qu'elle était partie pour le couvent sans avertir son père, « *insalutato hospite*, » comme l'écrivait Donato Aretino. Tout au contraire, Alexandre VI, dans une conversation avec Ascanio Sforza, qui était allé lui demander le motif de cette réclusion, avait affirmé qu'il avait lui-même envoyé sa fille à San Sisto, « parce que c'était un endroit religieux et très honnête, » et qu'il désirait l'y voir demeurer jusqu'à ce que le mari de Lucrèce ait pris une décision. Mais, alors, pourquoi, le 12 juin, envoyait-il un détachement armé sous les ordres du bargello pour la faire sortir du couvent? « Le pape lui a envoyé le bargello pour la reprendre, » dit Cattanei, et on peut imaginer qu'au bruit des armes auront palpité les cœurs des vierges, Sœur Serafina, Sœur Paolina, Sœur Cherubina, Sœur Speranza. C'est à la Sœur Girolama Pichi, femme active et courageuse, prieure cette année-là, qu'il incomba de parlementer avec les soldats et leur capitaine. Que se dirent-ils? Comment manœuvra-t-elle pour ne pas obéir au pontife? L'ordre émanait-il réellement de lui? Autant de points d'interrogation, mais il paraît certain, cependant, que Lucrèce demeura au couvent.

Dans l'atmosphère d'une vie de prière elle oubliait les rapports et les divergences de ces hommes trop ardents entre lesquels le destin l'avait fixée. Peut-être la paix de cette retraite lui faisait-elle espérer d'être oubliée, alors que son nom et l'intimité la plus secrète de sa vie emplissaient les archives diplomatiques et occupaient l'esprit des courtisans.

CHAPITRE IV

MYSTÈRES ET CRIMES

Tandis que Lucrèce réparait ce qu'elle pouvait de sa pudeur entre les murs de San Sisto, le frère Mariano da Genazzano arrivait à Pesaro et entreprenait avec Jean Sforza de longs et difficiles raisonnements pour l'amener à l'annulation du mariage. Le comte de Pesaro se défendait avec l'énergie du désespoir, mais atterré et irrité par la froide dialectique de son interlocuteur, il perdait à chaque pas du terrain et des moyens de défense : finalement il demanda une semaine de réflexion et, sautant sur son cheval, s'en fut à Milan prendre conseil de Ludovic le More.

De ces jours-là doit dater la demande de divorce que Lucrèce était censée avoir adressée au pape, rédigée suivant le décret de Grégoire IX, qui établissait qu'une femme pouvait demander le divorce au bout de trois ans si le mariage n'avait pas été consommé. De la demande de Lucrèce, écrite en latin, nous connaissons seulement quelques phrases transcrites ensuite aux dossiers des intéressés, mais elles suffisent. Il y est dit notamment que l'épouse « *in eius* [de Jean] *familia per triennium et ultra translatata absque alia sexus permixtione steterat nulla nuptiali commixtione nullave copula carnali coniunctione subsequuta, et quod erat parata iurare et indicio obstetricum se subiicere* ». Lucrèce signa de sa propre main cette déclaration pénible pour une sensibilité féminine : on peut se demander si ce ne fut pas pour qu'on la laissât en paix.

Au Vatican, le cardinal Sforza entendait toutes sortes de protestations et récriminations contre son parent, non seulement de la part du pape, qui jurait qu'il souffrirait « les choses les plus extrêmes » plutôt que de lui rendre Lucrèce, mais encore du duc de Gandie et du cardinal de Valence, qui l'un et l'autre « se répandaient en paroles sévères pour affirmer que jamais plus ils ne consentiraient que leur sœur appartînt au seigneur de Pesaro ». Ascanio Sforza leur opposait la patience froide des hommes politiques qui ont décidé de tout supporter; d'ailleurs, lui et Ludovic le More avaient déjà abandonné leur petit cousin de province, le sacrifiant à la nécessité de ne pas se faire un ennemi du pape : s'ils feignaient encore de le soutenir, ce n'était point sollicitude envers lui mais bien plutôt pour donner à leurs adversaires l'impression de se trouver devant des volontés aussi fortes que les leurs.

A cette époque, Alexandre VI était très puissant et poursuivait avec son entrain habituel son rêve de gloire pour son fils Juan. Au consistoire du 7 juin, il déclara son intention de donner à son fils, pour lui-même et ses descendants, le fief de la cité de Bénévent avec toutes ses forteresses et ses territoires. A l'exception du cardinal Piccolomini tous consentirent, sachant combien la résistance était inutile, mais il n'en fut pas de même pour l'ambassadeur d'Espagne qui, pris de scrupules religieux, se jeta pathétiquement aux pieds du pontife en le conjurant de ne pas aliéner les biens de l'Église. Alexandre VI consentit à lui expliquer qu'il ne s'agissait point là de biens importants et que ces terres avaient déjà été vendues à des particuliers au temps de Nicolas V. Mais comme l'ambassadeur insistait pour qu'il ne donnât pas « le mauvais exemple » par un tel acte, le pape, furieux, lui dit : « Mets-toi sur tes pieds » et renvoya le débat jusqu'après le départ de cet insolent Espagnol, qui osait se faire le défenseur des choses ecclésiastiques contre le chef de l'Église.

La faveur de Juan près du pape étant immense, il était naturel que les partis politiques tentassent de s'en prévaloir, tout d'abord les plus entreprenants et par conséquent l'actif cardinal Ascanio. Se faire de Juan un ami représentait un coup si heureux pour les Milanais qu'il eût été vraiment dommage de ne pas le tenter et il le fut. Si la tentative tourna mal pour le cardinal Sforza, ce ne fut ni par sa maladresse, ni par la volonté personnelle du duc, mais pour des causes totalement imprévisibles, qui prenaient racine dans la muflerie et la puérilité de ce dernier. Quand on considérera que le cardinal Ascanio parlait un langage d'homme et d'homme politique alors que le duc de Gandie connaissait seulement celui de sa vanité et de son égoïsme, sans une lueur d'intelligence, on comprendra ce que purent être leurs rapports qu'illustre bien un épisode survenu aux premiers jours de juin 1497 dans le palais du vice-chancelier.

Un soir, Sforza offrait un splendide festin à d'importants personnages, parmi lesquels se trouvait le duc de Gandie. Vif dans ses paroles et sûr de son intangibilité, le fils du pape commença à tourner les convives en dérision et alla jusqu'à les traiter de « paresseux attablés », à quoi l'un des offensés lui répondit avec calme en faisant allusion à l'origine bâtarde du duc. Juan se leva brusquement et tandis que les assistants s'attendaient à une altercation armée, il quitta le palais d'Ascanio et se rendit près de son père. Alexandre VI agit avec une terrible résolution : au mépris de l'immunité cardinalice, il envoya une troupe de soldats forcer la porte du palais d'Ascanio, s'emparer de l'homme aux propos vifs et, sans tenir compte des exhortations à la réflexion et à la clémence, il le fit pendre immédiatement.

Cette façon d'agir, qui semble une vengeance primitive, une réaction de férocité bestiale, ne s'explique pas facilement chez Alexandre VI, dont la tolérance pour les commérages et les libelles qui couraient à son propos dans Rome était connue : Rome est la ville des hommes libres, disait-il. Mais avoir insulté le duc de Gandie, l'avoir bouleversé au point de mettre dans ses yeux presque une accusation contre son père, qui renforçait et enflammait son désir de vengeance, avait dû causer à Borgia une humiliation si cuisante pour son orgueil et son amour paternel que seule l'affirmation d'une supériorité à quoi personne ne pouvait s'opposer était capable de l'adoucir. Après cette manifestation de force, Juan retrouva toute son assurance, s'en alla de nouveau partout plein de soi-même, sans s'arrêter aux conseils de prudence que lui donnait son père et se mêlant à l'aveuglette à mille intrigues. Outre l'amitié pour Sancia, suspecte comme tout ce qui le concernait, on le disait amoureux d'une très belle jeune fille noble, la fille du comte Antonio Maria de la Mirandole, Ferrarais, et qu'il cherchait par tous les moyens à l'approcher. On ignore s'il y réussit, car la fille était bien gardée; il parut cependant significatif qu'un gentilhomme de l'entourage du cardinal Sforza, nommé Jaches, à qui elle avait été proposée en mariage avec de riches promesses de dot, avait toujours refusé de l'épouser.

Le 14 juin, Lucrèce était depuis huit jours dans sa retraite de San Sisto quand Vannozza Cattanei donna un grand dîner à ses fils, que sans doute elle se plaisait à réunir souvent autour de sa table. C'était le début de l'été, et Vannozza, experte dans l'art des réceptions, prépara la fête, non dans son palais de Rome mais au grand air, dans une vigne qu'elle possédait entre l'église de San Martino ai Monti et celle de Santa Lucia in Selci; elle y invita César, Juan, le cardinal Borgia de Monreale et quelques amis intimes. Le repas, présidé par une femme dont le visage portait les traces d'une beauté capable encore d'exercer son empire, et qui savait se montrer indulgente, dut être plaisant. César, en vêtements laïques, affichait comme de coutume des manières félines; le duc de Gandie était le héros de la fête avec ses vantardises et ses bravades, encouragées par les courtisans et les amis. Tout à coup, aux côtés du duc de Gandie, se dressa un homme masqué, mais personne n'en témoigna d'inquiétude; tout au contraire, on chuchotait des histoires amoureuses, secrètes comme toutes les entreprises passionnelles d'un gentilhomme. Le dîner se termina tard dans la nuit et les invités, ayant pris congé de Vannozza, se mirent en route pour rentrer chez eux. Ils se dirigeaient par groupes vers le Vatican, chacun avec une petite suite, quand près du palais du cardinal Ascanio, dans le quartier de Ponte, le duc de Gandie s'arrêta, prit avec lui un palefrenier, fit monter à cheval l'homme masqué et s'engagea dans la nuit pour se rendre à une réunion, sans écouter les avis de ceux qui lui conseillaient de se faire accompagner de gens armés. L'éclat de rire insouciant du jeune duc fut le dernier écho de sa vie entendu par les siens. Arrivés piazza degli Ebrei, il fit arrêter le palefrenier et l'y laissa avec la consigne de rentrer au palais dans une heure si, d'ici là, il n'avait vu personne. Rome était sombre et déserte, toutes les maisons secrètes et bien closes, parfois la lumière jaunâtre d'une lanterne perçait un instant l'ombre épaisse : le palefrenier ne devait guère se sentir l'esprit tranquille tandis qu'il attendait sur la place déserte; ce n'était pas des temps propres à rassurer ceux qui circulaient seuls en pleine nuit; et le duc de Gandie, lui, avait disparu dans les ténèbres, appelé par la voix impérieuse des puissances de mort.

Le 15 juin arriva. Le pape pensait au nouveau couronnement royal, qui aurait lieu à Naples, où le roi Ferrandino était mort très jeune, pour avoir, disait-on, voulu témoigner trop d'amour à son épouse et tante, Jeanne d'Aragon. Les heures de la matinée passèrent, remplies par diverses affaires, et le duc de Gandie ne parut pas. Le pape, informé par les Espagnols, était anxieux, mais se rassurait à la pensée que, d'autres fois, Juan s'étant réveillé tardivement dans la maison de quelque belle, trop connue professionnellement, y était demeuré jusqu'au soir pour qu'on ne l'en vît pas sortir : souci de décence que le pape approuvait particulièrement. Mais la longue et lumineuse journée de juin semblait pesante au pontife; quand le soir et l'ombre arrivèrent, l'angoisse se fit plus vive. Les Espagnols parcouraient les rues l'épée dégainée, sans autre résultat que d'épouvanter le peuple et de faire sortir de leurs repaires les gens des Orsini et des Colonna, toujours prêts à augmenter le désordre. On organisa les recherches, qui aboutirent tout d'abord à retrouver le palefrenier, mortellement blessé et incapable de parler : indice qui fit comprendre à tous que le duc de Gandie était perdu. Les recherches continuèrent; toute la ville était en branle et voici qu'un certain Giorgio, batelier dalmate qui dormait la nuit dans une barque amarrée entre les rives herbues du Tibre, d'où il surveillait un chantier de bois, à peu près à l'endroit où se trouve maintenant l'église de San Gerolamo degli Schiavoni au pont de Ripetta, raconta ce qu'il avait vu. Dans la nuit du 14 au 15, il avait remarqué, arrivant par la rue qui longeait l'hôpital degli Schiavoni, deux personnes qui, marchant avec très grande prudence, exploraient la rue et ses entours. Ils disparurent un instant, puis revinrent pour renouveler, pouce par pouce, leur examen; ensuite, après une pause, était arrivé un homme sur un cheval blanc, portant derrière lui, en travers de la selle, un cadavre que deux palefreniers, l'un à droite, l'autre à gauche, maintenaient en équilibre. Le craintif cavalier s'avança jusqu'au fleuve et, faisant faire volte-face à son cheval, lança un ordre auquel les hommes répondirent en laissant glisser le cadavre de la croupe de l'animal et en le lançant rapidement dans l'eau. On entendit le bruit du plongeon, puis clairement la voix du cavalier demandant s'il avait été bien jeté et la réponse affirmative des deux hommes. Le cavalier se retourna, regarda le fleuve, qui coulait lentement devant lui en contre-bas, distingua quelque chose sur l'eau et reconnut l'ample manteau du mort qui s'était gonflé d'air et semblait une voile funèbre entraînant un trépassé sur l'Acheron; puis il ordonna de faire disparaître toutes traces et regarda ses compagnons lancer vigoureusement des pierres sur le but flottant. Tout a sombré, les hommes disparaissent, la nuit retrouve son innocence. Quant à dénoncer l'attentat, le Dalmate n'y avait même pas pensé, ayant vu, dit-il, jeter dans le fleuve au moins cent cadavres, dont jamais nul ne s'était soucié. Même en tenant compte de ce qu'il peut y avoir d'un peu spectaculaire dans les affirmations de quelqu'un qui, pour la première fois de sa vie, se voit écouté, on peut en conclure que cette barque était un tragique observatoire.

A partir de ce moment le pape fut hors de lui-même; il se refusait à admettre cette mort, que tous, maintenant, tenaient pour certaine et il en attendait la preuve. Le Tibre, fouillé par cent filets, interrogé par mille yeux, répondit le soir même en restituant le cadavre du duc de Gandie défiguré par neuf grandes blessures, dont une lui avait tranché la gorge, souillé par les immondices qui l'enveloppaient d'un suaire fangeux. Il fut transporté au château Saint-Ange, déshabillé, lavé, revêtu des vêtements ducaux. Puis, la nuit, le cadavre découvert, beau de cette désespérante beauté qui marque le visage des jeunes morts, fut conduit à la sépulture de Sainte Marie du Peuple, suivi par les amis, les prêtres, la noblesse et une foule espagnole désordonnée agitée par l'angoisse et par cette tragédie. A la lumière de cent vingt torches, parmi les lamentations sanglotantes et les prières, le fantastique cortège sortit en courant du château Saint-Ange et les contemporains réfèrent que, couvrant tous les pleurs, s'éleva d'une fenêtre obscure du château le hurlement du père appelant son fils perdu. Il fut inhumé à Sainte Marie du Peuple, peut-être dans une chapelle à droite du transept où avait déjà été déposé le corps du premier duc de Gandie, Pedro Luis. Sous le pontificat de Jules II, l'un et l'autre furent transportés à Gandie pour y reposer dans la paix, droit douloureux et béni de tous les morts.

Le pape semblait un supplicié : deux jours durant il ne mangea pas, ne but pas, ne dormit pas, mais vécut enseveli dans sa propre douleur, dont les pleurs profonds montaient de la plus intime essence de sa vie. Une douleur aussi aiguë appelait une réaction qui jaillit d'un désir de justice. La police pontificale entreprit immédiatement ses recherches : le premier soupçonné — pour complaire au pape — fut Ascanio Sforza et comme le cadavre avait été retrouvé non loin d'une maison champêtre des Sforza, la perquisition en fut ordonnée. Le cardinal témoigna de patience et d'habileté, il remit aux délégués à la perquisition toutes les clefs de ses palais, loua leur précaution et se retira ensuite avec dignité chez l'ambassadeur milanais, Stefano Taverna. On pensait, et c'était assez naturel, que le cardinal Ascanio avait voulu venger la pendaison de son hôte, qui avait osé traiter de bâtard le duc de Gandie, bien que Sforza eût mieux à faire pour le moment que de s'occuper de vengeances privées. Le duc de Gandie avait de nombreux ennemis, on peut même dire qu'il n'avait que des ennemis : celui qui avait ourdi l'assassinat comptait précisément sur la multiplicité des soupçons, tous vraisemblables, pour brouiller les pistes. Ascanio Sforza fut rapidement mis hors de cause et Alexandre VI alla même jusqu'à lui adresser des excuses en raison de certaines menaces proférées envers lui par le cardinal de Valence et par des fidèles du duc, alléguant qu'elles avaient été exprimées dans l'excès de la douleur. Guidobaldo de Montefeltro, puis Jean Sforza et son frère Jean-Galéas, tous trois un instant mis en cause, furent promptement disculpés et Alexandre VI le déclara publiquement dans un consistoire du 19 juin, où la tragédie frisa le mélodrame.

Ce fut probablement la première et unique fois dans l'histoire de l'Église qu'un pape, revêtu des insignes pontificaux, au cours d'une assemblée cardinalice, en présence des ambassadeurs, pleura publiquement la mort d'un fils : « Aucun coup plus rude, disait-il de sa voix au timbre espagnol et sonore, ne pouvait nous atteindre, car nous aimions le duc de Gandie plus que tout au monde... Nous donnerions volontiers sept tiares pour le rappeler à la vie... Dieu nous a puni de nos péchés, car le duc de Gandie ne méritait pas une mort si terrible et mystérieuse... Le bruit a couru que Jean Sforza en était l'auteur : nous sommes convaincus de son innocence et encore moins sont coupables Jean-Galéas Sforza et le duc d'Urbin... » A ces phrases succédaient des paroles de repentir et de résolution de mener une vie sainte. Le pape annonçait une réforme complète du Vatican, un soin scrupuleux des offices sacrés, une sévère vigilance afin que les choses mondaines ne franchissent pas le seuil du palais apostolique. « Dorénavant les bénéfices seront accordés au seul mérite : nous voulons renoncer au népotisme et commencer notre réforme par nous-même. »

Il fallait qu'Alexandre VI fût touché au vif pour se confesser ainsi et pour que ce à quoi il tenait le plus, la famille et la tiare, lui apparussent comme néant. Négligeant toutes considérations, et on en pourrait faire de curieuses, sur la singularité de ses déclarations, il faut reconnaître que le pontif. éleva pour un temps à la hauteur de réformateur de l'Église. Il nomma une commission composée d'ecclésiastiques de grande vertu, ayant à sa tête le cardinal Costa, et donna l'ordre d'étudier tous les points d'une grande réforme; il accepta une lettre d'admonestation et de condoléances que lui adressa Savonarole, peut-être le seul écrit du dominicain qu'il ait lu et dont il ait été touché à fond. Puis, peu à peu, le temps atténua les premiers excès de sa douleur. La recherche des coupables se poursuivait, mais le mystère était profond, des hypothèses sans fin étaient accueillies, puis abandonnées. Les chroniqueurs contemporains parient sur les noms des Orsini et des Sforza, reprennent même les accusations contre le cardinal Ascanio ou encore font allusion à des choses fort obscures, à une action de *gran maestro* et aux difficultés et périls qui en pouvaient résulter pour celui qui aurait parlé franchement.

Arrivé à ce point, on peut logiquement se demander le *cui prodest* des Latins. Qui pouvait avoir intérêt à cette mort? Et il n'est qu'une seule réponse : César Borgia. Avec un art qui sous les apparences du dédain était, au contraire, un calcul précis des causes et des effets, tout en feignant de ne point s'occuper des choses de gouvernement, de ne point appliquer « son esprit aux affaires », César avait réussi à conquérir non seulement l'affection, mais la confiance et l'estime de son père. Il avait travaillé à fond et tous avaient remarqué ses progrès. Durant la campagne contre les Orsini, un jour que César dans une partie de chasse trop vivement menée vers les Tre Fontane, avait risqué de tomber aux mains de bandes vagabondes à la solde des Orsini, il s'était trouvé quelqu'un pour écrire que si le cardinal de Valence avait été fait prisonnier, c'eut été le cas de voir l'élection d'un nouveau pape, voulant signifier ainsi que le pontife en serait mort de chagrin. Mais César connaissait trop exactement sa situation personnelle pour accueillir des espoirs propres à l'illusionner et il savait que jamais il n'aurait la première place dans le cœur de son père aussi longtemps que vivrait le duc de Gandie à qui, par la volonté paternelle, allaient de plein droit l'honneur des armes et de la puissance terrestre. César était très aimé et très estimé, mais Juan était idolâtré; le cardinal de Valence avait beau voir grand et loin, esquisser à larges traits un avenir glorieux de guerres et de triomphes en même temps qu'un royaume à créer dans l'avenir, avec un gouvernement souple et intelligent qu'il se sentait capable d'instituer, entre lui et ses désirs se dressait toujours l'obstacle : ce frère, qui non seulement lui empêchait toute conquête, mais qui, même pour son propre compte, gâchait toute possibilité, ruinait tous les plans par sa fatale incompétence. La détermination prise par César de faire disparaître son frère serait monstrueuse, mais logique. Le problème est de savoir s'il l'a ou non tué.

« J'ai de nouveau appris que la mort du duc de Gandie doit être imputée à son frère le cardinal... et cette opinion au sujet de la mort en question, je la tiens de bonne source, » écrivait de Venise, le 22 février 1498, Giovanni Alberto della Pigna au duc de Ferrare. D'après ce document, la culpabilité de César ne paraît pas douteuse et, durant les années qui suivirent, elle ne parut pas douteuse non plus à l'opinion publique et à la conviction des contemporains, parmi lesquels Sanudo et Guichardin. Cependant les historiens en discutent encore. Tandis que Villari, Gregorovius, Picotti, Leonard, Gebhart la tiennent pour certaine, Woodward, Fester, Schintzer confessent leur doute, et Pastor, Luzio, Höfler n'y croient pas du tout. Il n'existe pas de preuves irrécusables, disent-ils, et c'est vrai. Mais l'ardente ambition de César, son insensibilité au crime, sa rancœur de se voir mis au second rang, son mépris pour un frère aussi vil, son désir véhément du pouvoir peuvent être des indices convaincants comme des preuves. Mais, par-dessus tout, au milieu des incertitudes et de la confusion des hypothèses, dans cet enchevêtrement que jusqu'à présent on n'a pas réussi à débrouiller, il semble qu'on puisse reconnaître, incomparable, le style de César Borgia, qui utilise mille circonstances étudiées et vérifiées une par une pour faire du crime une œuvre achevée et concluante par elle-même, une forteresse armée derrière laquelle agit sa main occulte et sûre. Jamais le coupable ne fut découvert, car il ne pouvait pas l'être, étant vraiment, comme le disaient les chroniqueurs, trop *gran maestro*.

Il est encore plus difficile peut-être de discerner la pensée du pontife. Dès le 5 juillet, donc vingt jours à peine après le crime, il donna l'ordre d'interrompre les recherches de la police, laissant ainsi supposer à son entourage, et non sans raison, qu'il possédait une certitude. Mais il dissimulait, disent les mémorialistes. En savait-il déjà trop? César, lui, démontra qu'il savait flairer d'où venait le vent : au début de juin il avait été nommé cardinal-légat pour le couronnement du nouveau roi de Naples (entre 1494 et 1498, quatre rois avaient été couronnés à Naples) Frédéric, frère du roi Alphonse II, celui-là même qui avait présidé au mariage par procuration de Sancia d'Aragon et de Jofré Borgia. César partit le 22 juillet; peut-être calculait-il que les soupçons s'accumulant contre lui, quand le pape en arriverait à le soupçonner, non seulement il serait loin, mais encore revêtu d'une charge si importante que l'accuser, en admettant qu'au paroxysme de sa douleur le pape en fût arrivé là, signifierait le déshonneur de la famille et de l'Église. Aux premiers jours d'août il était à Capoue, malade de la fièvre, et vers cette même date, le 7 août exactement, Sancia et Jofré durent quitter Rome pour regagner leur principauté de Squillace, témoignant ainsi que le pape entendait être fidèle à ses engagements de ne plus vouloir ni ses enfants, ni ses parents, dans son entourage. Sans doute aussi la vue de cette bru qui avait peut-être provoqué l'amour du duc, en même temps que chez César l'étincelle d'une jalousie méchante, devait-elle être devenue insupportable à Alexandre VI, qui éprouvait par ses fils le dégoût que donnent les choses trop passionnément aimées et qui nous ont trahis. Arrière donc les femmes et même Lucrèce; il était de nouveau question de l'envoyer en Espagne, mariée là-bas à quelque noble personnage. Seuls entreraient au Vatican les prélats qui étudiaient les nouvelles réformes.

> *Musiciens, acteurs, adolescents, éloignez-vous.*
> *Que cessent les jeux et les chasses.*
> *Le pape n'aliénera pas les biens d'Église.*
> *Que soient honnêtes les chanteurs.*

Les premiers points de l'ordonnance ardue commençaient d'être élaborés. Mais à la fin d'août les travaux ne parurent plus aussi urgents au pape et se ralentirent; en septembre celui qui deux mois auparavant écrivait au roi d'Espagne qu'il envisageait de renoncer à la papauté pour s'enfermer dans un monastère, bien loin de se tourner vers le « grand refus », a déjà oublié ses projets de vie austère. L'assassin du duc de Gandie ne sera plus recherché désormais que pour un simulacre de justice et les Borgia reprendront cœur.

Dès les premiers symptômes de l'humeur mondaine du pape, César avait quitté Naples pour Rome, où il fut accueilli aux portes par un groupe de cardinaux entourés de leurs familiers, ainsi qu'il convenait pour un légat pontifical de cette importance. On remarqua cependant que le cortège arrivant au Vatican alors que le consistoire était déjà commencé, le pape ne voulut point qu'on interrompît la discussion qui avait trait à une affaire banale d'injures entre le recteur de l'Université et l'évêque de Vienne. Le cardinal de Valence dut faire antichambre pendant une demi-heure; on remarqua davantage encore la froideur de l'accueil du pontife, qui se borna au baiser rituel sans l'accompagner d'un seul mot : cette réserve avait-elle une signification? Quoiqu'il en soit, si certains espéraient que le népotisme d'Alexandre VI fût à son déclin, César, lui, savait déjà lequel vaincrait et tous le surent également avant qu'il fût longtemps.

La mort du duc de Gandie ne permettait plus à Jean Sforza d'espérer rentrer en possession de sa femme. On a vu qu'à un moment les soupçons l'avaient effleuré. Le fait d'avoir été reconnu innocent par le pape n'impliquait pas qu'on vînt vers lui avec des propositions et des dispositions meilleures que précédemment. Le 21 juin, cinq jours à peine après l'assassinat, Alexandre VI avait fait appeler le cardinal Ascanio et, à travers les larmes versées sur son fils, il lui avait recommandé d'agir promptement sur son parent de Pesaro afin que le divorce fût prononcé très vite et sans scandale et lui avait rappelé qu'un accord était préférable à l'exercice de la justice, encore que celle-ci pût être aussi expéditive. Ce n'étaient là que paroles, car il n'était pas vain pour Jean Sforza d'avoir près de lui des juristes experts, tel, par exemple, que Niccolò da Saiano, qui avait fréquenté la célèbre Université de Ferrare; il savait fort bien que, s'il ne donnait pas son consentement, le divorce ne pourrait être régulièrement prononcé : un mariage rompu par la force grâce à une sentence arbitraire serait le déshonneur pour Lucrèce. Fort de cette assurance, mais à demi désespéré par la difficulté de combattre contre un ennemi trop puissant, Sforza était arrivé à Milan incognito et sous un déguisement; mais Ludovic le More, en homme habile et qui savait combien les espions du pape étaient nombreux, exigea au contraire que son cousin parût publiquement avec les insignes de son rang et que sa visite prît un caractère officiel. Les jours qui suivirent montrèrent encore davantage que le More entendait traiter à la légère l'infortune de son parent, peu désireux que le pape ait une occasion de prendre ouvertement parti contre la maison Sforza et en faveur de ces Français qui semblaient présentement si bien décidés à faire valoir leur qualité de prétendants au duché de Milan. Le premier mouvement de Ludovic le More fut donc de déclarer à tout venant que le séjour de Jean à Milan n'avait aucune fin politique, mais qu'il souhaitait seulement être conseillé et aidé dans ses difficultés matrimoniales. Ayant pris le parti de s'en amuser, le duc de Milan, sous couleur de sollicitude, poussait la curiosité jusqu'à la plus outrageante indiscrétion. Il demanda d'abord si les propos du pape sur la non consommation du mariage étaient vrais et se divertit de l'éclat brutal du seigneur de Pesaro, auquel il s'attendait, lui répondant que le mariage avait été plus de mille fois consommé. Finalement, comme quelqu'un qui n'en peut plus, Sforza finit par dire ce qu'il n'avait plus assez de maîtrise de soi pour taire plus longtemps : le pape reprenait Lucrèce pour la seule raison qu'il la voulait pour lui-même, libre de répondre à ses volontés. Telle était certainement la chose terrible et innommable à laquelle Sforza avait fait allusion dans ses lettres, sans oser l'écrire; et une fois dite, que répondre à quelqu'un qui avait vécu de la vie intime du Vatican et qu'on pouvait avec juste raison supposer très informé? Le More, qui jugeait suffisant d'avoir écouté, ne paraît pas avoir, peut-être par prudence, demandé d'autres précisions. Il ne fit mine de rien, mais, se rendant compte qu'il fallait trouver quelque chose, il proposa une combinaison tout à la fois pratique et ridicule : il s'agissait de faire venir Lucrèce à Nepi, propriété du cardinal Ascanio, puis de la rejoindre sur ce terrain neutre sous escorte et avec une garde de gens appartenant aux Sforza; après quoi, sous le contrôle des Borgia et des Sforza, aurait lieu une lune de miel à titre de démonstration. Jean s'y refusa, peut-être par crainte d'une épreuve qui, de la part d'un homme nerveux, pouvait ne pas réussir, à moins que ce ne fût par la peur du fer ou du poison. Alors le More entreprit de persuader Sforza de donner quelques « preuves avec des dames » à Milan même et en présence du cardinal-légat Jean

Borgia. Mais le comte de Pesaro refusa également cette proposition : s'il en éprouvait la nausée, il faut reconnaître qu'il avait raison. Ludovic finit par lui demander comment le pape pouvait porter cette accusation contre lui alors qu'on n'ignorait pas que sa première femme, Madeleine de Gonzague, était morte en couches. « Ils vont, lui répondit Jean, jusqu'à dire que je l'ai fait engrosser par un autre. » C'étaient là dialogues dignes de *la Mandragore* et de *la Calandria*. Le More s'en divertissait sans pitié et il prouve à quel point il se souciait peu de son cousin de province dans une déclaration faite à l'ambassadeur de Ferrare à Milan, Antonio Costabili, où, après lui avoir conté les propos échangés au cours de l'entretien ci-dessus, il affirme que son opinion personnelle est que si on donnait deux traits de corde à Jean, il confesserait aussitôt n'avoir jamais eu de rapports ni avec la sœur du marquis de Mantoue, sa première femme, ni avec Lucrèce, « parce que, s'il était courageux il aurait agi de façon à se tirer de là »; et il ajoutait que si le jeune homme « était certain de n'avoir pas à restituer la dot, il ne ferait pas tant de difficultés pour consentir au divorce ».

C'était peut-être faux; mais le More s'exprimait ainsi pour manifester, même dans ses propos privés, qu'il tenait pour le pape : le cadeau de la dot de Lucrèce, offert et finalement donné par le beau-père à son gendre, était une bien petite compensation à l'offense que les Borgia faisait subir à Sforza. Pour apaiser son orgueil si cruellement ulcéré, les propositions que lui firent à cette même époque les Gonzague, parents de sa première femme, de contracter un nouveau mariage dans leur maison, durent lui paraître fort séduisantes, mariage « dont il aurait motif de demeurer toujours content ». Sforza fit répondre par de grands remerciements, retardant les pourparlers jusqu'après le dénouement de ce qu'il appelait son malheureux « mariage papal », dont il espérait être bientôt « sorti afin de ne souiller ni soi-même ni les autres ». Il priait en attendant les seigneurs de Mantoue de garder leurs intentions absolument secrètes, car ils savaient qu'il avait affaire à des gens accoutumés de choisir « entre la violence et le poison ». Quant à lui, revenu de Milan à Pesaro plus irrésolu que jamais, avec la nouvelle et cuisante désillusion de sa visite inutile à Ludovic le More, il demeurait ferme sur un seul point en refusant son consentement au divorce.

« Je ne veux point consentir à cette annulation que, depuis

Dieu jusqu'au dernier des hommes, personne ne pourrait raisonnablement accomplir, et si même j'y consentais, elle ne serait pas valable, étant données les choses qui ont eu lieu entre moi et Mme Lucrèce, ainsi que je l'ai dit plus explicitement à l'Illustrissime seigneur duc [de Milan] et que pour l'instant je n'ai pas envie de dire et ne dirai pas si je n'y suis pas forcé... », écrivait Jean Sforza au cardinal Ascanio; et il continuait plus énergiquement : « Mais si le pape veut agir envers moi selon la force et non point selon la justice, comme Sa Sainteté semble le chercher, je perdrai plutôt mon État et ma vie que l'honneur et je dirai sans égard, quoique mal volontiers, *ce que j'ai dit une fois à Mgr le duc et qui est la stricte vérité*, afin que chacun comprenne que toutes les justifications sont de mon côté. »

Il est clair que Sforza faisait encore ici allusion à l'accusation qu'il avait proférée à Milan et il est évident qu'il y croyait vraiment. Les historiens du parti Borgia qui, répugnant à un monstrueux soupçon, ont interprété les paroles du comte de Pesaro comme une énorme calomnie lancée dans l'excès de la colère pour se venger des Borgia, n'ont peut-être pas suffisamment considéré que toute l'attitude de Sforza, depuis ses mystérieuses réticences à divulguer la cause de sa fugue jusqu'à ses révélations de Milan, auxquelles fréquemment ensuite il se référa, prouvent qu'il portait en lui une certitude vivante, présente et maudite. Sur quelles raisons reposait cette certitude? Telle est ici la question.

Alexandre VI était un homme instinctif, exagérément expansif dans ses manifestations d'amour paternel; il éprouvait cet amour sans aucune transposition spirituelle, comme s'il était mû uniquement par les images physiques de ses enfants, leur aspect, leurs gestes, leur personne extérieure. Qu'on se souvienne de son idolâtrie pour le duc de Gandie, qui semble presque un aveuglement amoureux et qui se répétera ensuite pour César; envers Lucrèce, il s'y ajoute cette tendresse des pères pour leurs filles qui, parmi les robustes fruits masculins, leur apparaissent quasi comme la fleur de leur sang, et on comprendra que l'amour du pape pour sa fille ait pu causer une sorte de vertige à un homme aussi tiède que le seigneur de Pesaro. En poussant l'enquête et en serrant de près ce point le plus infect de la vie des Borgia, on peut se demander si Jean Sforza possédait quelque chose de plus que des indices ou des soupçons et s'il avait vu dans les yeux de son beau-père des lueurs troubles qui font frémir, mais le fait que Sforza, tout en maintenant son accusation contre le pape, tentait désespérément de la reprendre permet de penser qu'il avait motif de l'innocenter, soit que rien ne fût arrivé, tout se limitant à des soupçons, ou que, dans la pire hypothèse, il n'y ait eu chez elle que l'erreur d'un consentement subi dans l'égarement; la conscience, le désir, la responsabilité, l'infamie restant alors de l'autre côté.

Alexandre VI montrait, d'ailleurs, un air de candeur totale : il continuait à solliciter les Sforza de Milan pour qu'ils l'appuyassent près de leur parent et, pour obtenir l'adhésion de son gendre, il lui faisait écrire sur tous les tons; on passait des règles et motifs juridiques aux excuses et aux échappatoires (on alla jusqu'à prétendre qu'on pouvait invoquer comme cause de déficience physique un « maléfice particulier ») avec tant de prestesse et d'habileté que des gens plus malins que Sforza se fussent laissé prendre dans de tels filets. Finalement, sur la raison invoquée de la validité du précédent mariage de Lucrèce avec don Gaspare d'Aversa, le comte de Pesaro prononça le « oui » qui à tous, au Vatican, fit pousser un soupir de soulagement : il suffisait de ce premier assentiment pour que tous les autres s'enchaînassent et qu'il lui fallût se rendre sans conditions.

Le cardinal d'Alexandrie Giovanni Antonio San Giorgio, le cardinal de Sainte-Praxède, Antoniotto Pallavicino, et l'humaniste ferrarais Felino Sandeo, auditeur de Rote, instruisaient le procès de divorce. A peine reçue la réponse de Jean, le pape fit appeler près de lui et en présence d'Ascanio Sforza, le cardinal d'Alexandrie, l'un des canonistes les plus autorisés et les plus subtils du Vatican, et lui fit lire l'écrit du seigneur de Pesaro. Mais après l'avoir lu le cardinal affirma que les propositions contenues dans ces feuilles n'étaient « ni justes, ni honnêtes, ni conformes aux normes juridiques », car le mariage ne pouvait véritablement être dissous que de deux façons : soit par la sentence des cardinaux commissaires, soit par le consentement des deux parties au moyen d'une bulle pontificale. Alexandre VI répondit en soupirant que chacune de ces paroles blessait sa délicatesse, puis se mit à discourir longuement sur son honneur, sur celui de sa fille, sur la nécessité que la séparation ait lieu en laissant le nom de Borgia sans tache. Il affirma encore que, par amour pour le duc de Milan et le cardinal Ascanio, il accepterait celle des deux solutions que choisirait son gendre. Enfin, écrivait le cardinal Sforza à son cousin, « pour manifester sa clémence au plus haut point et témoigner avec quelle estime et bienveillance il considère notre maison [le pape] sera heureux de dispenser Votre Excellence du payement de toute la dot et de lui en faire don. » Mais s'il n'acceptait pas, la clémence se transformerait en sévérité. Naturellement, il n'était plus question du motif de divorce qu'eût été une antérieure promesse de mariage entre Lucrèce et Gaspare d'Aversa, et ce n'était pas le cas d'y faire allusion maintenant que le cardinal d'Alexandrie l'avait qualifiée d'injuste et de malhonnête.

En réponse, Jean Sforza choisit la solution qui lui était la moins désagréable, celle de la sentence, écartant l'aveu d'invalidité conjugale. Mais alors le pape témoigna de la surprise et du mécontentement attribuant ce choix à une lenteur calculée, et il commença de se plaindre fortement et de faire comprendre qu'il soupçonnait Sforza d'agir ainsi pour contrarier les nouveaux projets de mariage qu'au Vatican on édifiait déjà pour Lucrèce. Comme Sforza insistait pour affirmer que rien ne le déciderait à souscrire la phrase qui lui était devenue une obsession « *quod non cognoverim Lucretiam* », l'ambassadeur de Ludovic le More, Stefano Taverna, finit par ne plus communiquer les lettres de Jean au Vatican afin que le pape « ne se troublât, ni ne se scandalisât ». Le pontife, ajoutait Taverna en écrivant au duc, ne désirait rien plus ardemment que cette rupture et qu'elle fît apparaître clairement que sa fille avait été laissée « intacte par le seigneur de Pesaro, afin que cette opinion lui permît de la passer à un autre mari ». Finalement, après des mois d'allées et venues, d'ambassades et de protestations, Ludovic le More envoyait à Jean un de ses hommes de confiance, Tommaso Torniello, pour l'avertir que s'il n'obéissait pas en tous points au pape, lui aussi cesserait sa protection sur l'État de Pesaro. C'était la ruine et le caractère de Sforza n'était pas de force à en supporter davantage : n'en pouvant plus, il capitula.

Le 18 novembre 1497, au palais de Pesaro il y eut nombreuse réunion de docteurs et de théologiens. Le comte de Pesaro parut dans la salle où ils s'étaient rassemblés et sans doute se répétait-il la phrase qu'il avait écrite à Ludovic le More : « Si Sa Sainteté veut établir une justice à sa façon, je n'y puis contredire : qu'elle fasse ce qu'elle voudra, mais Dieu est au-dessus. » Bien que ce lui fût dur, en présence de tous les témoins, il signa. L'abondant mémoire adressé à Ascanio Sforza contenait la phrase attestant la carence maritale et sur ces bases donnait au cardinal toute licence d'engager les démarches nécessaires à l'annulation. Jean Sforza avait donc cédé et les lettres qu'il multipliait les jours suivants au duc de Milan pour affirmer qu'il avait signé seulement sous la contrainte de plus puissants que lui n'avaient d'autre utilité que son soulagement personnel. A Rome, le cardinal Alessandrino, le cardinal de Sainte-Praxède et messire Felino Sandeo cherchaient d'impeccables formules pour en habiller des péchés et des mensonges. Pendant que tant de gens s'affairaient à propos de sa petite personne et que de toute l'Italie s'annonçaient de nouveaux prétendants à sa main, celle qui provoquait tant de discours fort tranquillement déviait de son droit chemin.

A San Sisto, Lucrèce avait appris la mort de Juan certainement avec grande douleur, car elle avait pour sa famille un attachement passionné. Sur ce frère élégant et brillant elle pensait pouvoir compter à l'avenir et en toute circonstance : après la fugue du comte de Pesaro il avait envisagé de l'emmener avec lui dans ce pays de rêves qu'était l'Espagne pour tous les Borgia. A tant de projets avait succédé cette mort cruelle et brutale; de plus, le pape lui avait infligé le châtiment imprévu de la tenir éloignée de sa propre douleur. Perdue dans de sombres pensées, il était naturel que sa jeunesse saisît le premier fil conducteur qu'elle attendait pour suivre un autre chemin, quel qu'il fût, et ce fut une erreur.

Entre le Vatican et Lucrèce circulaient quelques messagers strictement choisis par le pape, Espagnols pour la plupart, dont l'un, Pedro Caldes, appelé familièrement Perotto, avait la charge particulière et plus fréquente des ambassades entre le père et la fille. Cette présence journalière ouvrit aisément les voies de la confiance et de l'amitié pour glisser enfin à la tendresse, puis à la passion. Pedro et Lucrèce s'aimèrent-ils? Il semble, d'après les témoignages fragmentaires mais concordants des contemporains, qu'on puisse répondre affirmativement. Cette aventure très secrète, qu'il nous faut péniblement reconstruire par des bribes de lettres et de chroniques, fut probablement d'une grande importance, parce que c'est à son propos que se définirent et se formèrent le caractère et l'esprit de Lucrèce. Bien certainement, après avoir partagé la vie de Jean Sforza, homme sinon frigide, ainsi qu'on le lui avait fait déclarer, du moins peu ardent, la chaleur d'une jeune passion pouvait lui faire éprouver ce chavirement dans l'oubli du passé des amours profondément instinctives.

S'il est exact que Lucrèce céda complètement à ce Pedro, elle devait savoir dès l'origine qu'il n'y avait aucun espoir que l'avenir pût les réunir. Quoi de plus enivrant et mélancolique qu'un amour qui doit être une fin en soi, sans jamais se rattacher à un lendemain? Pourtant il y eut un lendemain. D'après les témoignages contemporains, l'amour des deux jeunes gens avait été tel que Lucrèce dut reconnaître qu'elle en portait le fruit. On peut imaginer l'émoi et la crainte de la jeune femme qui chercha, et y réussit quelque temps, à dissimuler son état sous l'ampleur de ses vêtements, avec sans doute l'aide et la complicité de sa compagne fidèle, Pantasilea. On se représente moins bien le courage qu'il lui fallut le 22 décembre 1497, jour où se promulguait l'annulation de son mariage, alors qu'elle comparut au Vatican pour assister à la lecture de ce document, qui la proclamait jeune fille intacte. Elle comparut, écouta, sourit et répondit pour remercier en latin « avec tant d'élégance et de gentillesse que si elle eût été un Tullius, elle n'aurait pu s'exprimer avec plus de finesse et plus de grâce », écrit Stefano Taverna, l'ambassadeur milanais. Cette comparaison incongrue entre Lucrèce et Cicéron témoigne cependant quelle impression de grâce spontanée elle réussit à donner. Même si son petit discours avait été appris par cœur, comment trouvait-elle un calme suffisant pour dévider sans défaillance ses périodes latines? Possédait-elle les aptitudes des Borgia au courage et à la dissimulation? Ou tout est-il faux de ce que rapportent les chroniqueurs sur ses amours clandestines?

Et pourtant ne peut-on trouver une preuve dans le fait que Perotto était devenu une épine au flanc des Borgia et que César en personne était décidé à le faire disparaître? La colère du cardinal de Valence, quand il découvrit les faits, avait une raison d'être, car sa sœur, désormais libérée du comte de Pesaro, devait servir à ses fins politiques et c'était une cuisante blessure que de la voir compromise par un subalterne. C'est ainsi qu'un jour, raconte l'ambassadeur vénitien Polo Capello, César, rencontrant Perotto près des appartements pontificaux, courut sur lui l'épée dégainée; comme il s'était garé et enfui, César le poursuivit à travers les différentes pièces l'épée aux reins, jusqu'à ce qu'ils parvinssent aux marches du trône pontifical; et là, sous les yeux du pape, qui avait vainement essayé de protéger son familier en étendant sur lui un pan de son manteau, il le blessa « et le sang sauta au visage du pape », dit Capello. On ignore si la blessure fut mortelle; une autre information du chroniqueur bolonais Cristoforo Poggio dit, à la date du 2 mars 1498, que de « Perotto, premier camérier de Sa Sainteté, on ne savait plus rien, mais j'apprends qu'il est en prison pour avoir rendu grosse la fille du pape, Mme Lucrèce ». Burckard, au contraire, note dans son Journal que le cadavre de l'Espagnol a été retrouvé pieds et poings liés dans le Tibre et que le même jour on a également retiré du Tibre celui de la demoiselle Pantasilea. A s'en tenir aux informations des chroniqueurs, l'enfant de Lucrèce était né en mars. « De Rome on assure que la fille du pape est accouchée. » La nouvelle est datée du 18 mars 1498.

Les pleurs que put verser Lucrèce n'appartiennent pas à l'histoire. En relèvent, au contraire, les candidatures matrimoniales successives qui se présentèrent pour elle au Vatican dès avant que fût prononcée la sentence d'annulation de son premier mariage. Le pape et le cardinal de Valence procédaient à l'examen des demandes : ce n'était pas pour rien qu'ils avaient entrepris la lutte contre le seigneur de Pesaro et l'avaient menée par des routes difficiles jusqu'à une conclusion pour eux victorieuse. Libérée, Lucrèce devait servir leurs ambitions nouvelles. C'était maintenant César Borgia qui donnait l'impulsion et le ton à ces ambitions. Durant son séjour à Naples, il avait vu de près cette contrée séduisante et cette cour qui, malgré sa décadence, méritait toujours d'être qualifiée de splendide. En constatant l'écartèlement du royaume de Naples entre barons rebelles et partisans, sa faiblesse civile et militaire, un jugement s'était formé et concrétisé dans son esprit qui lui donnait l'espoir qu'un jour peut-être lui, bâtard obscur, mais résolu et avisé, réussirait à s'emparer complètement ou partiellement du royaume de Naples. Pendant des mois on répéta avec insistance que César allait renoncer au cardinalat et épouser Sancia d'Aragon tandis qu'en échange Jofré prendrait le chapeau rouge; mais de graves obstacles se dressèrent contre ce changement d'époux — on se souvient qu'un roi et un cardinal avaient assisté à la consommation du mariage — et de plus les ambitions des Borgia crurent dans une telle proportion qu'ils réfléchirent, sans doute, que Sancia, en sa qualité de fille illégitime, ne porterait pas son mari fort près du trône. Aussi, bientôt, ne fut-il plus question d'elle et les desseins de César s'orientèrent vers une fille légitime du roi Frédéric de Naples, qui vivait en France, à la chaste cour d'Anne de Bretagne, où s'accomplissait son éducation de noble demoiselle. Immédiatement César engagea et fit engager par son père un prudent échange de lettres avec la cour de France pour éprouver les dispositions du nouveau roi Louis XII, successeur de Charles VIII, mort prématurément le 7 avril 1498.

La politique des Borgia est alors une navigation parmi la traîtrise des écueils : la prétention de César à la main de Charlotte d'Aragon présupposait une amitié, ou tout au moins les apparences d'une amitié, avec le père de la jeune fille, mais c'était surtout au roi de France qu'il s'agissait de manifester une amitié particulièrement chaude et dévouée, car de lui, plus encore peut-être que des parents, dépendait le mariage de Charlotte, tout d'abord parce que cette dernière résidait en terre française sous la protection de la veuve de Charles VIII et ensuite parce que Louis XII avait manifesté ses intentions sans équivoque possible le jour de son couronnement en se faisant proclamer roi de France et de Naples. Agir en se ménageant la faveur de deux prétendants à un même royaume et y prétendre soi-même était une entreprise à en perdre la tête, mais malheur à qui la perdrait! Alexandre VI tenait là une belle occasion d'exercer son génie personnel à tisser des intrigues diplomatiques si ténues qu'elles semblaient toujours proches de se rompre : soit pour se rendre amis les Aragonais, soit pour les intimider; suivant l'opportunité, on se servait aussi du nom de Lucrèce.

Les sollicitations matrimoniales ayant pour objet la jeune femme prouvent que les accusations du comte de Pesaro, qu'on y ait ajouté foi ou non, n'arrêtaient personne. Le fils du prince de Salerne, Antonello Sanseverino, jeune homme intelligent et hardi, fut l'un des premiers à prendre rang dans la compétition nuptiale, au grand déplaisir du roi de Naples, qui le savait d'une maison parmi les plus puissantes du royaume, mais très ami du roi de France et même nettement Angevin, ainsi que toute sa famille. A peine le roi Frédéric fut-il certain que les pourparlers

étaient engagés et que l'éventuel fiancé aurait le titre de capitaine général de l'Église, demeurant à Rome sous la protection
du pape, qu'il dépêcha en grande hâte à Milan un envoyé spécial,
afin que les Sforza employassent le peu d'influence qui leur restait
au Vatican pour obtenir l'abandon d'un projet qui menaçait d'introduire au royaume de Naples tout à la fois le roi de France et
le pape. Naples et Milan, jadis ennemies, s'étaient unies trop
tard contre le commun péril français. Le cardinal Ascanio ne fut
point à court d'arguments et de fourberies à faire valoir, si bien
que le projet Sanseverino fut écarté et qu'aussitôt on en examina
d'autres.

Étaient sur les rangs, entre autres, François Orsini, duc de
Gravina; un membre de la maison des Appiani, seigneur de
Piombino; puis Ascanio Sforza, à qui la première expérience
matrimoniale de Lucrèce dans la maison Sforza semblait n'avoir
rien appris, proposait Ottaviano Riario, fils d'un premier lit de
Catherine Sforza, comtesse de Forli. Le pape feignait d'accueillir
volontiers cette suggestion, mais, en réalité, le prétendant qui
tenait vraiment au cœur des Borgia et pour lequel ils s'interdi-
saient de marquer trop d'intérêt était un Aragonais, Alphonse,
fils illégitime du roi Alphonse II et de donna Tuscia Gazullo,
unique frère de Sancia. Le pape laissait entendre qu'il ne louait
chez lui « ni l'esprit, ni la qualité », alors que c'était sur lui
que les Borgia misaient tout droit. Gian Lucido Cattanei, qui
avait un flair très sûr, après avoir parlé des réserves simulées
d'Alexandre VI, affirmait que le pape « aiguille l'assistance sur
l'un ou l'autre de plus grande importance » et attend pour se
décider la réponse de la France, car « de là il pêche beaucoup de
choses selon son désir ».

Il pêchait avec ténacité et, semble-t-il, avec succès. Louis XII
se déclarait prêt à aider le cardinal de Valence si le pape l'aidait
lui-même, et tout d'abord lui accordait la séparation d'avec sa
femme, la laide et pieuse Jeanne de France, qui lui avait été
imposée par l'autorité paternelle et avec qui il jurait n'avoir
jamais consommé son mariage. Sur ces bases, en deçà et au
delà des Alpes, on se comprenait fort bien et sous un ciel
serein on préparait un accord. A peine César vit-il ses espoirs
d'épouser Charlotte d'Aragon suffisamment étayés que le mariage
de Lucrèce fut décidé : elle serait un premier pont jeté vers
Naples et épouserait Alphonse d'Aragon, qui recevrait du roi de

Naples le titre de duc, la terre de Bisceglie, et une forte rente. De son côté, Lucrèce apporterait une dot — 40 000 ducats — plus importante que celle laissée aux mains de son premier mari; il était convenu que les époux habiteraient à Rome, au palais de Santa Maria in Portico.

Lucrèce devait être satisfaite. Pour avoir entendu Sancia parler de son frère, il ne lui apparaissait pas comme un étranger; elle n'ignorait pas qu'il était l'un des plus beaux jeunes hommes d'Italie, de manières aimables et de caractère doux; elle lui savait gré de lui donner un titre de haute noblesse et un nom vérita-blement royal, qui l'apparentait à des enfants et frères de roi. Elle sentait déjà sur elle le poids de sa propre histoire : scan-dale de son divorce, scandale de l'aventure avec Pedro Caldes, scandale de sa vie au Vatican, que l'imagination populaire voyait honteuse et impudente. A Rome s'édifiait l'opinion publique sui-vant laquelle le chroniqueur vénitien, Girolamo Priuli, désignera plus tard Lucrèce comme la plus grande courtisane qui fût alors à Rome, tandis que Matarazzo, le chroniqueur ombrien, la repré-sentera portant l'étendard des courtisanes (tous deux employaient des expressions plus crues). L'un et l'autre, éloignés de la cour vaticane, référaient non point des témoignages directs, mais ceux du sentiment populaire hostile aux Borgia et leurs écrits n'ont aucune valeur de vérité prouvée. La vie intime de Lucrèce évoluait peut-être dans un halo plus ténébreux encore, obéissait à une fatalité plus horrible que celle décrite par ses détracteurs, mais ce n'était point la vie facile, ardente et matérielle d'une grande dame libertine. D'ailleurs, là où l'on était mieux informé et plus subtil, par exemple à Naples, on comprenait si bien que le seul problème de la vie romaine de Lucrèce résidait dans ses rapports familiaux que les poètes dévoués à la dynastie arago-naise dirigèrent l'arabesque de leur élégant latin uniquement sur les accusations monstrueuses lancées déjà par Jean Sforza. Pon-tano demandera :

« Ergo te semper cupiet, Lucretia, Sextus? »

et Sannazar composera la célèbre épitaphe qui ajoute l'infamie à l'infamie :

« Hic jacet in tumulo Lucretia nomine, sed re
« Tais : Alexandri filia, sponsa, nurus. »

Mais, pour l'instant, il n'arrivait de Naples qu'un charmant jouvenceau de dix-huit ans, à qui un humaniste romain, Evangelista Capodiferro, prédisait que ni son nom, ni sa souche royale ne réussiraient à le tirer sans dommage de cette aventure matrimoniale. Ce fut vers la mi-juillet 1498 qu'Alphonse d'Aragon s'en vint à Rome, trouva son épouse prête et se prépara aux noces, qui furent célébrées dans l'appartement Borgia. Il n'y avait pas grand monde cette fois : les familiers du Vatican et plusieurs cardinaux, dont le cardinal Sforza, à qui la nouvelle alliance du pape avec ses amis napolitains était loin de déplaire, les cardinaux Jean Borgia et Jean Lopez, l'évêque Giovanni Marrades. Le capitaine espagnol Juan Cervillon tint son épée nue au-dessus de la tête des époux durant la cérémonie rituelle. Les réjouissances commencèrent ensuite, mais le début en fut malheureux, car à l'entrée du Vatican éclata entre les familiers de César et ceux de Sancia une grande querelle pour des motifs de préséance où s'exhalèrent les humeurs acerbes de leurs seigneurs; parmi l'éclat des insolences espagnoles et napolitaines deux évêques reçurent des horions et le pape lui-même finit par se trouver « au milieu des épées », dans une rixe telle que les serviteurs du pontife s'enfuirent et qu'on ne les revit en bon ordre que longtemps après. Tout se calma finalement durant un très long banquet, suivi de danses et de représentations qui durèrent jusqu'à l'aube : on vit César paraître en scène travesti en licorne, symbole de pureté et de loyauté. De son côté, le pape fit « des choses de jeune homme ». On sut les jours suivants qu'Alphonse et Lucrèce se plaisaient : le pape était souriant.

Louis XII traitait César de cousin et lui faisait de mirifiques promesses : il avait grand besoin du pape pour que son mariage avec Jeanne de France fût dissous et qu'il pût épouser la femme qu'il aimait et qui, politiquement, lui convenait, la reine Anne, veuve de Charles VIII, belle, sage, réfléchie, qui lui apportait en dot la riche province de Bretagne. Le 29 juillet 1498, Alexandre VI nommait une commission chargée d'examiner et de discuter l'action en séparation, mais le roi de France savait déjà que, s'il aidait César à se constituer un État, on pouvait tenir la cause pour gagnée. Les projets et entreprises de César se situaient en dehors de son état ecclésiastique, car envisager le mariage pour un cardinal encore revêtu de la pourpre c'était trop, en vérité, même de la part d'un Borgia. Le 17 août, César se présentait au consistoire dans ses vêtements cardinalices, que depuis des mois il ne portait plus, et demandait à parler aux quelques cardinaux présents, plus ou moins résignés à assister à un fait « sans précédent ». S'aidant d'une feuille écrite, peut-être rédigée d'accord avec le pape, il commença par alléguer que jamais il n'avait eu de vocation pour la vie religieuse, mais qu'il y avait été contraint, puis demanda que pour le salut de son âme on lui accordât de retourner à la vie laïque; alors, disait-il, il se mettrait entièrement au service de l'Église et se rendrait personnellement en France pour tenter d'éviter à l'Italie une seconde invasion française. Les cardinaux attribuèrent tout pouvoir et aussi toute responsabilité au pape, puis demeurèrent à écouter Alexandre VI qui, usant de tous les registres de sa belle voix sonore et pathétique, émettait des considérations pondérées sur la gravité du cas et sur la sagesse avec laquelle il convenait de délibérer.

Le plus dur étant fait, César dut se sentir plus léger tandis qu'il se dépouillait des vêtements écarlates, qui lui avaient été si pesants, et que, d'un pas rapide, il se rendait à la rencontre de l'ambassadeur de France, Louis de Villeneuve, baron de Trans, arrivé à Rome le jour même et porteur d'un décret de son souverain nommant César duc de Valence : « Une belle cité sur le Rhône, dans le Dauphiné, où il y a une Université... près de Lyon, à deux journées d'Avignon, et qui lui apportera 10 000 écus [de rente]..., » écrivait au marquis de Mantoue son informateur. Le cardinal de Valence devenait donc le duc de Valence (ou, plus exactement, de Valentinois), sous le même patronyme, « afin que de son premier nom rien ne se perdît ni ne s'oubliât, » ajoutait Cattanei avec un brin d'ironie.

On décida le départ de César, qui serait accompagné par Villeneuve et par la meilleure noblesse espagnole qu'on pût réunir. Les préparatifs personnels du duc de Valentinois sont célèbres et célèbre son pillage des boutiques de Rome, où il ne restait plus de drap d'or ou d'argent, célèbres ses chaînes d'or et ses chevaux, dont il avait fait venir les plus beaux des fameux haras appartenant aux Gonzague. Tant de splendeurs réjouissaient Alexandre VI. « Le pape en est plus ravi qu'on ne saurait l'exprimer, » disaient les contemporains. Se sentant fortement épaulé, il goûtait volontiers l'insidieux plaisir d'user de manières aimables envers les Sforza, très menacés par sa politique francophile. Tandis que César faisait de folles dépenses, le pape jouissait en imagination du fastueux spectacle que serait l'entrée de cortège en France; leur pompeuse gravité espagnole à l'un et à l'autre ignorait le ridicule et en ordonnançant le cortège, ils se soucièrent de tout, sauf de la mesure : il eût fallu une expérience plus avertie et une moindre fièvre d'apothéose pour résister à la tentation d'éblouir un roi de France.

Comme à tous les Borgia, les beaux habits seyaient à César; il était, d'ailleurs, très beau de corps, mince et musclé avec de fines attaches et des membres agiles et souples. Mais le visage impassible était abîmé par une poussée de ce « mal français » qu'il avait contracté à Naples et qui réapparaissait périodiquement. Cette poussée lui avait fait différer son voyage en France, ne voulant point se montrer avec un si malencontreux stigmate à une jeune fille qu'il s'agissait de conquérir, et ce fut seulement le 1er octobre qu'il sortit de Rome par les jardins du Vatican et se mit en route. Il était vêtu de damas broché blanc et or, drapé dans une cape de velours noir de coupe française. Les boucles d'une perruque, destinée probablement à masquer sa tonsure d'ex-cardinal, encadraient son visage. Il montait un cheval bai et apportait la bulle pontificale accordant l'annulation du mariage de Louis XII et celle nommant Georges d'Amboise cardinal.

On parla longtemps en Italie de son voyage et de ses chevaux ferrés d'argent, qui devinrent légendaires. Mais parvenu en France, les choses ne furent pas aussi faciles qu'il l'attendait. Une réputation scandaleuse l'avait précédé et les catholiques austères de la France médiévale le regardaient passer, éblouis, mais épouvantés, comme devant une incarnation du Malin, lui et son escorte, ainsi que les cassettes contenant ce péché qu'allait être la séparation d'avec la pieuse reine Jeanne. Quand le cortège atteignit Chinon, où le roi et sa cour étaient réunis, et fit son entrée solennelle dans la pompe des harnais d'or, des vêtements multicolores, des pierreries, des tissus précieux, le peuple en demeura bouche bée, mais les gens d'esprit et les hommes de cour conclurent que « c'était vraiment trop pour un petit duc de Valentinois ». César fut reçu à la cour avec tous les honneurs, mais du mariage avec Charlotte d'Aragon il n'était que vaguement question, si bien que, fin et soupçonneux comme il l'était, il ne voulait pas remettre au roi la bulle d'annulation avant que quelque chose ne fût décidé au sujet de son mariage. Finalement, il dut la donner et assister le 6 janvier 1499 aux épousailles du roi et de la dédaigneuse Anne de Bretagne, qui depuis des mois — coquetterie ou scrupule réel? — opposait à son mariage avec Louis refus et empêchements et arguait qu'elle était de trop bonne lignée pour devenir une courtisane de France. Elle devint, au contraire, reine pour la seconde fois et s'en trouva fort bien. César mit à profit les fêtes nuptiales pour courtiser Charlotte d'Aragon, fille d'honneur de la reine. Son luxe et toutes les grâces affables qu'il savait déployer semblaient commencer à vaincre l'opposition de la fille du roi de Naples, qui avait déclaré que pour rien au monde elle ne voudrait être appelée « la cardinale »; on disait que la jeune fille avait fait comprendre qu'elle n'était pas loin de consentir, à condition cependant d'obtenir l'autorisation de son père, ce qui pouvait être un moyen habile de se dérober aux instances du prétendant sans lui opposer un refus trop brusque, et peut-être Charlotte était-elle éprise déjà du baron français qu'elle épousa quelques mois plus tard. Que le moyen fût efficace, on le sut bientôt, car le roi Frédéric refusa nettement son consentement et ses ambassadeurs furent renvoyés par le roi de France, du moins en apparence, « avec un vilain congé. »

Louis XII parut désolé, mais on n'en croira rien : à suivre d'un œil critique les particularités du séjour contrarié de César en France l'appréciation d'un cardinal romain apparaît évidente, disant que le roi de France tenait le duc de Valentinois comme un otage afin d'obtenir l'appui du pape dans sa prochaine campagne d'Italie. De plus, les Français, voyant César seul et loin de sa patrie, plaisantaient en disant que cette fois « le fils de Dieu » ne pourrait pas s'enfuir, ainsi qu'il l'avait fait à Velletri. Rappelant par là sa qualité d'otage au temps de l'expédition de Charles VIII, ils témoignaient en quelle considération, très amère pour lui, ils tenaient son séjour en France. César se sentait pris au filet, mais il s'obstinait à vouloir dominer les événements et soi-même, tandis que ses compagnons, doués d'une moindre volonté, ne cachaient pas leur inquiétude. L'un d'eux, « homme de grande intelligence, » écrivant à Rome, racontait les grands honneurs témoignés par le roi au duc de Valentinois et concluait sur ce doute : « Espérons qu'il n'en sera pas dans quelques années comme des honneurs rendus au Christ le jour des Rameaux et puis le vendredi ils le mirent en croix »; pour être irrévérencieuse, la comparaison n'en demeure pas moins significative.

Cette figure de fiancé venu inutilement de loin, Jaufré Rudel de comédie, était pénible pour l'orgueilleux Valentinois et l'eût été pour d'autres que lui. Au mois de mars, la situation était inchangée; on lui proposait tantôt l'une, tantôt l'autre parmi les princesses françaises, mais sans jamais aboutir, et le pape commençait à parler du roi de France en termes amers. Alexandre VI, politique clairvoyant, comprenait que ce voyage menaçait de devenir une défaite morale pour les Borgia : le bruit courait que cinq rois couronnés, au moins, avaient daigné écrire au roi de France afin que le sang royal de Charlotte « ne fût pas violenté », et on sous-entendait : par un aventurier. Le pape était tellement irrité qu'à un certain moment, il pensa rappeler César et lui faire épouser une princesse italienne, liant ainsi son destin à celui de l'Italie : il disait de « vouloir marier [César] en Italie et être avec elle [l'Italie] ». Les aspirations italiennes d'Alexandre VI sont confirmées par divers chroniqueurs à la même époque, et on peut supposer ce qui en fût résulté pour la péninsule si un pape nationaliste l'eût défendue contre les invasions étrangères. Mais, en réalité, le pape ne possédait pas alors l'autorité nécessaire pour faire revenir son fils, car les Français ne l'eussent pas laissé partir : dans l'état présent des choses, il fallait feindre de jouer leur jeu.

*
* *

A Rome, Lucrèce, proche du cœur paternel, se laissait vivre doucement aux côtés d'un mari gai et sentimental, vrai Napolitain, qui ne s'occupait de politique qu'au strict minimum. Elle tenait sa cour, recevait des poètes, des lettrés, des cardinaux, des princes et sous son égide, timide mais passionnée, commençait à se former le petit parti d'Aragon, qui, plus tard, portera ombrage au duc de Valentinois. Ascanio Sforza se rendait près d'elle avant même d'être reçu au Vatican, afin de mieux élaborer la défense contre les Français. Comme la plupart des femmes, Lucrèce non seulement n'aimait pas la politique, mais encore la détestait et ne comprenait rien à cet art rude et difficile; elle avait trop vécu toutefois parmi des hommes de gouvernement pour ne pas avoir appris l'art de veiller, parmi l'agitation des ambitions familiales, à ses propres intérêts. L'assiduité d'Ascanio Sforza près des jeunes ducs de Bisceglie suffirait à prouver que Lucrèce s'employait à aider, avec les parents de son mari et les alliés de la maison d'Aragon, les Milanais et les Espagnols. Ces derniers, pour leur compte, n'étaient guère rassurés.

Les ambassadeurs portugais s'étaient déjà plaints sans ambages de l'attitude francophile du pape et de son népotisme avant qu'arrivât à Rome une nombreuse ambassade conduite par Garcilasso de Vega, homme si bien décidé à se montrer fort insolent au nom de son roi qu'il menaça le chef de l'Église d'un concile de réforme qui le déposerait du siège pontifical. Attaqué de front, Alexandre VI ne se laissa pas démonter un seul instant et répondit injure pour injure : à l'accusation de simonie il opposa l'illégitimité du royaume de Ferdinand et Isabelle, et quand on fit allusion à la mort du duc de Gandie comme à un châtiment divin, il rétorqua qu'un châtiment plus grave encore affligeait les souverains d'Espagne dans leur descendance. Pour conclure, les Portugais et les Espagnols répétèrent en criant qu'ils ne voulaient plus considérer Alexandre VI comme le chef de l'Église et l'un d'entre eux ajouta des paroles si offensantes qu'il fut menacé de prendre un bain dans le Tibre. L'âpreté des entretiens mettait le pape en fureur, mais paraissait rénover son énergie; il semblait qu'à discuter avec ses compatriotes dans sa langue maternelle le ton et la chaleur de son impétuosité se fussent accrus. Finalement, vu la nécessité de jeter un peu d'eau sur ce feu et d'amadouer les Espagnols, qui persistaient à se proclamer les défenseurs de l'intégrité des territoires pontificaux (attitude qui masquait la raison politique de contrecarrer les prétentions françaises sur l'Italie), Alexandre VI décida de restituer solennellement à l'Église le duché de Bénévent en le reprenant aux héritiers du duc de Gandie, ce qui, en fin de compte, étant donné le peu d'intérêt porté par le pape à ses petits-enfants, se chiffrait par un mauvais tour joué au roi d'Espagne. Avec cela et avec d'autres petites concessions de caractère religieux Alexandre VI cherchait à gagner du temps et, malgré tout, il donnait des fêtes pour Lucrèce et son jeune mari sans perdre son désir de se divertir : vers la fin de janvier il prit part avec le cardinal Borgia, le cardinal Lopez et Alphonse de Bisceglie à une grande partie de chasse dans la région d'Ostie et dans la campagne boisée environnante, très giboyeuse comme elle l'est encore aujourd'hui, vers Castel Porziano. Ils revinrent le 1er février dans un bel appareil de vénerie, entourés de la meute remuante, suivis des familiers qui portaient triomphalement les cerfs et les chevreuils, butin de la chasse. En ce même mois de février le pape parut avec Lucrèce aux balcons du château Saint-Ange donnant sur le pont afin de voir passer les masques et de s'égayer de leurs lazzi ; cependant cette année-là le carnaval ne dut pas être fort animé, car, dit un contemporain : « Le pape et Mme Lucrèce peuvent rester au château aussi longtemps qu'ils le veulent pour se faire voir, finalement il ne passe que quelques malheureux braillards. »

Mais, des prétextes à s'amuser, Lucrèce savait toujours en trouver. Elle était dans cet heureux temps d'amour que toute femme a connu une fois au moins dans sa vie — et les plus favorisées, plusieurs fois — quand une chose plus puissante que l'ivresse de vivre vous soulève de terre et porte vos pas et vos pensées à travers un univers miraculeux. Au nuage qui passe on tend les bras, on vit d'émerveillement avec le soleil dans le cœur et une goutte de pluie suspendue au rameau flexible vous emplit les yeux de larmes et d'arcs-en-ciel. Dans ces dispositions, il était normal que Lucrèce cherchât air et lumière hors de la ville. Ce 9 février 1499 qui vit la duchesse de Bisceglie et ses filles d'honneur se disposer pour une partie de plaisir à la vigne du cardinal Lopez, devait être l'une de ces journées d'hiver ensoleillées, comme en a l'hiver romain, presque inquiétantes par leur beauté apollinienne. Lucrèce était enceinte de deux mois, mais n'y pensait certainement pas quand elle proposa à ses compagnes une poursuite à travers les allées. Rapide, elle s'enfuit, les autres la suivent, sans souci de la déclivité du terrain ; son pied trébuche, son petit soulier se retourne et elle tombe entraînant la jeune fille la plus proche, qu'elle reçoit sur le dos, et s'évanouit. Ramenée au palais, « la nuit à neuf heures elle perdit, garçon ou fille on ne le sait, » dit Cattanei. Le pape en fut très affligé, mais se consola, sans doute, rapidement puisque Lucrèce et Alphonse étaient jeunes, ardents et s'aimaient : à peine deux mois plus tard l'espérance d'une autre naissance venait réjouir le grand cœur paternel d'Alexandre VI.

Au printemps vint de France un motif d'allégresse, qui avait tout d'abord causé quelque souci au pape : le 16 mars 1499 arriva en grande hâte un nommé Garcia, messager de César, annonçant que le mariage du duc de Valentinois avait été conclu et consommé. L'épouse était Charlotte d'Albret, « la plus galante dame de son pays, » fille du roi de Navarre et parente du roi. Elle passait pour être très belle; cependant un Italien, qui la vit quelques années plus tard, la disait « beaucoup plus humaine que belle, » voulant faire entendre qu'elle avait plutôt une grâce expressive qu'une grande harmonie de traits ; ou peut-être s'était-elle fanée prématurément, ainsi qu'il arrive à certaines beautés fragiles. Le mariage ne s'était pas décidé facilement : le père de la jeune fille, le rude et sévère Alain d'Albret, ne voulait pas admettre que le mariage pût être permis à un homme d'Église, à un ex-cardinal, et il avait fallu lui montrer et lui expliquer la bulle pontificale déclarant César délié de tout engagement ecclésiastique pour qu'il s'en convainquît. D'autres obstacles et d'autres défiances avaient surgi, vaincus tour à tour par les présents que le duc de Valentinois, avec une prodigalité de grand seigneur, offrait à ses futurs parents, par des promesses d'honneurs et de bénéfices plus importants encore et surtout par la volonté du roi Louis XII, qui avait aussi pris l'initiative de promettre le chapeau de cardinal à Amanieu d'Albret, frère de Charlotte.

Les noces avaient été célébrées à Blois le 12 mai et, à l'aube du 13, à peine informé des événements de la nuit nuptiale, Garcia avait sauté sur son cheval et, en quatre jours, arrivait à Rome, mais tellement fourbu qu'il ne pouvait se tenir debout, même en présence du pontife, et qu'il lui fut permis de s'asseoir à condition de tout raconter immédiatement et par le menu détail. Le récit dura sept heures et rien ne fut omis depuis les premiers pourparlers jusqu'à la sextuple consommation du mariage, dont le roi s'était félicité en riant gaillardement avec César et en se déclarant archibattu sur ce terrain. Il y eut aussi la description du grand festin offert par le duc de Valentinois au roi, à la reine, au duc de Lorraine, à toute la noblesse de la cour de France, enfin à tant et tant de gens que les salles du palais ne suffisant point à les recevoir, on dressa le couvert dans une vaste prairie que des tapisseries tendues divisaient en « salles et chambres » qui avaient pour plafond le ciel de mai, pour tapis l'herbe printanière, et pour cloisons les tapisseries fleuries aux vives couleurs.

Grande liesse au Vatican : César est le plus heureux homme

du monde, il a offert à sa femme pour 20 000 ducats de bijoux et d'étoffes précieuses. Le récit du mariage valentinois s'orne de variations nouvelles pour chacun de ceux, ami ou ennemi, qui viennent au Vatican afin qu'il s'en réjouisse ou s'en inquiète. Le pape se fait apporter quelques cassettes de bijoux, de ses grasses mains sensuelles il fouille parmi les pierres précieuses, fait valoir la couleur sanglante d'un rubis, l'éclair froid et coupant comme un reflet sous-marin d'une émeraude, l'orient nuageux des perles, le diaphane éclat des opales : ses cadeaux personnels à sa bru. Il oublie tout ce qu'il a dit contre le roi de France, se rit du duc de Milan et d'Ascanio Sforza, qui font mine de ne point croire au péril imminent de l'invasion française, malgré la proclamation toute récente de la ligue entre Louis XII et Venise pour se partager le duché de Milan. « Faites attention [que le More] ne fasse pas comme ce brave homme de roi Alphonse [de Naples], » disait en riant Alexandre VI en leur rappelant qu'au temps de l'invasion de Charles VIII, Alphonse VI avait nié l'arrivée des Français jusqu'à ce qu'ils fussent aux portes de Naples.

Pour les Aragonais le ciel s'assombrissait une nouvelle fois, qui pouvait être définitive. Si Lucrèce avait recommencé d'être inquiète, Sancia l'était davantage encore et le manifesta ouvertement dès qu'elle en eut l'occasion. Jofré Borgia, comme pour affirmer la véracité d'une hérédité plusieurs fois démentie par le pape, suivait les exemples de turbulence que lui avaient donnés ses frères et, souvent, sortait la nuit accompagné de ses Espagnols, menant grand tapage et molestant même la ronde nocturne de la garde citadine. Une nuit qu'il passait sur le pont Saint-Ange avec vingt-cinq Espagnols, soit insolence, soit excitation juvénile, il insulta le commandant de la garde et fut blessé à la cuisse par la flèche rouillée d'un soldat de ronde et il s'en fallut de peu, suivant un chroniqueur, qu'il s'en fût « retrouver le duc de Gandie dans le Tibre ».

Sancia, lorsqu'elle vit arriver son mari en cet état et en danger de mort, sentit refluer toutes ses rancœurs contre la famille papale et elle courut au Vatican exhaler ses griefs soit contre son petit prince de mari, soit contre le pape, qui permettait à la soldatesque de tourner les armes contre son propre fils : on ne sait au juste à qui elle s'en prit. Le pape avait beau jeu de lui répondre que Jofré avait ce qu'il méritait, mais il ne pouvait si aisément calmer Sancia, dont la fougue napolitaine et la superbe aragonaise étaient déchaînées. Le heurt entre Alexandre VI, immobile et massif dans ses lourds vêtements pontificaux, et la petite jeune femme brune aux yeux bleus incandescents fut long et marqué de propos « fort aigres et peu à l'honneur de l'un et de l'autre ». Après cette dispute le pape, parlant avec des personnes de confiance, répéta qu'il était contristé pour l'honneur de la maison, encore que Jofré ne fût son « vrai fils »; et qui sait si au cours de la querelle avec sa bru il ne lui aura pas échappé un propos niant cette paternité, à quoi Sancia n'aura pas été en peine de trouver une réplique mordante.

L'alliance avec les Français et la satisfaction qu'en témoignait le pape augmentaient l'exaspération des ambassadeurs de Ferdinand le Catholique, qui, par de ténébreuses imaginations, en arrivaient à accuser le pape de s'être fait envoyer de France de la poudre et des boulets de canon dans des tonneaux à vin! Finalement, se rendant compte que leurs protestations ne réussiraient pas à entamer l'obstination du pontife, ils décidèrent de regagner l'Espagne en hâte afin de faire connaître au roi la situation italienne et qu'il intervienne vigoureusement. La veille de leur départ ils eurent un entretien avec Alexandre VI, qui se termina ainsi : « Saint Père, dit Garcilasso de Vega, je m'en vais et retourne en Espagne; j'espère que vous me suivrez non sur un navire, non avec une armée honorable, mais sur un rafiau si par charité vous en pouvez trouver un... »

On ne pouvait se montrer plus concis ni plus irrespectueux, mais le pape répondait habilement par des promesses et des protestations, cachant mal sa satisfaction de voir partir ces gens qui gênaient sa complète liberté d'action pour la fine trame qu'il ourdissait avec la France.

Précisément cette trame devenait plus solide et on allait vers une conclusion déjà prévisible; quelqu'un de fort proche du pape, Alphonse de Bisceglie, y avait trouvé matière à réflexion : il devait fort bien savoir comment évoluaient les choses, étant averti par Ascanio Sforza ou par les ambassadeurs espagnols et napolitains et aussi par sa sœur Sancia. Bien que le pape fût attentif à afficher sa neutralité personnelle et affirmât que le roi Louis convoitait le seul duché de Milan; que, quant à lui, jamais il ne permettrait qu'on touchât à Naples, tous savaient qu'il s'exprimait ainsi uniquement pour temporiser. A la fin de juillet, le cardinal Ascanio quittait la ville pour s'en aller combattre les

Français aux côtés de son frère Ludovic et réussissait à paraître
« joyeux et ayant bon courage », avec l'espoir de revenir bientôt
en triomphateur. Son optimisme était-il secondé par le pressentiment qu'un contretemps fâcheux pour Alexandre VI allait se
produire? Il est probable qu'étant données les amicales relations
de Sforza avec la maison de Bisceglie, il avait averti le mari de
Lucrèce des pièges et des périls qu'il pouvait avoir à redouter
des Borgia, lui rappelant, ainsi qu'il l'avait déjà fait au cours de
conversations avec d'autres personnes, l'exemple de Jean Sforza.
Quoi qu'il en soit, c'est avec satisfaction qu'il dut apprendre
que, le 2 août 1499 au matin, Alphonse d'Aragon avec une très
petite escorte s'était enfui de Rome à cheval, vainement poursuivi par les sbires du pape, et s'était réfugié à Genazzano, fief
des Colonna, amis du roi Ferdinand. De là il pensait regagner
Naples, mais, auparavant, adressait à sa femme lettres et sollicitations pour qu'elle vînt le rejoindre.

Lucrèce, ayant appris la chose, éclata d'un rire nerveux : elle
sentait le ridicule de ces histoires de maris qui la fuyaient, elle
faible, docile, dévouée, comme si elle eût possédé la face mortelle de la Gorgone. « Le seigneur de Pesaro en rira davantage
encore, » murmurait-on autour d'elle; précisément pour ce motif
et parce qu'elle était enceinte de six mois, sa douleur fut alors,
plus que jamais, faite de honte et d'humiliation. Le pape fulmina
contre le roi Frédéric et toute la maison d'Aragon et se vengea
en ordonnant à Sancia de retourner immédiatement à Naples,
alléguant que si le roi ne voulait pas laisser les siens près du
pape, le pape n'en voulait pas, lui non plus; il renvoyait donc la
princesse et ainsi chacun garderait ceux de sa propre maison. Il
agit en cela « avec peu de grâce », allant jusqu'à menacer Sancia,
qui ne voulait pas s'en aller, de la faire « jeter dehors » par la
force, lui fournissant ainsi un vrai motif de se sentir blessée dans
son orgueil princier. Qui sait si elle n'incita pas Jofré à la suivre
comme, de Genazzano, Alphonse le faisait pour Lucrèce?

L'ambassadeur milanais Cesare Guasco dut lui-même subir les
plaintes du pape contre Alphonse, qui avait fui, contre le roi
Frédéric, qui l'avait fait fuir, à quoi le Milanais avait répondu
qu'il incombait à lui, pape, de discerner les causes de cette fuite
et qu'à son avis renvoyer Sancia dans le royaume était aggraver
le mal. Mais Alexandre VI s'obstina et Sancia partit. Pour
Lucrèce en larmes — « elle ne fait que pleurer » disent les chro-

niqueurs — il inventa quelque chose de nouveau et la nomma gouverneur de Spolète et de Foligno, ce qui était une charge de cardinal ou de haut prélat. Le lien psychologique entre le chagrin de Lucrèce et sa nomination a échappé aux historiens, mais, cependant, apparaît clairement, comme il apparaissait certainement au pape signant le décret, quand on considère l'état des choses et le caractère de la duchesse de Bisceglie. Le pape, disait un informateur, craint qu'on ne lui « vole ses enfants ou qu'on ne les détourne de lui » et, de plus, il voulait montrer au roi de Naples qu'il était en mesure de se passer de lui. Il ne voulait pas non plus la voir humiliée, cette Lucrèce tant aimée : que pouvait-on faire de mieux que l'emprisonner dans une très haute charge, elle qui était si sensible à la dignité? Jamais elle n'oserait attenter à la majesté de sa fonction par une fugue, dont elle ne se reconnaîtrait plus le droit quand sa personnalité cesserait d'être celle d'une épouse abandonnée, pour qui rejoindre son mari est licite et paraît même un devoir, mais celle d'un officier de l'État ayant de graves responsabilités, alors que la guerre est imminente. Le pape pensait aussi qu'à Spolète, à plus de 150 kilomètres au nord de Rome, Lucrèce serait encore plus loin d'Alphonse, sans compter que le gouverneur de la cité devant habiter la forteresse enfermée dans ses murs d'enceinte, elle serait isolée même matériellement et qu'il lui serait impossible de communiquer secrètement avec son mari lointain. Jofré y suivrait sa sœur et serait accompagné de six pages, qui avaient juré de ne pas le perdre de vue. Il était donc prisonnier, ce qui revient à dire que sa sœur, bien que faisant fonction de gouverneur, l'était aussi, d'une façon occulte et honorable.

Au matin du 8 août, Lucrèce et Jofré se mirent en route à la tête d'un cortège magnifique, auquel le pape avait personnellement veillé avec un soin particulier, suivi de quarante-trois chars dont la plupart étaient à Lucrèce, composé de nobles, parmi lesquels le jeune Fabio Orsini, de dames, demoiselles, soldats et serviteurs : en somme, de geôliers. Le pape, par égard pour l'état de sa fille, lui avait donné une litière avec un matelas de satin cramoisi brodé de fleurs, deux coussins de damas blanc et un baldaquin, et il y avait ajouté, pour le cas où Lucrèce aurait désiré voyager assise, un fauteuil capitonné de satin et garni d'ornements, avec un tabouret pour les pieds, installé d'une façon ingénieuse sur la selle. Tandis que Lucrèce et Jofré quittaient le palais de Santa Maria in Portico à la tête de leur cortège, le pape se rendait pour les saluer au passage à la loggia de la bénédiction. Sous le soleil d'août le grand visage d'Alexandre VI rayonnait affectueusement quand le frère et la sœur, parvenus sous la loggia, ôtèrent leurs grands *sombreros* et s'inclinèrent dans une attitude de soumission respectueuse, en sorte que la chevelure blonde de la duchesse et les cheveux acajou du jeune prince brillèrent sous un même rayon. Trois fois le pape leva la main pour les bénir, puis les suivit des yeux jusqu'à ce qu'ils fussent disparus à l'horizon.

Jusqu'au pont Saint-Ange, Lucrèce, accompagné par l'ambassadeur de Naples, s'entretint avec lui, se donnant l'illusion de correspondre en quelque sorte avec son lointain mari. Puis elle se trouva seule au milieu de son escorte avec son titre postiche, qui dissimulait mal l'humiliation d'être une épouse abandonnée. Cependant, si quelque chose stimulait le courage de la duchesse de Bisceglie, ce devait être la conscience qu'elle avait de sa situation politique et la volonté de se conduire comme un homme, car elle pourrait seulement par l'exercice actif du pouvoir prouver à soi-même et aux autres qu'elle avait été appelée à gouverner non par un expédient familial, mais pour l'utilité de l'État. Elle pensait à Alphonse, pour se donner de l'espoir elle se répétait que les derniers mots de l'ambassadeur napolitain étaient optimistes et l'avenir devait lui apparaître moins brumeux et comme ensoleillé par la grâce tantôt sévère et tantôt agreste du paysage qu'elle traversait. La route vers Spolète se déroule parmi les prés, les châtaigneraies, les bois jusqu'à ce que, au sommet d'une côte, on découvre la forteresse isolée de la cité qu'elle domine, comme ancrée dans une mer de verdure. A peine contre l'azur spiritualisé du ciel ombrien, l'architecture de Matteo Gattapone a-t-elle eu le temps de révéler par sa masse carrée une force défensive et menaçante qu'aussitôt la route descend, la forteresse disparaît pour ne réapparaître que beaucoup plus tard, au sommet de toute la cité, couronnement naturel de la montée convergente des maisons construites par échelons, comme suivant un plan militaire.

Au château de Porcaria, à quelques kilomètres de Spolète, où

Lucrèce s'arrêta pour déjeuner avant de faire son entrée solennelle, arrivèrent 400 soldats conduits par quatre commissaires, qui apportaient au gouverneur l'hommage de la cité. Escortée par eux et par toute sa suite, assise sur un siège doré surmonté du baldaquin de damas et d'or, aux premières heures de l'après-midi Lucrèce fit son entrée à Spolète en ce jour du 14 août, acclamée par une foule joyeuse et curieuse; elle passa sous les arcs de triomphe parmi les bannières, les étendards, les fleurs; elle sourit aux discours des magistrats, puis vers le soir, suivie par les acclamations du peuple, elle parvint au château. Édifiée vigoureusement sur la haute colline, protégée à droite par le sombre contrefort de chênes verts de Monteluco, la citadelle de Spolète ne boude point la nature environnante mais s'y accorde, appelle l'air, le soleil, l'espérance née de la nature par son architecture d'une rigoureuse logique, mais sereine et humaine. Lucrèce pénétra dans la cour des hommes d'armes; le pas de son cheval mesura l'espace géométrique limité de chaque côté par la tour Spiritata et la Torretta; elle passa sous le porche qui porte à son fronton les armes du cardinal Albornoz et d'Urbain V, atteignit le lieu le plus élevé de la forteresse, où ne parvenaient plus les acclamations populaires et où l'accueillit la noble cour d'honneur, resplendissante avec son grand portique de briques soutenu par les piliers octogonaux séparant les arcades.

Cela signifiait être honorée et confirmée dans son pouvoir. Lucrèce présentait légitimement aux notables de Spolète les brefs édictés par la chancellerie pontificale, elle accordait audience, recevait les magistrats dans le salon d'honneur qui ouvrait ses fenêtres sur les deux cours et dominait la vie des hommes d'armes et celle des châtelains. Elle écoutait les propos de ceux qui lui parlaient de questions municipales et régionales; gracieuse et patiente, elle examinait les suppliques et écoutait les réclamations, mais bien certainement sa secrète anxiété allait aux messagers qui venaient du sud. Elle savait les choses en meilleure posture : le 20 août, un capitaine espagnol, Juan Cervillon, cher à la fois aux Borgia et aux Aragon, qui avait été témoin au mariage Borgia-Bisceglie, était parti de Rome pour Naples. Il se rendait, envoyé par Alexandre VI, près du roi Frédéric pour négocier le retour du duc de Bisceglie, plein de bons espoirs et muni des plus excellentes promesses pour l'avenir d'Alphonse. Le roi de Naples, bien qu'il ne fût point persuadé par tant de discours, les écoutait cependant et, référés par un loyal soldat, était plus enclin à leur attribuer cette sincérité qu'il espérait du pape. Après bien des discussions et des assurances données, on décida que vers la mi-septembre, Alphonse rejoindrait sa femme. L'ultime tentative faite par la maison d'Aragon pour retrouver l'amitié et la protection du pape devait se résoudre en un sacrifice.

CHAPITRE V

LA TRAGIQUE DUCHESSE DE BISCEGLIE

Les Français s'en vinrent à la conquête de Milan durant l'été de 1499; ils traversèrent en juillet la fraîcheur des Alpes et marchèrent tout droit sur la cité lombarde où Ludovic le More, renonçant à son repos, cherchait en hâte une aide et un plan de défense sans réussir à trouver ni l'un, ni l'autre. Il avait, avant tout, compté sur l'alliance de Maximilien d'Autriche, mais ce dernier, occupé à guerroyer contre les Suisses, le laissa seul. Seul, en période de guerre, voulait dire perdu, Sforza n'étant point de ceux qui savent adapter leur esprit du plan politique au plan militaire et sa femme Béatrice étant morte depuis deux ans, l'indomptable petite princesse d'Este, qui lui aurait certainement, dans un pareil moment, inspiré la force de résister et de se défendre. Menacé à l'orient et à l'occident par la ligue franco-vénitienne, il ne trouva rien de mieux à faire que de fuir au Tyrol rejoindre Maximilien, suivi par le cardinal Ascanio, à qui n'avaient servi ni sa volonté, ni son ardeur, pas plus que son armure damasquinée, peut-être celle-là même que l'armurerie royale de Turin garde comme une pièce de collection. Milan ouvrit immédiatement ses portes aux Français et acclama le défilé du roi et de son armée, fiers de leur facile triomphe.

De nombreux princes italiens suivaient le vainqueur avec l'espoir que l'offre de leur amitié épargnerait à leurs États les ruines de l'invasion étrangère. Il y avait les représentants de Savoie, de Montferrat, de Saluces, de Mantoue, de Ferrare et, derrière le roi, il y avait César Borgia qui à respirer l'air d'Italie retrouvait autorité et conscience de soi, loin de cette France dont le séjour lui avait été amer. Il devait éprouver comme une brûlure au souvenir des comédies satiriques représentant son mariage, mises en scène par les étudiants de Paris et tellement infamantes pour lui et pour le pontife que Louis XII avait envoyé à Paris le grand chancelier et le comte de Ligny afin qu'ils fissent cesser le scandale; mais les deux délégués s'étant trouvés en face de 6 000 étudiants armés et menaçant de se révolter, le roi avait dû quitter Blois précipitamment afin de rétablir l'ordre parmi ses sujets, dont peut-être il jugeait la manifestation plus inopportune, à l'heure présente, que folle.

Alexandre VI retrouvait toute son assurance maintenant que son fils était proche et il espérait, disait-il, que le cher roi Louis viendrait à Rome pour assister à la messe de Noël à Saint-Pierre. C'est par un sourire qu'il répondit aux remarques des cardinaux, dont l'un d'eux lui dit avec brusquerie que les rois de France n'étaient point visiteurs à souhaiter si vivement, et lui rappela qu'au temps de Charles VIII il avait dû abandonner Rome parmi de continuels malheurs et non sans périls. Le pape se moquait des Sforza en fuite en feignant de les plaindre : « Pauvres gens, il leur aurait fallu le duc François [fondateur de la maison et grand condottiere], qui ne se serait pas laissé chasser ainsi. » Mais cela ne l'empêchait pas d'accepter le don de Nepi, qu'Ascanio lui avait fait offrir, Nepi qui avait été l'un des gros cadeaux faits par Alexandre VI à son grand électeur; envers les Sforza il ne manquait pas « de bonnes paroles et de mauvais procédés ».

La fuite de son allié et la reddition de Milan avaient plongé le roi de Naples dans l'angoisse et il s'accrochait désespérément à tous les expédients qui se présentaient pour provoquer la peur ou l'amitié du pape, allant jusqu'à menacer, si le pape ne le protégeait pas contre les Français, d'appeler les Turcs à son aide : s'il l'avait fait, c'eût été un très grave péril pour l'Église et Alexandre VI en était tellement persuadé qu'il demeurait attentif à ne pas paraître vis-à-vis des Napolitains trop étroitement lié aux Français; à certains jours, au contraire, il paraissait filer le parfait amour avec les Aragon, l'Espagne et Naples, et il trouvait dans son sac tant de semences d'illusions qu'il réussissait à donner à chacun un soulagement et un espoir.

Fort de ces illusions, Alphonse de Bisceglie quitta Naples en compagnie d'un des Pignatelli, ancien favori du roi Ferrante, contourna à la distance de quelques kilomètres les murs de Rome et chevaucha vers Spolète, où il arriva le 19 septembre au soir. La gêne dont fut un instant empreinte la rencontre des deux époux fut vite dissipée par le sourire ᴄ Lucrèce, trop heureuse de la sécurité retrouvée pour ne point communiquer et même imposer sa joie autour d'elle; et tout de suite la vie leur fut belle à tous deux, en ce mois de septembre entretenu dans sa limpidité par le vent chargé des odeurs fraîches et sauvages du proche Monteluco. Ils jouirent du plaisir d'errer de loggia en loggia, d'une cour à l'autre; de parcourir à cheval la campagne environnante et de rentrer le soir, annoncés par l'éclat des trompettes et le martèlement des chevaux au galop; de se sentir jeunes et las, désireux de goûter les béatitudes du repos.

Pendant ce temps le pape avait dessiné les limites géographiques précises du futur royaume des Borgia : la Romagne; et il avait rédigé une bulle par laquelle les seigneurs de Pesaro, Imola, Forli, Faenza, Urbin étaient déclarés déchus de leurs fiefs pour n'avoir pas payé régulièrement les redevances dues à l'Église. A peine la bulle fut-elle publiée que César, qui l'attendait, mit en branle l'armée renforcée de milices françaises et, de Milan, descendit vers la Romagne.

Lucrèce retourna à Rome le 14 octobre, avec son mari, jouissant du doux triomphe de l'épouse satisfaite. Toute la maison était occupée aux préparatifs qui accompagnent les naissances princières et environ quinze jours plus tard, le 1ᵉʳ novembre, un petit garçon reposait dans son somptueux berceau. On ordonna tout de suite le baptême. Le fils de Lucrèce devait être baptisé, sinon par le pape lui-même, tout au moins par un cardinal et avec un apparat capable de satisfaire les goûts fastueux des Borgia. Le 11 novembre, tout était prêt et seize cardinaux se rassemblaient dans la chapelle du palais de Santa Maria in Portico, où les ornements, les tapisseries, les tapis n'empêchèrent point le méticuleux Burckard de découvrir un trou dans la nappe d'autel. Lucrèce, un peu pâle, mais resplendissante de la touchante beauté des mères heureuses, était assise dans son lit garni de satin rouge frappé d'or, dans une chambre ornée de velours au ton d'anémone bleutée que l'on appelait alors alexandrin. Rouge et azur, ces deux couleurs l'enveloppaient d'une harmonie chaste et luxueuse. Une atmosphère d'allégresse régnait dans tout le palais, depuis les salles décorées de tentures et de tapisseries avec leurs pavages recouverts de tapis jusqu'aux escaliers et à l'atrium tendus de magnifiques étoffes de soie. Les murs disparaissaient sous leurs parures; l'art de la Renaissance, l'exotisme discret et pourtant sensible de certaines réminiscences espagnoles se combinaient dans les raffinements moelleux et secrets de cette ornementation.

Près du lit de l'accouchée défilèrent quarante nobles dames, des ambassadeurs, des prélats, des amis : malgré la fatigue pouvant résulter d'une telle cérémonie, Lucrèce, qui savait de quel prix étaient pour elle, à ce moment, les amis, cherchait à les discerner parmi les invités aux fêtes données pour son enfant. Quand fut arrivée l'heure du baptême, les cardinaux passèrent directement de la chapelle du palais à une autre adjacente, celle de Sixte IV, la chapelle Sixtine. Michel Ange n'avait pas encore appelé à la vie sur la voûte et les murs les protagonistes de son grand drame pictural, mais, au long des parois, Botticelli avait évoqué les diaphanes filles de Raguel, lis spirituels; déjà le Pérugin avait tracé, comme des pauses musicales dans l'espace, la fresque de la *Remise des clefs;* et Fra Carnevale, traduisant en peinture les dessins de Luca Signorelli, avait animé, parmi des dizaines d'autres, cette figure de jeune homme assis qui brille dans sa semi-nudité païenne comme le héros d'un mythe sidéral. Ce jour-là, la paroi qui porte aujourd'hui le *Jugement dernier* avait été recouverte d'une bannière dorée, à laquelle était adossée une tribune drapée de brocart d'or; de grands tapis é ta ie déployés sur le pavage.

Précédés des gardes armés du pape, des chambellans vêtus de drap rosé, de musiciens, de tambours et de fifres, s'avançait Juan Cervillon, le valeureux soldat espagnol ami des Aragon et des Borgia, médiateur entre le roi et le pape, portant au creux de son bras le nouveau-né recouvert d'un splendide brocart d'or fourré d'hermine; puis, deux par deux, viennent les écuyers chargés des objets sacrés, tous précieux et d'or rutilant. Suivent le gouverneur de Rome, le gouverneur impérial, les ambassadeurs et la longue file des prélats, par rangs de deux. Parvenu à l'autel Cervillon donne l'enfant à François Borgia, archevêque de Constance, qui l'approche des fonts baptismaux d'argent rehaussés d'or, où il est baptisé par le cardinal napolitain Carafa : il s'appellera Rodrigue, comme son aïeul.

De nombreuses dames et jeunes filles assistaient à la cérémonie, qui pour mieux voir avaient occupé le premier rang des stalles cardinalices, tandis que les cardinaux, trouvant leurs places prises, durent s'asseoir aux derniers rangs et poser leurs pieds, par ce grand froid, sur le sol nu, ce qui fut noté et déploré par Burckard. La cérémonie terminée, le bébé fut confié à Paolo Orsini comme un gage nouveau d'une plus étroite amitié entre le pape et la maison Orsini : l'enfant, jusqu'alors paisible, pleura aussi longtemps qu'il fut sur les bras de Paolo, ce que les gens superstitieux interprétèrent comme un fâcheux présage. Ce baptême triomphal témoignait des tendres dispositions du pape envers sa fille et par conséquent envers Alphonse, rejaillissant ainsi sur les Aragonais : encore une fois on pouvait s'illusionner et avoir confiance.

Une semaine après le baptême, César Borgia, accompagné du fidèle Giovanni Marrades, arriva à Rome, descendit au Vatican, où le pape l'attendait, et demeura trois jours avec lui en colloques bourrés de récits, de projets, de discussions, d'accords. Bien certainement, il aura vu Lucrèce, Alphonse et le bébé, constaté l'idylle avec le Vatican, écouté les propos du grand-père sur son petit-fils, dont l'excès d'enthousiasme lui rendait un son pénible. Des Aragon César supportait peu de choses, non seulement parce qu'il n'avait pas oublié le dédain de Charlotte d'Aragon et du roi Frédéric, mais encore parce qu'il connaissait le dessin inébranlable de Louis XII de conquérir le royaume de Naples et que l'aide des Borgia dans cette entreprise était la condition première et nécessaire posée par le roi de France à sa propre condescendance envers César. A l'origine de sentiments qui devaient plus tard éclore en tragédie, on peut vraisemblablement penser que, pendant cette visite, s'était fait jour dans l'esprit du duc de Valentinois, sinon un projet, du moins une vague idée de trancher le rameau aragonais qui nuisait à l'ambitieuse frondaison de la souche Borgia. Lucrèce, amoureusement liée à son mari, et le pape lui-même inséré dans ce cercle de tendresses, auraient certainement fait obstacle à la défaite totale des Aragon; et César savait que trop d'hommes, trop de choses, trop de circonstances lui étaient contraires pour qu'il pût combattre aussi dans sa propre maison.

C'est à cette époque que débute la période aiguë de la terreur instaurée par les Borgia et qui durera jusqu'à la mort d'Alexandre VI. Années durant lesquelles le Tibre, habituellement déjà la sinistre fosse mortuaire que l'on sait, cachait puis rejetait pêle-mêle Espagnols, gens d'Église, capitaines, serviteurs, soldats et, très souvent, les favoris des Borgia. Si le duc de Valentinois avait démontré au temps du duc de Gandie qu'il savait éliminer tout obstacle, quel qu'il fût, à présent qu'il avait entrepris l'exécution des plans établis pour assurer sa propre fortune, plus que jamais il lui apparaissait nécessaire de suivre tout droit sa route sans s'occuper des victimes qui roulaient à ses pieds. En 1499, on avait retiré du Tibre, enfermé dans un sac et les mains liées, un Espagnol, connétable de la garde, jadis grand favori de César : cette torture et cette mort, pour le seul motif d' « en savoir trop long », étaient à peine un commencement.

Vers la fin de l'année 1499, Juan Cervillon, ce capitaine espagnol ami des Aragon qui avait conduit, peu de jours auparavant, le petit Rodrigue de Bisceglie aux fonts baptismaux, demandait au pape de quitter Rome pour retourner à Naples, où il avait femme et enfants et où il comptait se mettre à la disposition du roi Frédéric : la permission lui fut accordée de très mauvais gré. Cervillon étant très informé non seulement des secrets du Vatican, mais encore des secrets militaires des États pontificaux et ayant prouvé qu'il ne craignait pas de parler franchement — il semble qu'il avait publiquement condamné la conduite de Sancia d'Aragon, en faisant sans doute allusion à son intrigue scandaleuse avec César — ses amis craignaient pour lui et lui répétaient avec insistance de prendre garde. L'Espagnol, brave et courageux, riait; mais son rire et son courage devaient mal finir : le soir du 22 décembre, alors qu'il sortait de dîner chez son neveu Teseo Pignatelli, il fut tué à coups de sabre avant d'avoir même pu dégainer son épée. Enseveli en toute hâte le matin suivant, à l'aube, dans l'église Santa Maria in Traspontina au Borgo Nuovo, personne, raconte Sanudo, ne fut autorisé à voir ses blessures.

Un autre décès, plus mystérieux encore, survenu au camp même de César en Romagne, fit pendant à celui de Cervillon : la victime fut un Portugais, Ferdinand d'Almeida, évêque de Ceuta, homme de vie assez louche, ambitieux, cupide, avare, qui, en France, avait aidé César, nous ignorons à quel prix, dans les pourparlers matrimoniaux avec Charlotte d'Albret et qui, en Italie, le suivait de près, plus certainement par vigilance que par amitié. Était-ce un espion du roi de France? Ou un escroc? Ou les deux réunis? Un jour, une grande agitation se produisit autour de la chambre de l'évêque et on remarqua des allées et venues presque ostentatoires de médecins, de chirurgiens, d'infirmiers porteurs de bandages et d'onguents : le bruit courut qu'Almeida avait été blessé au cours d'une bataille; mais il était mort. Devait-on déjà parler du fameux « poison des Borgia »?

Les conquêtes militaires de César progressaient : Imola était tombée et son défenseur, après une résistance acharnée, contraint de se rendre aux troupes franco-pontificales, était passé au service du duc de Valentinois. Le pape racontait avec gaieté et emphase comment son fils s'était rendu avec les premiers assaillants jusque sous les murs d'Imola, protégé seulement par un léger bouclier, et combien durant toute la guerre il se montrait vaillant et d'un jugement sûr; et encore comment il attirait tous les soldats à ses trousses par sa richesse et sa libéralité. Le héros de ces récits affrontait alors une dure entreprise : le siège de Forli, dont la ville et la forteresse étaient défendues par Catherine Sforza, réputée comme la plus courageuse femme d'Italie à une époque où les femmes avaient souvent le tempérament batailleur. En Catherine, « *crudelissima quasi una virago*, » selon l'expression, empreinte d'admiration, d'un contemporain, revivaient les vertus guerrières de son aïeul, le grand condottiere François Sforza. Veuve de Jérôme Riario, elle avait épousé en secondes noces un simple gentilhomme, Giacomo de Feo, et quand il fut tué par une faction partisane, elle chevaucha à la tête d'un escadron de soldats jusqu'au quartier des assassins, où elle ordonna, par représailles, l'extermination de tous ceux de la partie adverse, y compris femmes et enfants.

Cependant, ni les descriptions de ceux qui la connurent pour « une femme gaie, d'agréable humeur », ni ses mains délicates « comme une zibeline », maintenues douces à force de suaves onguents, et même fort peu son visage, qui sur ses portraits est celui d'une femme résolue, attentive à soi-même, destinée à engraisser (vers 1502 un informateur de la marquise de Mantoue la disait « grasse au point que je ne lui trouve point de comparaison »), ne permettraient de supposer chez elle la robustesse qui la rendait infatigable et vibrante : dressée sur les remparts, elle semblait l'allégorie de la guerre. A peine le duc de Valentinois s'avança-t-il vers Forli que Catherine prépara ses défenses, visita les forteresses et, ayant envoyé ses enfants hors du territoire, vécut heure par heure avec une froide passion le dernier acte de sa puissance féodale. La résistance contre l'armée très supérieure de César ne pouvait être de longue durée ; alors que, d'une fenêtre, parmi la fumée et la lueur des incendies, la comtesse de Forli soutenait la défense, les ennemis, ayant pénétré sur un autre point, la saisirent et la firent prisonnière. Mais dans la douleur de la défaite Catherine gardait l'esprit clair et sans une minute d'hésitation se déclarait prisonnière, oui, mais remettait sa personne aux mains du roi de France : il n'en fallait pas davantage pour enthousiasmer les Français, qui admiraient tout ensemble la valeur, la beauté, la dignité et le courage réunis chez une noble dame. Yves d'Allègre, le capitaine français qui sous le règne de Charles VIII avait déjà capturé une autre prisonnière de choix, Julie Farnèse, aurait volontiers assumé la garde de la comtesse et l'eût même ensuite libérée ; mais le duc de Valentinois la revendiqua avec une telle insistance que force fut de la lui abandonner contre des assurances et promesses de bons traitements. On a dit et répété, avec vraisemblance, semble-t-il, que César voulait imposer à cette femme intrépide tous les jougs, y compris celui de la volupté ; il la retint quelque temps près de lui, puis l'envoya à Rome, non point enchaînée, comme le veut la légende, mais honorablement escortée par le capitaine pontifical Rodrigue Borgia. Le pape la fit loger sous bonne garde au Belvédère, agréable villa parmi les pins et les orangers, où elle fut servie avec respect et fort bien traitée. Ce n'est que plus tard qu'elle fut transférée au château Saint-Ange afin de réduire les dépenses : dans l'un et l'autre lieu, sans se départir jamais de sa fierté, elle était « malade par passion du cœur », mais nullement déprimée et tout au contraire « endiablée ».

Même par ses ennemis, César Borgia était reconnu pour un bon général, actif et ferme, dont le rôle était fort nécessaire parmi ces troupes disparates où, surtout depuis la prise de Forli, des discussions et des querelles éclataient au moindre prétexte. La discorde était féroce entre Italiens et Français, ces derniers se refusant à reconnaître aucune espèce d'autorité aux commandants italiens et se comportant avec une superbe telle que tous voulaient paraître « le roi de France au camp ». Le duc de Valentinois accomplissait « des prodiges, vu la difficulté des

temps, la diversité des tempéraments et autres contrariétés »,
constate Cattanei qu'on ne peut taxer de sympathie envers les
Borgia. A ses capacités guerrières César joignait celle de bien
gouverner; il administrait selon la justice les territoires conquis.
cherchait à préserver les habitants du pillage et des exactions,
publiait des édits empreints d'un sens droit et humain de la civilisation. La Romagne, accoutumée depuis des siècles à la prépotence traditionnelle de souverains avides, considérait avec stupéfaction ces prémices d'un bon gouvernement : il n'est donc pas
surprenant que, plus tard, Forli et Cesena demeurassent fidèles
au duc de Valentinois dans le temps de sa disgrâce.

Peu de jours après la prise de Forli, un nouveau décès se produisit dans l'entourage des Borgia et frappa, cette fois, l'un
d'entre eux, le cardinal Jean Borgia, dit le Mineur, qui alors
qu'il se rendait en Romagne pour se réjouir avec César des nouvelles conquêtes, fut terrassé à Fossombrone par une fièvre
maligne, qui l'emporta en quelques heures. Cette mort parut très
suspecte, encore que le pape et César en manifestassent une
grande douleur : de raisons personne n'en proposa, ce dont il ne
faut pas s'étonner, la tribu Borgia n'étant point avare de secrets
mortels. Ce ne furent pas en tout cas des motifs d'argent, car le
cardinal, bien que pourvu de bonnes rentes, avait encore bien
plus de dettes. Crédits, dettes et cardinalat échurent immédiatement au frère de Jean, Ludovic Borgia, chevalier de Rhodes, personnage au regard louche, dit Cattanei, et de mœurs galantes;
du mort ramené à Rome et enseveli en toute hâte dans l'église
de Sainte Marie du Peuple, sans même une dalle sur sa tombe,
on ne parla plus, ce sujet, comme tous ceux concernant la mort,
étant « très déplaisant pour le pape ».

Durant ces mêmes jours, Ludovic le More, soutenu par les
troupes de Maximilien, rentra dans ses États, acclamé par le
peuple qui avait eu le temps de s'apercevoir qu'un gouvernement national, quel qu'il soit, est préférable à un gouvernement
étranger. Une lettre du cardinal Ascanio, qui, sous les formules
de respect et de dévotion filiale, laissait percer la joie humaine
de la revanche, annonça le retour du duc de Milan, lettre qui
brûlait les doigts du pape.

Ce changement de décor suspendit les conquêtes de César, qui
s'était déjà dirigé vers Pesaro et avait amorcé, avec son ex-beau-
frère Jean Sforza, tremblant de peur et uniquement préoccupé de

sauver ce qu'il pourrait de son petit fief, des tractations pour obtenir la ville en vertu d'un accord. Le succès milanais remit assez de sang dans les veines du comte de Pesaro pour lui faire rompre les pourparlers. César, arrêté dans sa marche, vit partir sans mot dire les troupes françaises, qui abandonnaient la Romagne pour rejoindre à marches forcées la Lombardie, et se livraient au pillage et au désordre tout le long de la route après avoir dû réprimer longtemps la violence de leurs penchants. Contraint d'établir une trêve, César annonça qu'il allait, avec une large fraction de l'armée, faire une entrée triomphale à Rome.

« Il ne manquera que les quatre prisonniers sur le char du triomphe, comme si un royaume avait été conquis », murmurait-on ironiquement à Rome devant les préparatifs de la fête ordonnée par le pape; mais parmi les prélats, nobles, dignitaires, ambassadeurs, pas un ne manqua, le 26 février 1500, de se trouver à la porte du Peuple pour y attendre le duc de Valentinois. Plus encore que solennelle, l'entrée fut surprenante et bien propre à satisfaire les goûts spectaculaires de celui qui l'avait imaginée. Car ce fut, en vérité, une trouvaille, une invention digne de mémoire, que de centrer toute l'ordonnance de la mise en scène sur un motif funèbre : le récent deuil de la maison Borgia, ce deuil si suspect. Déjà les 100 chars précédant la milice, couverts de draperies noires retombant de chaque côté, ornements pour catafalque, donnaient une première image funèbre, que confirmait l'armée marchant sans fifres ni trompettes, au milieu d'un silence étrange et sauvage rompu seulement par le piétinement rapide des chevaux et le sourd roulement de l'artillerie. Les soldats défilaient cinq par cinq, lanciers pontificaux, — gascons, suisses — étendards déployés, dans un désordre pressé; 200 suisses et 50 écuyers, tous vêtus de velours et de drap noir, avec des coiffures aux plumes sombres d'oiseaux de nuit, formaient un groupe compact; puis venaient Jofré Borgia, éperdu d'admiration pour son frère, et Alphonse de Bisceglie, favori de toutes les femmes, précédant César Borgia, vêtu d'un strict habit de velours noir orné d'un simple collier; mais la coupe, le travail, la matière étaient parfaits. Suivaient les familiers, les évêques, les prêtres, les nobles, le personnel de curie et, fermant la marche, les mercenaires de Vitellozzo Vitelli, qui, par-dessus leurs brillantes cuirasses, portaient des vestes de drap brun. Le sombre cortège parvint au château Saint-Ange parmi les crépitements d'un grand feu d'artifice, conçu de façon qu'aux fusées lancées du haut des tours en répondissent d'autres figurant de gigantesques figures de guerriers aux armures lumineuses. Enfin les motifs du bombardement se rassemblèrent en un seul éclatement : tandis que volaient en éclats les vitres des demeures voisines et que les murs tremblaient, César Borgia entrait au Vatican.

Ce fut pour Lucrèce une heure de jouissance; elle n'avait pas encore de soupçons et espérait tout au moins obtenir avec l'aide du pape un accord épargnant les Aragon. Elle aussi se sentait forte et plus que jamais aimée de son père, qui lui avait fait acquérir la cité de Sermoneta, avec son château et les terres attenantes, biens qui venaient tout justement d'être enlevés aux Caetani, amis du roi Frédéric d'Aragon. L'Église, disait le pape, a besoin d'argent et Lucrèce n'était-elle pas mentionnée comme ayant payé 80 000 ducats pour l'acquisition de ces terres?

Avec le duché de Bisceglie, Nepi, Sermoneta et les terres aux environs de Spolète formaient la couronne ducale de Lucrèce, dont elle pouvait se sentir fière. Depuis la naissance du petit Rodrigue son visage avait retrouvé en partie l'expression heureuse de l'année précédente, quand elle venait à peine d'épouser Alphonse, et elle put encore éprouver un sentiment d'orgueil le 1er janvier de l'an 1500, alors qu'elle s'en fut inaugurer l'année jubilaire à Saint-Jean de Latran, précédée de 50 cavaliers, suivis de son chapelain particulier, l'évêque de Carinola, ayant à droite un baron romain et à gauche un personnage qu'on ne s'attendrait point à trouver ici : le mari de Julie Farnèse, Orsino Orsini.

Entre 1494 et 1500 les relations étaient devenues plus prudentes entre le pape et Julie qu'aux premiers temps de leurs rapports; de toute façon, elles sont difficiles à suivre à travers les documents. En 1497 elle était encore en faveur et le 14 août 1499, Cesare Guasco, ambassadeur milanais, écrivait : « Mme Julie est revenue à Sa Sainteté. » Retour de voyage ou revenez-y amoureux? Quoi qu'il en soit, il est certain que, destin et déchirement des femmes amoureuses, Julie voyait décliner cette passion qui lui avait conféré tant de pouvoir. Bien qu'en 1500, alors que le pape était atteint de fièvre, on fît circuler dans Rome une poésie satirique, « dialogue entre le pape et la mort, » où Alexandre VI invoquait sa Belle, une rupture s'était cependant produite au cours de l'année précédente, car tous les correspon-

dants parlent alors de « Mme Julie, jadis favorite du pape »,
témoignant donc que son cycle d'astre au ciel pontifical était
révolu. Mais le fait que le cardinal Alexandre Farnèse occupait
toujours la première place dans les cérémonies vaticanes et
qu'Orsino était intime avec les Bisceglie permet de supposer
qu'Alexandre VI conservait pour Julie une tendresse protectrice,
ainsi qu'il l'avait conservée dans une plus large mesure pour
Vannozza, prouvant ainsi une fois de plus que les souvenirs
demeuraient vivaces dans son cœur. Quant à Adrienne Mila,
encore que l'influence dominatrice de César ait diminué la sienne
auprès du pape, elle demeurait cependant bien en cour et très
écoutée : sans doute s'entremit-elle dans la question délicate
d'aider Alexandre VI à espacer ses relations avec Julie, puis à les
dénouer sans que fût prononcée une parole désobligeante pour
qui que ce soit. Orsino, donc, figurait au cortège d'honneur du
jubilé, mais non point Julie, qui était alors probablement à Bassanello ou à Capodimonte en attendant de réapparaître en ville,
plus tard, très belle et très fêtée. Le pauvre Orsini, lui, eut un
sort qui semble la conclusion ironique de sa vie conjugale :
l'année même où sa femme lui était complètement revenue et où
il pouvait enfin être dédommagé de ses longues acceptations, il
fut tué durant son sommeil par l'effondrement d'un plafond
délabré. Nul ne le regretta et la nouvelle de sa mort se répandit
à Rome avec ce cruel commentaire : « Sa femme aura la chance
de changer de festin. »

Mais la place de Julie demeurait libre — les favorites du pape
restant alors dans la pénombre et même dans l'ombre — et
Lucrèce apparaissait alors en pleine lumière, telle qu'elle apparut
au premier jour du siècle nouveau accompagnée de son charmant
mari, suivie de dames et demoiselles, « servies », selon la plus
chevaleresque coutume espagnole, par des nobles et des courtisans. Alexandre VI, qui aimait les beaux spectacles, regardait
du château Saint-Ange passer le cortège, sinon « pour la louange
et l'honneur de la Sainte Église Romaine », comme l'écrit
Burckard, en tout cas pour sa propre satisfaction.

Les présents et les messages, qui du Vatican allaient vers le
palais de Santa Maria in Portico, prouvaient la constante sollicitude du pape envers sa fille : aux réceptions, aux bals, aux
représentations, aux prédications elle était la première et la plus
désirée des invités. Elle commençait alors à goûter le plaisir de

rassembler et d'accueillir une cour de personnes choisies selon ses propres goûts : hommes d'Église ou hommes politiques — son parti aragonais — littérateurs et artistes qui la célébraient en poésie ou en prose, en italien ou en latin, suivant la mode des courtisans de la Renaissance.

Nous ne pouvons nous faire une idée de la vie intellectuelle de Lucrèce à Rome que d'après de rares données; les documents font défaut, mais pas complètement, cependant, ainsi que le croyait et l'affirmait Gregorovius. Il n'y a, d'ailleurs, pas lieu de s'en étonner, car si nous retranchons la période prématurée et incertaine de son mariage avec Sforza, le temps où elle vécut retirée entre 1497 et 1498 et les premiers mois de son mariage aragonais partagés entre sa prochaine maternité et les angoisses causées par la fuite d'Alphonse, nous constaterons qu'il lui resta bien peu de temps pour qu'une cour lettrée se réunît autour d'elle et, sans atteindre à la célébrité, fût tout au moins connue. Mais son éducation n'avait pu demeurer étrangère aux courants si puissants des littératures classiques et de l'humanisme, même si, après avoir subi leur influence, Lucrèce l'avait ensuite transposée sur une sorte de plan romantique. Elle savait assez de latin non pour s'entretenir dans cette langue avec aisance et à l'improviste, mais pour le lire, composer un discours, comprendre une allocution; elle savait aussi un peu de grec et aimait la poésie, y goûtant une jouissance féminine toute de sentiment, non point celle d'une intellectuelle ou d'une artiste.

Pétrarque, considéré, hélas! plus comme un poète amateur que comme un pur lyrique, était le dieu des dames de la Renaissance et il n'est pas surprenant que Lucrèce possédât, elle aussi, son recueil du *Canzoniere* écrit à la main sur parchemin, relié en cuir rouge avec fermoirs et ornements de cuivre, tel qu'on le trouve décrit dans l'inventaire de sa bibliothèque privée. Ce n'était pas seulement la mode du temps qui l'y incitait, mais encore son attrait pour la cadence mélodique du vers et peut-être davantage encore son tempérament anxieux et sentimental; ces mêmes raisons l'amenaient donc, sans qu'elle mesurât vraiment l'écart, à se plaire aux inventions de certains imitateurs pétrarquisants, ses contemporains, à commencer par Serafino Aquilano. Le tour gracieux, la limpidité des mots, qui faisaient le charme du poète des Abruzzes, semblaient accordés à la compréhension poétique de Lucrèce.

Il y aurait davantage à dire sur l'académicien romain Evangelista Maddaleni Capodiferro, en poésie Fausto, neveu de ce Lelio Capodiferro qui, de 1494 à 1497, fit tant de fois la route entre Pesaro et Rome pour le service du pape et de ses femmes. Il avait une étrange façon de se tenir en relation avec la famille pontificale, car ses vers autographes conservés à la bibliothèque Vaticane et publiés partiellement témoignent d'humeurs très diverses et même contradictoires. Aux poésies exaltant les Borgia, y compris Lucrèce, succèdent, à peine la page tournée, des épigrammes empoisonnées contre eux; si les premières étaient écrites pour que le Vatican en eût connaissance, les secondes circulaient, bien certainement, d'un tout autre côté. Il semble que l'humaniste cultiva certaines rancunes contre Alexandre VI, qui à ses demandes de bénéfices avait fait répondre que la gloire poétique était une récompense suffisante de son œuvre : réponse qui eût été perfide si Capodiferro n'avait possédé des biens de famille.

Souvent, quand il s'agit de Lucrèce, Capodiferro adoucit sa plume. Quelques tendres accents *(O nimium cilio lenem, nimiumque potentem)*, l'habituelle comparaison entre Lucrèce et l'épouse de Collatin *(Altera nobilitat virtute Lucretia Romam)*, les regrets pour la fausse couche de février 1499 attribuée à la funeste jalousie de Vénus, alternent avec les allusions aux longues nuits visitées par d'incestueux phantasmes et avec des références qui ne sont que trop claires à Myrrha, à Byblos et à Pasiphaé, amoureuse du taureau.

Lucrèce fut certainement en rapports avec beaucoup d'autres poètes et humanistes romains encenseurs des Borgias, le fait qu'on en vînt plus tard, dans le même cénacle, à discuter de ses dons comparés à ceux d'autres dames prouve qu'elle occupait à Rome une place importante dans le monde des lettrés. Il est plus difficile encore de rattacher son nom à ceux des artistes qui vivaient à Rome à la même époque, comme Pollaiuolo, par exemple, ou Michel-Ange et même à Pinturicchio, le peintre attitré de la maison Borgia. Pinturicchio fit certainement son portrait et celui de ses frères dans une série de fresques, malheureusement détruites, du château Saint-Ange. Il n'est pas certain, au contraire, que nous puissions nous faire une idée de Lucrèce telle qu'elle était alors en regardant la fameuse sainte Catherine de la *Dispute*, représentée par Pinturicchio dans la salle des Saints aux appartements Borgia, Il est exact que, dans la gracieuse tête de la sainte encadrée de ses longs cheveux dorés, on retrouve des caractères communs à d'autres figures féminines du peintre ombrien et que les plus sévères critiques d'art ne sont pas disposés à admettre une idéalisation de la part d'un peintre du Quattrocento. Mais il est vrai aussi que, dans cette silhouette, un quelque chose se fait appeler du nom de Lucrèce et voudrait être elle-même.

Pour examiner la question plus positivement et en arriver aux confrontations avec les médailles et avec le tableau de Côme ou celui de Nîmes, nous constaterons que la ressemblance avec ces portraits plus tardifs se maintient : c'est toujours le même visage, plus ou moins plein suivant l'âge, ovale mais irrégulier avec la ligne fuyante du menton, toujours la même bouche molle, le même regard large et vague; dans la médaille de l'*Amorino bendato*, on remarque également la même coiffure et la même façon d'attacher les cheveux. La gracilité jeunette de la personne, son maintien un peu rigide parmi les gens qui l'environnent, quand on le suppose libéré et vif, est bien celui d'une fillette grandie trop vite et trop vite appelée à connaître la pompe vestimentaire des adultes — robe de velours rouge, manteau d'azur, tissus somptueux inadaptés à ce fruit encore vert. Je veux dire que, si ce n'est point là le vrai portrait de Lucrèce, c'en est, certainement, pour nous, l'allégorie, de même que la figure de l'empereur Maximien dans la même fresque suggère le nom de César, non seulement à cause du profil très semblable au profil de la collection Jove, base de l'iconographie de César, mais encore par la ligne du personnage à peine appuyé au trône, prêt à bondir dans l'étirement félin de ses membres. Déjà Pinturicchio avait eu devant les yeux et reproduit les modèles extraordinaires qu'étaient les enfants du pape, très beaux de corps et de visages, et, sans même y prendre garde, ne les transposait-il pas en d'autres images? Ou bien s'y référait-il délibérément, en les peignant de mémoire, ce qui pouvait être encore un témoignage d'adulation envers le pontife, son protecteur, dont nul n'ignorait l'amour qu'il portait à sa famille? D'après cette interprétation, ceux qui reconnaissent le duc de Gandie dans le jeune homme vêtu à l'orientale et ferme sur son cheval blanc, à l'extrémité droite de la fresque, pourraient aussi avoir raison, à moins que ce ne soit là, comme le dit Venturi, qui prétend en avoir trouvé le dessin, le portrait du prince turc Djem, l'otage du Vatican.

Les documents sont également muets sur les musiciens qui,

durant la période romaine de la vie de Lucrèce, non seulement formèrent sa culture musicale, mais éveillèrent en elle cette passion de la musique, héritée d'Alexandre VI, qui se manifestera plus tard à Ferrare; mais, au Vatican, elle entendit les compositions admirables du Flamand Josquin des Prés, qui fut au service du pape jusqu'en 1494 et assura la musique des cérémonies sacrées et profanes des Borgia, sans qu'il parût en avoir reçu grande rétribution, car il souffrait fort de porter un habit aussi modeste dans une cour dont l'or semblait la livrée courante.

Lucrèce, non seulement comme toutes les dames et princes de la Renaissance, mais aussi en tant qu'Espagnole, appréciait l'éloquence. A la cour de son père, elle avait pu entendre les orateurs célèbres invités par Alexandre VI, les humanistes Inghirami, Marso, Sabellico ou les prédicateurs frère Mariano de Genazzano, frère Egidio de Viterbe, ou encore les deux frères aveugles issus de la noblesse florentine, les célèbres Aurelio et Raffaele Brandolini, de l'ordre des Ermites augustiniens.

Parmi les intimes des Bisceglie, il y avait Vincenzo Calmeta, compagnon et ami d'Aquilano, plus homme de cour et d'intrigues qu'artiste, ainsi qu'il l'avait prouvé à la cour de Ludovic le More et le prouva par la suite à Rome et à Urbin. Un autre poète, jamais mentionné par les biographes des Borgia, devait aussi être de la maison : Bernardo Accolti, à qui nous devons un témoignage intéressant par sa rareté sur la vie de Lucrèce à Rome. Bernardo Accolti, d'Arezzo, appelé pompeusement l'Unique Arétin ou simplement l'Unique, était, comme ses compagnons, un poète à peine médiocre, mais apprécié des cours aussi bien que du vulgaire pour ses dons d'improvisateur. Quand à Rome, les sourcils froncés, son beau masque glabre immobilisé dans une attitude concentrée, il improvisait et déclamait ses vers, on fermait les boutiques et la foule accourait pour l'entendre. Nullement modeste, il était si fier des applaudissements qu'il récoltait que dans l'échelle des valeurs poétiques, il lui arrivait de s'attribuer le troisième rang après Dante et Pétrarque. Effronté, c'était, par ailleurs, un homme vivant, écrivant et s'échauffant à froid, qui possédait deux grands dons d'acteur : un entrain communicatif et un talent merveilleux pour divertir les cours, ce qui signifie, avant tout, divertir les femmes. En Toscan avisé, il avait soin de choisir comme inspiratrices les plus puissantes d'entre elles et s'en éprenait, platoniquement bien entendu, en prenant modèle sur Pétrarque et en leur donnant l'illusion — incrédules, mais pourtant séduites — de tenir le beau rôle de Laure. Il jouait l'amoureux rebuté, souffrait des tourments et des refus, versait des larmes, se nourrissait de quelques gouttes d'espérance et mettait le tout en vers, de sorte que ses poésies semblaient une profanation du *Canzoniere* de Pétrarque. On suppose bien que ce métier n'était pas infructueux : en échange du temps qu'il passait à les distraire, il recevait des femmes protection, présents, bénéfices, toutes choses qu'il défendait ensuite avec une force, non seulement virile, mais brutale, comme il arriva un jour où, assailli par ses ennemis dans sa maison, il se défendit avec une énergie tellement déchaînée qu'il blessa une centaine de personnes.

En 1499 et 1500, cette sorte de brigand littéraire était à Rome et voyait Lucrèce assez fréquemment et familièrement pour écrire qu'il faisait l'amour avec elle — platonique et chevaleresque, cela va sans dire. Un jour qu'il la vit entrer au Vatican, probablement pour une réception, entre les représentants de la France et de l'Espagne, les deux nations antagonistes, il composa sur ce sujet un sonnet certainement fort apprécié de Lucrèce, qui ne rêvait que d'accords pacifiques et plus volontiers encore s'ils pouvaient se conclure par son entremise.

Cette brève composition, connue et citée par Vittorio Cian, se trouve dans un manuscrit de la Bibliothèque nationale de Florence et semble, peut-être par la faute du copiste, d'un sens, en certains points, très obscur. La dédicace significative et les deux premiers quatrains s'expriment ainsi :

Messire Bernardo Accolti aux ambassadeurs de France et d'Espagne ayant entre eux deux la fille du pape Alexandre VI avec laquelle il fait l'amour :

Rois invaincus et avisés, or ça il me paraît clair
Que toute l'Italie voulez dominer,
Puisque celle qu'au milieu de vous tenez
Vainc plus avec ses yeux que nous par nos armes.

Que dépense et fatigue maintenant s'épargnent
Des fatales machines que conduisez,
Puisque où elle tourne son regard joyeux
Non seulement marbres et remparts, mais le ciel même brisera.

Son amour pétrarquisant pour Lucrèce commençait déjà à faire naître des histoires parmi les humanistes romains, une de ces histoires des milieux littéraires sur lesquelles tous s'entendent comme intention et signification. Il était conforme à la plus exacte coutume académique qu'Evangelista Capodiferro écrivît sur Lucrèce une poésie amoureuse en donnant à ses phrases le ton et la passion de l'Unique Arétin. « *De Lucretia Borgia Alexandri pont. Max. F. loquitur Unicus,* » inscrivait, en effet, Capodiferro en tête de sa composition, qu'il commençait ainsi : « Un jour naquit une Lucrèce plus chaste que l'antique Lucrèce : elle n'est point fille d'un homme, mais née de Jupiter lui-même. » Si l'on a présent à l'esprit que les humanistes désignaient le pontife sous le nom de Jupiter, on verra là l'exaltation d'une paternité qui aurait dû, pour le moins, être sous-entendue. Il semblera étrange à beaucoup de gens, et même révoltant, que Lucrèce soit proclamée la plus chaste des femmes, étant donné le passé qui, à dix-neuf ans, pesait déjà sur ses épaules; cependant, si l'impropriété de ces termes est évidente, ils n'expriment pas une adulation d'une telle bassesse qu'on puisse la qualifier d'ignominie. Lucrèce, tout en étant une femme sensible, n'avait pas les lubies et les caprices d'une Sancia d'Aragon et s'était toujours contentée de ses maris tant qu'elle avait pu les conserver. Avec Alphonse de Bisceglie, si doux et gracieux qu'il semblait sortir de l'aimable Arcadie de Pontano et Sannazar, il est normal que son sort lui ait paru agréable. Si derrière les coulisses d'une scène bien ordonnée se cachait quelque drame obscur, que le seigneur de Pesaro semblait avoir pressenti, c'est là un mystère qu'elle souhaitait oublié de tous, à commencer par elle-même.

Après une bataille désastreuse pour les Sforza, Milan tomba de nouveau aux mains des Français et Ludovic le More, qui tentait de fuir sous un déguisement, fut fait prisonnier et conduit en Touraine, au château de Loches, où il mourut en 1508, Dieu sait dans quelles tristesses. Ascanio lui-même, le puissant cardinal qui avait été vice-pape, capturé, fut incarcéré dans les prisons de Bourges, qui ne s'ouvrirent pour lui qu'à la mort d'Alexandre VI : la fortune des Sforza ainsi écroulée, les Borgia étaient amenés à s'appuyer de plus en plus sur la France. Bref, tous surent que les Français se préparaient à descendre vers le sud à la conquête de Naples.

Ces nouvelles devaient plonger Lucrèce dans l'angoisse, mais, cependant, les événements ne se seraient peut-être pas précipités si rapidement vers leur conclusion sans un fait nouveau propre à abréger l'attente et à renforcer dans l'esprit de César la volonté de rompre tous les liens qui ne tenaient point à ces Français dont il espérait tout.

C'était l'année du jubilé, l'année qui conduisit une multitude de pèlerins à Rome, parmi lesquels celui qui devait provoquer le grand schisme occidental, Martin Luther. Le pape se prodiguait en réceptions, cérémonies, ambassades, et bien que sa robuste constitution ne l'ait point préservé d'une syncope, qui l'avait frappé à l'improviste, il était le premier à ne s'en point soucier. Le 29 juin, fête de saint Pierre, complètement rétabli, il était dans la dernière salle de l'appartement Borgia, la « salle des Pontifes », attendant la visite de ses enfants et se réjouissant de passer l'après-midi avec eux. Il occupait déjà sa place sur le trône à baldaquin et avait pour toute compagnie l'évêque de Capoue et un cubiculaire nommé Gaspare, qui remplaçait peut-être l'infortuné Perotto, quand, subitement, s'éleva un grand vent suivi de pluie et d'une averse de grêlons gros « comme des fèves », un orage d'été. Les deux prélats s'étaient aussitôt empressés vers les fenêtres demeurées ouvertes sur les jardins et luttaient contre la bourrasque pour tenter de les fermer, quand ils entendirent un grand fracas, suivi d'un bruit d'écroulement, et, se retournant précipitamment, virent, tandis qu'ils étaient protégés par l'embrasure de la fenêtre, à travers un noir nuage de poussière, un amas de murs et de poutres sous lesquels le pontife et son trône semblaient engloutis.

Le palais est en rumeur, on crie : « Le pape est mort, le pape est mort! » le bruit s'en répand à travers la ville, suscite des cliquetis d'armes, fait se terrer les gens dans leur maison et fermer les portes du Vatican sous bonne garde de sentinelles; pendant ce temps, les ouvriers auxquels s'étaient joints les gens de la maison pontificale armés de pelles et de pioches tentent de sauver le pontife. Les matériaux sont amoncelés, car la foudre, cause du sinistre, traversant l'appartement supérieur habité par le duc de Valentinois, absent par hasard, avait fait écrouler trois plafonds.

On travaille en silence, de temps à autre seulement une voix appelle : « Saint-Père! » tous prêtent l'oreille, mais ne perçoivent que le silence et croient déjà ne jamais plus entendre la voix d'Alexandre VI. Avec une hâte accrue on déblaie des tentures et des plâtras et on aperçoit le pape étourdi, mais parfaitement indemne, sauf quelques blessures superficielles, qui lui ensanglantent le visage et les mains. On le porte au lit, on lave le sang et la fièvre se déclare avec une menace d'infection. Lucrèce est au chevet de son père, le soigne, l'assiste, satisfait volontiers les désirs du malade, qui ne veut près de lui que sa fille, le duc de Valentinois et le fidèle cardinal de Capoue : déjà Alexandre VI est sauvé, bientôt guéri.

Huit jours ne se sont pas écoulés qu'oubliant sa frayeur et toute pensée d'avertissement divin, le pape discourt, établit des plans d'avenir, fait appeler l'ambassadeur de Venise, afin qu'il témoigne que le pontife est vivant, bien vivant, et afin de recommander César à la République. Celle-ci demeure en garde et si pleine de soupçons à cause de l'entreprise de Romagne qu'elle semble envisager l'envoi de ses propres renforts pour la défense de Faenza et de Pesaro. Sans doute, César lui-même avait-il suggéré à son père de provoquer cette visite et cherchait-il par sa bonne grâce et ses protestations de dévouement à réduire l'orgueil et la froideur de l'ambassadeur. Mais ses artifices et sa souplesse ne lui épargnèrent cependant pas de recevoir une leçon. Une fois terminée la visite à laquelle avaient assisté Lucrèce, Sancia, — alors pardonnée et rentrée en grâces à la cour vaticane, — Jofré et une adolescente fort belle, qui avait remplacé Julie Farnèse comme favorite du pape, le duc de Valentinois, accompagnant à travers les appartements pontificaux l'ambassadeur, le très fin Polo Capello, l'avait pris par le bras avec une affabilité qui se proposait d'être tout à la fois noble et confiante et lui avait murmuré avec abandon : « Monsieur l'ambassadeur, je vois le péril que j'ai couru; je ne veux plus dépendre du destin ni de la volonté du pape et j'ai décidé de me donner entièrement à la seigneurie de Venise. » Le Vénitien avait répondu que l'idée de mettre ses intérêts sous la protection de la République était fort bonne, puis, feignant d'échanger confidence pour confidence, il ajouta : « Sans le pape, vos positions n'en auraient pas pour quatre jours. » Ce qui était non seulement une parole impitoyable, mais encore une vérité acérée. Ayant éprouvé que la méfiance de Venise pouvait tout au plus se réduire à une neutralité calculée, César devait fatalement recommencer à regarder au nord. La France donc, plus rien de tout ce qui tenait, ne fût que par un fil, à la cause adverse, à Naples à l'Espagne, et jetait l'ombre d'un discrédit sur les hommes et l'armée de Louis XII. L'inquiétude de César ne cessait de croître, exacerbée par ses rencontres quotidiennes avec Alphonse, qui, fréquenté intimement, incarnant par sa beauté et sa douceur l'idéal d'une tendre jeunesse, pouvait aiguiser chez son beau-frère, en même temps que la jalousie politique, non seulement la rancune contre le sang d'Aragon, mais aussi cette animosité, d'une qualité difficile à définir, éprouvée par certains frères envers les maris trop aimés de leurs sœurs et qui par des voies mauvaises peut se changer en haine. Dans l'esprit de César Borgia, ce qui n'avait d'abord été qu'une vision floue se précisait, s'ordonnait logiquement, tissait sa trame, devenait nécessaire, puis urgent : avant qu'Alexandre VI recommençât à régir les événements d'une main valide, Alphonse était condamné.

Au Vatican, Lucrèce veille encore sur la convalescence du pape, condescendante aux tyrannies paternelles et assistée par Sancia d'Aragon, qui à force d'esprit tente d'aider, elle aussi, la cause de sa maison et réussit en tout cas à faire mieux passer les journées de réclusion, morcelées par les soins, les palabres, les affaires du gouvernement et du palais. Un soir pareil aux autres, le 15 juillet 1500, Alphonse de Bisceglie s'en fut voir sa femme et sa sœur, dîna avec son beau-frère et prolongea en famille cette journée estivale. Au début de la nuit — un reflet du long crépuscule persistait encore au fond de l'atmosphère — Alphonse, ayant pris congé des siens, sortit du Vatican par la porte située sous la « loggia des bénédictions »; il était accompagné d'un camérier, Tommaso Albanese, et d'un écuyer; tous trois se dirigeaient d'un pas tranquille vers le palais de Santa Maria in Portico, jetant un regard distrait sur les silhouettes enveloppées d'un manteau, pèlerins ou mendiants, étendues sur les marches de Saint-Pierre. Spectacle quotidien en cette année jubilaire, qui voyait arriver, seuls ou par groupes, des chrétiens venus de tous les points d'Europe chercher à Rome l'indulgence promise à leur foi ; beaucoup d'entre eux, soit pour accomplir un vœu, soit à cause de leur pauvreté, dormaient à la belle étoile près de Saint-Pierre, éprouvant peut-être une ferveur nouvelle à reposer sur la terre témoin du martyre de l'apôtre et à goûter ainsi une sieste bénie.

Mais à peine le duc de Bisceglie s'était-il avancé vers la place que, sur un signal rapidement donné, quelques-uns des dormeurs prestement debout encerclèrent les trois hommes sans leur laisser d'issue pour la fuite et tombèrent sur le jeune Aragon, l'épée dégainée. Aussitôt en garde, Alphonse se défendit : brave, courageux, sa défense, menée selon l'excellente technique des maîtres d'armes napolitains, accroît la rage des assaillants serrés de près. Les épées se croisent, parmi le cliquetis des armes le jeune duc perd son manteau, les broderies de son vêtement sont arrachées, des lambeaux de linge, tranchés par l'acier, découvrent sa chair, enfin il tombe lui-même, couvert de blessures à la tête, aux épaules, à la cuisse, et déjà les ennemis se précipitent sur lui pour le traîner vers les chevaux, dont le piétinement est tout proche, qui doivent peut-être le conduire jusqu'au Tibre, répétant ainsi toutes les phases de la tragédie du duc de Gandie. Mais il faut tenir compte des deux compagnons : tandis que l'écuyer appelant au secours tente de traîner le corps ensanglanté de son maître vers le palais de Santa Maria in Portico, puis y renonce en apercevant un groupe d'ombres mouvantes et cherche la direction du Vatican, Albanese couvre splendidement la retraite, se bat « en paladin » avec la fureur de l'homme qui est dans son droit, la précision du bretteur et l'énergie d'une volonté désespérée. Des minutes d'angoisse s'écoulent parmi le choc des épées, les cris, les gémissements, les appels désespérés : enfin, tardivement mais à temps encore, s'ouvrent les portes du Vatican, dont les premiers grincements mettent en fuite les assassins. Quand arrive la garde pontificale, le galop des chevaux ne s'entend plus que de très loin.

Alphonse d'Aragon, porté par les soldats, couvert de sang, lacéré, la mort sur le visage, apparut à la porte du salon où Lucrèce conversait encore avec son père et Sancia. Le moribond retenait son souffle pour garder la force de dénoncer son agresseur; « il dit qu'il avait été blessé et il dit par qui », écrit Sanudo. Lucrèce s'évanouit. Mais ses sens à peine recouvrés, elle comprit qu'en de certains moments toute marque de faiblesse devient une honte. Épuisé par le sang qu'il perdait de toutes parts, le blessé gisait inerte et il était impossible de le transporter hors du Vatican. Le pape, qui manifestait désarroi et terreur, accorda à Lucrèce une chambre de l'appartement pontifical, les médecins, seize gardes très sûrs et l'autorisation non seulement d'appeler immédiatement l'ambassadeur napolitain, mais encore de faire venir de Naples les médecins et chirurgiens du roi Frédéric. Elle garda Sancia près d'elle, puis, fiévreuse et bouleversée, organisa ses retranchements du mieux qu'elle put : prévoyait-elle dès à présent que viendraient des temps pires encore?

L'aube du 16 juillet vit Rome émue par les événements nocturnes. A la première lueur du jour un jeune page, Baboyno, au service du poète de cour Vincenzo Calmeta, se faufila jusqu'à la place Saint-Pierre et là, sous l'œil des sentinelles vaticanes, recueillit les débris de la lutte : la cape lacérée de Tommaso Albanese, les broderies d'or arrachées aux vêtements d'Alphonse. Puis il s'éclipsait, rasant les murs du Borgo, un peu enivré peut-être à la pensée de l'aventure et du péril concrétisés entre ses mains par le paquet sanglant qu'il portait pour le remettre à l'un des acteurs du drame, Tommaso Albanese, réfugié chez Vincenzo Calmeta, où il soignait ses blessures.

Le fait qu'Albanese ait choisi pour asile la maison du poète prouve tout d'abord les relations existant entre les Bisceglie et Calmeta, — ce dernier, même ami personnel de Tommaso, n'aurait pas assumé une charge aussi lourde sans de forts motifs d'amitié et l'espoir bien fondé d'en être récompensé par Lucrèce — ensuite que le blessé ne se sentait pas en sécurité dans sa propre maison et moins encore au palais de Santa Maria in Portico. Ici ou là, en effet, celui qui avait préparé et dirigé l'agression pouvait encore l'atteindre, fort irrité d'avoir manqué toutes ses victimes. Albanese avait tout vu et savait « qui » avait fait le coup; aussi sa vie demeurait-elle menacée, mais il était improbable qu'on vînt l'atteindre sous le toit de Calmeta, ami des princesses, des dames, des seigneurs, des lettrés de toute l'Italie, dont les langues se seraient rapidement déliées, qui auraient composé des épigrammes et protesté si la demeure du poète avait été violée. Privilège, pourrait-on dire, non point de l'art mais de la presse, Calmeta, sans posséder la verve cinglante de l'Arétin, pouvait cependant jouir, lui aussi, d'une sorte d'immunité que lui conférait la crainte de son ample correspondance; d'ailleurs, il y avait moyen de s'entendre avec lui, qui connaissait son monde et savait observer les règles de la discrétion. A cette même époque, alors qu'il écrivait à la duchesse d'Urbin et lui faisait le récit du crime, il ne rapporte aucune parole comme ayant été prononcée par le blessé qu'il hébergeait, même lorsqu'il déclare : « Tout le monde à Rome estime que le coup a été fomenté par le duc de Valentinois. » On peut parier que ce jugement, le plus probant, émanait de Tommaso Albanese.

Plus ou moins ouvertement, tous les commentateurs avaient la même conviction. Francesco Capello disait prudemment : « A Rome il s'est révélé que les choses se sont passées entre eux (les Borgia), car dans ce palais, il y a tant de haines anciennes ou récentes, tant d'envie et de jalousie *d'État et d'autre sorte*, que fatalement de tels scandales se produisent souvent » et Sanudo écrit : « On ne sait qui est l'assassin, mais on dit que c'est celui-là même qui tua le duc de Gandie. » Le chroniqueur napolitain Notar Giacomo signale la nouvelle et ajoute que : « Le Valentinois l'a fait faire par envie » et Caetani, usant de réticences, mais le plus clair de tous : « L'inspirateur [du crime] est certainement quelqu'un de plus puissant que lui [Alphonse], bien qu'il soit seigneur et neveu d'un roi régnant, fils d'un roi défunt et gendre du pape » : autant nommer le duc de Valentinois.

Alphonse de Bisceglie avait été installé dans l'appartement Borgia décoré à fresques par Pinturicchio et précisément dans la première pièce où l'on voit encore aujourd'hui, dans les lunettes peintes, quelques demi-figures de Sibylles qui, plus enchanteresses que prophétesses, déroulent leurs parchemins, avec une expression à ·la fois vague et ambiguë. Le pape, qui avait « éprouvé de la douleur à cause des blessures de don Alphonse », s'était empressé d'appeler l'ambassadeur du roi de Naples afin qu'il assistât au traitement du blessé, que contrôlait Lucrèce, pâle, brûlante de fièvre mais résolue, ayant Sancia à ses côtés. Les deux femmes dormaient sur des lits improvisés près du blessé, le soignaient, préparaient elles-mêmes sa nourriture sur un petit fourneau de campagne, afin « qu'il ne fût pas intoxiqué ». Les seize gardes du pape veillaient à la porte, ainsi que les rares personnes de la maison Borgia à qui se fier, parmi lesquelles un bossu, préféré d'Alphonse; s'y joignirent bientôt deux célèbres médecins napolitains, Galiano de Anna et Clemente Gactula, envoyés par le roi Frédéric et accueillis par Lucrèce avec des effusions de reconnaissance; ce fut peut-être en ces mêmes jours qu'un oncle du jeune duc, Giovanni Maria Gazullo, destiné à une fin tragique, arriva pour son malheur à Rome s'il ne s'y trouvait point précédemment.

Ainsi se déroula, lourd de soucis, l'été au Vatican, car si Alphonse pouvait, grâce aux soins et à sa propre jeunesse, être considéré comme sauvé, personne à Rome ne se faisait d'illusion sur son sort futur : « Les blessures ne sont pas mortelles s'il ne s'y ajoute aucun renfort, » écrivait Calmeta, et on imagine facilement à quel renfort il faisait allusion. César avait été visiter son beau-frère et on assurait qu'il avait grommelé entre ses dents une phrase comme celle-ci : les choses manquées au déjeuner réussiront au dîner. Ne l'eût-il pas prononcée qu'on pouvait la lui attribuer avec vraisemblance, d'autant plus que le pape avait complètement abandonné Alphonse. L'envoyé de Venise en eut la preuve quand Alexandre VI, coincé par l'argumentation précise de son interlocuteur, après de grands discours sur l'innocence de César, avait fini par déclarer que si ce dernier avait déclenché l'attentat, c'est qu'Alphonse l'avait mérité! Que voulait laisser supposer le pape par ces paroles? Quelles obscures accusations de complots et de rébellions aurait-on pu porter contre Alphonse qui, seul, expatrié, ne pouvait faire autre chose que témoigner de sentiments aragonais, bien naturels, d'autant qu'il assistait quotidiennement aux actes politiques préparant la ruine de sa maison? Il est évident que le pape manifestait ainsi qu'il avait admis comme une justification les troubles arguties de César et qu'il considérait désormais le cas d'Alphonse comme une affaire fastidieuse, qu'il valait mieux terminer que résoudre. Derrière les murailles de la tour Borgia, Lucrèce avait-elle le pressentiment du flot périlleux qui déferlait en silence vers la salle des Sibylles? C'est probable, puisqu'elle avait convenu avec le roi Frédéric de faire partir Alphonse pour Naples dès qu'il pourrait voyager et qu'elle l'accompagnerait ou le rejoindrait peu après. Au blessé, qui commençait à faire quelques pas dans la chambre jusqu'à la fenêtre ouverte sur les frais jardins du Vatican, ces projets d'une vie personnelle, soit à Naples, soit dans les Pouilles devaient sembler aisés et légitimes : le panorama de Bisceglie, les tours médiévales du château qui rappelle l'antique gloire du comte Pietro Normanno, le voisinage de la mer Adriatique, qui déjà, au delà du promontoire du mont Gargan, a le parfum et la couleur orientale de l'Ionie, devaient composer pour lui l'image d'une revanche heureuse sur le présent perfide. La convalescence ravivait son esprit et sa tendresse pour sa femme, sa seule défense du moment, mais en même temps sa haine envers son persécuteur croissait avec ses forces. Est-il vrai qu'Alphonse, voyant passer son beau-frère dans le jardin, lui avait décoché une flèche? C'est là probablement une invention de César. Mais les rancœurs du petit groupe aragonais devaient se traduire en paroles sinon en actes. Comment réagissaient Lucrèce et Sancia, qui se trouvaient devoir condamner l'une son frère et l'autre son amant, c'est là un problème de psychologie féminine qui serait de peu d'importance si des résonances éveillées dans les deux femmes ne dépendait leur erreur, qui fut de laisser Alphonse seul le 18 août 1500.

Ce jour-là, rapporte le commentateur florentin, « la femme et la sœur (d'Alphonse) n'étaient pas dans sa chambre, car le voyant soulagé et guéri, elles s'en étaient allées peu auparavant visiter certaines de leurs dames. » Le chroniqueur vénitien, au contraire, affirme que César entra dans la salle des Sibylles, en fit sortir de force sa sœur et Sancia afin de se trouver seul avec le jeune duc d'Aragon. La seconde version est évidemment la plus vraisemblable, car on ne saurait imaginer Lucrèce et sa belle-sœur assez insensées pour abandonner le blessé et s'en aller faire une visite de dames! Mais, cependant, la version vénitienne, elle non plus, n'est pas convaincante. Indépendamment du fait que l'acteur avoué du drame fut non pas César, mais son délégué Micheletto Corella, on peut s'étonner que le duc de Valentinois ait attendu le rétablissement d'Alphonse pour se défaire de lui, alors que la chose eût été beaucoup plus facile durant les journées agitées et confuses qui suivirent la blessure. Si César laissa passer du temps, c'est qu'il avait ses raisons et afin que son père, mieux persuadé par son argumentation et les motifs de sa politique antiaragonnaise, se retournât complètement contre Alphonse et donnât toute garantie de laisser les faits s'accomplir, quels qu'ils fussent; c'était aussi pour que sa sœur, en partie rassurée, relâchât sa vigilance et le laissât ainsi plus maître de saisir l'occasion. Cependant, entre la version florentine et la vénitienne existe un certain lien grâce à un autre récit, qui tire sa valeur non seulement du fait qu'il émane d'une personne informée et scrupuleuse, mais surtout de ce qu'il rend le son plus intime, plus juste, plus sensible, de la vérité humaine.

Il s'agit d'une lettre adressée à Florence et dictée à Rome par Raffaele Brandolini, humaniste fameux et prédicateur aveugle plus illustre encore, qui fut le précepteur d'Alphonse de Bisceglie. L'autorité confiante qu'il exerça sur le jeune duc, ses liens avec la famille d'Aragon et probablement avec les Bisceglie eux-mêmes, lui donnent une particulière autorité d'informateur en même temps que son équilibre moral personnel garantit la probité du récit qui, d'ailleurs, concorde en substance avec les autres, mais les complète et les explique.

Donc, l'après-midi du 18 août, le duc de Bisceglie était dans sa chambre en compagnie de son bossu et de quelques familiers, quand César Borgia envoya une escouade de gens armés, commandée par Micheletto Corella, avec l'ordre d'arrêter tous ceux qui se trouveraient près de son beau-frère afin de répondre d'un complot fomenté contre les Borgia avec l'appui des Colonna. Tout l'entourage du jeune duc fut saisi et emprisonné, y compris les deux médecins napolitains. Ce coup, aussi soudain qu'inexplicable, laissa Lucrèce et Sancia, immédiatement accourues, le souffle coupé, mais, se ressaisissant aussitôt, elles demandèrent raison de cette violence, « *muliebriter objurgant* », dit Brandolini dans sa belle forme latine, exprimant l'excitation de leur indignation féminine. Contre leur attente, don Micheletto répondit comme s'il n'était pas éloigné de rendre des comptes : il a exécuté les ordres reçus, mais vraiment il n'a pas d'informations exactes, il ne sait rien; il s'excuse presque. Son incertitude suffit à faire croire aux deux femmes qu'elles vont dominer la situation et leurs protestations redoublent : devant leur véhémence, Micheletto se fait de plus en plus hésitant, semble pris de doute jusqu'à paraître se résoudre à donner un conseil : pourquoi ne s'adressent-elles pas au pape, qui se trouve deux portes plus loin et ne sollicitent-elles pas l'ordre de libérer les prisonniers avant qu'ils ne soient conduits en forteresse?

La solution paraissant improvisée et correspondre à la logique des choses n'éveille pas le soupçon qu'elle peut être un piège; mais comment Sancia et Lucrèce, qui demeuraient sur leurs gardes et connaissaient César, purent-elles s'y rallier? Comment ne leur vint-il pas à la pensée qu'à tout prix la présence d'au moins l'une d'entre elles était nécessaire à la vie d'Alphonse?

Il faut admettre que les deux femmes n'étaient plus dominées par la même peur, qu'elles avaient retrouvé un peu de confiance, rassurées par les assurances du pape et l'attitude trompeuse du duc de Valentinois. Chez Lucrèce, il devait y avoir une tendance à penser du bien de son frère, malgré tout. Elle l'aimait; et même si elle n'ignorait pas que certaines haines masculines veulent du sang, elle pouvait penser qu'ayant guéri de sa main ce que César avait tenté de détruire, la partie pouvait être considérée comme jouée; d'autant plus que le projet de départ d'Alphonse pour Naples prouvait que la maison d'Aragon renonçait à l'utiliser dans sa lutte et que les Bisceglie n'avaient que le désir de s'établir désormais dans leur vie privée. A César le Vatican, mais en échange, le pacte était sous-entendu, Alphonse vivrait. Si certains arguments paraissaient persuasifs à Lucrèce, il n'y avait point de motifs qu'ils ne parussent tels à Sancia, qui n'avait pas grand discernement et qui, pour se fier ou pour douter, pour agir ou s'abstenir, suivait son impulsion du moment, surtout dans le cas de se rebeller et de protester contre des faits immédiats; elle était brouillonne et passionnée par surcroît. Quoiqu'il en soit, les deux femmes (et, ici, le Florentin, qui les dit sorties de la chambre, et le Vénitien, qui les veut contraintes de sortir, sont d'accord), trouvant le conseil de don Micheletto bon à suivre, volèrent près du pape laissant Alphonse seul : un moment, dit-on... Elles ne le reverront plus. A peine la voie libre et la porte close, Micheletto s'avance, calme et féroce, vers l'alcôve où repose le mari de Lucrèce. Le Florentin rapporte que le jeune homme se leva, vacillant, et que par un geste rapide il sembla faire une tentative angoissée pour protester contre la mort inhumaine qui lui apparaissait. Il tomba, la main levée comme pour demander grâce, et tout se termina rapidement dans le silence de la tour Borgia.

A peine revenues de la chambre pontificale, voyant des gens d'armes barrer la porte et Micheletto risquer une explication en invoquant une chute du jeune duc cause d'une hémorragie mortelle, Lucrèce et Sancia comprennent instantanément qu'Alphonse est mort, se sentent traînées à l'atroce conclusion du drame, saisies à la gorge par la trahison, écrasées sous l'horreur. Elles appellent leur mari, leur frère, et emplissent les lieux de leurs gémissements. Qu'elles pleurent tout leur saoul, il ne leur sera pas plus permis de voir le corps de l'assassiné que de suivre ses modestes funérailles, célébrées en toute hâte au soir du 18 août. A la lueur de vingt torches, avec une petite escorte de religieux psalmodiant à mi-voix, l'archevêque de Cosenza, François Borgia, qui peu de mois auparavant avait baptisé le petit Rodrigue, accompagna le duc de Bisceglie à son obscure sépulture dans la modeste église de Santa Maria delle Febbri, voisine de Saint-Pierre, où s'élève maintenant la sacristie de la basilique. Là où le décor mondain était désormais détruit, les paroles de la religion apportaient compassion, espérance, promesse de justice.

*
* *

« Le pape est désemparé, soit à cause de la nature des faits et du roi de Naples, soit à cause du désespoir de sa fille, » écrit Cattanei. La même affirmation émane de tous les informateurs et chroniqueurs auxquels parvient l'écho de la douleur de Lucrèce. Outre la douleur, elle dut souffrir la dérision que, deux jours après la mort d'Alphonse, le duc de Valentinois vînt lui faire visite accompagné jusqu'à sa chambre de veuve par 100 hallebardiers, afin de démontrer à quel point il lui était nécessaire de se défendre contre les complots et conjurations qui se tramaient entre les murs du palais Bisceglie. Les gens à la solde de César tentaient de répandre le bruit de ces prétendus complots, mais les ballons d'essai retombaient tout aussitôt, dégonflés. Tous demeuraient froids à l'annonce que les familiers d'Alphonse étaient encore détenus au château Saint-Ange, où le duc de Valentinois déclarait qu'il voulait les faire interroger à fond afin d'envoyer le procès-verbal à toutes les cours italiennes et particulièrement à la république de Venise, afin que tous constatent de quels ennemis il s'était vu obligé de se débarrasser. Ce procès-verbal « n'arriva jamais », dit Sanudo, sous-entendant qu'il ne pouvait pas en être autrement.

Lucrèce fut laissée à son désespoir, seule avec Sancia : les larmes qui ruisselaient sur son visage et qu'elle ne se souciait pas de dissimuler finirent par ennuyer le pape, qui ne pouvait imaginer qu'on se laissât aller à un pareil chagrin lorsqu'on avait vingt ans et devant soi toutes les possibilités d'une fortune nouvelle. C'est alors que Polo Capello, l'ambassadeur vénitien, disait : « Jadis Mme Lucrèce, qui est sage et aimable, avait les bonnes grâces du pape, mais à présent il n'aime plus autant sa fille. » Il est exact qu'alors elle ne plaisait plus du tout à Alexandre VI, qui voyait d'un mauvais œil cette femme obstinée à pleurer son jeune époux avec une sorte de honte amère et pudique, un regret douloureux et peut-être le remords de lui avoir apporté un destin funeste. Le pape ne pouvait comprendre que l'intensité de ce légitime chagrin sauvait Lucrèce à ses propres yeux, l'empêchait de se sentir humiliée, déchue de toute dignité. Par ses larmes elle se rebellait, au risque de s'aliéner la faveur et même en s'y soustrayant volontairement : elle n'était pas complice et se sentait moins Borgia qu'Aragon, innocente, du côté du bon droit offensé. Elle ne pouvait ni ne voulait se consoler et bientôt elle n'eut plus la force de supporter la vue des abords du Vatican, ni cette pierre qui scellait misérablement le corps d'Alphonse, et désira s'éloigner. Autorisée à se retirer dans sa terre de Nepi, elle partit le 30 août, escortée par 300 cavaliers, et à travers la campagne romaine, par les voies Cassienne et Amerina, elle atteignit le lendemain la cité étrusque haut située, entourée de ses antiques murailles.

Nepi est un lieu où l'on peut pleurer à son aise. Le symbole de l'antique serpent Nepet, dont la cité tire son nom, y est encore vivace et semble s'exprimer par la tristesse latente et féconde du sol d'où surgissent de mystérieuses sources médicinales, qui évoquent de magiques foyers en attente des sorcières étrusques. Au clapotis du ruisseau Falisco, dans les charmantes pièces du premier étage décorées à fresque de fleurs sur une claire paroi, ou dans les hautes salles des tours ornées d'écussons aux armes des Borgia et des Aragon, Lucrèce rassemblait tous ses souvenirs en pleurant et tentait à travers ses larmes de sourire au petit Rodrigue. Il lui semblait que toute la vie elle pleurerait dans la solitude et que les portes de l'avenir étaient à jamais fermées, mais à Rome, déjà, on lui préparait d'autres noces et un nouveau destin.

*
* *

Le roi de France, ayant reconquis le duché de Milan et détruit à sa racine la maison Sforza, se souvint de ses accords avec le duc de Valentinois et envoya en Romagne un fort détachement de troupes françaises. A Rome, César Borgia, assuré d'avoir le Vatican à sa discrétion maintenant que nul ne pouvait plus contrarier l'influence qu'il exerçait sur l'esprit de son père, se préparait à rencontrer les contingents français, fort lui-même de 10 000 hommes bien payés, bien armés, traités avec une largesse qui, au pape, paraissait être du gaspillage. Les meilleurs capitaines des nobles maisons d'Italie, Orsini et Savelli, de Rome, Baglioni, de Pérouse, Vitellozzo Vitelli, de Città di Castello, et d'autres encore avaient été engagés grâce aux deniers fournis volontiers par les nouveaux cardinaux élus le 25 septembre 1500. Aussitôt après leur élection, César les avait conviés à un grand banquet dans la salle située au-dessus des appartements Borgia, où quelques années plus tard Raphael peignit la *Dispute du Saint Sacrement* et l'*École d'Athènes*. Toute cette pourpre réunie autour de la table du duc de Valentinois attestait et accroissait sa puissance et son prestige, qui augmentèrent encore lorsque, avant qu'il eût quitté Rome, les ambassadeurs de Cesena y arrivèrent et prièrent le pape en consistoire, de donner leur ville comme fief à César, dont ils exaltaient la libéralité et la prudence en le déclarant l'un des premiers capitaines du monde : tout cela, comme le disait Cattanei, n'était que « bouillie pour les chats » *(pappolate)*. Ayant eu Cesena à peu de frais, les troupes de César et de ses alliés se dirigèrent en force vers Pesaro où, le cœur battant et plus mort que vif, le premier mari de Lucrèce connaissait des jours agités.

Même si la mort d'Alphonse d'Aragon lui avait apporté une sorte d'amère satisfaction à se voir hors de ces périls, Jean Sforza n'éprouvait cependant point de grands motifs de satisfaction. Il avait eu du mal à se consoler de sa déconvenue au sujet de Lucrèce, à tel point qu'en 1499 un informateur vénitien écrivait encore : « Le seigneur de Pesaro supporte mal la séparation d'avec sa femme. » Il avait vu la défaite de ses puissants cousins milanais, qui lui avaient toujours paru invincibles, et il écoutait avec terreur les avertissements qui lui révélaient clairement son sort prochain. De Pesaro des protestations et des appels furent adressés à toutes les puissances afin de conjurer l'avance du Valentinois; mais pour Sforza l'heure de perdre avait sonné. Quand il vit les ennemis près d'arriver, il abandonna cité et forteresse pour se réfugier à Mantoue, chez François de Gonzague, frère de sa première femme, où se rassemblait un groupe d'exilés de marque. C'étaient des Milanais échappés à l'invasion française, donc tenant aux Sforza, parmi lesquels, protégée par l'impératrice Bianca-Maria Sforza, femme de Maximilien, se trouvait Lucrezia Crivelli, la belle maîtresse de Ludovic le More, qui courait le monde nantie du diplôme amoureux qu'avec de riches dotations lui avait décerné le duc, un éloge public sans périphrases : « *Ex iucunda illius consuetudine ingentem saepe voluptatem senserimus.* » Avec elle était un bébé, fruit de ce précieux contentement. Il y avait des exilés des États pontificaux, tels que Guglielmo Caetani, seigneur de Sermoneta, spolié par les Borgia. Sforza ne déparait point le cercle et l'on peut supposer qu'à la cour cultivée et spirituelle de Mantoue présidée par la marquise Isabelle d'Este Gonzague, les propos désobligeants dirigés contre les Borgia avaient une pointe singulièrement acérée.

De Mantoue aussi bien que de Ferrare, Florence, Bologne, Sienne, on suivait la marche de César en cherchant à deviner sa direction future. On voyait ce conquérant heureux, avec l'aide du roi de France et l'appui du pape, briser des seigneuries séculaires que tous considéraient comme d'inamovibles fiefs dynastiques, et il était naturel de craindre pour l'avenir quand, la Romagne conquise, César aurait porté les yeux ailleurs. Florence? Bologne? Sienne? Ou, plus au nord, Ferrare et Mantoue? Le bruit courait que le pape répétait volontiers la prédiction faite par des bohémiens lui promettant la paternité d'un roi d'Italie et on s'en effrayait. On peut imaginer avec quelle satisfaction tous ces princes en exil accueillirent l'annonce des difficultés rencontrées par le duc de Valentinois devant Faenza, où il avait mis le siège après la prise de Pesaro. La ville était défendue par Astorre Manfredi, séduisant garçon de dix-huit ans, courtois et loyal comme une manière d'archange. Des mois durant, il résista, soutenu par la foi et l'amour de ses sujets et par l'admiration — platonique, hélas! — de toute l'Italie. Enfin, pour épargner à sa ville le pillage et la destruction, il conclut un accord avec César et se constitua comme otage avec l'un de ses cousins. Le bel adolescent n'imaginait pas que les horreurs épargnées à sa ville il les éprouverait dans sa personne : prison, déshonneur, opprobre et, finalement, la mort.

Faenza prise, et tenant comme otages les seigneurs de la ville, César parut se diriger vers Bologne; on assurait même que le roi de France avait demandé au pape de s'emparer de cette terre et de la donner en fief à César; mais Bologne était un rude obstacle et les Bentivoglio, seigneurs de la ville, réussirent à écarter momentanément le péril en offrant à César la propriété de Castel Bolognese, une importante rente annuelle et 500 hommes de renfort pour la guerre qu'il menait. Florence suivit l'exemple de Bologne et fut laissée en paix, tandis que l'armée conquérante prenait le large vers Piombino et que, avec une rapidité foudroyante renouvelée de Jules César par César Borgia, elle s'emparait des villes, des terres, des châteaux.

Rien ne manquait à l'armée de César, pas même, sous une ferme discipline, le plus pittoresque mélange de costumes. Derrière les soldats s'allongeait une troupe bigarrée : mercantis, qui faisaient de fructueuses affaires les jours de paye, prêtres, musiciens, lettrés, qui devaient célébrer en vers les guerres et les victoires, femmes pour le délassement du guerrier, multitude de toutes sortes, qui n'a pas trouvé encore son illustrateur. Et au-dessus d'eux tous la figure d'un génie de la Renaissance, du plus effréné aventurier de l'intelligence que le monde ait jamais vu : Léonard de Vinci. « Que la voie soit libre pour notre très digne et très cher architecte et ingénieur général, » écrivait César. Et l'ingénieur général tantôt étudie l'écoulement des eaux dans les cités conquises, tantôt invente des machines de guerre ou, avec la même application et le même soin, dessine sur son carnet la silhouette inaccoutumée d'une petite maison de campagne ou un procédé pour lier en guirlandes les vignes de Romagne ou écoute le bruit des fontaines, ou encore résoud, comme on peut encore aujourd'hui le constater, le problème du canal navigable de Porto Cesenatico.

César savait choisir ses hommes, mérite rare surtout chez un prince de hasard. Il n'éprouvait pour personne de sentiment d'affection ou d'amitié, situé comme il l'était au delà de tout courant sentimental et enclos dans ses propres ambitions. Mais, cependant, était-il tellement fermé? Des incertitudes, des présages de mort précoce le traversaient et lui posaient les problèmes humains de l'être et du devenir; mais ces problèmes, et peut-être parce qu'il les souffrait intensément, César tentait de les étouffer sous la continuité et la multiplicité de ses actions, fussent-elles amoureuses. Malgré ses campagnes guerrières, il n'oubliait pas son épouse française, Charlotte d'Albret (que déjà le pape commençait d'appeler en Italie), envers qui il tenait à se montrer splendide : il veillait lui-même aux présents qui lui étaient envoyés, tels qu'en décembre 1501 les nombreux produits de luxe acquis sur le premier comptoir d'Europe qu'était alors Venise : chandelles travaillées de cire très pure, blanches pâtes d'amandes, confiseries fines, neuf fûts de malvoisie, épices d'Orient, oranges, citrons, toutes sortes de tissus. Mais César ne se considérait pas comme lié à elle par un devoir de fidélité et nul ne s'en étonnait : à Milan, il s'était épris d'une jeune femme noble, Bianca Lucia Stanga, à tel point qu'en 1501 il semblait décidé à la faire venir en Romagne, mais en même temps se déroulait et se résolvait dans un mystère profond l'histoire de la belle Dorothée.

Durant qu'il attendait la reddition de Faenza, César s'était rendu aux fêtes du carnaval de la cour d'Urbin, invité, ou plutôt toléré, par les ducs de Montefeltro. La réputation du Valentinois était telle qu'à peine arrivé à Urbin on lui attribuait une tentative d'empoisonnement sur ses hôtes, difficilement admissible en raison surtout des circonstances. Il s'était plu aux divertissements raffinés de cette cour, où les jeux de l'intelligence étaient plus et mieux appréciés que les représentations machinées. Parmi les jeunes filles qui s'éduquaient aux mœurs de cour sous l'égide parfaite de la duchesse Élisabeth, César avait discerné une gracieuse Lombarde, Dorothée, issue d'une noble famille mantouane et fiancée à Gian Battista Caracciolo, capitaine de l'armée vénitienne. Il lui portait un amour qui paraissait ne pouvoir aboutir aux conclusions souhaitées par le duc de Valentinois, étant donnée la vigilance exercée à la cour d'Urbin sur les jeunes filles et plus spécialement à l'occasion de visites suspectes; par surcroît, la jeune fille était sage, ce qui n'en excitait que davantage le désir d'un homme qui, même en amour, se plaisait au combat.

Terminé le carnaval, César rejoignit ses armées et le 10 février un cortège nuptial quittait Urbin pour conduire à son époux la jeune Dorothée en passant par Cervia, territoire de la république de Venise; le groupe, l'esprit occupé par la pensée des fêtes prochaines et des épousailles, cheminait allégrement à travers la campagne quand il fut assailli par une troupe de cavaliers, dont le commandant portait un bandage sur l'œil qui, au dire de l'un des fuyards, n'empêchait point de reconnaître César. En un instant, avant même qu'ils pussent faire acte de défense, tous furent mis hors de combat et la belle Dorothée, arrachée à ses rêves légitimes, emportée en pleurs et chevelure au vent sur la croupe d'un cheval jusqu'à une retraite inconnue; par raffinement et eu égard à la noble condition de la jeune fille, les ravisseurs enlevèrent également l'une de ses compagnes. On peut imaginer quel fut le sort des captives.

A propos de ce rapt, le scandale et l'indignation éclatèrent : le roi de France fit exprimer à César sa protestation par Louis de Villeneuve et Yves d'Allègre; Venise envoya également des ambassadeurs résolus à obtenir satisfaction pour Caracciolo, qui menait grand tapage et déclarait qu'il voulait abandonner le service de la République, se sentant capable de se mettre lui seul à la recherche de sa fiancée : départ qui eût été fort préjudiciable pour Venise, dont les troupes étaient alors massées dans le Frioul, précisément sous le commandement de Caracciolo pour prévenir une incursion possible de l'empereur Maximilien. Des ambassadeurs se rendirent au Vatican; le pape déplora les faits, tout en niant que son fils se fût engagé dans un tel imbroglio. Quant à César, calme et assuré, il convint qu'en effet il savait quelque chose de cette affaire, survenue, disait-il, entre Dorothée et le capitaine don Diego Ramirez, qui avait même reçu en présent de la jeune fille quelques chemises brodées. Mais il n'en savait pas davantage; don Diego avait disparu du camp, on ignorait où il se terrait; le temps venu, il serait châtié. Lui, César, ne comprenait pas pourquoi on l'accusait avec tant d'insistance, alors que nul n'ignorait que les femmes ne lui manquaient, certes, pas. Tout cela était si bien débité et cadrait si opportunément avec la vérité souhaitable que Français et Vénitiens se contentèrent de ces explications, quitte à n'y pas croire. Il n'en fut pas de même de Caracciolo qui, à Venise, en plein Conseil, proférait les plus véhémentes protestations accompagnées des plus fantaisistes menaces de vengeance. On ne put retrouver la trace de la jeune fille qui, après beaucoup de pleurs, avait dû se résigner à son aventure. Tous comptes faits, les choses devaient se terminer beaucoup mieux pour elle que pour son ravisseur.

A Lucrèce n'avait pas été épargnée la présence de son frère, acheminé vers des fortunes nouvelles. A Nepi elle avait dû donner l'hospitalité d'une nuit à César escorté de la plus brillante fraction de son armée, entendre, même à contre-cœur, des propos de vie et de guerre, des cliquetis d'armes, de hardis

projets, des allusions à des noces prochaines : autant d'offenses à
sa douleur. Cependant on ne peut nier que ce bref passage d'une
troupe gaillarde et pleine de vie avait commencé à détourner ses
pensées, lui laissant une vague insatisfaction, une agitation distraite et surtout une certaine inquiétude.

Par mes pleurs ma chair s'écoule goutte à goutte.

Ce vers, l'un des plus beaux du très aragonais poète napolitain Jacopo Sannazar, extrait de son poème l'*Arcadie*, qu'il composait à cette époque et qui rend bien l'épuisement sensuel de la
mélancolie, aurait pu être le leitmotiv auquel jusqu'alors s'était
accordée la douleur de Lucrèce. La pulsation du sang, accompagnant ses lourdes larmes, la maintenait dans une vie chaude et
amère qui, sur le plan négatif, correspondait pleinement à sa vie
antérieure. Tout se poursuivait ainsi tant que la solitude, ses
vêtements de veuve, la vue du petit Rodrigue privé de son père
lui avaient, jour après jour, rappelé et ravivé le passé. Mais une
fois partie l'armée de César, parmi les sonneries et les fanfares,
se retrouvant seule en face d'elle-même, elle avait éprouvé un
malaise fort différent de cette douleur avouée et pure qui l'avait
à juste titre fait tant pleurer. Le trouble allait-il renaître? Se faire
insidieuses les choses innocentes : le soleil de septembre, le fruit
savoureux, le bijou évocateur du passé, qui, dans un oubli soudain, ranime une allègre fantaisie que l'âme endolorie perçoit
fugitivement alors que son désespoir la refuse?

Le temps des projets viendrait bientôt : déjà le pape, si enclin
à pratiquer la politique des mariages qui lui plaisait entre toutes,
écoutait volontiers les messagers de ceux qui, un mois après
l'assassinat du duc de Bisceglie, lui demandaient la main de sa
veuve. Il y avait, entre autres, patronné par César, Louis de
Ligny, cousin très aimé du roi de France, tout disposé à épouser
la fille du pape — ces Français feraient n'importe quoi pour le
chapeau [cardinalice] ou pour l'argent, écrit Cattanei — à la
condition qu'on lui versât une dot fabuleuse et qu'on lui donnât
l'investiture de Sienne, d'où seraient bannis les Petrucci, tyrans
de la ville. Mais Lucrèce elle-même mit fin à ces tentatives en
déclarant que jamais, à aucun prix, elle n'irait en France.

L'un des prétendants de 1498, François Orsini, duc de Gravina, se remit sur les rangs et quitta, à la mi-octobre 1500, sa
terre méridionale pour arriver le 26 du même mois à Trani, où

l'avait précédé avec une nombreuse escorte et des chars aux multiples bagages une jeune maîtresse qui se rendait au monastère de Sainte-Claire : rupture éclatante que l'on voulait faire remarquer. Arrivé le 6 décembre à Rome, le duc de Gravina fut accueilli courtoisement par le pape, qui commença les négociations avec lui, ainsi qu'il le faisait d'autre part, mais sans d'ailleurs rien conclure, avec Ottaviano Colonna. Gravina pouvait se croire le champ libre, étant donné qu'à la fin de novembre, dans le cercle du Vatican, on tenait ses chances pour certaines. Le futur époux étant veuf avec deux enfants, on conviendrait que tous deux embrasseraient la carrière ecclésiastique avec de larges bénéfices, partie cédés par le richissime cardinal Orsini, partie donnés par le pape : ainsi seuls les enfants issus du nouveau mariage seraient héritiers des titres et du duché.

Avec les premiers froids d'automne Lucrèce était revenue en ville et avait repris, non sans répugnance, sa vie au palais de Santa Maria in Portico. Appelée au Vatican, le pape lui transmit la demande de Gravina, qu'elle refusa avec calme. « Pourquoi? » lui demanda le pape, plus curieux d'entendre la réponse que surpris. Mais au lieu de la réponse prévue qu'elle ne désirait pas se remarier et voulait se consacrer à son fils, ce fut à haute voix et devant tous que Lucrèce répondit : « Parce que mes maris sont fort mal tombés » et elle partit courroucée, ajoute Sanudo.

Devant cette réponse négative, le duc de Gravina entra en fureur : le pape se moquait-il de lui en ne sachant pas imposer sa volonté à une petite jeune femme? Il est évident que si Alexandre VI avait désiré la réussite de ce projet matrimonial, il n'aurait pas exposé son candidat à un refus que, connaissant Lucrèce, il pouvait prévoir, sinon sous cette forme. Mais il convenait au pape que les prétendants à la main de sa fille fussent nombreux pour augmenter la valeur de son consentement et pour être plus libre dans ses tractations, suivant sa vieille et avantageuse stratégie. De nouveau on rajeunissait l'ancien projet d'un mariage espagnol et on le remettait sur le tapis; un évêque quittait Rome en février 1501 avec mission de le conclure; le prétendant était un « certain comte » et devait être considéré comme un parti enviable puisqu'on promettait le cardinalat comme récompense au médiateur. Mais ce projet était-il fondé? Les agissements concernant la personne de Lucrèce se faisaient plus nombreux, prouvant ainsi qu'on n'avait pas peur d'épouser la fille du pape. Le roi de France, considéré par le duc de Valentinois comme son plus fidèle allié, se moquait des manies matrimoniales des Borgia et, s'entretenant avec l'ambassadeur ferrarais, se disait informé que le pape avait offert sa fille au marquis de Montferrat avec la promesse de lui faire avoir la ville fortifiée d'Alexandrie sur le Tànaro, la reine de la vallée supérieure du Pô. Cette façon de promettre aux autres des choses si difficiles à obtenir, que Louis XII jugeait absurde, était au contraire le signe d'une confiance surhumaine en sa propre fortune et l'un des points de départ de la psychologie des Borgia. Lucrèce avait donc refusé le comte de Ligny, Ottaviano Colonna, François de Gravina, mais en perdant chaque fois un peu de sa résolution : méditer et se retrancher ne lui avait servi qu'à la conduire par étapes à une nouvelle capitulation.

A vingt ans, elle ne pouvait plus nourrir d'illusions ni avoir confiance en soi ou dans les autres : elle savait que, pour surmonter les mélancolies, les dégoûts, les sombres inquiétudes, les ardeurs tempétueuses et les froideurs lasses et désespérées de sa nature féminine, elle n'avait qu'un moyen : tout supporter, aller jusqu'au fond des sentiments, en accepter jusqu'aux moindres conséquences avec la patience spirituelle des femmes qui pour elles-mêmes ont choisi la sagesse. L'existence entière peut se consumer dans cette lutte douloureuse et secrète. Elle exige la solitude, cette solitude aimée de Lucrèce, coupée pourtant d'événements qui fournissent à l'esprit la richesse et la chaleur du souvenir. Mais pour que puisse se faire l'adaptation à une vie si difficile et si urgente, elle avait besoin tout au moins de sécurité physique, de ne plus trembler chaque jour en se demandant dès l'aube quelle nouvelle menace allait fondre sur elle. Elle commençait à comprendre que c'était hors de Rome qu'il fallait chercher sinon la paix, du moins la sécurité, près d'un homme qui fût au moins aussi fort que son père et son frère et dont l'avenir fût indépendant de celui de César. Seule la destinée d'une femme dans son rôle d'épouse et de souveraine d'une cour régnante lui semblait valable : sans songer le moins du monde à juger les siens, et par conséquent à condamner tous ces Borgia de son sang et de sa race, pour la première fois avec sa conscience de femme elle les abandonnait et regardait ailleurs. Nécessaire si on le veut, ce n'en était pas moins une trahison.

CHAPITRE VI

LE TROISIÈME MARIAGE

Un mois à peine après la mort du duc de Bisceglie, tandis que Lucrèce pleurait à Nepi, on avait lancé comme écho au nom de la jeune veuve celui d'Alphonse d'Este, fils aîné du duc de Ferrare et cousin par sa mère du duc de Bisceglie assassiné dans la tour Borgia. Nom jeté comme au hasard, parmi tant d'autres, à seule fin de se rendre compte s'ils réussiraient, par une sorte d'évocation, à ouvrir la porte d'un avenir splendide; tous bien persuadés, d'ailleurs, qu'Alphonse d'Este « viserait plus haut », car la superbe famille ferraraise, l'une des plus anciennes et des plus puissantes d'Italie, jugerait peu reluisant de s'abaisser jusqu'à une femme ayant la réputation de Lucrèce et de cette « maison privée », comme le dira plus tard Guichardin, pour exprimer qu'il s'agissait là d'une négligeable dynastie. Mais après la prise de Faenza, la puissance de César s'était accrue et renforcée à tel point que tous les seigneurs italiens et particulièrement ceux qui, comme la famille d'Este, étaient feudataires du pape, craignant l'expansion des Borgia, se trouvèrent amenés à chercher une garantie de paix en s'assurant l'alliance et l'amitié du pontife. Aussi quand, en février 1501, le cardinal de Modène, Jean-Baptiste Ferrari, écrivit au duc Hercule d'Este en lui proposant la main de Lucrèce pour son fils et en exaltant l'alliance en même temps que l'épouse, ne fut-on point surpris que les projets devinssent tractations activement poussées avec une probabilité de réussite. Probabilités, mais non certitudes, car il n'était point facile pour Lucrèce d'entrer dans une famille qui, jusqu'alors, avait su choisir des alliances élevées. Le duc régnant, Hercule, était veuf d'Éléonore d'Aragon, fille du roi Ferrante de Naples, et son fils aîné, veuf lui aussi, avait épousé en premières noces Anna Sforza, sœur de Jean-Galéas, duc de Milan, à l'époque de la plus grande fortune de la maison milanaise : deux nobles et vertueuses princesses, qui n'eurent d'autre histoire que celles de leurs maris. A Ferrare aussi bien que dans l'État limitrophe de Mantoue, où régnait la sœur d'Alphonse, Isabelle d'Este, femme du marquis François de Gonzague, on connaissait dans leur version la plus infamante toutes les histoires des Borgia : rappelons que le document, datant de l'époque de Jean Sforza, où ce dernier portait contre le pape l'accusation d'un amour monstrueux, se trouve dans une lettre adressée au duc Hercule par son ambassadeur milanais, et l'annonce de la naissance d'un mystérieux enfant de Lucrèce, en mars 1498, est contenue dans la correspondance de Mantoue. L'orgueilleux sang de la famille d'Este frémit en apprenant combien ce mariage plaisait au pape et que Lucrèce elle-même y semblait inclinée : le duc Hercule — homme capable de jouer serré — se tint aussitôt sur ses gardes, commença par passer ses mots d'ordre à ses ambassadeurs et par augmenter le nombre des espions chargés de l'informer en temps voulu des manœuvres vaticanes.

Lucrèce, cette fois, ne se montrait pas rétive. Elle cédait au désir d'accoster dans un port calme et les murailles de Ferrare semblaient lui promettre le terme d'une histoire pleine jusqu'alors de conjonctures maléfiques. Tout paraissait solide dans le fief de la famille d'Este : antique et noble maison; situation privilégiée de l'État entre l'Italie centrale et septentrionale, avec ses terres fertilisées par le cours providentiel du Pô; administration et justice en bon ordre; Université fameuse et célèbre dans toute l'Europe; belle cité, cour pleine de prestige, amie de tous les arts : peinture, poésie, sculpture, musique, théâtre, danse. Bien sûr, Ferrare n'étant point une République idéale, mais un État d'hommes vivants, tout n'y était pas parfait, mais en Italie chacun s'accordait à juger que c'était là un État bien constitué, et le pape lui-même, pendant le consistoire du 8 mai 1501, se complaisait à parler de Ferrare comme d'un fief personnel. Tous les Borgia étaient unanimes au sujet de Ferrare, y compris César, qui considérait l'alliance d'Este comme la consolidation de ses conquêtes de Romagne et qui commença incontinent à échanger avec les fils d'Hercule, particulièrement avec le cardinal Hippolyte, des amabilités et des présents qui furent très remarqués.

*
* *

Louis XII avait réussi un coup d'éclat par la conclusion d'un traité d'alliance entre la France et l'Espagne, en accord avec la conquête du royaume de Naples. Ferdinand le Catholique avait, lui aussi, abandonné ses cousins, les Aragon napolitains, et s'était entendu avec le roi de France pour un triste et impolitique partage de l'Italie méridionale : Naples, la Terre de Labour et les Abruzzes iraient à la France, les Pouilles et la Calabre à l'Espagne. Le pape était non seulement ami, mais complice, et les deux armées arrivaient, l'une venant des Alpes sous le commandement du maréchal d'Aubigny et l'autre des ports espagnols à bord des navires frères *la Pinta* et *la Santa Maria*, qui portèrent Christophe Colomb.

Suivant les conventions établies, César devait interrompre ses entreprises personnelles pour suivre d'Aubigny, laissant en Romagne, devenue par décret pontifical sa terre et son duché, des gens sûrs avec une excellente garnison et une bonne organisation administrative. A la fin de juin 1501 il était à Rome, assez mal en train pour n'avoir pas même voulu réunir une brigade d'honneur : « Il est mécontent et incertain, écrivait Cattanei, parce que lui et ses affaires sont en l'air : si les Français sont victorieux, ils ne feront pas cas de lui; si d'autres triomphent des Français, il sera en mauvaise posture... » Et quelques jours plus tard, le 8 juillet : « On ne peut dire à quel point Valence est mécontent, parce qu'il n'a pas un grade et une situation qui le placent au-dessus des autres et aussi parce qu'il se croit un gage... » Le mécontentement de César était encore accru par les nouvelles venues d'Allemagne et décrivant l'empereur Maximilien comme furieux de l'accord franco-espagnol, du rôle joué par le pape, et menaçant de descendre sur l'Italie, lui aussi, pour volatiliser d'un souffle l'État romagnol, châtiant ainsi d'un seul coup les ambitions des Borgia. Et puis la vigilance continue exercée sur lui par les Français, qui ne cessaient de surveiller les étapes de sa campagne en critiquant son « allure retenue », devaient lui être insupportables. Il refaisait la même route que six années auparavant sous Charles VIII et se heurtait à chaque pas à des souvenirs d'autant plus irritants qu'ils lui apparaissaient non comme dépassés, mais aussi vivaces que jadis. César pouvait alors douter de ses plans et de ses conquêtes, discerner clairement le manque de sens historique et la faiblesse fatale de son œuvre. Sa rage contenue explosa lors de la prise de Capoue, sanglant fait d'armes suivi d'un pillage plus sanglant encore.

A l'approche de l'avalanche française, le roi Frédéric s'enfuit d'Ischia, puis conclut un accord avec Louis XII, acceptant de s'exiler en France, où il fut accueilli avec tous les honneurs et où il mourut quelques années plus tard. Naples fut donc de nouveau française, les chants résonnèrent, les festins se succédèrent, les joyaux scintillèrent : ce furent les saturnales des vainqueurs. César parut recouvrer son entrain, il parada dans les fêtes, les mascarades, dans la compagnie des femmes; finalement, il tomba malade et prit peur. Il se sentait environné de la haine des Napolitains, il craignait un ennemi quelconque et peut-être, si elle était encore de ce monde, madonna Tuscia Gazullo, la mère d'Alphonse de Bisceglie. Il renouvela, sans faire le rapprochement, le geste de sa victime et se fit mander de Rome deux médecins soigneusement désignés; par leurs soins, sous la garde de gens dévoués parce qu'ils attendaient tout de lui, il entreprit de retrouver santé et courage.

*
* *

A Rome, Lucrèce méditait sur le portrait d'Alphonse d'Este. C'était un jeune homme robuste, au visage simple malgré un soupçon d'étrangeté entre les sourcils, que l'ample nez d'Este anoblissait comme d'un sceau héraldique. Les longs cheveux séparés par une raie retombaient en un flot ondé sur les oreilles et prêtaient quelque amabilité à un physique qui en était dépourvu; les yeux, d'une couleur indécise entre le marron, le vert et le gris, n'avaient point de vivacité d'expression. Cet air de lente et puissante virilité, faisant présumer peu de dispositions pour les variations sentimentales, devait rassurer Lucrèce et la persuader que, ses devoirs de femme et d'épouse accomplis, il lui laisserait toute licence de vivre avec elle-même. Aux devoirs Lucrèce souscrivait volontiers; elle s'en entourait comme d'une chaîne délicieusement pesante dans l'intention de les accomplir tous avec la scrupuleuse application d'une écolière qui veut bien faire. Pour elle, qui était née et avait jusqu'alors vécu hors des normes, rien ne lui paraissait plus enviable que d'être soumise à une discipline lui permettant de mesurer à quel point sa nouvelle position sociale était rigoureusement défendue. Changer d'État et de contrée, se déraciner et, même avec douleur, souffrir toutes les ruptures comme les autres jeunes femmes nobles pour entrer finalement dans le monde des règles communes lui paraissait un cher destin, fait pour elle, et qui, jusqu'alors, lui avait été refusé par les circonstances adverses. Oui, Alphonse, la famille d'Este, le château de Ferrare, tout était satisfaisant et il était inutile de s'interroger sur les problèmes d'adaptation et d'harmonie de la vie. Plus elle y pensait, plus Lucrèce se faisait de Ferrare l'idée d'un Élysée d'autant plus attirant que la porte en était difficile à franchir; et, obstinée comme elle aussi savait l'être, elle sollicitait constamment son père de conclure au plus vite les accordailles.

Le pape, à la voir ainsi, se reprenait à l'aimer comme autrefois, il était tout à elle et constatait — en quoi il se trompait — l'unité de race des Borgia. Pour démontrer à la famille d'Este la valeur de la femme qu'ils allaient accueillir et pour donner à sa fille une exceptionnelle preuve d'affection, il décida de lui laisser, pendant un voyage qu'il devait faire à travers les États de l'Église, le gouvernement du Vatican avec l'autorisation d'ouvrir toutes les lettres ne se référant pas aux questions ecclésiastiques et de régler toutes choses suivant son propre jugement. Après le départ d'Alexandre VI, on vit donc Lucrèce s'installer dans les appartements Borgia, incliner sur les parchemins les pierreries de sa chevelure parfumée, adapter son esprit aux problèmes arides du gouvernement. Il est compréhensible que, bien que très informée des affaires complexes du Vatican, elle en ait parfois perdu le fil, mais qu'importait? L'essentiel pour elle n'était-il pas d'avoir été promue au titre de vice-reine et de montrer ainsi à l'Italie l'étendue de son pouvoir? De leur côté, les cardinaux témoignaient d'avoir fort bien compris et d'entrer, sans en concevoir de scandale, dans l'esprit de cette régence, comme sut le démontrer, à la première occasion, le cardinal Georges Costa. Ce magnifique vieillard de quatre-vingt-cinq ans (« fort estimé à la cour, il a son franc-parler avec le pape, qui en rit et ne lui répond pas », selon les termes de Polo Capello) avait été au conclave de 1492 l'un des candidats à la papauté possédant les plus grandes chances. Il devait avoir envers Lucrèce une estime assaisonnée peut-être d'une pointe d'ironie, mais en même temps une sorte de bienveillance paternelle, puisque, en septembre 1501, en plein consistoire, il se déclarait disposé à favoriser la famille d'Este par égard pour Lucrèce. Alexandre VI savait bien ce qu'il faisait quand, avant son départ, il conseillait à sa fille de recourir au vieux cardinal chaque fois qu'elle serait embarrassée sur la décision à prendre. De fait (l'épisode, raconté par Burckard dans son célèbre « Journal » a été référé par Gregorovius sans, à mon avis, qu'il en soupçonnât le sens réel), Lucrèce, se trouvant en présence d'un incident qui lui paraissait fort grave, fit appeler le cardinal Costa pour lui soumettre le cas. Voici le vieux prélat émoustillé, car il comprend sur-le-champ que Lucrèce est en pleine équivoque et il se divertit à voir son visage sérieux et attentif. La chose, dit-il, est à prendre en considération, mais quand le pape soumet au consistoire une matière à discuter, il y a toujours le vice-chancelier ou l'un des cardinaux qui transcrit le débat et enregistre les votes : il faudra trouver quelqu'un pour en remplir le rôle. Pleine de zèle, Lucrèce répond qu'elle sait écrire et en fera volontiers l'office. Alors *interrogavit Ulisbonensis* (le cardinal de Lisbonne, Costa) : *Ubi est penna vestra?* A cette allusion hardie et savoureuse, qui replace la fille du pape dans ses limites féminines, le rire du cardinal gagne Lucrèce, puis se répercute à travers tout le palais apostolique. Et les choses se terminent dans la bonne humeur générale.

De retour à Rome, le pape, satisfait de son voyage et du comportement de Lucrèce, se disposa à capituler, écouta patiemment les conditions d'Hercule, finit par les accepter et par établir les accords : l'épouse apporterait à Ferrare 100 000 ducats, les châteaux de Cento et de la Pieve, d'une valeur quasi égale, ôtés contre tout droit au diocèse de Bologne; des bijoux, des vêtements, de l'argenterie, des tapis, des brocarts, des tapisseries et des objets précieux pour une valeur de 75 000 ducats, plus tous les présents qu'elle recevrait; la réduction à 100 ducats du tribut de 4 000 ducats payé annuellement par Ferrare au souverain pontife; l'investiture de Ferrare pour tous les descendants en ligne masculine de Lucrèce et d'Alphonse; l'archiprêtrise de Saint-Pierre au cardinal Hippolyte d'Este, second fils du duc; plus de moindres bénéfices. C'était un gros morceau et il fallait au pape la vue du visage heureux de sa fille pour lui faire accepter l'amertume de ce pillage et lui donner l'apparence d'être satisfait.

Tandis que Lucrèce commençait à monopoliser les brocarts et les velours de Naples et de Rome, comme l'avaient fait précédemment le duc de Gandie à la veille des noces espagnoles et le duc de Valentinois à la veille de ses noces françaises, on établissait au Vatican, le 16 août 1501, le contrat de mariage que Remolino portait jusqu'à Ferrare bride abattue, avant de rejoindre le duc Hercule dans sa demeure champêtre préférée de Belfiore : c'est là, entre ces murs où l'art vigoureux de Ercole de Roberti avait posé son sceau pictural rude et spirituel, que le mariage fut conclu.

Par un soir doré de l'automne de 1501 arriva, mort de fatigue, le messager qui apportait la nouvelle de l'accord de Belfiore. Toutes les bombardes et les illuminations du château Saint-Ange ne parurent pas suffisantes au pape pour annoncer au peuple le nouveau triomphe de sa famille. Il y eut, dit un chroniqueur, « des salves et des feux d'artifice comme pour l'élection d'un pape. » Lucrèce se retrouvait au printemps de la vie et voulait offrir à son mari ferrarais le plus possible de cortèges, d'or, de splendeurs. Cela commença le 5 septembre : elle commanda un cortège de 500 dames et cavaliers, se vêtit d'or gaufré et filé, un lourd tissu de métal précieux, et s'en fut, précédée et suivie par des évêques, flanquée des ambassadeurs de France et d'Espagne, jusqu'à Sainte-Marie du Peuple, sanctuaire préféré des Borgia. Descendue au pied des marches, elle franchit le portail Renaissance et s'avance jusqu'au maître-autel, où se dresse dans une angélique splendeur le grand tabernacle de marbre offert à l'église par Alexandre VI. Là, elle prie et remercie la main divine qui l'a secourue. Quels furent les termes de ses prières, quels noms y furent mêlés et en quel sens, ce sont là de lourdes interrogations : le nom du duc de Bisceglie remontait-il à son souvenir ?

Mais ce n'était point le temps de la mélancolie. Le retour au palais dans le crépuscule romain couleur de rose et de safran fut plus triomphal encore que l'aller, entre deux rangs d'une foule venue se divertir à la vue du cortège, dont le bruit s'était répandu par la ville. Tandis que les bouffons de Lucrèce célébraient ses beautés et ses vertus, la grosse cloche du Capitole, qui jadis avait appelé les partisans de Cola di Rienzo au rassemblement, sonnait à toute volée et les premières ombres du soir étaient comme une invitation aux fusées prochaines des feux d'artifice. « Vive

le pape Alexandre! Vive la très illustre duchesse de Ferrare!
Vivat! Vivat! » criaient encore les jours suivants, à pleins pou-
mons, dans les rues de Rome, les bouffons qui s'étaient octroyés
en cadeau le magnifique vêtement d'or porté par Lucrèce
durant le cortège d'honneur. Mais précisément, quand tout
semblait bien établi, commencèrent pour elle les énervements du
doute.

Si le roi de France avait consenti à ce mariage, les Vénitiens,
rivaux de Ferrare, étaient forts mécontents, eux qui se trouvaient
avoir sur leurs frontières romagnole et ferraraise les Este et les
Borgia, désormais alliés. L'empereur Maximilien, de son côté,
était furieux de cette alliance de la maison d'Este — feudataire
impériale pour Reggio et Modène — avec ceux qui étaient les
plus grands responsables de la ruine des Sforza. De sourdes
intrigues se nouaient, aggravées par les commentaires qu'on en
faisait : il était évident que Lucrèce, alertée par les échos de telles
ou telles difficultés, attendait impatiemment les délégués que le
duc Hercule avait fait partir de Ferrare à la fin de la première
semaine de septembre afin de mettre complètement au point
toutes les questions dotales.

Gerardo Saraceni et Ettore Bellingeri, tous deux juristes et
diplomates très experts, arrivèrent à Rome le 15 septembre et
descendirent au palais Santa Maria in Portico, accueillis aussitôt
par Lucrèce « avec beaucoup de très douces et sages paroles ».
Mais après les compliments, on en vint aux affaires. Il fallait
régler le payement de la dot, la bulle d'investiture à la future
descendance d'Este, la réduction de la redevance et, surtout, la
cession de Cento et de Pieve di Cento. Le retrait de ces deux
terres au diocèse de Bologne ne pouvait se faire sans le consentement de son archevêque, Julien de la Rovère, qui, fût-ce à
contre-cœur, était d'accord, mais qui, voyageant alors entre
Milan et la France, était difficile à joindre. Cette procédure,
comme les autres, se perdait dans les détails.

Chaque jour les envoyés de Ferrare voyaient Lucrèce suivie
de dames et de demoiselles en grand apparat, accompagnée
d'évêques, de cardinaux et d'ambassadeurs, arriver auprès du
pontife et prendre place à peine une marche au-dessous de son

trône, assister à la présentation des contrats dotaux. Ils la voyaient aussi dans l'intimité à Santa Maria in Portico et elle leur apparaissait toujours douce et bonne bien que préoccupée. Elle posait toujours la même demande : quand donc viendrait-on la chercher de Ferrare?

Tout dépendait de la prompte exécution des promesses, disaient les deux envoyés. Et ils laissaient entendre qu'il valait mieux pour elle arriver à Ferrare une fois tout réglé afin d'éviter les mauvaises surprises. Le duc Hercule, quand il s'agissait de demander, ne connaissait limites ni pudeur, croyant avoir assez fait lorsqu'il avait appelé Lucrèce son « avocate ». Parfois le pape se rebiffait, devant l'exagération des requêtes de la maison d'Este, et traitait le duc Hercule de « mercanti », mais il s'apaisait et finissait par céder. Quant à César, tout en manifestant des sentiments d'amitié envers ses nouveaux parents, il se faisait rare et, quand il recevait, demeurait étendu sur son lit, laissant les visiteurs déconcertés par ses façons d'affecter un incommensurable ennui sous lequel on sentait une pensée féline, vigilante et aux aguets. « Il est un petit peu bizarre, » disait le pape de son fils; et il demandait aux envoyés si Alphonse était plus grand que le duc de Valentinois, s'il était beau et bien fait et s'il avait le goût des armes. Lucrèce, par décence et dignité, ne posait pas de questions sur son fiancé; mais contrairement à l'opinion commune jusqu'ici — même à celle de Gregorovius — elle entretenait avec lui une correspondance directe, comme nous en informe précisément Saraceni. Ce furent certainement des messages officiels, non des lettres d'amour; mais qu'ils aient été échangés constitue en tout cas pour Lucrèce une humiliation de moins.

Alphonse d'Este lisait les lettres ; les lisait et soupirait. « Don Alphonse a bien eu un gros mouvement d'humeur, disait l'un de ses familiers, mais il faut le prendre en patience. » Il s'exerçait à la patience en offrant des banquets à son père et à ses amis et en se divertissant aux préparatifs pour quoi on commençait déjà à « dépenser allègrement » parmi les dignitaires de la maison ducale. On s'entretenait des vêtements commandés par les dames, mais surtout de l'épouse : l'une des plus séduisantes femmes qu'on puisse voir, assuraient ceux qui l'avaient rencontrée; très riche et généreuse, ajoutaient les autres. « Dieu veuille qu'il en soit ainsi! » concluait le chœur des courtisans dans une attente pleine d'espoir. Les femmes échangeaient leurs informations sur la mise de la nouvelle duchesse et sur ses modes : on savait qu'elle se parait richement, mais sans surcharge, et qu'elle avait coutume de porter dans le décolleté de ses robes une fine gorgerette de soie, généralement blanche, qui lui couvrait la poitrine presque jusqu'au cou. Plus qu'un indice de pudeur, c'était là signe d'élégance pour isoler le visage des reflets un peu durs ou trop vifs des tissus lamés ou même des épais velours, et pour que cette transition mît mieux en valeur la carnation rosée du teint, l'azur des yeux, l'or de la chevelure (durant toute sa vie Lucrèce porta, en les variant, des gorgerettes similaires). On savait qu'elle ne coiffait pas ses cheveux en boucles, mais les laissait dénoués sur ses épaules, à peine retenus en tresses, ou encore qu'elle les portait à la manière d'une fillette, comme sur la fresque de Pinturicchio au Vatican ou comme sur la médaille, frappée à Ferrare, dite de *l'Amour au bandeau*. Certains décrivaient son maintien élégant, droit, digne : « Elle porte sa personne avec tant de grâce qu'elle semble ne pas se mouvoir; » elle marchait en effet avec la souplesse et l'élégance musculaire particulières aux danseuses.

Les jours passaient; le pape louangeait Hercule et Alphonse, qualifiant l'un de grand duc et l'autre de superbe jouvenceau; vantait la sœur d'Alphonse, Isabelle d'Este Gonzague, « s'élevant jusqu'à un ciel de vertu et de beauté, » et sa belle-sœur, Élisabeth de Gonzague, duchesse d'Urbin, qu'il comparait à Lucrèce; il concédait, expédiait, promettait, faisait admirer le trousseau de la fiancée, particulièrement les perles, qu'elle aimait tant et qui emplissaient ses cassettes.

On avait étudié l'itinéraire du voyage et préparé les listes des membres de la suite : une vingtaine de jeunes femmes et de demoiselles, quelques nobles dames parmi lesquelles Adrienne Mila, qui faisait toujours victorieusement face aux événements avec cette ténacité propre à certaines femmes d'âge mûr pleines de santé et de conviction; des gens de service, pour la plupart Espagnols, majordome, secrétaire, deux chapelains, maître d'hôtel, garderobier, escuelier, tailleurs, cuisiniers, forgeron, sellier, garde-huche, intendant, lecteur, dix palefreniers, dix pages, cinquante muletiers. La suite masculine était splendidement composée de membres de la noblesse, issus des maisons Colonna, Del Bufalo, Paluzzi, Massimi, Frangipane; trois évêques et un cardinal, François Borgia, archevêque de Cosenza, complétaient la liste. César Borgia envoyait plus de 200 gentilshommes avec mission de demeurer à Ferrare pour y attendre sa femme, Charlotte d'Albret, qui devait venir en Italie; la magnifique compagnie était égayée par vingt trompettes et quatre bouffons espagnols.

La délégation ferraraise serait, elle aussi, très noble et fort nombreuse, assuraient Saraceni et Bellingeri, faisant état par anticipation des noms qui figureraient sur la liste; mais bien que l'intervention de l'empereur Maximilien n'ait été qu'un éclat sans conséquences, de Ferrare personne ne bougeait. Inutile désormais d'espérer y arriver pour Noël; octobre s'était écoulé, novembre se terminait, on atteignait décembre et tout stagnait. Lucrèce tentait de surprendre la vérité dans les yeux des deux Ferrarais et, en attendant, suivait la seule tactique habile en masquant sous la douceur sa volonté chaque jour plus résolue de quitter Rome au plus tôt. Le chagrin l'y poussait et elle y inclinait avec une douce tristesse : un jour, elle en vint à déclarer à Saraceni que, si elle n'épousait pas Alphonse, elle s'enfermerait dans un couvent; et peut-être était-elle sincère.

C'étaient des jours de brume et de soleil; de plus, il y avait l'épineuse question de Rodrigue de Bisceglie. Que faire du petit Aragonais qui trottinait entre les murs du palais de Santa Maria in Portico? Mais déjà Lucrèce avait décidé de son sort, entre l'amour maternel et la raison se ralliant à ce dernier parti. Lors d'une visite de Gerardo Saraceni, elle lui avait fait avec préméditation rencontrer l'enfant dans les appartements maternels, afin d'engager tout naturellement la conversation sur ce sujet brûlant, car le fils de Lucrèce portait ombrage à la famille d'Este. C'est alors qu'assurant sa voix, elle réussit à déclarer à l'envoyé ferrarais que l'enfant resterait à Rome, aurait une rente annuelle de 15 000 écus le rendant suffisamment riche pour que son avenir ne causât point d'inquiétude et que sa tutelle serait confiée à son oncle François Borgia, cardinal de Cosenza. Tout était ainsi clairement réglé. Le petit Bisceglie était donc lié à la maison Borgia, dont l'accroissement de fortune augmenterait la sienne propre. Déjà le pape, par une bulle du 17 septembre 1501, lui avait fait céder par Lucrèce la terre de Sermoneta, jadis prise aux Caetani, et l'avait érigée en duché, augmentée de tout l'ensemble des territoires et châteaux avoisinants que, moyennant 80 000 ducats, Lucrèce avait achetés au siège apostolique. Les autres possessions de Lucrèce vers Civitacastellana et les Castelli Romani, ayant Nepi pour centre, étaient cédées le même jour et par la même bulle à un autre enfant de la famille, Jean Borgia, le fameux infant romain.

Le problème historique de l'infant est posé depuis sa naissance même et par la concordance de certaines dates : il réside en un seul point, mais singulièrement délicat. Le 1er septembre 1501, tandis qu'à Belfiore se concluait le mariage ferrarais de Lucrèce, le pape rédigeait deux bulles : par la première, il déclarait la légitimité du noble Jean Borgia, infant romain, né trois ans plus tôt du duc de Valentinois et d'une femme libre; par la seconde, renouvelant le procédé déjà employé lors de l'élection de César au cardinalat, il revendiquait la paternité de cet enfant et le présentait comme né de lui et de la même femme libre : cela, ajoutait-il, pour écarter tout obstacle à la possession future des biens qui revenaient de droit au petit Jean. Pourquoi cette sorte d'escrime, sinon pour couvrir et réparer un mystère? « Les lois canoniques, écrit Gregorovius, interdisent au pape de reconnaître un enfant, » mais Pastor, qui a puisé son information à la source, c'est-à-dire près des canonistes du Vatican, lui objecte qu'il n'existe aucune loi de cette sorte. Alors? Faut-il voir là un souci de décence morale pour sauvegarder, au moins dans la forme, la dignité pontificale? La seconde bulle est certainement demeurée secrète, puisque l'enfant fut considéré durant les années suivantes, et certainement jusqu'en 1508, comme le fils du duc de Romagne, induisant en erreur par ce qualificatif les historiens, qui ne le reconnurent pas, ainsi qu'on le verra plus loin, lors de certains de ses voyages dans l'État de Ferrare. Plus tard, au contraire, et certainement en 1517, il sera officiellement le fils du pape et le jeune frère de Lucrèce.

Il est difficile de déterminer en quoi Lucrèce est mêlée à cette intrigue : aurait-elle pu répondre à la question de savoir qui était la mère de l'infant? « Une certaine Romaine, » dit Burckard; sur quoi quelques-uns ont cru pouvoir avancer le nom de Julie Farnèse, sans réfléchir à l'inconsistance de cette hypothèse. Julie, femme légitime d'un mari qui avait témoigné de tant de complaisance, n'aurait eu aucune raison de faire dissimuler un fils alors que, bien au contraire, à propos de la petite Laure Orsini, elle faisait volontiers état de la paternité d'Alexandre VI, dont l'enfant n'avait peut-être pas la moindre goutte de sang. De plus, par la suite, on ne relève nul indice que Julie se soit occupé de ce jeune Borgia, ce qui lui eût été d'autant plus aisé qu'elle était devenue veuve et, d'ailleurs, elle eût pu charger de ce soin Adrienne Mila, dont l'intérêt se serait justifié par des motifs familiaux. Tout au contraire, la personne qui s'y intéressa constamment et assuma les soucis de son éducation fut Lucrèce. Les histoires des Borgia sont si scabreusement enchevêtrées que là où pointe un léger indice, surgit aussitôt un soupçon grave : ici la gravité devient si lourde qu'elle peut, en un instant, entraîner l'imagination et le jugement de celui qui ne s'en tient pas fermement aux documents. Des documents un fait certain émane : la concordance des dates entre la bulle pontificale de légitimation de l'infant et la lettre annonçant la naissance d'un enfant naturel de Lucrèce : ici et là il s'agit de l'année 1498. Y a-t-il un rapport ou, plus exactement, identité entre les deux naissances? L'infant est-il né de Lucrèce? Faut-il voir une intention spéciale dans cette légitimation établie en septembre 1501, au moment précis où se nouaient les accords matrimoniaux avec la maison d'Este, comme s'il s'agissait par ce document à double face de dissiper le moindre doute sur la fiancée? Il faut noter encore la division décidée par Lucrèce, à la veille de ses nouvelles épousailles, de ses biens en deux parts égales entre Rodrigue de Bisceglie et Jean Borgia; de plus, des documents, négligés jusqu'à présent dans les archives d'Este, nous apprennent que Lucrèce était si attachée à l'infant que, quand advint la catastrophe des Borgia, elle le fit venir à Ferrare et l'y garda pour veiller à son éducation : était-ce là sentiment de sœur, de tante ou de mère? Faut-il ici rappeler le nom de Pedro Calderon et le malheureux amour de Lucrèce pour le cubiculaire assassiné par César sous les yeux du pape? Il ne serait certainement pas étrange qu'Alexandre VI, pour libérer l'avenir de sa fille, lui donner la possibilité de s'occuper du bébé et pour faire participer ce dernier à la fortune des Borgia, l'ait inséré, grâce à une légitimation, parmi ses propres fils. Le fait que, plus tard, la famille d'Este ait permis à Lucrèce — fût-ce à contre-cœur et en témoignant d'une tolérance assez peu bienveillante — d'avoir l'enfant près d'elle à Ferrare témoigne que, s'ils avaient envers lui des motifs justifiant leur manque de sympathie, ces motifs n'étaient point inavouables. Nous disons inavouables pour en venir résolument au dernier soupçon qui pèse sur l'infant : qu'il soit le fils du pape et que la dame romaine ne soit autre que Lucrèce, alors divorcée d'avec le seigneur de Pesaro.

De telles hypothèses, outre qu'on répugne à les envisager, sont d'une controverse difficile, car, ainsi qu'on peut le supposer, elles ne sont point prouvées par des documents; quant aux arguments de pure induction, c'est le moment ou jamais de s'en garder. Certes, une semblable certitude introduirait des faits contre nature dans l'histoire des Borgia, mais, si elle était admise, quel sens faudrait-il donner à l'épisode des amours entre Pedro Calderon et Lucrèce? Si l'Espagnol n'était pas responsable de la maternité de Lucrèce, pourquoi son assassinat? Devrait-on conclure que Calderon était coupable de savoir trop de choses et qu'il fallait le réduire au silence? Le problème de l'infant romain peut être posé dans ses termes mais non point résolu, ce qui est peut-être préférable pour tous, y compris Lucrèce.

Préférable pour Lucrèce, à juger du point de vue moral, même si les faits de l'automne de 1501 n'avaient pas eu lieu : le mois de septembre avait révélé au monde Jean Borgia, mais la dernière nuit d'octobre divulgua la scandaleuse histoire du dîner aux cinquante courtisanes. Trop de témoignages concernant ce festin empêchent de le mettre en doute : Burckard, dans son « Journal », le raconte en toutes lettres; le fameux pamphlet contre les Borgia, rédigé sous forme de lettre adressée à Silvio Savelli, y fait allusion; l'envoyé florentin Francesco Pepi réfère l'histoire dans l'un de ses rapports, mais avec moins de précisions, et l'historien ombrien connu sous le nom de Francesco Matarazzo la raconte également de manière quelque peu confuse. Il est nécessaire de noter que très vraisemblablement chacun d'eux ne savait rien des autres. Le Florentin et le rédacteur de la lettre Savelli parlent seulement d'un repas licencieux donné dans les appartements de César Borgia en présence du pape : « Le pape, écrit Pepi le 4 novembre, en ces jours des Saints et des Morts n'est venu ni à Saint-Pierre ni à la chapelle par suite du catarrhe qu'il eut ces jours-là qui, l'ayant empêché en cela, ne l'empêcha point cependant la nuit de dimanche, vigile de la Toussaint, de veiller jusqu'à minuit avec le duc, qui avait fait venir au palais la nuit encore des courtisanes et prostituées et toute la nuit ils veillèrent dans les danses et les plaisirs. » Lucrèce n'est pas mentionnée, mais Matarazzo et plus encore Burckard, qui vivait au Vatican, la nomment expressément et la font témoin de scènes que la décence ne permet pas de décrire : exhibition collective de cinquante courtisanes. Pour comprendre le genre de plaisir que devaient éprouver les spectateurs, il faut tenir compte de leur épais sang espagnol, qui les prédisposait à tous les excès charnels. Mais comment Lucrèce qui, selon Burckard, présidait la fête et les jeux pouvait-elle être là entre son père et son frère choisissant et proposant les récompenses?

Après avoir suivi jusqu'à présent les accords Este-Borgia et avoir constaté avec quelle difficulté ils se poursuivaient, comment établir un rapport entre cette Lucrèce anxieuse de se montrer parfaite et qui alertait tous ses amis afin qu'ils écrivissent à son sujet au duc Hercule en insistant sur sa vertu, et la Lucrèce de cette orgie en la vigile de la Toussaint? Premièrement, et toute question de moralité mise à part, on peut se demander comment elle pouvait se fier au secret des murailles du Vatican sans penser au risque qu'elle courait à se faire voir de tant de gens et de cinquante femmes vouées à une profession très commerciale alors qu'elle avait sur le dos les délégués ferrarais, dont deux au moins habitaient le palais de Santa Maria in Portico et pouvaient entendre les commérages du personnel? Les correspondances quotidiennes de Saraceni et Bellingeri, pas plus que celles de Bresciani, qui le soir du 31 octobre écrivait à Hercule d'Este qu'il avait vu Lucrèce le jour même et l'avait trouvée « très gaillarde » pour le servir et lui obéir, ne font allusion, fût-ce vaguement, à ce dîner. Faut-il donc en douter et ne voir là qu'une légende née dans les antichambres du Vatican et diffusée ensuite complaisamment parmi les ennemis des Borgia? Ou encore le dîner eut-il lieu, mais seulement pour les hommes de César, qui, entre deux combats, libéraient la chaleur de leur sang? Il se pourrait aussi que Lucrèce eût été invitée par son frère à la première partie de la soirée et qu'après son départ se fût déroulé le reste du programme. On pourrait trouver des raisons de soutenir que l'information de Burckard est inexacte, ou qu'elle ne suffit pas à constituer une accusation, si le « Journal » de Burckard ne relatait peu de jours après un autre épisode d'un ordre connexe, connu lui aussi de Matarazzo et du pamphlétaire de la lettre Savelli. Le 11 novembre 1501 au matin, deux bûcherons conduisaient vers la porte Viridaria deux juments chargées de bois quand, près du Vatican, ils se virent entourés par des serviteurs du pape qui, ayant déchargé les bêtes, les enfermèrent dans la première cour du palais apostolique, puis firent sortir des écuries quatre étalons : il en résulta une scène que, de l'une des fenêtres du palais, le pape et Lucrèce regardèrent « *cum magno risu et delectatione* ». Il est difficile de se résoudre à nier : si plein de malignité que soit Burckard, il faut se rappeler que le cérémoniaire de Strasbourg tenait à être précis et exact, même vis-à-vis de soi-même et que, s'il avait voulu farcir son livre de témoignages contre les Borgia, il avait vraiment la partie belle. Tout au contraire, il parle à peine de Julie Farnèse et presque jamais de Vannozza, jamais du divorce de Jean de Pesaro et de Lucrèce, tous scandales qui mettaient en branle les imaginations et les langues aussi bien à Rome qu'au Vatican. Racontant la scène du 11 novembre et le banquet aux cinquante courtisanes, il ne mentionne pas, comme d'autres fois, qu'il n'était pas présent, ce qui fait supposer qu'il a assisté à l'une et l'autre scène, ne fût-ce que par l'entrebâillement d'une porte ou dans l'embrasure d'une fenêtre : en somme, il n'est pas possible de considérer ce récit comme une pure calomnie, mais il faut ajouter que, si on l'accepte, on accepte du même coup tous les graves problèmes qu'il devient naturel de se poser, tentations diaboliques pour incliner à penser le pire.

Nous n'insisterons pas à nouveau sur la qualité voluptueuse et terrestre du monde où Alexandre VI sentait vivre ses enfants, comme s'ils incarnaient en les exaltant ses plaisirs vigoureux. C'est par cette identité encore charnelle des créatures nées de lui qu'on peut expliquer l'état mental répugnant qui unissait sans malaise le père et la fille tandis qu'ils assistaient à de telles scènes, et il ne faut pas oublier une autre chose essentielle : quand ils y assistaient, ayant franchi les limites de la pudeur et de la honte, ils savaient les regarder malgré tout avec un détachement hautain, comme un spectacle occasionnel capable de les divertir un moment, mais qui pas un instant ne saurait en aucune façon diminuer leur supériorité de créatures privilégiées, de princes. « Pour nos égaux, dira en une tout autre circonstance, mais avec le même esprit d'orgueil, la duchesse d'Urbin, est licite ce qui ne l'est point pour les autres, car nous ne sommes point assujettis à la censure. » Et encore : Burckard mentionne ces deux scènes comme deux faits isolés et n'aurait pas manqué, s'ils eussent été plus fréquents, de le noter; puis, la pensée qu'ils se produisirent dans la dernière période des fiançailles de

Lucrèce, alors qu'elle attendait de jour en jour d'être conduite à Ferrare, pourrait les faire interpréter comme un spectacle d'initiation matrimoniale, peu susceptible d'offusquer une femme déjà mariée deux fois. Étant données l'époque et les coutumes qui, surtout dans les maisons princières, ne respectaient pas les secrets d'alcôve, cette hypothèse ne paraît pas absurde. Nous verrons que le pape souhaitait, avec une instance quasi maniaque, la fécondité du nouveau mariage de sa fille et qu'Hercule d'Este, tout rigide et pieux qu'il fût, avait ordonné, à l'occasion des fêtes nuptiales de Ferrare, une comédie « des plus sales » parmi d'autres qui n'étaient guère propres. Spectacle pour spectacle, en somme : celui-là d'un réalisme brutal, cet autre paisible sous le couvert de l'art.

A Ferrare, on parut ne rien savoir ni du 31 octobre, ni du 11 novembre. Mais l'année était près de s'achever; on était en décembre et Hercule d'Este, au lieu d'envoyer chercher la fiancée, demandait des bénéfices ecclésiastiques pour le beau don Jules, son bâtard, et rien moins que le chapeau cardinalice pour son conseiller intime, le Toscan Gian-Luca Castellini da Pontremoli. De ce retard toute l'Italie faisait des gorges chaudes, flairant quelque chose de louche; le pape ne l'ignorait pas et s'en plaignait; Hercule, qui le sut aussi, se vit contraint d'adresser à son ambassadeur florentin une lettre explicative à propos de ces atermoiements, afin de couper court aux commentaires qui circulaient à Florence. D'après le duc, le retard était dû au seul fait que les gentilshommes n'étaient pas complètement prêts, ayant dû changer leur « tenue de demi-saison » contre un équipement hivernal. Mais la résistance ferraraise atteignait ses ultimes retranchements : Hercule qui, en novembre, faisait secrètement écrire à l'empereur Maximilien que, vu la saison avancée et le mauvais état des routes, il était certain d'échapper, jusqu'au printemps, au mariage Borgia, lui faisait maintenant savoir qu'il ne pouvait absolument plus différer les noces sans en arriver à une rupture ouverte avec le pape. Donnant aux gentilshommes ferrarais ses ordres définitifs, il écrivait à Lucrèce de solliciter l'accomplissement des accords matrimoniaux, car « tout retard est dangereux », puis, abandonnant les formules diplomatiques, il enjoignait à ses envoyés de prêter la plus extrême attention aux conclusions du pape, car il était homme à renvoyer toute l'escorte sans la fiancée si les choses n'étaient pas à sa convenance.

Finalement, le moment vint où tout fut mis au point et où Hercule, n'ayant plus la possibilité de différer, dut donner le signal du départ : le 8 décembre 1501, l'avant-garde du cortège nuptial quitta Ferrare, composée des intendants et des sénéchaux chargés de pourvoir au vivre et au couvert de toute la compagnie qui, suivant la coutume, était l'hôte des territoires qu'elle traversait. Le jour suivant, le duc de Ferrare à cheval se rendit avec son fils Alphonse au beau palais de la Chartreuse, où résidait son second fils, le cardinal Hippolyte, à qui incombait ainsi qu'à ses deux jeunes frères, don Ferrante et don Sigismond d'Este, le soin de conduire le cortège nuptial alors que l'époux demeurerait à Ferrare; puis, tandis que Lucrèce, sous la conduite de ses deux jeunes beaux-frères, s'en irait vers sa nouvelle patrie, le cardinal resterait à Rome. Au matin du 9 décembre, les cavaliers d'honneur de la nouvelle duchesse se mirent en ordre de marche, traversèrent la ville, passèrent sous les regards admiratifs de la foule par la grand-place, devant la cathédrale, et atteignirent le pont de Castel Tedaldo, situé sur le bras du Pô qui entoure les murs de Ferrare comme d'une ligne de défense; là s'arrêtèrent le duc Hercule et Alphonse, qui avaient accompagné le cortège et, ayant pris congé du cardinal et de ses frères, ils demeurèrent à regarder la petite troupe qui disparaissait au galop sur la route de Bologne. Cette fois on était vraiment dans l'aventure et les inquiétudes n'en étaient pas toutes apaisées pour autant, mais, en regagnant son château, le duc devait se rassurer à la pensée qu'il avait réuni un groupe de gens si habiles, si sûrs et si subtils que les Borgia eux-mêmes ne réussiraient pas à les surprendre.

Celui sur qui le duc Hercule comptait le plus était son conseiller, le très avisé Gian-Luca Castellini da Pontremoli, au courant de tout ce qui concernait le mariage en question, n'ignorant rien des sentiments et des hésitations de la famille d'Este non plus que des moindres détails juridiques ayant trait aux longues tractations qu'au nom du duc il avait discutées avec les ministres du pape. On pouvait aussi faire grand cas de Niccolò da Correggio, gentilhomme en qui s'équilibraient les qualités de l'homme de guerre, du conseiller politique, du poète, de l'humaniste, ainsi que du comte Uguccione dei Contrari, premier baron du duché, mari de Diane d'Este, cousine d'Alphonse. Hercule se fiait moins à ses propres fils, trop jeunes (le cardinal, le plus âgé des trois, n'avait que vingt-cinq ans) et qu'il connaissait mal, comme il en est, le plus souvent, des pères envers leurs enfants; mais il savait cependant que, guidés par leurs conseillers plus mûrs et du fait qu'ils appartenaient à la maison d'Este, d'instinct ils mèneraient les choses à bien. Rassuré sur ce point, même un esprit sévère comme celui d'Hercule pouvait goûter une satisfaction à se remémorer la liste des nobles qui complétaient le cortège. Outre ses propres fils, il y avait trois autres représentants de la famille d'Este, Nicolas Marie, évêque d'Adria, Meliaduse, évêque de Comacchio, et un cousin d'Alphonse, Hercule, auxquels s'adjoignait la meilleure noblesse ferraraise, courtisans et officiers; au trésorier Francesco Bagnacavallo avaient été confiés les joyaux héréditaires de la famille d'Este, dont s'étaient parées Éléonore d'Aragon et Anna Sforza, maintenant sortis des cassettes et montés à neuf pour la nouvelle épouse.

Le 10 décembre, les cavaliers ferrarais entrèrent à Bologne, reçus par Giovanni Bentivoglio et ses fils, dont l'aîné devait se joindre au cortège jusqu'à Rome, dans l'intention de renouer avec le pontife une amitié qui avait subi un accroc fort mal réparé. Dès le premier avis du départ, le pape adressa deux brefs de satisfaction et de congratulation datés du 8 décembre, l'un pour Hercule, l'autre pour le cardinal Hippolyte. Le terrain étant aplani, il fit appeler Saraceni et Bellingeri, se répandit en mille amabilités, rappelant (maintenant que les souvenirs ferrarais ne sont plus épineux) « le temps de sa jeunesse et ce qu'il avait fait à Ferrare à l'époque du duc Borso » pour en arriver à passer en revue les œuvres d'Hercule d'Este. Mille curiosités lui viennent à l'esprit : qui est le plus grand, de lui ou d'Hercule? Saraceni répond qu'il lui est difficile de juger à distance, mais que son duc est d'une taille supérieure à la sienne; alors le pape se lève pour se mesurer au Ferrarais et « il se trouva que Sa Sainteté était de plus haute taille », ce dont elle fut toute contente. Le pape ajoute qu'il aurait vraiment voulu revoir ce cher duc et répète, ainsi qu'il l'a déjà fait plusieurs fois et peut-être pour calmer en lui un certain chagrin à la pensée de se séparer de sa fille, qu'il veut aller bientôt à Ferrare : il aime Ferrare, bien sûr, et pour Alphonse il a les sentiments d'un père, le considère comme unique au monde; aussi les mots lui manquent-ils pour exprimer sa satisfaction.

Le cortège atteignit Florence à la mi-décembre, Poggibonsi le 17, Sienne le soir du même jour et le 20 longeait les rives du lac de Bolsena, se trouvant désormais sur le territoire pontifical. Lucrèce hâte les préparatifs : ce sont là des instants où un fil manquant à une robe parmi cent autres, une couture qui cède parmi les mille autres, plonge une femme dans la détresse et lui met l'esprit en déroute. Mais le trousseau de Lucrèce est en ordre parfait, tout prêt dans la rigidité impersonnelle des objets neufs; ses 200 chemises, dont certaines brodées d'or et de perles, coupent le souffle aux femmes admises à les contempler et à celles qui en écoutent la description. Sur les vêtements on raconte des choses fabuleuses : la fantaisie n'a pas besoin d'intervenir dans l'énumération extraordinaire des vêtements de velours, de brocart, de satin, de tissus filigranés d'or et d'argent, à rayures, à festons, à panneaux, couverts de perles, à chaînettes, à feuilles, à fruits, à impressions d'or battu, émaillé, gemmé; la plus pauvre femme elle-même pouvait sentir glisser le reflet de tant de splendeurs sur la grisaille de sa journée quand elle entendait parler d'un vêtement coûtant 20 000 ducats — près de cinq millions de notre monnaie actuelle — d'une écharpe de 15 000 ducats, d'un chapeau de 10 000 ducats, plus de deux millions d'aujourd'hui : il n'y a pas à envier, mais à jouir du récit, qui sonne comme l'épopée des trousseaux nuptiaux et qui suspend l'attention des femmes, de la foule, des ambassadeurs, des princes, des lettrés. Pour un peu on verrait les feux des diamants scintiller aux fenêtres du palais de Lucrèce.

Le 22 décembre 1501, la troupe ferraraise, quittant Ronciglione, arrivait à Monterosi, petite bourgade sur la voie Cassienne. Au sud-est de Nepi on commence à dévaler la grande plaine légèrement ondulée de la campagne romaine. Depuis plusieurs jours, le mauvais temps persistait et le paysage, noyé dans la pluie, révélait, mieux que sous le soleil, une maligne violence souterraine qui, par la couleur plombée des eaux du petit lac lugubre de Monterosi, faisait pressentir l'hostilité et la menace des éléments. Ici, comme à travers toute la campagne romaine, l'histoire était présente : elle racontait que près des rives du petit lac volcanique avait eu lieu en 1155 la rencontre de l'empereur Frédéric Barberousse et du pape Adrien IV, quand l'empereur, trop orgueilleux de sa dignité, avait tout d'abord refusé de tenir l'étrier du pontife, mais s'était ensuite soumis à l'accompagner à pied comme écuyer, acceptant ainsi la subordination à la puissance spirituelle de l'Église. Le souvenir de cette capitulation pouvait servir de consolation, à supposer qu'il en eût besoin, au cardinal Hippolyte et aux Ferrarais qui avaient considéré le mariage Borgia comme une déchéance pour leur dynastie. Mais peut-être, pour eux tous, la plus urgente préoccupation était-elle pour l'instant de se mettre à l'abri : une partie du convoi s'arrêta à Monterosi, logée au palais cardinalice et dans les locaux voisins, tandis que le cardinal avec ses frères et les plus importants personnages poussaient au sud, jusqu'à Formello, distant de Rome d'à peine vingt-cinq kilomètres; là, dans le palais seigneurial ou dans les paisibles maisons du xvᵉ siècle groupées autour des clochers de Sant'Angelo et San Lorenzo, les cavaliers se reposèrent et préparèrent leur entrée.

Après des jours et des jours pluvieux, le 23 décembre, apparut le soleil, par suite sans doute d'un de ces vents de tramontane qui nettoient rapidement le ciel. Les Ferrarais dans leurs provisoires demeures campagnardes et les Borgia derrière l'enceinte romaine apprêtaient leurs habits de fête; et quelqu'un, peut-être, chantait. Dès l'aube, chevaux et cavaliers parcouraient les routes d'accès à Rome et à huit heures, au pont Molle, les 500 Ferrarais rassemblés attendaient les cérémoniaires pontificaux, qui se firent espérer pendant deux heures. Le cortège s'ébranla donc seulement vers dix heures, chacun tenant rigoureusement la place que lui assignait l'étiquette. Les familiers du cardinal d'Este et de ses frères ouvraient la marche, ainsi que les familiers des gentilshommes pourvus d'un beau costume (ceux qui n'en avaient pas furent relégués à la queue avec les écuyers); venaient ensuite les gentilshommes, puis le cardinal entre don Ferrante et don Sigismond; les deux évêques, Meliaduse et Nicolas Marie, le nouvel ambassadeur ferrarais à Rome, Mgr Beltrando Costabili, le conseiller ducal, Gian Luca Castellini da Pontremoli, d'autres nobles encore, enfin certains familiers, les écuyers et les palefreniers.

Le pont Molle franchi, les représentants du cardinal de Monreale, Jean Sforza, des cardinaux Costa et Sant'Angelo, se présentèrent pour excuser leurs supérieurs, empêchés par l'âge ou la maladie, et pour transmettre leurs saluts et compliments. A partir de ce moment on ne fit que rencontrer de nouveaux personnages : le gouverneur de Rome, le sénateur, le conservateur, le régent de la Chancellerie, les rédacteurs apostoliques parmi les plus importants et parmi les moindres, scribes pontificaux et toute la « famille » du pape. Finalement, près de la porte du

Peuple, arriva le cortège Valentinois : « Nous vîmes alors beaucoup de beaux coursiers, dont nous fut faite minutieuse présentation, pendant laquelle on les fit plusieurs fois avancer et reculer, » notait Gian-Luca da Pontremoli, soulignant la vanité de César. Immédiatement après, entouré de 80 hallebardiers aux couleurs pontificales, jaune et noir, apparut César superbement vêtu — on ne voyait sur lui « qu'or et joyaux » — montant un cheval « qui semblait ailé », suivi par 4 000 hommes à pied et à cheval. Il y eut des accolades et des cérémonies, puis le duc de Valentinois se rangea au côté d'Hippolyte d'Este; les deux frères suivaient avec les ambassadeurs de France et d'Espagne. Mgr d'Adria avait pour voisin le gouverneur de Rome, l'évêque de Comacchio, le secrétaire pontifical Adriano Castelli, représentant aussi le roi d'Angleterre; à Castellini échut la compagnie de l'ambassadeur vénitien, qui l'entretenait avec l'astuce acérée dont il était coutumier en lui décochant mille compliments bien choisis pour tenir en haleine l'esprit du conseiller ducal.

A la porte du Peuple, ce fut le salut du collège cardinalice, composé de dix-neuf membres, un vrai consistoire, et les révérences, discours et cérémonies recommencèrent. « Nous arrivâmes au palais apostolique par la plus belle voie de Rome, au son des trompettes, des cornemuses et des cors. » A peine les premiers chevaux s'engagèrent-ils sur le pont Saint-Ange que les bombardes tonnèrent; dans le fracas qui faisait se cabrer les chevaux et rivaliser d'adresse les cavaliers, on atteignit la place Saint-Pierre, où les ambassadeurs et une partie des cardinaux prirent congé, tandis que tous les autres montèrent auprès du pape. L'entrée fut un peu confuse, mais fort excitante : le pape, après que le cardinal Hippolyte lui eût baisé le pied et la main, le prit entre ses bras et l'embrassa avec expansion, il en fit de même pour don Ferrante et don Sigismond d'Este; tous les gentilshommes furent admis à toucher la mule du pape et s'y précipitèrent avec un empressement tel que Castellini se vit le chemin barré jusqu'à ce que, d'autorité, le secrétaire du pape lui ait frayé la route. Comme en ses meilleurs moments, le visage d'Alexandre VI s'épanouissait dans un large sourire, il parlait, fascinait, séduisait et, finalement, après leur avoir donné à tous sa bénédiction et fait allumer des torches par douzaines, car la nuit était venue, il les envoya chez la fiancée.

Seuls, les plus importants parmi les membres du cortège ferrarais se rendirent, sous la conduite du duc de Valentinois, au palais de Santa Maria in Portico. Ils étaient tous gens fins et avertis, mais quand ils virent sur l'escalier d'honneur apparaître Lucrèce, pleine de dignité sous son vêtement de brocart de cette couleur d'un brun sombre et violacé qu'elle affectionnait, les épaules couvertes d'un manteau lamé d'or doublé de zibeline, les cheveux retenus par une résille de soie verte brodée de pierreries et portant au cou un grand collier de perles et de rubis, tous durent comprendre qu'elle avait gagné la partie. Lucrèce, qui savait ménager ses effets, avait imaginé, afin de donner plus de noblesse à son apparition, de se présenter non point seule mais au bras d'un gentilhomme vêtu de noir (nul ne savait quel il était), austèrement couronné d'une vénérable chevelure blanche. Après les révérences et les saluts, elle les convia tous, fut aimable et réservée, se montra empressée avec les conseillers du duc et davantage envers les plus influents, prit un air soumis quand elle entendait parler d'Hercule et d'Alphonse, garda une attitude retenue mais plus souriante et détendue en s'adressant à Hippolyte et aux deux frères d'Este et accomplit le miracle de trouver le ton juste avec chacun. « C'est une gentille et gracieuse dame, » dirent à son propos même les plus difficiles. La soirée se termina par des présents de coupes, aiguières, plats d'argent, offerts par Lucrèce afin de rappeler son souvenir à ses futurs sujets.

La chronique d'après laquelle nous avons décrit l'entrée de l'escorte ferraraise à Rome est inédite en même temps que beaucoup plus vive et minutieuse que celle de Sanudo, suivie jusqu'à présent; les deux versions concordent, d'ailleurs, en tous points, sauf pour quelques détails. Bien connue, mais trop importante pour n'en point faire état ici est la lettre publiée par Gregorovius adressée le soir même du 23 décembre au duc Hercule par Gian-Luca Castellini. La fiancée, écrit-il, « est d'une incontestable beauté, que sa manière d'être augmente encore et, en résumé, me paraît si bien douée qu'on ne peut ni ne doit la soupçonner d'actes sinistres, mais qu'il est à présumer, croire, espérer qu'elle agira toujours bien... Votre Altesse et le seigneur don Alphonse en auront toute satisfaction, car outre sa grâce parfaite en toutes choses, sa modestie, son affabilité, son honnêteté, elle est catholique et montre qu'elle craint Dieu. »

Ce témoignage était pour la famille d'Este de première importance : on l'attendait pour savoir comment se comporter à

l'avenir et même, s'il eût été défavorable, pour trouver un prétexte à rompre les accords. Le message de Castellini dit en
toutes lettres qu'on ne pouvait attribuer à Lucrèce ces choses
« sinistres » que tous à Ferrare devaient encore plus ou
moins redouter. Celui qui compulse les abondants documents des
archives de Modène peut aisément faire l'observation suivante :
il y a, en date du 23 décembre, deux lettres de Castellini à son
souverain; l'une contient la longue description du cérémonial
d'entrée à Rome et existe en double exemplaire de la main d'un
secrétaire, corrigée seulement çà et là et signée par Castellini;
l'autre, celle du témoignage sur Lucrèce, est entièrement autographe, sans aucune intervention du secrétaire, toute consacrée
aux informations concernant la nouvelle épouse : donc lettre
strictement confidentielle, très secrète, destinée à répondre aux
interrogations anxieuses que se posaient Hercule et son fils et à
leur donner — le duc se fiant au jugement de son secrétaire
comme au sien propre — la certitude de la décence morale de
Lucrèce.

Les frères d'Este avec leurs gentilshommes d'escorte étaient
répartis entre le palais de Santa Maria in Portico, le Vatican et
le Belvédère, où Catherine Sforza avait été détenue l'année précédente avant d'être transférée au château Saint-Ange pour être
finalement libérée et envoyée en résidence à Florence. Le reste
de la suite, nobles de moindre qualité et familiers, furent logés
chez le personnel de curie, qui s'y prêta de si mauvaise grâce
que certains de leurs hôtes se virent obligés de s'installer à l'hôtel
et qui sait si quelques-uns d'entre eux ne tombèrent pas dans
l'une de ces hôtelleries, soit celle de la Vache, du Serpent, ou
de la Fontaine, qui appartenaient à Vannozza Cattanei, et constituaient la plus grande part de son revenu? Les hôtes étaient
fêtés et comblés de faveurs par le pape, qui, à se voir entouré
de cette noblesse vigoureuse et raffinée, se sentait gonflé d'orgueil
et d'émotion à la pensée que sa fille allait régner sur eux tous.
Il fit annoncer qu'il célébrerait une messe solennelle pour les Ferrarais, donnerait la bénédiction à Saint-Pierre avec indulgence plé-
nière et — quoi encore? — ferait découvrir les reliques de la Sainte
Lance et de Véronique. Au programme religieux s'ajoutaient les réjouissances mondaines, danses, comédies, représentations diverses,
ballets, allégories, qui s'augmenteraient des défilés carnavalesques,
le pape ayant, par décret spécial, avancé la date du carnaval afin

que le peuple pût participer à sa joie paternelle. Chacun des Borgia jouait sa partie : le pape recevait et entretenait les Este, les faisait asseoir près de lui, insistant pour qu'ils demeurassent la tête couverte, et il assistait aux cérémonies solennelles avec un apparat et une imposante majesté capable de fasciner les plus réfractaires. Le Valentinois s'était fait l'ami du cardinal d'Este, l'initiait aux plaisirs épicés des grandes courtisanes romaines, le conduisait masqué et prodiguait pour lui et quelques autres Ferrarais son esprit altier avec une rare condescendance; Lucrèce, occupée des préparatifs du départ, se montrait peu, mais sa grâce lui conquérait toutes les sympathies.

On passa Noël dévotement et le lendemain Lucrèce donna une réception dans ses appartements de Santa Maria in Portico, entourée de sa cour et de cinquante nobles dames romaines parées avec « des draperies sur la tête », « selon leur mode », qui devait à peu près correspondre au tableau de Raphaël, la *Velata*, peint quelques années plus tard. Mais plus que les Romaines, ce furent les jeunes filles désignées pour suivre Lucrèce qui retinrent l'attention des Ferrarais; après avoir discuté leurs mérites et conclu que les Ferraraises ne feraient pas mauvaise figure auprès d'elles, ils cherchèrent, l'amour-propre régional étant sauf, à les approcher et à les courtiser. Une douce musique de flûte et de viole se faisait entendre et, pour inciter les invités à la danse, une jeune Siennoise, Nicole, favorite de Lucrèce, en donna l'exemple avec un gentilhomme de Valence, mettant ainsi en relief la spirituelle élégance des femmes de son terroir. Puis Lucrèce dansa avec don Ferrante d'Este. Elle était très belle dans son vêtement rayé de satin noir et de lamé d'or, avec les manches enserrant les bras et disposées de façon à laisser s'échapper en bouffant légèrement la chemisette de très fin linon qui tempérait la sévérité noire et or du costume et qui autour du cou formait une guimpe froncée et brodée, sur laquelle s'étalait la splendeur d'un lourd collier de pierreries; un diadème de rubis allumait sur son front, à la lueur mouvante des torches, des reflets ardents. Lucrèce dansait au son de cette musique qui guidait à la fois ses pas et ses pensées; en se déplaçant elle faisait courir l'éclat frémissant des lumières sur les rayures d'or de son vêtement; il mourait au bord du satin noir, mais palpitait dans la chevelure et mettait dans ses yeux une souriante étincelle. Une nouvelle **musique succédait** à la danse terminée, on admirait la virtuosité d'une ballerine catalane et on remarquait la beauté prometteuse d'Angèle Borgia, cousine de la duchesse, fiancée, à peine âgée de quinze ans, à François-Marie de la Rovère. Le ton amorti de cette fête, une certaine retenue dans l'amabilité et une atmosphère un peu froide servaient à merveille Lucrèce, sur qui Castellini écrivait à Hercule de nouveaux détails : elle avait, disait le conseiller, promis que jamais son père n'aurait à rougir d'elle et on pouvait l'en croire à cause de sa grande « bonté, honnêteté et discrétion », vertus que sa conversation révélait chaque jour davantage; il était beau, concluait cette lettre, de voir comment elle vivait dans sa maison, « non seulement chrétiennement, mais religieusement ».

En même temps que les informations de Gian-Luca Castellini, d'autres témoignages partaient quotidiennement de Rome en direction de Ferrare; Hippolyte écrivait, don Ferrante également et don Sigismond écrivait aussi, non seulement à leur père, mais encore à leur sœur, Isabelle d'Este Gonzague, qui, à la pensée de cette belle et riche belle-sœur, éprouvait un frémissement combatif. Mais Isabelle n'était pas femme à se contenter des lettres fraternelles, dues le plus souvent à la plume des secrétaires et qui, même autographes, étaient sommaires et générales, comme le sont d'ordinaire les lettres masculines : il lui fallait quelqu'un capable de tout lui référer avec précision, minutie, acuité, et de voir avec des yeux non obscurcis par le voile du courtisan. Elle l'avait trouvé en la personne d'un familier de Niccolò da Correggio, qui remplissait auprès de son seigneur des fonctions tout à la fois de bouffon, secrétaire, homme de confiance, mais qui était avant tout un homme intelligent, capable d'assumer pareille charge sans trop se compromettre. Il n'était connu que sous le nom de « el Prete » et ainsi signait-il ses lettres. Le « Prêtre » qui s'en allait à Rome parmi la suite de Niccolò da Correggio accepta sans hésiter de renseigner la marquise de Mantoue sur sa belle-sœur : « Je suivrai Mme Lucrèce comme l'ombre suit le corps, » écrivait-il, « et là où les yeux ne pourront atteindre, j'irai avec le nez. » Les lettres du « Prêtre », bien qu'elles ne nous soient pas parvenues en grand nombre, témoignent qu'il remplit fidèlement ses promesses et mérita les remerciements de la marquise, qui l'appelait son « bon chien de chasse ». C'était lui qui envoyait des détails sur la « grande pompe de vêtements et d'or » de Lucrèce et qui s'en allait fouiner jusque chez les brodeurs romains, afin de pouvoir décrire une robe « toute chargée de broderies, travaillée d'or battu et émaillé » et concluait que la fiancée portait « un puits d'or »; c'était lui encore qui observait et critiquait les demoiselles, découvrait la belle cousine de Lucrèce, « une Angèle qui est fort bien, » déclare-t-il sans la moindre périphrase.

Mais le duc de Ferrare attendait encore autre chose que des descriptions : les affaires comptaient pour lui et Castellini s'étendait longuement sur ce sujet dans ses correspondances quasi quotidiennes. Depuis le 20 décembre, où Bellingeri avait quitté Rome pour s'en aller prendre possession des terres données par le pape en caution des accords matrimoniaux, Saraceni était resté avec le conseiller ducal pour en surveiller les conclusions. Ils agissaient avec tant de scrupule qu'au soir du 28 décembre, ils eurent une discussion avec le notaire Beneimbene et avec son assistant Pandolfo sur la forme du contrat dotal : une question relevant des avocats, mais que le pape avait immédiatement résolue en ordonnant que tout fût établi selon la conception des Ferrarais et « témoignant à cœur ouvert de ne craindre aucune circonstance adverse », c'est-à-dire aucun traquenard. Les accords dûment rédigés, tout était prêt pour la célébration du mariage par procuration et, le 30 décembre, la cérémonie se déroulait en présence des cardinaux, des ambassadeurs, des nobles ferrarais et du pape.

Vêtue de velours cramoisi et de brocart d'or fourré d'hermine, Lucrèce arriva entre don Ferrante et don Sigismond d'Este, suivie de sa cour et de cinquante nobles dames romaines, annoncée à son de trompes et de trompettes. Elle écouta la lecture de l'acte de mariage, puis le discours de circonstance qu'un geste du pape fit abréger, reçut l'anneau nuptial de la main de don Ferrante au nom de son frère Alphonse et prononça clairement son consentement. A peine l'acte fût-il enregistré que le cardinal Hippolyte s'avança, sanglé dans sa pourpre fantaisiste, ses longs cheveux bien lissés par les peignes d'ivoire qu'il devait à sa sœur Isabelle, suivi de Giovanni Ziliolo, qui portait le coffret des bijoux. Il tint un beau petit discours, mais en évitant toute formule de *donation*, puis on ouvrit la cassette et les joyaux passèrent des mains du trésorier dans celles du pape et de Lucrèce, commentés par le cardinal, don Ferrante et Castellini, « et l'on fit bien apprécier l'importance et la valeur du cadeau à Sa Sainteté, aux cardinaux et à Mme Lucrèce d'une façon qui fut grandement commentée... L'Illustrissime Ferrante s'employa beaucoup à démontrer la perfection et la beauté des joyaux. » Quand tous ces discours furent taris et que les yeux des spectateurs eurent suffisamment évalué la valeur de ces splendeurs (70 000 ducats, disait le cardinal de Sainte-Praxède), Lucrèce émit son jugement : elle admirait, certes, les bijoux, mais par-dessus tout « les ornements et le travail qui sertissait les pierres », donc l'œuvre d'art. Était-ce là pointe de snobisme ou coquetterie spirituelle? A moins que ce ne fût l'instinct de se libérer en éloignant d'elle d'un mot tous ces trésors pour ne point en être étouffée.

Mais la cérémonie n'était pas terminée et les cardinaux offraient encore leurs cadeaux de mariage que les festivités commençaient déjà sur la place Saint-Pierre : on donnait l'assaut à un château postiche avec une telle fougue qu'il y eut des blessés, mais qui s'en souciait alors qu'au Vatican même, dans l'ardeur de la fête, le pape en personne fut heurté par « l'impétuosité de la foule »? Une fois terminé le spectacle de la place, Alexandre VI s'offrit le plaisir de voir dans ses appartements sa fille danser avec le duc de Valentinois, régal extraordinaire et tout à lui. Puis les filles d'honneur de Lucrèce entrèrent dans la danse, deux par deux, pour une composition chorégraphique qui dura une heure, pendant laquelle le pape ne cessa de rire. Une comédie suivit, interrompue par un seul mot du pape : « Ennuyeuse, » puis ce fut une églogue écrite par un membre de l'Académie romaine, qui ne devait être ni Accolti, ni Calmeta, car les personnes présentes auraient gardé mémoire de ces deux poètes de cour. Finalement, le groupe des invités s'étant retiré, les Este et les Borgia demeurèrent en un dîner intime.

Le lendemain, dernier jour de l'année 1501, Castellini était de nouveau au Vatican à s'entretenir avec le pape : le gentilhomme toscan, mettant en œuvre son entregent et son habileté coutumiers, cherchait à mener à bien deux affaires sans que l'une nuisît à l'autre : sa propre nomination au cardinalat et l'exécution complète des accords matrimoniaux, dont il avait pris vis-à-vis du duc l'entière responsabilité. Il avait vu la bulle accordant la rémission de la redevance et obtenu les signatures des cardinaux pour s'assurer qu'elle n'était pas contestable; il avait vu les autres bulles et savait que, toutes étant en bonne et due forme, elles seraient confiées à Lucrèce qui les remettrait à sa nouvelle famille; cependant il lui restait une chose à dire au pape, concertée avec Hercule d'Este, mais dont il ne se sentait pas très assuré et dont il se décida à parler le soir du 31 décembre, quand le pape lui annonça que le lendemain 1er janvier on commencerait à compter les 100 000 ducats d'or; il affirma alors que ces écus devaient être *larghi* et non point *da camera*, car entre les uns et les autres le poids d'or était différent. Alexandre VI nia cette obligation et, devant l'insistance de Castellini, lui dit qu'il confierait l'affaire à un juriste. « Je crois qu'on n'en parlera plus, concluait Castellini en écrivant au duc d'Este, et qu'il ne payera pas en ducats *larghi* », et il racontait que le pape s'était beaucoup plaint de l'attitude désobligeante des Este envers le cardinal Ferrari, rappelant qu'il leur avait concédé, outre la dot requise, des bénéfices pour 25 000 ducats.

Le 1er janvier, on commença d'aligner sur la table les piles de ducats d'or en présence des trésoriers et des témoins. Pendant ce temps les divertissements continuaient, « qu'on ne peut comparer à ceux de Votre Seigneurie, » comme l'écrivait Saraceni au duc de Ferrare en lui racontant une certaine représentation du 31 décembre sur la place Saint-Pierre, truffée d'allusions politiques que les personnages se renvoyaient de l'un à l'autre, un Florentin, un Allemand, un Français, un Espagnol, un Romain et un romanichel. Ce même jour on avait vu des chars de triomphe figurant Scipion, Paul-Émile et Jules César, allusion évidente au Valentinois. Fêtes et bals la nuit; et représentation au Vatican, l'une « très froide », préparée par le cardinal de San Severino; l'autre très belle, émanant de César, dans un décor de « bois, fontaines, vallées, collines et animaux ». L'allégorie s'intensifiait et faisait dire aux bergers que Alcide (Hercule) n'aurait plus désormais à craindre les lions, ni les loups, parce que le « pasteur des pasteurs le libérerait de tous les monstres et ensuite ils disaient que ce devait être l'œuvre d'un jeune homme habitant en deçà du Pô et d'un autre qui résidait sur la rive ultérieure, voulant ainsi désigner le duc de Romagne et l'illustrissime don Alphonse ». Elle fut, ajoute Saraceni, « très élégamment interprétée et clairement entendue de tout le monde. »

La première aube de l'an 1502 se leva parmi les fanfares et les drapeaux. Ce jour-là, les chefs de treize districts de Rome arrivèrent sur la place Saint-Pierre coiffés de leur béret à l'antique et munis de bâtons blancs, précédant 2 000 fantassins prêts comme pour la bataille, treize chars de triomphe symbolisant les treize quartiers de la ville. On vit les Dioscures du Quirinal, le Marc-Aurèle à cheval qui se trouvait alors sur la place Saint-Jean-de-Latran, l'Hercule du Capitole, l'allégorie du sillon carré et autres inventions inspirées par les antiques fastes romaines. Ce jour-là encore, après avoir assisté des fenêtres au spectacle, la cour se réunit dans le salon du Perroquet orné de brocarts d'or et aménagé pour la comédie où, dès que le pape eut pris place sur son trône et Lucrèce sur un coussin à ses pieds, les invités s'installèrent à leur gré dans un pêle-mêle qui, s'il scandalisait les personnes d'ordre, offrait aux plus jeunes l'agréable saveur de l'aventure. Ce fut alors la coutumière églogue dédiée à Lucrèce; plus tard on passa dans la salle des Pontifes toute tendue d'or, illuminée par les torches qui pendaient du plafond, égayée par une bordure verdoyante qui délimitait la scène et là, après avoir écouté une autre comédie, on commença quelques danses chorégraphiques et symboliques, « mauresques. » La plus gracieuse figurait un génie qui, de la cime d'un arbre où il se tenait, avait lié chaque danseur à lui par un ruban de couleur et semblait guider leurs évolutions sans que s'emmêlassent jamais les rubans. César, lui aussi, parut sur la scène, masqué mais très reconnaissable par la suprême élégance de sa mise, bien que ses compagnons fussent vêtus de drap d'or. Finalement, parée d'un vêtement de velours brun frappé et bordé d'or, constellé de gemmes précieuses, portant sur sa chevelure la plus riche des résilles de pierreries offertes par Ferrare, et au cou une cascade de joyaux, Lucrèce dansa avec la jeune fille de Valence. A cette soirée participèrent aussi dix des demoiselles d'honneur de Lucrèce, vêtues de velours cramoisi et de brocart d'or avec des manteaux aux coloris variés de soie lamée d'or. Le 2 janvier, course de taureaux sur la place Saint-Pierre avec César Borgia à cheval, à pied, seul et en compagnie. Démonstration faite par César, qui tenait les banderilles « vraiment avec beaucoup de grâce », déploiement d'habileté, de beauté, d'élégance, de courage du même César, resplendissant dans son costume doré. Le soir, comédie, et nous retrouvons ici *les Ménechmes* de Plaute, déjà donnés pour célébrer les noces de Lucrèce avec le seigneur de Pesaro. Une allégorie les précédait : César et Hercule ayant vaincu la fortune, Junon promettait de favoriser leurs deux maisons par un mariage.

Rome sur un char et Ferrare à pied se disputaient la possession de Lucrèce jusqu'à ce que Mercure, au nom des dieux, commandât la paix et la concorde. Finalement Rome et Ferrare triomphaient ensemble.

Les jours passaient et Lucrèce attendait que fût fixée la date du départ, ignorant les instructions très précises données par Hercule pour que l'arrivée à Ferrare ait lieu le 28 janvier et, le lendemain, l'entrée solennelle suivie de dix jours de carnaval, pas un de plus, pas un de moins, jusqu'au mercredi des Cendres.

Pendant ce temps, enfermés dans une chambre du Vatican, les Ferrarais et les pontificaux comptaient la dot, alignant avec soin les piles de ducats. Le 2 janvier, ils en étaient à 25 000; le 3, quelques autres milles passèrent par les mains des argentiers. A un certain moment, ayant décelé quelques ducats « rognés » et même faux, il y avait eu un peu de confusion et de soupçon : aiguisant leur regard, les trésoriers avaient depuis lors procédé au ralenti et refusé, une fois le jour tombé, de continuer à la lueur des torches. Le 4 janvier, ils comptaient encore et, finalement, le 5, don Ferrante prit lui-même le solde de la dot tandis que le pape lui donnait les plus affectueuses assurances à propos de certains de ses projets magnifiques concernant Ferrare. Et certes, concluait Castellini, si ces paroles se réalisent, « nos affaires seront menées à bon terme. » Le pape n'en finissait pas de faire des cadeaux à Lucrèce : argent pour ses dépenses personnelles, pour sa suite, pour ses montures; une magnifique litière dans laquelle elle voyagerait avec la duchesse d'Urbin après leur rencontre à Gubbio; tout ce que Lucrèce lui demandait, sans même que l'inventaire en fût dressé, elle le prenait tant qu'il lui plaisait. Les cassettes et les coffres étaient si pleins qu'ils ne se fermaient plus, les bulles pontificales, alourdies par leurs larges sceaux de cire rouge, s'enroulaient, leur encre fraîche encore, les unes sur les autres.

*
* *

Au matin du 6 janvier, le temps, doux jusqu'alors, était devenu froid, le vent du nord soufflait et la neige attrayante et surprenante de certains rares hivers romains avait fait son apparition, mais si légère cependant que nul n'avait envisagé de différer le départ. Les cavaliers avaient par petits groupes parcouru la ville pour les ultimes préparatifs, puis s'étaient rassemblés tous en ordre de marche. Lucrèce, toute prête, prenait sa dernière collation à Santa Maria in Portico, assise une fois encore dans cette pièce familière où les objets et l'atmosphère ambiante évoquaient pour elle tant d'images qui devaient lui serrer la gorge, à la fois par le désir de partir et celui de rester. Il y eut, bien que nul n'en ait parlé, l'adieu au petit Rodrigue et à l'infant romain. Puis, avec l'inévitable déchirement des séparations, elle quitta ce palais où elle avait vécu dix années et monta au Vatican jusqu'aux appartements paternels : ici rien ne paraissait changé au train coutumier; dans le salon du Perroquet, le pape occupait son trône et sur les marches se trouvait encore le coussin qui lui était destiné. Silencieusement elle s'agenouilla et tous sortirent, les laissant seuls.

Quels propos furent échangés durant ce colloque entre père et fille, où les paroles jaillissaient à la fois du sentiment et d'un sang commun, nul ne le saura jamais : ce fut un adieu qui, minute par minute, deviendrait un souvenir pour chacun d'eux. Au bout d'une heure, le pape fit appeler le duc de Valentinois, troisième acteur de cette scène, et la conversation reprit, les propos de César les unissant tous trois comme par un langage particulier qui les isolait dans la chaude conjuration qu'était leur vie. On révisa sommairement la conduite que Lucrèce devait tenir à Ferrare, les diverses positions politiques, le nom du petit Rodrigue de Bisceglie fut prononcé, suivi peut-être de celui de l'infant romain, et il fut encore très certainement question du prochain voyage d'Alexandre VI à Ferrare, un rendez-vous à brève échéance, au cours de l'année, projet bien propre à adoucir le chagrin de la séparation. Quand il sembla que tout avait été dit, alors entrèrent les camériers du pape, le cardinal Hippolyte, don Ferrante, don Sigismond et quelques autres notabilités ferraraises.

Ce sont les ultimes minutes du congé définitif : les Este s'inclinent pour baiser la mule du pape et Alexandre VI, après avoir sur-le-champ accordé à Lucrèce tout ce qu'elle garde la présence d'esprit de lui demander, ordonne à son fils et au cardinal Hippolyte de l'accompagner le plus loin possible sur la route et de se tenir à ses côtés. La petite Lucrèce est debout entre son frère et son beau-frère, tout à fait prête maintenant; si elle hésite un instant, si un instant elle chancelle, il lui suffit de lever une fois encore les yeux sur le visage de son père pour se sentir secrètement envahie par cette flamme chaleureuse qui tant de fois a dénoué son angoisse en la reconduisant à l'amour des choses terrestres. Qu'elle soit en paix, lui dit Alexandre VI, et que, quel que soit son désir, elle le lui fasse connaître en lui écrivant, car il fera pour elle absente beaucoup plus qu'il ne fit pour elle présente. Ces paroles prononcées à haute voix, en italien, afin que tous les puissent comprendre, et destinées à la protéger jusqu'à Ferrare, sont les dernières qu'elle entendra de son père. Maintenant elle franchit le seuil, traverse les salles, descend et sur la place considère le grand cortège qui se déploie devant ses yeux, les chevaux dont les naseaux soufflent une saine chaleur animale, puis elle monte sur sa mule caparaçonnée de velours brun rayé d'argent. A ses côtés se tiennent Hippolyte d'Este et le duc de Valentinois; don Ferrante, don Sigismond, le cardinal-légat François Borgia la suivent; viennent ensuite les ambassadeurs, les évêques, sa cour de dames et demoiselles, les cavaliers nobles, les soldats, écuyers et ses 150 voitures recouvertes de drap et de velours à ses couleurs, brun et jaune.

Le temps était à la neige; Burckard, qui donne cette précision atmosphérique, ajoute qu'en raison du mauvais temps Lucrèce ne s'était pas vêtue luxueusement. Comme un fait exprès, l'ambassadeur ferrarais à Rome, Mgr Beltrando Costabili, parle, au contraire, d'une veste de brocart d'or et cramoisi, ainsi que d'un manteau doublé d'hermine, et juge la duchesse « très élégante ». Puisqu'il n'y a aucune raison que Burckard, d'une si scrupuleuse exactitude, ait fait une erreur de mémoire et que, d'autre part, on ne peut mettre en doute le récit de Costabili, qui accompagna Lucrèce hors de Rome durant plusieurs kilomètres et la salua personnellement avant de s'en retourner, il faut chercher à concilier les deux versions et supposer que Lucrèce se soit vêtue au début de la matinée d'une simple robe de laine et l'ait ensuite changée sur la suggestion de son père ou de son frère — peut-être en retournant à Santa Maria in Portico par un passage intérieur — ou, au contraire, qu'elle se soit somptueusement parée pour la visite d'adieu à son père, mais ait ensuite adopté un vêtement moins riche et plus pratique, pour se mettre en route : cette seconde hypothèse paraît logique mais étant donné que Burckard vit Lucrèce au Vatican et Costabili dehors, peut-être la première hypothèse est-elle plus probable.

Il y avait peu de gens dans les rues, engourdies par ce silence

qui semble éloigner les choses et les isoler une à une en les
rendant comme étrangères au monde environnant; sous la surveillance des soldats de César passait le trésor de Lucrèce, par
quoi, disait ironiquement un chroniqueur, le pape avait voulu
« satisfaire au commandement de l'Église de marier femmes et
pucelles »; venait ensuite la litière, « une chambre en bois
tapissée d'or et de fastueuses draperies, » puis les montures de
l'épouse, le cheval et la mule, l'un sous son caparaçon de brocart d'or, l'autre de brocart cramoisi, puis Lucrèce elle-même
parmi son grand cortège. Elle partait vraiment cette fois; c'était
sa dernière chevauchée dans les rues de Rome, chevauchée que
le pape, surmontant son angoisse, suivait en allant d'une fenêtre
à l'autre du Vatican avec cette sorte de désespoir causé par le
premier choc de la séparation alors qu'on se prend à attendre
quelque cataclysme, une révolte des éléments qui restaurerait
toutes choses dans leur ordre précédent.

Le cortège longea le Tibre, se dirigea vers le pont Milvius en
passant par la place du Peuple devant l'église où se trouvait la
tombe du duc de Gandie : adieu, Juan! Ainsi les années s'étaient
écoulées et avec elles cette vie obscurément ardente et dangereuse
conduite parmi l'or, la pourpre cardinalice, les fêtes, la terreur,
sans fléchir devant l'épouvante de lourds secrets. Elle montait
maintenant vers le nord, elle, la méridionale au sang alangui,
elle l'amante du soleil, des jardins, des joyeuses fêtes fleuries;
elle, qui ne connaissait pas l'odeur du brouillard, quittait l'or
éclatant du soleil romain pour la grisaille du ciel ferrarais. Dans
le silence ouaté de neige, les voix retombaient sans sonorité et
il paraissait vain d'essayer de les soulever par un accent de
triomphe. La ville douce et embrumée, opulente et misérable, se
taisait, inerte, et ne venait point la saluer; elle ne reconnaissait
plus le pittoresque visage de sa ville, qui se refusait à son appel
⁓t à son regard avec la pudeur hostile des choses envers celui qui
les abandonne. Celle qui passait à ce moment n'était plus la
fille du pape, Lucrèce Borgia, mais la duchesse de Ferrare
inconnue, née récemment, une étrangère qu'il convenait de regarder sans lui rien révéler, bouchant jusqu'aux fentes des briques.
Déjà Rome et Lucrèce ne se reconnaissaient plus.

SECONDE PÉRIODE

CHAPITRE VII

A LA COUR D'ESTE

Entre la Vénétie et la Lombardie au nord, l'Apennin émilien au sud, le duché d'Este déployait lentement sa vaste plaine parmi toute la gamme des verts de la terre, des fleuves et des marais cultivés par des agriculteurs de vieille souche, qui trouvaient dans la fécondité du terrain une réponse à leurs travaux et un stimulant à de plus amples expériences. Tout l'orgueil civique, architectonique et courtisan du territoire s'incarnait en la cité de Ferrare, qui, du miroir lisse de la campagne, s'élevait sans adjonction pittoresque, sans le décor d'un cadre montagneux ou même de simples collines, toute prête à se mesurer contre les vents déchaînés du nord ou contre les colères du Pó voisin.

Sous l'étendue du ciel ferrarais, un souffle d'air vivifiant parcourt sans cesse la ville, tourne en rond autour de la place principale, centre des fastes et des luttes citadines, autour des palais du podestat et des seigneurs, enserre dans un anneau la cathédrale, alors déjà quatre fois centenaire, ornée de ses sculptures romanes — histoires bibliques, monstres symboliques et cette figuration des « Mois » empreinte d'un esprit intimement allégorique de la majesté et de la puissance rurales. Puis cet inlassable vent se rafraîchit aux douze jets d'eau de la fontaine proche de l'église Saint-Crispin, s'élève par-dessus les quatre tours du château seigneurial, se faufile entre les églises, les couvents, les palais, les jardins, les maisons; se déploie de l'ombre des quartiers moyennâgeux à l'espace plein de gaieté de ceux construits à la fin du Quattrocento pour s'amplifier au long des larges routes plates et libres jusqu'aux confins de la campagne.

Cet air, les Ferrarais témoignaient qu'ils le respiraient profondément : c'étaient gens faits pour livrer la bataille et pour l'accepter, vigoureux dans leurs sacrifices tout comme dans leurs haines et leurs plaisirs, violents, obstinés et même parfois cruels (un dicton ferrarais affirmait que nul n'est si pauvre qu'il ne possède quelques centimètres de couteau), mais tous étaient unis par leur fidélité et leur confiance envers la maison régnante : aux nobles et aux plébéiens, l'aigle d'Este faisait éprouver le frisson de l'amour de la patrie; oui, en vérité, à quelque classe qu'il appartînt, chacun sentait que l'histoire et la gloire de Ferrare signifiait histoire et gloire de la maison d'Este.

La famille d'Este, l'une des plus antiques d'Italie, dont les lointaines origines lombardes se rattachaient aux noms du roi Berenger et d'Othon le Grand, régnait depuis le XIIe siècle sur la cité, qui était du parti guelfe, avait fait partie de la donation de la comtesse Mathilde et, durant une parenthèse des guerres entre le pape et l'empereur, s'était même donné un gouvernement républicain. La seigneurie des Este fut fort contrariée jusqu'à ce qu'en 1329 le pape les nommât vicaires de l'Église contre l'obligation d'un tribut annuel; successivement l'empereur les fit vicaires impériaux pour Modène et Reggio, les deux plus importantes cités de la province après Ferrare. Souverains donc à la fois par l'investiture impériale et papale, de toutes façons inamovibles par leur force naturelle et prêts à soutenir par les armes les droits issus de cette force, les Este se succédaient en une série de personnalités de haut relief : les Obizzi, les Folco, les Aldobrandino, les Azzo, qui, au nombre de sept, régnèrent tous, hommes politiques et guerriers, animés de la passion de l'État, hardis et de mœurs si seigneuriales qu'elles offraient déjà en 1100 un point de comparaison aux poètes.

Mais la fortune durable des Este commença sous Aldobrandino, s'accrut avec Nicolas II, se consolida sous Albert, à qui Boniface IX renouvela l'investiture et dont le souvenir est rappelé par l'austère sculpture murale qui le représente revêtu de son armure, la bulle pontificale au côté. Son fils Nicolas, parvenu au pouvoir en 1402, fut fameux parmi la lignée d'Este, de nature cruelle, mais d'esprit réaliste, guerrier valeureux, embrasé de bestiales fantaisies, amateur de femmes au point de faire dire qu'il méritait vraiment le titre de père de la patrie, car sur les rives du Pô tous étaient ses fils. C'était à peine exagéré, vingt-sept de ses enfants, légitimes ou bâtards, tous reconnus, étant élevés à la cour sans distinction de naissance. Durant son règne les murailles du château d'Este virent la passion de Parasina Malatesta, seconde épouse de Nicolas, pour son beau-fils Hugues, pitoyable adultère qui se termina par la décapitation des deux infortunés. Après l'exécution de la sentence, Nicolas décréta que toute femme coupable d'adultère aurait la tête tranchée sans merci, témoignant par cette ordonnance ou d'une rage féroce, que la mort ne suffisait point à apaiser, ou d'un étrange exemple d'esprit législatif, qui donne force de loi à un fait personnel comme pour l'étayer des principes du droit.

Mais Nicolas témoigna d'un grand discernement quand avant sa mort il désigna pour son successeur Lionel, l'un des fils naturels qu'il avait eus de Stella dell'Assassino, la belle Siennoise qui, parmi d'autres descendants, lui avait aussi donné le malheureux Hugues. Lionel fut l'un de ces princes qui n'ont point besoin d'assurer par la crainte leur autorité et leur prestige, car le peuple les aime d'une passion respectueuse et jalouse. Mieux que les documents, le célèbre portrait aux intentions spirituelles peint par Pisanello nous renseigne sur ce seigneur humaniste, fin politique, qui visait, comme le fera plus tard Laurent de Médicis, à l'équilibre pacifique de toute l'Italie, non seulement protecteur, mais encore animateur des études et des sciences, en correspondance avec les grands hommes de son temps, fondateur de bibliothèques et d'hôpitaux, réorganisateur de l'Université de Ferrare.

Une mort prématurée était presque prévisible pour un être doué de tant de grâce humaine. Lionel s'éteignit en 1450, âgé seulement de quarante-sept ans (pour avoir trop sacrifié à Vénus, disait-on); son frère Borso, également fils de Stella dell'Assassino, lui succéda.

Borso d'Este, au large visage plein et intelligent, tel que nous le montrent les fresques de Schifanoia, fut possédé du désir des grandes choses, des vertus princières, des dignités souveraines. Sa cour était tout à la fois simple et splendide, car l'étiquette espagnole, cette morne exagération du respect et de la déférence, n'avait pas encore poussé ses racines à Ferrare. La courtoisie, au temps de Borso, était magnifiquement spontanée. Son attitude personnelle était faite de ce sentiment de la grandeur, fier et familier, que seuls possèdent parmi les puissants ceux qui savent dominer leur propre rang par l'élévation de leur pensée quotidienne. Comme son père et son frère, Borso pratiqua une politique orientée vers l'accroissement de l'État; il bâtit des villes, traça des routes, mit à l'étude les premiers projets de bonification des terres fertiles constituant les marais ferrarais. Il n'avait pas la subtilité de Lionel, qui était non seulement un prince lettré, mais encore un homme possédant une culture technique et capable, par disposition naturelle d'esprit, de saisir le point le plus délicat d'un problème, mais il voyait grand et loin. Il s'était identifié à l'État à tel point qu'il ne voulut jamais prendre femme, ni avoir d'aventure amoureuse de quelque importance, afin que, dans l'avenir, la succession en ligne directe ne fût pas mise en discussion par des prétentions bâtardes. Il régna seul parmi une cour riche et vivante, sur un peuple qui rendait justice à sa constante préoccupation du bien-être de ses sujets, aimait sa libéralité et sentait qu'il tenait la première place dans la pensée de son souverain. « Nous, paysans et hommes du duc Borso, » diront trente ans plus tard les vieux courtisans quand ils voudront revendiquer leur condition d'hommes loyaux et patriotes. Borso protégeait les études, mais, imaginatif et fastueux, il avait plus de passion pour les arts plastiques et faisait peindre des cartes, des tableaux, des fresques, par les peintres de cette vigoureuse école qui se formait à Ferrare et atteignit son apogée avec Ercole de' Roberti, Cosmé Tura, Francesco del Cossa.

Les murs de Schifanoia décorés des célèbres scènes de la vie de cour révèlent la robuste qualité du plaisir que procurait à l'œil et à l'esprit de Borso les formes et les couleurs. La fameuse bible enluminée par Taddeo Crivelli et ses élèves, qui enrichira plus tard le palais royal de Mathias Corvin, en fournit un autre exemple. Ayant élevé le nom d'Este du marquisat au duché, Borso mourait en 1471, laissant l'État à son frère Hercule, l'aîné des fils légitimes de Nicolas III et de Ricciarda de Saluces, une femme dont la passion de gouverner ne manqua que de circonstances favorables.

Hercule avait trente ans lorsqu'en 1471 il accéda au pouvoir. Grand politique, lui aussi, mais autant Lionel avait été sensible et subtil, Borso magnifique au sens le plus nuancé du mot, autant Hercule était raisonnable, prudent jusque dans ses plaisirs, incliné par nature à l'avarice et religieux, plutôt qu'à la manière de la Renaissance, à celle plus austère du moyen âge. Sa conviction profonde d'une réforme nécessaire de l'Église l'avait lié avec Savonarole d'une amitié dont, ensuite, il s'était retiré, déçu par les erreurs politiques du moine ferrarais. Il tenait les moines en haute estime et souvent faisait venir au château des religieux fort cultivés et de fins théologiens afin de les entendre discuter en sa présence, tandis qu'il suivait les connexions des propos ecclésiastiques parmi les méandres des syllogismes comme une pure musique de l'intelligence.

Les bonifications de terrains commencées par Borso furent continuées par Hercule, qui parvint à assainir une vaste zone aux portes de Ferrare et à purifier l'air ambiant. Sous son règne l'architecture de la ville, par le talent du grand architecte Biagio Rossetti, s'affina suivant les formes élégantes et fleuries de la Renaissance lombarde; de larges rues droites, ouvertes dans le quartier neuf appelé l'Extension Hercule, modifièrent le plan topographique; les arts et les lettres, encouragés, se développaient sans entrave selon les germes heureux posés par Lionel. Semblable à de nombreux hommes politiques, Hercule aimait la musique et avait une passion pour le théâtre. Il en fut le rénovateur en Italie et là son avarice cédait à sa passion : inlassablement, il faisait traduire des comédies de l'antiquité classique par les humanistes ferrarais ou commandait des ouvrages nouveaux imités de l'antique. Venus de toute l'Italie, d'habiles acteurs formaient la troupe de Ferrare et donnaient leurs représentations tantôt dans la grande salle du palais della Ragione, tantôt dans de petites salles privées, où parfois les Este jouaient eux-mêmes; en 1492, la première femme d'Alphonse d'Este, Anne Sforza, interpréta et dansa en travesti le rôle d'Hippolyte Buondelmonte amoureux d'Éléonore et la « gentille créature » qu'elle était, au dire de sa belle-mère Éléonore d'Aragon, remporta un grand succès. Ainsi se déployait, anticipé de deux siècles et non moins riche et galant, le spectacle que donnera plus tard en France la cour du roi-soleil.

En 1473, peu après son accession au pouvoir, Hercule avait fait le mariage qui lui avait semblé de meilleure politique en épousant Éléonore d'Aragon, l'une des filles du roi Ferrante, alors grand et puissant sur son trône de Naples. Éléonore, dotée de cette beauté toute royale qui transcende la critique, lorsqu'elle entra à Ferrare enguirlandée pour la recevoir d'une fabuleuse parure de fête, provoqua chez ses sujets l'admiration, la confiance et le respect, dès qu'elle leur eût témoigné sa douceur fière, sa ferme intelligence, sa royale sérénité. Elle eut six enfants : Isabelle, Béatrice, Alphonse, Hippolyte, Ferrante et Sigismond, dont les quatre premiers au moins comptèrent dans l'histoire. Digne fille de roi, jamais elle ne craignit guerres ni complots.

La mort d'Éléonore en 1493 avait été un deuil national, car seule elle avait eu assez d'autorité sur sa fille Béatrice devenue la femme de Ludovic le More, pour tempérer la ruineuse ambition de celui, qui devait mettre l'Italie aux mains de l'étranger. Puis, en 1497, Béatrice mourait, elle aussi, en pleine jeunesse, la situation politique s'assombrissait, Hercule était inquiet en voyant se dessiner une époque où (peut-être, d'ailleurs, n'en avait-il point encore conscience) les seules armes diplomatiques se révéleraient insuffisantes.

Le temps des canons d'Alphonse d'Este viendrait. Ce prince avait grandi à l'écart et taciturne, sans grands rapports avec son père; il semblait ne rien vouloir connaître du gouvernement ni de la politique — cependant plus tard il ne se montrera pas indigne des traditions familiales — de même qu'il ne désirait pas la compagnie des hommes de son rang, ni s'intéresser aux choses raffinées et choisies dignes d'un prince du xve siècle. Né en 1476, son enfance et les débuts de son adolescence avaient été marqués par les angoisses de la guerre contre Venise et les afflictions consécutives à ce désastre. Les malheurs résultant de cette entreprise, qui coûta aux Ferrarais le magnifique territoire du Polésine de Rovigo, avaient influé sur la formation d'Alphonse et lui avaient donné la conviction, instinctive d'abord, raisonnée ensuite, qu'il fallait être fort militairement, faisant de lui un homme de guerre après trois seigneurs d'Este pacifiques de tempérament et de tendances. L'innovation représentée par l'artillerie lui semblait une importante découverte qu'il convenait de mettre à profit; aussi dirigeait-il lui-même une fonderie et témoignait-il pour les artisans, nous dirions maintenant les techniciens, d'un respect fort étranger à l'esprit du temps, s'arrêtant pour s'entretenir longuement et familièrement avec eux, au grand scandale des nobles et des courtisans. Dans les plaisanteries et les jeux, Alphonse manifestait une âme tout ensemble simple et viciée, un déchaînement quelque peu grossier d'instincts qui rappelait le sang impétueux de Nicolas III et la trouble hérédité d'Aragon. On comprend qu'à son père, tellement plus aristocrate et cultivé, esprit purement politique, un tel fils parût presque monstrueux : il y avait entre eux non seulement la fatale incompréhension d'une génération à l'autre, mais le choc de deux caractères qui, plus encore que dissemblables, étaient opposés. On racontait, entre autres choses, qu'Alphonse, alors âgé de vingt et un ans, était sorti en plein jour dans les rues de Ferrare nu et tenant son épée dégainée : acte de fou, même s'il s'agissait d'une bravade ou d'une gageure.

Hercule qui, sans être chaste — ce qui pour un homme de la Renaissance eût été synonyme de frigide — avait gardé une certaine continence, jugeait que son fils dilapidait sa vie sans la moindre finesse en épaisse sensualité, passant, comme il le faisait, d'une courtisane à l'autre. Après un duel fameux engagé à Naples pour une belle de l'aristocratie, qui avait été une aventure chevaleresque, il n'y eut plus grande occasion à Ferrare de parler des bonnes fortunes du duc Hercule. Deux seulement furent sérieuses, l'une avec Ludovica Condulmieri, jeune fille noble dont il avait eu une fille, Lucrèce; l'autre avec une fille d'honneur napolitaine d'Éléonore d'Aragon, Isabelle Arduino, qui donna le jour à don Jules, aux beaux yeux, élevé à la cour comme la petite Lucrèce sous le regard maternel de la duchesse Éléonore. Mais pour Alphonse les passions étaient d'autre sorte : les femmes robustes et capables de participer à ses plaisirs violents lui plaisaient, et mieux encore si elles étaient de mœurs faciles et qu'on pût se dispenser avec elles des délicatesses nécessaires, bien qu'à leur fréquentation il ait attrapé le « mal de Naples », qui avait failli lui causer la gangrène des mains. Avec sa première femme, Anne Sforza, pleine de fantaisies et de caprices, il avait vécu dans un accord de pure forme, cause de bien des larmes pour la jeune épouse, qui se consolait en faisant dormir dans le lit trop souvent déserté une caressante petite esclave noire. La pauvre Anne mourut en couches, comme de nombreuses femmes de ce temps-là, et la tristesse de sa destinée conjugale, elle non plus, n'était point rare.

On croyait et on disait qu'Alphonse n'était pas aimé du peuple : bien au contraire, et la distinction est importante, ce sont les gens de cour qui ne l'aimaient pas et avaient en lui un espoir si limité qu'ils se demandaient s'il n'y avait pas lieu de préférer son frère, le cardinal Hippolyte, d'esprit beaucoup plus fin que son aîné, mais d'un caractère encore plus énigmatique. Entre Alphonse et le remuant cardinal, mieux fait pour les armes que pour la pourpre, les discussions étaient fréquentes et une inimitié latente les divisait, qui ne devait céder que plus tard et par nécessité devant la raison d'État. Pour l'heure, les litiges et les bastonnades entre leurs familiers à l'un et à l'autre étaient quotidiens et, pour troubler encore davantage l'atmosphère, il y avait les jeunes frères, non point le pieux Sigismond, qui se contentait d'une vie sans ambition tout orientée par la prière, mais le beau et joyeux don Ferrante, qu'il fallait bien pourvoir de quelque façon, et don Jules, le bâtard très aimé. A ce dernier, Hercule aurait voulu assurer un refuge dans la vie ecclésiastique, mais ne parvenait point à l'en convaincre, don Jules étant trop beau et trop riche d'aventures amoureuses pour accepter un frein, quel qu'il fût.

*
* *

C'est donc dans cette famille qu'allait entrer, par l'autorité du pontife et à prix d'or, Lucrèce Borgia. Parmi les hommes de la maison d'Este, le duc Hercule et Alphonse avaient à établir avec elle des comptes spirituels que chacun règlerait à sa façon et avec sa rudesse particulière; mais la personne qui l'attendait en position de combat était la sœur d'Alphonse, Isabelle d'Este Gonzague, marquise de Mantoue. Femme célèbre, on reconnaissait au premier coup d'œil chez Isabelle une vraie princesse d'Este : esprit de gouvernement capable d'imaginer et de soutenir dans la pensée et au nom de l'État des entreprises hardies, très intelligente, ambitieuse sans aucune mesquinerie, une vraie personnalité faite pour diriger et qui prétendait ne pas se laisser étouffer par les parures féminines. Puisque le gouvernement du marquisat de Mantoue incombait à son mari et qu'elle ne pouvait rien d'autre sur ce point que le diriger et le conseiller quand il voulait bien y consentir, ce qui n'arrivait pas tous les jours, elle cherchait un triomphe absolu sur le plan intellectuel, artistique et courtois. Elle ne regrettait point de ne pas être un homme pourvu que chacun la tînt pour « la première dame de son temps », comme elle se le faisait souvent dire par ses admirateurs. Pour elle les plus rares vêtements, souvent renouvelés, aux formes innovées parmi l'enthousiasme et l'imitation frénétique des autres dames; pour elle les parures étudiées dans leurs détails les plus subtils, les étoffes parfaites, les fourrures sans égales, les couleurs, les dessins, les broderies inédits. De belles et spirituelles jeunes filles — la marquise de Mantoue avait trop d'orgueil pour craindre la rivalité de ses inférieures — rénovaient sans cesse cette cour, qui brillait plus qu'aucune autre en Italie; son château sur le Mincio était une demeure de princesse et de lettrée, pleine de statues antiques, de peintures, de livres, d'objets provenant des fouilles. Isabelle était fort cultivée, elle savait le latin, étudiait le grec et s'était rendue célèbre parmi les humanistes de son temps en entretenant une correspondance avec tous les poètes, artistes, littérateurs en renom qu'elle avait pu atteindre, répondant à leurs compliments épistolaires sur le même ton, sollicitant tel ou tel de lui envoyer des vers ou d'entreprendre une peinture pour elle. Sa plus grande ambition était d'être admirée par les hommes les plus cultivés de la péninsule et même d'outre-frontières : elle réussit à mettre en branle le monde des humanistes quand il lui vint l'idée de faire élever sur la rive du Mincio une statue à Virgile, le plus grand des Mantouans; Pontano, lui-même, adressait de Naples des hymnes de louange à cette jeune femme assez avisée pour donner des leçons de civilisation et de culture à tant de princes illustres. Bien que le projet de statue n'avançât pas beaucoup, avec les années avait progressé la renommée qui lui assurait, et lui assure encore, le titre de femme représentative entre toutes de la Renaissance italienne : titre qu'elle gardera sans contredit, car il suffit d'avoir jeté un coup d'œil sur la correspondance conservée dans les archives de Mantoue pour se faire une idée admirative du style, de l'habileté, du courage, de la persévérance et de l'acuité critique d'Isabelle d'Este. Mais, contrairement à ce qui s'en est dit et à ce qu'elle-même croyait, sa qualité dominante n'était nullement une intuition artistique de premier ordre; au contraire. En art et en littérature, bien qu'elle eût un goût averti, elle suivait la mode, elle était plus informée qu'éclairée et il pouvait lui arriver — il lui arriva — d'user pour Calmeta, Accolti ou Trissino d'épithètes laudatives plus hautes de plusieurs tons que pour l'Arioste. A peine se mêlait-elle, en revanche, des questions de gouvernement qu'elle semblait dans son élément, elle se révélait toute,

faisait montre d'originalité de pensée et de jugement, d'une dextérité quasi diabolique pour tourner les événements à son profit,
d'un sens diplomatique à toute épreuve, de patience, d'observation, de la connaissance des hommes et des choses, rassemblant
dignement en sa personne les qualités de dix générations au moins
de ces enragés politiques que furent les Este.

Il est naturel qu'une telle puissance d'attention au monde extérieur l'ait éloignée de l'univers féminin, des choses intimes et
tendres. De tendre, Isabelle n'avait que certaines inflexions sentimentales de langage, qui n'étaient point tant une émanation de
sa nature qu'une lointaine acquisition remontant à son enfance
vécue aux côtés de sa très tendre mère aragonaise. Point aussi
attrayante que le disaient ses courtisans, elle était de taille
moyenne, avec un visage arrondi, des cheveux clairs, des yeux
bruns et une allure qu'elle réussissait à rendre vive et majestueuse; en vraie Lombarde, sa conversation était irrésistible, riche
et savoureuse; elle était musicienne d'instinct et d'éducation,
chantait et jouait des instruments avec la parfaite aisance d'une
culture raffinée. C'était une mère attentive mais, parmi ses
enfants, n'aimant que ses fils et ne parlant guère que d'eux dans
ses lettres à son mari; on racontait que lors de la naissance de sa
seconde fille, elle avait eu un accès de rage et fait enlever la petite
du somptueux berceau préparé pour un garçon, l'en jugeant
indigne; plus tard, lorsqu'une autre de ses filles, Hippolyta, entra
en religion, tandis que le père, très ému, bénissait plusieurs fois
la jeune fille, Isabelle, impassible, se félicitait d'avoir donné sa
fille à un gendre qui, disait-elle, ne lui causerait pas de soucis.
Elle aimait son mari, l'un des hommes les plus laids, mais les
plus fascinants de son temps, le vainqueur de Fornoue en 1495,
d'une si aimable et si enfantine ingénuité qu'il faisait composer
des vers par les poètes de cour afin de les envoyer ensuite à son
épouse lettrée comme étant de lui. Jamais elle n'avait eu de faiblesse pour quiconque, sinon peut-être une inclination toute céré-
brale pour son beau-frère Ludovic le More, qui, lorsqu'elle avait
quinze ans, lui avait produit une souveraine impression de puissance et de richesse en la recevant dans son château de Milan,
parmi des fêtes et des bals d'un faste poussé à l'extrême. Le
More lui avait alors fait vivre des jours de glorieuse galanterie,
avec les honneurs dont elle avait été l'objet et les présents royaux
qu'il avait déposés à ses pieds, tel ce vêtement de drap d'or

gaufré, rebrodé d'un dessin figurant le port de Gênes, son phare et ses tours, avec cette légende : « *Ta ntrabajo m'es placer per tal thesauro no perder.* » Oui, Isabelle avait alors éperdûment envié le sort de sa sœur Béatrice, mais point par la suite, cependant, quand elle vit sa sœur morte, le duc lombard ruiné, les splendeurs de Milan pillées et saccagées. L'équilibre du beaucoup plus petit marquisat de Mantoue avait été infiniment plus ferme et le demeurait : Isabelle y régnait sans crainte, entourée d'une nuée de filles d'honneur obéissant à la baguette, attentive au vaste réseau de ses intrigues diplomatiques, artistiques, mondaines.

Mais avec l'arrivée de Lucrèce, pour la première fois, le monde positif d'Isabelle s'embrumait : qu'allait lui apporter cette belle-sœur qui arrivait de Rome et de cette cour pontificale avec laquelle aucune autre ne pouvait se mesurer? Aujourd'hui on ne parlait que de sa grâce et de sa vertu, mais elle, Isabelle, avait entendu de la bouche même du mari divorcé de Lucrèce — n'oublions pas que Jean Sforza avait épousé en premières noces une sœur du marquis de Mantoue — des histoires scandaleuses sur son passé, racontées par quelqu'un qui savait mêler du fiel à ses récits. Et, pourtant, être obligée de considérer comme une égale et de respecter comme souveraine de Ferrare une femme qui avait donné prise à de pareils propos était relativement peu de chose pour Isabelle en regard de ce que cette Borgia pourrait représenter aux limites de son propre territoire, dans sa ville natale, parmi ce peuple qu'elle avait accoutumé à la considérer comme « la première dame du monde », en vérité comme « une déesse ». Chaque description de la beauté, de la richesse, du charme de sa rivale enfonçait une épine dans l'orgueil de la marquise. Elle avait compris, et peut-être avant tous les autres, que le mieux était de se résigner à cette alliance, mais elle la supportait mal et frémissait de paroles rentrées, excitée par ses amis ferrarais qui, en lui décrivant les grandes élégances de Lucrèce, l'exhortaient à employer « son esprit à manifester de qui elle était fille », faisant allusion ainsi à l'ascendance royale d'Isabelle par sa mère aragonaise comparée à la naissance bâtarde de Lucrèce.

D'octobre à janvier les longs mois d'hiver se passèrent à la cour de Mantoue dans une intense activité. Isabelle réunissait ses demoiselles d'honneur, les exerçait, étudiait durant des heures entières de nouvelles formes de vêtements, confrontait les couleurs, rapprochait les velours et les fourrures pour trouver des harmonies originales; les somptuosités de l'or et des brocarts ne lui suffisant pas, elle cherchait des inspirations dans les textes littéraires pour de symboliques broderies qui exciteraient l'esprit des courtisans; à l'intention de ses gentilshommes, qui n'étaient pas tous riches, elle empruntait à Brescia des chaînes d'or, mais ne les obtenait pas aussi belles qu'elle l'eût souhaité. Elle étudiait et répétait ses chants en s'accompagnant du luth; sachant que la danse était l'art préféré de Lucrèce et ayant décidé de ne pas se laisser distancer sur ce point non plus, elle s'essayait avec son entourage féminin aux danses françaises et italiennes qui étaient alors en vogue. Mais tantôt le pas était mal rythmé, tantôt les figures étaient exécutées avec gaucherie et le front d'Isabelle s'assombrissait; vraiment il fallait un maître de ballet et qu'il fût excellent. Isabelle se souvint que, l'année précédente, son frère Hippolyte lui avait proposé de prendre à son service le joueur de tambourin et danseur Ricciardetto, maître non seulement de belles manières, mais de danses de tous pays : elle l'avait alors refusé mais, maintenant qu'il lui était nécessaire, elle le réclamait impatiemment et, comme Hippolyte tardait à l'envoyer, elle le tarabustait : « Si Votre Seigneurie ne me procure pas le service de Ricciardetto d'ici quelques jours, je crois que je serai couverte de honte à cette fête. » Comment Hippolyte n'aurait-il pas obtempéré à la solidarité familiale?

Le 14 novembre 1501, tandis qu'à Rome Lucrèce était encore dans un doute épineux, la chancellerie de Ferrare expédiait à Mantoue l'invitation officielle d'Hercule à sa fille. L'original de cette invitation, soustrait jusqu'à présent aux recherches des chercheurs, vient précisément élucider un point demeuré obscur qui avait laissé les historiens hésitants : pourquoi, lors des noces Este-Borgia, Isabelle se rendit-elle seule à Ferrare sans la compagnie de son époux? Luzio, l'historien le plus autorisé des cours de Mantoue et Ferrare au temps de la Renaissance, attribue l'abstention du marquis de Gonzague à un soupçon sur les manœuvres du Valentinois qui, plus que jamais, était alors le cauchemar de tous les souverains d'Italie. A ce propos il cite la lettre d'un certain Matteo Martino da Busseto qui, de Bolzano, écrivait au marquis de Mantoue qu'il avait appris que le pape, secrètement allié aux Français et aux Vénitiens, projetait, durant les fêtes de la maison d'Este, de fondre sur Ferrare avec l'armée du duc de Valentinois, opérant ainsi une capture de chefs d'États dont ensuite il envahirait les terres et usurperait les biens afin de les partager entre ses alliés : hypothèse qui a quelque chose d'absurde et qu'on sent venue tout droit de cet homme à l'esprit détraqué qu'était l'empereur Maximilien. Busseto conseillait vivement au marquis de Mantoue de ne pas quitter ses terres et de surveiller ses frontières, mais cette lettre, écrite le 9 décembre 1501, si elle pouvait renforcer l'atmosphère de défiance et de suspicion envers César, ne fut certainement pour rien dans la décision de François de Gonzague, pour la bonne raison que son absence aux épousailles avait été décidée un mois plus tôt et non point sur la suggestion de tel ou tel conseiller du marquis de Mantoue, mais par le duc Hercule, qui s'en étai tclairement expliqué dans la lettre dictée à son secrétaire pour Isabelle.

Voici, en effet, la lettre, l'invitation officielle du 14 novembre, dans laquelle, après avoir invité la marquise de Mantoue aux noces de Mme Lucrèce, « notre bru, car il est convenable que Votre Seigneurie y participe comme étant notre fille, » le duc ajoute : « Cependant et pour des motifs dignes de respect, il nous paraît préférable que Sa Seigneurie (François de Gonzague) ne vienne pas, étant données les conditions du temps présent que Sa Seigneurie, je le crois, considère fort bien dans sa prudence et connaît entièrement. » Plutôt qu'un conseil, c'est un ordre. « Et, ainsi, Votre Seigneurie pourra le lui faire comprendre, » concluait le duc, témoignant clairement qu'il avait plus confiance dans l'entendement de sa fille qu'en celui de son gendre. Gonzague aura donc eu peur, mais une peur motivée, puisque le premier à lui donner crédit était le duc de Ferrare, qui n'avait pas coutume de s'effrayer de phantasmes. Non seulement la convoitise conquérante du Valentinois était manifeste pour tous, mais encore Hercule savait qu'à Rome le pape s'était lamenté près de Saraceni et Bellingeri au sujet du marquis de Mantoue, le jugeant « trop libre dans ses paroles » et surtout coupable d'avoir accueilli sur ses terres des ennemis du pape et de César, une bande de réfugiés anti-Borgia, parmi lesquels Jean Sforza, le premier mari divorcé de Lucrèce. Il valait donc mieux que François de Gonzague demeurât chez lui par prudence et pour la sécurité générale. A la fin de janvier, tout étant prêt, Isabelle partit avec sa cour et ses coffres, protestant que cette pénible obligation de satisfaire à ses devoirs l'ennuyait fort. Sa confidente, la marquise de Cotrone, l'accompagnait et, à Ferrare, elle trouverait sa belle-sœur, Élisabeth de Gonzague, duchesse d'Urbin, avec son amie intime Émilie Pio de Montefeltro, l'une des femmes les plus spirituelles de son époque : elle les savait de son bord et disposées à la suivre. On travaillerait à tendre des pièges de cour.

*
* *

A Ferrare, les noces Borgia avaient donné le signal d'un grand branle-bas et même dénoué les cordons de la bourse ducale. Hercule, établissant ses comptes avec précision, dépensait, mais avec la certitude que tout serait payé par sa bru. Le cartonnier Giacomo et maître Niccolò ont reçu commande des boîtes et des confiseries dorées; l'orfèvre de la cour sertit les bijoux neufs et dispose les anciens sur des montures nouvelles; le ciseleur vénitien Bernardino, ainsi que Giorgio dalle Cordelle et Francesco Spagnolo, travaillent au nouvel équipement de cheval pour l'époux sans épargner les lamelles d'or battu, assoupli, ornementé; les peintres Fino et Bartolomeo da Brescia dessinent, dorent, peignent les carrosses qui transporteront les dames de la cour; dans les rues s'élèvent des tréteaux, ceux de Castel Tedaldo, de Saraceno, de San Domenico, constructions de bois, de carton et de toile peinte, sur lesquels des acteurs costumés souhaiteront la bienvenue à l'épousée; les inventions de ces tréteaux, confiées à la fantaisie et au pinceau de Corradino da Imola, ne semblèrent pas très fines. Le cordier Giacomo prépare les longues cordes qui, du haut de la tour de Rigobello et de la tour du Podestat, doivent atteindre le sol et fournir une route aérienne à deux saltimbanques pour atterrir aux pieds de la nouvelle duchesse. Une armée d'ouvriers travaille pour les représentations théâtrales, sous la surveillance du duc, qui comprendront, outre les comédies et intermèdes, des ballets dits « mauresques ». Les régisseurs Ercole Panizzato et Filippo Pizzabeccari se sont torturé le cerveau pour chercher des effets dignes du public et de la circonstance; enfermés dans la grande salle du palais public, peintres et décorateurs sous la direction du peintre Jacopo Mainardi réclament des étoffes blanches, rouges et vertes pour orner les gradins destinés aux 5 000 spectateurs, drapent des tissus d'or sur le baldaquin ducal, disposent en parterre les plantes vertes, peignent les grands blasons des Este, des Borgia et du roi de France, grand protecteur de Ferrare, tandis qu'une centaine d'acteurs, de musiciens, de danseurs, répètent leurs rôles. Il arrive des paniers d'accessoires de théâtre, dont la liste d'objets fantastiques est encore divertissante à lire, depuis les panaches de plumes d'autruche de Giovanni Massariato, les quarante livres d'étoupe préparée de façon à ne pas abîmer la bouche des danseurs mangeurs de feu, les sonnailles, les tambours, les balles coloriées de maître Beltrame, les vingt-quatre miroirs de maître Giorgio, les seize vélums de soie rose de maître Luca; et puis les gants brodés de Marino, les chausses aux rayures de couleur de Salvatore Baioni, les trente-neuf anneaux de l'orfèvre Zenorino, qui orneront les oreilles de « Mores feints », et les éperons, les gorgerins, les masques du spécialiste ferrarais Gerolamo della Viola; une mystérieuse « boule pour faire une musique », de fausses têtes, des fourrures, candélabres, ceintures, épées, balles, trompettes, jusqu'aux plus étranges trousseaux de vêtements, de chemises, de jaquettes, de pourpoints, de mantelets, de bottes et de souliers.

A suivre des fenêtres ou à travers les récits des parents et des servantes toute cette agitation, chaque dame, chaque jeune fille frémissait de plaisir et songeait au costume et aux parures qui allaient lui procurer un grand ou modeste triomphe. « Les femmes déploieront leurs pompes outre mesure, » disait l'un de ceux qui s'y connaissaient en tailleurs et en brodeurs. Il y avait eu grande compétition entre les familles nobles pour que leurs filles fissent partie de la cour de la nouvelle duchesse : outre l'honneur et les bénéfices que pouvait procurer une charge à la cour aux parents de la jeune candidate, l'usage voulait que la duchesse se chargeât de marier celles qui l'avaient bien servie et qu'elle leur donnât des présents, des bijoux et même une dot, résolvant ainsi fort honorablement le point névralgique que représente pour les parents de tous les temps la fille à marier. En novembre, Hercule, accompagné de son fils Alphonse et du médecin favori de la cour, Girolamo Ziliolo, était allé à l'improviste faire son choix dans les palais de la ville : suivant la règle, les jeunes filles devaient avoir entre quatorze et dix-huit ans, être saines, belles et de famille noble.

La lutte avait été plus âpre encore parmi les dames d'âge mûr pour la charge de gouvernante du jeune groupe féminin et les concurrentes avaient tant de savoir-faire, tant de noblesse, tant de mérites pour les services rendus aux prédécentes duchesses qu'il était fort difficile de choisir entre elles. Des trois ayant les plus grandes chances, Giovanna da Rimini fut éliminée comme étant encore trop jeune, trop belle et trop coquette. Restèrent en présence Béatrice Contrari, de la grande lignée des Rangoni, et Teodora Angelini, toutes deux sages et vertueuses, mais sans excessive rigidité morale : une savoureuse liberté de langage, une façon large et chaleureuse de comprendre la vie, particulièrement la vie féminine intime, en faisaient d'agréables compagnes pour des jeunes femmes. Les lettres qui nous sont parvenues de Béatrice Contrari prouvent combien d'indulgence et de malice en même temps que de noblesse et de mesure pouvaient coexister en une dame de l'aristocratie italienne de la Renaissance alors même qu'elle usait d'une grande liberté d'expression. C'est ainsi qu'ayant accompagné Isabelle d'Este dans un voyage hivernal, elle écrivait au marquis de Mantoue pour lui raconter les péripéties du parcours, durant lequel il avait fait un tel froid dans la grande gondole disjointe et mal protégée qui, au fil de l'eau, les conduisait à Milan qu'Isabelle lui avait demandé de venir dans son lit afin qu'elles se donnent mutuellement un peu de chaleur; elle s'était efforcée de son mieux en ce qui la concernait, affirmait Béatrice, à réchauffer la jeune marquise, tout en lui faisant remarquer que son mari serait mieux capable de la bien chauffer, mais, vraiment, ajoutait-elle, « je n'en avais pas le moyen. »

Nous ignorons pourquoi la sémillante Béatrice perdit la bataille et fut vaincue par Teodora Angelini, jadis dame d'honneur d'Éléonore d'Aragon, qui se case avec toute sa famille à la cour; son mari, Antoniolo, est nommé « compagnon » de la nouvelle duchesse et sa fille Cristina, adolescente maniérée, est admise parmi les demoiselles.

Subitement nominations et tractations s'arrêtèrent : de Rome était arrivée la liste des personnes que Lucrèce amenait à sa suite et le duc Hercule en avait frémi dans son avarice invétérée. Tant de dames et demoiselles, tant d'Espagnols, de chevaliers, de serviteurs, de pages, tout ce fracas de gens étrangers qui venaient troubler ses habitudes de vieil homme et surtout lui imposer une si lourde dépense semblaient une menace pour sa paix et son équilibre; aussi laissa-t-il en suspens la publication de la liste de cour en attendant de voir de ses propres yeux la horde qui se

disposait à envahir le château d'Este et il se borna à prescrire
pour les demoiselles élues le costume de gala des réceptions :
satin cramoisi et grand manteau fourré d'agneau noir.

*
* *

Sous un ciel neigeux, le 6 janvier 1502, le cortège nuptial
s'acheminait en direction de Ferrare après avoir quitté Rome par
la Voie Flaminienne, qui s'en va toute droite vers le nord, fidèle
encore presque complètement au tracé du consul romain. Au
pont Milvius les ambassadeurs prirent congé de Lucrèce et s'en
retournèrent tous, à l'exception du Ferrarais Costabili, qui l'es-
corta un peu plus avant, de sorte que lorsqu'elle s'arrêta pour
changer de monture, il put la saluer et recevoir d'elle quelques
phrases rapides, faisant allusion à des pensées que le manque de
temps l'avait empêchée d'exprimer mais qui lui seraient résumées
par correspondance. On se remit aussitôt en route. Le cardinal
Hippolyte, avec quelques-uns des membres de sa suite, devait
accompagner sa belle-sœur jusqu'à la première halte, tandis que
le duc de Valentinois avait l'intention de chevaucher jusqu'à
la chute du jour et de rentrer à Rome dans la nuit. Se sentir
encadrée par son frère et le cardinal d'Este était une aide pour
Lucrèce, que des présences aussi réelles et absorbantes à sa droite
et à sa gauche défendaient contre les souvenirs qui l'assaillaient
alors que les horizons romains fuyaient devant ses yeux. Car il
était vain d'essayer de se distraire par le décor du paysage qui
peu à peu se composait au regard des voyageurs : la campagne
romaine dessinait dans l'immobilité de l'atmosphère hivernale le
net contour de ses lignes sur une toile de fond aux couleurs pures
et sans bavures. Une mélancolie dépouillée d'éléments romantiques, qui dénudait l'esprit jusqu'à le désincarner, mais le maintenait en deçà du désespoir sous l'austérité d'un contrôle qui
n'admet point les abandons, atteignait les âmes en les isolant les
unes des autres et en leur rendant plus sensible ce sentiment
d'emprisonnement qui est à l'origine de la solitude humaine. Il
fallait s'agripper à cette réalité d'être en compagnie, d'avoir à
se dire des choses essentielles, d'écouter le son de ses propres
paroles dans leur résonance présente et de combler ainsi par
des propos et par des gestes le vide ambiant.
Tout l'après-midi ils chevauchèrent et aux premières brumes

César s'éclipsa, après un salut qui dût être comme une souffrance soudaine pour Lucrèce, sur cette grande route, au regard de tant de gens, sous la lumière basse et froide d'un ciel crépusculaire. Le soir, atteignant le vingt-cinquième kilomètre, ils virent se profiler à droite une colline ceinte de la pâle grisaille des oliviers et distinguèrent parmi les murailles fortifiées et les tours la silhouette d'un campanile du XIIIᵉ siècle. C'était la première étape, Castelnuovo di Porto, et pour Lucrèce c'était l'aventure qui se répéterait chaque soir durant près d'un mois : arriver, courir vers la flamme d'une cheminée, dormir dans un lit inconnu, lutter contre toute ombre de regret, d'angoisse, de souvenir, de désir; conquérir, fût-ce contre soi-même, la paix nécessaire pour pouvoir se lever le lendemain matin en montrant un visage calme. Nous ignorons quand le cardinal d'Este se sépara de Lucrèce, si ce fut le 5 janvier ou dans la matinée suivante, mais elle perdit certainement sa compagnie à partir de Castelnuovo. Elle avait encore près d'elle le bon visage honnête du cardinal François Borgia et Gian-Luca Castellini, le conseiller d'Hercule, qui avait toujours quelque chose à dire, à examiner, à discuter; il y avait aussi les deux beaux-frères, don Ferrante et don Sigismond d'Este, compagnie toute superficielle, mais par là-même légère et reposante. Le soir se formait l'oasis féminine; à la cascade des roulades espagnoles d'Angèle Borgia répondait le sage contralto d'Adrienne Mila.

Mais arrivaient les matins, les aubes glacées, les brusques réveils. Les chevaux piaffaient sous les fenêtres, les voix masculines s'élevaient avec insistance; quelqu'un frappait annonçant que tout était prêt et il fallait enfin se mettre en route. Le 7 janvier le cortège en direction de Civita Castellana passait au pied du Soracte immaculé sous la neige qui, cette année-là, avait atteint jusqu'à Rome. « *Vides ut alta stet nive candidum Soracte,* » aurait pu s'exclamer avec Horace l'un des lettrés du cortège, par exemple messire Niccolò da Correggio, et poursuivre sa route en scandant à part lui le rythme du vers antique.

Après Civita Castellana apparurent les premières collines qui s'élèvent ensuite jusqu'aux hauteurs boisées de Narni, tranchées net au-dessus de la limpide Nera. On traversa Terni en se dirigeant sur Spolète. Mais la petite troupe ne se comportait pas au gré de ses chefs : la diversité des caractères s'était manifestée, des divisions en résultaient, la barrière des nationalités et des intérêts se dressait; les Romains maintenaient leur orgueil, les Ferrarais — qui déjà à Rome avaient noté et référé chez eux « quelle est leur vanité de dire : *je suis Romain* » — s'en moquaient silencieusement. Les Espagnols ne pardonnaient pas aux Ferrarais le butin conquis sur le Vatican et les hommes du duc de Valentinois méprisaient tout et tous à l'exemple de leur maître. Entre Terni et Spolète ces humeurs dégénérèrent en rixe, à propos de certaines grives savoureuses, entre deux écuyers, l'un de Stefano dei Fabi, noble romain, l'autre de don Sigismond d'Este. Lucrèce apaisa le différend sur lequel misaient déjà, prêts à prendre parti, les plus batailleurs de la troupe.

A Spolète, les habitants, se souvenant du gouvernement de leur ville deux années auparavant, étaient tous venus accueillir Lucrèce et lui avaient préparé comme résidence son ancienne demeure de gouverneur, la Rocca. Ils la regardaient monter avec son même sourire par les rues qu'elle avait parcourues en 1494 aux côtés de Jean Sforza, durant une halte de son voyage vers Pesaro, puis en 1498, seule d'abord et plus tard en compagnie d'Alphonse de Bisceglie. Peut-être Lucrèce ne parvint-elle à se dégager de l'emprise des douloureuses visions qu'en laissant derrière elle l'enceinte de Spolète et elle les oublia davantage lorsqu'elle fut distraite, entre Spolète et Foligno, par une bande de gens fort beaux, hommes et jeunes gens des Baglioni, seigneurs de Pérouse et feudataires du pape, délégués pour l'inviter à s'arrêter dans leur ville, invitation qui n'était qu'un hommage, personne n'ignorant quel itinéraire rigoureux devait suivre le cortège. Il y eut des compliments et des discours. Mais Lucrèce les écoutait à peine, comme un bourdonnement sonore qui accompagnait sa fatigante visite; elle remerciait et poursuivait son chemin.

Les espions commençaient à manœuvrer : si, en cours de route, on peut les ignorer, car ils se tiennent en queue du convoi, durant les haltes leurs ombres s'allongent dans les écuries, les antichambres, au voisinage du quartier des servantes; le « Prêtre », l'informateur de la marquise de Mantoue, se glissait le long des corridors, réussissait à force de bouffonneries à devenir l'ami des jeunes filles, et non seulement à se faire tolérer des joyeuses demoiselles, mais encore à obtenir de pénétrer une fois dans la chambre à coucher de Lucrèce et d'examiner ses vêtements de nuit. Ont-elles parlé de lui à leur souveraine? Toujours est-il que Lucrèce le fait appeler et se laisse observer minutieusement, tout en l'interrogeant. Le « Prêtre » ne peut se dérober aux questions qu'on lui pose sur la cour d'Isabelle d'Este et ses habitudes. Il répond, mais vient un jour où il s'avise d'en avoir trop dit et d'avoir eu le dessous dans ce duel de fourberies : « C'est une femme de grand esprit et astucieuse, » écrit-il à la marquise de Mantoue, puis il ajoute que, quand on lui parle, « il faut avoir de la présence d'esprit. »

On peut jaser plus librement sur les dames de l'escorte. Qui donc avait dit le premier que la jeune femme de Fabio Orsini, Jeronima Borgia, était atteinte du mal de Naples? Angèle Borgia, sœur de Jeronima, qui a quinze ans, est très admirée, belle, élégante, avec un certain éclat du regard à vous tourner la tête. Sur la nerveuse Catherine de Valence, la danseuse, il y a divergence d'opinions : est-elle belle? Ne l'est-elle pas? « Aux uns elle plaît, aux autres non, » conclut le « Prêtre ». Celle qui inspirait au « Prêtre » et à toute la troupe une admiration exceptionnelle était Caterinella la négresse, une très belle adolescente que sa maîtresse enveloppait littéralement de satin et de brocart, parait de bracelets, de perles et de colliers, comme une grande poupée de harem. Non que les Ferrarais ne fussent habitués au caprice princier d'avoir des nègres : Isabelle d'Este et Anna Sforza avaient eu négrillons et négrillonnes, mais celle de Lucrèce était un oiseau rare, « la plus galante que j'aie jamais vue, » disait le « Prêtre ».

Le voyage se poursuivait : le cortège, après avoir dépassé Foligno, Nocera Umbra, Gualdo Tadino, inclinant à gauche, passait du territoire de l'Église à celui du duc d'Urbin et, parvenu en vue de Gubbio, voyait arriver à sa rencontre un autre cortège, à deux kilomètres de la cité, avec en tête la dame la moins accessible d'Italie, Élisabeth de Gonzague, au long visage, sœur du marquis de Mantoue, épouse du duc d'Urbin, Guidobaldo de Montefeltro. En désirant complaire aux Borgia par sa présence, la duchesse Élisabeth montrait que ni son mari, ni elle-même ne se faisaient d'illusions sur les desseins rapaces du Valentinois, orienté depuis quelque temps déjà vers les terres boisées des Montefeltro, persuadés l'un et l'autre que le pape n'avait pas sans arrière-pensée inclus Urbin parmi les seigneuries déchues des droits féodaux. Se porter à la rencontre de la fille bien-aimée du pape, avoir promis de l'accompagner jusqu'à Ferrare après l'avoir d'abord reçue sur le territoire d'Urbin avec tous les raffinements d'une cour célèbre, considérée comme le modèle des cours humanistes et libérales, constituait donc un acte d'opportunisme politique, une tentative suprême pour se concilier la bienveillance du pape; mais l'orgueil des Borgia n'en était pas diminué : ils étaient trop foncièrement aventuriers pour ne point se sentir monter en grade dans l'altière compagnie d'Élisabeth de Gonzague.

Vêtue de velours noir, sobrement parée suivant une conception personnelle qui, faisant fi des modes courantes, se résolvait dans un accord inimitable entre la forme et l'esprit, la duchesse Élisabeth approchait, ayant à ses côtés son amie et compagne Émilie Pio, veuve d'un Montefeltro, célèbre non par sa beauté mais par un esprit critique et ironique qui, plus tard, devait la conduire à la limite d'un épicurisme hérétique fait pour les cours et qu'exprimaient les lignes de son visage avant même ses petits yeux de femme grasse et pâle. Elle aussi était habillée de noir et portait, comme toutes les demoiselles de la suite, un chapeau, dont le large bord, relevé devant, retombait jusque sur le dos, invention symbolique, comme nous le verrons, et abondamment commentée par la duchesse. « Une fois que Leurs Seigneuries eurent fait leurs embrassements avec de très grandes démonstrations d'amour réciproque, » écrit Gian-Luca Castellini, tous se dirigèrent vers la ville, où ils pénétrèrent de nuit, à la lumière des torches qui grimpaient le long des rues escarpées. Lucrèce logea au palais ducal, datant du Quattrocento, où tous les appartements, y compris ceux plus intimes de la duchesse d'Urbin, furent mis à sa disposition et, afin de laisser à son hôte la seigneurie du territoire, la duchesse d'Urbin et sa suite s'en fut passer la nuit dans une villa hors des murs de la ville. Partout étaient peintes les armes du pape, de la maison d'Este et du roi de France; les provisions de mets et de vins fins étaient abondantes, les torchères brûlaient, des cheminées encadrées de marbre sculpté s'élevait la chaleur amicale du feu; les intendants et serviteurs, qui s'empressaient autour des hôtes, avaient, eux aussi, « si bonne mine que mieux ne se pourrait; » dans les écuries nettes et pleines de fourrage les chevaux eux-mêmes eussent pris, s'ils l'avaient pu, un air satisfait.

Le matin suivant, 17 janvier — adieu au tuteur du petit Rodrigue de Bisceglie, adieu au bon ami — le cardinal-légat

François Borgia quittait Gubbio pour retourner à Rome. Lucrèce n'eut pas le loisir de s'attendrir; à peine avait-on fini de saluer le cardinal que le cortège nuptial, augmenté de la suite de la duchesse d'Urbin, commençait à défiler et qu'entrait en scène la litière dorée à la française, offerte par Alexandre VI à sa fille précisément pour cette occasion. En dehors du souci de commodité, le pape, en faisant exécuter ce cadeau, avait pu avoir un motif psychologique, envisager qu'une fois enfermées dans la chambrette ambulante tendue de brocard, rembourrée de coussins et de tapis, Élisabeth et Lucrèce, étendues l'une près de l'autre, isolées du monde extérieur, lieraient plus facilement conversation et, s'étant ainsi rapprochées, termineraient leur voyage dans l'amitié. D'amitié, au contraire, il ne fut jamais question; les deux femmes venaient de trop loin et d'horizons trop divers et étaient trop peu enclines l'une comme l'autre à se renoncer sur quelque point que ce fût pour que leur accord pût aller au delà d'une simple entente mondaine. Elles durent s'en tenir aux propos de cour et aux thèmes de circonstance et entamèrent, sans nul doute, le chapitre — auquel tenait Élisabeth, férue de littérature — de leurs amis communs poètes et humanistes, tels que Vincenzo Calmeta, Bernardo Accolti et feu Serafino Aquilano.

Le 17 au soir, elles étaient à Cagli, où se renouvela l'accueil aimable de Gubbio et le 18 elles arrivèrent à Urbin; à un mille hors des portes vint à leur rencontre le duc Guidobaldo de Montefeltro, que Lucrèce avait connu à Pesaro et vu ensuite à Rome lors de l'expédition du duc de Gandie contre les Orsini. On pénétra dans la cité ornée d'une décoration triomphale. Les rues d'Urbin, pavoisées ce jour-là de brocarts et d'écussons aux armes des Este et des Borgia, conduisent tout naturellement à la demeure ducale, le « beau palais » construit par Luciano Laurana et Francesco di Giorgio vers le milieu du XVe siècle pour Frédéric II de Montefeltro. Rares sont les demeures qui, comme celle-ci, font éprouver le bien-être de se sentir dans un espace qui n'est point limité par les murs, les plafonds, les pavages, mais contenu entre eux suivant une conception tout à la fois logique et lyrique, fondée sur les lignes horizontales et la netteté géométrique de cette époque. Lucrèce passa les journées du 18 et du 19 à jouir des fêtes que lui avaient préparées les seigneurs d'Urbin et à se reposer dans les appartements dont les portes et les fenêtres s'ornaient d'élégantes corniches, garnis non seulement de livres, de tableaux, de statues, de tapis, de rares instruments de musique, mais encore d'une quantité d'objets soignés jusque dans les moindres détails d'utilité.

C'est ici que dut arriver une lettre du cardinal Hippolyte d'Este, datée de Rome le 16 janvier 1602, l'une des rares qui puisse apporter quelque lumière sur les rapports de Lucrèce avec son fils d'Aragon. Le cardinal lui envoie en présent des bracelets que, n'étant pas encore terminés, il n'a pu lui remettre à Rome et qu'il accompagne de quelques phrases bien tournées; puis il ajoute qu'il a envoyé l'un de ses familiers voir le petit duc de Bisceglie, qui a été trouvé beau, en bonne santé et dormant d'un sommeil parfaitement paisible.

Le 20 janvier, malgré l'amoncellement de lourdes nuées dans le ciel d'Urbin, le cortège s'ébranla avec les deux duchesses dans la litière et prit la route de la Romagne pour atteindre d'abord Pesaro. Le gouverneur général de Romagne, don Ramiro de Lorqua, l'un des fidèles du duc de Valentinois, homme de belle prestance, aux cheveux et à la barbe poivre et sel, aux yeux bleus, vint à la rencontre de Lucrèce. Lui et ses gens étaient mal vus des demoiselles d'honneur d'Élisabeth de Gonzague, qui n'avaient pas oublié le rapt, dont elles frémissaient encore, de Dorothée de Crema, leur compagne de l'année précédente. Le soir, malgré le froid, la pluie glaciale et l'inconfort du chemin muletier qui des monts d'Urbin descend vers l'Adriatique, le cortège arrivait en vue de Pesaro.

Décrire les sentiments de Lucrèce sur la terre qui avait été son premier et paisible royaume serait ou trop aisé ou trop difficile, d'autant plus qu'elle devait s'appliquer à cacher toute émotion, afin que ni la duchesse d'Urbin, ni le regard scrutateur d'Émilie Pio ne réussissent à percer ses secrets pour y compatir et donc pour l'humilier. Elle souriait, et peut-être ne lui en coûta-t-il guère, à la bande d'enfants, vêtus aux couleurs rouge et jaune de César Borgia, qui accouraient au-devant d'elle, agitant de grands rameaux d'oliviers et criant : « Duc! Duc! Lucrèce! Lucrèce! » Mais il devait lui être plus difficile de sourire en pénétrant dans le palais, en revoyant la salle de la « palla » où elle avait signé ses premiers actes de gouvernement, et cet escalier, et ces salles connues jusqu'en leurs moindres recoins.

Mais après Pesaro et les terres du souvenir tout, pour la première fois, devenait neuf à regarder et à goûter. Pleine de vivacité, Lucrèce recevait, dansait, changeait chaque jour non seulement de toilette, mais de bijoux, de coiffure et même certains détails dans les harnachements, à la grande admiration des Ferrarais, qui s'y connaissaient en matière d'élégance. Enthousiasmé, don Ferrante d'Este décrivait à sa sœur Isabelle comment dans un bal, à Rimini, Lucrèce était apparue en costume de velours noir couvert de flèches formant des X et relevé d'une ceinture nouée de soie blanche, coiffée d'une toque d'or, avec au front l'éclat d'un seul et splendide diamant. Quand elle dansait pour flatter les notables de province, par sa présence à leur réunion, suivant la recommandation de César, ses pétulants bouffons espagnols tournaient autour de la salle, improvisant une mimique émerveillée et criant : « Voyez, voyez, la grande Dame, comme elle est belle, comme elle est aimable, comme elle danse bien, voyez, voyez la grande Borgia! » Si ces louanges se corsaient d'exclamations obscènes ou même blasphématoires, on ne s'en formalisait pas de leur part, au contraire.

Cependant, c'est à Rimini que Lucrèce devait avoir à souffrir la pire mésaventure spirituelle de son voyage. Propagées de bouche en bouche, amplifiées et travesties, d'inquiétantes nouvelles commencèrent à circuler qui parvinrent jusqu'au cortège nuptial. On prétendait que Gian-Battista Caracciolo, le capitaine de la République de Venise qui s'était vu ravir par le Valentinois sa fiancée, Dorothée, sans avoir pu en laver l'affront, s'était porté avec des gens armés, aux confins de la Romagne, avec l'intention évidente de se venger du Valentinois sur sa sœur. (Cet épisode est entièrement inédit, Grégorovius mentionne à peine Caracciolo, qu'il prend pour un brigand). Don Ferrante d'Este, avec la légèreté d'esprit et le manque de jugement qui devaient plus tard le conduire à la ruine, avait tout raconté à la seule personne qui aurait dû l'ignorer, à Lucrèce; l'on peut imaginer quelle angoisse nerveuse lui serra la gorge à se sentir encore sous le climat Borgia des plus mauvais jours, étreinte par la peur des violences et des *vendette*, comme si tant de voyages, un autre nom, un autre destin ne lui servaient de rien.

Appelé au rapport par la duchesse, Gian-Luca Castellini arriva en compagnie de messire Ramiro de Lorqua, qui avec une calme lucidité put confronter les informations, les récapituler et en tirer de sages conclusions propres à apaiser, à pacifier les plus effrayés. Vu l'importance du convoi comportant plus de 1 000 personnes, renforcé par les trois compagnies d'arbalétriers montés du gouverneur de Romagne, Castellini n'estimait pas que Gian-Battista fût « suffisant pour nous causer du dommage, à moins de venir en grand nombre et avec les gens de Venise qui ne s'y prêteraient pas; de plus il ne pourrait venir en se cachant, le pays étant très dégagé ». De toutes façons, cependant, il était bon « d'agir avec prudence, d'utiliser des espions et des patrouilles de reconnaissance, de pourvoir aux nécessités avec discrétion en proscrivant tout acte empreint de peur ou de méfiance ». Mais les avis pondérés du conseiller ducal ne dissipaient que fort peu l'horreur qu'éprouvait Lucrèce à s'imaginer ravie, tournée en dérision, tombée dans l'ignominie. Le soir apporta d'autres nouvelles : Caracciolo avance, il est tout proche; atterrée, Lucrèce, qui a peut-être l'impression que les Ferrarais lui sont d'un conseil insuffisant, s'énerve de minute en minute et répand autour d'elle tant d'agitation que l'un des siens, sinon peut-être elle-même — Castellini, référant l'épisode au duc Hercule, assure seulement que l'ordre n'émana d'aucun parmi les Ferrarais — donna l'ordre d'appeler aux armes les habitants de Rimini. Au matin suivant la ville entière est sens dessus dessous, la vague de désordre précédant les heures de péril commence à se former, jusqu'à ce que, vers le soir, des gens sûrs, envoyés aux lieux d'où était partie la rumeur, revinssent avec de toutes autres informations. Jamais à Ravenne, ni à Cervia, on n'a vu Caracciolo, le pays est calme, rien n'est suspect. On pousse un soupir de soulagement.

A Rimini, situé à l'extrémité de la voie Flaminienne, Lucrèce perdait son lien direct avec Rome et atteignait la route de Marcus Emilius Lepidus, l'Émilienne, la plus souriante des routes italiennes, large, heureuse, plane et jalonnée par deux mille ans d'histoire, pleine de bruits, de trafic, de cris, de chants. On devinait les préparatifs de guerre du Valentinois à voir les escadrons de ses soldats passer rapidement sur leurs chevaux de bataille en saluant; on croisait des groupes pacifiques : chars portant des femmes, des musiciens, des ballerines, des moines, des paysans, des marchands, à pied, à mulet, à âne ou montant de petits chevaux citadins. Dans la brume, même ces modestes équipages évoquaient d'inquiétantes histoires et projetaient des ombres plus grandes qu'eux-mêmes. Ils passaient et, faisant écho au bruit de leurs trots, on entendait alors le gazouillis des passereaux et des rouge-gorges annoncer leurs petites ombres volantes.

Le convoi allait rapidement, sentait le terrain sûr et on atteignait Cesena (tous y parvinrent « sains, saufs, et de bonne volonté » et y furent magnifiquement traités par ordre de César); à Forli, il y eut une fête extraordinaire et la traversée de Faenza eut lieu sous une pluie qui n'empêchait pas les cris de joie : « Duc! Duc! Duchesse! Duchesse! » avant de s'arrêter à Imola. Dans toutes les villes les réceptions étaient caractérisées par des bandes d'enfants qui, agitant des rameaux d'olivier, acclamaient la sœur du duc de Romagne, les uns portant les couleurs du pape, noir et jaune, d'autres celles du duc de Valentinois, jaune et rouge ou blanc et brun; à Imola, dernière étape sur les terres de César, les enfants portaient, au contraire, les couleurs de Lucrèce, en tranches jaunes et brunes; ils précédèrent le salut des docteurs qui, proches des murs, venaient remettre à Lucrèce les clefs de la ville. Puis on écouta un bel adolescent réciter un médiocre poème de circonstance et on rencontra un char triomphal portant une figuration allégorique.

C'était le 27 janvier. A Ferrare, depuis quelque temps déjà, Hercule d'Este épiloguait sur les arrêts et les dates de ce voyage en témoignant son mécontentement. Autant il avait, en décembre, recommandé à Castellini que le cortège n'arrivât pas trop tôt, autant il enjoignait maintenant de presser l'allure, tous les invités étant déjà à Ferrare ou sur le point d'y arriver. Le conseiller ducal avait, à Urbin, été rejoint par ces injonctions dont il avait parlé à Lucrèce; à Imola lui était parvenu l'ordre de hâter le voyage en sorte que l'entrée à Ferrare ait lieu le 1er février et non le 2, à cause de la fête religieuse de la Purification de la Vierge. De son côté, Lucrèce avait le désir, bien naturel chez une femme, de ne pas arriver à Ferrare « rompue et moulue », mais ce programme devenait difficile à réaliser; en attendant, elle se répandait en protestations verbales d'obéissance et d'humilité filiales.

Lucrèce, d'accord avec la duchesse d'Urbin avait décidé de se reposer un jour a Imola pour procéder au lavage des ses cheveux et à quelques soins d'élégance; aussi, quand Castellini s'en fut lui faire part des suggestions d'Hercule de se remettre en route afin d'arriver dès le lendemain à Bologne, il lui trouva un petit air affairé et las dont il était difficile d'avoir raison. Loin d'elle l'intention de discuter les désirs du duc, mais elle ne pouvait vraiment se passer de cette halte; afin d'obéir et d'être à Ferrare le 1er février, elle renoncerait plutôt à s'arrêter à Bologne, ainsi qu'il en avait été décidé, et décevrait l'attente des Bentivoglio qui lui préparaient de « grands apparats ». Pire encore, l'obéissance au duc la conduirait à désobéir au pape, qui lui avait bien recommandé de s'arrêter à Bologne... Bref, un vrai cas de conscience que Lucrèce exposait et entrecoupait de silences et de soupirs. Ne serait-il pas possible, vraiment, demandait-elle, douce et souple, qu'Hercule lui accordât « par grâce » un jour de plus? Et pourquoi ne point vouloir l'entrée solennelle en la fête de la Purification alors qu'elle, Lucrèce, la désirait tant à cette date par dévotion à la Madone et pour se placer sous de religieux auspices? Le duc, devant ces raisons, dut céder et Lucrèce obtint son jour de grâce.

Le 28 janvier, le panorama de Bologne s'offrait à la vue de Lucrèce : les fils du seigneur de la cité, Annibal, le protonotaire Antoine-Galéas, Alexandre et Hermes vinrent à sa rencontre à trois milles de la ville; à un mille Jean Bentivoglio était arrivé en personne et, descendant de cheval, s'était approché de son pas lourd et puissant pour saluer Lucrèce; tous l'avaient ensuite accompagnée en ville « par la grand-rue jusqu'à la tour degli Asinelli », puis, après un petit détour, au palais Bentivoglio par la via San Giacomo. Sur les marches du palais se tenait Ginevra Sforza-Bentivoglio, l'une de ces femmes de la Renaissance, elle aussi guerrière, courageuse, éprise du pouvoir jusqu'à mourir de douleur quand, quelques années plus tard, les Bentivoglio furent chassés de Bologne. Déjà le Valentinois tissait les fils du destin futur de la maison de Bologne et c'était pour tenter d'en rompre la trame menaçante que, comme les Montefeltro, les Bentivoglio honoraient et fêtaient la sœur bien-aimée du duc de Romagne : ils avaient rassemblé les belles femmes de la ville aux chairs luxuriantes et au sourire accueillant, que dominait la grande Ginevra, oublieuse peut-être à ce moment qu'elle était la tante de Jean Sforza de Pesaro ou, si elle s'en souvint, c'était, en face de la nécessité politique, comme si elle ne l'eût jamais su.

Il semblait que le premier mari de Lucrèce voulût durant ces jours se rappeler au souvenir des Este et des Borgia. Depuis quelque temps on avait eu vent de ses projets désobligeants, puisque Alexandre VI avait fait tenir à la fin de septembre une lettre à Hercule, publiée par Gregorovius, afin qu'il veillât à ce que Sforza, se trouvant alors à Mantoue, n'apparût pas à Ferrare durant les fêtes nuptiales, car bien que « sa séparation d'avec la duchesse fût absolument légale et accomplie selon les formes les plus sincères..., cependant quelque rancœur pourrait lui en être restée ». Hercule avait répondu qu'il n'y avait rien à craindre et on avait appris peu après que Sforza avait quitté Mantoue, pour Venise, disait-on. Nul ne pensait plus à lui quand, le 29 janvier 1502, alors que Lucrèce quittait Bologne, Hercule fut avisé par son informateur milanais que Jean Sforza se proposait d'assister à l'entrée solennelle de Lucrèce, arriverait à Ferrare sous un déguisement, logerait dans une maison amie en attendant le moment propice de montrer à son ex-femme son malicieux profil. Mais les Este n'étaient point gens à tolérer qu'on gâtât leurs solennités et ils prirent immédiatement les mesures nécessaires : ordres donnés aux portes et avertissements aux tenants ferrarais de Sforza arrivèrent aussitôt à leur adresse. Autant qu'on le peut savoir Jean Sforza ne vint pas à Ferrare et ne tenta peut-être même pas d'y arriver, satisfait de l'excitation et du divertissement que lui avaient procuré ses rodomontades.

*
* *

A Rome, Alexandre VI souffrait à sa manière agitée et désordonnée du départ de Lucrèce. Il rassemblait autour de lui les Ferrarais de confiance et, par de longues et minutieuses conversations, cherchait à force de paroles à se créer l'illusion de vivre la vie même de sa fille. Avec le cardinal Hippolyte d'Este venaient le cardinal de Modène, Jean-Baptiste Ferrari, et l'ambassadeur, Mgr Beltrando Costabili : le pape les recevait aussitôt, donnait et demandait des nouvelles et écoutait à nouveau avec une inlassable complaisance l'éloge de la beauté, de la vertu et de la sagesse de Lucrèce. Le cardinal Ferrari était particulièrement expert en ce genre d'éloges, qu'il savait tourner dans le sens des désirs du pontife en les variant peu, mais habilement; un jour, il assurait que Lucrèce était exactement celle qui convenait aux Este et il trouvait moyen de placer là un abondant éloge d'Hercule et d'Alphonse, qui plut beaucoup au pape, selon qui Lucrèce servirait grandement ses nouveaux parents. Ferrari croyait-il que la fiancée serait bien accueillie? Sans aucun doute, répondait le cardinal, et comment pourrait-il en être autrement d'une personne qui touchait d'aussi près le cœur de Sa Sainteté? Eh bien! conclut le pape, que le cardinal écrive au duc de Ferrare en l'exhortant à bien apprécier sa bru s'il veut que, de Rome, il lui arrive tant de bénéfices que ceux précédemment concédés — ici brève et savoureuse récapitulation de tout ce qui avait été accordé aux Este — ne sont rien en comparaison de ceux qui suivront.

Au récit des premières festivités sur les États de l'Église, le pape éprouve un regain d'amour pour ses sujets, discute le détail des lettres avec Hippolyte d'Este, qui jouait un peu à Rome le rôle d'otage du bonheur de Lucrèce, apprécie les particularités des triomphes préparés par le duc Hercule et par le duc d'Urbin que lui réfère Augustin Huet, qui, revenant de Ferrare, avait rencontré chemin faisant le cortège en route vers le nord. Tout est pour le mieux, mais la pensée de la rencontre entre Alphonse et Lucrèce le laisse inquiet : là est le point capital à franchir. Alexandre VI le sait si bien que ses insistances journalières, sa façon de faire poser sa protection sur l'État de Ferrare ont un sens qui peut voiler une menace. Que lui avait-on référé sur Alphonse qui pût accroître son inquiétude? Le 17 janvier, il y eut du nouveau.

Ce jour-là, le pape, s'adressant au cardinal d'Este, avait recommencé l'éloge quotidien de sa fille avec une fougue et une éloquence plus appuyées que de coutume : il parlait avec une animation telle que la finesse d'Hippolyte dut immédiatement avoir l'intuition d'une chose insolite et qu'il le laissait dire retranché dans la prudence, souriant, impénétrable, semblant tout approuver. Alexandre VI nomma Alphonse d'Este, puis attaqua résolument *multo de core* : jamais, disait-il, il ne voudrait apprendre que son gendre ne traiterait pas son épouse avec toutes les manifestations de l'affection et ce qui l'offenserait par-dessus tout serait qu'Alphonse négligeât de passer les nuits avec Lucrèce, « ainsi qu'il en était avec Mme Anna [Sforza], selon ce qu'on lui en a référé, car rien ne pourrait lui causer un plus vif déplaisir; » tout au contraire, s'il apprend que « Sa Seigneurie [Alphonse] aime son épouse et le prouve particulièrement en dormant près d'elle la nuit, rien ne pourra lui causer plus de plaisir, ni lui apporter plus grand contentement ». Ainsi en référait Mgr Beltrando Costabili.

Il va sans dire que par ce discours le pape ne se préoccupait pas du tempérament amoureux de sa fille : le fait d'être — et de l'être continuellement — mari et femme d'une façon évidente pour tous devait assurer au mariage une solidité et une sécurité telles qu'aucun divorce ne pourrait jamais être demandé, le pape ne sachant que trop bien comment se rompent certains mariages d'intérêt quand ne jouent plus les raisons qui les ont fait conclure. Une pause; puis, secouant sa chevelure gracieuse, le cardinal répond en assurant que Lucrèce sera très aimée par son frère. Ne possède-t-elle point, et le pape le disait il n'y a qu'un instant, « toutes les qualités dignes d'amour?... la beauté, la grâce, la mansuétude, et les plus excellentes manières » qu'on puisse avoir? Alphonse était, lui aussi, « bon, prudent, aimable »; il n'y avait donc nulle raison de mal augurer de l'accord des époux. Si Sa Sainteté avait eu quelques échos des dissensions entre Alphonse et Anne Sforza, sa première femme, il ignorait cependant que cette dernière en avait été « la cause parce qu'elle voulait se faire attribuer plus qu'il ne convenait » et « parce qu'elle ne se comportait pas envers son mari comme elle l'aurait dû », choses qui ne se produiraient pas avec Lucrèce, très prudente et très discrète, « ayant en elle tout ce qui peut dissiper semblable doute. »

Ici, pour la première fois dans l'histoire (tous ces documents sont inédits), la figure de la première femme d'Alphonse d'Este apparaît cernée dans ses contours humains par son mystérieux problème personnel. La jeune Sforza, dont les images les plus réelles étaient jusqu'alors celles d'un de ses déguisements en vêtements masculins, de son sommeil partagé avec la petite esclave noire, des pleurs intarissables qu'elle versa en quittant sa demeure milanaise, cette jeune femme donc avait été en désaccord aussi avoué avec son mari qu'après tant d'années ce n'était pas niable. Elle avait voulu s'attribuer plus qu'il ne convenait, disait Hippolyte, méprisant trois fois les prétentions d'une femme envers un homme, un mari, un Este : signifiait-il qu'elle n'avait pas voulu tolérer de trop nombreuses escapades extra-conjugales, envers lesquelles les femmes nobles et vertueuses pratiquaient alors une si large indulgence? Mais en quoi sa conduite personnelle fut-elle répréhensible? Il semble impossible de voir là une allusion à quelque infidélité d'Anne Sforza envers son mari, car sa mémoire n'aurait pas été gardée vivante et respectée à Ferrare; à moins de quelque inimaginable secret, tout doit se référer au caractère de la jeune femme, à sa jalousie insupportable au mari volage au point de lui faire prendre en grippe la couche nuptiale. Cela, et le fait d'évoquer avec insistance la discrétion de Lucrèce, laissaient entendre clairement que la nouvelle épouse aurait à accepter et à se taire et qu'à cette condition seulement elle serait respectée dans sa dignité légitime. D'ailleurs, rassuré sur ce point, le pape n'en demandait pas plus.

Mais le cardinal Ferrari ne se lassait pas d'enquêter près de l'ambassadeur ferrarais et de l'interroger sur « la nature de don Alphonse », en lui demandant quelle était son opinion sur « le dormir avec Mme Lucrèce ». A la question précise de savoir si l'époux remplirait ses devoirs conjugaux une fois les premiers temps passés, l'ambassadeur se sentit le devoir d'en donner l'assurance sans réserve, surtout en écoutant les propos du cardinal, qui faisait allusion aux intentions du pape de s'employer à ce que revînt aux Este, en contrepartie des bons procédés d'Alphonse, le territoire du Polésine de Rovigo, objet de leurs cuisants regrets. Hercule finit par adresser à son représentant à Rome, afin qu'il en donnât lecture au pape, une lettre traitant Lucrèce de fille et d'épouse bien-aimée : sa nouvelle famille l'accueillerait à cœur ouvert et don Alphonse l'attendait « avec très grand désir ». On comprend quelles assurances le duc voulait donner par cette phrase.

*
* *

Le désir d'Alphonse n'était ni si vif, ni si sincère; cependant, à mesure que le premier mouvement d'horreur et la première répugnance s'apaisaient en lui à la suite des témoignages concordants apportés par ses messagers de confiance, une curiosité et une impatience insolites pouvaient exciter sa rude et étrange sensualité. Un avant-goût d'hyménée l'enveloppait au rythme de l'agitation ambiante des demoiselles d'honneur, des courtisans, des ouvriers, des répétitions de comédies et de musique, à la vue des écussons nuptiaux accolés, d'un scintillement énigmatique dans les yeux d'Isabelle d'Este; quelque chose de trouble l'entourait, un air de complicité qui sait mais ne veut pas dire, ferment actif par sa force de suggestion. Pour Alphonse d'Este, la lutte contre les ombres plus qu'un supplice était une humiliation : il écoutait en silence le programme des cérémonies établi par Hercule avec sa fille Isabelle, se faisait indiquer l'heure, le lieu, l'escorte prévus pour la rencontre avec son épouse, mais le soir du 30 janvier, à peine eut-il connaissance que Lucrèce, partie de Bologne, arriverait le jour suivant au château de Bentivoglio sur le pont Poledrano que, réunissant quelques compagnons, il chevaucha vers elle sous un déguisement et s'arrêta, pour y passer la nuit, à San Prospero, terre des Bevilacqua.

Le dernier jour de janvier, après que le gros du cortège eût été dirigé directement sur Ferrare, Lucrèce s'était acheminée vers la plus belle villégiature des Bentivoglio. La demeure de la joie, *domus iocunditatis*, accueillait les visiteurs entre les murs de la cour décorés à fresque de guirlandes de roses rouges; ce même esprit d'allégresse qui avait inspiré le décor d'entrée animait toute la vaste bâtisse participant à la fois du château et de la villa, les salles aux larges fenêtres ornées des armes et de la galante devise du maître des lieux : « Par amour je consens tout souffrir, » la décoration des amples cheminées capables de recevoir des troncs d'arbres entiers se consumant en braises durant les longs et cordiaux festins des seigneurs de Bologne. Lucrèce s'y arrêta le 31 janvier au crépuscule; à peine y était-elle arrivée et s'apprêtait-on à allumer les torches qu'un bruit de sabots ferrés annonça l'arrivée à l'improviste d'un groupe de cavaliers : Annibal Bentivoglio, qui n'attendait point d'autres hôtes, s'approchant de la fenêtre, reconnut don Alphonse d'Este et s'en vint aussitôt l'annoncer à Lucrèce; tandis qu'anxieuse et presque angoissée par cette arrivée, qui la surprend sans préparation, elle jette un regard autour d'elle et peut-être, instinctivement, donne un soin rapide à sa chevelure, son visage, son vêtement, déjà Alphonse, descendu de cheval, a rencontré son frère don Ferrante, l'a pris cordialement par le bras et se fait conduire aux appartements de l'épousée : la suite de Lucrèce, et tout d'abord les femmes et les jeunes filles, s'affolent dans les antichambres et les salles, puis au cri de : « Alphonse! Alphonse! » salue joyeusement l'époux. La surprise et l'émotion parent Lucrèce d'une beauté de colombe; sa grâce cérémonieuse et ses saluts exhalent un charme plus délicat et plus pathétique encore que de coutume : son sourire et toute sa personne plurent à Alphonse et surtout le rassérénèrent au point de le rendre affable et même, à certains moments, galant. Ainsi les deux heures de conversation qui suivirent en présence des dames de Lucrèce, de ses Espagnols et des Ferrarais, heures qui pouvaient être difficiles pour les uns et les autres, finirent par se dérouler dans un climat de discrète festivité en vertu d'un accord occasionnel établi par chacun d'eux. Il est probable que c'est le ton de cette aimable rencontre, jamais plus retrouvé au cours des réjouissances nuptiales de Ferrare, qui fit dire et répéter par certains qu'Alphonse avait chez les Bentivoglio usé de ses droits conjugaux improvisés et fougueux. Ce qui doit, d'ailleurs, être faux, car Castellini dit clairement que les époux étaient demeurés en « diverses et plaisantes conversations en notre présence à tous », après quoi « Alphonse s'en alla ». Et puis le résultat qu'il escomptait était autre. Alphonse n'avait pas compris Lucrèce et Lucrèce n'avait pas compris Alphonse, mais ce qu'ils avaient appris au cours de ces deux heures, et qui demeura la base de leur union durant près de vingt ans, explique le secret de leur accord : étant bien entendu qu'Alphonse commanderait et que toujours Lucrèce obéirait, la nouvelle duchesse pouvait entrer à Ferrare, où elle serait reçue et traitée en épouse et en souveraine. Quant au reste, aspirations sentimentales, sensibilité difficile à illusionner, il était de certains problèmes qu'Alphonse ne se posait même pas; à Lucrèce il semblait naturel d'oublier tout et soi-même.

A Ferrare, la marquise de Mantoue n'était pas de bonne humeur; elle se sentait passée au second plan et ignorait encore si elle parviendrait à se remettre au premier durant les fêtes. Cet état d'âme rendait sa critique plus aiguë et son pessimisme lui donnait un style plus acéré encore qu'à l'ordinaire. Dans les lettres adressées à son mari, demeuré à Mantoue, elle critiquait tout : les préparatifs, les arcs de triomphe, la décoration des salles, l'attitude des Vénitiens, et s'attardait seulement avec une certaine vanité orgueilleuse à raconter les visites que lui faisaient les ambassadeurs, les gentilshommes, les dames et ses conversations avec son père, très déférent envers le goût de sa fille pour ce qui concernait l'ordonnance et l'élégance des cérémonies. Mais tout lui réussissait mal : elle était parvenue à décider avec son père qu'elle accompagnerait Alphonse lorsqu'il accueillerait Lucrèce, en sorte que la rencontre des époux aurait lieu sous ses yeux et même sous son influence; et voici qu'au contraire

Alphonse s'en était allé seul chez les Bentivoglio : à cette heure ses idées étaient fixées et elle, Isabelle, ne goûterait pas le subtil plaisir de saisir sur les visages de son frère et de sa belle-sœur leur impression première ou, comme peut-être elle l'espérait, leur première déception. Avec ces rancœurs dissimulées derrière un sourire éblouissant, elle présidait aux derniers préparatifs et prenait ses repas en compagnie de ses frères et des courtisans dans le palais du poète Hercule Strozzi; puis, le matin du 1er février 1502, accompagnée de quelques dames et de son frère don Jules, elle monta en barque pour se porter à la rencontre de la nouvelle duchesse de Ferrare.

Hercule d'Este avait décidé — et Lucrèce, avec l'assentiment de son père, y avait consenti — que le trajet entre Bentivoglio et Ferrare se ferait par canaux. Malgré tout le respect qu'il avait pour son duc, Gian-Luca Castellini avait tout d'abord été tenté de discuter cet ordre, qui allongeait la route de plusieurs heures, puis il s'était décidé à obéir et à garder pour lui un souci qu'il avait en tête : puisque le voyage serait lent et long, il fallait se mettre tôt en route, mais comment obtenir que Lucrèce et la duchesse d'Urbin se levassent avant l'aube alors que paresser leur était un vice très cher? Sans doute Castellini ne dormit-il guère cette nuit-là et donna-t-il le signal du réveil à tout le château, dans la nuit noire, vers quatre heures du matin; enfin il fit tant et si bien que les deux duchesses se levèrent avant le jour, les yeux ensommeillés, s'habillèrent dans leurs appartements à la lumière des torches et furent bientôt prêtes. C'était une de ces matinées de février où l'âme de l'hiver reprend vigueur sous les brouillards de la plaine du Pô, et si Lucrèce avait vu volontiers sortir de ses coffres la veste dorée à bandes cramoisies, la coiffure en résille d'or, le collier de grosses perles d'où pendaient un rubis et une perle plus grosse en forme de poire, sa reconnaissance quasi affectueuse dut aller toute au grand manteau de satin marron doublé d'hermine qui lui mettait aux épaules une douce tiédeur. La duchesse d'Urbin avait revêtu une veste de velours noir parsemé de chiffres d'or, dont chacun avait une signification, sous un manteau fourré. Il ne faisait pas encore jour — *ante diem*, disait victorieusement Castellini — quand les deux duchesses s'embarquèrent avec don Ferrante, don Sigismond d'Este, ainsi qu'une suite restreinte, sur la petite nef fluviale et pénétrèrent ainsi en territoire ferrarais.

A peine a-t-on dépassé Malalbergo et atteint la vallée inférieure que dans la brume s'annonce le bateau d'Isabelle d'Este. Agile, portant avec une allure altière incomparable un grand vêtement de velours vert et un manteau de velours noir doublé d'une fourrure de lynx très claire, la marquise de Mantoue suit les manœuvres d'appontement et, à peine la passerelle mobile est-elle jetée entre les deux embarcations, qu'elle s'élance « avec une fougue allègre », calculée au millimètre près, rencontre l'épouse, l'étreint, l'embrasse. Sous la lumière hivernale qui éloigne et isole les traits du visage au delà de leur expression, plus qu'elles ne se regardent Isabelle et Lucrèce se mesurent : la splendide chevelure de l'une fait jaillir un éclair de rivalité des yeux de l'autre; le luxe de l'or, du satin cramoisi, de la zibeline, des perles portés par la fille du pape Borgia avec une nonchachance souriante se confrontent à tous les raffinements, toutes les recherches dans l'accord des couleurs et des contrastes — le vert velouté, le ton clair à peine teinté de la fourrure, la fantaisie des cercles de diamants au cou et sur le front — qui composent l'élégance de la marquise de Mantoue.

La seconde rencontre redoutable se produit à Torre della Fossa, où Hercule d'Este, entouré de ses dignitaires, des ambassadeurs, des courtisans, attend sa bru; à l'arrière-plan de la scène soixante-quinze archers à cheval, disposés en ordre de parade, profilent sur le ciel gris les souples plumes de leur coiffure et portent les couleurs nettes et éclatantes d'Alphonse, qui frappent les regards dès que l'embarcation arrive en vue de la tour. Lucrèce sait son rôle et doit éprouver une certaine tranquillité à la pensée que cette cérémonie réglée par l'étiquette se déroulera dans le calme par une voie toute tracée; mais parvientelle à ne point se sentir palpitante? Au heurt contre la rive de la manœuvre d'accostage Lucrèce se lève, franchit rapidement la passerelle, arrive devant Hercule, s'incline sur le terrain luisant de la berge pour le baise-main filial : il la relève, l'embrasse, prononce les paroles de bienvenue qu'elle attendait, les images s'enchaînent logiquement depuis le calme visage déjà connu d'Alphonse, ici présent, jusqu'au bleu glacé des yeux d'Hercule et à l'ensemble des gestes dénoués, puis recomposés autour d'elle dans une lente figuration. Maintenant, le duc de Ferrare prend par la main sa bru, suivie par les dames les plus importantes du cortège, et la mène dans la vaste nef ducale tendue de drap d'or.

Les ambassadeurs attendent de pouvoir saluer la nouvelle épouse, puis tous pénètrent dans une sorte de chambre bien ornée où Lucrèce prend la place d'honneur entre l'ambassadeur de France et celui de Venise; Isabelle d'Este vient ensuite entre le Vénitien et le Florentin; la duchesse d'Urbin est la troisième, encadrée par le Florentin et le Lucquois. La conversation s'engage, le galant la Roche Martin semble le parangon de la chevaleresque courtoisie française et Isabelle se prend à penser qu'un tel cavalier lui conviendrait mieux qu'à sa belle-sœur.

De l'extérieur parviennent les échos des folies que font sur le pont les bouffons de Lucrèce pour divertir Hercule et Alphonse, parmi les éclats de rire des seigneurs et des courtisans. A mesure qu'on approchait de Ferrare, le grondement de circonstance des canons d'Alphonse se faisait plus distinct, en alternance avec l'éclat métallique des trompettes qui, le long des rives, chevauchaient avec les archers d'Alphonse, accompagnant ainsi la barque ducale; les chevaux s'ébrouent, les plumets ondulent, des éclairs blancs et rouges luisent sur les hautes berges et c'est ainsi que, vers les quatre heures, au son des salves redoublées d'artillerie, on arrive au logis d'Albert d'Este, à peine hors la ville, où Lucrèce attendra jusqu'au lendemain. Elle gagne son appartement et s'y retranche, le cortège ducal regagne Ferrare, sauf don Ferrante, préposé à la compagnie de sa belle-sœur. Avant la nuit serpentent de hâtifs commentaires qui défraieront les cours personnelles des seigneurs et des dames.

Pour Lucrèce, maintenant seule, elle avait licence enfin d'abandonner le sourire figé sur ses lèvres depuis l'aube pour retrouver le fil de ses pensées. Elle ne pouvait pas encore affirmer d'avoir vaincu, mais elle était arrivée et déjà, de la plaine, elle avait aperçu, symbole du panorama de Ferrare, le quadrilatère flanqué de tours du château d'Este. Demain ce serait l'apothéose, mais aussi le mariage dans sa totalité. Devons-nous penser qu'elle abordait cette nouvelle intimité avec un tremblement fait de froideur, d'appréhension et de l'épreuve d'une femme qui doit plaire à un homme et lui permettre tant de découvertes et de libertés? On peut supposer un esprit sinon timide, du moins inquiet chez elle, qui aimait la vie au point de se sentir toujours neuve et vulnérable en face des événements. Fort heureusement, la fatigue de la journée s'appesantissait sur ses épaules et embrouillait ses sentiments et ses idées. Elle s'endormit et avant de perdre con-

science, peut-être entrevit-elle encore une plume blanche, une
plume rouge, libres et légères sur un ciel clair.

*
* *

La robe nuptiale de la duchesse de Ferrare était conçue suivant la rigueur d'une géométrie somptueuse : de longues bandes
de velours brun et d'or gaufré la délimitaient de pied en cap,
les manches à la française étaient larges, doublées d'hermine, le
manteau recouvrant cette robe était d'un tissu brochant l'or sur
l'or et, sur fond également d'or, en un large dessin de l'époque,
il était fourré d'hermine; l'or et l'hermine sur le fond sombre
du satin violacé étaient encore relevés et portés au maximum de
leur somptuosité par les célèbres joyaux de la maison d'Este :
rubis et diamants au cou, de même que sur la coiffure d'or qui
dégageait le front et retenait à peine la longue chevelure, dont
le flot léger se répandait sur les épaules. Aussitôt sortie des mains
de ses femmes, Lucrèce, toutes pensées et toutes craintes abolies,
monta sur le grand cheval bai caparaçonné de velours cramoisi,
cadeau de son beau-père, ayant à son côté l'ambassadeur de
France, qui était venu la chercher, suivie d'une partie de son
escorte, et se dirigea vers Ferrare. Aux portes se tenaient les
docteurs de l'Université, gloire intellectuelle de Ferrare, qui
devaient en se relayant porter le dais de satin cramoisi sous
lequel l'épouse chevaucherait seule, l'ambassadeur de France
l'accompagnant, soit à sa hauteur, mais hors du dais, soit, selon
une autre version, à sa suite avec les ambassadeurs de Venise.
Le cortège se forma selon l'ordre établi et s'ébranla, précédé
des archers à cheval du duc d'Este, sous le fracas de quatre-
vingts trompettes, vingt-quatre fifres et trombones. Derrière la
joyeuse fanfare venaient les nobles ferrarais parés de riches
chaînes d'or, en butte à tous les regards, reconnus l'un après
l'autre par le peuple, qui les saluait d'acclamations; c'étaient
ensuite les nobles d'Urbin, vêtus d'après l'ordre de la duchesse de
satin et velours noirs; immédiatement après venait don Alphonse
sur un cheval harnaché de grandes plaques d'or travaillées en
relief, œuvre du Vénitien Berardino. Alphonse était — hasard ou
choix personnel — entièrement vêtu de tons neutres, sur lesquels
l'or resplendissait avec un éclat amorti : habit gris, chapeau noir
à plumes blanches, culotte grise à peine veinée d'une légère

teinte rosée; il avait près de lui son beau-frère, Annibal Bentivoglio, et était entouré d'amis, Gerolamo dal Forno, de Modène,
Alessandro Feruffino, Andrea Pontegino et Bigo dei Banchi, noms
que nous retrouverons au cours de notre récit.

Maintenant défilaient les nobles romains et espagnols et l'attitude populaire se teintait de curiosité et de défiance : ils semblaient dépaysés (sans doute l'étaient-ils) et avoir trop de superbe
pour leur peu de faste; certains Espagnols, aux fins visages con-
tractés dans leur pâleur expressive, vêtus de brocart d'or ou de
strict velours noir, faisaient admirer leur ténébreuse noblesse.
Puis venaient cinq évêques, cortège normal pour la fille du pape;
les ambassadeurs par couples : Lucques et Sienne, Venise et Florence, les quatre venus de Rome, habillés de très longs vêtements
de brocart d'or; finalement six tambourinaires et deux bouffons,
les plus fous du cortège, annoncent l'épousée, qui avance lentement sous le ciel flamboyant du dais, tellement absorbée par
l'intensité du moment présent qu'elle, si superstitieuse cependant,
ne cesse de sourire même quand, à Castel Tedaldo, son cheval,
effrayé par les feux d'artifice, se cabre et recule brusquement :
les écuyers qui s'élancent au secours de la duchesse la voient se
laisser glisser en riant de la croupe du cheval et monter l'une de
ses mules, caparaçonnée d'or, qu'elle s'est fait amener : le cheval
offert par Hercule, confié aux soins d'un page, précédera le dais.

Ainsi pénétrant dans la ville étrangère à laquelle elle s'était
imposée, Lucrèce semblait posséder une sécurité qui l'assurait
que, dorénavant, toutes les voies devaient lui être faciles : elle
avait fini de désirer, elle pouvait se fier au bon vent qui la libérerait, certaine comme elle l'était que ces acclamations du peuple,
ces chants, ces vivats étaient vraiment pour elle seule; en cet
instant elle se sentait sûre de triompher, moins par sa puissance
que par la grâce de son apparition; en saluant et souriant elle
se confiait aux nobles comme aux plébéiens, aux artisans, aux
soldats, et tous se sentaient devenir chevaliers pour la défendre,
tous comprenaient qu'elle était une femme fragile, enthousiasme
et gloire des hommes forts. Les impressions du peuple, favorables ou non, deviennent des certitudes; si, à première vue, certains étaient déçus par les traits irréguliers et la gracilité de la
nouvelle duchesse, à peine surmontée la première désillusion
eux-mêmes se sentaient conquis par la douceur émanant de ce
visage lumineux et secret, de l'expression de ce regard deman-

dant, en grâce, la vie avec une chaleureuse insistance. Au milieu des fanfares, des cris, des détonations, des chants, des poèmes récités, Lucrèce parvint enfin au terme de la journée; sur la place du Dôme, elle passa devant le portail roman de la cathédrale, vit les deux statues de bronze représentant Nicolas III et Borso, qui flanquaient à droite et à gauche l'entrée de la cour du palais ducal. Tout continuait à être lisse et aisé, il semblait naturel que les hommages descendissent du ciel : étaient-ce des anges ou seulement deux saltimbanques qui se laissaient glisser du haut des tours de Rigobello et du palais du podestat pour tomber à ses pieds? L'avant-garde du cortège avait déjà pénétré dans la cour et se rangeait au fond, le long du portique, de chaque côté, sous les fenêtres ornées, dans le style fleuri de la Renaissance lombarde, des armes de Borso d'Este : basilics, aigles, croix et roses, tandis que demeurait libre un espace au pied du grand escalier de marbre.

Là se tenait Isabelle d'Este qui, après avoir été donner des fenêtres de la Douane un coup d'œil au défilé, avait par un raccourci regagné son poste et patronné résolument le groupe des dames ferraraises et bolonaises, habillée de son célèbre vêtement brodé de « soupirs de musique », dont le symbolisme faisait pendant aux signes astrologiques de la duchesse d'Urbin; les autres dames, sans prétendre à de telles inventions littéraires, portaient des brocarts d'or lisse ou gaufré, des brocarts d'argent, des tissus de couleur lamés d'or, des velours, et tous resplendissaient des feux de leurs joyaux. Lucrèce descendait de sa mule au pied de l'escalier, puis après de nouveaux embrassements et des compliments, une fois la mule et le dais remis aux soins des archers d'Alphonse et d'Hercule, elle gravit les marches du palais pour y vivre la fin de son triomphe.

L'escalier du Quattrocento, œuvre de Benvenuti, est formé de deux rampes de pente un peu raide couvertes d'une voûte; un palier les sépare, surmonté d'une petite coupole, pause architecturale invitant au repos avant de poursuivre plus avant. Lucrèce, s'attardant à ce relais, voyait s'ouvrir plus haut la porte sur la lumière des torchères; elle se considérait conduisant cette foule de gens qui la suivaient comme un flot bruissant et cependant elle pouvait éprouver une manière d'angoisse en ce moment même où elle oscillait entre la nostalgie des choses perdues et l'inquiétude de celles encore inconnues. Elle reprit son ascension et subitement vit au-dessus d'elle les toits du palais à poutres brunes; elle connut alors qu'elle était entrée dans sa nouvelle demeure. Deux gigantesques statues de bois doré ayant une masse dans la main encadraient la porte du grand salon de réception; sous cette garde symbolique, elle pénétra dans la salle, « l'une des plus belles d'Italie, » ornée de tapisseries d'or, d'argent, de soie et vit s'avancer à sa rencontre un vieillard au visage émacié par l'âge et par l'étude, l'humaniste Pellegrino Prisciano, qui se mit en devoir de prononcer le discours officiel de réception dans le latin le plus solennel, le plus ennuyeux, le plus ampoulé. En brèves périodes, Prisciano célébre la famille Borgia, particulièrement en la personne de Calixte III, pour s'extasier ensuite sur Alexandre VI et ses œuvres, à qui il dédie un couplet extraordinaire, fleur de cet énorme discours. Il compare le pape Borgia à saint Pierre, puis ajoute : *Habuit Petrus Petronillam filiam pulcherrimam : habet Alexander Lucretiam decore et virtutibus undique resplendentem.*

O immensa Dei omnipotentis misteria, o beatissimos homines (1).

A cette élégante légitimation spirituelle il associe le duc de Valentinois, dont les exploits militaires se prêtent à l'éloquence des cérémonies officielles. Une fois les Borgia expédiés, l'orateur attaque l'argument principal, la gloire des Este racontée depuis ses origines et déroulée page par page jusqu'à la péroraison finale.

Il ne semble pas qu'il y eût ce jour-là d'autres discours, non plus que des poèmes de Calcagnini, Panizzato ou de l'Arioste. On fit les premières présentations des dames et gentilshommes de la cour, puis, sur le tard, Lucrèce, fatiguée, fut accompagnée par Isabelle d'Este, la duchesse d'Urbin, les familiers intimes et par le cortège des ambassadeurs à l'appartement nuptial orné des tapisseries, des brocarts et des tentures précieuses de la maison d'Este; sur les dernières sonneries de trompettes les portes se fermèrent à la curiosité des courtisans. Personne ne jugea de mise les plaisanteries coutumières des parents autour de la couche nuptiale, comme il s'en fit lors du premier mariage d'Alphonse, alors que, les époux étant déjà au lit, les frères et beaux-frères étaient venus les moquer avec tant d'exubérance qu'Alphonse

_____

(1) Pierre eut une toute gracieuse fille, Pétronille; Alexandre a Lucrèce, toute resplendissante de beauté et de vertu. O immenses mystères de Dieu tout-puissant! O bienheureux hommes!

avait dû se défendre contre eux en les menaçant d'un bâton :
à cette cordialité libertine s'opposaient la pudeur alarmée de
Lucrèce et toutes les raisons qu'elle avait de. désirer au moins
le silence sur ses expériences amoureuses et conjugales.

Sous la direction d'Adrienne Mila, les demoiselles d'honneur
ôtaient à leur Dame ses vêtements dorés; expertes et empressées,
elles disposaient sa chevelure et préparaient sa toilette de nuit.
Peut-être n'avait-elle pas même eu le temps de reparcourir par
la pensée la longue aventure qui l'avait conduite jusqu'à cet
instant quand Alphonse entra dans la chambre. La nuit fut
chaude.

CHAPITRE VIII

INQUIÉTUDES

Le climat nouveau que Lucrèce allait trouver à Ferrare, en ce jour d'hiver où une lointaine lumière semblait devoir sombrer dans le crépuscule, peut-être le découvrit-elle au matin du 3 février 1502, en s'éveillant tard dans le lit ducal après la première nuit de son nouveau mariage.

Elle était seule. Alphonse s'était révélé un mari galant et vigoureux, encore que la manifestation de ses ardeurs (triple, assuraient les bien informés) eussent été un devoir surveillé et contrôlé par des informateurs, femmes, prélats espagnols, parents et intimes du pape, qui tous étaient à Ferrare chargés d'envoyer à Rome d'exactes informations sur les nuits des époux. Alexandre VI serait-il satisfait? De loin Lucrèce pouvait sourire à son père et le sentir vraiment, désormais, détaché et hors de sa voie personnelle, bien que toujours vigilant. Mais elle ne commençait point par soupirer : il y avait, pour ses vingt-deux ans, trop de fêtes, trop de bals, et le problème urgent de choisir ses toilettes et ses bijoux, de se préparer à être la plus belle de toutes. Paresseuse et voluptueuse, Lucrèce flânait, s'habillait lentement, se faisait apporter une légère collation, s'entretenait en espagnol avec Adrienne Mila, Angèle et Jeronima Borgia; elle voyait certainement quelque ami fidèle, comme, par exemple, l'évêque de Venosa; parvenue maintenant à une demeure stable elle reprenait ses douces habitudes de paresse, si agréablement partagées jadis à Rome avec son mari napolitain. Sa chambre était fermée aux Ferrarais et peu importait que les invités fussent déjà au palais et les ambassadeurs à leur poste et si Isabelle d'Este, la duchesse d'Urbin, Émilie Pio, la marquise de Cotrone, Lucrezia Bentivoglio, Angèle, Diane et Blanche d'Este, avec toute leur suite, étaient impatientes de voir les fêtes commencer, tant pis! Qu'elles attendent!

Le duc Hercule écrivait à son ambassadeur de Rome une lettre destinée à être lue au pape, tout sucre et tout miel pour sa bru, qui, maintenant qu'elle était arrivée à Ferrare, lui paraissait « dépasser toutes les relations » qui lui en avaient été faites; aussi l'aimait-il tendrement. Il ajoutait : « Cette nuit l'Illustrissime don Alphonse, notre fils, et Lucrèce se sont réunis et nous croyons que l'un et l'autre en sont demeurés très satisfaits. » Mais Isabelle d'Este hochait sa tête parée de bijoux : penser que ni elle, ni ses jeunes frères n'avaient pu célébrer (certainement suivant la volonté de Lucrèce) le joyeux rite du réveil des époux au milieu des farces, des rires et des commentaires sur les événements nocturnes, la fameuse « matinée », bien qu'elle eût été préparée « secrètement et en petit comité » déjà depuis quelques jours. Pour la marquise de Mantoue, qui se plaisait aux petites obscénités familiales, ces noces paraissaient vraiment « froides ».

Contre la porte verrouillée de Lucrèce glissaient les heures de la matinée. Dans les salons où attendaient des groupes de dames et de seigneurs pénétrait la lumière blafarde de l'hiver qui, au lieu de fondre les couleurs dans une même symphonie, les isole et révèle la qualité, l'intensité de chacune d'elles et sa correspondance au monde secret des images sensibles. A la vibration des tonalités picturales relevées d'or et d'argent faisait écho la vibration des paroles, en un jeu prudent mais vif, qui prenait son point de départ dans le groupe et l'humeur d'Isabelle d'Este. Les nouvelles nocturnes des époux contribuaient à aviver l'extrême liberté des commentaires que se permettait la libre société de la Renaissance avec, même de la part des femmes, une franchise drue et virile, riant et passant outre; colportés par les gentilshommes revenus de Rome, s'y ajoutaient le récit des fêtes et des usages du Vatican, des bribes de nouvelles piquantes, de détails inexacts parfois, mais toujours acérés, sur tel ou tel des étrangers romains, espagnols ou gens du duc de Valentinois qui avaient suivi la fille du pape à Ferrare. Lucrèce étant quasi intangible comme appartenant désormais à la maison d'Este, il fallait bien que ceux de sa suite fissent les frais des potins et des propos ironiques.

Vers midi, on sut que la duchesse était prête; aussitôt dames et parents, précédés des ambassadeurs, s'en furent la chercher dans ses appartements, la reconnaissant ainsi comme épouse et dame dans la maison d'Este. A tous les yeux curieux ou libertins qui cherchaient sur son visage la marque de « la victoire du mari », elle apparut en pleine beauté, vêtue d'une robe dorée ajustée à la française, d'un manteau de satin brun à petites rayures d'or frappé brodées de perles et de gemmes claires, le cou et la tête ornés de perles et de rubis. L'ambassadeur français chargé d'être, pour la durée des fêtes, le chevalier servant de la nouvelle duchesse s'avança et le cortège descendit en grande pompe dans le vaste salon, se groupa autour du baldaquin surmontant une haute estrade, sur laquelle montèrent Lucrèce, les ambassadeurs et les dames de qualité; après les révérences, les applaudissements et tout le cérémonial d'usage résonnèrent les musiques de danse, et l'on s'essaya à danser, bien que la foule fût si compacte que certaines dames s'évanouirent.

Le jour tomba de bonne heure; avant la nuit apparurent, vêtus à l'antique avec des toges et des tuniques de poils de chameaux, drap soyeux, lin aux couleurs diverses, cent dix acteurs conduits par l'un d'eux figurant l'auteur, Plaute, dont cinq comédies, choisies par le duc Hercule, devaient être représentées pendant les fêtes et dont les titres furent annoncés : l'*Epidicus*, les *Deux Bacchis*, le *Soldat fanfaron*, l'*Asinaire* et *Casina*. La présentation terminée, après avoir admiré les costumes, on se rendit par un passage construit exprès à la grande salle du palais della Ragione prévue pour 5 000 spectateurs afin d'y entendre l'*Epidicus*. Les treize gradins de l'amphithéâtre, recouverts de tissus blancs, rouges, verts, étaient divisés en trois travées, dont celle du centre réservée aux dames : heureux celui qui pouvait prendre place sur la ligne de démarcation! Naturellement, la maison ducale avait son baldaquin et ses sièges drapés de brocart d'or. Les « beaux yeux joyeux » de Lucrèce, comme disait en ces jours-là le chroniqueur Zambotto, contemplaient la vaste salle, observaient la scène, qui semblait érigée sur un mur crénelé, avec une perspective où maisons et boutiques formaient le décor; en levant la tête, elle voyait peints à la voûte de grands blasons : la tiare pontificale rappelant les origines féodales du duché, les lys de France et le taureau des Borgia accolé aux aigles blanches et noires de la maison d'Este. Dans la salle circulait un public de 5 000 personnes en vêtements de soie; à droite et à gauche avaient pris place les gens des maisons d'Este, Gonzague et Bentivoglio, couverts de tant de « brocarts et broderies d'or qu'il semblait que la mine en fût céans ». Tout était couleur, chaleur, luxe, jusqu'au regard du duc Hercule, qui, à considérer la scène de son théâtre, se faisait moins glacial. La comédie commença et déroula la suite de ses épisodes à la clarté de « tant de lumières et de candélabres que de partout on pouvait voir les moindres détails, et elle fut jouée dans un silence tel que personne ne regretta de dîner tard », déclarait un informateur. La marquise de Mantoue fut, cependant, d'une opinion différente; elle trouva les vers défectueux, la voix des acteurs sans agrément, mais se vit cependant obligée de reconnaître que les « mauresques », c'est-à-dire les ballets allégoriques et fantastiques servant d'intermèdes, « se déroulèrent fort bien et avec grande galanterie. » On avait vu des Maures ayant dans la bouche des chandelles allumées, d'autres avec des torches embrasées, des soldats romains en cuirasse et casqués exprimer par une danse héroïque la fureur d'un combat.

Le jour suivant, 4 février, Lucrèce, de nouveau, se leva à midi et n'admit personne dans ses appartements. Isabelle d'Este, qui était à son poste, observait que la nouvelle duchesse dépassait, pour la lenteur à s'habiller, toutes les dames de la cour, tandis qu'elle-même, la vive marquise, toujours la première sur pied et la première vêtue, devait recevoir non seulement ses frères don Ferrante, don Jules, don Sigismond, mais encore toutes les dames désireuses de bien faire leur cour et qui trouvaient la porte de Lucrèce consignée. Naturellement, elle soupirait près de ses intimes : « O mon Dieu, que ne suis-je à Mantoue! » et elle faisait écrire par son amie, la marquise de Cotrone, à François de Gonzague que son plus vif désir était de retourner près de son mari et de son jeune fils et qu'elle partirait d'un trait à peine terminés ses devoirs officiels.

Ce vendredi, Lucrèce, en habits dorés sous un manteau fourré d'hermine, descendit dans la salle encadrée par Isabelle, vêtue de velours et broderies, et par Élisabeth de Gonzague en robe de velours noir découpé et relié par de fines chaînettes d'or; les demoiselles d'honneur de Lucrèce avaient adopté une stricte tenue noire, par allusion au jour sacré de la Passion du Christ et témoignant ainsi d'appartenir à une cour d'un catholicisme typiquement espagnol. On ne dansa pas et on en vint immédiatement à la comédie de ce jour-là : *les Deux Bacchis*, qui parut

longue et fastidieuse à l'impatience d'Isabelle. Il n'y eut que
deux ballets, l'un d'hommes donnant l'illusion d'être nus, coiffés
de perruques argentées, portant des cornes d'abondance où brûlaient des feux de Bengale; l'autre par des fous en chemise, le
bonnet sur la tête, qui se battaient à coups de vessies gonflées
d'air : ils n'eurent pas de succès et tout se termina parmi les
bâillements et les querelles des spectateurs. Comme le vrai plaisir
d'être en compagnie se goûte en petit comité, les meilleurs
moments de la fête et les plus savoureux étaient ceux où, hors
du palais ducal, on se rendait à dîner par petits groupes dans les
divers palais, tout en commentant certains épisodes, critiquant
tel détail, passant en revue les faits de la cour. On jouait à qui
serait le meilleur devin. Tout d'abord, quand l'antipathie de la
maison d'Este — et particulièrement celle d'Hercule et d'Isabelle — pour les gens de la suite de Lucrèce fut connue de tous,
on se jeta allégrement sur cette proie et on commença à se
moquer des promenades auxquelles se livraient en vain quelques
jeunes Espagnols et Romains sous les fenêtres des beautés ferraraises. Rire à leurs dépens était une mode lancée par Isabelle,
mais cette dernière, cependant, pour faire contrepoids à ses
ironies, témoignait d'une prédilection pour certains Espagnols,
afin de s'assurer des avocats et des paladins au Vatican en cas
de nécessité; elle ne se laissait aller qu'auprès des plus intimes à
critiquer l'invisibilité de Lucrèce, qui n'apparaissait que pour les
manifestations officielles, ne se souciait point des demoiselles ferraraises et faisait savoir le samedi, troisième jour des festivités,
qu'elle demeurerait dans ses appartements pour laver sa chevelure et faire sa correspondance.

L'épouse étant invisible ce samedi-là, Isabelle rétablissait sa
situation et ne s'ennuya plus; s'attardant dans sa chambre, elle
se fit habiller de blanc et d'argent avec une somptuosité juvénile
et tendit ses filets dans le dessein d'y capturer le personnage le
plus important des fêtes, qui lui tenait à cœur depuis le début,
l'ambassadeur de France, Philippe de la Roche Martin. Il ne
s'agissait pas seulement de prendre une revanche : avec son sens
politique, Isabelle savait fort bien qu'elle était suspecte au roi
de France en raison de l'amitié obstinée qu'elle témoignait à
Ludovic le More; encore que les raisons de se justifier ne lui
aient pas manqué (elle disait sur le mode sentimental ne pouvoir
oublier que Ludovic était son beau-frère, presque un frère), elle

savait qu'on ne la croyait pas complètement. Malheureusement pour l'Italie, la puissance du roi de France s'accroissait dans la péninsule et Isabelle comprenait que le moment était venu pour elle d'agir suivant sa tactique, qui consistait à se créer dans les cours étrangères — surtout lorsqu'elles pouvaient devenir ennemies — quelques amis personnels puissants et sûrs, tels qu'il lui en fallait outre-monts, qui la tinssent au courant des manœuvres politiques, lui laissant ainsi le temps et la possibilité de les prévenir : à quel point cette méthode pouvait être d'une efficace perfidie, le grand pape du temps de Michel-Ange, Jules II lui-même, devait s'en apercevoir plus tard.

Isabelle s'informa donc du programme de l'ambassadeur et apprit qu'après avoir assisté à la messe de la cathédrale, il recevrait dans sa demeure quelques gentilshommes ferrarais, puis ferait parvenir aux souverains les présents du roi de France : pour Hercule, une médaille d'or représentant saint François sur émail; pour Lucrèce, un rosaire d'or dont les grains creux étaient remplis de musc très parfumé, cadeau adapté à une femme élégante jusque dans l'accomplissement de ses devoirs religieux; pour Alphonse, une autre médaille émaillée portant la figure quelque peu surprenante de Marie-Madeleine, qui n'avait point été choisie au hasard, puisque le chroniqueur Cagnolo précise que Louis XII avait ainsi voulu faire allusion à la nouvelle épouse, « dame de vertu et de gentillesse comme une Madeleine. » Venant du roi de France, il fallait bien supporter l'impertinence de l'allégorie et du souhait, mais Alphonse aura certainement accueilli beaucoup plus volontiers l'autre présent royal : une formule pour la fonte des canons. Il y avait encore une autre médaille de saint François pour don Ferrante et une longue chaîne d'or pour Angèle Borgia, « très élégante demoiselle. »

Les cadeaux envoyés par l'entremise de Pietro Giorgio da Lampugnano, qui plus tard deviendra l'un des intimes de Lucrèce, l'ambassadeur, montant à cheval, s'en fut faire quelques visites féminines et rencontra, comme par hasard, la marquise de Mantoue, qui l'invita à dîner. Le galant Philippe n'aimait rien tant que la présence de dames aimables et cultivées, de spirituelles jeunes filles exercées au langage chevaleresque et mondain, libres et joyeuses, toutes d'accord pour lui plaire. Le dîner fut délicat et solennel, l'ambassadeur ayant à ses côtés la duchesse d'Urbin, et Isabelle suivait la conversation scintillante de malice, qui tantôt s'adoucissait en accents de tendresse, tantôt s'élevait brillamment ou s'amortissait en élégants sous-entendus.

La marquise fit apporter son luth et chanta des ritournelles du Quattrocento. Elle possédait une voix belle et légère et surtout un art consommé de la conduire, une grâce mélodieuse lorsque s'éteignait son chant et qu'elle inclinait la tête comme vaincue par l'émotion avec, dans les yeux, une expression inspirée. L'intelligente comédie se termina ainsi : Isabelle, accompagnée de deux de ses dames, fit entrer la Roche Martin dans sa chambre secrète et là, avec un air de galanterie complice, dépouillant ses belles mains à fossettes de leurs gants parfumés, elle les lui donna, accompagnant le don de paroles « très douces et très honnêtes », et lui, tout enivré, assurait qu'il acceptait ces gants avec respect et amour en promettant de les conserver pieusement « usque ad consumationem saeculi ». Ainsi entre les murailles du château d'Este se compénétraient par un échange littéraire et subtil les usages de la chevalerie française et les suggestions du pétrarquisme italien.

Le dimanche arriva et avec lui la messe solennelle au Dôme en présence du peuple, des dignitaires et du seul ambassadeur de France, puis la remise à Alphonse de l'épée d'honneur et du couvre-chef bénit, présents que Lucrèce avaient obtenus du pape pour son mari. Aux premières heures de l'après-midi, courtisans, cavaliers, dames et demoiselles, vêtus avec pompe, se rendirent à la cour et virent aussitôt apparaître Lucrèce fraîche, reposée, souriante, vêtue de satin brun couvert de broderies d'or en forme d'écailles de poisson, portant au cou de lourds joyaux et sur le front un rang de gemmes splendides. Invitée à danser, elle descendit de la tribune ducale suivie de l'une de ses demoiselles d'honneur et au son des luths et des violes, elle fit admirer le rythme ardent et précis de sa danse, « fort galante, » disait Isabelle elle-même, trop avisée pour nier les mérites d'une rivale, surtout lorsqu'ils éclataient avec une telle évidence; au besoin, pour les amoindrir, après les avoir reconnus, elle les classait parmi les choses admises une fois pour toutes et n'en parlait plus. On dansait depuis plus de deux heures quand vint le moment de la comédie et toute l'assemblée se rendit alors au palais della Ragione. Était-ce l'ardeur du bal ou quelque fluide cristallisant soudain des humeurs et des états d'âme jusqu'alors inexprimés? Toujours est-il qu'une sorte d'excitation collective commença, dès les premières répliques du *Miles gloriosus*, à rendre le public étranger au spectacle. Il y avait à cela, si on veut en trouver, évidemment plusieurs motifs : mauvaise traduction du texte, vers longs et alambiqués, balourdise des acteurs. Tout d'abord les spectateurs de choix commencèrent à chuchoter entre eux, imités par leurs plus proches voisins et, peu à peu, par la salle entière; il en résultait un tumulte croissant et fastidieux, en sorte que les acteurs, pris entre la fâcheuse cadence des vers et l'inattention des auditeurs, perdirent la maîtrise d'eux-mêmes et se mirent à crier sur la scène : hurlements sur scène, fracas des voix dans la salle, le spectacle aurait rapidement dégénéré en débâcle si l'allègre fantaisie des ballets ne fût intervenue juste à point pour tout sauver.

C'est certainement au cours de cette représentation désordonnée qu'il faut citer la scène survenue « durant que se récitait une comédie » entre Isabelle d'Este et « un grand personnage étranger », qu'on peut identifier selon toute probabilité, étant donné ce qui a été raconté précédemment, avec l'ambassadeur de France, Philippe de la Roche Martin. Non seulement Isabelle avait été la première à blâmer la représentation, mais encore, sans plus s'occuper de ce qui se passait sur la scène, elle avait engagé une joute de paroles et de traits d'esprit avec son voisin, affectant de ne s'intéresser qu'à lui seul et se répandant en cascades de rires : elle alla jusqu'à se faire apporter des confitures et des pâtisseries pour les partager avec son cavalier qui, affriolé, se prenait au jeu.

Comment réagissait Lucrèce? Personne n'aidait son inexpérience à cette cour où les mœurs et les idées étaient beaucoup plus déliées qu'à la cour romaine : non point Alphonse, qui, à part ses devoirs nocturnes de mari et l'hommage qu'il lui rendait publiquement, n'avait avec sa femme ni intimité, ni confiance et l'abandonnait à elle-même; pas davantage le duc Hercule, occupé à dresser la comptabilité des habitudes de sa bru et de sa cour et élaborait déjà un projet de restrictions, courtois mais inexorable; ce n'étaient point non plus les dames d'Este ou de Ferrare, toutes captivées par l'autorité d'Isabelle et obséquieusement hostiles à la nouvelle duchesse; ni les courtisans, qui n'osaient pas l'approcher. Seule, mais non point découragée, Lucrèce saura bien montrer quelle défense altière elle est capable d'opposer à la superbe d'Isabelle et des Ferrarais; par représailles, elle se cantonnait parmi ses dames, allant jusqu'à refuser de voir les demoiselles d'honneur choisies par Hercule, qui versaient des pleurs inconsolés à se sentir, dans leurs beaux atours inutiles, les Cendrillons de la cour.

Une joute qui dura une heure sur la place du Dôme entre Aldrovandino Piatese de Bologne et Vicino d'Imola, élève en la matière du marquis de Mantoue, inaugura la journée du lundi et se termina par la victoire du Romagnol, aux points, dirionsnous, après des épisodes insignifiants d'attaque et de défense. La représentation de l'*Asinaire*, d'une savoureuse brièveté, eut lieu ensuite et (la leçon de la veille ayant porté ses fruits) dans un fort bon style. Tous furent satisfaits et même Isabelle, qu'on vit applaudir, contente et calmée. Comme intermèdes, il y eut de charmants concerts, où se produisit Tromboncino, le chanteur réputé; une pantomine toute tintinnabulante du son des clochettes, qui se faisait entendre au rythme d'une danse gracieuse; finalement un ballet représentant les travaux agrestes : semailles, récolte, vendanges, qui terminait joyeusement le spectacle. Lucrèce, vêtue d'or avec un manteau fourré d'hermine, arborait ce jour-là ses fameuses émeraudes enchâssées dans une blanche splendeur de diamants. Isabelle portait une toilette de velours avec d'énormes diamants et la duchesse d'Urbin, sans renoncer au noir, avait une robe filetée en long et en large d'or et d'argent.

Le 8 février, dernier jour du carnaval, les ambassadeurs offrirent leurs présents à la mariée : les Florentins, du drap d'or à brochages splendides; les Lucquois et les Siennois, de l'argenterie; quant aux Vénitiens, après un docte discours, ils étalèrent aux pieds de Lucrèce leurs deux amples manteaux du plus magnifique velours de Venise doublé d'hermine, cadeau qui, pour vouloir trop signifier, finit, pièges du symbolisme, par faire sourire. On avait organisé ce jour-là le bal de la torche, figure de danse qui soulevait une minute d'émotion quand les dames offraient une torche enflammée à leur gentilhomme de prédilection. Nul ne mentionna le choix de Lucrèce, signe qu'il fut celui qu'on attendait, vraisemblablement l'ambassadeur de France, son cavalier officiel; les chroniqueurs disent seulement que la duchesse de Ferrare était plus merveilleuse que jamais dans un costume de satin brun et de brocart d'or taillé en panneaux et noué de soie blanche, recouvert d'un manteau

cramoisi doublé d'hermine. Isabelle, habillée de velours brun
chargé de cannetilles d'or, s'en alla, un éclair d'ironie dans le
yeux, l'offrir, après une demi-révérence et en s'inclinant gracieusement, à un chevalier espagnol, dit le Castillan. Ce choix,
qui excluait délibérément les gentilshommes romains des bonnes
grâces de la marquise, fit couler un fleuve de commentaires.

La comédie était ce jour-là *Casina*, de mauvaise renommée,
« dégoûtante » histoire de courtisanes et de ruffians qui fournit
à la marquise de Mantoue l'occasion d'une grande manifestation
de vertu et de pudibonderie. Isabelle interdit à ses demoiselles
d'honneur d'assister au spectacle — jeunes filles de si mince vertu
que leur souveraine clamait qu'elle les voulait marier, fût-ce à
des valets, pour en finir avec la surveillance de ces exubérantes
pucelles — et, en ce qui la concernait, elle occupa sa place les
lèvres froncées, dans une moue mélancolique et offusquée; à sa
vue ses partisans, pour renforcer leurs louanges, blâmaient le duc
Hercule, sans considérer à quel point l'attitude d'Isabelle offen-
sait le respect filial. Mais il est probable qu'Hercule n'en avait
cure et, connaissant les mille et une malices de sa fille, avait
compris avant tous les autres le sens de cette dernière : il semble
clair, en effet, qu'une telle ostentation de vertu chez une femme
qui, suivant les usages du temps, tolérait qu'on lui tînt personnellement les plus indécents propos, était faite pour Lucrèce et
pour les Romains et signifiait qu'à Ferrare il ne saurait y avoir
sur cet argument ni compromis, ni accommodement, pas même
par amour filial. Si ce fut une leçon, Lucrèce ne l'entendit pas ou
feignit de ne la point entendre, et elle se divertit de la comédie
représentée « avec une nouvelle et très belle action d'amour et
de femmes ». Tous mirent à l'écouter cette complaisance qu'un
courtisan devait, en une circonstance similaire, qualifier de « très
douce et déshonnête », définition d'un pécheur conscient et
voluptueux. Les ballets furent magnifiques : d'un globe s'ouvrant
sur la scène s'échappèrent les vertus célébrant l'épousée par des
chants. On vit don Alphonse et don Jules faire valoir la beauté
de leurs jambes et leur habileté gymnique dans une danse guerrière; Alphonse revint ensuite sur la scène jouer sa partie dans
un concert de six violes. Tromboncino chanta et les fêtes se ter-
minèrent par un ballet plein d'entrain, tournoyant à la lumière
des torches. Au dîner du soir, on parlait déjà de départs.

Le mercredi des Cendres, on commença de prendre congé; les

ambassadeurs se rendirent aux appartements de la duchesse, qui avait finalement consenti à en ouvrir les portes : aussi Isabelle d'Este et Élisabeth de Gonzague s'y précipitèrent-elles avec leurs suites, curieuses de saisir tout ce qu'il leur serait possible d'intimité secrète. Les Vénitiens prononcèrent un beau discours ; la première, Isabelle y répondit, faisant montre d'éloquence et développant dans un langage orné les thèmes de la splendeur des Gonzague, des hautes vertus guerrières du marquis de Mantoue et de l'amitié traditionnelle entre Mantoue et Venise ; Élisabeth, avec son élégance distante, parla plus brièvement ; puis Lucrèce conclut par quelques modestes phrases qui, selon l'opinion d'un informateur, n'ajoutaient rien aux réponses des deux précédentes dames, mais témoignaient de sa sagesse et de son équilibre. Le langage politique de la fille d'Alexandre VI n'avait jamais été très ferme, mais maintenant il ne concordait plus aucunement avec celui que devrait tenir la femme d'Alphonse d'Este. Passant de la cour de Rome à celle de Ferrare, le panorama des intérêts et des relations entre États s'était complètement retourné ; aussi s'aventurer à des discours eût été dans ces conditions s'exposer à un grand risque. Lucrèce fit donc fort bien de s'en tenir à une prudente médiocrité et mieux encore de décevoir ceux qui s'apprêtaient à l'entendre. Si on avait envisagé, Isabelle en tête avec ses façons de « maîtresse d'école », de lui faire subir un examen, Lucrèce devait éprouver et savourer un très fin plaisir à les tromper tous.

*
* *

L'épouse ayant été fêtée et reconnue pour telle, les invités quittaient Ferrare. Des groupes de cavaliers, des carrosses clos sur des dames frileuses parcouraient les routes gelées, des embarcations glissaient sur les canaux, reconduisant dans leurs terres les ambassadeurs et les seigneurs. Mais les Romains et les Espagnols de Lucrèce s'accoutumaient de mieux en mieux à la ville et montaient là en quelque sorte la garde de leur Dame, en attendant, disaient-ils, la femme du duc de Valentinois, Charlotte d'Albret, qui devait arriver de France pour rejoindre, selon la volonté du pape, son mari en Romagne. « Et qu'ils fassent des enfants, » concluait péremptoirement Alexandre VI. Mais la princesse française ne voulait rien savoir pour donner au nouvel État des Borgia la légitimité de la famille et de la succession et elle avait laissé partir seul son frère, le cardinal Amanieu d'Albret, qui, arrivé le 6 février à Ferrare, où il logeait à la Chartreuse, le magnifique palais d'Hippolyte d'Este, s'était précipité, à peine la poussière du voyage secouée, au palais ducal pour jouir des derniers jours de fête.

Le 14 février, cinq jours après la clôture du carnaval, il y avait encore à Ferrare 450 personnes et 350 chevaux à nourrir et loger. « Quel plaisir Mgr le duc éprouve de cette fête, Votre Seigneurie peut le deviner, » écrivait Isabelle à son mari et nous pouvons, même aujourd'hui, l'imaginer. Hercule d'Este révisait le compte des dépenses et s'en indignait silencieusement, tout en cherchant le moyen de résoudre la situation sans scandale, mais aussi sans délai : il ne lui fut pas difficile de trouver prétexte à congédier de sa propre autorité les gentilshommes du duc de Valentinois, dont le séjour à Ferrare, remarquait-il, ne faisait guère honneur à Sa Sainteté et au duc de Romagne. En communiquant cette mesure à Mgr Beltrando Costabili à Rome, il ajoutait que les dames restées à Ferrare avaient tant de cavaliers, d'écuyers, de serviteurs, que l'hospitalité lui en était très lourde : il était donc grand temps que tous s'en allassent; d'ailleurs, pour parler franc, le pape savait fort bien que la duchesse de Romagne ne viendrait pas en Italie.

Une autre qui tardait à quitter Ferrare était Isabelle d'Este, qu'on se serait attendu à voir regagner Mantoue au soir même du mercredi des Cendres, à peine congédiés les ambassadeurs, ou, tout au moins, le jour suivant. Avait-elle fini de soupirer après son mari et son fils? Quoi donc la retenait, une fois ses devoirs remplis? Pas Lucrèce, assurément. La marquise de Mantoue s'était aperçue qu'en ce qui concernait sa belle-sœur, les choses ne se passaient pas aussi heureusement que semblaient l'annoncer les prémices; que déjà on pouvait discerner des failles évidentes, qui valaient bien la peine de rester céans. Par exemple, avec Teodora Angelini, qui n'en finissait pas de soupirer quand on parlait de l'attitude de Lucrèce, il était aisé d'orienter la conversation vers de fâcheux pronostics. Ainsi aiguillée, Teodora finissait par exprimer ce qu'elle n'aurait pas elle-même pensé, c'est-à-dire qu'elle voyait venir le temps où Lucrèce licencierait toutes les Ferraraises pour ne conserver à la cour que les Romaines et les Espagnoles. Certaine que ces craintes provoqueraient une réaction des courtisans, mais davantage encore des

Este, Isabelle se sentait satisfaite, vengée non point tant de la beauté, de l'attrait, de l'élégance de la duchesse que du fait qu'ayant une telle belle-sœur, Lucrèce pouvait ne pas l'idolâtrer. A peine eut-elle acquis la certitude d'avoir lancé des idées qui feraient leur chemin qu'elle partit avec Élisabeth de Gonzague. Isabelle et Lucrèce échangèrent quelques billets d'une courtoisie glaciale et leurs relations en restèrent là pour le moment.

Le résultat des suggestions d'Isabelle ne tarda pas à se manifester : février se terminait à peine que Lucrèce voyait partir, sur l'ordre du duc, la plupart de ses Espagnols et quelques-unes de ses dames, entre autres deux cantatrices, Catherine et Alexandra, ainsi que Jeronima Borgia Orsini; avant-garde, au dire des courtisans, de toutes les autres destinées à rentrer chez elles. Pour Lucrèce le coup fut d'autant plus dur qu'il était imprévu, mais elle ne protesta pas : à quoi cela lui eût-il servi? Elle se rendait compte de ne posséder aucune autorité et comprenait qu'il lui était nécessaire de trouver un mode de vie concordant, du moins en apparence, avec celui de sa nouvelle famille.

Le jour même du départ des Espagnols, Hercule d'Este offrait à sa bru une partie de chasse dans le parc de Belfiore, très fourni de gibier : chasse au héron avec les faucons dressés, au lièvre avec les léopards, au renard avec la magnifique meute du chenil ducal, spectacle élégant et équestre où dames et cavaliers apparurent à Lucrèce dans l'air piquant du mois de mars, sous un pâle soleil, galopant sur leurs beaux chevaux à travers les bois encore dépouillés où pointaient déjà les premières violettes. Lucrèce s'amusa-t-elle? Oui certes; même si, dans un émoi nostalgique, elle suivait mentalement la caravane sur les routes du sud, son chagrin s'allégeait et déjà, plus qu'aux absents, elle pensait à ceux qui demeuraient et qu'il faudrait défendre. Le soir, rentrant au château, Lucrèce avait établi son plan.

Elle ne se rebelle pas, feint de se plier à tout, accepte la liste de familiers et de demoiselles d'honneur dressée par Hercule en y ajoutant simplement les noms de ses gens, cent dix personnes en tout, et paraissant ignorer qu'Hercule a désigné Adrienne Mila, la Napolitaine dame Ceccarella, avec ses filles Cinzia et Caterina, ainsi que son fils Alvise, comme devant partir à Pâques. Elles ne partiront pas. Pourquoi, sinon dans ce dessein, Lucrèce fit-elle appeler les Ferraraises et prit-elle un soin tout particulier de Teodora Angelini en l'invitant à sa table, honneur fort apprécié au temps du carême ? Mme Teodora n'en croyait pas ses yeux et écrivait à Isabelle monts et merveilles de la duchesse, qui commençait à redevenir elle-même, était « douce et humaine » et « toute patience avec qui la servait ». Quelqu'un avait dû faire comprendre à Lucrèce que sa froideur envers Isabelle avait été tout au moins une grave erreur diplomatique car, parlant avec Teodora, elle orienta la conversation vers sa belle-sœur, l'entendit louer en y acquiesçant. L'un des Espagnols, dont Isabelle avait entrepris la conquête jusqu'à le rendre fanatique, faisant observer à Lucrèce que les Ferrarais avaient remarqué sa froideur envers la maison d'Este, qui leur était sacrée, elle prenait un air navré, s'excusant « d'être novice » dans les usages du pays et regrettant qu'une si belle occasion fût perdue : propos, on s'en doute, destinés à être référés à Isabelle.

Ces patients préliminaires semblaient permettre de bien augurer des relations entre les deux belles-sœurs. Lucrèce se mit à recevoir quelques dames nobles dans les « petits appartements du haut », une enfilade de salons semblables à ceux, devenus célèbres dans l'histoire et dans l'art, du château de Mantoue, où se déployaient sa grâce naturelle et l'affabilité de son caractère, qui dissipaient les plus aigres humeurs des grincheux de cour. On l'avait entendu dire à mi-voix qu'elle serait heureuse de garder ceux qui étaient restés, si toutefois cela plaisait à don Alphonse et au duc : ce « parler humain » l'avait si bien servie qu'il n'était plus pour l'instant question d'autres licenciements, ni d'autres départs, à l'exception d'Adrienne Mila, qui allait regagner Rome de son plein gré. Lucrèce pouvait donc supposer qu'elle réussissait à faire prévaloir en quelque mesure sa volonté secrète et ne s'apercevait peut-être pas encore qu'en relâchant les rênes, le duc suivait une tactique diplomatique perfide, lui concédant une pause avant de l'attaquer avec d'autres armes et sur d'autres positions.

Le vieil avare, tous comptes faits, avait fixé comme apanage de sa bru une somme annuelle de 8 000 ducats, avec laquelle elle devait pourvoir à ses propres besoins et à ceux de sa cour en vêtements, vivres, chevaux, carrosses, y compris les aumônes, cadeaux et fêtes exigés par son rang. Quand cette décision lui fut signifiée, Lucrèce dut en sentir l'offense, accoutumée comme elle l'était à dépenser avec la prodigalité d'une reine jointe à l'insouciance d'une courtisane et sachant qu'elle avait apporté une dot lui permettant de prétendre à 12 000 ducats par an, au moins. Elle protesta tant contre l'avarice d'Hercule que celui-ci, après avoir demandé à sa fille Isabelle combien elle dépensait et reçu aussitôt l'assurance que 8 000 ducats lui suffisaient, déclara que, cependant, il irait jusqu'à 10 000 ducats. Lucrèce répliqua qu'elle n'était point habituée à discuter sur un ton qui sous-entendait « marchander », suivant l'expression déjà venue aux lèvres d'Alexandre VI. Le conflit demeura entre beau-père et bru, s'envenima, et ne garda pas toujours un ton courtois, puis se compliqua du fait que Lucrèce eut bientôt un nouvel argument en sa faveur. En mars, elle eut la certitude d'attendre un héritier : on verrait bien si le duc Hercule s'adoucirait.

Il ne semble pas s'en être fort ému, tout en continuant de jouer la comédie de la courtoisie paternelle, accompagnant sa bru le plus qu'il le pouvait dans les couvents et les églises, montant dans le même carrosse qu'elle. Beau-père et bru croisaient froidement leurs regards, qui exprimaient plus que n'en diraient jamais les paroles; mais Hercule étant dur comme le diamant qu'il avait pris pour emblème, ce fut à Lucrèce de n'en plus pouvoir : le dépit et l'amertume l'amenèrent à découvrir, une nouvelle fois dans sa vie, les consolations du cloître.

Ce fut le mercredi saint. Le couvent choisi n'était pas, on s'en doute, le monastère dominicain de Sœur Lucie préféré par Hercule, mais le couvent des clarisses du *Corpus Domini*, fondé par Éléonore d'Aragon pour les jeunes filles nobles. Il existe encore et, maintenant comme jadis, on y accède dans le silence plantureux des vergers par un chemin bordé de murs que surmonte la pâle verdure des figuiers et des pommiers rustiques.

Dans son carrosse capitonné de satin, Lucrèce passa entre ces humbles et honnêtes clôtures; elle pouvait compter les bourgeons de mars sur les arbres. Devant la courte façade en terre cuite rose de l'église du Quattrocento, elle descendit et, sous l'arc aux proportions modestes, décoré avec une si juste discrétion qu'elle semble timide, Lucrèce franchit rapidement la porte. A sa rencontre, dans l'église, s'avance l'abbesse suivie des moniales, parmi lesquelles était Sœur Laura Boiardo, cousine de l'inventif poète de Scandiano, amie d'Isabelle d'Este et qui devait devenir la grande amie de Lucrèce. Avec elle et ses compagnes Lucrèce se croyait revenue à San Sisto, écoutait avec délices le bruissement des robes monacales, revoyait les sourires retenus qui sont aux visages des religieuses comme un fard pudique; elle aspirait les parfums d'encens, écoutait l'appel d'une cloche et les voix blanches qui semblent annoncer un message angélique. Le jardin était celui des pieuses légendes : la rose mystique y fleurissait et la porte qui introduisait à l'église n'eût-on pas dit qu'elle débouchait sur un azur paradisiaque? Dans le sommeil profond d'un premier soir, à l'intérieur des étroites cellules immergées dans un lac de silence à peine ridé de murmures, les Este semblaient perdre leur réalité, s'éloigner dans une fuyante perspective. Et, glissant sur ce repos protégé, l'avenir paraissait éternel et receler une promesse illimitée, telle que rien ne vous serrait plus la gorge, pas plus l'angoisse de se hâter que l'inquiétude de vouloir vaincre les forces adverses. Tout se retrouvait à la place et au temps accoutumés.

*
* *

Du Vatican, Alexandre VI avait suivi jour par jour la vie de sa fille : il avait été informé des relations conjugales des époux non seulement par les lettres d'Hercule à l'ambassadeur Costabili et à lui-même, mais encore par un camérier secret. La description des fêtes magnifiques et des triomphes de Lucrèce parmi tant d'illustres dames qu'il ne pouvait soupçonner d'être aussi subtilement mal intentionnées, l'avait réjoui profondément. Dans un abandon plein de joyeuse cordialité le pape confiait à l'ambassadeur ferrarais qu'en son cœur, il n'établissait aucune différence entre don Alphonse et le duc de Valentinois, puis, dans un élan d'allégresse, il ajoutait : « Monsieur l'ambassadeur, je sais que vous agissez bien et j'en remercie votre paternité... » et enfin : « Souvenez-vous bien qu'avant Pâques la duchesse sera enceinte et que quand elle le sera, je veux qu'Alphonse vienne ici. » Recevoir sa récompense?

Le pape était tout tendresse pour la famille d'Este, mais d'une tendresse qui lui laissait les yeux ouverts : de Ferrare continuaient à affluer au Vatican les demandes de grâces et de privilèges, surtout ecclésiastiques; le cardinal Hippolyte était de la maison, il participait aux chasses, aux fêtes et, maintenant, durant le carnaval, aux festins, aux bals, aux représentations dans les appartements pontificaux. Ces fêtes étaient fort intéressantes, ne fût-ce que par la qualité des invités; entre deux conquêtes, entre un projet périmé et un projet à peine conçu, apparaissait le profil consumé de César Borgia; on y voyait Sancia d'Aragon, plus hardie et plus agitée que jamais après s'être tenue à l'écart, et peut-être s'être éloignée de Rome, durant les noces de Lucrèce; quelques hauts prélats, quelques fidèles des Borgia, quelques Espagnols. Le pape se plaisait à voir continuellement danser des jeunes filles et jouer des comédies. Il suffisait de cette chaude atmosphère licencieuse pour que se nouât une intrigue entre Sancia et le cardinal Hippolyte d'Este, qui s'étaient découverts un proche cousinage (le roi Alphonse, père de Sancia, était frère d'Éléonore d'Aragon, mère d'Hippolyte) et sous ce voile de parenté inclinaient à former un lien plus étroit. Les soupçons et la jalousie possibles de César, loin d'être un frein pour Sancia, éperonnaient au contraire en elle le désir d'exhaler d'anciens ressentiments, qui pouvait lui faire prendre un caprice pour une passion; quant au cardinal Hippolyte, il était ainsi fait que son caprice personnel lui apparaissait véritablement comme une fatalité; un certain risque les excitait tous deux.

Aux premiers jours de mars, les Espagnols et Romains du cortège nuptial revinrent à Rome. Les premiers arrivés furent les cavaliers du duc de Valentinois licenciés par Hercule d'Este le 14 février, à peine les fêtes terminées, et on peut imaginer, après leur furieuse chevauchée jusqu'à Rome, en quelles plaintes ils se répandaient. « Les Espagnols retour de Ferrare, à ce que j'entends de toutes parts, font de fâcheux récits, disent qu'on les a chassés de Ferrare et que tous les serviteurs de l'Illustrissime duchesse ont été licenciés, » écrit immédiatement l'ambassadeur ferrarais à son souverain; et, pour couper court aux commérages, voici Mgr Beltrando Costabili qui s'en va de palais en palais voir les cardinaux influents au Vatican, essayant de connaître les impressions de la cour romaine et de son chef. Mais le pape gardait une prudente réserve et se bornait à réclamer continuellement à Costabili les lettres de sa fille, qui parvenaient à Rome par le courrier diplomatique de la maison d'Este. Si parfois Lucrèce tardait à écrire, l'impatience perçait dans l'interrogation de son père : « La duchesse n'a-t-elle donc pas répondu à mon pli de mercredi? » demandait-il, par exemple, le 15 février et comme Costabili invoquait les occupations matrimoniales de la jeune femme, « le pape se mit à rire et à parler avec Mgr le duc [César] ». Quand les lettres arrivèrent, l'atmosphère commença à se troubler et Alexandre VI, ayant fait appeler Costabili, lui référa qu'il avait reçu des nouvelles déplaisantes de Ferrare. Il paraissait que Lucrèce, limitée pour ses dépenses, se voyait contrainte d'engager ses bijoux pour offrir des cadeaux aux amis espagnols qui la quittaient : comment l'ambassadeur expliquait-il ces faits? L'ambassadeur n'expliquait rien du tout, mais déployait toute son éloquence pour prouver que la duchesse était très aimée de sa nouvelle famille; il rappelait les cadeaux que lui avait faits récemment son beau-père, énumérait les marques d'honneur publiques et privées qui lui étaient rendues : le duc n'allait-il pas presque quotidiennement la chercher pour sortir avec elle? Quant à Alphonse, sa vie conjugale était irréprochable, ardente, chaleureuse, et le pape ne l'ignorait pas plus qu'il n'ignorait le résultat, concret dans quelque temps, de ses empressements. Ici, Alexandre VI, mis en belle humeur, éclatait d'un grand rire et, changeant de ton, demandait à l'ambassadeur s'il se souvenait de la prédiction faite un mois auparavant? Sur le même ton, Costabili répondait qu'il s'en souvenait fort bien et que le pape savait être bon prophète pour ce qui le concernait. Oui, de ce côté pas d'inquiétude : Alphonse dormait chaque nuit aux côtés de son épouse et si, dans la journée, il se divertissait avec certaines femmes, il n'en fallait rien conclure, au contraire : « Il fait bien, puisqu'il est jeune, » s'exclamait le pape avec, peut-être, un petit soupir de regret. La juste conclusion avait été tirée par le cardinal de Modène quand au récit tendancieux fait par ceux qui revenaient de Ferrare il avait répondu : « Il suffit qu'ils s'aiment tous les deux [Lucrèce et Alphonse]. »

La découverte de sa solitude avait conduit Lucrèce à forger une chaîne qui pouvait sembler fragile mais qui, destinée à délimiter une frontière, symbolisait une force passive, contre laquelle il était difficile de combattre, même pour quelqu'un de la force d'Hercule d'Este.

Une sorte d'état de siège s'établissait dans l'appartement de la duchesse. Ce n'était plus l'appartement de parade du palais ducal qui avait abrité ses premiers jours d'épousée, mais un autre, situé dans le vaste château quadrangulaire construit par Nicolas III, entouré de douves d'une eau verdâtre à peine frémissante les jours de grand vent. Sur un jardinet mélancolique, qui mieux que l'illusion de la liberté en donnait la nostalgie, ouvraient les chambres : l'une couleur d'azur avec le lit et le baldaquin du même ton, des tables, des tapis; une autre, celle de Lucrèce, plus intime, tendue d'or et de satin; la troisième, salon de réception, tapissée de velours vert, garnie d'une longue banquette capitonnée de velours azuré brodé d'or avec des coussins de satin et drap d'or où prenaient place habituellement les demoiselles d'honneur et les visiteurs. Rien que pour avoir trouvé l'appartement tout organisé, Lucrèce s'y sentait mal accordée aux formes et aux couleurs et projetait déjà de tout changer à la première occasion.

Puisque le duc Hercule ne faisait pas le moindre geste conciliateur et n'ajoutait pas un ducat aux 10 000 proposés, Lucrèce rompait tous les ponts jetés entre elle et les Ferrarais et surtout les Ferraraises. Déjà les effets de sa mauvaise humeur se faisaient sentir, puisque quatre gentilshommes « parmi les meilleurs » annonçaient que bientôt ils seraient licenciés de leur office, car près de la nouvelle duchesse « seuls les Espagnols trouvent grâce », et rappelaient par comparaison leur service auprès d'Éléonore d'Aragon, « plus grande dame que cette autre, » et qu'ils étaient alors traités d'une façon autrement aimable et cordiale. Teodora Angelini devait revenir sur les louanges et les prévisions optimistes faites en mars, en confessant que la duchesse tenait à l'écart les demoiselles de Ferrare, comme si elle ne voulait plus voir leurs jolis visages « jusqu'au jour du Jugement ». Son opinion était également que la duchesse n'aimait que ses dames d'honneur venues de Rome; ces dernières, d'ailleurs, réussissaient fort bien à s'acclimater.

Comme à toutes les natures qui possèdent certains replis spirituels et sentent qu'elles doivent maintenir intact et sauvegarder une partie de leur être propre pour vivre sans humiliations, il suffisait à Lucrèce d'avoir une compagnie restreinte, mais accordée à son tempérament et à qui se fier : elle ne supportait ni le soupçon, ni l'espionnage et ne pouvait les déceler sans en éprouver une inquiétude intime. Elle n'éprouvait pas le besoin d'être populaire, mais d'être personnellement aimée de quelques-uns, de savoir interpréter les regards et les silences de ceux qui l'entouraient. Ces gens lui étaient un cercle familier nécessaire, de personnes privilégiées non point tant pour leurs mérites particuliers que par leur commune qualité d'être tous affiliés à sa propre secte. A l'exemple de leur dame, les jeunes filles maintenaient leur fierté, même quand elles se laissaient tenter, et les Espagnols qui étaient restés allaient et venaient des chambres de Lucrèce à leurs bureaux avec des mines de conjurés fermées et tragiques, à faire sortir de leurs gonds les Ferrarais les plus bonasses. On peut se faire une idée de l'humeur des gens de la duchesse en se souvenant des commentaires de son majordome à Rome sur l'avarice d'Hercule d'Este. Tous étaient contraints à cette résistance : n'avait-elle pas déclaré combattre, plus que pour elle-même, pour le décorum de sa cour? D'ailleurs, il n'était pas exact, ainsi que le croyaient les Ferrarais, qu'en cet îlot hispanisant on pratiquât la mortification des plaisirs.

A Ferrare, Angèle Borgia plaisait beaucoup; elle était écervelée, mais savait rire, riait volontiers et était de toutes manières fort divertissante; elle s'implanta dans la maison d'Este, dans le cœur ou plutôt dans le sang de Jules, le bâtard d'Hercule. Pour n'être point en reste vis-à-vis de son jeune frère, don Ferrante d'Este s'était accroché, lui aussi, aux jupes des demoiselles de Lucrèce et avait choisi Nicole pour sa dame : la Siennoise délurée demeurait volontiers avec le plus beau des beaux jeunes gens de la maison d'Este. On disait qu'ils allaient « fort » tous les deux, mais « sans péché ». Le duc y veilla avec l'espoir de brider les tempéraments et les désirs avant que les péchés fussent mûrs : don Ferrante reçut l'ordre de ne plus fréquenter les appartements de sa belle-sœur que deux fois par semaine.

Ainsi s'ordonnance sous le signe d'Éros l'exil volontaire de Lucrèce : elle se lève tard, se fait vêtir et parer sans hâte, se rend à la messe dans son oratoire, prend une collation, reçoit les quelques personnes admises en sa présence, s'entretient avec ses dames d'honneur, leur lit à haute voix des textes sacrés ou des poèmes d'amour, combine avec ses brodeurs de nouvelles toilettes, dont l'une, toute brodée de pierreries, doit être portée en l'honneur de la marquise de Mantoue quand elle viendra à l'occasion de la Saint-Georges (mais Isabelle, jalouse de ces préparatifs d'élégance, trouvera un motif et des excuses pour ne point bouger); ou bien elle se fait apporter l'une de ces cassettes qui ont contenu tant de suppliques, tant de secrets, tant de documents du Vatican : elle relit d'anciennes lettres, revient en arrière par la pensée et croit s'en mieux détacher en déchirant quelques feuillets, les plus brûlants peut-être, replie les autres et soupire. Crise de mélancolie? C'est le moment d'appeler à l'aide. Nicole, faite pour la tendre volupté des choses, propose ou accepte une après-midi d'intimité délicate : prompte à agir, elle établit un branle-bas joyeux avec l'aide de Lucia, la camériste, prépare des poudres, des braseros, des résilles d'or, des peignoirs mauresques et une grande vasque d'eau chaude et aromatisée. Lucrèce et sa favorite, demeurées seules, quittent leurs vêtements, entrent ensemble dans le bain dont la petite Lucia entretient la chaleur; les deux jeunes femmes rient, plaisantent, jouissent de la tiédeur parfumée, puis, couvertes de leurs seuls peignoirs, les cheveux retenus par des résilles d'or, elles s'allongent sur les coussins en faisant brûler des parfums durant de longues heures languides. Les courtisans se chuchotaient les détails de cette scène, racontée non seulement à Ferrare, mais encore à Mantoue grâce aux indiscrétions du « Prêtre ». Le « bon limier » d'Isabelle d'Este, à force de caresses et de sucreries, avait réussi à amadouer la camériste Lucia; ainsi pouvait-il puiser ses récits directement à la source; d'ailleurs, les douces flâneries féminines de Lucrèce étaient, tant à Ferrare qu'à Mantoue, commentées sans la moindre sévérité.

C'est à ce moment qu'apparaît dans la vie de Lucrèce Hercule Strozzi, qui déjà y occupe une place. Les documents concernant la vie de la fille d'Alexandre VI mentionnent le nom de ce dernier venu pour la première fois la veille de l'entrée solennelle à Ferrare : « Ce soir nous dînerons chez messire Hercule Strozo, » écrit le 29 janvier 1501 Isabelle d'Este à son mari. Durant les jours suivants, Strozzi fut certainement, avec d'autres courtisans, présenté à la duchesse, mais nous ignorons quel effet il produisit sur elle; peu après, en mars, on sut que le poète ferrarais aspirait au cardinalat, qu'il avait offert 5 000 ducats pour obtenir le chapeau écarlate, qu'Alphonse d'Este avait écrit à Rome afin de recommander cette cause à son frère Hippolyte et il est probable que, de son côté, Lucrèce la soutint également. Cependant, après mars il ne fut plus question ni du chapeau cardinalice, ni du départ de Strozzi : un je ne sais quoi, réponse opportune, conseil avisé, silence éloquent, avait fourni à la duchesse l'occasion d'étudier celui qui s'entendait si bien à lui offrir hommages et services et d'y découvrir les qualités qui plaisaient à sa solitude et à son inquiétude. Strozzi, protégé par Lucrèce, se vit ouvrir l'appartement ducal, se sentit apprécié et fut en passe de devenir le favori de la duchesse — un favori qui aurait fait honneur à quelque dame que ce fût : poète fort élégant, courtisan et gentilhomme impeccable. Cependant, parmi tant d'évidents mérites, il y avait en lui un relâchement moral.

Hercule Strozzi descendait du rameau ferrarais de la célèbre famille florentine qui s'était établie à Ferrare avec Manni Strozzi au début du XVe siècle. Sa noblesse, sa fortune, son rang, son luxe lui venaient de ses ancêtres et surtout de son père, Tito Vespasiano Strozzi, l'un des vieillards les plus honorés du duché, cher à la maison d'Este, juge des « Savi » (1), poète latin parmi les plus célèbres du cercle ferrarais. Son fils Hercule tenait de lui le goût de la poésie et des lettres en général, affiné par des études si poussées qu'à peine âgé de trente ans il surpassait déjà l'enseignement paternel et était universellement reconnu comme l'un des plus élégants latinistes non seulement de Ferrare, mais d'Italie. Boiteux de naissance, il était contraint de marcher avec une béquille et cette infirmité était un point qui le blessait spirituellement et contribuait à exaspérer son intelligence critique jusqu'à entraîner sa pensée dans les déviations d'un cynique pessimisme, à engendrer une froide corruption non de mœurs mais, pire encore, de l'intelligence. Sa grâce féline, l'harmonie de son élégance, l'éclat de son regard fait d'amère mélancolie et du sentiment d'une ambition humiliée lui valaient l'amitié et même l'amour des femmes, surtout de celles qui, ayant souffert, croyaient reconnaître en lui, virilisés, leurs propres sentiments. Naturellement, beaucoup d'hommes ne l'aimaient pas. A la cour même, si le vieux duc était capable d'apprécier une intelligence aussi singulière et surtout s'il protégeait l'humaniste et le poète, bon conseiller et excellent traducteur de comédies pour son théâtre, Alphonse d'Este, au contraire, éprouvait à son endroit une sorte de répugnance, le devinant à cent lieues de ses jugements coutumiers. L'héritier du duché de Ferrare, aux instincts presque populaires, n'approuvait pas les manières dures dont Strozzi usait dans les charges publiques, se faisant ainsi haïr du

(1) Les « Sages », juridiction propre à Ferrare (N. du Tr.).

peuple, mais d'une haine en quelque sorte respectueuse; de plus, tant de subtilités spirituelles lui déplaisaient en raison des équivoques dans la morale et dans la vie qui pouvaient en résulter. Cependant, honnête envers soi-même, Alphonse d'Este n'estimait pas que ses répugnances personnelles lui fournissent matière à censure; aussi, non seulement n'interdisait-il pas à Strozzi l'accès aux appartements de sa femme, mais il le permettait et même l'avait peut-être favorisé pendant un temps, comprenant que personne mieux que Strozzi n'était en mesure d'apporter à une cour féminine le lustre de la culture et de l'esprit.

Ainsi le poète ferrarais eut-il le passage libre et, lui qui savait induire une femme aux plus excitantes tentations de vanité, commença de prodiguer à Lucrèce de pertinents conseils d'élégance; lui parlant des magasins de Venise, peu distants de Ferrare, il lui décrivait les merveilles du grand comptoir occidental de l'Europe et lui suggérait qu'il lui serait facile d'y puiser à pleines mains. Le résultat fut que le « boiteux des Strozzi », sa béquille, sa belle chevelure romantique et son visage d'une noble pâleur partirent pour Venise avec une longue liste de commissions. Il y retrouva son ami Pietro Bembo, l'astre des humanistes italiens; y revit une dame vénitienne, capricieuse et nuageuse, avec laquelle il terminait un long épisode amoureux; là, enfin, il s'en fut choisir pour la duchesse de Ferrare du satin blanc, beige, fauve, turquoise, incarnat et encore des taffetas, des lainages, des mousselines. Il se faisait montrer par les marchands les tissus royaux, les brocarts d'or rebrodés d'or ou cramoisis sur fond d'or et les merveilleux velours vénitiens, serrés et légers, bruns, rouges, beiges, ou vert-jaune d'une tonalité rare et fine; dans le *fondaco* vénitien, où même en juillet on devait être au frais, les pièces de tissus se déroulaient devant le poète qui exerçait sur les nuances et la qualité des soies la délicatesse de sa sensibilité tactile et de son sens pictural. Les étoffes choisies, aussitôt dirigées sur Ferrare, y étaient admirées par les femmes et préludaient aux applaudissements enthousiastes qui seraient décernés à Strozzi. De jour en jour, la garde-robe de la duchesse s'enrichissait de belles pièces d'étoffe qui emplissaient les armoires et les coffres : le tout pris à crédit. Devant l'avarice d'Hercule, au lieu de s'humilier et de restreindre ses dépenses personnelles, Lucrèce se mettait au contraire (était-ce sur la suggestion de Strozzi?) à dépenser au delà de ses possibilités. A crédit elle se faisait faire des toilettes neuves dans les tissus vénitiens, puis les faisait couvrir de broderies; à crédit elle habillait toutes ses demoiselles d'honneur de lainages de couleur; à crédit elle commandait à messer Bernardino, ciseleur vénitien, un berceau destiné au bébé dont la naissance était attendue et pour qui rien ne lui semblait suffisant. Elle disait à qui voulait l'entendre que cette naissance lui ferait dépenser 10 000 ducats, le douaire d'une année entière; à un banquet où étaient conviés tous les Este, y compris son beau-père, elle fit un grand étalage d'argenterie.

Ce repas, non dépourvu d'agressivité, pouvait provoquer l'ironie de ceux qui auraient passé la revue des blasons gravés sur les différentes pièces; reconnaissables par les armes des Sforza, il y avait là une grande partie de la fameuse « garniture de crédence » offerte par Ascanio Sforza à Lucrèce lors de ses noces avec le seigneur de Pesaro; il y avait aussi les souvenirs de la période aragonaise, *fiaschi* et flacons, un grand bassin aux ornements d'or, une boîte décorée de feuilles en relief, une salière précieusement ouvragée. L'ours des Orsini rappelait les relations aventureuses avec leur famille; on retrouvait même les armes de ce François Gaçet, chanoine de Tolède, qui avait été mêlé si étroitement aux relations amoureuses d'Alexandre VI avec Julie Farnèse. Mais le blason des Borgia dominait, accolé soit à la couronne et aux banderoles du duc de Gandie, soit au chapeau cardinalice de François Borgia, soit et surtout à la tiare pontificale. Dans un enchevêtrement de feuillage d'or, un taureau massif et doré, semblable au biblique veau d'or, se dressait sur le couvercle d'une large coupe; d'autres taureaux plus petits, gravés ou en relief, se détachaient sur les coupes, les verres, les boîtes, les flacons, les aiguières, les encriers, tandis que le nom entier du pontife,

ALEXANDER SEXTUS PONTIFEX MAXIMUS

s'étalait dans toute son ampleur solennelle sur une grande fontaine d'argent doré. Quintaux d'argent massif que les majordomes avaient dénombré pièce à pièce et pesé soigneusement, sans toutefois faire entrer dans l'ensemble l'argent mêlé à d'autres métaux et travaillé avec des matières précieuses ou incrusté d'émaux, de diamants, de perles. Lucrèce, présidant ce repas où chaque coup d'œil lui évoquait son père, était toute froideur. Mais le vieux duc lui répondait par un regard courtois qui pouvait tout au plus exprimer l'indifférence : si elle tentait de lui faire comprendre que les ressources ne lui manquaient pas, Hercule aurait pu lui répondre qu'il y comptait depuis longtemps.

On ne peut dire qu'à la cour d'Este on faisait grand cas du pontife. Déjà il semblait à Hercule que la quantité et la qualité des bénéfices venant de Rome ne correspondaient plus aux promesses faites, et quand Lucrèce reçut de son père un bref appuyant ses prétentions à un plus important apanage (elle le communiqua à un gentilhomme qui le fit lire à Hercule), le duc déclara froidement qu'il ne céderait point « quand Dieu lui-même s'en mêlerait ». De semblables ambassades étaient généralement confiées à l'un des familiers des Este, Carlo Bonvesin delle Carte, appelé « le baron », certainement habile et prudent, car il réussissait à remplir sa mission sans se rendre odieux à personne. Lucrèce proclamait qu'elle et sa cour mourraient de faim plutôt que d'accepter ces misérables 10 000 ducats que lui offrait son beau-père. Avec le temps et avec la résistance d'Hercule, la colère de Lucrèce augmentait au point qu'un jour, le duc ayant fait annoncer l'une de ses visites habituelles, Lucrèce se sentit incapable de supporter une fois de plus l'ironie d'une conversation paisible. Elle éclata : le duc, dit-elle, aurait mieux fait de rester où il était et de penser « à mettre ordre à ses affaires », c'est-à-dire aux leurs. Hercule affrontait la révolte de sa bru en faisant mine de ne point s'en apercevoir, mais s'il voyait le temps se gâter il s'en allait, un paquet de livres de chevalerie française sous le bras, accompagné par Niccolò da Correggio, voir Lazare Grimaldi décorer sa villa de Belfiore en y peignant la légende de Floire et Blanchefleur. En juin Lucrèce, qui souffrait de son état, en raison de quoi on lui envoyait de toutes parts des primeurs, surtout des cédrats et des citrons du lac de Garde, demandait à son beau-père de pouvoir s'en aller avec sa cour prendre le frais à Belfiore : Hercule refusa sous le prétexte qu'il y avait là trop de peintres et d'ouvriers en train de travailler; « ils prirent tous deux la mouche, » racontait « le Prêtre », et Lucrèce s'installa à Belriguardo, la perle des villégiatures de la maison d'Este, instaurant là aussi sa consigne claustrale et ne recevant même pas, bien qu'envoyé par le duc Hercule pour lui parler, le conseiller de la cour, Niccolò da Correggio. Ce n'était point encore assez : le jour de son retour à Ferrare, Lucrèce, sachant que son beau-père viendrait à sa ren-

contre et l'attendrait à mi-chemin, s'arrêta plus longuement qu'il
n'était nécessaire pour faire collation à la villa Guarnieri, contente de faire attendre sur la route le vieux duc au gré de son
caprice. Quelques jours plus tard, alors que se déroulait à Ferrare l'une de ces processions pour lesquelles Hercule prêtait aux
confraternités les costumes de ses comédies, transposant sur le
plan religieux sa passion des spectacles, Lucrèce laissa les frères
et les gentilshommes l'attendre puis arriva, la procession terminée, avec ce visage lisse et ironique qui faisait s'exclamer les
courtisans : « Voyez où nous en sommes! »

*
* *

Le 24 juin, César Borgia attaqua Urbin à l'improviste, témoignant une fois de plus par cette traîtrise — que les Vénitiens
avaient prévue et dont les Montefeltro avaient espéré se préserver en recevant Lucrèce — combien sa volonté et son action
étaient libérées de toute influence et de tout scrupule. L'occupa-
tion d'Urbin s'était faite rapidement, préparée par des traîtres
acquis à César à la cour même de Guidobaldo, qui avaient conseillé à leur seigneur de se mettre dans les bonnes grâces de
Borgia en lui prêtant de l'artillerie et des ravitaillements et de
lui permettre en outre de franchir l'imprenable passage de Cai.
En cette nuit du 23, il était donc aisé aux troupes valentinoises,
campées sur le territoire même du duché, de marcher par surprise sur la cité d'Urbin et de s'en emparer avec une telle soudai-
neté que ce fut miracle si le duc, à peine averti à temps, put
sauter à cheval et s'enfuir en pourpoint court, sans même un
manteau, avec deux seuls compagnons à ses côtés. Il se réfugia
en territoire vénitien, à Castelnuovo, où le châtelain, couard ou
traître lui aussi, ne voulut point le recevoir : si bien que le fugitif,
supportant son malheur avec une patience sereine, reprit sa route
et se dirigea sur Mantoue, où était encore sa femme, Élisabeth
de Gonzague, hôte de son frère et de sa belle-sœur Isabelle.
    Tandis qu'à Urbin César, pénétrant dans ce royaume de la
culture et de l'humanisme italien qu'était le palais ducal de Frédéric II de Montefeltro, s'employait à faire emballer statues,
livres, peintures, tapis, tapisseries, en un mot tout son butin, à
Ferrare Lucrèce fléchissait sous le poids de la nouvelle conquête
des Borgia. Elle se voyait regardée par les courtisans avec la

réprobation qui s'attachait à son frère, mais elle aussi comprenait et se sentait dans son for intérieur obligée de leur donner raison; un ressouvenir de ses anciennes terreurs romaines devait affleurer à son esprit, pour que, sans prononcer le nom de César, elle montrât tant de signes évidents de contrariété et de désarroi. Elle disait, répétaient ses familiers, qu'elle donnerait volontiers 25 000 ducats pour n'avoir jamais connu la duchesse Élisabeth et, sous-entendu, pour n'avoir point maintenant à rougir.

Les Ferrarais avaient si mauvaise opinion des Borgia qu'ils ne s'étaient convaincus que les manifestations de douleur de Lucrèce n'étaient pas feintes qu'après avoir vérifié des sentiments analogues chez certains Espagnols : ainsi en écrivait Prosperi à Isabelle d'Este, en ajoutant que dans la maison du diable il est des choses qui méritent pitié. Isabelle, de son côté, poussait des exclamations circonspectes et indignées, mais gardait assez de présence d'esprit pour se souvenir qu'il y avait au palais d'Urbin une petite Vénus antique d'un beau modelé et le déjà célèbre *Cupidon endormi*, l'une des premières œuvres de Michel-Ange (« comme œuvre moderne elle n'a pas son égale », disait la marquise), qui feraient bonne figure dans ses collections. Elle n'attendit même pas dix jours pour écrire à Rome à son frère Hippolyte, afin qu'il demandât ces sculptures pour elle au pape et au duc de Valentinois. Même sachant qu'elle avait demandé l'autorisation de se faire offrir ces objets à sa belle-sœur, qui la lui avait accordée avec le désir de reconnaître ainsi en partie l'hospitalité qu'elle recevait, il n'en est pas moins vrai que c'était là dépouiller ses propres parents avec une désinvolture singulière. Isabelle avait ou non de la délicatesse suivant ses convenances personnelles, mais ce qu'elle avait, à coup sûr, c'était la passion sans vergogne des collectionneurs. Elle intrigua tant et si bien près du pape et de César qu'on lui donna finalement la Vénus et le Cupidon, qu'elle reçut en pleurant de joie et, comme on peut s'en douter, ne restitua jamais.

Les souverains des États italiens se passaient la consigne de la peur. A part Ferrare (qui ne se sentait cependant pas complètement tranquille bien qu'elle tînt Lucrèce comme un gage et eût la protection du roi de France), les autres se voyaient déjà, suivant l'expression de la marquise de Mantoue, « comme des gens pendus les uns après les autres et qui ne peuvent tendre la main. » Ils attendaient donc d'être éclairés sur un point capital :

connaître quelles étaient les dispositions françaises à l'égard du Valentinois, car tous savaient que, sans l'appui de son allié d'outre-monts, César n'avait nulle possibilité d'expansions futures. Les mieux informés murmuraient que le roi de France se servait des Borgia pour ses propres fins, qui étaient toujours la conquête napolitaine, mais qu'il n'avait ni intérêt personnel, ni désir d'appuyer une dynastie espagnole en Italie. Les petites cours continuèrent donc à attendre et à espérer. En juin 1502, Louis XII entrait dans le duché de Milan reconquis parmi l'enthousiasme de commande d'un peuple exténué par les contributions de guerre.

Le roi de France s'installa au château de Pavie, où l'un après l'autre arrivèrent les seigneurs et les diplomates italiens. De Ferrare vint Hercule d'Este; de Mantoue, le marquis de Gonzague, proférant contre César des menaces désordonnées qui faisaient frissonner sa femme. Il n'est pas nécessaire, pensait la marquise, de laisser lire la haine sur son visage et elle prenait soin de recommander la prudence à son impétueux mari. Mais, à Pavie, les seigneurs, les ambassadeurs, les invités, les chroniqueurs virent avec angoisse l'accueil affectueux et les démonstrations cordiales faits par le roi de France au duc de Valentinois. Le roi voulait avoir César dans les chambres voisines de ses appartements, lui faisait revêtir ses propres habits, assistait à son repas et commandait pour lui des mets rares. « Jamais on ne vit si grande faveur, » disait l'assistance ébahie. César, seul à ne s'en point étonner, s'en prévalait et affectait une attitude lassée avec tout le monde, se dispensant même de rendre les visites que de plus vieux que lui, tel le duc Hercule, lui avaient faites les premiers. Il ne fréquentait que les appartements royaux où, un jour, se livrant à des plaisanteries de soldat avec un bouffon français, un fou appelé Mgr Galerin, il faillit périr sous le poignard de ce dernier. Il sortit de l'aventure à peine égratigné et riant — comme il riait quelque temps auparavant alors que, désarçonné et presque piétiné par un cheval ombrageux, il s'était relevé indemne — et il parut avec le roi aux fêtes milanaises, pour lesquelles on ne parvenait pas à trouver des dames de qualité : où s'en étaient allées les beautés lombardes fameuses au temps de la cour de Béatrice d'Este? Pour les représenter toutes, il n'y avait plus que l'épouse spirituelle et lettrée d'Alexandre Bentivoglio, Hippolyta Sforza, qui eut l'honneur de danser avec le roi et de soutenir la conversation avec lui en déployant tant de brio et de pure grâce lombarde que le galant souverain lui fit restituer toutes ses terres, qui étaient cependant patrimoine des Sforza; mais elle restait presque seule. Les Français qui voulaient se divertir devaient se contenter d'aventures avec des femmes de petite vertu, accourues de tous les points d'Italie sur la réputation faite aux Français d'être gais et généreux dans le plaisir. Mais, pour occuper les esprits, les nouvelles sensationnelles ne manquaient pas. Entre un bal et l'autre courait le bruit de crimes, de projets, de manœuvres des Borgia, tous plus surprenants l'un que l'autre. La nouvelle se répandait qu'Astorre Manfredi, le jeune seigneur et défenseur de Faenza, avait été retrouvé dans le Tibre ainsi qu'un sien cousin, la corde au cou et, ajoutait-on, après avoir subi de terribles sévices. On confirmait les pourparlers engagés depuis quelque temps déjà entre le duc de Valentinois et le marquis de Gonzague pour le futur mariage de l'unique fille de César et de Charlotte d'Albret, Louise, avec l'héritier du duché de Mantoue, Frédéric. Or, la fillette avait trois ans et le garçon à peine plus d'un an; de plus la petite Borgia était laide avec un nez « malencontreux » et un visage qui n'exprimait que l'intelligence, alors que le jeune Gonzague était beau et promettait de devenir le charmant enfant portraituré par Raphaël et admiré par le pape Jules II. Devant les raisons politiques ces divergences n'entraient pas en ligne de compte et César désirait si vivement ce très lointain mariage que les Gonzague ne pouvaient s'y refuser, car il suffisait de peu de choses pour lui fournir prétexte à étendre ses possessions jusqu'en haute Italie.

Isabelle d'Este se mit en avant et ce fut elle qui prit la direction des tractations matrimoniales en les tenant bien en main. Comment elle manœuvra, avec quel feint empressement elle envoyait ses émissaires et recevait ceux du Valentinois en les comblant d'amabilités, en les fascinant à force de séductions d'une psychologie à la fois féminine et princière, quels artifices elle sut inventer pour provoquer, sans en avoir l'air, de continuels retards serait trop long à conter. Les instructions données à ses ambassadeurs furent telles qu'elles réussirent à tromper le Valentinois, qui, cependant, ne le cédait à personne en fait de roublardise. Ne se fiant pas à son mari, Isabelle avait envoyé à la cour du roi de France des délégués formés à son école; à l'un d'eux, Ghivizzano, Louis XII recommandait confidentiellement et en grand secret de bien réfléchir avant de sceller des accords officiels avec les Borgia, car « d'ici là [le jour des noces], qui sait ce qu'il en sera? ». Déjà le roi de France avait donné les mêmes conseils aux Este lors des premiers pourparlers de mariage entre Alphonse et Lucrèce et l'on peut imaginer combien les Gonzague les accueillaient volontiers avec le désir de les suivre et si la marquise, tout particulièrement, misait sur eux pour user plus fermement encore d'atermoiements envers l'adversaire.

A la mi-juillet, l'une de ces fréquentes épidémies qui désolaient l'Italie et l'Europe éclata à Ferrare et atteignit la cour ducale; elle n'était pas des plus pernicieuses, mais frappa tout le monde et d'abord Lucrèce qui, de constitution délicate et rendue plus fragile encore par sa pénible grossesse, fut tout de suite très malade. Immédiatement, de toute l'Italie des médecins accoururent : d'Urbin, Gaspard Torella, évêque de Santa Giusta, et de Césène le médecin Nicolas Martini, tous deux alertés de nuit par des ordres prompts et impératifs de César. De Rome Alexandre VI fit partir pour Ferrare, bride abattue, Berardo Bongiovanni, évêque de Venosa et médecin très apprécié des Borgia. Le pape, s'entretenant avec Mgr Costabili, témoignait d'une grande anxiété et profitait des circonstances pour insinuer que la maladie de la duchesse avait certainement une cause morale, venant d'une mélancolie exaspérée « du fait qu'elle ne voulait point se contenter des 10 000 ducats » que lui proposait son beau-père. Certes, ajoutait le pontife, jamais il n'écrirait sur ce sujet au duc de Ferrare pour ne pas paraître vouloir faire la loi aux autres, mais il insistait, cependant, pour que sa fille reçût les 12 000 ducats qui lui causeraient tant de joie qu'elle guérirait vite et vivrait ensuite satisfaite. Le duc Hercule ne se souvenait-il pas comment sa bru était venue chez lui? Qu'il soit donc attentif à sa façon d'agir, car la mort de Lucrèce ne surviendrait pas à propos pour les Borgia, mais, et le pape appuyait sur ses mots, on ne savait pas dans quelle mesure elle pourrait survenir *à propos* pour les Este eux-mêmes.

Ce message parvint à Ferrare deviné, compris, devancé. La duchesse était assistée par l'évêque de Venosa, maître Palmarino, maître Ludovic dei Carri, maître Alexandre Bordochio, plus les deux médecins envoyés par César. Le gynécologue Ludovic Bonaciolo et le médecin du duc, François Castello, surveillaient aussi la malade. Alphonse d'Este, en route pour sa visite au roi de France, qui de Pavie se rendait à Gênes par Asti, reçut immédiatement l'ordre paternel de revenir et peut-être aussi le conseil de se tenir dans la chambre de sa femme et de se faire voir près d'elle continuellement.

A Ferrare on était inquiet : cette créature gisant sur son lit, consumée par la maladie, acquérait une valeur même aux yeux des ennemis déclarés de son nom, dont les plus honnêtes disaient : « Que Dieu la conserve, car il ne serait pas à propos qu'elle vînt à manquer *actuellement.* » Faut-il se référer à l'expression « à propos » de la conversation d'Alexandre VI? Les messagers des Borgia arrivaient et repartaient. Il vint Troche, Michel Remolino, âmes damnées des Borgia, soupçonneux, habiles, flairant l'atmosphère des chambres et antichambres ducales. Finalement, le 12 août, secret et imprévu, arriva César. Lucrèce, dont l'état s'était amélioré, était assise sur son lit; elle entendit un pas familier, vit son frère, il lui sembla renaître. Les deux enfants d'Alexandre VI demeurèrent ensemble toute la nuit, communiquant par le moyen discret et sûr du parler de Valence, et peut-être cette nuit-là César promit-il à sa sœur que Camerino, sa nouvelle conquête, serait pour l'infant romain. Les heures s'écoulèrent rapidement; à l'aube, le duc de Valentinois partait et Lucrèce, épuisée par les longues conversations et par la violence de l'émotion, faisait une rechute de la maladie. Depuis ce moment les indications de nuits agitées, d'accès de fièvre, de malaises et de soins remplissent les bulletins médicaux, mais le 13 août elle allait mieux tandis que l'épidémie atteignait les personnes de sa cour. Angèle Borgia, Lisabetta da Siena, la négresse Caterinella s'alitèrent, ainsi que la Napolitaine, Mme Ceccarella, qui en mourut et fut enterrée bien loin de Naples, en l'église de Santo Spirito. Ce fut le tour ensuite de quatre des médecins dont le plus âgé, Carri, succomba; puis l'intendante de la cour féminine, Teodora Angelini, qui, emmenant sa fille avec elle, s'en fut dans son palais en faisant comprendre que jamais plus dans l'avenir elle ne reprendrait sa charge.

Pour Lucrèce, le bon diagnostic devait être celui de François Castello, médecin personnel d'Hercule d'Este, qui avisait le duc qu'à son avis la malade ne guérirait qu'avec l'accouchement, car les crises qui la tenaillaient quotidiennement, la rendant tantôt brûlante, tantôt glacée, provenaient d'un reliquat de bile difficile à éliminer étant donné qu'il s'agissait d'une femme (raison mystérieuse!) et que cette femme était enceinte. Au contraire, l'évêque de Venosa parlait « d'accidents d'esprit », c'est-à-dire de phénomènes hystériques, et écrivait à Rome dans ce sens.

Le 3 et le 4 septembre furent de si mauvaises journées que Castello ne savait plus à quel saint se vouer. Le soir du 5 septembre, Lucrèce, terrassée soudainement par une violente douleur lombaire, se renversa en gémissant et quelques instants plus tard mit au monde une petite fille de sept mois, mort-née : une fièvre puerpérale s'ensuivit, qui mobilisa et mit en émoi tous les médecins. Deux jours plus tard, le 7 septembre, un piétinement de chevaux au galop résonnait sur les pavés de Ferrare et les portes du château s'ouvraient pour laisser passer une troupe fatiguée et poudreuse. Arrivant de la cour de France, c'étaient le duc de Valentinois et son beau-frère, le cardinal d'Albret, accompagnés de treize gentilshommes, qui furent installés dans l'appartement dénommé « chambre de la marquise ». Au cours de la matinée, César alla voir sa sœur, qui se portait très mal; comme la fièvre augmentait et que les médecins ordonnaient une saignée, ce fut lui qui tint la jambe de la malade en la distrayant pendant cette petite intervention par mille histoires plaisantes qui la réconfortaient et la faisaient rire. Dans la nuit du 7 au 8 l'état empira et Lucrèce reçut la communion : l'entourage disait qu'elle n'en réchapperait pas, mais l'opinion des médecins dut être par la suite moins pessimiste, puisque César quitta Ferrare le soir même, aussi soudainement qu'il était arrivé.

S'il y eut une amélioration, elle fut brève, car, de nouveau, le 13 septembre, Lucrèce semblait en danger de mort et toute l'Italie commentait son état : « Que Dieu lui mette la main sur la tête et la délivre, » écrivait Bartolomeo Cartari, ambassadeur ferrarais à Venise, « ne fût-ce que pour couper court à tous les commérages qui circulent ici. » On comprend de quels commérages il s'agit en ces temps où le mot « poison » volait rapidement de bouche en bouche. Ce jour-là Castello adressa deux bulletins de santé à Hercule. Le matin en s'éveillant Lucrèce s'était tâté le pouls et soit qu'elle l'ait senti irrégulier et tumultueux ou, au contraire, imperceptible, elle avait soupiré : « Oh! je suis morte! » Elle voulut faire son testament, excluant de sa présence tous les Ferrarais et convoquant seulement son secrétaire, qui était celui du duc de Valentinois, ainsi que huit religieux. Les hommes du duc, pour le compte de leur seigneur, épiaient et enquêtaient même à propos du testament et étaient parvenus à savoir qu'il s'agissait d'un codicille concernant Rodrigue de Bisceglie, qui, paraît-il, devait être adjoint au testament que Lucrèce avait déjà rédigé à Rome.

Cette vie qui demeurait en suspens et les allées et venues de César avec ses gens, dont on ne pouvait augurer rien de clair, mettaient les Ferrarais de méchante humeur. A la cour, les courtisans les plus perspicaces partageaient les sentiments du duc Hercule envers César, qui participaient tout à la fois de l'hostilité du chef d'État contre un ennemi possible, de la répugnance de l'authentique aristocrate envers un aventurier, de l'aversion de l'idéologue accoutumé à une forme d'organisation pacifique, inspirée encore par l'équilibre idéal de Laurent le Magnifique, envers celui qui ne parlait que de guerre et réalisait ses conquêtes par tant de coups de main heureux sans y mettre de limite. Le duc de Valentinois devinait ces dispositions à son égard et disait en plaisantant à un ambassadeur ferrarais que le sang du duc de Ferrare ne s'accordait pas au sien « parce que celui de Son Excellence est tiède et le mien bouillant »; il se serait mieux entendu avec Alphonse, ajoutait-il, du fait qu'ils étaient jeunes tous deux.

Que le sang de César bouillonnât d'une sombre ardeur, tous s'en apercevaient. Tantôt il était à Gênes près du roi de France (dont la faveur pour lui causait une stupeur sans cesse renaissante), tantôt il était à Ferrare, un autre jour, abandonnant son quartier général d'Imola, on le voyait à Urbin, se rendant à la chasse avec ses léopards, masqué parmi son escorte d'Espagnols. Il disparaissait : on chuchotait alors qu'il préparait une opération contre Florence et on assistait à la panique des Florentins, qui n'en finissaient pas de se recommander au roi de France. Pendant huit ou dix jours on perdait sa trace et les observateurs ferrarais et mantouans, disséminés en Romagne sous couleur d'ambassades par leurs seigneurs avec une secrète mission d'espionnage, n'ajoutaient aucunement foi aux assertions des gens de César qui le disaient malade d'un « flux ». De fait, on parvenait à savoir qu'il était à Rome. Qu'y faisait-il? Pour quelle nouvelle entreprise se concertait-il avec le pontife? Bien que César se considérât désormais comme indépendant, Rome demeurait, pourtant, son point d'appui et le Vatican tout à la fois la raison et la base de sa puissance.

Les conversations échangées dans ces rencontres secrètes entre le père et le fils auront certainement, en premier lieu, eu trait à Lucrèce. Le pape racontait ensuite de quel réconfort lui était l'assistance apportée par César aux pires jours de la maladie. Cette pensée et le fait que la naissance malheureuse avait coûté la vie d'une fillette et non de l'héritier mâle l'amenaient, après les jours d'une douleur égoïste se rebellant contre une injustice manifeste du sort, à conclure qu'après tout le mal aurait pu être pire et serait réparable puisque Alphonse avait solennellement promis près du lit de sa femme de lui donner avant peu un autre enfant, un fils cette fois. Mais le pape ne fut vraiment satisfait que lorsque, vers le 20 septembre, il reçut la nouvelle que la malade, complètement hors de danger, reprenait le dessus et était considérée comme guérie. La grande inquiétude passée, l'évêque de Venosa fut accablé de remontrances pour son peu d'empressement à envoyer des nouvelles, qui au vieux pontife ne semblaient jamais ni assez fréquentes, ni assez détaillées. Les courriers arrivant de Ferrare porteurs des missives tant attendues avaient ordre de rejoindre le pape où qu'il fût, s'ils ne le trouvaient pas au Vatican. C'est ainsi qu'une fois les lettres lui parvinrent à Civitacastellana, où, convoquant tous les médecins qu'on put rassembler, il leur lut les nouvelles et leur demanda leur avis : les assurances qu'il en reçut lui donnèrent bon espoir.

Il parlait de sa fille, cette fille qui lui était « très douce et très chère », comme il le disait à Mgr Beltrando, d'une voix grave et émue. Il tremblait à la pensée qu'il avait failli la perdre et sollicitait avidement de bonnes et réconfortantes nouvelles d'elle. Mais pourquoi ne se rétablissait-elle pas plus vite? L'ambassadeur ferrarais devait ruser dans ses réponses et inventer, par exemple, une théorie selon laquelle mieux valait après une maladie grave une amélioration progressive, plutôt que trop rapide. Alexandre VI aurait voulu par son propre souffle rendre vie à sa fille. Il reprenait aussi la question de l'apanage : maintenant que la duchesse était guérie, comment son beau-père pourrait-il se refuser à lui concéder 12 000 ducats? L'ambassadeur en référait à son souverain et, sans paraître donner son avis, lui faisait observer que les 2 000 ducats en question pouvaient réintégrer par une autre voie la cassette ducale. On ne pouvait pas dire que le pape fût avare : il venait précisément de faire la remise définitive de Cento et de la Pieve à la maison d'Este, avec tous les actes libérés des frais de chancellerie. De son propre mouvement il avait octroyé au cardinal Hippolyte d'Este une rente annuelle de 3 000 ducats pour lui permettre de faire face aux dépenses de sa résidence à Rome avec un faste digne de son rang. Enfin il avait attribué à Costabili un palais situé très commodément au Borgo, dont il avait fait déguerpir quelques Espagnols du duc de Valentinois.

Peut-être, au cours des visites à sa sœur, César avait-il touché indirectement mais avec fermeté la question de l'apanage, dans ses conversations avec Alphonse. Malgré tout Hercule résistait; de leur côté, Alphonse et Lucrèce, fatigués physiquement et moralement par ces mois de difficultés, de maladie, d'inquiétude, furent d'accord pour se séparer durant quelque temps. Alphonse déclara que pendant la maladie de sa femme il avait fait vœu de se rendre à pied en pèlerinage à Notre-Dame de Lorette ; cependant, sur la volonté de son père et par dispense pontificale, il irait à cheval. Lucrèce avait un désir de grand air et d'être hors de ces murailles du château, qui empêchaient les moindres bruits de parvenir d'une pièce à l'autre. Elle choisit de se retirer au monastère du *Corpus Domini*, combattue par Hercule, qui feignait une appréhension excessive « par crainte du mal » et montra qu'il ne cédait qu'aux assurances et à l'insistance de l'évêque de Venosa. Le matin du 9 octobre, en litière traînée par deux beaux chevaux blancs, la duchesse s'en fut au monastère « de très bon gré et avec très bonne mine », accompagnée de don Alphonse et de ses frères, acclamée par le peuple, qui, la voyant guérie, sentait réaffermie en quelque sorte la sécurité de l'État. Alphonse partit le jour même pour Lorette, heureux de cette incursion sur la côte Adriatique qui présentait peut-être pour lui un intérêt plus vif que le sanctuaire de la Madone : ainsi sous le couvert de la religion chacun s'isolait dans la vie qu'il préférait.

Le pape approuvait tout autant le voyage d'Alphonse que la villégiature de Lucrèce. Rassuré sur le sort de sa fille, actif et agissant, il s'employait à établir sa chère dynastie, il visitait des forteresses, faisait des plans grandioses d'améliorations et de constructions, demandait des investitures aux souverains espagnols. Il avait obtenu que le prince et la princesse de Squillace fussent reconfirmés dans leur principauté avec, en plus, une terre pour le seul Jofré; le petit Rodrigue de Bisceglie était confirmé dans l'investiture de son duché : le fils d'Alphonse d'Aragon portait maintenant le titre de duc de Bisceglie et de Sermoneta. L'infant romain était duc, lui aussi, de Nepi et Camerino et même une médaille avait été frappée à son nom et à son titre.

On voyait le pontife emmener avec lui dans ses voyages les deux petits ducs habillés de brocart et de velours, afin que le peuple, attendri par leur grâce puérile, les reconnût volontiers comme seigneurs, ou bien encore ils accompagnaient le pape au château Saint-Ange, quand il visitait les fortifications ou révisait l'artillerie, et ils jouaient dans les cours, entre les boulets des bombardiers et les jambes des soldats ou des prélats. Déjà, dans les traités de paix ou dans les pactes d'amitié stipulés avec la famille Orsini, figuraient les Borgia au grand complet : César, Jofré, Rodrigue de Bisceglie, Jean, selon le principe de la grande confédération familiale rêvée par Alexandre VI pour l'opposer glorieusement aux lignées établies par les Orsini ou les Colonna. Certains, il est vrai, mettaient en doute la tendresse du grand-père envers ses petits-enfants et comme le bruit courait que, durant les tractations de paix, les Orsini voulaient avoir comme otage le « petit duc » (« le duchetto », diminutif qui désignait à Rome le fils de Lucrèce et d'Alphonse d'Aragon), l'ambassadeur de Venise émettait l'opinion que le pape ne ferait pas de difficulté pour le consigner, quitte à ne point tenir ses engagements sans trop se soucier du sort de l'enfant. Il est difficile de dire si le Vénitien devinait juste, mais il est certain qu'Alexandre VI ne donna jamais le petit duc en otage.

A la fin d'octobre, une nouvelle étrange éveilla la curiosité de l'Italie : Sancia d'Aragon, avec toute sa cour, avait été conduite au château Saint-Ange et mise sous les verrous dans un vaste appartement, en gardant la liberté de circuler dans les cours intérieures de la forteresse. Les Romains voyaient le visage nerveux de la princesse napolitaine apparaître sur les fortifications ou sur le petit balcon bas orienté vers le pont, où elle se tenait plus volontiers et d'où elle interpellait et interrogeait les passants de marque et surtout les Espagnols. Personne n'arrivait à démêler le vrai motif de cette arrestation. Était-ce une raison politique?

Était-il exact que Sancia s'était fait cueillir alors qu'elle s'apprêtait à fuir à Naples pour y faire « œuvre mauvaise » contre les
Français? Le bruit qui courait d'une « jalousie » intolérante de
toute rivalité était-il mieux fondé? Jalousie de la part du duc de
Valentinois, plus faite d'irritation et de dépit que d'amour, mais
contre qui? On indiquait comme suspecté par César le cardinal
Hippolyte d'Este qui, au dire d'un chroniqueur, était alors en
étroits rapports de galanterie avec la princesse, sa cousine. Cette
hypothèse pourrait être renforcée par les dépêches ferraraises et
vénitiennes, qui, dès cette époque, commencent à signaler que
la faveur pontificale envers la maison d'Este n'est plus aussi
marquée. A cela les raisons politiques ne manquaient pas : le
pape n'oubliait ni le refus d'Hercule d'envoyer des hommes
d'armes à l'aide de César si leur paye n'était pas tout d'abord
assurée, ni l'amitié des Este pour les Bentivoglio de Bologne,
contre qui le duc de Valentinois projetait une expédition. Faut-il
ajouter le soupçon de jalousie à l'égard d'Hippolyte? Le duc
Hercule donna des signes d'inquiétude en rappelant aussitôt son
fils à Ferrare, mais le cardinal, qui savait que le péril n'était
pas imminent, répondit que ce n'était pas le moment « d'accroître les soupçons du pape » par la fuite; il demeura donc,
mais en se tenant sur ses gardes. S'il est vrai qu'il aimait la princesse, réussit-il à la rencontrer au château sous le prétexte de
leur parenté ou grâce à l'autorité de sa pourpre? C'est fort
improbable, mais en passant avec son escorte cardinalice il
l'aura, comme tout le monde, vue à son balcon, prompte à
lancer des épigrammes en manière de défi pour ses geôliers, qui,
maintenant qu'ils l'avaient incarcérée, ne se souciaient d'elle que
pour sourire de ses colères, félines mais inoffensives comme celles
du chat de la maison. Quant au mari légitime, le jeune prince
Jofré, qui avait maintenant vingt ans, il s'appliquait surtout à
se taire et sentait à ce moment son importance grandir puisqu'il
avait reçu du pape le commandement d'un groupe armé, à la
tête duquel il était tout fier de jouer au *condottiere*. Dans son
contentement il ne s'avisait pas que tout Rome souriait en le
voyant traîner à ses trousses une poignée de soldats mal équipés
— celui qui avait une hallebarde n'avait pas de lance, celui qui
avait une lance manquait de hallebarde — parmi un fracas de
ferraille disloquée. Désavoué par son père, éclipsé par son frère,
ridiculisé par sa femme, à qui il devenait odieux, Jofré savait

encore trouver en soi-même le pouvoir de s'illusionner. Et pourtant ce n'était pas un fanfaron : ses meilleures qualités politiques et militaires il les manifestera plus tard, alors que personne n'y comptera plus.

Sur le chantier en activité des nouveaux plans Borgia s'abattit la conjuration des capitaines de César, qui se termina ensuite à Senigallia avec la sinistre « belle duperie » qui trouva tant ue résonance dans le grand esprit de Nicolas Machiavel. A Magione, sur le lac Trasimène, s'étaient réunis le 9 octobre 1502 quelques-uns parmi les seigneurs des petits États italiens militant avec César, terrorisés de voir leur capitaine conquérir l'un après l'autre tous les petits fiefs de l'Italie centrale afin de les fondre en un seul royaume pour lui-même; l'ironie que constituait pour eux le fait de prêter main-forte à cette entreprise avait fini par les exaspérer et les conduire à se rebeller. Vitellozzo Vitelli, de Città di Castello, Oliverotto de Fermo, les représentants des Bentivoglio, des Baglioni de Pérouse, de Petrucci de Sienne, auxquels s'adjoignaient, par amitié pour les Bentivoglio et ancienne antipathie envers les Borgia, deux des Orsini, Paolo et Francesco, duc de Gravina, formèrent une ligue à Magione. Se sentant approuvés et soutenus par toute l'Italie, ils attaquèrent Urbin, en chassèrent les hommes du Valentinois, rappelèrent Guidobaldo de Montefeltro, qui arriva de Venise, son ultime refuge, à bord d'un voilier de la République, débarqua sur la côte de l'Adriatique supérieure et reprit son poste parmi les acclamations. Cet acte de courage accompli, la ligue, épuisée par l'effort, commença à ne plus savoir que faire : c'est à ce point que l'attendait César qui, informé à Imola de la conjuration et de la ligue, ne s'en était nullement épouvanté. Il connaissait suffisamment son monde pour soupçonner que cette ligue de la peur devait comporter plusieurs fissures qui, une fois découvertes, lui permirent de briser aisément le front adverse en proposant des paix séparées aux Bentivoglio, à Petrucci et aux Orsini. Il reconquit Urbin — nouvel exil de Guidobaldo — et Camerino, demanda des renforts au roi de France et manifestait assez d'indifférence méprisante envers ses ennemis pour s'adonner à des occupations frivoles, par exemple au choix d'un nouvel uniforme pour ses hallebardiers et au calcul des bandes de couleurs qui orneraient leurs chausses. Il faisait travailler les tailleurs et, le 6 novembre, ordonna à sa garde d'aller, vêtue de neuf, à la rencontre des Français tandis que lui-même endossait un élégant pourpoint à crevés cramoisis.

Pour qui l'observait il paraissait étranger à tout ressentiment : on le vit tendre la main à tel ou tel, user de bienveillance, témoigner de sentiments pacifiques envers les chefs de la conjuration, comme si la conjuration n'eût jamais existé, de telle sorte qu'en décembre il n'existait plus de la ligue que l'humiliant souvenir qu'en gardaient les conjurés. Brebis stupides, tous donnèrent dans le panneau et reprirent du service sous l'étendard du chef qu'ils avaient trahi. Aussitôt l'armée reconstituée, César se porta à la conquête de Senigallia, forteresse de l'Adriatique si mal défendue par un petit détachement sous les ordres d'André Doria qu'à peine les troupes valentinoises furent-elles proches, les défenseurs s'enfuirent sur des voiliers en direction de Venise et laissèrent le châtelain ouvrir les portes de la ville. Quand l'annonce de cette reddition parvint au quartier général établi près de Mondolfo, le duc de Valentinois l'annonça à ses capitaines, puis, appelant Vitellozzo Vitelli, Oliverotto de Fermo et les deux Orsini, il les invita à entrer avec lui dans la ville conquise; oublieux ou subjugués, ils acceptèrent et, sans escorte, parmi la garde armée de César, qui bavardait et plaisantait avec la plus joyeuse humeur, ils le suivirent durant sept kilomètres de chevauchée. Comment, entrés dans la forteresse, ils gravirent un long escalier de chaque côté duquel étaient plaqués aux murs les plus sinistres mufles de la soldatesque valentinoise, comment ils eurent la certitude d'un piège mortel dont ils ne pourraient s'échapper et comment, à peine parvenus au sommet de l'escalier, ils furent pris et tués, d'abord Vitelli et Oliverotto, puis, plus tard, les deux Orsini, c'est ce que Machiavel a raconté en une page magnifique. Par ce seul geste César fit comprendre que la conjuration de Magione, si elle avait réussi, pouvait être sa propre ruine, l'écroulement de tous ses plans, la perte, peut-être même, de son duché de Romagne. De ce point de vue le crime atroce de Senigallia avait sa terrible exigence.

La vie humaine n'inspirait à César aucune pensée de clémence. Le monde, pour lui, se divisait en deux parties : ceux qui le servaient et ceux qui lui pouvaient nuire. Lorsqu'un de ses complices ne se montrait pas de taille à supporter un tel régime de conscience sans tomber dans les terreurs du remords, ou tout au moins dans la crainte de son propre avenir, et semblait vaciller, le duc de Valentinois prononçait contre lui une condamnation toujours sans appel. Le même sort était réservé à ceux de ses capitaines et de ses ministres qui oubliaient que leur bravoure et leur scélératesse étaient au service d'un seul et prétendaient l'exercer pour leur compte personnel. Ainsi, Bianchino da Pisa, l'un des meilleurs *condottieri* de César, qui avait fait incendier une maison voisine d'une banque de Lomellini afin de pouvoir, dans la confusion créée par l'incendie, s'emparer de l'or déposé dans les coffres, fut jugé et condamné. Le jour était proche où l'indispensable, le partisan ardent, Troche, fidèle entre tous, sentant le terrain devenir peu sûr, tenterait de s'enfuir en emportant 70 000 ducats d'or et, arrêté, subirait une mort camouflée en suicide.

Vers la fin de 1502 éclata soudainement la nouvelle de l'arrestation de celui qui était considéré comme le bras droit du duc de Valentinois, don Ramiro de Lorqua, gouverneur de Romagne, qui avait accompagné Lucrèce dans son passage à travers les territoires conquis par César. Il se trouva des gens pour attribuer la condamnation de l'Espagnol à quelque désagrément subi par Lucrèce durant son voyage en Romagne et concernant son honneur ; quand, d'après les documents, on a suivi heure par heure les journées de la duchesse de Ferrare on ne peut alléguer rien d'autre contre Lorqua que de ne l'avoir pas suffisamment défendue contre les terreurs que lui avaient causées les vengeances supposées de Caracciolo. C'était trop peu pour une condamnation à mort. D'ailleurs, l'accusation portée contre lui portait mauvaise administration, exactions, abus de pouvoir : de fait, on trouva dans ses coffres, arrêtés alors qu'ils allaient prendre la route de Venise où Lorqua devait les rejoindre, de l'argent, des bijoux, toutes sortes d'objets précieux, y compris les chasubles tissées d'or et la mitre ornée de pierreries de l'évêque de Fossombrone. Le gouverneur infidèle fut écartelé sur la place publique pour l'exemple des gens du Valentinois et la satisfaction des Romagnols, à qui on promit de restituer ce qui leur avait été volé s'ils pouvaient en faire la preuve. On ignore combien bénéficièrent de la promesse, car les cassettes de don Ramiro arrivaient juste à point pour César, qui traversait une phase critique et se trouvait contraint à ce moment d'emprunter de l'argent à sa sœur : 1 500 ducats prêtés par Gian-Luca Castellini, et encore 1 000 autres, le tout sans intérêt. Il semblait qu'il ne sentît plus peser sur lui les présages astrologiques et les prédictions des romanichels : il resserrait ses filets et lorsqu'on l'avertissait de quelque dessein de ses ennemis, après avoir écouté avec un mouvement altier des épaules, il répondait : « Peine perdue. »

CHAPITRE IX

LE PLUS BEL AMOUR

De Venise par mer, après avoir traversé la lagune azurée
de Comacchio sur une grande barque chargée de livres grecs
et latins, le 15 octobre 1502, Pietro Bembo était arrivé à
Ostellato.

Ostellato, point ferme entre terre et lagune. Petit bourg
— quelques maisons, une église, un campanile — construit par
les hommes pour ne point s'égarer dans l'infini de l'eau ou de
la plaine, pour s'ancrer sur un îlot humain, pour se remémorer
les paroles de la sagesse terrestre sur le seuil de ces régions
magiques où de noirs oiseaux au vol inquiet peuvent masquer
le piège des sorcelleries séculaires. Là, Borso d'Este avait fait
construire une villa dominée par une haute tour de défense à
l'aspect héraldique, entourée d'un jardin tout brillant de ce vert
humide et puissant qu'acquiert la végétation au voisinage des
grandes étendues d'eaux stagnantes. C'était une demeure mélancolique et rare, cédée plus tard par Hercule d'Este à Tito Vespasiano Strozzi; générosité de seigneur à courtisan, qui était
toujours le remerciement d'un service signalé et le signe d'un
accord tacite pour d'autres servicesfuturs. Les Strozzi, Tito Vespasiano et Hercule, en faisaient un centre de chasse, de réceptions, de fêtes, où ils accueillaient des amis et, avant tout autre,
le grand poète vénitien.

Depuis la mort de Politien, Pietro Bembo, portant avec
splendeur ses trente-deux ans, était proclamé sans conteste le prince
des humanistes italiens. Sa culture, nourrie à l'école d'Urticcio, à
Venise, du célèbre Constantin Lascaris, à Messine, de Leoniceno
philologue, philosophe, mathématicien et médecin de l'Université ferraraise, était non seulement profonde, mais intégrée à sa

vie intérieure et coordonnée en un strict enchaînement spirituel. Aristote et Platon étaient ses guides dans son ascension vers la conception chrétienne de Dieu; Pétrarque était son poète et son modèle, en poésie aussi bien que dans la transfiguration quotidienne de la vie. Bembo savait descendre de ces purs sommets philosophiques et lyriques jusqu'aux conversations de cour avec une grâce aimable et sans rien perdre, même vis-à-vis de soi-même, de son élégance spirituelle. On comprend combien les cours le fêtaient.

Hercule d'Este l'avait connu quand, en 1497, il avait accompagné à Ferrare son père, le noble Bernardo Bembo, vice-gouverneur de la république de Venise et fervent humaniste, lui aussi. Sans doute le duc de Ferrare faisait-il de grandes réserves sur la politique vénitienne du vice-gouverneur, hérissée d'embûches pour Ferrare, mais il appréciait totalement la vaste culture bien assimilée, le goût raffiné et mesuré du jeune étudiant de la maison Bembo, l'invitait à la cour, l'écoutait parler, éprouvait pour lui cette estime sereine qui est la plus grande marque de sympathie humaine que puissent donner les tempéraments froids. Pietro Bembo parvenait à faire jaillir une étincelle de cette glace; son éloquence, sa beauté, sa manière d'être chaleureuse et équilibrée, faisaient éclater à tous les yeux avec tant d'évidence qu'il était tout autre chose que l'ornement d'une cour, qu'Hercule d'Este lui offrait, comme pour compenser les heures perdues en conversations de palais, la libre hospitalité de ses villas champêtres afin qu'il pût s'y recueillir dans l'étude. A Belriguardo, par exemple, Bembo avait passé en 1498 quelques mois consacrés à la méditation aristotélicienne.

A Ferrare, Bembo avait des amis et des compagnons d'étude : le cicéronien Sadolet, Ludovic Arioste, Celio Calcagnini, Antonio Tebaldeo, outre, naturellement, les deux Strozzi père et fils, bref tout le cercle d'élite des humanistes ferrarais, qui lui furent et, fait rare, lui demeurèrent fidèles. Mais entre tous Hercule Strozzi lui était cher par ses affinités sentimentales et littéraires : Bembo admirait tant la claire élégance de son ami comme latiniste qu'il lui faisait réviser ses élégies latines; ensemble ils parlaient de femmes et d'amour et s'en écrivaient avec des allusions qu'ils se renvoyaient mutuellement et qui leur étaient prétexte à une joute de finesses intellectuelles; c'est pour se ranger à l'avis de Bembo, qui conseillait aux poètes italiens d'écrire en langue vul-

gaire afin que les dames pussent lire leurs vers, que Strozzi
commença à s'exprimer en langue italienne; une conversation,
pour le peu qu'il en révéla, difficile et heurtée.

Bembo aimait les femmes et pas seulement en raison de la
tradition pétrarquisante, qui estimait nécessaire de brûler toujours pour quelque Laure; les rayons et les ombres de la fantaisie féminine apportaient à son tempérament fin, amoureux et
opulent une jouissance qui, si elle n'était pas entièrement pure,
n'était pas non plus complètement sensuelle. Il lui arrivait d'être
éperdûment épris, comme il le fut de Marie Savorgnan, dame
vénitienne à qui s'adressèrent ses lettres les plus hardies :
« Aimez-moi, aimez-moi, aimez-moi mille fois ». « Aimez-moi si
vous le pouvez ». « Vous plairait-il de m'aimer un peu plus
que vous ne faites? » Ce sont là quelques invocations parmi
cent autres. On pourrait retracer une belle histoire d'amants sensibles en suivant les aventures inquiètes de deux esprits qui connaissaient le destin commun de ne se point trouver après s'être
ardemment rencontrés. Dans ces pages nous sommes un peu
choqués de retrouver la manie des petits noms tendres (elle l'appelait son « Perottino » et c'est sous ce nom que Bembo se met
lui-même en scène dans les *Asolani*), qui est pour les amants
une manière de se sentir plus proches et plus intimes; on souhai-
terait aussi ne point croire à ce cadeau d'un chien envoyé à
Marie et appelé Bembino, sauf pour reconnaître une fois de
plus que l'amant sait, avec une facilité qui va du sublime au
ridicule, dépasser le ridicule lui-même. Ce sont, d'ailleurs, là
choses toutes personnelles.

De Ferrare, Hercule Strozzi veillait à l'agrément du séjour de
son ami : « Si j'étais un Satrape, disait ce dernier, je ne serais
pas servi avec plus de soins, » et il ignorait encore la surprise
qui lui était ménagée. Strozzi avait fini par conquérir la première place dans l'estime de la duchesse de Ferrare et lui était
devenu indispensable; ce fut lui, certainement, qui, après avoir
parlé de beaux vêtements, de beaux vers, de beaux livres, avait
orienté la conversation sur le chevalier vénitien, sachant qu'un
esprit curieux et inquiet l'écoutait. C'est ainsi qu'un jour, dans
la retraite méditative d'Ostellato, Lucrèce pénétra dans un élan
triomphant; elle arriva avec ses vingt-trois ans, ses habits dorés,
ses émeraudes, ses perles, sa légère chevelure blonde, sa suite de
dames, de demoiselles, de bouffons, de tambourins. Le groupe

joyeux s'arrêta un instant et ce fut à Bembo à faire les honneurs de la villa. Adieu, Aristote! Au poète qui s'exprime sur un ton délié Lucrèce répond sur un mode aigu et limpide ; la conversation est mondaine, comme de coutume, mais on la sent menée de main de maître. Tous s'établissent sur un terrain à la fois littéraire et chevaleresque, dont l'inspirateur est Pétrarque.

Les concerts se succèdent. Avec janvier s'ouvre la saison des ballets. Hercule Strozzi donne le sien, splendide, dans son palais de Ferrare et Bembo qui, peu de jours auparavant, écrivait à son frère Carlo qu'il était reconnaissant à la duchesse de tous les honneurs qu'il en recevait et de la courtoisie avec laquelle il était traité, n'aura certainement pas manqué d'assister à la fête de son ami. A ce bal suivi d'un souper somptueux assistait toute la jeunesse de la maison d'Este, Lucrèce, Alphonse, Ferrante, Jules et même le pieux Sigismond; mais le vieux duc, sans prêter attention au carnaval, seul et mélancolique, emportant le registre des comptes de l'État, s'embarquait pour Belriguardo.

Durant ces mêmes jours Lucrèce parvint à remporter une victoire qui n'était pas mince en obtenant de son beau-père le fameux apanage annuel de 12 000 ducats. Mais, à vrai dire, c'était une victoire fallacieuse, car, après de mûres réflexions, le duc Hercule avait paru céder en proposant une transaction conciliant les exigences de sa bru et celles de sa propre parcimonie : il paierait la rente moitié en argent liquide et moitié en approvisionnements pour le ravitaillement de toute la cour de la duchesse. On comprend qu'il lui était aisé d'épargner sur les fournitures en rognant sur la qualité, d'autant plus qu'il est notoire que certains courtisans, y compris l'Arioste, à qui ce mode de payement était appliqué, se lamentaient fort des produits distribués par la cour. Mais Lucrèce, en veine d'optimisme, voulait se réjouir et surtout parce qu'il n'était plus question de renvoyer le peu d'Espagnols qui lui restaient encore, Sancio, Navarrico et quelques autres, mais avant tout ses dames d'honneur.

La demeure de la duchesse, toute tendue d'or et de velours, était cependant une manière de prison dans ce château qui avait abrité la tragédie d'Hugues et de Parisina. Ces murailles étaient si obsédantes que Lucrèce ne pouvait que trouver tous les plus légitimes prétextes pour s'en évader : tantôt il s'agissait de visiter une église ou l'un des monastères — San Lazzaro, Santo

Spirito, Sant' Antonio, les clarisses du *Corpus Domini*, les dominicaines de Santa Caterina, les olivétains de Saint-Georges — tantôt de faire de petites excursions à travers les territoires du duché pour « goûter le paysage ». Les carrosses de cour étaient toujours sur les chemins en dépit de la neige, de la pluie, des brouillards, du long hiver. Le soir, les torches s'allumaient, le feu flambait dans les cheminées, on dansait, soit au château, soit dans les palais des gentilshommes. A la fête d'Hercule Strozzi, favori de la duchesse, Bernardino Riccio, favori d'Alphonse, ripostait par un bal éblouissant; il y en eut un autre, parfait, dans la demeure de Diane d'Este dei Contrari et, finalement, Hercule Strozzi voulut les éclipser tous par une seconde fête de grand style. En février, le duc, revenu de Belriguardo, préparait les représentations des *Ménechmes* et de l'*Eunuque*. Tout ne semblait qu'animation brillante, mais sous l'excitation ardente de ces fêtes couvaient de menaçants foyers d'incendie.

Au milieu de février, nouvelle complication : on vit arriver à Ferrare, avec une escorte fort réduite et un bagage presque nul, le cardinal Hippolyte d'Este; il venait de Rome, s'il n'en fuyait pas à proprement parler, « ne pouvant plus, disait-il, faire face à la dépense. » C'était là, du moins, le motif officiel, mais, au contraire, ainsi que le rapporte Burckard, c'était un moyen de terminer son intrigue amoureuse avec Sancia d'Aragon, pour l'instant incarcérée et frémissante au château Saint-Ange. Le flair du cardinal d'Este lui avait fait discerner le moment où l'air romain devenait mauvais pour lui et il n'attendit pas que le danger se signalât plus explicitement que par des indices : la « jalousie » du duc de Valentinois, s'il en faisait état, était une menace qui pouvait s'amplifier, d'autant plus que la faveur des Borgia pour les Este décroissait lentement, mais sûrement.

La rancune du pape était facile à déceler dans ses conséquences. Tout d'abord la nomination du favori d'Hercule, Gian-Luca Castellini, au cardinalat avait été différée; pour gagner du temps, le pape avait fait demander au cardinal Hippolyte s'il ne lui déplairait pas de voir à Ferrare un cardinal de grande intelligence et de grande expérience qui pourrait en quelque manière lui porter ombrage. Il s'était heurté à la superbe d'Hippolyte d'Este, qui s'estimait trop haut placé pour craindre aucun rival, surtout dans sa propre ville, et déclara n'avoir aucune objection contre cette nomination.

Avant tout, le cardinal avait voulu éviter que son départ n'ait l'apparence d'une fuite : il avait donc invoqué des raisons suffisantes pour obtenir du pape la permission d'aller à Ferrare, où il se mit à courtiser sa belle-sœur avec tant d'assiduité que, selon l'ambassadeur, on pouvait dire qu'elle appartenait « la nuit au seigneur don Alphonse, mais le jour au cardinal » et il ajoutait : ce sont « trois corps et une seule âme. » Alexandre VI acquiesçait en souriant et se remémorait l'ancienne cour cardinalice de sa fille. Trois corps et une âme? L'ambassadeur exagérait : Lucrèce acceptait volontiers la compagnie de cette Éminence fort élégante qui, au témoignage d'une dame de Ferrare, avait « toute la grâce de la petite sœur, » c'est-à-dire d'Isabelle d'Este, mais la promenade à Ostellato, les longues réunions d'hiver avaient fait naître en elle une secrète pensée, qui devenait coutumière.

*
* *

Hercule Strozzi est constamment près de la duchesse; il lui apporte des étoffes et des « choses délicates », lui donne des informations et des conseils, lui parle avec insistance du poète vénitien qui, de son jardin solitaire sur la lagune, regarde éclore le printemps. Avril se devine à peine à travers la brume odorante où filtre le soleil quand Strozzi communique à Lucrèce une lettre qu'il a écrite à Bembo pour lui parler de la duchesse et des commentaires qu'ils font sur lui. Lucrèce lit, se plaît aux propos courtisans, replie la missive, mais le feuillet demeuré blanc, sans suscription encore, lui suggère une innocente coquetterie et elle-même écrit l'adresse, rien que le nom de l'ami. Ses compagnes l'entourent, attentives et amusées, cédant au plaisir qu'éprouvent les femmes à échapper d'un bond léger à qui prétend les enfermer dans une règle serrée. Le message part, arrive à Ostellato : à la vue de l'écriture, le poète tressaille, ouvre la lettre, comprend; une allégresse affectueuse l'envahit : la duchesse pense donc à lui? Très chère, comme elle lui met l'âme en fête : belle, élégante, libérale, « elle n'a la superstition de rien, » a déjà dit Bembo, ce qui revient à dire qu'elle entre dans le climat amoureux sans aucun artifice de dédain, ou de reproche, mais ainsi que dans son élément naturel; Bembo ne lui épargna point la fine fleur de sa prose.

Le temps s'écoulait et on atteignait juin. Alphonse d'Este

partit pour l'un de ses voyages annuels vivement critiqués par les anciens de la cour, voyages au cours desquels se formait dans son esprit une lente et solide connaissance de la politique, de la géographie, de la science militaire, qui devait être pour lui une grande force dans les guerres futures.

Au pesant hiver, au printemps aigrelet du Nord, a succédé un début d'été qui fait fleurir des touffes de roses dans les jardins ducaux; avec le soleil Lucrèce renaît et s'alanguit, son sang espagnol éprouve la nostalgie de la patrie, non point même perdue, mais inconnue. Elle adresse à Bembo de petits billets en espagnol; ouvre ses livres de chansons d'Espagne et lit les paroles d'amour qui émaillent les vers avec cette densité sensuelle propre au chant et à la langue castillane. Elle prend sa plume et, comme emportée par un songe mélodieux, transcrit ces stances de Lopez de Estuñiga :

> « *Yo pienso si me muriese*
> « *Y con mis males finase*
> « *Desear.*

> « *Tan grande amor fenesciese*
> « *Que todo el mundo quedase*
> « *Sin amar.*

> « *Mas esto considerando*
> « *Mi tarde morir es luego*
> « *Tanto bueno.*

> « *Que deuo usando*
> « *Gloria sentir en el fuego*
> « *Donde peno.* »

« Je pense que si je mourais, tout le monde resterait sans amour » : l'âme de Lucrèce débordait. Peut-être répétait-elle les paroles de mort dans le sentiment d'une sorte de douce désagrégation comme il faudrait que seuls les amants les prononcent parce que seuls ils savent leur faire signifier cette plénitude d'une vie universelle avec laquelle ils communiquent au delà de toute limite et de tout obstacle. « *Yo pi...,* » récrit Lucrèce, puis elle efface ce nouveau début pour reprendre ensuite le chant avec courage : « *Yo pienso si me muriese.* » Ici l'écriture s'interrompt. Quelqu'un est-il entré dans la pièce? Bembo, présent à la transcription, a-t-il dérobé le feuillet en un rapt amoureux? Le poète

médite sur ces quelques strophes, puis écrit une chanson qui
n'est peut-être pas le quatrain espagnol reconstitué de mémoire,

« *Tan biuo es mi padesçer*
« *I tan muerto mi sperar*
« *Que ni lo un puede prender*
« *Ni lo otro quiere dexar,*

mais plutôt, suivant la perspicace interprétation de Rajna, une
chansonnette italienne aujourd'hui perdue. Il l'envoie à sa
duchesse, accompagnée d'une aimable petite leçon d'esthétique
l'avertissant que « la douceur gracieuse des trouvailles du style
espagnol ne peut être transposée dans la pureté sévère du langage toscan, car elles n'y apparaîtraient pas comme vraies et
spontanées, mais comme étrangères et factices ». Après avoir clos
la parenthèse littéraire, la lettre prend un tour plus libre, le poète
avoue qu'Ostellato ne lui plaît plus autant que jadis et s'interroge sur ce symptôme en se demandant de quel mal il procède.
Lucrèce ne pourrait-elle trouver dans ses livres une réponse à
sa question? Il écrit, adossé à une petite fenêtre agréable et
fraîche, il regarde les feuilles intensément vertes frissonner à la
brise marine et pour chacune de ces feuilles — dénombrer l'infini
est une insondable joie des amoureux — il lui adresse une pensée.
Il parcourt souvent la route de Ferrare ; ses manières honnêtes
et sereines ne provoquent aucune défiance; protégé par le duc,
il est le poète officiel de la duchesse et contribue au lustre de la
cour. Tito Vespasiano Strozzi (qui avait composé des vers pleins
d'une vive admiration pour la duchesse et dont les quatre-
vingts ans pouvaient se permettre toutes les effusions littéraires)
dédie une épigramme latine « *ad Bembum de Lucretia* ».

Lucrèce décide de faire frapper une médaille portant une
flamme en relief. Sur ses indications, l'orfèvre dessine, grave et
exécute le minutieux travail quand elle s'avise qu'il lui manque
la devise propre à illustrer le sens de cette flamme. Elle a
demandé à Bembo de lui trouver immédiatement les paroles à
graver; le poète répond que l'âme seule correspond à ce feu
issu de l'or et propose la belle maxime platonicienne : *Est
animum*, il consume l'âme. Puis il renvoie le messager en spé-

cifiant qu'il ne l'a pas retenu davantage « à cause de tout
ce qu'on aurait pu en penser ». C'est la première référence à la
vie réelle concernant les deux amoureux et Bembo est déjà avec
Lucrèce en une suffisante intimité pour lui donner un conseil de
sagesse : qu'elle ne lui adresse pas trop de messages et soit prudente. Mais, désormais, il est pris lui-même :

Si du moins mon cœur était comme un beau cristal,

dit-il dans l'un de ses plus fameux sonnets, qui devait inspirer
l'aimable muse de Ronsard (*Eussé-je au moins une poitrine
faicte — ou de crystal ou de verre luisant*) et qu'une lettre
enflammée accompagne. Et si elle s'essayait à lire dans son
propre cristal? Ou éludera-t-elle la demande, comme d'autres fois
à propos de déclarations qu'elle-même avait provoquées? Durant
quelques jours, Lucrèce hésite : le vers de Bembo résonne dans
sa pensée avec ce fluide accent vénitien qui semble pour certaines
voix masculines recouvrir la parole par la cadence amoureuse
d'un violoncelle. Puis : « Mon messire Pietro », trace-t-elle rapidement de sa belle écriture, et ce « mon » a quasi l'autorité d'un
possessif d'amour. Le billet court, non signé, semble la conclusion hâtive d'un long combat raisonné et tout intérieur. Oui,
dans le cristal de son cœur elle découvre une extrême conformité avec celui du poète et même « une conformité qui jamais
en aucun temps ne fut égalée ». Que messire Pietro le sache,
que ceci lui suffise et lui demeure « comme un évangile per-
pétuel ». Puis elle suggère que leur liberté amoureuse se dissi-
mule un peu, qu'il ne lui écrive pas directement et, au lieu de
la nommer, l'appelle F. F. « Ce sera mon nom, » conclut-elle.

Le sens de ces initiales est difficile à élucider. Les lettres mystérieuses ne sont peut-être autre chose que les initiales d'une
devise, dont les deux dernières F. F. cachent un symbole si
intime, lié si personnellement à Lucrèce, qu'il signifie Lucrèce
elle-même. Que veulent-elles dire? On l'ignore, mais s'il est exact
que la médaille fut frappée en 1505, ne peut-on supposer que
l'auteur de la devise est Bembo, comme il le fut pour la médaille
de la flamme? C'est là une énigme de cour d'amour.

A ce billet le poète répond aussitôt : il se sent désir et courage de faire de grandes choses au nom de cet amour. Enée et
Didon, Tristan et Yseult, Lancelot et Guenièvre, la vision des
couples poétiques et légendaires défile dans sa mémoire, ordonnée
comme un Triomphe de Pétrarque. C'était, on le voit, un amour

littéraire et ardent, je ne dirai point des sens, mais de l'esprit et du sang, une effusion fervente de toutes les facultés vitales. « Je me sens brûler et tout en feu, » dit Bembo quelques jours plus tard, feignant de faire allusion à la grande chaleur de juin et il demande à Lucrèce si elle éprouve la même chaleur.

Lucrèce ne put s'en défendre. Dans cette sombre cour, dans cette famille d'Este qu'unissait seulement une orgueilleuse raison dynastique, la fille d'Alexandre VI sentait qu'on l'accablait sous le poids du passé, du présent et d'un avenir obscur. En somme, on ne lui pardonnait pas d'être une Borgia. Mais Bembo apparaissait et tout s'éclairait, les chaînes se faisaient légères : il la célébrait avec une sécurité tranquille, sans voir sur elle se profiler l'ombre ambiguë du taureau Borgia ou celle de l'aigle menaçant des Este; il la faisait parler, l'écoutait lui confier ses mélancolies ou y faire allusion; alors il l'apaisait, la détendait avec son autorité de maître ès art de la vie et sa tendresse d'homme épris. Son adoration ardente et respectueuse exaltant en elle toutes ses facultés féminines, y compris la dignité, ce qui est bien la plus difficile réussite d'un amoureux.

En juillet, sur le conseil des médecins, Lucrèce était allée pour un court séjour à la campagne, mais elle était de retour aux premiers jours d'août et ne semblait plus envisager de quitter Ferrare, sauf pour quelques repas champêtres, à Belfiore par exemple. Bembo, lui aussi, était à Ferrare, mais soit à cause de la chaleur, soit à cause de la fatigue, il tomba malade avec une forte fièvre et dut s'aliter. Qu'on se figure l'effet produit dans les appartements de la cour par cette nouvelle qu'apportait Strozzi ou Tebaldeo, secrétaire de la duchesse : stupeur, inquiétude s'amplifiant en sourdine jusqu'à un crescendo où les femmes s'entendent à dramatiser un fait quotidien quelconque. Le beau cavalier est malade? Il faut sans délai lui adresser des messages d'encouragement. Et si Lucrèce elle-même l'allait visiter? N'avait-elle pas quelques mois auparavant été voir Ludovico Gualengo, gentilhomme attaché à sa cour, qui était malade? (Les vieux courtisans s'étaient même demandé ironiquement d'où venait « tant d'humanité » et par quel miracle « elle se mouvait pour chose aussi légère »). C'était là une marque de bienveillance officielle qui, si elle n'était point licite à une femme, l'était parfaitement pour une princesse.

Lucrèce réunit ses compagnes les plus intimes et le 11 août,

dans la chaude torpeur des rues silencieuses, passe le carrosse
ducal où, à l'ombre d'un ciel de satin, brillent les yeux des
femmes dans des visages appliqués à paraître indifférents. Voici
la maison de Bembo : Lucrèce gravit l'escalier, arrive dans la
chambre du malade, s'asseoit près de son lit, s'informe de son
état, parle de soins, écoute, conseille, animée par un secret élan.
La conversation se dénoue, le jeune homme — sous les tendres
regards de tant de belles dames — respire un air de félicité et
s'abandonne à cette très douce fièvre. « Heureux en songe et
content de languir, » aurait-il pu dire avec Pétrarque. Lucrèce
resplendit de joie, réconforte par des mots simples, mais regards
et sourires transcendent les paroles. Le temps passe, la visite se
prolonge, tant pis! Nul ne pourra plus ôter cette heure-ci à
Lucrèce, elle l'aura vécue, elle aura vu comment s'abandonne
la tête de l'aimé dans le repos, comment le cou émerge de la
chemise ouverte avec la grâce d'une jeune maturité; elle a maintenant de lui une vision vraie, intime, qui lui appartient. Qu'im-
portent l'espionnage et la mauvaise humeur? Son orgueil d'Espagnole et de Borgia affronte ses ennemis : si sa démarche est
légitime, qui oserait faire le procès de ses intentions?

La visite de Lucrèce fut courageuse aussi. En ces jours-là
l'épidémie de peste, due à un garçon de Pesaro, commençait à
faire des victimes dans la cité, à tel point qu'il n'y eut bientôt
plus d'excuse pour rester à la chaleur et exposé au péril. Le duc
Hercule avait déjà quitté La Torre, où la maladie sévissait fort,
pour Belriguardo, emmenant d'autorité don Ferrante. Lucrèce
eut don Jules pour compagnon et qui sait à quel point le fougueux bâtard, qui s'était abondamment vanté de ses entreprises libertines durant le carnaval, se sentait aguiché à l'idée de
séduire tant de femmes et de jeunes filles, parmi lesquelles se
trouvait cette Angèle Borgia qui devait le conduire à un fatal
destin. Tous partirent contents, y compris Lucrèce, qui projetait
de visiter Modène et Reggio, mais s'installerait d'abord à Medelana, villa proche d'Ostellato. Elle emmenait les dames de sa
cour vêtues de soie de Tripoli aux couleurs vives, ses bouffons,
ses musiciens, ses chanteurs, dans le dessein de se divertir, étant
en vacances matrimoniales d'Alphonse, loin de la méfiance
d'Hercule et de la froide galanterie d'Hippolyte, avec la chère
pensée qui l'habitait. Délices insupportables d'être éloignés l'un
de l'autre, de s'aimer en secret d'un amour exempt de faute.

Avant le départ de Lucrèce, Bembo avait pris la route d'Ostellato : « Je pars, ô ma très douce Vie, » lui écrivait-il en prenant
congé. Peut-être durant ces jours Lucrèce eut-elle le courage
d'être heureuse.

*
* *

Voir Alexandre VI vissé sur son trône pontifical comme pour
l'éternité, sans jamais un retour sur soi-même et tout occupé à
former des projets, était pour les ennemis des Borgia un sujet
d'amères pensées. Chaque matin, le vieux pontife recommençait
sa vie en suivant celle de ses enfants; il pensait à Lucrèce, en
parlait avec l'ambassadeur ferrarais, était impatient d'une nouvelle maternité. Un petit Este ne s'annonçait-il vraiment pas?
Non, il ne s'annonçait pas. Hercule, pour complaire au pape,
s'en était informé près de sa bru, dont la réponse avait été
qu'aucun signe ne faisait présager cet événement. Mais le pape
pouvait être rassuré : bien portante et gaie, elle passait le plus
joyeux carnaval du monde, allant de fête en fête, et l'ambassadeur énumérait les bals et les festins. Que tout fût pour elle
aussi intimement heureux n'était guère exact, on l'a vu précédemment, et les courtisans ferrarais avaient aperçu plus d'une
fois des visages renfrognés. Troche le savait aussi, qui, un jour,
au Vatican, avait souri des descriptions enthousiastes de Costabili en faisant observer que les divertissements n'avaient pas
une telle continuité. Peut-être le pape avait-il des informations
directes par ses Espagnols et par sa fille (qui, même après avoir
reçu son apanage, avait demandé à son père de fortes sommes
d'argent, alléguant qu'elle avait engagé des bijoux pour pouvoir
s'habiller et préparer des fêtes en l'honneur de la marquise de
Mantoue), car il ne semblait pas convaincu et pensait aller revoir
sa fille. Penser ne signifiait pas seulement pour lui désirer, mais
faire des projets concrets. Nous ignorons s'il est exact, comme
le dit Cattanei, qu'une visite du pape à Ferrare avait été secrètement décidée dans les accords matrimoniaux entre Lucrèce et
Alphonse, mais déjà en avril 1502 Alexandre VI avait déclaré
au consistoire sa ferme volonté d'aller au mois de juin suivant
à Ferrare « cum tota curia », sous peine pour les cardinaux qui
ne le suivraient pas de perdre leur chapeau cardinalice. Les
Vénitiens avaient dit alors que les raisons affectives masquaient

le motif politique du voyage : un entretien entre le pape et le roi de France; peut-être avaient-ils raison. Mais la maladie de Lucrèce et diverses autres causes, tout d'abord la nécessité d'avoir l'œil sur les Espagnols de Naples, avaient dissuadé le pape de quitter Rome, sauf pour de brefs déplacements sur les territoires proches. L'année suivante, le projet revenait sur l'eau mais modifié : la rencontre entre ie père et la fille ne se situerait plus à Ferrare (la scission entre Este et Borgia s'accentuait), mais à Lorette, pèlerinage dévot digne du chef de l'Église. En septembre, passées les chaleurs estivales, le pape entreprendrait le voyage et s'accorderait la satisfaction de voir et de bénir la Romagne, le nouvel État de César.

Tendresse pour Lucrèce à part, le dominateur du Vatican était désormais César, qui, usant pour soi-même de toutes les forces dont disposait son père, faisait peser sur Rome la terreur et la suspicion; depuis le massacre de Senigallia son humeur criminelle semblait débridée. C'est l'époque du fameux poison, synonyme à travers les siècles du nom de Borgia et évoquant un monde tourmenté, où Lucrèce aurait été englobée pour devenir dans l'interprétation ténébreuse des romantiques l'empoisonneuse et l'Erinnye de Victor Hugo. On s'est demandé souvent si la fameuse « cantarella » avait vraiment été une découverte raffinée, un chef-d'œuvre de scélératesse, et si elle avait vraiment le pouvoir de provoquer la mort dans un délai déterminé. Les chimistes et les toxicologues actuels sont persuadés que le poison « à terme » fait partie de la légende des Borgia; quant à la composition de la « cantarella » ou « acqua tofana », Flandin dans son *Traité des poisons*, Lewin et d'autres savants modernes pensent qu'il s'agit d'un acide arsénieux, qui peut produire des accès de fièvre intermittente et se manifester sous deux formes, la plus commune étant gastro-intestinale et l'autre, plus rare, cérébro-spinale. En somme, que ce soit de l'arsenic ou autre chose, c'était, en tout cas, un poison fort bien préparé, mais beaucoup plus effroyable était le composé humain et spirituel de ceux qui l'employaient. Le richissime cardinal vénitien Michiel mourut, tué par un sicaire des Borgia, Asquinio Colloredo, qui avoua plus tard avoir reçu 1 000 ducats pour verser la fatale ampoule. L'immense fortune de Michiel échut au pape, c'est-à-dire au duc de Valentinois pour ses conquêtes, et ce fut pour financer ces mêmes guerres qu'en 1503 le pape créa de nouveaux cardinaux, qui lui rapportèrent 130 000 ducats. Au château Saint-Ange avait été incarcéré le cardinal Giambattista Orsini, sous l'inculpation d'avoir voulu empoisonner le pape : une accusation aussi grave indiquait que les Borgia avaient résolu de se défaire de cet homme très riche, puissant et assez courageux pour se rendre sans hésiter, seul, de nuit, au Vatican sur un appel du pape, bien que sa belle maîtresse l'ait supplié de n'y point aller, car un songe, où elle avait vu du vin se changer en sang, lui faisait présager un malheur. On disait que le cardinal avait été soumis à la torture et avait tenté de se jeter du haut du château Saint-Ange. Est-il ou non vivant? se demandaient chaque jour les Orsini en regardant les murailles rondes et crénelées de la grande forteresse au bord du Tibre, mais ils ne se perdaient point en lamentations : la mère du cardinal faisait offrir au pape une grosse somme d'argent et la belle maîtresse du prisonnier tenta une aventure romanesque. Travestie sous un habillement masculin, elle réussit à parvenir jusqu'en présence du pontife et à lui offrir une perle merveilleuse, joyau célèbre, connu et envié des Borgia, que lui avait offerte Orsini, son amant. A ce prix ils reçurent un cadavre.

Après le duc de Gravina et Paolo Orsini, c'était donc le troisième Orsini assassiné en quelques mois; entre les Borgia et la puissante famille romaine la lutte était ancienne, durait et se poursuivrait. Les plans de conquête de César concordaient sur ce point avec la politique pratiquée depuis dix ans par Alexandre VI pour libérer l'État pontifical de la prépotence des barons romains. De même qu'autrefois on avait envoyé le duc de Gandie contre Bracciano, c'était, maintenant, Jofré qui devait assiéger Ceri. Les Orsini demandèrent grâce et envoyèrent à Rome leur chef, Jules, seigneur de Monterotondo, retenant en échange Jofré dans leurs murs; mais ils se sentaient si peu garantis qu'ils tremblèrent tous à la nouvelle que Jules était interné au château Saint-Ange. C'était peut-être une cruauté morale pour épouvanter le chef des Orsini, car, une fois la paix signée, Jules retourna sain et sauf sur ses terres, ce qui faisait dire à Rome qu'en le revoyant vivant sa mère mourrait de joie. De France le roi Louis XII tempêtait en déclarant que les Orsini étaient ses amis et qu'il n'y fallait pas toucher; mais Alexandre VI tenait ferme et revendiquait la liberté de gouverner ses États à sa guise, tout comme il avait laissé liberté au roi de France sur ses barons : en matière de politique intérieure, que chacun agisse comme il l'entend.

Même dans les relations de politique extérieure, les Borgia hésitaient alors. De la France ou de l'Espagne, qui se disputaient la domination de l'Italie, laquelle l'emporterait? Tel était le problème que les Borgia s'efforçaient de résoudre par anticipation. Les mouvements de troupes espagnoles dans le royaume de Naples et le débarquement régulier et continu de soldats du roi Catholique dans la région du Vésuve les rendaient inquiets. De France, Louis XII, préoccupé, lui aussi, par les préparatifs espagnols, ordonnait une nouvelle expédition contre ses rivaux en Italie et parlait du duc de Valentinois presque comme d'un ennemi; à l'ambassadeur ferrarais, qui lui demandait si César projetait vraiment de marcher sur Pise, le roi répondait qu'il ne pensait pas que le pape et son fils fussent en disposition de contrevenir à sa volonté — la Toscane était sous la protection directe du roi de France — et qu'il avait, d'ailleurs, le moyen de faire perdre au duc de Valentinois en quatre jours toutes les conquêtes qu'il lui avait permises. De son côté, César semblait lui répondre directement de Rome, où il déclarait aux Français présents n'avoir jamais eu aucune visée sur la Toscane et justifiait le déploiement de ses milices entre Todi et Pérouse comme une manœuvre de sa garde personnelle : une bonne garde, concluait-il, est toujours nécessaire.

Le mois d'août arriva tandis que Lucrèce à Medelana tissait avec Bembo ses trames subtiles et que le pape aussi bien que le duc de Valentinois restaient incertains au carrefour politique France-Espagne. Au début de ce mois mourut le cardinal Jean Borgia, de Monreale. L'avare fieffé de la maison Borgia, qui faisait grand cas « d'un ducat », laissait maintenant, « ne pouvant les emporter avec lui, » une importante fortune, des bijoux, de l'argenterie, des chevaux superbes et beaucoup d'autres biens. Alexandre VI, impressionné par cette mort, avait ensuite réagi mais, moins optimiste que de coutume, disait qu'il voulait « faire attention et vivre, si possible », car, ajoutait le témoin, « la mort menace chacun. » César avait différé son départ de Rome sous le prétexte de vouloir fêter avec son père le onzième anniversaire de son accession au trône pontifical, mais en réalité pour « attendre de voir ce que feront les Espagnols ». Le 10, en la fête de Saint-Laurent, Adriano Castelli de Corneto, ex-secrétaire pontifical et à présent nouveau et richissime cardinal, conviait, dans une vigne aux portes de la ville, le pape et son fils à une somptueuse collation, avec quelques intimes. La catastrophe des Borgia a son origine ici.

Que se passa-t-il donc à ce repas? Faut-il donner créance au récit anonyme inséré dans les *Diari* de Sanudo, d'après lequel le cardinal Adriano Castelli, sachant que le pape convoitait ses richesses, avait décidé de le supprimer ce jour-là au moyen de confitures empoisonnées et chargé un sicaire d'offrir au pape et à César le confiturier mortel? C'est là le centième, mais non l'ultime, mystère des Borgia, mystère autour duquel s'exerce une controverse séculaire. Les anciens historiens, Guichardin, Paul Jove, Pietro Martire et d'autres croyaient tous à l'empoisonnement; les modernes, au contraire, sont presque unanimes à le nier, tels Pastor, Luzio, Woodward, d'après les témoignages de Burckard, Costabili, Cattanei, Giustinian, chroniqueurs contemporains, qui tous parlent de fièvre tierce. Le fait est que, le jour suivant, le 11 août, Adriano Castelli s'alitait, ce qui, si l'histoire du poison était vraie, pourrait s'interpréter comme une peur morbide ou comme un effet du poison qu'il n'aurait pu complètement éviter; le 12, c'était le tour du pape et le 13 celui du duc de Valentinois. Beaucoup d'autres furent malades; et l'on disait morts un cuisinier et un maître d'hôtel, tous deux présents — dans les cuisines ou les offices — au festin de la Saint-Laurent. S'agissait-il d'une intoxication ou d'un état infectieux généralisé? A l'appui de cette thèse, Mgr Beltrando Costabili écrivait le 14 août : « Il n'est pas surprenant que Sa Sainteté et Son Excellence [César] soient malades, car tous les hommes de qualité de cette cour sont malades ou souffrants, et particulièrement ceux du palais apostolique, à cause du mauvais air; » déjà, le 5 août, Cattanei avait écrit : « Beaucoup sont malades, mais ce n'est pas la peste, ce n'est qu'une fièvre dont ils se débarrassent rapidement. » Certes, en dehors des chroniqueurs, et parce qu'il apparaissait comme une justice immanente qu'un Borgia mourût empoisonné, dans toute l'Italie on parla aussitôt de poison. Il semble que les familiers du duc de Valentinois en fussent persuadés, à moins qu'ils ne simulassent la persuasion, car l'un d'eux confiait à Cattanei (si bien que lui aussi commençait à réfléchir sur l'hypothèse de l'empoisonnement, mais sans rien conclure) que le poison avait été versé dans du vin de Trebbiano, que le pape avait bu pur tandis que César l'allongeait d'eau.

Quoiqu'il en soit de la vérité des faits, encore actuellement impossible à établir, le matin du 13 août le pape avait fait appeler l'évêque de Venosa, bien qu'il fût malade aussi, et un autre médecin. A une heure tardive, ni l'un ni l'autre n'étant encore sorti du Vatican, on voyait là un indice grave. Ce même jour on disait que César avait eu de grands vomissements et une forte fièvre; qu'invisible pour tout le monde, il était plus malade encore que son père. Comme un éclair, la nouvelle parvenait aux ennemis des Borgia, leur faisait relever la tête et escompter prochaine l'heure de la vengeance. Les familiers de César se rendaient si bien compte des circonstances que tous se passèrent une consigne de sérénité : le duc malade? Allons donc! il n'y a pas motif à s'alarmer. César lui-même, dans un effort courageux, fait venir dans sa chambre le premier étranger venu qui se trouve à proximité du palais apostolique et se montre à lui paisible et gai, quelque peine que lui puisse coûter une semblable feinte. Mais le visiteur ne s'y méprend pas, trop avisé pour ne point comprendre que cette entrevue lui a été accordée uniquement pour qu'il puisse référer qu'il a vu le duc de Valentinois vivant et sain. Déjà les mesures de prudence étaient évidentes.

Le jour suivant, le pape se fait pratiquer une saignée, il a la fièvre, puis se sent mieux, au point de faire une partie de cartes avec ses familiers; le 16, de nouveau, il va mal, mais mieux le lendemain; le 18 au matin, il écoute la messe que dit pour lui un membre de la curie, ami de Lucrèce, l'évêque de Carinola, communie et dit qu'il se sent au plus mal. Le soir, il reçoit l'extrême-onction, puis, aux approches de la nuit, comme s'il fléchissait sous un lourd accablement, le pape mourait en silence : le cœur avait cédé et une crise d'apoplexie était survenue.

Peu de personnes étaient présentes. Un sourd murmure de voix lointain, mais déjà menaçant, perçait le silence. Tout à coup les portes s'ouvrent largement ; au commandement de don Micheletto Corella des hommes armés entrent, referment les battants et se mettent en garde. Au cardinal trésorier de choisir : ou livrer les clefs du trésor pontifical ou être jeté par la fenêtre. La pointe du poignard de don Micheletto lui menaçant le cœur, le cardinal donne les clefs : voici les caisses d'argenterie et celles pleines de ducats d'or. Dans leur hâte, les hommes de César commettent une omission, dont ils se repentiront, en oubliant la cassette aux merveilleux bijoux d'Alexandre VI; une fois le butin pris, ils s'éloignent.

César a maintenant une forte fièvre; sur lui veillent don Micheletto et le petit prince de Squillace, qui témoigne d'un courage et d'une décision racés. A la tête de cavaliers armés, Jofré Borgia sort précipitamment du Vatican, chevauche à travers Rome comme pour en inspecter les différents quartiers; place de la Minerve, il voit élever des barricades : « Que signifie ceci? » demande-t-il avec une arrogance exaspérée. « Il s'agit d'éviter le scandale, » lui répond-on. « Eh bien! nous serons d'un côté et vous de l'autre, » conclut-il en faisant allusion au Tibre, qui séparerait les factions, puis, de retour au château Saint-Ange, il fait tirer un bombardier pointé sur la via dei Banchi, en manière d'avertissement. Don Micheletto, plus avisé et plus sage, agit avec prudence et énergie, surveille, ordonne, commande, si bien que ses ennemis eux-mêmes admirent son extraordinaire fidélité.

Pendant ce temps, l'appartement Borgia au Vatican voit la foule des serviteurs empressés au pillage, qui emportent jusqu'au trône pontifical. Dans la chambre dépouillée, sous la direction de Burckard, le cadavre du pape est lavé, placé sur un catafalque orné de satin cramoisi et d'une très belle tenture, revêtu de drap blanc, d'une chasuble dorée et chaussé de mules en velours : le suprême luxe d'Alexandre VI lui est procuré non par l'amour ou la charité de ses familiers, mais par la précision froide et ponctuelle du cérémoniaire strasbourgeois. Ainsi paré, le cadavre, soustrait à l'indécence de cette pièce saccagée, est transporté dans le salon du Perroquet, où quelques-uns des siens, à tout le moins Jofré sinon Vannozza Cattanei, ont dû le venir saluer; vers le soir il fut descendu à Saint-Pierre pour être, selon l'usage, exposé derrière une grille à la vue du peuple. A mesure que les heures s'écoulaient, une terrible décomposition, activée par la chaleur, défigurait le corps du pontife, le noircissait, le gonflait, effaçait non seulement son image de prélat, mais sa simple qualité humaine. Dans cette désagrégation, les légendes de pactes diaboliques, de visions monstrueuses, d'esprits maléfiques trouvaient leur justification : on finissait par tout croire et la foule qui défilait à Saint-Pierre commentait l'horreur de cette exhibition en frissonnant, mais avec l'attraction populaire pour les spectacles lugubres; plus tard seulement, par un geste d'humaine

pudeur, le corps fut recouvert d'une draperie. A la nuit close
et à la lueur de quelques torches, eurent lieu les funérailles,
auxquelles assistaient l'évêque de Carinola et un petit groupe de
prélats, qui accompagnèrent le corps du pontife jusqu'à l'église
de Santa Maria delle Febbri, où à peine trois années auparavant
avait été porté — plus honorablement et avec un cortège plus
ému — le duc de Bisceglie assassiné. Là se produisit une scène
de cauchemar : les dimensions du cadavre étaient tellement
modifiées par ce gonflement démesuré qu'il n'y avait pas moyen
de le mettre en bière et que deux vigoureux croque-morts durent
employer leurs poings et exercer des pesées pour l'y faire entrer
de force. La lumière tremblante des torches oscillait en éclairant
ces gestes brutaux et les sursauts mous et répugnants de ce corps
qui semblait ne point vouloir encore quitter le monde; enfin le
cadavre du pape fut tassé et enfermé dans le cercueil, puis enterré
sous une dalle sombre, qu'on disait provisoire. Et la petite
troupe des prélats et des croque-morts, toutes lumières éteintes,
s'en alla, hâtive et silencieuse.

*
* *

De son lit, César connut la ruine qui venait de l'accabler
en un moment. Sa chambre étant située au-dessus des appartements pontificaux, il avait pu entendre la psalmodie des prières
funèbres. Il ne parvenait pas à guérir, devant laisser le Vatican
libre pour le prochain conclave et sentait croître son agitation à
la pensée que les ennemis des Borgia couraient déjà à leur vengeance. Tout d'abord les femmes furent rassemblées au château
Saint-Ange : là se trouvèrent Sancia d'Aragon et cette Dorothée
da Crema, fiancée de Caracciolò, ravie sur la route entre Cervia
et Ravenne, rencontre dramatique de deux jeunes femmes qui
devaient se sentir unies par la haine envers celui qui les avait
aimées. Il y avait tous les enfants Borgia, le « duchetto » de
Lucrèce, l'infant romain, quelques autres rejetons Borgia et peut-
être le dernier fruit de la vie luxurieuse d'Alexandre VI, ce
Rodrigue Borgia, né certainement entre 1502 et 1503. Peu après,
tout le gynécée fut envoyé à la forteresse de Civita Castellana,
y compris Vannozza Cattanei. César, prié par les cardinaux de
ne pas mettre obstacle au conclave par sa présence, s'en fut
à Nepi, escorté d'une importante milice, suivi de femmes et

de courtisanes, étendu dans une litière de satin cramoisi aux rideaux tirés, portée par huit écuyers, précédée par un prisonnier inconnu, à cheval, attaché et masqué, qui était peut-être un otage des Orsini. Il était vraiment très malade et les remèdes pris en vue de guérir l'achevaient; ses pieds étaient enflés, son corps décharné, sa tête douloureuse et son cerveau, déjà si tourmenté, s'égarait au point de ne plus pouvoir suivre ses pensées. Prospero Colonna lui fit offrir la protection de l'Espagne, à condition qu'il fit jouer ses influences dans le prochain conclave en faveur de l'Espagne : il accepta en même temps qu'il acceptait la protection des Français et leur promettait de les favoriser pour l'élection du nouveau pape. Sans nul doute, César commettait une erreur.

Il se trompait en fondant tous ses espoirs sur l'élection d'un pape français, qui eût été l'ambitieux cardinal d'Amboise. Les Italiens, ayant mesuré tout le mal causé à la papauté par les Espagnols, décidèrent de ne pas élire un étranger, malgré les protestations des Français, qui se demandaient logiquement pourquoi, après un pape espagnol et quelques Italiens qui avaient si mal gouverné, on ne pourrait pas essayer d'un pape français. A ce moment réapparaissait à Rome Ascanio Sforza, libéré des prisons de Bourges et ami du roi de France, qui revenait avec une volonté et des ambitions renforcées. Il arriva le 10 septembre avec le cardinal d'Amboise, accueilli à la porte du Peuple par les cardinaux de Bologne, de Volterra, d'Albret et Sanseverino, salué par le tumulte des applaudissements populaires et même par un feu d'artifice; on voyait les femmes se pencher aux fenêtres vers le cardinal milanais en lançant les cris : « Ascanio! Ascanio! Sforza! Sforza! » comme un appel d'amour. Cette explosion de joie inattendue indisposa fort le cardinal français qui était avec lui et croyait amener un vassal. On disait que Sforza avait été libéré pour agir en faveur d'Amboise, mais qu'en réalité il travaillait pour son propre compte. Au conclave, se retrouvant en face de Julien de la Rovère, son ennemi de 1492, il ne réussit qu'à faire échouer les chances de son ancien et actuel adversaire. Parmi les discordes, la confusion, les antagonismes, Francesco Todeschini Piccolomini fut élu et prit le nom de Pie III. C'était un homme probe, de bonnes mœurs, de grand sens et de sûre doctrine, mais si malade qu'il était presque moribond et ne pouvait être qu'un pape de transition.

Les Français qui se rendaient à Naples, décidés à combattre les Espagnols, passèrent par Nepi, puis poursuivirent leur route en laissant le duc de Valentinois seul et très faible, qui, apprenant que Bartolomeo d'Alviano arrivait dans le dessein de venger les Orsini, fut pris de panique. César envoya à Rome une ambassade avec mission de demander au pape et aux cardinaux l'autorisation de se mettre en sûreté dans la ville; il se montra défait et offrit à ses ennemis, voire aux indifférents, le plaisir de mesurer sa faiblesse; seul le bon Pie III en eut pitié et le fit revenir à Rome en lui permettant de résider au palais d'Hippolyte d'Este, près du Vatican.

Bientôt on vit à Rome de grands mouvements de troupes : c'étaient celles d'Alviano, des Baglioni, des Orsini, qui, en attendant d'exercer leur vengeance sur César, s'en prenaient aux Espagnols, tuaient, torturaient et outrageaient les femmes. Pietro Matuzzi, gentilhomme romain, qui dès avant l'élection de Rodrigue Borgia au pontificat avait épousé l'une de ses filles, Isabelle Borgia, dont il avait eu lui-même une fille qui venait de se marier, en sut quelque chose : les Orsini, entrés par surprise au palais Matuzzi, s'emparèrent de la mère et de la fille, les emmenèrent dans leurs propres demeures pour se venger sur elles des sévices de tous ordres subis par les femmes de leur maison. César commençait à ne plus se sentir en sûreté dans le palais d'Este, si bien gardé qu'il fût. Lui aussi entendait ses ennemis vociférer : « Abattez ce chien de Juif, saccagez-le avant que d'autres ne s'en chargent, » et l'efficacité de cette incitation sur des soldats mercenaires il la connaissait bien, car il n'en avait pas d'autres; d'autant plus que les Espagnols, tenus en méfiance par le roi d'Espagne du fait qu'ils étaient au service de César, considéré comme traître en raison de ses accords avec la France, l'abandonnèrent pour la plupart; il ne lui resta donc plus que des mercenaires allemands, quelques italiens et français. Voyant sa garde si réduite, César songea à se réfugier au château Saint-Ange, où le gouverneur était l'une de ses créatures, mais ce dernier n'était plus, lui non plus, dans le même état d'esprit et n'avait égard qu'au pontife seul, dont il avait tout à attendre, si bien qu'à Rome on disait en riant qu'il était fort étonnant que le Valentinois se fût lui-même mis en cage. Le jeune Jofré continuait à déployer une ardeur désespérée et, à la tête des mercenaires allemands, fit plusieurs sorties contre les Orsini. Lui seul montra du courage à ce moment, tandis que César passait d'une erreur à une autre avec un aveuglement fatal et la triste folie d'un damné.

*
* *

Le 19 août, on eut à Ferrare la certitude de la mort d'Alexandre VI. Aussitôt, chevauchant à travers la campagne recueillie dans sa brûlante sécheresse, le cardinal Hippolyte s'en fut à Medelana porter la terrible nouvelle à Lucrèce.

Ce fut un déchaînement de douleur forcenée. Lucrèce se sentait trop Borgia, trop liée à l'exubérante vitalité de son père pour ne pas s'effondrer comme brisée et sectionnée à sa propre racine. Vêtue de deuil, recluse dans une chambre tendue de noir, sans lumière, sans prendre de nourriture, elle « crut mourir », ainsi que plus tard elle le raconta, souffrant toutes les affres de la douleur et de la solitude, éprouvant jusqu'en son tréfonds le sentiment désespéré de la vanité terrestre. Don Alphonse lui fit une courte visite et s'en alla : les larmes et le chagrin l'ennuyaient. Hercule d'Este ne parut pas même se soucier de présenter ses condoléances, ce qui fut fort remarqué à Ferrare. Depuis quelque temps déjà, le vieux était en heurt avec le pape et quand, lors de la création de nouveaux cardinaux, il avait constaté l'exclusion de son favori Gian-Luca Castellini, il en était arrivé à menacer de rappeler son ambassadeur à Rome. « Ceci, écrivait le duc sans mâcher les mots, entraîne un grand amoindrissement d'honneur pour nous et nous ne pensons pas qu'il soit propre à satisfaire celui de Sa Sainteté, qui serait mieux soutenu universellement par de bons procédés envers nous que par le contraire. » Et encore : « Nous ne pouvons nier que cette décision ne provoque en nous un vif ressentiment et ne nous induise à une très grande défiance. » Costabili avait dû, non seulement référer au pape ces propos irrités, mais lui lire la lettre et, suivant l'ironique suggestion du duc, la lui faire savourer. Une saveur qu'Alexandre VI n'avait peut-être pas même perçue car, peu de jours après, il demandait avec un sourire narquois à Costabili comment se portait Castellini après son échec cardinalice, à quoi l'autre répondait : « Étant sage, on peut penser qu'il se porte comme un sage. » Forcément, semblait sousentendre le pape, qui continuait à plaisanter. Au contraire, jusqu'à ses derniers jours Alexandre VI avait à cœur ce qui concernait sa fille. Le 10 août, date du fatal banquet d'Adriano Castelli, Mgr Costabili apprenait, par un ex-majordome de Lucrèce, que le pape avait accordé l'archevêché de Ferrare au cardinal Hippolyte d'Este, mais à la condition d'en toucher, pendant deux ans, les redevances, dont il ferait cadeau à sa fille. Interprétant les sentiments de ses souverains, Costabili avait alors répondu que le pape ferait mieux de trouver un autre présent pour Lucrèce, puisque les redevances d'un évêché vont directement à l'évêque titulaire. Par l'humeur de l'ambassadeur on peut juger de celle du duc! Mais personne n'avait eu le temps d'agir.

Quelques jours après la mort d'Alexandre VI, Hercule d'Este révélait son état d'esprit dans une lettre fameuse adressée à Gian-Giorgio Seregni, ambassadeur ferrarais à Milan. Il y disait que la cour de Ferrare n'était nullement affectée par cette mort et qu'au contraire, « pour l'honneur du Seigneur Dieu et pour le bien universel de la chrétienté, nous avons plusieurs fois désiré que la divine bonté et providence nous pourvût d'un pasteur bon et exemplaire et qu'il ôtât tant de scandale de son Église. » Ainsi s'exprimait le savonarolien Hercule, dont l'inspiratrice était sœur Lucie de Narni, et il déclarait avoir presque souhaité la mort du pontife. Il est facile d'induire quelle affection il pouvait porter à la fille de cet « objet de scandale » et quelle sollicitude pour César Borgia qui, étant encore à craindre quelque peu, n'en allait pas moins à sa ruine définitive.

Pour avoir été supportée dans la solitude, la douleur de Lucrèce fut plus intensément orgueilleuse. Certains courtisans, il est vrai, avaient pris le deuil, mais elle savait fort bien le sens de ces hypocrites vêtements bruns et ce qu'il lui en coûterait de faveurs, d'appuis, de protections. Ses dames d'honneur, Strozzi, Tebaldeo la réconfortaient et, mieux qu'eux tous, Pietro Bembo, qui, dès l'annonce du malheur, était — avant Alphonse d'Este — accouru à Medelana, l'âme pleine d'intentions consolatrices. Mais quand, entré dans la chambre, il vit la radieuse dame de ses songes assise par terre, humiliée, gémissante, il n'osa point parler : toute son éloquence se fondait en compassion et peut-être, afin que la nature de sa peine n'apparût pas avec trop d'évidence, s'enfuit-il en silence jusqu'à Ostellato. De là il lui écrivit une tendre lettre, d'une sagesse et d'une discrétion vraiment viriles; il montrait qu'il comprenait beaucoup de choses, lui conseillait d'être courageuse afin que personne ne la soupçonnât de pleurer non seulement « la perte que vous avez faite, mais votre propre sort. » Bembo estimait-il ce sort en péril? Avait-il entendu répéter les paroles prononcées en France par l'autorité même du roi, grand protecteur de Ferrare?

Il était clair que Louis XII avait déjà abandonné César, prouvant ainsi « combien les faveurs des ultramontains sont fallacieuses », et il s'exprimait librement sur Lucrèce, allant jusqu'à dire qu'elle n'était pas réellement la femme d'Alphonse d'Este. Échappatoire offerte pour une prochaine répudiation ou consentement et promesse d'un appui favorable aux Este, si le cas se présentait? Rien ne permet de supposer qu'à Ferrare on ait jamais envisagé un divorce, beaucoup plus infamant pour ceux qui l'eussent demandé que pour Lucrèce; et puis il aurait fallu restituer la grosse dot, sans compter l'inconnue que représentait César Borgia, encore puissant en Romagne, qui, s'il venait se fixer dans son duché, serait un voisin à surveiller. Lucrèce avait immédiatement compris que la Romagne était, pour son frère, une garantie vitale et, bien qu'anéantie par sa grande douleur, elle s'était mise à chercher du secours. Prodigue jusqu'à dépenser d'avance même son apanage, ayant peu d'argent à sa disposition, elle parvint cependant à enrôler 1 000 fantassins et 150 archers qui, sous le commandement de l'Espagnol Pietro Ramirez, devaient secourir Cesena et Imola menacées par les Vénitiens, en même temps que soutenir les défenseurs de Pesaro assiégés par Jean Sforza, le mari dont elle était divorcée. Les milices de Lucrèce et de Jean ne parvinrent pas à s'affronter : il était désormais écrit que la fortune des Borgia s'écroulait et même Sforza arrivait à l'emporter sur eux. Ce dernier réussit à réintégrer sa petite ville, où il exerça sa tyrannie mesquine et envoya à la mort Pandolfo Collenuccio, l'humaniste, le poète, le citoyen le plus illustre de Pesaro au temps de la Renaissance.

Rimini tomba également, mais Cesena et Forli continuaient à tenir ferme pour le duc de Valentinois : leur fidélité allait jusqu'à conduire le châtelain de Forli à faire pendre Pietro Doviedo, messager du pape, qui lui avait intimé l'ordre de lui consigner la forteresse. On disait, et les correspondants de la maison d'Este qui en avertissaient le duc Hercule ajoutaient prudemment qu'ils n'y croyaient pas, que Lucrèce avait fourni le bouillant Castillan d'une forte somme d'argent pour aider sa résistance : non seulement le fait était possible, mais quasi certain, car, à Ferrare, on continuait à enrôler des « soldats pour Mme Lucrèce », sous l'œil moqueur d'Hercule, qui laissait faire, jugeant ces tentatives inutiles en vue d'un résultat tangible mais très utiles au contraire à ses propres fins politiques. En effet, le duc écrivait à son ambassadeur à Rome, pour répondre aux accusations qu'on lui adressait de toutes parts de vouloir « tenir le Valentinois sur pied », qu'il préférait en réalité voir la Romagne aux mains des Borgia plutôt qu'à la république de Venise, déjà prête sur les frontières avec ses forces armées. D'autre part, aux Vénitiens irrités par les maigres effectifs militaires en partance de Ferrare, le duc pouvait fort bien répondre, comme il le faisait, qu'il ignorait les agissements de sa bru et qu'il n'avait pas donné un centime pour l'entreprise; ce qui on peut en être certain, était la seule vérité sortie de la bouche du vieux duc. Ainsi même l'amour fraternel de Lucrèce devait servir aux autres et elle restait là, avec ses gestes sans efficacité ni force. S'apercevait-elle du rôle vain qu'on lui faisait jouer?

Medelana, à faible distance d'Ostellato, est un petit groupe de maisonnettes agricoles où, de nos jours encore, on relève quelques traces d'antique noblesse, une fenêtre ogivale, la dentelure Renaissance d'une corniche, l'élégant encadrement d'une porte. La villa devait avoir cette architecture large et calme, caractéristique des demeures rurales éparses à travers le duché d'Este, qui rappellent le souvenir vivant des seigneurs de Ferrare. Près du parc aux grands arbres, où les acacias jettent la note claire de leur feuillage et exhalent le parfum voluptueux de leurs grappes fleuries, coule le Pô de Volano, paisible canal navigable qui déploie son large cours jusqu'à Ferrare. A l'entour, ombrageant la vaste campagne cultivée, absorbée dans un silence frémissant, les longues files de peupliers indiquent des voies spirituelles que soudain ils abandonnent, mais que la pensée suit aisément jusqu'au delà de l'azur céleste. Sur ce fond de paysage où la figure humaine domine la nature avec une vigueur que je comparerai à l'*Automne* de Galasso, se tissent les derniers fils de l'histoire amoureuse entre Bembo et Lucrèce. De l'océan d'amertume le Vénitien réussit à la tirer sur la berge et tout d'abord il lui fit parvenir, par l'intermédiaire de Strozzi, une élégie composée dans un noble latin :

« Si pour écrire des vers tu prends la plume, ils sont dignes des Muses; s'il te plaît de toucher avec ta main d'ivoire les cordes de la harpe ou de la cithare et d'évoquer avec un art varié les harmonies thébaines, les ondes voisines du Pô frémissent à cette douce musique, et s'il te plaît t'abandonner d'un pied agile aux rythmes de la danse, oh! combien je crains qu'un dieu, te voyant par hasard, ne te ravisse de ton château et d'un vol léger ne t'enlève jusqu'au ciel pour faire de toi, ô sublime, la déesse d'un astre nouveau! »

Une fraîche imagination de saveur presque hellénique parvient à briller sous la forme classique et fait songer au matin mythologique où Nausicaa s'en allait à la fontaine avec ses compagnes, et encore à celui où Actéon épiait le bain de Diane. A lire ces vers, Lucrèce devait éprouver la surprise de certains réveils d'où l'âme embrumée tarde à se dégager, puis, élevant d'un geste sans espoir le miroir, soudain nous apparaît un visage, le nôtre, tout rose d'une jeunesse dont la facile insolence d'abord nous irrite, puis nous étonne, nous fait esquisser un sourire et nous finissons toujours par chanter.

Pietro Bembo écrivait à Lucrèce; elle commença de lui répondre par courtoisie, par gratitude, et par quelque chose de plus qu'elle lui confessa aux premiers jours d'octobre. « Jamais je ne préférerais avoir gagné un trésor qu'avoir entendu ce qu'hier j'appris de vous et que vous pouviez fort bien — c'était là dette de concordance — me faire entendre plus tôt, » lui écrivait le poète, et il ajoutait : « Jamais ma disgrâce ne pourra être telle tant que je vivrai, que la flamme allumée en moi par F. F. et mon destin ne soit la plus haute et la plus claire qu'éprouve aujourd'hui un cœur d'amant. Haute la fera la nature même du lieu où elle brûle, claire elle le sera par sa flamme même, qui devant le monde entier en témoignera. » Propos d'un amant platonique, mais assez ardent pour espérer que Lucrèce, en voulant éteindre ce feu, finira par éprouver les mêmes fureurs amoureuses que lui, suivant un proverbe espagnol qu'elle a noté.

Durant cette fin d'automne, sans nul doute, entre Lucrèce amollie par la douleur, les larmes, l'inquiétude, et son compatissant consolateur de très douces choses se passèrent. Pour lui,

ou tout au moins en pensant à lui, la duchesse se faisait apporter
de sa garde-robe ferraraise une pièce de lainage noir pour s'en
faire une tunique en accord avec son fastueux deuil espagnol;
dans ce tissu un peu raide, aux longs plis bruissants, sa gracilité
et sa blondeur prenaient un relief émouvant et rare, faits pour
ne plaire que trop à un homme comme Bembo. Peut-être, ainsi
vêtue, la tête sans bijoux, la voyait-il à sa fenêtre le saluer quand
il arrivait ou la quittait; ou bien encore, protégée ainsi des
premiers frimas, elle sortait avec lui pour jouir du clair de lune.
Car la classique et romantique clarté lunaire ne fit point non
plus défaut aux amours de Lucrèce. Sur ce balcon dont le souvenir sera plus tard évoqué avec nostalgie, Bembo s'attardait et
parlait d'amour; dans l'ombre, présents et complices, se tenaient,
très discrets, demoiselles et amis. Amour, aliment de l'âme à
ses différents degrés : regard, salut, sourire et finalement le
baiser, « ce lien qui ouvre un passage aux âmes attirées par le
désir l'une de l'autre et les fait se fondre l'une dans le corps de
l'autre. » Théorie audacieuse, plus audacieuse encore si l'on
pense aux vers latins chargés de volupté, même si nous les
mettons au compte de la tradition catullienne, que Bembo,
environ ce temps, adressait à une inconnue prénommée Lydia :

> « *Iunge labella : parum est, altius insere linguam*
> « *Sic, ah, sic facies oscula mollicula,*
> « *Lude intus, non ore exi, pro millibus unum*
> « *Basiolum da, quo se insinuent animæ.*
> « *Sic, ah, sic animæ miscentur...* »

Ici, également, le poète parle de l'âme : c'était, on le voit,
un mot qui lui servait souvent. A Lucrèce il écrivait : « Je baise
la très douce main qui me fait mourir »; « mon âme voudrait
venir sur mes lèvres pour exercer sur son ennemie une douce
vengeance »; « je baise la main dont jamais plus douce ne fut
baisée par les hommes ». Trop de baisers? Alphonse d'Este,
qui devait être informé par les espions, en prit-il ombrage?
De Castelnuovo en Garfagnana, le montagneux pays — qui
sera plus tard une croix pour l'Arioste, commissaire fort peu
convaincu — Alphonse et sa cour descendirent vers Comacchio;
le 7 octobre sa présence est signalée à Ostellato. Passion de chas-
seur ou vigilance qui voulait se faire sentir silencieusement à
Bembo et à Strozzi? Nous l'ignorons, mais à suivre l'ordre strict

et révélateur des dates, nous voyons Bembo regagner Venise le
10 octobre pour de là s'en aller visiter ses terres de Vénétie.
Coïncidence qui peut, évidemment, être due au hasard; il faut
noter cependant qu'Hercule Strozzi, engagé à fond dans cette
histoire d'amour — comme il le sera plus tard dans une autre
concernant à nouveau Lucrèce — était trop fin pour ne pas
comprendre certains avertissements avant même qu'ils s'expri-
massent et pour ne pas dérouter les soupçons par un changement
de décor. Peut-être une nécessité avait-elle déterminé le départ
de Bembo, mais l'éloignement lui fut si cruel qu'à la fin d'octobre il était déjà de retour à Ostellato et avait revu sa duchesse.
Les deux amoureux s'aperçurent, toutefois, rapidement que la
vie ne leur était plus aussi facile : le 2 novembre, Bembo écrit
de Ferrare à Lucrèce pour l'informer qu'il a quitté Ostellato,
car, la cour de don Alphonse s'y trouvant, il n'y avait plus pour
lui aucun ravitaillement. Il semble impossible que là où plus de
cinquante personnes sont hébergées une place fasse réellement
défaut pour Pietro Bembo. Dans ce manque accentué d'hospitalité il me paraît voir le premier signe évident du peu de sympathie que volontairement Alphonse témoignait au gentilhomme
trop cher à sa femme.

La villégiature de Medelana se prolongea cette année-là en
raison de la peste qui dans la ville faisait de nombreuses victimes. A un certain moment, Lucrèce avait projeté d'aller à
Carpi, chez Alberto Pio, grand ami de Bembo et de Strozzi;
déjà les embarcations étaient prêtes quand trente-quatre personnes de sa cour tombèrent malades, qui furent bientôt cin-
quante-quatre; aussi ne fut-il plus question de déplacement. Ce
ne fut que tard en décembre que Lucrèce regagna Ferrare.
Alphonse se rendit à sa rencontre et la conduisit lui-même au
château, manière courtoise de la mettre en prison.

La saison des fêtes commença, mais le deuil de Lucrèce et la
santé précaire du vieux duc empêchaient bals et festins. Lucrèce
avait repris ses conversations avec Bembo, qui, bien qu'il lui
eût promis de passer l'hiver à Ferrare, dut partir fin décembre
pour Venise, où ses amis l'appelaient en hâte. Ce fut une séparation mélancolique : le poète ouvrit la Bible de Lucrèce pour
y lire les paroles qui seraient leur adieu et leur guide spirituel.
Ce furent des paroles de mort qui tombèrent sous ses yeux :
« *Obdormivit cum patribus suis et sepelierunt eum in civitate*

David. » Ils se séparèrent sous le poids de cette prophétie, mais avant que Bembo s'éloignât, Lucrèce, sous l'empire de l'émotion du départ, qui précipite et définit les sentiments, lui adressa un billet qui devait être un cri passionné, puisqu'il ne comportait ni recherche de mots, ni « artifices étudiés ». Avec ce viatique Bembo s'en fut, mais à Venise il ne trouva plus son frère, l'aimable et tout jeune Carlo Bembo, mort depuis plusieurs jours déjà. Le poète le pleura avec toute la tendresse de sa nature affectueuse; de loin, claustrée derrière les murailles rouges du château ferrarais, Lucrèce pleurait avec lui et ses larmes le réconfortaient, tous deux unis dans la tendre fraternité de la douleur.

Une lettre de mars 1504 prouve combien ce réconfort était réel. On avait dit au poète qu'elle ne cessait d'embellir (le propos doit sans doute être attribué à l'obligeant Strozzi, toujours sur les routes entre Ferrare et Venise, en quête de belles choses pour la duchesse) et Bambo craignait pour ce cœur mal défendu. Il la suppliait de lui écrire de sa propre main. « Mon messire Pietro, » répondait Lucrèce, il faut excuser F. F. qui pour beaucoup d'excellentes raisons n'a pu écrire comme elle était désireuse de le faire et c'était elle, la duchesse, qui intercédait pour la coupable imaginaire. Que Bembo ne lui en tienne pas rigueur et se souvienne que F. F. n'a d'autre désir que de lui être agréable.

Peu de mots et prudents. Par leur choix même ils font comprendre combien il lui était difficile et périlleux d'écrire. Le poète s'en contente, il est heureux de penser à elle chaque jour, chaque nuit, à toute heure, en toute circonstance. Exagérait-il? Peut-être pas tellement. Dans ce trouble subtil et ardent issu des amours impossibles, il se sentait fleurir comme une plante altérée, irriguée dans ses racines souterraines par un filet d'eau vivifiant et secret; sa solitude, peuplée de ferventes visions, s'en nourrissait de telle sorte que loin de Lucrèce la plénitude de ses sentiments se traduisait en un beau fruit littéraire. Ce fut en août 1504 que les *Asolani*, discours et vers d'amour, travaillés, ciselés, révisés, sortaient des mains de Bembo pour arriver dans celles de Lucrèce, à qui ils étaient dédiés.

L'épître dédicatoire des *Asolani* est fameuse pour avoir été imprimée dans l'élégante édition Aldine de 1505 et plusieurs fois réimprimée dans des éditions successives. Les louanges adressées à la duchesse, malgré l'emphase des périodes, ont quelques éclairs d'interprétation psychologique; la virtuosité du panégyriste apparaît dans les phrases qui proclament la beauté physique de Lucrèce supérieure à celle de toutes les autres femmes, puis ajoute qu'elle se surpasse elle-même par la beauté de son âme; mais certaines remarques rendent un son juste, par exemple « qu'elle préfère de beaucoup se plaire intérieurement à elle-même plutôt qu'aux autres à l'extérieur ». Lucrèce, que son esprit fût vaste ou limité, possédait vraiment un côté secret, une sorte de recueillement en soi que Bembo seul connaissait. Son livre, il en était convaincu, lui arriverait, comme un message d'amour que seule elle comprendrait totalement, qui lui remémorerait et raviverait mille choses secrètes. Tandis qu'elle écoutait commenter et discuter point par point, selon l'usage du temps, les différents chapitres et l'infinité des questions concernant l'amour, que Tebaldeo étoffait de sa rhétorique et que Strozzi disséquait dans une analyse brillante et minutieuse, la voix du poète vénitien venait lui effleurer l'âme. Se souvenir, être présent, Lucrèce soupirait-elle de nostalgie? Heureux *Asolani!*

Vingt-six jours de pontificat outrepassaient les forces de Pie III. Il les avait acceptés et vécus courageusement, mais il était mort épuisé le 18 octobre 1503, laissant de nouveau la succession pontificale livrée aux compétitions. Un moment la fortune de César Borgia parut se raffermir : dans le calme momentané de Rome — les Orsini et les Savelli avaient retiré leurs troupes pour respecter la liberté du conclave — César quitta le château Saint-Ange et s'en fut au Vatican trouver Julien de la Rovère, qui, en échange du vote des cardinaux espagnols encore fidèles aux Borgia, lui offrit le titre de gonfalonier de l'Église et son retour en grâce auprès de lui. Pour la première fois de sa vie, César eut confiance et acquiesça; après d'actives tractations Julien de la Rovère fut élu et prit le nom de Jules II : le pape de Michel-Ange.

Si César avait gardé sa lucidité des bons jours, il aurait compris que son prestige était si diminué que même le pape ne pourrait le restaurer : abandonné par le roi de France et le roi d'Espagne, il n'avait plus ni soldats, ni amis, ni crédit, ni pouvoir. Jules II ne pouvait qu'une chose pour lui : le laisser partir le plus loin possible vers un nouveau destin, mais en exigeant que tout d'abord lui fussent remises les forteresses de Romagne encore aux mains des soldats valentinois et sur lesquelles misaient les Vénitiens. César, déjà arrivé à Ostie et prêt à s'embarquer pour Livourne afin de passer en Romagne, ayant refusé de donner l'ordre de reddition, fut fait prisonnier et incarcéré sur place, dans la forteresse familiale du pape où, du haut des tours, il cherchait à s'illusionner et à tromper son incertitude en tirant vers la mer des salves d'artillerie désespérées. Conduit à Rome, quand il se vit réellement prisonnier et sentit qu'il avait l'esprit d'un être proscrit et humilié, César pleura. C'était l'écroulement. L'âme connaissait soudain tout ce qui lui avait été étranger, le désespoir, les larmes, la douleur et s'effondrait sans autre beauté que celle de l'abandon, en ce jour le plus humain peut-être de sa vie inhumaine. Le surhomme s'abattait, mais non point l'homme, et ses geôliers s'en apercevaient qui, l'ayant mis dans la tour Borgia en lui choisissant précisément la chambre où le duc de Bisceglie avait été assassiné, le virent s'y installer fort bien, dormir paisiblement avec son épée nue à son chevet, vivre en somme sous la garde de trois serviteurs, pourvu des vivres qu'il commandait, recevant ceux qui le venaient visiter pour se donner la satisfaction de jouir du spectacle agréable aux faibles et aux incapables d'un homme déchu de sa puissance. Volontiers il jouait avec ses gardiens, gens appartenant au pape, mettant à ce simple passe-temps l'ardeur d'un bon joueur, peut-être avec intention mais si naturellement qu'à le voir, on restait décontenancé. A quelqu'un qui lui manifestait ingénument sa surprise d'une telle indifférence, César, qui s'y attendait et avait une réponse toute prête, répliqua : « Je suis ainsi en mémoire de tant d'autres que j'ai mis en bien plus triste état » (la fiancée de l'interlocuteur avait été ravie par les fureurs guerrières et amoureuses du duc de Valentinois). La résistance de son prisonnier rendait le pape furieux; aux échos de sa colère le cardinal Remolino et le cardinal Ludovic Borgia s'enfuirent à Naples, rappelés vainement par Jules II, à qui ils faisaient répondre qu'ils avaient honte d'être libres tandis que le fils du pape Alexandre était retenu en prison.

Durant ces jours se livrait sur le Garigliano, entre Français et Espagnols, la grande bataille qui devait donner aux Espagnols la domination absolue de l'Italie méridionale et rendre célèbre le nom déjà illustre de Gonzalve de Cordoue. César, l'ayant appris et se souvenant de l'amitié personnelle qui liait Gonzalve à la maison Borgia, pensa que le salut était proche et assuré. Il rendit les forteresses romagnoles, obtint un sauf-conduit pour Naples et fut libéré. Les chroniqueurs racontent qu'à peine fut-il à l'air libre, il se fit donner un cheval, puis se livra à une joute et une voltige sauvages. « Seigneur duc, lui disait-on, vous avez toujours été courageux » et lui, superbe : « Plus je suis dans l'adversité, plus mon âme est forte. » Était-ce l'esprit humaniste de la Renaissance qui sauvegardait chez un vaincu le ton et le langage de Plutarque? D'Ostie César s'embarqua pour Naples vers la fin de 1504.

Le choix de Naples fut la dernière et la plus grave erreur du duc de Valentinois. Il y avait là toutes les femmes de la maison d'Aragon, la dynastie sacrifiée par les Borgia : la vieille reine Jeanne, veuve du roi Alphonse II, la jeune reine Jeanne, veuve du roi Ferrandino, l'ex-reine de Hongrie, Béatrice, contre laquelle Alexandre VI avait prononcé son divorce d'avec le roi Ladislas, Isabelle Sforza, ex-duchesse de Milan. Outre qu'ils étaient Aragonais et avaient chacun leurs griefs contre les Borgia, ils étaient tous parents du duc de Bisceglie assassiné et s'en souvenaient. Il y avait aussi les parents du duc de Gravina, François Orsini, nombre de membres de la famille Orsini, les familiers du gentilhomme Jérôme Mancioni, à qui César avait fait couper la langue et la main pour le délit littéraire d'une composition « plaisante et déshonnête » sur la prise de Faenza. Et puis il y avait Sancia.

Sancia, retour de Civita Castellana, lorsqu'elle vit se ralentir par la force des choses la surveillance qui l'entourait, s'était libérée, avait accepté l'amitié et la protection de Prospero Colonna et s'était rendue avec lui dans la forteresse des Colonna à Marino. Il paraît qu'entre eux s'établit immédiatement un sentiment plus vif que l'amitié, chose probable étant donné le tempérament ardent du gentilhomme romain et les mœurs de la princesse. Une aventure amoureuse lui seyait fort après une année de réclusion, de rancœur et peut-être de chasteté : c'était sa façon de se sentir vivante. Colonna devait conférer avec Gonzalve de Cordoue pour entrer au service du roi d'Espagne; aussi lui fut-il aisé de procurer à Sancia l'occasion de la rapatrier à Naples, où il arriva avec elle dans le courant d'octobre.

Retrouver sa maison, son palais tout monté, près de Castel Nuovo (le roi d'Espagne avait laissé à ses parents, les Aragon de Naples, leurs biens privés), toutes les petites cours de ces reines et duchesses dépossédées, mais fières de leurs titres perdus, fit éprouver à Sancia la sensation de renaître. Revivre, cependant, ne lui était pas facile après s'être tant dépensée en intrigues et rébellions contre les Borgia. Elle devait aujourd'hui se sentir trahie tout autant qu'elle l'avait ressenti dans ses espérances par la chute de ceux qui l'avaient assujettie à leurs désirs d'ambition et d'amour. Avec qui se mesurer? Qui défier? Comment maintenir en éveil ce frémissement amer et vindicatif dont elle avait jusqu'alors vécu? Il n'y avait qu'à se torturer par la pensée des injures subies et se faire belle de passion outragée. Et ce fut, en effet, très belle qu'elle apparut à Gonzalve de Cordoue quand, après la grande victoire du Garigliano, il fit, le 14 février 1504, son entrée triomphale à Naples.

Tous les ambassadeurs remarquèrent que le grand capitaine fit visite à la princesse et s'entretint avec elle jusqu'à la nuit. Ils n'échangeaient pas uniquement des compliments; il dut, dans ce colloque, être question des Borgia et Sancia, qui connaissait la vérité sur trop de choses : la mort du duc de Gandie, l'assassinat de son frère Alphonse, et toutes sortes d'affaires politiques — la prison n'avait servi qu'à lui permettre de remettre de l'ordre dans sa mémoire et à se souvenir des détails de son terrible récit — dut en dire trop et provoquer un jugement qui pouvait être fatal au duc de Valentinois. Le matin suivant était un dimanche; Gonzalve de Cordoue retrouva Sancia à la messe de l'église Saint-Sébastien, se plaça près d'elle et l'accompagna ensuite à pied, fort galamment, jusqu'à son palais. Peu de temps après, quand le grand capitaine dut s'aliter en raison d'une légère maladie, seule Sancia fut admise à visiter et soigner le malade, et l'on remarqua que leur mutuelle amitié s'intensifiait. On ignore ce que pensait Jofré qui, lui aussi, se trouvait à Naples, mais on sait que Sancia refusait expressément de le voir et de le reconnaître comme mari, bien que Gonzalve, avec cette sympathie qui semble une réparation morale que certains hommes heureux estiment devoir au mari de la femme aimée, fît chevaucher à ses côtés dans les rues de la ville l'ingénu et enthousiaste Jofré. Sancia en avait assez des Borgia et avait décidé de les rayer, s'il était possible, de sa vie.

Durant ces jours-là, se décidait aussi un sort qui causait de l'inquiétude à Lucrèce : celui du petit Rodrigue de Bisceglie. Il n'est pas vrai, et ne peut être vrai, comme l'ont affirmé jusqu'à présent les historiens, que, de Ferrare, Lucrèce se souciait peu de son fils. Entre elle et le tuteur du petit duc devait exister un accord, au moins sur les points principaux, par lequel, en cas de danger, l'enfant serait envoyé à Ferrare, car il faut bien admettre une base au projet révélé par deux précieuses lettres inédites des archives de la famille d'Este à Modène. Elles sont adressées de Rome par l'ambassadeur Costabili au duc de Ferrare; la première, datée du 8 septembre 1503, dit : « Le seigneur Rodrigue et d'autres enfants, avec sa famille masculine et féminine, se retrouvent au château Saint-Ange. Le seigneur don Rodrigue a eu la fièvre quarte, mais, d'après ce que m'a dit celui qui le gouverne, il est guéri. Ce dernier parla longuement avec moi hier matin à Saint-Pierre et me dit qu'ils avaient l'intention, quand les routes seraient devenues possibles, de conduire don Rodrigue à Ferrare. »

Ils attendaient donc que les routes fussent libérées des bandes qui les infestaient et pillaient les voyageurs durant l'interrègne pontifical; le projet concerté entre le tuteur et le précepteur du jeune duc semble évident d'après le ton de la correspondance, à telle enseigne que, le 9 septembre, Costabili revient sur le même sujet : « J'ai parlé ce matin avec le précepteur du seigneur don Rodrigue et des autres enfants. Il m'a dit qu'ils ont très bonne mine et sont au château confiés au Révérendissime cardinal de Cosenza, leur tuteur, et que le seigneur don Rodrigue n'est pas encore complètement guéri de sa fièvre quarte, mais qu'il va beaucoup mieux et que, une fois le pape élu, ils le conduiront à Ferrare; je crois qu'il enverra des lettres au sujet de ce voyage. »

Je n'ai trouvé aucune trace dans les archives d'Este des lettres écrites de Rome par le précepteur de Rodrigue de Bisceglie, ce qui ne signifie pas qu'elles n'aient pas été expédiées. Même si elles le furent, on n'en vit pas les résultats, soit lors de l'élection de Pie III, soit plus tard, quand les routes furent libérées et rentrées dans l'ordre.

Au contraire, un mois après, vers le début d'octobre, Lucrèce informait son beau-père d'une décision qu'elle prenait d'accord avec le cardinal de Cosenza concernant l'enfant : tous ses biens en Italie seraient vendus, on l'enverrait faire son éducation en Espagne, en lui laissant le libre choix, quand il serait grand, entre le séjour en Italie ou en Espagne. Hercule répondit en approuvant fort cette décision avec de nombreux arguments, plutôt trop prudents et trop raisonnés, que Lucrèce devait lire en souriant amèrement, car si la venue à Ferrare du petit Rodrigue n'avait pas eu lieu, le duc Hercule devait y être pour quelque chose, à en juger par la satisfaction qu'il éprouvait de voir l'enfant envoyé au loin. Il ne voulait s'occuper des Borgia que dans la mesure strictement indispensable, c'est-à-dire dans une mesure presque nulle; puis, il faut penser que Lucrèce n'avait pas encore d'enfant de son mariage avec Alphonse d'Este et que cet Aragonais, s'il se révélait de la graine des Borgia, pourrait un jour apporter de graves troubles dans la succession de Ferrare : mieux valait donc qu'il fût loin.

Mais si le petit duc n'alla pas à Ferrare, il resta cependant en Italie, contrairement aux décisions trop sages; probablement suivit-il le courant qui après 1503 conduisit les Borgia vers Naples, où, comme fils d'Alphonse de Bisceglie, il aura été affectueusement accueilli par ses royales parentes d'Aragon et sous la protection particulière de la plus entreprenante d'elles toutes, Sancia d'Aragon. A Naples on projeta, selon toute vraisemblance, de le faire éduquer à l'aragonaise, sous l'égide de l'ex-duchesse de Milan, Isabelle d'Aragon, qui dans son duché de Bari rassemblait une cour fameuse où se maintenaient en réduction les us et coutumes de la cour du roi Ferrante et où étaient accueillis volontiers les jeunes gens de famille noble envoyés par leurs pères pour les former à la vie de cour et au métier des armes. Il n'en fallait pas davantage pour que le jeune duc fût confié à Isabelle, si pleine de vitalité, et bien certainement avec le consentement reconnaissant de Lucrèce, heureuse que son fils ne partît point au delà des mers, mais qu'il gardât, outre son titre, la souveraineté des territoires venant de son père.

Le duc de Valentinois ne devait pas séjourner longtemps à Naples. Le bruit courait qu'il conspirait pour reconquérir la Romagne, où il avait encore de nombreux partisans, mais il n'était plus l'homme d'autrefois, qui agissait avant d'avoir parlé : il commençait à se sentir environné de haine, il avait peur à tel point qu'un groupe de soldats, se souvenant des bons traitements et des bonnes soldes qu'ils avaient eus à son service, étant venus le prier de les engager à nouveau, il crut à un traquenard et ne consentit pas même à les écouter. Qui sait s'il n'avait pas raison? Au même moment des choses importantes se passaient en Espagne. Est-il exact, comme l'affirment Giustinian et Cattanei, que la sombre et silencieuse figure de la duchesse de Gandie était apparue à la cour de Ferdinand le Catholique pour demander justice du meurtre de son mari? Le roi et la reine d'Espagne avaient toujours détesté Alexandre VI pour sa politique française, qu'ils considéraient comme une trahison et dont ils regardaient César comme le principal responsable. Il ne leur en coûta donc guère de se faire les paladins de la duchesse de Gandie, de préparer la vengeance d'un si grand nombre de personnes et d'envoyer à Gonzalve de Cordoue l'ordre d'emprisonner, puis d'embarquer pour l'Espagne le fils d'Alexandre VI. Devant cet ordre, Gonzalve dut remporter une grande victoire sur lui-même, car il avait promis sur l'honneur la liberté au Valentinois et manquer à sa parole lui paraissait une faute grave non point tant envers César, qu'il estimait coupable, lui aussi, qu'envers l'intégrité de sa propre conscience de chevalier; bien des années plus tard, quand le grand capitaine revivait par la pensée sa longue vie aventureuse, il disait que trois fois au cours de son existence il avait été obligé de manquer à la parole donnée et qu'il en éprouvait toujours une souffrance : l'une des trois fois concernait César Borgia. Mais il fallait obéir au roi et Gonzalve obéit. Il envoya la nuit avertir César de se rendre immédiatement au château de l'Œuf, car des troupes conduites par les parents du gentilhomme à la langue coupée voulaient assaillir sa maison. Le duc de Valentinois, qui, une autre fois déjà, avait été sauvé de la même façon, se fia à la probité de la parole de Gonzalve : il le crut, alla lui-même se constituer prisonnier et fut perdu.

Au mois d'août 1504, celui qui aurait dû être roi d'Italie s'embarquait sur un navire espagnol dans ce golfe de Naples où, à peine le duc de Gandie était-il mort, ses grands rêves ambitieux avaient gonflé leurs voiles. Aujourd'hui la nef qui le ramenait à sa patrie originelle voguait vers une prison. Prospero Colonna était avec lui et se tirait de l'embarras d'une telle compagnie en le traitant comme son égal et comme un homme libre.

Le 16 septembre, le duc de Valentinois, qui ne croyait pas lui-même aux événements, débarquait dans le port de Leon d'où Calixte III était parti pour la première fois à la conquête du trône pontifical. Enfermé dans la forteresse de Chinchilla, on disait que le roi voulait lui faire un procès public et le faire exécuter ou encore qu'il ne le gardait en vie que pour effrayer Jules II. A peine César fut-il éloigné et incarcéré qu'on commença immédiatement à l'oublier. Sa femme, Charlotte d'Albret, n'avait dit que peu de mots en sa faveur à la cour de France, sachant d'avance qu'elle ne serait pas écoutée et ne désirant sans doute pas l'être. Dès avant la chute des Borgia, en 1503, elle s'était dérobée aux injonctions du pape, qui la réclamait en Italie et lui faisait savoir par un messager que si avant deux mois elle n'arrivait pas en Romagne, l'excommunication majeure la frapperait. Charlotte fit la malade et résista : on peut imaginer qu'après la mort du pontife, elle n'avait nulle velléité de bouger maintenant que le sort du duc de Valentinois était engagé dans ces remous. De France elle ne fit que de faibles tentatives pour améliorer la situation de son mari, elle le considéra comme mort et désira que tous l'enveloppassent de silence, l'oubliassent, comme elle-même le détachait de sa vie et le rejetait de sa mémoire.

Seule, Lucrèce agissait avec une ténacité et une persévérance inlassables. Durant les premiers mois du pontificat de Jules II, il avait été question à plusieurs reprises d'établir le duc de Valentinois à Ferrare; le pape en avait discuté avec l'ambassadeur Costabili en l'assurant que César le désirait beaucoup, mais l'ambassadeur lui répondait tout net qu'à son avis le duc Hercule n'était pas disposé à assumer une telle charge et sans doute était-ce la réponse qu'attendait Jules II. Pour évaluer avec précision la situation de César, Jules II avait écrit au roi de France, afin de savoir s'il l'admettrait à vivre dans ses États. Louis XII lui répondit par une lettre courtoise en se déclarant disposé à accueillir le duc de Valentinois et à satisfaire ainsi l'insistance de la duchesse de Ferrare; mais cette lettre n'avait pas d'autre objet que de tromper César, à qui on la communiquerait, car le roi, en même temps, en adressait une autre, confidentielle, déclarant que jamais rien au monde ne pourrait lui faire consentir au séjour de César en France; d'autre part, il avait aussi écrit au duc de Ferrare de ne pas s'occuper, lui non plus, de ce bâtard de prêtre. Le conseil arrivait à point, mais cette lettre, qui témoigne de la duplicité de Louis XII, prouve aussi combien l'intervention de Lucrèce était ardente et active, alors qu'elle était seule à prendre en main la défense du vaincu. Son destin était de se trouver perdante et déçue.

*
* *

Hercule d'Este avait eu ses raisons pour ne vouloir à Ferrare ni du Valentinois, ni du petit duc de Bisceglie : outre les troubles et les désordres qu'aurait risqué d'entraîner la présence de César, le duc de Ferrare redoutait les complications et les rivalités, par conséquent les factions adverses, pouvant survenir dans une famille comme celle des Este, qui ne comptait déjà que trop d'esprits singuliers. Parvenu à ses dernières années, Hercule regardait autour de lui avec le sentiment de n'avoir pas prévu les temps nouveaux et de ne pas les comprendre : il se confiait à Dieu et s'appliquait à deviner quelle direction prendrait l'État dans l'avenir, quand il serait aux mains de l'héritier, cet Alphonse, amateur d'artillerie, qui à lui, paladin de la règle d'or de la neutralité ferraraise, de la paix maintenue à force de sagesse diplomatique, apparaissait comme un boute feu et un fauteur de ruine.

Alphonse voyageait beaucoup. Au cours de ses voyages les connaissances pratiques et terrestres, la forme des villes et des campagnes, l'architecture des forteresses et des ports retenaient son attention et amenaient ses idées à maturité, sans les disperser, sur le fond solide des principes. En vertu de ces principes, il tenait pour résolus un certain nombre de problèmes : celui de la dynastie, évidemment légitime et héréditaire, celui de la fidélité et de l'amitié fraternelle, celui aussi des relations conjugales. Toutes choses lui paraissant établies conformément à leur plan particulier, il s'occupait du gouvernement le moins possible, car il sentait, en bonne logique, qu'aussi longtemps que son père gouvernerait, son rôle serait de se taire; jouer en politique le rôle de prince héritier ne l'intéressait nullement, ce qui ne veut point dire qu'il était dépourvu de convictions personnelles, car on connaissait, au contraire, fort bien à Venise les dispositions amicales d'Alphonse envers Venise, ce qui faisait augurer une future politique d'alliance avec la République Sérénissime. Tout en attendant son heure sans avidité ni impatience, Alphonse ne s'occupait guère que de sa fonderie, de ses beaux canons, de ses divertissements amoureux et pimentés, de son tour, sur lequel il travaillait des heures durant, et de la fabrication de certains vases de majolique dont la réussite lui causait la joie d'une bonne journée d'artisan. Les courtisans méprisaient ces goûts populaires et Hercule n'était, lui non plus, guère disposé à les approuver, mais quand il considérait son second fils, les choses lui paraissaient pires.

Personne, pas même son père, ne pouvait percer les sentiments du cardinal Hippolyte. L'éducation ecclésiastique et humaniste, plaquée sur un fonds guerrier et orgueilleux, lui avait donné un aspect élégant et froid, un sourire qui arrêtait net toute confidence et le faisait aussitôt apparaître incommensurablement distant et redoutable aussi. Gouverner était une nécessité de sa nature, mais une nécessité dédaigneuse et personnelle, qui n'éprouvait pas le besoin d'être reconnue; jusqu'alors il l'avait même masquée sous une vie désordonnée et déréglée. Par ses caprices fougueux, le cardinal d'Este ne le cédait en rien à aucun de ses frères, encore qu'Hercule l'eût souvent admonesté un peu tristement afin qu'il usât moins des armes et davantage du bréviaire. Dépouillant sa soutane, cuirassé de cuir, Hippolyte sortait armé avec ses courtisans, les hommes les plus brutaux du duché; comme possédé par une furie de destruction, il abattait tout le gibier qu'il pouvait débusquer et quand la cible lui manquait, il s'en prenait aux oies et aux poules des cultivateurs. Aux lettres de son père il répondait tantôt avec onction et tantôt avec rage, toujours avec insolence, et entre les familiers qui partageaient ses goûts et ceux des autres Este des désordres se produisaient continuellement. Un soir, le cardinal lui-même pénétra par surprise dans la maison du capitaine des arbalétriers de don Alphonse et le fit bâtonner sous ses yeux; il l'aurait achevé si le malheureux ne l'avait imploré de lui laisser la vie par pitié. Devant ces présages orageux et continuels de discordes futures, le parti modéré de la cour faisait des pronostics pessimistes : on murmurait que Dieu sait ce qu'il arriverait au milieu de ces agitations et de ces inimitiés quand « le pauvre vieux » duc viendrait à manquer.

Les deux autres frères, don Ferrante et don Jules — du plus jeune, don Sigismond, il n'était jamais question — compliquaient encore la situation. Irritables eux aussi, bien qu'avec moins d'arrogance, mais aussi moins d'intelligence que le cardinal et pour cette raison, peut-être, considérés avec bienveillance par les courtisans, moins en garde contre ceux qui ne prétendent pas à refaire le monde. Don Jules en particulier, le bâtard d'Isabelle Arduino, se prévalait de son charme méridional affectueux et persuasif pour influer sur les uns ou les autres, à commencer par Isabelle d'Este, fort tendre pour son frère adultérin; en sorte qu'à la cour un groupe de gens estimables s'illusionnait sur ses qualités et, lui supposant l'étoffe d'un bon prince, souhaitait sincèrement le voir « autrement qu'en habit de prêtre », c'est-à-dire tout juste le contraire des intentions lucides d'Hercule d'Este. Ils en arrivaient à le juger « vertueux, sage, aimable », trois adjectifs dont aucun ne lui convenait. Beau comme il l'était, passionné d'élégants costumes et de bien-vivre, don Jules connaissait le pouvoir de ses yeux, bruns comme ceux de sa mère napolitaine, toujours voluptueusement humides. « J'étais si beau sous mon masque que personne cette année-là ne m'égalait ni, je crois, ne m'égalera dans l'avenir »; « toutes les femmes désiraient que je daignasse danser avec elles »; « Mme la duchesse ne dansa qu'au dernier bal, celui des torches, où je la fis danser ». Moi, le plus beau, moi l'irrésistible, moi l'unique : tel est le langage de don Jules. Un Narcisse de cour? Ou faut-il voir plutôt dans ces paroles la manière emphatique et burlesque d'exprimer leur vantardise dont parfois les frères usaient entre eux? Ce même don Jules écrivait encore à Hippolyte qu'il était « suiveur, élève, fils et frère de bouffons, » sur un mode de plaisanterie vulgaire qui n'épargnait pas même le duc Hercule et donnait un échantillon du ton employé par les Este quand ils s'abandonnaient à la confiance.

Don Ferrante rivalisait avec son frère, à peine moins dévergondé que lui, et courtisait toutes les femmes de son entourage, dont certaines lui répondaient sur le même ton, telle l'une des demoiselles d'honneur d'Isabelle d'Este, la Brognina, qui, lui écrivant, commençait ainsi sa lettre : « Mon cher époux, beau, gras et blanc, » et signait « votre concubine ». Les deux frères, complètement nuls au point de vue politique, n'avaient aucun crédit : don Jules, on l'a vu, était en révolte contre la volonté de son père, qui le destinait à l'état ecclésiastique; quant à don Ferrante, il exerçait théoriquement le métier des armes, mais toujours à la recherche de bonnes charges et de bonne solde; tous deux, on le devine, sans cesse mécontents.

Des bruits nombreux et divers couraient en Italie sur la succession ferraraise, qui semblait imminente. A peine Jules II fut-il élu que don Ferrante, son filleul, fut immédiatement envoyé à Rome pour le féliciter et lui rendre hommage. Un jeune homme possédant un peu d'entregent eût tiré profit d'un tel parrain, mais don Ferrante ne rapporta que de bonnes paroles et pas même le commandement d'une compagnie. On pensa un instant que le pape lui ferait épouser sa propre fille, l'entreprenante Félicie de la Rovère, à la condition qu'Hercule donnât à son fils Modène et Reggio : « De tout ceci don Alphonse ne sait rien, » rapporte Sanudo, toujours soucieux de mettre en relief chaque point obscur de la politique ferraraise. Plus tard, il ne s'agissait plus de don Ferrante, mais bien d'Hippolyte qui, renonçant à la pourpre, aurait, lui, épousé Félicie de la Rovère, prouvant ainsi que les Este trouvaient les filles de pape faites à leur goût. On disait encore que Jules II transmettrait plus volontiers l'investiture du duché de Ferrare à Hippolyte qu'à Alphonse, dont il connaissait trop bien les sympathies vénitiennes : c'étaient là des bruits vagues, mais significatifs, en ce qu'ils montrent combien étaient patents les malentendus entre les Este.

Les choses en étaient là quand, à la fin de l'année 1504, Hercule d'Este tomba si gravement malade qu'on comprit qu'il ne s'en remettrait pas. Des messages furent immédiatement expédiés à don Alphonse, qui voyageait en Angleterre, et au lieu des dissensions redoutées et prévues on vit, au contraire, la solidarité familiale se manifester clairement. Aussitôt les Este, les principaux dignitaires du duché et le cardinal Hippolyte, s'en vinrent offrir à Lucrèce de prendre la régence du duché « pour le cas où le duc manquerait ». Il est étrange de noter que les historiens ont attribué à cette phrase une interprétation si différente de celle qu'il faut lui donner de toute évidence, et se sont demandé en quoi le duc aurait pu « manquer » à sa bru, c'est-à-dire lui causer un tort si grave que tous se sentaient le devoir de se faire ses paladins. L'erreur consiste à prendre le verbe « manquer », dans un autre sens que celui de mourir. En somme, les Este, les dignitaires, le cardinal venaient assurer Lucrèce qu'elle n'avait rien à craindre au cas où Alphonse ne pourrait arriver avant la mort de son père. Ce premier acte politique d'Hippolyte est important : il avait pesé ses chances personnelles à la succession et, les ayant trouvées légères, avait pris la décision, ne pouvant gouverner le duché, de gouverner le nouveau duc.

Hercule d'Este mourait; il quittait la vie aidé, consolé par la musique, au son du clavecin touché par Vincenzo Modenese; il écoutait la mélodie linéaire et plane des compositions de l'époque en battant la mesure de sa main aristocratique; dans cette harmonie son esprit s'apaisait et il s'abandonnait au trépas. Il eut une fin calme, parla de sa fille Isabelle (à Ferrare, tous remarquèrent que la marquise de Mantoue avait trouvé suffisamment d'excuses pour ne pas se rendre au chevet de son père), retint près de lui l'héritier Alphonse, qui était arrivé, et le groupe vigoureux des Este, qui le continueraient et semblaient en paix; puis il passa dans un autre monde.

Immédiatement, alors que les fils ployaient encore sous l'angoisse de la séparation et voyaient tomber d'un seul coup, par la mort de leur père, la barrière naturelle qui semblait les avoir protégés contre les plus grands maux, sonnèrent les cloches de Ferrare, convoquant le peuple et les Sages à leur fonction, afin qu'ils tinssent conseil sur l'élection du nouveau duc. La raison d'État exigeait qu'avant le deuil et l'affliction de la mort du souverain, la certitude fût acquise que le pouvoir continuait en passant aux mains d'un seigneur jeune et plein de vitalité; en ce qui concernait Alphonse, des bruits contradictoires, on l'a vu, avaient circulé au sujet de la succession ferraraise; il était donc nécessaire que tout apparût ordonné selon les règles.

Alphonse, laissant le corps de son père aux prières des prêtres et des moines, se rendit dans son appartement et donna ses ordres; des allées et venues animées régnaient en sourdine à travers tout le château et le palais ducal; on ouvrait les gardes-robes, on sortait les plus riches joyaux, les panaches, les broderies, les harnachements; les gentilshommes, les demoiselles d'honneur, les écuyers, les pages s'affairaient dans un branlebas de cérémonie. Alphonse, vêtu d'un manteau de damas blanc fourré de vair, coiffé d'un chapeau blanc à la française, reçut dans la salle dite de la Grande Cheminée le juge des Sages et une multitude de gentilshommes. Il y eut la remise de l'épée et du sceptre d'or, ensuite un discours, et les acclamations éclatèrent. Puis le nouveau duc, entre son frère le cardinal, rutilant sous la pourpre, et le vice-gouverneur de Venise, suivi par don Ferrante et don Jules, descendit pour recevoir la consécration populaire. Il faisait grand froid; la neige était haute et formait deux haies blanches et scintillantes le long des rues; toutes choses paraissaient en suspens dans l'attente de quelque signe venant d'un monde situé au-dessus de nous, sur un plan invisible. Mais tous les Ferrarais furent présents pour acclamer le nouveau duc, car tous se sentaient en devoir de rendre cet hommage à la dynastie. Quand Alphonse parcourut la ville à cheval, il trouva la neige balayée, les rues animées et joyeuses, tous ses sujets pleins d'animation, la chaleur de l'enthousiasme sensible dans l'air. Alphonse chevauchait le visage ferme et clair, les épaules robustes, le regard réfléchi, le geste sobre, accueillant avec une sérénité paisible les acclamations et les cris, regardant ses sujets droit dans les yeux. Il entra dans la cathédrale où Tito Vespasiano Strozzi, solennel, dans sa vénérable vieillesse, le couronna duc à l'issue de la grand-messe. Aux premières heures de l'après-midi, consacré par l'approbation du peuple et par la sanction divine, Alphonse sortit de la cathédrale, apparut sous le portail aux sculptures romanes, entre les deux lions soutenant les piliers de l'arc, et se montra à la foule, qui se réchauffait l'esprit et le sang en poussant de grandes acclamations d'allégresse.

Au balcon du palais, face au Dôme, Lucrèce avait assisté à la chevauchée et était apparue dans l'atmosphère neigeuse sous un vêtement féerique : une grande tunique de moire blanche s'accordait à la blancheur de la neige, qu'elle faisait ressortir par une magnifique broderie striée d'or; la doublure d'hermine immaculée assouplissait la rigidité du tissu à la ligne féminine du corps et tranchait superbement sur la robe de brocart doré et cramoisi, qui apparaissait à l'intérieur des larges manches et par les fentes de la tunique; les bijoux scintillaient de toutes parts, sur sa chevelure flottante, sur le front, sur la poitrine, aux poignets, aux doigts, au cou. Pour elle aussi, la cérémonie avait été solennelle : dès le matin les principales dames de l'aristocratie ferraraise étaient allées la saluer dans sa chambre, sous la conduite de Ginevra Rangoni da Correggio : révérences, compliments, souhaits, actes de déférence nombreux et cordiaux. Puis, à la tête du groupe des dames nobles et au côté de l'évêque d'Adria, Niccolò-Maria (Lucrèce ne négligeait jamais de s'appuyer sur la dignité religieuse), elle avait assisté du balcon au triomphe du nouveau duc, était ensuite descendue à la porte du palais ducal; là, rencontrant son mari, elle s'était inclinée, pour lui baiser la main en signe de soumission, tandis qu'il la relevait, l'embrassait, puis, la prenant par la main, allait avec elle faire cercle auprès de la grande cheminée allumée.

Il y eut amnistie, réception, banquet, vingt-quatre heures de réjouissances; le jour suivant, les vêtements de fête furent changés pour des habits de deuil et on songea aux funérailles du vieux duc, qui s'ordonnèrent suivant un ordre solennel et recueilli. Le cardinal Hippolyte se montrait près de son frère en accord paisible, suivi, pour le moment, par ses jeunes frères; les orages entrevus semblaient s'être dissipés et, en dépit de toutes les prévisions diplomatiques et psychologiques, le règne d'Alphonse, commencé sans heurt, s'orientait vers une époque heureuse.

L'accession au pouvoir, susceptible d'exalter Lucrèce ou de l'accabler, ne lui apportait aucune aide pour résoudre ses problèmes sentimentaux; elle avait reçu les félicitations et les vœux de Bembo, qui ne pouvaient lui manquer, mais qu'advenait-il de l'histoire de son amour?

Durant toute l'année 1504, Bembo n'était pas allé à Ferrare, retenu à Venise par des questions familiales, par de « maudites chaînes » d'affaires, de négociations politiques et peut-être aussi par de simples raisons de prudence. Mais il correspondait avec Lucrèce grâce à l'entremise très sûre d'Hercule Strozzi et du majordome de la duchesse, probablement ce Lorenzo Lanni qui l'avait suivie depuis Rome et dont Bembo disait qu'il avait eu avec lui tant de « douces conversations » qu'il était « tout réjoui par sa venue ». Lucrèce avait projeté d'aller à Venise d'abord pendant le Carême, ensuite pour l'Ascension, mais il semble qu'elle ne parvenait pas à quitter Ferrare où, au mois de mars, elle suscita les premiers enthousiasmes de François de Gonzague, mari d'Isabelle d'Este. Bembo, avec la perception aiguë des amants jaloux, en eut-il quelque intuition que nous puissions déceler dans certaines de ses phrases mélancoliques?

Vers le mois d'octobre, Lucrèce était « en grands plaisirs », selon l'expression d'une demoiselle d'honneur, à Comacchio, où elle s'était peut-être rendue pour y retrouver plus vivant le souvenir de son poète dans le paysage azuré de la lagune ou, peut-être, pour y rencontrer Bembo lui-même : nous savons, en effet, qu'il s'était déjà mis en route pour l'aller visiter, soit à Ostellato, soit dans une villa encore plus au nord, à Recano. Mais il fut arrêté en chemin par la nouvelle d'une aggravation subite dans l'état du duc Hercule. Étant données les circonstances, il ne serait pas possible, écrivait la duchesse, qu'elle lui fît « révérence avec tranquillité ». Sans compter que, le vieux duc disparu, la situation de Bembo à Ferrare n'était plus aussi assurée. Entre lui et Lucrèce se maintint une correspondance qui ne devait pas être très fréquente, mais tendre et émouvante pour tous deux. De toutes ces lettres perdues ou détruites une seule nous est parvenue; elle n'est pas adressée à Lucrèce, mais à une « Mme N... », certainement cette Nicole mariée quelques mois auparavant à Bigo dei Trotti, qui devait avoir toute facilité de recevoir des lettres et de les passer sans contrôle à la duchesse. Parmi les lettres envoyées par le Vénitien au château de Ferrare, celle-ci est la plus expressive, la moins recherchée et la plus belle : « Souvenez-vous que je ne tiens à honneur rien autre que vous et que si étant mort, mon esprit pouvait voler autour de vous, je ne voudrais plus vivre. » Les vicissitudes ni les trahisons de la fortune ne lui seront plus de rien s'il se sait vraiment aimé d'elle, « son havre et son repos très doux. » Il lui envoie un *agnus dei* qu'il a longtemps gardé sur sa poitrine, pour qu'elle le porte secrètement la nuit, afin que « la chère demeure de votre cœur précieux soit tout au moins touchée par ce cercle qui a touché la demeure du mien ». Ce don n'est point innocent, comme il le voudrait paraître, mais révèle une subtile et tortueuse sensualité, de même que, pour d'autres motifs, la suite de la lettre non plus n'est pas innocente. Bembo prie Lucrèce de ne faire connaître à personne ses actes ni ses pensées, afin que « les chemins qui mènent à notre amour ne soient pas plus restreints et entravés qu'ils ne le sont ». Qu'elle ne se fie à qui que ce soit « jusqu'à ce que je vienne à vous, ce qui, de toute façon, sera fait pour Pâques, si je suis encore de ce monde. Le porteur de ces lignes, mon très fidèle, qui passe à Carpi, reviendra savoir si vous voudrez me commander quelque chose; en ce cas vous daignerez m'adresser une réponse et la lui remettre très secrètement : elle sera en bonnes mains. Et même je vous prie, puisque nous ne pouvons que peu nous parler de vive voix, que vous vous plaisiez à vous entretenir longuement avec moi et me contiez quelle est votre vie, quelles sont vos pensées, en qui vous avez confiance, quelles choses vous tourmentent et quelles vous consolent. Veillez qu'on ne vous voie pas écrire, car je vous sais très surveillée ».

L'intérêt vif et profond qui liait Bembo à Lucrèce, leur chère intimité apparaissent clairement : tous ces secrets, ces recommandations de prudence cachent la nécessité de dérouter une surveillance qui devait être très étroite. « Après Pâques, je viendrai à Ferrare, comme je vous l'ai dit, et irai passer un mois à Rome et même davantage, » répète à nouveau Bembo au terme de l'une de ses lettres : c'était un engagement renouvelé, l'aboutissement de leurs désirs, un but au cours de leur commune inquiétude.

On a longuement discuté à propos de cette lettre. La date qu'on peut lire dans les manuscrits, antiques copies de la correspondance de Bembo, qui fut durant le XVIe siècle, et même plus tard, lue avec un esprit quasi religieux, est fort étrange : 10 février 1503. Morsolin, qui, le premier, étudia attentivement les lettres, fait justement observer qu'en février 1503, les relations entre Lucrèce et Bembo en étaient à leur début et ne pouvaient absolument pas donner lieu à une correspondance aussi confidentielle. J'ajouterai qu'à cette époque ils ne s'écrivaient pas encore directement, mais recouraient à l'entremise de Strozzi : on se souviendra qu'en juin 1503 le poète confessait qu'il en était au début de son mal d'amour. Le copiste du XVIe siècle (on croit le voir, myope, voûté sous le poids de tant et tant de paroles transcrites sans âme) changea probablement le 5 contre un 3, erreur facile à commettre, surtout en ce qui concerne certaines écritures. L'interprétation de Morsolin, justifiée par la logique, est aujourd'hui confirmée par quelques lignes d'un document resté inédit dans les archives des Gonzague à Mantoue.

Bembo avait donc promis sa visite après Pâques, mais on ne savait pas s'il avait, en fin de compte, réalisé son projet. On le savait même si peu que, selon Morsolin, les amants ne s'étaient revus ni alors, ni jamais plus. Au contraire, le 9 avril 1505, Benedetto Capilupi, très scrupuleux informateur et gentilhomme de confiance des seigneurs de Mantoue, leur adressait de Ferrare une relation des faits politiques et de divers faits locaux, et il ajoutait :

« Messire Pietro, fils de messire Bernardo Bembo, dit que demain les ambassadeurs doivent quitter Venise pour Rimini et Urbin, où il veut aller les attendre. »

Il s'agissait d'une ambassade vénitienne envoyée à Rome pour discuter la question des cités romagnoles, dont la république de Venise s'était instituée protectrice lors de la chute de César Borgia et que Jules II revendiquait avec une énergique obstination comme fiefs de l'Église : gros nuages qui deviendront ouragan. Le jeune Bembo faisait partie de la délégation diplomatique et l'avait précédée de quelques jours afin de revoir sa duchesse; il rejoindrait les autres à Urbin et de là poursuivrait jusqu'à Rome, exactement selon son programme de février. Cette démonstration ne peut être contredite par la lettre qu'écrivait de Venise Bembo à Isabelle d'Este, datée du 8 avril 1505, par laquelle il s'excusait de n'être point encore allé la saluer et lui envoyait trois sonnets inédits. Il est fort admissible que Bembo ait écrit à Isabelle peu d'instants avant de partir et que ce même jour il se soit mis en route, arrivant à Ferrare avant la nuit, car on pouvait aisément faire le parcours entre Ferrare et Venise en cinq heures de cheval. Il vient, au contraire, à l'esprit qu'excuses et sonnets étaient une offrande courtoise et pacificatrice à la susceptible Isabelle, dont il n'avait encore accepté aucune des nombreuses invitations. L'intelligente marquise, comme il arrive souvent aux femmes d'esprit viril, essuyait une série de défaites, et précisément sur le terrain de l'amour chevaleresque, où elle aurait voulu régner.

Rien donc ne contredit la précieuse information de Capilupi. Le 9 avril Bembo était à Ferrare et aura certainement vu Lucrèce : il venait pour elle. On peut même supposer sans trop s'aventurer que l'informateur mantouan l'a rencontré à la cour, d'autant plus que l'annonce de sa présence suit immédiatement le récit des fêtes données par la duchesse en l'honneur de l'ambassade française conduite par Mgr de la Palice, qui se trouvait alors à Ferrare où les galants Français s'entretenaient « très familièrement, à la mode française », avec Lucrèce et les dames de sa cour. L'agitation causée par la présence d'hôtes étrangers permit-elle aux deux amants de se voir seuls et longuement? De toute façon, la conclusion où ils devaient fatalement aboutir après un long délai ne leur apparaissait pas clairement, à moins que, claire pour leurs esprits, elle ne leur parût trop intolérable pour être acceptée d'emblée. Et Bembo, sur la route d'Urbin où il rejoignit l'ambassade vénitienne, devait éprouver intérieurement l'angoisse d'une question à laquelle son limpide raisonnement ne pouvait apporter qu'une réponse logique et cruelle.

Peut-être cette réponse la porta-t-il mélancoliquement à Lucrèce au retour de Rome, deux mois plus tard, quand, après s'être arrêté à la cour d'Urbin, blottie dans Gubbio, fraîche et venteuse, il descendait à cheval vers Ferrare. On était à la mi-juin et Emilia Pio écrivait précisément de Gubbio à Isabelle d'Este que Bembo en était parti pour s'arrêter cinq jours à Ferrare et se rendre ensuite à Mantoue. L'exactitude de l'information est confirmée par une lettre que, précisément cinq jours plus tard, Antonio Tebaldeo écrivait de Ferrare à la marquise de Mantoue, en date du 20 juin, lui présentant ses deux amis, Pietro Bembo et Paolo del Canale, « deux lumières dans les trois langues, » qui se dirigeaient sur Mantoue. Bembo remit lui-même ce billet à Isabelle (« le porteur de la présente sera messire Pietro Bembo », spécifiait Tebaldeo). Ainsi avait-il rempli point par point son programme, puisque le 15 il était parti de Gubbio, le 20 de Ferrare et le 27 arrivait finalement à Mantoue, où la marquise s'apprêtait à prendre une revanche sur sa belle-sœur en déployant tout son art princier pour recevoir le poète vénitien.

Que s'étaient dit les deux amoureux dans leur ultime colloque, à quelles conclusions avaient-ils abouti, et par quelles voies? Il est évident que leur amour eut son dénouement entre avril et juin 1505. Dès cette date plus de lettres passionnées, plus de *F. F.*, plus de baisers, plus d'expressions tendrement ardentes, pas davantage de compromettants conseils de prudence pour la conduite de la vie pratique, mais seulement des congratulations, vœux, condoléances de la part de Bembo, qui suivait un par un les événements de la vie de Lucrèce. Pour la naissance du premier fils de la duchesse, le petit Alexandre, qui vécut un mois à peine, il lui adressa une gracieuse lettre où il appelait le nouveau-né « mon cher et tendre seigneur », et, à la mort de l'enfant, il lui envoyait immédiatement ses consolations sous forme d'horoscope qu'il avait fait établir « par un homme expert en cet art », afin qu'elle vît « comment nous sommes gouvernés par les étoiles », façon ingénieuse et d'une pénétrante psychologie pour réconforter une nature fataliste comme celle de Lucrèce. Mais où sont dans ces politesses les ferveurs brûlantes de naguère?

Il est possible et on peut admettre qu'Alphonse d'Este ait fait sentir sa surveillance et sa mauvaise humeur de façon menaçante. Ses soupçons étaient-ils trop forts et fondés en quelque mesure? Alphonse semble, d'ailleurs, n'avoir éprouvé de sympathie pour personne dans le cercle intime de sa femme. A certains jours de l'été de 1505, Tebaldeo se plaignait : « Le duc me déteste, je ne sais pourquoi, » et sur Hercule Strozzi on faisait courir le bruit qu'il était en défaveur. Malgré tous ses titres — entre autres Strozzi était juge des Sages et créditeur de la caisse d'État — on disait qu'il était à peine toléré et « de mauvaise grâce ». Peut-être les espions redoutés de Bembo et habiles à pénétrer les pensées d'autrui avaient-ils donné l'alarme? Pour Alphonse n'était pas valable la théorie déjà élaborée par Bembo au temps de sa Marie vénitienne, en vertu de quoi le mari de la femme qu'il aimait devait être pour lui un véritable ami reconnaissant. Le duc d'Este, malgré et peut-être à cause de ses idées pauvres et rares, ne tolérait aucune équivoque en ce qui concernait sa femme et surtout n'en tolérerait aucune au sujet de la duchesse de Ferrare. Le Vénitien avait sans doute compris combien son amour risquait d'être dommageable, et sans compensations possibles, à la situation de Lucrèce, et peut-être d'un commun accord décidèrent-ils de sacrifier le doux épanouissement de leur âme à la raison d'État. Si Lucrèce, en lutte contre son beau-père, affligée et désorientée par la mort de son père, incertaine de l'avenir, pouvait se rapprocher de celui qu'elle aimait, Lucrèce couronnée duchesse, revêtue d'une autorité reconnue, s'éloignait de lui, enfermée entre les barrières d'or de sa dignité.

Bembo revint à Venise vers la fin du mois. Il guérit de sa passion, assurément, mais non point tout de suite. Bien du temps se sera écoulé avant que son tourment aigu se soit complètement calmé dans la quiétude du souvenir. Loin de Ferrare, dans l'orgueilleuse Venise, d'une solidité qui semblait invulnérable fût-ce à la puissance divine, il aura cru dans le feu des intérêts politiques et littéraires avoir complètement oublié ou tout au moins ne plus souffrir du souvenir et retrouver le monde avec moins de jaillissante fantaisie, mais éclairé par un jugement spirituel épuré. Dans la surprise amère de la guérison, qui semble une trahison de la nature, mais qui traduit, au contraire, sa sagesse la plus consolatrice, peut-être, soudainement, un signe, une nuance de la terre ou du ciel, un son léger qui vibre indéfiniment, aura-t-il parfois fait couler en lui cette grande onde de désir et de regret en réveillant sa souffrance dans ses plus anciennes racines.

Nous nous plaisons à imaginer le profil sensible du poète tel qu'il figure, juvénile, gravé sur une médaille, penché sur cette boucle que Lucrèce coupa pour lui dans sa blonde chevelure et qui apparaît, un peu décolorée par le temps, dans un gracieux reliquaire de l'Ambrosienne de Milan : cette boucle qui, trois siècles plus tard, devait émouvoir un autre poète, George Byron, et lui donner la gloire d'avoir dérobé l'impalpable trésor d'un cheveu.

Par la suite, à la cour d'Urbin, puis à Rome, secrétaire influent de Léon X et finalement (mais Lucrèce n'était plus là pour le voir) cardinal — et quel cardinal magnifique! — Bembo était certainement guéri. Il aima une femme qu'il appela Aurore ou Topaze, et finalement la Génoise Morosina, dont il eut trois fils. Lucrèce aussi, — peut-être faut-il le regretter, — fut infidèle et écouta l'humaine consolation d'une autre voix d'amour.

On se demandera maintenant si l'amour de Bembo et de Lucrèce dépassa les limites d'une passion purement platonique. Chacun peut répondre à cette question comme il l'entendra. Le calcul des probabilités serait difficile et vain, car Lucrèce était, il est vrai, étroitement surveillée, mais elle était entourée de gens qui pouvaient devenir complices et prêts à tout; on sait, d'autre part, toutes les facilités que peut procurer un séjour à la campagne quand on les souhaite. Il faut aussi rappeler que la sensibilité de deux amants délicats ne se satisfait pas seulement de l'accord physique mais aussi de l'accord spirituel, beaucoup plus rare à établir qu'on ne le pense, plus rare encore à faire coïncider avec la sécurité des temps et des lieux. Et puis une certitude quelconque n'aurait aucune importance. Je veux dire que la nature, la substance de cet amour fait de tendre fantaisie, d'élans d'autant plus intenses qu'ils furent contenus, de sens enivrés d'ardeur spirituelle, ne changerait pas, même si nous avions d'autres lettres et d'autres preuves : il resterait toujours le plus bel amour de Lucrèce Borgia.

CHAPITRE X

CONJURATIONS ET INTRIGUES DUCALES

« Il paraît — écrivait Bernardino de Prosperi à Isabelle d'Este, le 4 juin 1505 — que la volonté de Monseigneur est que Mme Élisabeth, ainsi que tous les autres étrangers et étrangères qui sont dans la maison de l'Illustrissime Dame son épouse, s'en aillent, ainsi que les Napolitaines et aussi Samaritana Romana. Il en résulte qu'ils sont tous comme peut le penser Votre Seigneurie, » Les lettres suivantes, du 10 et du 23 juin, sur le même sujet font apparaître l'esprit nationaliste satisfait des courtisans ferrarais, trop heureux de pouvoir répéter : « Les Espagnols doivent tous partir, » et de s'étonner que Lucrèce laisse voir son « chagrin », comme si l'honneur d'être duchesse régnante n'était pas suffisant à la consoler de la privation de ses familiers.

Elle ne s'en consolera pas : sa cour exubérante, pleine d'incidents variés, de diversité dans les caractères et les types, lui était nécessaire, surtout durant cette première période qui suivait une rupture amoureuse accomplie dans l'effort et la peine d'un arrachement, afin de reprendre pied sur terre en tombant du ciel platonicien de Bembo. Se voir entourée par les témoins de cette tendre époque, se sentir silencieusement assistée, comprise, devinée à chacun de ses soupirs, exaltée dans sa précieuse souffrance devait lui causer une douce langueur. Elle réussissait à sourire et finissait peut-être, comme toutes les femmes sentimentales éprises de leurs tourments d'amour, par se sentir attachée au sentiment cher et douloureux qui lui faisait, par moments, porter la main à son cœur comme pour s'aider à le supporter.

En attendant, Alphonse faisait construire un passage intérieur lui permettant de passer à son gré et à tout instant de ses appartements à ceux de sa femme. On aurait pu voir là une intention affectueuse si quelque intimité avait existé entre les époux, mais, au contraire, ce n'était qu'un moyen de plus de la mieux surveiller, comme le savait déjà fort bien Bembo. La garde étant ainsi renforcée, Lucrèce comprit, ou Strozzi lui fit comprendre, que pour défendre elle-même et les gens de sa maison, le meilleur moyen était de revenir à sa toute première tactique, de se concilier l'amitié des Ferrarais, en vivant au grand jour, sans rien de cette vie secrète qui déplaisait tant aux Este et aux courtisans : quand elle se serait située spontanément sous le signe de la cordialité, toute idée de punir à travers elle les rébellions, l'hispanisme et tout ce qui était étranger au monde et aux usages ferrarais devait, logiquement, tomber de soi-même.

Lucrèce accepta donc immédiatement de présider la commission pour l'examen des suppliques des citoyens et l'expérience de Rome et de Spolète la servit; elle apporta tant de bonne grâce à remplir cette fonction que ses ennemis eux-mêmes devaient, bien qu'à contre-cœur, le reconnaître. Elle recevait fréquemment, surtout maintenant où chaque jour arrivaient des ambassadeurs porteurs de félicitations pour l'intronisation du nouveau duc, et, assistée d'Angèle Borgia, accompagnait à travers la ville les ambassadeurs vénitiens. Pour les Français de Mgr de la Palice, elle donna des bals et des concerts, puis, par intérêt politique, fut marraine, avec pour parrain le cardinal Hippolyte, d'un petit-fils du vice-gouverneur de Venise; tout Ferrare parla d'une courtine « plus que belle, superbe », de tissu d'or gaufré qu'elle avait donnée à l'enfant. Elle portait le deuil du duc Hercule rigoureusement mais avec une grande élégance, presque toujours vêtue de souple drap noir, qui lui donnait une silhouette stricte et fine; elle avait fait tapisser l'une de ses antichambres de tentures noires et couvrir l'un des carrosses de la cour de drap noir « avec des draperies autour », également noires, véritable garniture de catafalque; ses demoiselles d'honneur avaient reçu l'ordre d'adopter la couleur brune pour leurs vêtements et de porter sur la tête, comme leur souveraine, un voile à la mode bolonaise qu'elles rabattaient sur leur visage pour sortir. Ces très légers voiles blancs, crèmes ou de brocatelle finissaient par être un élément de séduction de plus pour les regards et les sourires.

Entre un séjour au couvent et un sermon, seules distractions de cette année de deuil, en glissant du carême dans la semaine sainte, on atteignait le printemps. Le lundi de Pâques de cette année 1505, Lucrèce tint sa cour et y invita Diane d'Este et Marguerite Cantelmo; toutes trois décidèrent de sortir hors des murs du château, ne fût-ce que pour une cérémonie religieuse. Vêtues de noir, leur léger voile clair sur la tête, elles montèrent dans le carrosse de deuil que six chevaux blancs conduisirent à toute allure à l'église de Saint-André pour y assister aux vêpres. Mais à peine l'office était-il commencé que deux étranges figures, habillées d'un costume de confrérie, la cagoule sur le visage, les yeux brillants par les trous pratiqués sous le front, vinrent se promener sous les arcs de la vieille église médiévale, puis s'installèrent derrière Lucrèce et Angèle. Durant toute la cérémonie ils se livrèrent à une joute de paroles, en manière de jeu, avec les deux jeunes femmes, qui s'efforçaient de deviner qui se cachait sous les capuces; l'un se laissa prendre au piège des questions et fut identifié par les deux fines mouches comme étant un gentilhomme d'âge mûr, le " Baron " mais qui pouvait être l'autre? Pour mieux embrouiller les choses, quatre autres personnages travestis entrent dans l'église : les femmes rient silencieusement, répondent aux plaisanteries en se retournant aux trois quarts, tressaillent en écoutant ces voix mystérieuses et contrefaites sortant des lugubres coules monastiques; la fantaisie entre en branle; c'est un divertissement joyeux. A la fin des vêpres, les six encapuchonnés disparaissent, Lucrèce ordonne à ses écuyers de l'emmener faire le tour de la ville. Le carrosse blanc et noir passe au galop comme un romanesque fantôme, et rencontre une troupe de gentilshommes conduits par Alphonse d'Este. Le jeune duc rit de son rire qu'on entend rarement, se découvre comme le compagnon non reconnu du " Baron " et plaisante avec Lucrèce sur les demandes et les réponses échangées. Derrière les rideaux de tissu noir on aperçoit l'éclair d'un sourire, d'un regard, d'une chevelure blonde, tandis qu'il lui répond en plaisantant, si bien que durant quelques instants « ils croisèrent le fer », comme dans une passe d'escrime. Par une autre route arrivait don Ferrante, qui était, lui aussi, parmi les travestis non identifiés, ce dont il rit à n'en plus finir avec Angèle et Mme Giovanna; plus loin on rencontra le cardinal Hippolyte, qui s'en venait courtiser les dames selon ses manières raffinées d'homme trop intelligent pour participer à ces plaisanteries, mais qui sait néanmoins y condescendre avec indulgence. Aucun des citadins qui s'empressaient aux fenêtres et sur le seuil des portes pour voir passer le cortège princier n'aurait pu soupçonner que parmi cette troupe jeune, belle, fortunée, mûrissaient lentement la haine et le fratricide.

Il est difficile de préciser quand les choses commencèrent à se gâter dans l'esprit de don Jules. Riccardo Bacchelli, qui mena une enquête subtile et raisonnée sur la conjuration des Este en 1506, établissant le bilan des causes concrètes et abstraites qui aboutirent à ce tragique résultat, est d'abord convaincu de prime abord que le cerveau de don Jules était trop faible pour supporter le choc des passions qui prétendaient s'y agiter. L'indiscipline convenait à son caractère, mais non point la rébellion, qui réclame la persévérance dans le courage; son refus même de s'engager dans la vie ecclésiastique contre la volonté de son père indiquait moins la fermeté et la loyauté d'un homme n'ayant pas la vocation sacerdotale qu'une humeur capricieuse, impatiente de toute contrainte. L'esprit confus de don Jules avait dû, dans les derniers temps de la vie de son père, se rendre compte de l'estime mitigée témoignée par Hercule d'Este à ses deux fils aînés et laisser travailler là-dessus son imagination jusqu'au point de sentir ébranlé son respect pour l'autorité de ses deux frères et accrus, au contraire, son droit et sa possibilité de les critiquer. Peut-être sans se l'avouer, don Jules, au moment de la succession au trône ducal, s'était-il attendu à ce que tous envisageaient : une opposition ou tout au moins une indécision des partis, qui aurait forcément requis l'appui et l'intervention des frères cadets et les aurait ainsi mis en valeur. Tout au contraire, on avait vu l'accord d'Alphonse et d'Hippolyte, accord mystérieux, tout le monde ignorant comment et sur quelles bases il avait pu s'établir entre ces deux êtres qui avaient eu entre eux tant de discordes; il était évident que les aînés de la maison d'Este s'étant unis et les plus jeunes se trouvant écartés, ceux-ci devaient presque forcément s'unir à leur tour.

Tout cela pouvait créer des motifs de désillusions et d'inquiétudes, mais non de haine, et n'avait point varié aux premiers temps du règne d'Alphonse, ainsi qu'en témoignent les correspondances du temps, qui parlent de la gratitude des jeunes frères envers le duc. Jules avait reçu un palais pour son habitation personnelle et tous deux vu augmenter leur apanage, qui les tirait de la semi-pauvreté où, non sans sagesse, les avait laissés le duc Hercule. Mais peut-être don Jules n'en fût-il jamais arrivé aux extrémités qu'il atteignit si les provocations et les suggestions du cardinal d'Este n'eussent déchaîné en lui une folie sans frein.

Les documents ne révèlent pas les premiers heurts survenus entre le cardinal et son jeune frère, mais ils résultèrent vraisemblablement de la jalousie et de l'incompatibilité des caractères; ils devaient, d'ailleurs, exister déjà du vivant de leur père, puisque durant l'agonie du duc Hercule, Hippolyte avait fait arrêter un chapelain, don Rainaldo da Sassuolo, passé du service d'Hercule à celui de don Jules et l'avait fait emprisonner au château de Gesso in Monte, propriété de Giovanni Boiardo. On n'a jamais su le motif de ce rapt. A son tour, don Jules libéra le chapelain et le mit en sûreté près d'un feudataire qui supportait mal le joug des Este, Alberto Pio de Carpi; puis il s'en fut rejoindre Lucrèce qui, souffrante d'une nouvelle et pénible maternité, était à Rubiera. Là, dans le château ducal, elle reçut une lettre sévère de son mari.

Alphonse vivait des moments fort troublés. Aux graves préoccupations que lui causaient l'épidémie, la famine, les coupables agissements des affameurs, s'ajoutait la discorde, qui lui était insupportable, entre ses frères, car on peut imaginer à quel point la libération du chapelain avait rendu furieux le cardinal. Ce geste, qui lui apparaissait comme une atteinte à son autorité, un camouflet pour son orgueil et le mépris de sa dignité cardinalice, avait déchaîné ses instincts les plus féroces et il avait exigé du duc la punition du coupable en laissant entendre qu'il serait capable, le cas échéant, de se venger lui-même. Alphonse, qui redoutait les désordres familiaux et voulait les étouffer dans l'œuf, rédigea ses dispositions sous forme de lettre adressée non au jeune frère, mais à Lucrèce, avec mission de la lui communiquer et afin qu'elle ne pût retarder le châtiment par son intercession personnelle. Les paroles étaient en définitive plus graves que les faits : don Jules devait quitter la cour de la duchesse pour se rendre en résidence surveillée à Brescello, d'où il ne pourrait s'éloigner au delà de deux kilomètres et où il devrait chaque jour se présenter au commissaire local. Que tous comprennent bien, ajoutait Alphonse, que, faute d'être obéi complètement et sans délai, je prendrai des mesures très rigoureuses.

Lucrèce n'était, d'ailleurs, pas demeurée inerte et avait reçu la visite d'Alberto Pio, de Carpi, qui se repentait d'avoir prêté main-forte à cette escapade avec des hommes et des armes et d'avoir accueilli sur ses terres don Rainaldo, objet du litige; de toute façon, il était décidé à sortir de ce guêpier sans dommage personnel et sans encourir la colère ducale. Lucrèce écoutait volontiers Pio, peut-être avait-elle connu par Hercule Strozzi et même par Bembo le seigneur humaniste de Carpi, neveu et élève du grand encyclopédiste Pic de la Mirandole, parvenu à une solide culture qui embrassait tout : le latin, le grec, les arts, les lettres, la philosophie, la théologie, la politique et jusqu'à un art de vivre passionné et vibrant. Il était feudataire du duc d'Este et en voie de devenir son ennemi, Alphonse prétendant annexer ses territoires, fort importants surtout du point de vue stratégique, pour la défense militaire du duché. Entre la duchesse de Ferrare et Pio s'était nouée une amitié dont témoignent certains documents qui nous sont parvenus, tel le don — galanterie de gentilhomme, rien de plus — d'une magnifique voiture de promenade offerte par Pio à la duchesse en 1504. Un autre fait apparaît chargé de signification, c'est qu'il reçut à Carpi pour l'élever et l'éduquer ce petit infant romain, Jean Borgia, qui évoquait pour Lucrèce tant de souvenirs douloureux. C'était, en effet, ce soi-disant « fils du duc de Valentinois » qui, en juin 1505, était arrivé à Carpi « pour y rester », disait Bernardino de Prosperi. Les précieux registres de la maison de Lucrèce ne laissent aucun doute sur cette identité quand ils mentionnent un « seigneur don Jean Borgia », qui se trouvait à Carpi en 1506, où Lucrèce lui envoyait son écuyer tranchant, l'Espagnol Sancio. On s'explique que l'enfant fût appelé à la cour de Ferrare « fils du duc de Valentinois » en se référant à la première bulle de légitimation de l'infant romain, destinée à être rendue publique et qui lui attribuait précisément pour père le duc de Romagne. Plus tard, les précautions et les hypocrisies parurent inutiles et on finit, d'après la seconde bulle secrète de légitimation, par désigner Jean Borgia le frère comme la duchesse.

Alberto Pio était, durant cet été de 1505, allé à Rubiera où, après avoir parlé de l'infant et de ses progrès, on avait traité la question plus urgente de la libération du chapelain et du danger pour Jules de prendre position aussi ouvertement contre le cardinal. Lucrèce et Pio tombaient d'accord pour estimer que la meilleure solution était de convaincre don Jules, que soutenait vivement don Ferrante, de faire retourner le prêtre dans sa prison, mais l'un et l'autre, répondaient que jamais ils n'y consentiraient; toutefois, pris séparément et dans l'impossibilité de s'étayer par leur insolence réciproque, ils allaient céder quand survint la lettre du duc. Don Jules extrêmement irrité — il lui semblait être marqué au fer rouge par cette sanction — partit pour sa résidence et Ferrante s'en fut à San Cesario, chez Albertino Boschetti, un autre feudataire atteint par la volonté centralisatrice du duc et prêt, pour le malheur de ses cheveux blancs, à adhérer aux projets de défense et d'offense. Pio, de retour à Carpi, réussit par ses seuls arguments à persuader don Rainaldo de réintégrer le château de Gesso in Monte sous la garantie solennelle d'avoir la vie sauve.

Vers la mi-août, Lucrèce, presque guérie, arrivait à Reggio; dès juillet, elle était « sans étincelle de fièvre », comme le disait Bonaciolo dans les bulletins de santé quotidiens qu'il envoyait au duc Alphonse. Lucrèce, en écrivant à son mari, lui disait qu'elle se portait bien sur un ton que je ne qualifierai pas de froid, mais de glacé. Elle qui était devenue timide dans sa correspondance, qui avait perdu la spontanéité épistolaire de ses quatorze ans, mais qui avait su adresser à Bembo, comme elle saura le faire pour un autre, des billets gracieux et tendres, n'envoyait à son mari que de sèches nouvelles de sa santé, d'une précision médicale plutôt répugnante, exprimées avec un prosaïsme trop accentué pour n'être pas voulu. Sa phrase la plus affectueuse envers Alphonse était la formule usitée pour les indifférents : « Je me recommande à vous, » qui, à la lire, cause un malaise.

Le 19 septembre 1505, naquit à Reggio l'héritier de la maison d'Este, accueilli par les sujets du duc avec le peu de fêtes qu'ils lui purent faire, étant « tous en tribulation » à cause de la peste, de la famine, de la faim. On lui donna le nom papal d'Alexandre à cause de son grand-père et une amnistie fut proclamée, qui s'étendait aussi à don Jules. Alphonse pardonnait volontiers, satisfait d'avoir une raison pour que la paix se rétablît entre les frères et pensant qu'Hippolyte avait maintenant tout oublié, d'autant plus que le chapelain avait doucement réintégré sa prison. Il ne comprenait pas ou se refusait à admettre que les colères du cardinal dussent avoir d'autres racines et plus profondes que la personne de don Rainaldo, que la rébellion de don Jules, son geste de défi envers son frère n'étaient pas, pour un orgueilleux comme le cardinal, des offenses que peuvent venger quelques semaines d'un exil sans rigueur.

Le nom du pape Borgia ne porta pas bonheur au bébé de Lucrèce. Dès sa naissance il parut débile, vivota pendant vingt-cinq jours en refusant de s'alimenter, puis déclina tellement qu'au matin du 15 octobre il fut nécessaire d'avertir Alphonse, alors à Comacchio; mais à peine le messager Andrea Pontegino y arrivait-il qu'un autre envoyé quittait Reggio pour annoncer la mort de l'enfant. Lucrèce eut les consolations que lui apportait sa propre nature et celles de Bembo, qui ne pouvait encore supporter la pensée que sa duchesse souffrît sans lui. Mais sa plus agissante consolation fut l'amitié récente et déjà tendre de son beau-frère François de Gonzague, marquis de Mantoue, mari d'Isabelle d'Este, que Lucrèce avait connu près de dix années auparavant, en 1496, alors que, rayonnant de gloire militaire et du titre de vainqueur de Fornoue, il était venu à Rome recevoir des mains d'Alexandre VI la rose d'or, avec la bénédiction pontificale.

*
* *

On se souvient que le marquis de Mantoue avait eu certaines raisons pour ne pas assister aux fêtes nuptiales de Lucrèce, mais au printemps de 1504 il était venu à Ferrare pour reconnaître dans sa belle-sœur la princesse de jadis à la cour vaticane. De prime abord, il parut atteindre directement tout ce qui languissait et souffrait en elle derrière les murailles ferraraises, aborder sa cour d'un élan rapide et joyeux, dans un accord soudain sur la façon de concevoir la vie et l'amour. Envers Lucrèce, encore éprise de son Vénitien, il prit d'instinct la meilleure attitude, celle d'un frère à qui se fier, tout prêt à lui promettre avec une chaleureuse autorité — mais loin de posséder un pouvoir réel — la libération de César Borgia. C'étaient là de gigantesques assurances, où Gonzague exagérait démesurément ses possibilités. Mais à Lucrèce, qui savait par expérience combien les Este étaient dépourvus de toute bienveillance envers César, les dispositions de son beau-frère, son offre franche et spontanée, paraissaient un rayon de lumière. Elle s'y laissa prendre et pourquoi penser d'avance que ce pouvait être là un piège amoureux, alors que s'y laisser prendre finissait par être une faiblesse non seulement aimée mais nécessaire?

Lucrèce, aimant l'amour et de l'amour le climat pathétique et changeant, n'était pas une exception parmi les femmes. Elle était de celles qui pour vivre ont besoin de suivre leur propre clarté, secrète pour les autres, et parviennent ainsi à maintenir ferme et sans fêlure la vie quotidienne, éprouvant en soi-même ce que Pétrarque appelle « la vie misérable et intrépide des amants ». Après avoir perdu Bembo, il était naturel que Lucrèce cédât au réconfort d'un autre sentiment, qui débutait bien et conduisait, par la voie d'une parenté légitime, à une sympathie amoureuse. Ainsi, à peine disparu le poète vénitien, dont le souvenir est encore douloureux, insensiblement à son image se substituent le visage et l'image du seigneur de Mantoue. Mais, après tout, pourquoi parler de substitution? Leurs noms, patrimoine du passé et richesse de l'avenir, pouvaient fort bien, par des routes différentes, aboutir à la tendresse.

François de Gonzague était l'un de ces hommes chez qui un caractère physique accentué, évident, sans équivoque, prend par un mérite naturel, qui n'est pas toujours celui de l'intelligence, une expression si vive qu'en comparaison la beauté masculine selon les canons grecs paraît sans caractère, décolorée, fade. Il était de la race de certains hommes bruns qu'on rencontre encore dans la plaine padouane (leur ancêtre le plus lointain et le plus noble est Virgile), grand, maigre, aux nerfs délicats, aux muscles robustes qui portent leur corps comme une architecture depuis l'architrave des épaules jusqu'à la muraille plane du dos, jusqu'aux colonnes des jambes fines et élancées. Les caractéristiques de leur aspect physique, difficiles à définir, sont marquées spécialement par la répétition des lignes longitudinales, les yeux, par exemple, enfoncés, brillants, mi-clos, fendus en amande; la bouche, qui répète la même ligne, mais mollement gonflée, révélant une sensualité gourmande et effrénée; les mains déliées, aux jointures articulées selon un type parfait et précis qui remonte aux plus lointaines origines de la race. Chez François de Gonzague, son hérédité maternelle germanique accentuait ces caractères non seulement sans leur rien ôter, mais en ajoutant à leur expression et à leur acuité, comme l'intervention de l'art peut ajouter à la nature; le visage, qu'il plaise ou non, ne pouvait plus être oublié par qui l'avait vu, comme il en est encore aujourd'hui lorsqu'on regarde, au château de Mantoue, la terre cuite pleine de vérité modelée par Cavalli, ou mieux encore soit le portrait attribué à Bonsignori, soit, au musée du Louvre, le profil peint par Mantegna dans le tableau *la Vierge de la Victoire*.

Menant une vie débridée, Gonzague aimait le vin et l'amour, ainsi qu'en témoignent ses nombreux enfants illégitimes épars dans la région mantouane et comme le prouvent abondamment les documents de l'époque; l'une de ses filles naturelles était demoiselle d'honneur de la duchesse d'Urbin, une autre, Theodora, se fit enlever par un homme antipathique à son père, Enea Furlano, et s'enfuit en territoire vénitien, cachée et protégée par la reine de Chypre.

Pour compléter le portrait de Gonzague, il faut ajouter que, cavalier accompli, il montait merveilleusement les superbes chevaux de ses écuries; qu'il était plein de pure ambition héroïque et chevaleresque, rompu à la discipline militaire, qui avait fait de lui sinon un grand capitaine — Fornoue avait, somme toute, été une erreur — du moins un bon soldat; que sa bonté foncière et presque romanesque lui rendait chères les faiblesses et les malheurs féminins; qu'il avait un amour de l'art très vif, mais un peu confus, et une religiosité tout à la fois superstitieuse et généreuse. Il reste à parler de ses qualités de prince et de chef d'État, mais ici il faut avouer ce qui le poignait au fond de son orgueil : reconnaître qu'elles étaient médiocres et semblaient nulles, comparées à l'intelligence d'Isabelle d'Este. Gonzague avait voué à sa femme beaucoup d'amour et une admiration qui, croissant avec les années, en était arrivée à provoquer chez lui une réaction d'intolérance. De fait, est-il possible qu'un homme soit amené, sans se rebeller, à devoir reconnaître chez une femme la cohérence d'une pensée robuste, d'un jugement froid, averti, hautement politique? Il lui faudrait être très faible ou très fort pour accepter sans déchoir à ses propres yeux des conseils trop clairvoyants. De temps à autre, François se refusait à les écouter et s'entourait le plus possible de ministres odieux à Isabelle, méthode héroïque pour l'écarter. Il n'y réussissait pas complètement et parce qu'en face d'elle il se sentait deviné et, d'une certaine façon, protégé, il s'en allait demander à d'autres femmes des compensations et des encouragements, non seulement satisfactions d'amour sensuel, mais celle de les sentir prêtes à se laisser dominer par son esprit. La surprise d'avoir vu dans les yeux de

Lucrèce une flamme confiante, tandis qu'il se lançait à la légère dans des propos concernant la libération du duc de Valentinois, l'avait ému et il était ainsi fait qu'attendri par cette faiblesse blonde et précieuse, il s'était senti entièrement conquis par sa belle-sœur.

Il avait fallu peu de temps pour que l'entente s'établît entre eux deux : à peine Gonzague avait-il quitté Ferrare que les perspicaces demoiselles de Lucrèce, scrutant le front de leur dame, lui écrivirent, car, disaient-elles, nous nous sentons à demi-mortes par la privation de « votre bénigne, humaine, bienveillante, divine présence » et des « divines vertus, des manières élevées et angéliques de Votre Seigneurie ». Elles lui sont toutes dévouées, surtout Angèle et Polyxène — les mêmes qui furent chères à Bembo — car elles voient l'affection que lui porte la duchesse et qu'elle ne cesse de se le rappeler avec « une très douce mémoire ». Les festins ne la divertissaient plus. Les guirlandes fleuries, la gaieté des courtisans, les femmes parées et joyeuses ne suffisaient plus à tromper une telle nostalgie. « Tout plaisir fut peu agréable à Son Excellence Mme Lucrèce et à moi-même, sa servante, » écrit Polyxène Malvezzi en racontant gracieusement l'un de ces repas, « puisque Votre Seigneurie Illustrissime n'était pas présente. »

On commença tout de suite à parler de poésie : François promit des sonnets (les siens?) qu'il s'excusa ensuite de ne point envoyer, car il était malade, malade, disait-il, parce que privé de l'air de Ferrare, si favorable à son tempérament. De Mantoue à Ferrare même les questions de galanterie se compliquaient de sourds désaccords politiques.

Entre François de Gonzague et les Este la parenté ne concourait qu'en apparence à la cordialité des relations. Comme il arrive souvent entre voisins ayant une frontière commune, les jalousies, la mauvaise humeur, les procédés désobligeants étaient de part et d'autre un ancien héritage — rappelons simplement que lorsque Nicolas d'Este, fils de Lionel, tenta un coup de main sur Ferrare il fut aidé par Ludovic de Gonzague, aïeul de François — et il suffisait d'une impulsion irréfléchie de la part des Gonzague, d'une rancœur plus accentuée du côté d'Alphonse ou d'Hippolyte et surtout de moins d'habileté ou d'une moindre vigilance d'Isabelle pour que les agacements devinssent inimitiés. Sur un point quelconque un éclat pouvait toujours se produire;

les incidents de serviteurs en fuite réfugiés sur les territoires limitrophes et y trouvant protection étaient monnaie courante; parfois il s'agissait de choses plus graves, tel un fait survenu en 1505, où Lucrèce aussi joua un rôle.

François de Gonzague avait alors comme conseiller très influent un certain « Milanese », détesté par le peuple mantouan, par Isabelle, Hippolyte, Alphonse et même par Lucrèce. Un gentilhomme, Enea Furlano, dit le Cavalier, protégé non seulement des Este, mais du doge de Venise et de la reine de Chypre, Catherine Cornaro, celui que plus tard Bembo qualifiera d' « homme plein de foi et de vertu », avait décidé de supprimer ce mauvais génie des Gonzague par un assassinat. Il fit contre le « Milanese » une première tentative avec un poignard empoisonné, qui échoua. François de Gonzague, soupçonnant fort les Este d'être — pour un motif qui nous échappe — les instigateurs de l'attentat et Lucrèce d'être de connivence avec eux, avait chargé Tebaldeo de faire près de sa belle-sœur quelque allusion à ses soupçons, puis, pour en avoir le cœur tout à fait net, avait envoyé Alberto Pio.

A ce moment Pio, mû par son propre intérêt politique, se réclamait presque du marquis de Mantoue comme d'un protecteur, peut-être parce que rien ne pouvait être plus irritant pour les Este qu'un feudataire de leur duché se mettant sous la protection de la maison rivale. Cette ambassade assumée par une « personne fort grave et avisée », qui savait « par son éloquence merveilleuse et habile faire tourner les esprits à son gré », comme le disait Paul Jove, fut certainement conduite de façon très experte. Mais, en fait de ruse, Lucrèce tenait d'Alexandre VI. Après s'être montrée d'abord « offensée et froissée » par les soupçons du marquis de Gonzague, puis plus sereine à mesure que le message devenait « plus doux et plus humain », selon la recommandation de François, afin qu'il ne pût aucunement la blesser, tout en l'écoutant elle préparait intérieurement une réponse appropriée. Quand Pio eut fini de parler, ce fut son tour; soulevant à peine sa main royalement ornée de bagues, elle assura n'avoir nullement influencé le Cavalier contre le « Milanese », ni eu aucune pensée de cette sorte, étant par nature « contraire à l'homicide ». Mais, ajoutait-elle et sa voix prenait ici l'accent des Borgia, quand bien même cette pensée lui fût venue, elle n'aurait pas eu de difficulté, sachant combien ce ministre du marquis de Gonzague déplaisait à son mari, de se procurer un sicaire : un ordre à un serviteur — des siens ou du duc de Valentinois — aurait suffi à cette « vile besogne » sans souiller la main d'un gentilhomme tel que le Cavalier. Ce que cette réponse pouvait avoir de mordant était tempéré par l'assurance qu'elle se gardait comme du feu de déplaire à son beau-frère. Le Cavalier, lui, ne s'en gardait pas et, peu de temps après, tua d'un coup de sabre le « Milanese », à la grande satisfaction des Mantouans.

Mais la libération de César Borgia était le sujet auquel revenait inlassablement Lucrèce et que Gonzague accueillait toujours, prêt à la suivre dans ses imaginations, mais bien certain que les promesses qu'il venait de lui faire ne l'engageaient à rien. Il savait qu'une pensée affectueuse conduit facilement à des propos plus ardents et c'est là qu'il voulait en arriver. Aussi, quand il fut informé que Lucrèce après la mort de son bébé était, seule et triste, à Reggio, comprit-il que le moment propice était venu pour lui et il l'invita à une réunion sur les rives du Pô, à Borgoforte, en territoire mantouan. Lucrèce accepta et, à la fin d'octobre, pour retourner à Belriguardo, établit un itinéraire presque entièrement par voie fluviale de façon à débarquer près de Borgoforte : elle avertit Alphonse de cette visite à son beau-frère trop tard pour qu'il pût l'en empêcher.

A l'annonce de l'arrivée de Lucrèce, le marquis de Mantoue fut transporté d'enthousiasme : avoir la duchesse chez lui, pouvoir faire la roue autour d'elle sans témoins qui ne soient complaisants, se montrer comme souverain absolu à la tête de ses sujets, lui offrir tout pouvoir à seule fin de lui voir aux lèvres un sourire consolé et éclatant, tout cela constituait un instant précieux. « Je ne voudrais certes pas avoir gagné un trésor, » lui écrivait-il, en répétant une phrase déjà employée par Bembo, dans un billet ingénieusement rédigé et brûlant d'une courtoisie qui n'était pas simple propos de cour. Borgoforte est une place d'armes, non point un jardin digne d'une semblable visite, mais tout sera mis en œuvre pour procurer à la duchesse et à sa suite un séjour convenable : les commodités, ajoute Gonzague, ne manqueront pas. Isabelle, laissée à l'écart de ces fêtes, ne faisait rien pour y participer et, pleine de sagesse, se contentait d'observer. Voir Lucrèce courtisée par son propre mari lui était une offense inguérissable — jamais elle ne la pardonna à sa belle-sœur — mais il y avait aussi l'intérêt de l'État, qui, avant tout, lui commandait de surveiller. Lucrèce quitta Reggio le 26 octobre 1505.

Aube de Borgoforte. La journée du 28 octobre s'écoulait par une douce fin d'automne, à travers un paysage fluvial qui respire l'ordre, la limpidité, l'enchantement fluide des églogues virgiliennes. François, maintenant que tout était prêt, attendait en se demandant si cette visite était possible, si, vraiment, elle aurait lieu. Elle approchait : sur les eaux laiteuses du large fleuve, à travers un voile de brume, apparaissait la silhouette d'une nef avançant, dans un silence attentif, entre les rives bordées de bouleaux aux feuillages pelucheux, seule entre l'eau et la plaine. On aperçoit les tentes rouges et brunes, les couleurs des vêtements féminins, l'éclat des bijoux et des chevelures : cette tache plus lumineuse est Lucrèce; il semble qu'elle prenne la forme de son sourire. Une femme blonde est là dans la brume, comme descendue du soleil en un aimable exil pour réconforter ceux qui, tentés de ne plus croire aux astres, sombreraient dans la mélancolie : il faut y croire, et à quoi François n'était-il pas disposé à ajouter foi quand il rencontra son regard et espéra y voir son âme? Un rire clair illumine le visage de loup de Gonzague, il va à sa rencontre, lui donne la main, l'aide au passage, la protège de son large geste chevaleresque et par sa présence physique la met au diapason de sa propre joie.

Tout Borgoforte reflète cette allégresse, dans les prés verdoyants proches du Pô, dans la forteresse, la Rocchetta, petite et close, semblable à un noyau poli, à travers ses rues nettes et sinueuses. Les conversations s'engagent, entre quelques-uns d'abord, plus libres ensuite et deviennent générales pendant les festins, parmi les danses et la musique : tous se sentent en vacances dans un climat d'exception et de liberté. Lucrèce et François parlent certainement du duc de Valentinois prisonnier et François promet d'envoyer, en son nom personnel, un messager à la cour d'Espagne pour demander la libération de César (il l'envoya plus tard et Lucrèce l'en remercia chaleureusement le 6 novembre). Cet entretien les établit sur un plan affectueux, qui ne pourra plus changer; les paroles et les attitudes se fixent dans leurs esprits heureux et, plus tard, peupleront leur solitude.

Le 28 et le 29 se passèrent dans ce délicieux oubli de toutes choses qui marque le début de l'amour. Vient le soir, mais comment déjà se séparer? Les découvertes sont trop passionnantes, il faut que Gonzague invente quelque chose. Eh bien! voici : pourquoi Lucrèce n'irait-elle pas saluer Isabelle à Mantoue? Une invitation si légitime ne se peut refuser, n'est-il pas vrai? Lucrèce écrit à Alphonse d'Este comment elle est allée chez son beau-frère « combattue et forcée par un désir si véhément que je m'en vais demain visiter l'Illustrissime marquise, car, quelque résistance que j'aie opposée, il m'a fallu envers et contre tout obéir ». Alphonse répondit poliment et remercia des honneurs rendus à la duchesse de Ferrare.

La beauté de Mantoue était faite pour plaire à Lucrèce : la pâle lumière lacustre, le tracé nonchalant des routes interrompu au tournant comme par une pause dans le plaisir, la perspective arrondie des courbes suivant l'ample mouvement des ondes fluviales, la grisaille des palais qui se fond dans un rose impondérable ou dans un azur ardoisé, une atmosphère de douceur qui semble toujours sur le point de se désagréger et de retomber du ciel, comme une bruine légère, sur le paysage — de ce doux soleil lointain Danaé attend l'amoureuse nuée d'or — tout cela elle le sentit peut-être en ce moment où elle s'y trouvait intimement accordée. Dans le palais haut situé au-dessus des lacs formés par les eaux du fleuve virgilien, Isabelle l'accueillit, la conduisit dans ses salons, parmi ses collections d'art, ses livres, ses peintures, ses objets rares; elle tentait de l'écraser sous le déploiement de son intelligence, mais elle avait un jugement trop aiguisé pour ne pas comprendre combien tout cela était loin de l'esprit ailé de sa belle-sœur et comptait peu pour elle. Toutes deux se séparèrent plus froidement que jamais et, terminés les deux jours de vacances dérobés au temps, aux convenances, à Alphonse, Lucrèce se mit en route le 31 octobre, abandonnant sa petite embarcation pour la nef personnelle de François, qui devait lui rendre le voyage plus rapide et plus commode.

Lors des adieux, Lucrèce et François comprirent peut-être qu'était née entre eux l'intimité où l'on peut dire « nous » dans un monde où leurs vies devaient forcément suivre des voies divergentes. Ils s'y abandonnèrent : lui avec élan, persuadé, sans doute, que chaque amour nouveau était un accroissement, une floraison nouvelle où la jeunesse reprenait le dessus; et Lucrèce avec douceur. Elle ne devait même pas se demander comment il était possible et combien incertain de recommencer un nouveau cycle amoureux; peut-être, comme on le fait quand on désire se tromper soi-même, pensait-elle que ce serait différent cette fois? Ou était-ce que, toujours semblable à elle-même, Lucrèce acceptait? Le voyage fut bon et le 31 au soir, arrivée à Stellata, elle y passa la nuit; le lendemain, ayant quitté le Pô pour naviguer sur les dérivations secondaires du fleuve, la duchesse était en vue des tours peintes de Belriguardo et, sans avoir le temps de reprendre haleine, se trouvait d'un trait dans une atmosphère de tragédie.

*
* *

La dissipation et les ardeurs d'Angèle Borgia portaient alors leurs fruits. On était censé ne pas savoir, mais en réalité on savait fort bien qu'elle était enceinte, scandale de famille qu'on cherchait à étouffer dans le silence. L'éloignement de la cour de Lucrèce, prolongé cette année-là jusqu'en décembre, s'explique donc aisément, d'autant plus que la question de la paternité, très embrouillée pour nous, n'était que trop évidente pour les Este. Le secret fut alors si bien gardé que, même avec le recul des siècles, nous ne pouvons le résoudre que par induction et sans certitude absolue. L'hypothèse la plus vraisemblable rend don Jules responsable de la maternité d'Angèle, âgée seulement de dix-huit ans. Leurs amours ne devaient pas être toutes récentes et on peut en relever la plus ancienne probabilité dans les documents des archives de Gonzague en confrontant deux lettres de 1502 : le 9 juin de cette même année, en effet, Bernardino de Prosperi écrivait à Isabelle d'Este que, partant pour la villégiature de Marna, le vieux duc Hercule avait emmené avec lui don Jules, « qui serait volontiers resté à la maison, » et deux jours auparavant, donc le 7 juin, il avait rendu compte du départ de Lucrèce pour Belriguardo alors qu'Angèle, malade, restait au château et y demeurait jusqu'au 11 juin. Si l'on tient compte de l'extrême discrétion de Prosperi, qui s'exprimait presque toujours par sous-entendus, particulièrement pour les affaires de ce genre, en raison de quoi la marquise de Mantoue le réprimandait de sa trop grande concision, il est facile de comprendre pourquoi Jules serait volontiers resté dans le voisinage de cette belle fille issue des Borgia. Étant donnés leurs deux tempéraments, les choses ne pouvaient en rester là, mais le pire était que le cardinal avait, lui aussi, entrepris de courtiser Angèle qui, étourdie et dépourvue de toute prudence, lui avait dit en pleine figure — comme le raconte Guichardin — qu'elle lui préférait son jeune frère, dont les yeux étaient si beaux; la tradition ajoute qu'Angèle, méprisante et fière, avait ajouté que les yeux de Jules valaient plus que toute la personne du cardinal. Cela peut être aussi bien vrai que faux. Une précieuse chronique romagnole de l'époque, inconnue jusqu'à nos jours, réfère ainsi les paroles d'Angèle : les yeux de don Jules valaient plus que tous les cardinaux du monde. Les faits de l'été étaient venus accroître les motifs d'irritation entre les deux frères et sans doute la maternité coupable d'Angèle ne prouvant que trop la fortune d'un amant avait-elle encore envenimé les sentiments. On verra, par la suite, à quel degré.

Le 1ᵉʳ novembre 1505, peu après midi, le cardinal Hippolyte avec son escorte accoutumée de gentilshommes et d'écuyers rencontrait, hors de Ferrare, don Jules, qui arrivait seul, à cheval, des prairies de Belriguardo. A le voir devant lui, beau, libre, insolent, le cardinal, secoué par un sursaut de colère sauvage, commanda aussitôt à ses hommes (se souvenant peut-être de l'éloge d'Angèle) : « Tuez-le, arrachez-lui les yeux! » Ceux-ci, avec la terrible promptitude d'hommes accoutumés à exécuter des ordres cruels, se jetèrent sur Jules, le désarçonnèrent, lui frappèrent les yeux à coups de dague, tandis que quatre gentilshommes de la cour cardinalice, Masino del Forno, Francesco Zerbinati, Luigi Piacentino et Ludovico di Bagno assistaient à la scène l'épée au poing. Que ce fût là un acte trop brutal et surtout trop maladroit, Hippolyte s'en aperçut, dégrisé de sa fureur, à peine eut-il vu couler le sang fraternel; abandonnant sur l'herbe le pauvre Jules·en piteux état, mais vivant encore, il piqua des deux en toute hâte, sa petite escorte sur ses talons, vers la frontière du duché.

Les historiens se sont demandé quelle étincelle avait produit cet incendie d'une colère qu'Hippolyte, habituellement si habile à mûrir secrètement ses griefs, n'avait pu dominer; mais ils n'ont point songé à faire le rapprochement entre des circonstances qui peuvent fournir un indice de plus aux hypothèses. Que signifiait tout ce trafic des Este précisément autour de Belriguardo et précisément ce jour-là? L'un en revenait, l'autre s'y rendait : quel irrésistible attrait les y appelait donc? Il faut se remémorer que le 1er novembre, au matin, Lucrèce et sa cour étaient arrivées à Belriguardo. Y a-t-il un lien entre l'arrivée de ces dames et l'attentat survenu quelques heures plus tard? Faut-il penser que le cardinal, en route pour voir Angèle, sous couleur d'une visite à Lucrèce, lorsqu'il rencontra don Jules, qui, déjà, en revenait, se représenta avec le réalisme propre aux jaloux les étreintes des deux amants, leur consolation à propos de cette maternité coupable, mais ardente, leurs éclats de rire à son propos, amoureux infortuné, à tel point que la volonté du crime et l'ordre de le commettre en furent déchaînés?

On ignore combien de temps don Jules resta le visage balafré et sanglant dans les prairies de Belriguardo; mais, secouru et aidé, il fut, peut-être par crainte du pire dans ce moment de trouble, conduit à Belriguardo, où on le soigna. Aucun document ne nous informe de l'épouvante de Lucrèce, des sanglots désespérés d'Angèle, mais on peut se les imaginer dans cette atmosphère tragiquement passionnée que savent créer les femmes autour d'un blessé inspirant une telle pitié; on entendait murmurer sur tous les tons des paroles d'exécration à travers les 300 salles de Belriguardo tandis que les médecins et chirurgiens venus de Ferrare tentaient de préserver l'œil de Jules qu'on pouvait espérer sauver.

Cet horrible récit bouleversa le duc Alphonse; comme, par la force des choses, les conseils du cardinal lui manquaient, il commit une erreur politique : oubliant que le premier devoir d'un chef d'État est de savoir porter sans les faire partager les plus brûlantes vérités, il écrivit à sa sœur Isabelle et à François de Gonzague une lettre en partie double; l'un des feuillets était le compte rendu officiel des événements, accusant les écuyers d'Hippolyte de l'initiative et de l'exécution du crime; un autre feuillet séparé racontait les faits point par point. Ce fut pour le jeune duc un moment des plus pénibles. Il comprenait la nécessité de sévir et la rectitude de son caractère lui conseillait d'agir suivant la justice; mais l'affection qu'il portait à Hippolyte, l'estime pour son intelligence, le respect de sa dignité cardinalice, la difficulté de le punir en raison même de son titre, le scandale qui en résulterait et aussi le besoin qu'il avait de lui, devaient le porter à de prudentes réflexions. Quand les Gonzague lui répondirent en l'exhortant à la sévérité pour ce fait inouï dont ils se déclaraient horrifiés (Isabelle avait pour son jeune frère une faiblesse de sœur aînée et François voyait dans le châtiment du cardinal l'affaiblissement de la maison d'Este), Alphonse leur fit écrire que ce n'étaient point là des choses à régler hâtivement. Peu de temps après, il permit au cardinal de circuler à son gré dans le duché; finalement, au bout d'un mois, il lui fit savoir par son cousin Albert d'Este qu'il pouvait retourner à Ferrare et même qu'il y revienne sans plus, pour ne point fournir matière à discours désobligeants aux ennemis de l'État.

Don Jules fut si bien soigné par les médecins ferrarais et mantouans que peu à peu on espéra non seulement lui rendre quelque lueur de vision, mais l'usage partiel de ses deux yeux. Outre les médecins de Ferrare, Isabelle avait envoyé les siens pour être mieux informée et plus tranquille. Le 6 novembre, le blessé était, sur l'ordre du duc, transporté de Belriguardo à Ferrare, logé au château et traité avec une affectueuse sollicitude; mais il était affreux à regarder, avec son œil gauche démesurément gonflé et le droit privé de paupière. Il ne pouvait encore se voir dans un miroir, mais il connaissait son état, et l'image monstrueuse qu'il se faisait de lui-même le plongeait dans le désespoir. Il est humain que sa seule pensée réconfortante fût celle d'un châtiment prochain et exemplaire du cardinal; on ne pouvait attendre qu'il en arrivât aux considérations que faisait le duc Alphonse sur la nécessité d'agir prudemment et surtout d'éviter à tout prix l'intervention de la cour romaine, intervention des plus périlleuses, surtout de la part d'un pontife comme Jules II, dépourvu de sympathie pour la maison d'Este. On peut donc imaginer quelle désillusion, quelle exaspération, quel désespoir l'envahirent quand Alphonse, avec mille précautions, mais avec fermeté, lui fit comprendre qu'il ne s'agissait pas de vengeance, mais de réconciliation et de pardon.

Alphonse sentait l'urgence politique de la paix pour mettre fin, grâce au fait accompli, aux suggestions réitérées d'Isabelle et François de Gonzague et pour fermer la bouche à tous ceux qui tentaient de soulever des remous contre les Este, jusqu'à Rome où Jules II, sceptique, lui aussi, au sujet de la version officielle des faits, menaçait d'exiger des éclaircissements; mais il ne s'avisa point qu'il ne fallait pas trop presser le mouvement. On dit et promit tant de choses au pauvre don Jules qu'on finit par lui arracher son consentement et, le 23 décembre, il se présenta devant Alphonse et le cardinal dans son pitoyable état, disposé à l'obéissance. C'était le soir; le visage pâle et mutilé de Jules, vu à la lumière des torches, tira des larmes à Alphonse, tandis que le cardinal ne témoignait d'aucune émotion; sa voix ne trembla même pas quand vint pour lui l'instant de parler et il bafouilla seulement qu'il regrettait ce qui s'était passé et se proposait dorénavant de se comporter en bon frère. Avec moins de sobriété, on le comprend, don Jules se tourna vers le duc et, montrant ses blessures, lui fit constater avec quelle cruauté on l'avait traité. Il y eut un silence; don Jules ne se décidait pas; finalement, dans un grand soupir, il pardonna. Alphonse voulut ensuite parler pour exhorter ses frères à demeurer en paix et à jouir du pouvoir avec lui, mais il était suffoqué par une émotion que lui seul éprouvait, ses deux frères étant pour diverses raisons tous deux fort éloignés de la douceur humble et consolatrice des larmes. Niccolò da Correggio prononça ensuite un discours sage, prudent et complètement inutile, puis vint le plus dur moment où offensé et offenseur s'embrassèrent.

Plutôt mal que bien, les accrocs étaient recousus et l'optimiste Alphonse envisageait avec confiance qu'à la réconciliation par les paroles succéderait celle des esprits; en attendant, il ordonnait qu'on redoublât de prévenances envers don Jules et, comme pour fêter la paix restaurée, il fit donner par Lucrèce un grand banquet, qui fut une nouvelle erreur. Rien ne pouvait sembler plus dur à Jules que d'entendre parler de fêtes où il ne pouvait paraître et d'en imaginer d'autres, dans l'avenir, où sa présence à lui, le préféré des femmes, n'éveillerait plus que leur pitié, alors qu'il était habitué à provoquer de bien autres sentiments. Savoir, par surcroît, que le cardinal beau, parfumé, insolent, à peine condescendant envers lui, participait à ces réjouissances lui causait, à juste titre, un vrai désespoir. Celui-ci trouvait un écho près des vieux courtisans, qui avaient un faible ancien pour le plus jeune des frères d'Este et ne pouvaient souffrir les prévarications morales d'Hippolyte. Si les autres étaient persuadés qu'Alphonse avait agi trop vite, on peut en déduire ce qu'en pensait don Jules! Le récit des torts soufferts recommençait sans cesse et il le reprenait point par point avec son frère don Ferrante, qui, à l'honneur de son bon cœur mais non de sa prudence, prenait ouvertement parti pour l'offensé. S'il l'eût abandonné, le temps aurait fini par apaiser le tumulte.

Mais les mines renfrognées et les tristesses excédaient Alphonse, qui n'en pouvait plus ; à les dénombrer toutes, depuis la mort de son père et celle de son enfant, jusqu'à la peste, la famine, le visage défiguré de Jules, les alternatives angoissées du mois qui avait suivi l'attentat de Belriguardo, il se sentait pris d'un désir, bien compréhensible, de réagir. Il donna toutes les autorisations de mascarades supprimées par le duc Hercule durant ses dernières années, inventa de nouveaux divertissements pour le peuple comme, par exemple, des combats d'hommes contre des porcs rendus féroces, des jeux, des représentations, des joutes. C'était le premier carnaval de son règne ducal et il le voulait mémorable : chaque jour, il y avait des mascarades et chaque soir s'ouvraient les salles du palais pour des bals et des représentations, après quoi les invités s'en allaient par groupes terminer la soirée dans les salons ou dans les petits appartements de la duchesse. Les vieux courtisans hochaient la tête en pensant à don Jules et murmuraient des paroles de blâme devant ces manifestations d'allégresse. Leur blâme s'accentuait encore à voir négliger certains actes de gouvernement : même l'office des suppliques, disait Prosperi, « dort aussi. »

*
* *

Lucrèce était d'humeur à correspondre au désir d'Alphonse de se divertir, ayant retrouvé à Borgoforte un penchant à espérer dans l'avenir que la tragédie de Belriguardo n'avait pas entièrement détruit.

Le grand sujet de conversation de cette saison fut celui des fiançailles d'Angèle Borgia, non point, bien entendu, avec don Jules, pour qui plus que jamais l'ordre et la discipline de l'habit ecclésiastique semblaient une nécessité, à telle enseigne que Lucrèce avait écrit de sa propre main au prieur des Hiérosolymitains de Venise en sollicitant pour son beau-frère un poste et des bénéfices dans l'ordre de Malte. Tous les Este devaient désirer voir finalement bridée la fougueuse créature afin de n'avoir plus dans leur maison d'autres surprises de son fait et pour que les informateurs n'aient plus à envoyer de nouvelles comme celle, toute sèche mais significative, donnée par Prosperi le 18 janvier 1506 : « J'apprends que Mme Angèle a, en revenant, accouché sur le bateau. » On fit disparaître l'enfant, né certainement en décembre, quand la duchesse et sa cour quittèrent Belriguardo pour regagner Ferrare par voie fluviale, et de lui on ne sut plus jamais rien, soit qu'il mourût en bas âge ou fut élevé obscurément au loin. Les nombreux bénéfices attachés à la personne d'Angèle, étroitement apparentée à la maison régnante, persuadèrent vite Alessandro Pio, seigneur de Sassuolo, dans l'Apennin modénais, de passer l'éponge sur un passé rien moins que virginal en la prenant pour femme.

Angèle, oubliant don Jules et s'estimant innocente de la tragédie de Belriguardo, jouait à la jeune épouse et faisait damner tout le monde par ses exigences et ses caprices. Elle voulait se marier dans de bonnes conditions; en conséquence, un carrosse personnel de satin et de velours lui était indispensable; son mari n'allait tout de même pas prétendre la reléguer en province, loin de la cour! Il n'avait pas de palais à Ferrare? Qu'à cela ne tienne : il en louerait un, tout au moins pour les mois d'hiver. Le trousseau devait être magnifique et comporter un vêtement en drap d'or fin : sur ce point le fiancé ne céda pas et lui répondit de se le faire confectionner avec l'argent de sa dot, sur un ton d'ironie manifeste. Ils se querellèrent, mais il est probable qu'Angèle finit par avoir aussi son vêtement d'or, offert par sa cousine la duchesse, qui l'aimait et lui donnait continuellement de belles toilettes pour paraître à la cour; pendant ce carnaval de ses fiançailles, elle lui fit faire un costume rayé d'or et un autre de drap fin à bandes de velours et de satin marron.

De son côté, Lucrèce avait, à ce moment, la passion du blanc, caprice que toute femme élégante a connu, ne fût-ce que la durée d'une saison. Elle eut, entre autres, une robe spécialement étudiée, blanche à rayures de velours noir et aux manches fourrées d'hermine; une autre encore, pour des occasions différentes et moins raffinées, de toile d'or garni de « petites franges soyeuses ». C'étaient là quelques-uns des costumes portés par la duchesse quand, le visage masqué, elle sortait à cheval en petit comité et parcourait les rues de Ferrare, accompagnée d'Angèle et de Ginevra da Correggio, épouse de vingt ans, « la plus délicate jeune fille » qui fût à Ferrare. Confiées à des cavaliers chevronnés et importants, Niccolò da Correggio, Girolamo Ziliolo et Barone, les trois jeunes femmes n'en étaient pas plus mal partagées; bien au contraire, la galanterie de ces gentilshommes et, en premier lieu, celle de l'aimable Correggio était robuste et fine, autrement agréable et moins fatigante que la galanterie insistante des jeunes courtisans. Tandis qu'un groupe sortait, un autre rentrait, celui du duc ou du cardinal; on se rencontrait dans les rues, paroles et plaisanteries s'entre-croisaient sous le masque; il semblait que le cardinal n'eût point assez de jours devant lui, tant il était occupé par le souci des bals et le soin de dessiner et commander ses travestis et « les modes galantes et coûteuses » qui figeaient d'admiration les courtisans.

On rouvrit le théâtre et, de nouveau, metteurs en scène, auteurs, traducteurs, chorégraphes, acteurs, danseurs, commencèrent à préparer les spectacles. Lucrèce commandait quelques comédies sur des histoires d'amour puisées dans Boccace ou à d'autres sources et toutes fortement soulignées par les gestes et les propos lascifs. Les yeux des femmes brillaient de plaisir, leur éclat stimulait poètes et rimailleurs, qui saisissaient leur plume pour tenter de fixer par des mots ces beautés fugitives. De cette époque, vers 1505 ou 1506, date un poème de Giorgio Robuto Alessandrino, très médiocre mais intéressant par la nomenclature des nobles dames ferraraises.

> *Jamais on ne vit tant de beautés,*
> *Volupté et Cupidon étaient là assis...*

proclame Robuto. Près de Lucrèce, qui

> *Sur une candide nuée d'argent*
> *Siège, victorieuse, dans une conque,*

comme l'une des gracieuses allégories de Galasso à Belfiore, il y avait Isabelle d'Este, son « égale », afin de préserver l'auteur des foudres possibles de la marquise. Venaient ensuite Angèle d'Este, Blanche d'Este, Diane d'Este, Angèle Borgia, Barbara Torelli, Cinzia et Catherine les Napolitaines, Samaritana, Nicole, Montina, la belle Isachina, Taruffa et beaucoup d'autres, sans oublier une allusion à la négresse de Lucrèce sous l'allégorie d'Andromède.

> *Mais sans Persée elle ne serait pas si joyeuse,*

comme l'était, au contraire, la gaie petite moricaude. Les vers arrivèrent certainement jusqu'à Lucrèce et, s'ils n'étaient point tels qu'ils pussent augmenter la gloire de celle qui avait inspiré à Bembo les *Asolani,* la chronique de cour pouvait les retenir :

tout le monde n'est pas l'Arioste, ni Bembo, ni même Hercule Strozzi.

Ce carnaval éveillait une mélancolie et une colère bien compréhensibles dans l'âme de don Jules, oublié par l'égoïsme de ses frères et par l'inconstance d'Angèle.

Dans l'obscurité nécessaire encore à ses yeux malades, dans la solitude et le silence, l'écho des fêtes de la cour devait lui faire éprouver la misère de sa condition et l'injustice des faits maladroitement réparés pour être plus rapidement oubliés. Avec don Ferrante, subjugué par la véhémence de ces plaintes, qui restait à l'écouter, il revenait constamment au récit de ses malheurs, qu'il étoffait chaque fois davantage et, peu à peu, des récriminations il passait aux projets de se faire rendre justice. La faute du cardinal devenait la faute du duc, qui n'avait pas voulu infliger un châtiment conforme à la loi; la pensée d'agir contre eux, de les tuer et d'avoir comme récompense les honneurs et le pouvoir représentait une aventure grandiose, capable de dépasser et raviver tous leurs rêves de grandeur. Ainsi l'idée, à peine formulée tout d'abord et surtout pour se consoler l'un l'autre de leur incapacité, commença à faire son chemin et, un beau jour, se trouva à l'état de projet. Poussés par leurs rancunes, ils y entraînèrent le vieil Albertino Boschetti, à qui Alphonse d'Este disputait le fief de San Cesario, son gendre Gherardo de Roberti, capitaine des gardes ducaux, et Gian Cantore de Gascogne, prêtre, n'ayant que trop les faveurs d'Hippolyte et d'Alphonse d'Este à cause de sa belle voix et de ses mœurs d'entremetteur. Autant il est facile de comprendre la raison qui poussait les deux premiers à se jeter aveuglément dans cette entreprise, autant il est difficile de démêler les motifs du troisième : Gian Cantore avait tout à risquer et peut-être bien peu à gagner si le pouvoir tombait aux mains de deux personnages tels que don Jules et don Ferrante; cependant, soit qu'il visât très haut, soit qu'il eût des motifs personnels de haine contre le duc Alphonse, le Gascon blond et gras fut de la conjuration et les conjurés commencèrent à se réunir, à bavarder, à se prouver immédiatement les uns aux autres leur incapacité, même pour le crime. Ils essayaient des poisons sans jamais se décider à fixer la façon d'en user; ils eurent toutes les facilités, toutes les occasions, car Alphonse était si confiant qu'un jour de grand dévergondage, il se laissa ficeler par le Gascon sur le lit d'une courtisane; mais Gian Cantore, soit qu'il manquât de courage, soit qu'il craignît d'être pris, n'osa pas tirer son poignard et finit par libérer lui-même le duc, qui riait à gorge déployée de cette plaisanterie inédite. Une autre fois, les conjurés en armes se postèrent à un carrefour : Alphonse passa d'un autre côté. Ils s'exaltaient à froid; un jour, sans même s'en être aperçu, don Jules se trouva guéri; le temps ne lui pesait plus et il ne se regardait dans un miroir que pour raffermir en lui son dessein et la légitimité de ce dessein; mais la prévoyance et la perspicacité du cardinal Hippolyte surveillaient les conjurés.

En avril 1506, Alphonse partit en voyage, laissant le gouvernement à sa femme en même temps qu'au cardinal, et la cour dans l'inquiétude. On avait remarqué qu'avant son départ le duc ne s'était entretenu avec aucun des citadins, non plus qu'avec ses oncles et ses jeunes frères; à Lucrèce il avait donné l'ordre de ne lui écrire qu'en cas d'extrême urgence concernant la sûreté de l'État. « Il y a quelque chose de sinistre dans l'air, » avait déjà écrit quelque temps auparavant Bernardino de Prosperi à la marquise de Mantoue en récapitulant les prévisions de la cour et, avec un optimisme voulu, il ajoutait qu'il ne pensait pas, cependant, que don Jules tenterait jamais quoi que ce fût contre son frère. Il faisait allusion, bien entendu, à Hippolyte, car il ne venait à l'esprit de personne que don Jules pût pousser la témérité jusqu'au point de proposer à sa vengeance la vie du duc. « Entre don Jules et le cardinal il n'y aura plus jamais rien de bon, » répétait Prosperi quelques jours plus tard. A ce moment, le cardinal devait finir de rassembler les fils qu'il avait tissus, un par un, autour du projet insensé de son frère. Presque certainement, « un fort triste sire » avait été introduit par le cardinal parmi les conjurés, Gerolamo Tuttobono, qui, comme le remarque Bacchelli, devait jouer le rôle d'espion et d'agent provocateur, car, la conjuration découverte, il ne reçut qu'une légère punition pour donner le change. Le cardinal manœuvra très habilement et tandis qu'Alphonse, après avoir abandonné l'idée d'un pèlerinage à Saint-Jacques de Compostelle, visitait dans les Abruzzes la foire de Lanciano, puis, au déplaisir des Vénitiens, passait en revue les ports de l'Adriatique, Hippolyte, ayant tous les fils en main, rappela son frère aîné.

Alphonse, averti, quitta Bari où, en compagnie de sa cousine Isabelle d'Aragon, il visitait châteaux et forteresses et où il aura certainement vu le jeune duc, fils de Lucrèce. Le 2 juillet, arrivant à Lugo, il y trouva Hippolyte qui, sous prétexte de se rendre à Vigogne, était venu à sa rencontre; le 3 juillet il arrivait à Ferrare, où tous remarquaient sa pâleur et son trouble. Un pressentiment avait conduit don Jules à Mantoue, près de sa sœur Isabelle; mais, subitement, le mécanisme agencé par le cardinal se déclencha, les feintes et les refuges furent vains : parmi les conjurés, Boschetti, Roberti, don Ferrante furent pris; don Jules, protégé autant que possible par Isabelle, dut, finalement, être livré contre promesse de lui laisser la vie sauve et de le mettre dans une prison saine; Gian Cantore, qui avait réussi à fuir jusqu'à Rome et à faire apprécier ses talents d'histrion par la favorite d'un cardinal, fut, plus tard, arrêté, lui aussi. Les complices ayant avoué leur conjuration, le procès se déroula foudroyant et régulier pour aboutir à la condamnation des coupables. Boschetti et Roberti furent décapités et écartelés sur la grand-place, en présence de don Jules et de don Ferrante, à qui la même sentence avait été lue; mais quand les deux Este furent sur le point de monter au supplice, ils entendirent annoncer que la magnanimité du duc commuait leur châtiment en prison perpétuelle. La prison était préparée dans l'une des chambres du château, deux pièces superposées, blanchies à la chaux, aux portes murées : les aliments et les rares personnes appelées à entrer par les devoirs de leur charge descendaient par une sorte de guichet percé tout en haut de la paroi, près du plafond; plus tard, la possibilité de communiquer entre eux fut accordée aux prisonniers et on adjoignit à leurs cellules une vaste pièce éclairée et aérée, d'où ils pouvaient voir la route jusqu'à l'hôpital Sainte-Anne et observer les passants. Le plus surprenant est qu'ils durèrent dans cette réclusion autant que deux générations des ducs d'Este : don Ferrante mourut après quarante-trois ans de prison et don Jules en sortit après cinquante-trois ans, libéré par Alphonse II, le duc du Tasse, neveu de Lucrèce.

A cette époque le monde politique s'enfiévrait. Nous avons déjà indiqué que Jules II, le belliqueux pontife de Savone, bien qu'ennemi des Borgia jusqu'à l'être de leur seul nom, continuait, cependant, et même renforçait la politique d'Alexandre VI et du duc de Valentinois en ce sens qu'il voulait que les territoires de l'Église, abandonnés depuis plusieurs siècles à des feudataires indisciplinés et violents, revinssent sous la domination directe de celle-ci. Venise avait dû céder quelques-unes des terres arrachées à la Romagne, lors de la chute de César Borgia; les Florentins s'étaient vus obligés de les imiter; Nepi, Sermoneta, Camerino, les éphémères duchés des enfants Borgia, étaient retournés aux mains du pape, qui, de son côté, restituait leurs terres aux barons romains dépossédés par Alexandre VI dans le dessein de s'en faire des amis et de s'assurer qu'ils ne lui tireraient pas dans le dos. Pour consolider son alliance avec les Orsini il eut l'idée d'un double mariage : celui de sa fille, la belle, intelligente, ardente Félicie de la Rovère avec Gian Giordano Orsini et celui de son neveu, Nicolas de la Rovère, avec une Orsini déjà nommée plus haut, Laure, fille d'Orsino Orsini et de Julie Farnèse, soupçonnée jadis d'être la fille d'Alexandre VI. En 1508, Julie Farnèse, ayant à peine dépassé la trentaine et splendide encore dans toute la plénitude de sa beauté fameuse, goûta la satisfaction de rentrer comme une dame comblée d'honneur dans ce Vatican qui l'avait vue, quatorze ans plus tôt, triompher de tout autre façon et où, au dire des chroniqueurs, elle apparaissait encore la plus belle, la plus fascinante parmi toutes les autres femmes, y compris sa fille. Julie, nullement dégoûtée du monde et veuve de son mari bigle, mort en 1500, à peine sa fille mariée, pensa à de nouvelles noces pour elle-même. On disait qu'elle avait fait choix d'un gentilhomme napolitain fort bien pourvu « de ce qui ne peut se vendre » et fameux pour cette raison : près de lui, elle trouverait les satisfactions dues au riche présent de sa propre personne, à condition, disait l'informateur, de réussir à garder pour soi-même le Napolitain, qui lui était fort disputé à Rome, où certaines exubérances n'étaient que trop appréciées. Finalement, elle l'épousa; d'après l'arbre généalogique des Farnèse au Vatican, il s'appelait Giovanni Capece Bozzato. Laure Orsini était réputée belle, mais Emilia Pio, qui la vit de très près à Rome, la jugeait très inférieure à sa mère et rendue un peu vulgaire par ses manières abruptes et son rude langage, ce qui démontrerait une fois de plus qu'elle descendait bien plutôt d'Orsini le cagneux que du séduisant Alexandre VI. Jules II était probablement de cet avis et attribuait à Orsino la paternité de Laure, sans quoi il n'eût point conclu un mariage entre elle et sa propre maison alors qu'il détestait comme la peste tout ce qui se référait aux Borgia. Laure mena par la suite une vie dissipée, passant d'un homme à l'autre, chose en soi des moins intéressantes, et prouvant qu'à l'instar de toutes les grandes traditions, la tradition amoureuse peut, elle aussi, dévier et déchoir par le comportement des enfants.

Ces mariages étant réglés, les Orsini, Caetani, Colonna, Savelli restaurés dans leurs biens, Jules II, maintenant en sûreté dans sa maison, entreprit son programme d'action contre les feudataires qui commençaient à penser qu'ils n'avaient échappé à César Borgia que pour tomber dans de plus graves périls. Les premiers à s'en rendre vraiment compte furent les Baglioni, de Pérouse, et les Bentivoglio, de Bologne. Contre ces seigneurs séditieux, sur qui le pape n'avait plus aucun contrôle, qui exerçaient leur domination en tyrans héréditaires et immoraux — le chef de la maison Baglioni, Gian Paolo, vivait maritalement avec sa sœur, fille d'une grande beauté — querelleurs, sanguinaires, homicides, Jules II entra résolument en guerre et s'allia avec Ferrare, Mantoue, Urbin, Florence, Sienne, cherchant à éviter le danger d'une intervention française en faveur des Bentivoglio; quand l'armée fut en ordre de campagne, il se mit à la tête de ses troupes, le 26 août 1507 au matin, après avoir béni le peuple romain à Sainte-Marie Majeure. L'Italie d'alors avait vu beaucoup d'armées pittoresques, mais dont aucune ne ressemblait à celle-ci, conduite par un pape qui semblait l'allégorie de la *Santa Gesta* dantesque, suivi par toute sa cour cardinalice, prêt à camper sous la tente, à mener les opérations, à endurer toutes les fatigues. Par Viterbe, Montefiascone et Orvieto, en rapides étapes nocturnes afin d'éviter l'épuisement causé par la chaleur, on arriva sous les murs de Pérouse où les Baglioni, après avoir évalué l'importance des troupes et pressés par la haine du peuple, se rendirent sans combat et laissèrent le pape entrer librement dans la ville le 13 septembre. Durant les huit jours qu'il demeura à Pérouse, Jules II restaura la souveraineté de l'Église, réorganisa la magistrature, fit bannir tous les coupables de crimes civils. Quand un début d'ordre stable parut établi, il reprit sa marche vers Bologne.

Jean Bentivoglio, qui gouvernait la ville, était un ennemi sérieux; il se fiait à la fidélité des Bolonais, à la force et à la décision de ses fils, enfin à l'aide française. Mais le 30 septembre,

à la nouvelle que le roi de France, après avoir adressé au pape des lettres d'obédience, se déclarait prêt à l'aider de ses troupes et de ses canons, la cause des Bentivoglio put être jugée perdue. A la réception des lettres royales, Jules II éprouva une joie légitime, qui le fit éperonner son cheval pour gravir les sentiers caillouteux aux environs de Macerata sans plus sentir les lancinements de la goutte, sans plus s'apercevoir de la boue et de la pluie qui rendaient le chemin difficile. On était fort avant déjà dans le mois d'octobre; les premières neiges blanchissaient le sommet des collines quand le pape quitta Forli et, pour éviter Faenza, territoire vénitien, s'engagea dans l'étroite vallée du Lamone, entreprenant une marche harassante entre des défilés si malaisés qu'il fallait, aux endroits les plus difficiles, descendre de cheval pour les franchir à pied. Le pape ne pouvait marcher aisément, empêché par la goutte; il se faisait aider par ses familiers à tour de rôle et, ainsi soutenu, avançait sans rien perdre de son ardeur, acceptant fatigues et souffrances avec une inaltérable sérénité. Les gens de sa suite n'en pouvaient plus et le faisaient comprendre par des regards douloureux et désespérés. Parvenus à un point particulièrement rude, le pape se retourna et, regardant l'un après l'autre ses compagnons, se détendit dans un des très rares sourires qui venaient éclairer son visage tourmenté et cita les vers que Virgile fait dire à Enée :
Per varios casus, per tot vicissitudines tendimus in Latium.
Et ils passèrent.

Les Este, malgré tout leur attachement aux Bentivoglio, n'avaient pu se dispenser d'entrer dans la ligue pontificale, étant, eux aussi, feudataires du pape, mais ils se proposaient d'agir autant que possible sans dommage pour les seigneurs de Bologne. A Imola, le cardinal d'Este, précédé d'un présent de victuailles : 100 chapons, 100 sacs de farine et d'autres vivres — le tout fort bien accueilli — vint à la rencontre du chef de l'Église. La personne d'Hippolyte fut moins appréciée et dans son entrevue avec Jules II, déjà prévenu contre lui à cause d'une vieille antipathie, renforcée par les événements de l'année précédente, il heurta la nature droite et sèche du pontife et reçut, par l'intermédiaire d'un des prélats de la suite pontificale, une algarade au sujet des choses que le cardinal d'Este soignait particulièrement : sa « tignasse » soignée et ondulée, ses manières galantes, sa façon « de faire la nymphe » par ses grâces recherchées et ses belles mains fameuses, qui enthousiasmaient les femmes cultivées, y compris la poétesse Veronica Gambara. Alphonse, quand il vint ensuite rendre hommage à son allié, fut mieux accueilli, mais il est certain que le pape ne se répandait pas en protestations d'amitié avec les Este. A Rome, en commentant la tragédie de don Jules et don Ferrante et en interprétant l'état d'esprit du Vatican, on concluait que l'État de Ferrare ne durerait plus longtemps, d'autant que les Este étaient soupçonnés d'aider en sousmain les Bentivoglio. Que ce ne fût point là une supposition aventurée, un épisode survenu à Ferrare aux premiers jours de la proclamation de la ligue suffit à le prouver. Le pape, après avoir excommunié et proclamé rebelles les Bentivoglio, avait fait parvenir à tous les États italiens la bulle, reproduite à plusieurs exemplaires, afin que dans chaque cité elle fût affichée sur la porte de l'église principale. A Ferrare, l'envoyé pontifical arriva le 21 octobre et se dirigea tout droit vers le Dôme, mais un capitaine d'Alphonse, familier du cardinal, Masino del Forno, dit le Modénais, toujours prêt à manier l'épée ou le poignard au moindre signe des Este, s'avançant vers lui, arracha d'un air insolent la bulle qu'il avait en main. Il y eut un incident diplomatique, car le messager déclara qu'en sa personne l'autorité du pontife était offensée; à grand-peine Alphonse parvint à arranger les choses en expliquant que le Modénais avait pris la bulle pour la lui faire voir suivant l'ordre reçu de se la faire remettre, courtoisement, cela va sans dire, afin de pouvoir la lire auparavant, si toutefois l'envoyé y consentait; l'exécution avait dépassé l'ordre reçu, mais elle avait aussi révélé le sentiment de la maison ducale.

A cette époque, en vertu des accords de la ligue contre les Bentivoglio, les Este se virent contraints de refuser l'hospitalité même à l'une des leurs, Lucrèce d'Este Bentivoglio, fille aînée du duc Hercule Ier, qui vint à Ferrare avec ses cinq filles, et « plus belle que jamais », disaient les courtisans, dans sa douloureuse situation de fugitive. Elle fuyait la ruine imminente des Bentivoglio. Le 10 novembre, en effet, Jules II, après avoir dispersé la résistance organisée contre lui, faisait à Bologne une entrée triomphale : sous le dais pontifical, entouré de cardinaux, de prélats, de capitaines, de cérémoniaires, revêtu d'ornements superbes constellés de pierreries, le pape parcourait les rues aux tons roses de la grande cité émilienne, parmi les acclamations d'un peuple enthousiaste. A Ferrare, l'écho de ces applaudissements causait presque de l'épouvante.

*
* *

Vers la fin de l'année 1506, César Borgia trouva finalement le moyen de s'évader et, fuyant la prison espagnole de Medina, se réfugia chez ses parents de Navarre. Cet aventureux problème, mille fois posé et finalement résolu par une constante maîtrise de soi, témoignait plus que jamais combien étaient vivantes en lui ses qualités de dissimulation, de sang-froid, d'intuition féline et d'audace, qui l'avaient rendu puissant et qui, bien qu'elles comptassent alors moins pour l'histoire, avaient une valeur absolue beaucoup plus grande. De Navarre, sous le toit à peine hospitalier de son beau-frère d'Albret, le duc avait dépêché près de Lucrèce un Espagnol, Garzia, afin qu'informée de son évasion elle pût l'aider. Lucrèce frissonna de joie et à qui en faire part sinon à François de Gonzague? Elle lui écrivit et tandis qu'elle écrivait, sa joie augmentait, puis, pleine d'ardeur pour aider son frère, elle écrivit à la cour de France, à l'ambassadeur ferrarais à Paris, Manfredo Manfredi, avec mission de l'informer quotidiennement de ce qui se ferait en France pour le duc de Valentinois. Manfredi répondit qu'un envoyé du duc de Romagne, Mgr Requesens, était arrivé à Blois et avait demandé l'autorisation pour son seigneur de prendre possession du duché de Valentinois; mais, maintenant qu'Alexandre VI n'était plus là pour l'aider dans ses expéditions d'Italie, Louis XII estimait que remettre aux mains de César l'une de ses provinces, plus encore qu'un risque serait une absurdité : il se récusait donc, arguant du respect que les rois se doivent les uns aux autres et qu'en l'occurrence il devait au roi d'Espagne. Comment pourrait-il donc recevoir un évadé des prisons de Ferdinand le Catholique et lui donner un État?

Lucrèce lisait les rapports de son informateur, mais, avec l'optimisme obstiné de son père, elle ne se décourageait pas, suggérait des reparties, trouvait des arguments, recommandait sa cause avec instance; elle écrivit aussi au cardinal-légat, mit beaucoup de monde en branle ou tout au moins se donna l'illusion de le mouvoir avec ses mains de femme seule, avec sa signature discréditée, sous la vigilance et la neutralité des Este, qui feignaient mollement d'appuyer ses requêtes. Le roi finit par dire ouvertement sa pensée : il ne voyait pas comment il pourrait acquiescer aux demandes de la duchesse de Ferrare sans porter gravement atteinte à son honneur personnel. Nullement rebutée, Lucrèce insistait encore, insistait toujours. Requesens transmettait les nouvelles de la cour de Blois à la cour provinciale de Navarre, tandis que Garzia, envoyé en Italie par César et à Venise par Lucrèce, retournait vers son patron avec des lettres et, peut-être, de l'argent. Il suffisait à Lucrèce de savoir son frère libre pour présumer le retour à la vie du taureau Borgia : César avait trente ans et trouverait certainement, à peine entré dans le jeu des intérêts européens, le moyen de ressaisir le pouvoir. Ne disait-on pas déjà que les Vénitiens voulaient l'appeler sur le territoire de la République et se servir de lui pour contre-balancer les conquêtes de Jules II? Il s'agissait d'être patient et de savoir attendre.

L'espoir fraternel, et le sentiment amoureux qui agissait secrètement en elle, finissaient par rendre supportables à Lucrèce même les murailles du château d'Este. Durant le carnaval, cette année-là, François de Gonzague, nommé par Jules II capitaine général de l'Église et portant son titre comme un ornement de plus pour se faire aimer, passa par Ferrare. Lucrèce était là pour le recevoir après avoir mobilisé couturières, décorateurs, musiciens, dames et demoiselles; vêtue de toile d'or, de velours, de brocart, de broderies, elle descendait dans le grand salon, dansait avec Gonzague, s'isolait avec lui dans la chorégraphie d'un pas compliqué, lui faisait comprendre l'élégance exotique de sa danse, la légèreté et le feu qu'elle mettait à virevolter au son persuasif des violes. Nous ne possédons pas la chronique détaillée de leur rencontre, mais il ne faut pas grand effort pour imaginer l'esprit qui les animait alors que tout Ferrare remarquait « la belle mine et les caresses » dont Lucrèce honorait son beau-frère. Elle dansa avec tant d'entrain qu'elle fit une fausse couche, car elle était pour la troisième fois enceinte d'un héritier de la maison d'Este. « Madame perdit hier, qui était vendredi, » relate Prosperi, « et le seigneur [Alphonse] est de fort méchante humeur et, à ce que j'entends dire, plus qu'il ne le fut quand son fils mourut après sa naissance, de la voir si affaiblie. » Alphonse n'avait pas suffisamment de délicatesse pour cacher sa mauvaise humeur et fit comprendre à sa femme qu'il la rendait responsable de l'accident du fait d'avoir dansé avec excès. Fort, vigoureux jusqu'à la rudesse, le jeune duc trouvait — et le prouvait par son goût des courtisanes et des filles du peuple — fastidieuse cette fragilité féminine qui, au contraire, émouvait sensuellement et tendrement François de Gonzague. Mais Lucrèce n'était pas disposée à se préoccuper des reproches maritaux, et, peu de jours après, elle était déjà sur pied pour recevoir un groupe de jeunes et plaisants cardinaux de la suite de Jules II à Bologne, qui venaient se divertir à la cour de Ferrare. Elle était toute ravie d'assumer les agréables fatigues de fêtes en l'honneur des cardinaux de Narbonne, d'Aragon, Colonna, Médicis et Cornaro, tous hôtes d'Hippolyte et de ses amis. A se voir entourée de ces jeunes ecclésiastiques, même dépourvus de leur pourpre cardinalice — ils étaient tous venus incognito et travestis — d'anciens souvenirs se levaient dans sa mémoire, le tableau se reconstituait de tel ou tel consistoire qui avait marqué les degrés de son pouvoir. Elle était dans son élément et le manifestait au point qu'en la voyant sortir de son altière réserve habituelle, on disait à la ronde qu'en vérité la duchesse méritait « louange et révérence » pour ses bonnes manières de cour. De nouveau, les questions de toilette devenaient un sujet de conversation et pas uniquement féminin : il était beau, ce vêtement de satin noir tout couvert de petites feuilles d'or battu qui, depuis le haut jusqu'à l'ourlet du bas, s'élargissait suivant un dessin « galant et riche »; magnifique, cet autre de velours noir coupé de « bandes larges comme la main, rehaussées d'or battu, avec des boucles d'or aux manches, qui était riche et beau à voir ».

Tant d'agitation fut nuisible à Lucrèce, qui eut une rechute dont elle se releva rapidement puisque, le 22 février, elle donnait un bal et un souper en l'honneur de Camillo Costabili et de sa femme. Ferrare semblait participer à la vitalité trépidante de la duchesse; ce n'était partout que bruits de fêtes; en marge des grandes réceptions du palais ducal, se tenaient les réunions privées où les femmes brillaient davantage encore, avec plus de liberté et d'esprit. Bighino Trotti et sa femme, Nicole, favorite de la duchesse, furent parmi les premiers à lancer la mode de ces réunions, triées sur le volet, réunissant quelques convives qui se connaissaient bien; les siennes furent immédiatement célèbres par le ton élevé et un peu recherché qui y régnait, par la qualité et l'assiduité des invités. Outre la verve endiablée et toujours en éveil de Nicole, on y voyait briller l'éloquence et la culture humaniste de Barbara Torelli, intellectuelle sans pédanterie, le tempérament souple et raffiné de Giovanna da Rimini, le feu d'artifice d'Angèle Borgia, quatre femmes belles et réputées pour leurs amours et leurs aventures; le chroniqueur ne nomme pas les hommes, mais nul doute qu'ils ne fussent accordés à leurs compagnes et on peut croire que c'étaient là vraiment « de très bonnes petites fêtes », comme le disaient goulûment les amateurs satisfaits des mœurs de cour.

Avec le carnaval les fêtes prenaient fin, mais non point l'activité féminine. Lucrèce avait fait venir cette année-là le frère Raphaël de Varese, qui, au dire de ses belles pénitentes, était « un homme vraiment de grande utilité pour les âmes ». L'énergique religieux, voyant autour de lui tant de visages attentifs et fardés, encouragé par la faveur qu'on lui témoignait, eut la pensée d'entreprendre l'une de ces petites réformes qui donnent de l'autorité à un prédicateur, même quand elles ne durent que l'espace d'une saison, et il se jeta à l'assaut de la parure féminine, du luxe des tissus, de la richesse des ornements, de la vanité des fards et des cosmétiques, bref lança les anathèmes séculaires.

Les femmes s'enduisaient alors le visage d'un onguent appelé « liscio », où il entrait même du sublimé, destiné à recouvrir la peau d'un enduit blanc et compact, coloré ensuite sur les joues dans un ton rosé de porcelaine. Lucrèce, convaincue par les sermons, crut aboutir à une réforme sévère en ordonnant à toutes les dames de la cour soucieuses de garder sa faveur de renoncer au « liscio »; un peu de rouge, cependant, accordait-elle, pouvait être permis. Elle-même commanda à ses alchimistes, peut-être à Fabrizio delli Muschi, son fournisseur depuis longtemps pour la poudre de Chypre, de lui préparer une lotion d'eau distillée et de sucs aromatiques pour se laver le visage et le farder plus discrètement, avec une grâce assurément plus hygiénique que par l'emploi de la mixture au sublimé. Au grand sermon du vendredi saint, dames et demoiselles firent leur manifestation sous le regard des Ferrarais qui tous, jeunes et vieux, étaient venus s'offrir le spectacle du défilé féminin. Toutes parurent plus belles ainsi, mais on remarqua que « toutefois le rouge était fort abondant, à commencer par la tête sage » (expression qui désignait certainement Lucrèce). Il y eut des rebelles, Giovanna da Rimini, Elisabetta dall'Ara, Isabella Cantina, Eleonora della Penna, toutes appartenant à la cour de Lucrèce, qui refusaient de supporter une telle contrainte, « dussent-elles en crever; » Ginevra da Correggio blanchit son minois, elle aussi, tandis que Diane d'Este se montrait avec un visage presque naturel, à peine rehaussé de blanc et de rouge, et très belle. Sous l'influence du frère de Varese, Lucrèce projeta d'autres réformes du costume. « On défendra les robes décolletées, » était le cri d'alarme des Ferraraises, qui voyaient venir le temps où il faudrait se couvrir jusqu'à la gorge et où serait limitée l'autorisation d'avoir des cochers, des laquais, des « falbalas », c'est-à-dire des traînes, toute cette pompe étant réservée aux dames de qualité. Comme réformes secondaires, il était question de faire porter aux Juifs un béret jaune permettant de les distinguer de loin et des ordres sévères étaient donnés pour réprimer le blasphème, avec une échelle de valeurs pour les amendes : deux ducats pour avoir blasphémé Dieu ou la Madone, un ducat pour les saints. Ainsi se trouvait respectée la hiérarchie céleste.

Mais les femmes de Ferrare n'étaient pas d'humeur à se laisser faire; menacées dans l'expression la plus importante de leur essence féminine, dans leur génie et leur goût de la toilette, elles organisèrent une grande rébellion, renforcée par chacune dans son cercle familial avec tant de dextérité que maris, frères, pères s'unirent pour faire parvenir une protestation à la cour. Il leur semblait, disait la pétition, qu'il devait être licite pour chacun de dépenser son argent à son gré et qu'il serait préférable de prêter attention à « des choses plus urgentes, où Dieu et le prochain sont offensés avec plus grand dommage pour l'âme et majeur détriment des biens temporels », plutôt qu'à ces réformes extérieures. Lucrèce comprit fort bien la sagesse de cette argumentation et on ne parla plus de mesurer l'ampleur des décolletés ou la longueur des traînes; au reste, frère Raphaël ne manqua point de sujets pour ses sermons et passa outre à ceux-ci.

*
* *

Le 20 avril 1507, Lucrèce, dans ses appartements de cour, s'entretenait avec quelques familiers et parents, dont Hercule d'Este, cousin d'Alphonse; le duc était en voyage et avait laissé aux mains de sa femme le gouvernement du duché pour le plus grand dépit d'Isabelle d'Este, qui n'admettait pas qu'une autre femme qu'elle-même, et surtout pas sa rivale, fût reconnue capable de gérer l'État. Mais les plus prudents informateurs le lui confirmaient : « Je suis bien prêt de le croire, lui écrivait Prosperi, car on n'entend point parler du cardinal. » Lucrèce procédait seule et sans répit à l'examen des suppliques, ainsi qu'aux autres obligations du duché, et, si le cardinal la conseillait secrètement, il n'apparaissait pas officiellement.

Ce jour-là, les affaires publiques étant réglées, Lucrèce était engagée dans une conversation sérieuse : le fardeau de la vie, la tristesse devant la fuite du temps, la peine de continuer sa route dans l'absence de tous les disparus, thèmes anciens que chacun évoque successivement pour son propre compte. Rappelant la douleur éprouvée lors de la mort de son père, les abîmes de son angoisse, son lent effondrement et le désir d'anéantissement qu'elle avait éprouvé, Lucrèce concluait que jamais à l'avenir, pour quelque raison que ce fût, elle ne se laisserait aller à une telle douleur, cette tristesse étant inutile et vaine. Tandis qu'elle proférait ces considérations d'une philosophie plutôt inhumaine, un cavalier espagnol fatigué et poudreux, portant sur son visage l'expression d'une fatale nouvelle, mettait pied à terre dans la cour du palais ducal et annonçait simplement aux factionnaires de service la mort de César Borgia. Une onde d'incertitude parcourut le palais et le château : soudainement, les portes de l'appartement de la duchesse s'ouvrirent devant le froc de frère Raphaël et une minute plus tard elle savait tout. Sous les yeux qui l'observaient, Lucrèce demeura immobile, sans une plainte, mais à peine put-elle parler qu'une phrase de révolte contre Dieu lui vint aux lèvres : « Plus je cherche à me conformer à Dieu, plus Il m'envoie visiter. » Peu après, elle ajouta : « Je remercie Dieu, je suis contente de ce qui Lui plaît. »

L'Espagnol, un page du duc de Valentinois, nommé Grasicha ou Garzia, fut appelé afin de raconter les circonstances de la mort de son maître. César combattait à Viana avec ses beaux-frères contre le comte de Lerin dans une bataille de province; il avait fait une sortie avec une centaine de cavaliers et mis l'ennemi en fuite, mais l'avait poursuivi avec une telle fougue qu'il avait devancé son escorte jusqu'à se précipiter, sans s'en apercevoir, dans les lignes ennemies. Alors, assailli par un fort détachement, il avait été blessé, tué, dépouillé de ses armes et de ses vêtements, laissé nu sur le sol d'hiver jusqu'à ce que ses soldats vinssent le chercher. Il était donc mort en soldat, disaient les hommes présents en soulevant leurs armes presque pour rendre les honneurs militaires. Lucrèce, elle, comprenait que ce pouvait être, au contraire, une mort amère, presque un suicide. Le Valentinois, toujours lucide, comme l'avait encore prouvé sa fuite d'Espagne, n'était pas homme à se laisser entraîner par son humeur guerrière, ni par un pur amour des armes : ce qui l'avait conduit à cette chevauchée désespérée, pourchassant non les ennemis mais sa propre pensée, pouvait être le sentiment angoissé d'être rejeté hors d'un monde où sa place n'était plus marquée. Depuis quelques jours Requesens était arrivé de Blois avec la sentence de bannissement et la déclaration d'inimitié du roi et César devait sentir que son beau-frère d'Albret l'utilisait pour sa guerre, mais, au fond, le traitait en parent pauvre et, peut-être, le sacrifierait bientôt à la volonté du roi de France. Charlotte, sa femme, ne faisait pas un pas, que l'on sache, pour rejoindre ou secourir son mari, et la petite voix de Lucrèce, perdue dans cet océan d'indifférence, lui faisait mieux comprendre combien, humiliée par la grande débâcle des Borgia, elle aussi était pauvre. Était-ce son propre fantôme de fugitif voué à une existence misérable qui avait porté César à s'abandonner à cette fuite, à cette course effrénée, à cet oubli mortel de soi-même et de la vie?

Lucrèce, la tête à peine inclinée, écoutait en silence le récit de l'Espagnol, provoquant l'admiration par sa « grande prudence » et la « constance de son âme »; elle semblait murée dans une fermeté douloureuse. Puis, sa vie de duchesse en exercice se poursuivit; elle restait à l'office des suppliques, allait même jusqu'à feindre de croire qu'un message d'Alphonse viendrait lui démentir la nouvelle de la mort du duc de Valentinois. Les Este n'auraient pas à se plaindre d'elle et aucun courtisan ne pourrait se vanter de l'avoir vu pleurer.

Mais venait la nuit et elle était seule. Sous le baldaquin brodé, dans l'obscurité, alors, oui, toutes ses blessures se rouvraient et se mettaient à saigner; elle réclamait son frère — dans les chambres voisines les demoiselles d'honneur retenaient leur souffle — et répétait mille fois son nom, revivant avec la chère ombre redoutée de ses premières années. Se souvenait-elle du duc de Gandie, de Pedro Caldes, d'Alphonse de Bisceglie? Certes, elle se souvenait; mais comme jadis, plus que jadis, dans ces crimes auxquels elle n'avait jamais ni participé, ni consenti, elle décelait la fatale complicité qui, passé le premier mouvement d'horreur, les lui avait fait accepter et — pire encore — oublier. Éclairée par la douleur, elle se découvrait soi-même, sentait combien le mystérieux lasso était serré, combien il se situait au delà des règles humaines, confus et naturel comme l'instinct; elle s'apercevait que les mots espagnols, les mots de Valence, qui lui venaient aux lèvres pour appeler son frère, semblaient des mots d'amour et l'étaient peut-être, doux, amers, perdus?

Tandis que les églises de Ferrare résonnaient de prières et de cérémonies funèbres, seul le monastère du *Corpus Domini* voyait les pleurs de la duchesse; en Italie et hors d'Italie plus d'un, à cette nouvelle, s'était senti délivré d'une menace possible. Le roi de France poussait un soupir de soulagement, ainsi que Jules II, qui avait envisagé de s'opposer au Valentinois enrôlé sous l'étendard vénitien, les Este également, libérés de l'obligation de louvoyer entre leurs propres intérêts et les intérêts affectifs de Lucrèce, ainsi que bien d'autres gens qui en avaient fini de trembler à la pensée de comptes difficiles à rendre.

> *César Borgia, reconnu comme un astre*
> *Pour les armes et la force d'âme,*
> *Quand il mourut, s'en fut*
> *Où s'en va Phébus, vers le soir, à l'occident.*

Telle fut l'épitaphe des indifférents. César fut pleuré par Vannozza, sa mère, par Jofré, maintenant établi dans la principauté de Squillace avec sa seconde femme, Marie de Mila (Sancia était morte à vingt-sept ans, en 1504, peu après le départ de César pour les prisons espagnoles, honorée d'hommages et même de funérailles par le dernier de ses adorateurs, Gonzalve de Cordoue), certainement aussi par quelques capitaines et soldats capables d'apprécier chez lui l'excellence de sa maîtrise dans l'art militaire; à tous ceux-ci il faut probablement ajouter la courtisane Fiammetta, qui avait atteint la fortune grâce à César et peu à peu devenait une pieuse personne. Mais ce fut Lucrèce qui recueillit les souvenirs épars de son frère, donnant refuge près d'elle non seulement au page Garzia, mais encore à un prêtre espagnol qui avait aidé César à s'évader de Medina et se trouvait maintenant errant à travers le monde; elle fit venir de Rome une fille naturelle du duc de Valentinois, appelée, elle aussi, Lucrèce, la confia à Angèle Borgia et l'habilla de satin, de velours, de fourrures. Leur seule vue devait lui suffire pour sentir, au-dessus d'elle, moins inquiète, cette ombre qui ne voulait pas s'apaiser.

*
* *

Il est facile d'établir l'importance qu'avait à cette époque Hercule Strozzi dans la vie intime de Lucrèce, mais malaisé de discerner les raisons pour lesquelles de la rencontre de ces deux esprits était né un si complet accord qui continuait à se maintenir. Comme pour répondre à l'hostilité déclarée d'Alphonse, qui, après la mort de Tito Vespasiano, père d'Hercule, avait ôté au fils toute fonction publique, Lucrèce avait attaché le poète ferrarais plus étroitement encore à sa cour et même à sa propre personne : elle se confiait à lui, sans s'apercevoir que tous ses instincts de rébellion contre les Este étaient subtilement cultivés par cette main légère, attentive à pervertir. Avec le secrétaire de la duchesse, Tebaldeo, type d'égoïste invétéré et, partant, ennemi des risques, Strozzi était le seul à être reçu dans les appartements privés de Lucrèce, mais, bien entendu, toujours à la condition que le duc n'y fût pas. Souvent il la trouvait au lit, souffrante ou convalescente : il lui apportait une pensée neuve, une comparaison rafraîchissante, une fleur de joie pour aujourd'hui, pour demain un vivant espoir; il recréait et ordonnait poétiquement son univers, la dirigeant par des voies obliques, à l'aide d'arguments qui lui étaient chers, vers les complaisances qui, jadis, l'avaient attachée à Bembo. On savait combien Lucrèce tenait à son poète, mais comment et jusqu'à quel point, c'est ce dont tous s'aperçurent quand Strozzi eut besoin d'être aidée par la duchesse dans une aventure d'amour très épineuse avec une dame émilienne, Barbara Torelli, qui était destinée à devenir, par amour et pour un seul cri, célèbre dans la littérature italienne.

Fugitive, rebelle et persécutée, Barbara possédait l'attrait des êtres courageux qui luttent contre des forces très supérieures aux leurs. Ses vingt-sept ans connaissaient le malheur par suite de son mariage avec le Bolonais Hercule Bentivoglio, dont elle avait eu deux filles mais qui, ensuite, l'avait réduite à une vie humiliée et déchue par toutes sortes de brutalités morales et sensuelles, allant finalement jusqu'à la vendre pour 1 000 ducats à un évêque et à la menacer, devant son refus d'un tel marché, de l'accuser d'empoisonnement. C'était plus qu'une femme n'en pouvait supporter, même en un temps où les femmes supportaient beaucoup de choses pour s'acquérir le misérable droit d'avoir un foyer. Barbara s'enfuit et comme, par sa mère, elle était apparentée aux Gonzague, elle se réfugia, accompagnée de la recommandation affectueuse de la duchesse d'Urbin, dans un monastère de Mantoue; de là, ne se sentant pas suffisamment en sûreté, elle se rendit à Ferrare, chez les religieuses de San Rocco, où un document des archives de la famille Gonzague nous la montre dès la fin d'avril 1502. Francesco Castello, médecin d'Hercule Ier, qui souvent allait de la cour au monastère, et qui était bon juge, parlait de Barbara avec enthousiasme, la qualifiant de « très belle et très sage ». Pour arriver à obtenir la protection du duc de Ferrare, étroitement apparenté aux Bentivoglio et leur ami, Barbara prouvait qu'elle avait non seulement des droits mais encore le courage de les faire valoir; noble, cultivée, honnête, elle demandait de pouvoir reprendre une existence simple, mais sans humiliations ni menaces pour sa vie, et demandait la restitution de tout ou partie de sa dot lui permettant de faire face à ses besoins « petitement et comme une personne modeste ». Mais, furieux comme toutes les brutes qui voient leur victime s'échapper, le mari se refusait à donner un ducat et par son intransigeance et son avarice mettait encore davantage en relief le malheur, l'innocence et la beauté de sa femme.

L'histoire de Barbara fut bientôt l'un des romans favoris de la chronique ferraraise; son héroïne émut et conquit tout à la fois l'opinion publique et les sympathies privées, devint à la mode, fut invitée et on se la disputa; mais bien avant d'en arriver à ce triomphe, elle avait connu (à la cour?) Hercule Strozzi et fixé sa vie en lui. De quoi s'était épris le poète ferrarais? La majesté aimable, la calme harmonie d'une beauté que la douleur a mûrie sans la déflorer, l'éloquence et la culture d'une noble dame qui avait le courage de savoir dire « ce qu'elle voulait avec beaucoup de grâce » avaient été nécessaires pour que le poète jouît de sa présence, mais n'eussent peut-être pas suffi à l'émouvoir s'il se fût agi d'une femme jouant un rôle de victime, engagée dans une lutte pleine d'embûches et de périls. La conquérir et défier les foudres vengeresses des Bentivoglio étaient deux entreprises trop tentantes pour le tempérament de Strozzi, et plus encore si on tient compte des nombreux ducats que rapporterait la victoire. De son côté, Barbara devait se sentir revivre en voyant à ses côtés un homme élégant, délicat, intelligent et, en raison de sa boiterie, d'une évidente faiblesse physique (découverte exquise pour la femme qui a connu la brutalité d'un homme) la courtiser sur le mode platonique et lettré correspondant à son éducation et à son goût. Aimer Hercule Strozzi lui fut comme le don d'une vie nouvelle, accepté avec l'engagement et la gratitude des natures honnêtes et passionnées; non seulement il lui paraissait beau de se laisser guider par la main du poète, mais encore nécessaire, en manière de reconnaissance de ses pouvoirs, qu'elle acceptait tous.

Avec Barbara Torelli le poète ferrarais vivait son temps d'amour et la sentait aussi en accord littéraire avec lui, mais, bien qu'il ait commencé d'écrire pour elle des poésies italiennes, il n'existe dans les vers de Strozzi parvenus jusqu'à nous que de vagues allusions à cet amour, peut-être encore trop récent et trop vif pour se prêter à une représentation objective. Nous possédons, au contraire, beaucoup de compositions latines, la plus belle partie de l'œuvre du poète, presque toutes écrites pour la duchesse de Ferrare et inspirées par elle.

Habituellement, c'est à la poésie latine d'Hercule Strozzi, comme aux autres poésies latines de la Renaissance, que se réfère le lettré ou quelque aventurier de la culture qui, par un chemin de traverse, débouche avec surprise sur ce verdoyant panorama spirituel. Le latin du poète ferrarais dérive de l'enseignement paternel de Tito Vespasiano, mais, plus affiné et plus souple, libéré de la contrainte scolastique, quoique inspiré par Virgile, respecte la cadence hexamétrique, anime les images, se hausse à un ton vigoureux, qui atteint parfois l'âpreté, pour se dilater ensuite dans une large respiration toujours maintenue. Avant l'arrivée de Lucrèce à Ferrare, Strozzi avait composé quelques épigrammes, quelques élégies et même certains petits poèmes sacrés pour satisfaire la passion religieuse d'Hercule d'Este, ainsi que la première rédaction d'un poème allégorique, la *Venatio*. Mais Lucrèce arrive, le poète sent venue l'heure de l'inspiration et prend sa plume : entre 1504 et 1505 il récrit son petit poème de chasse; aux quelques personnages qui y figuraient — Charles VIII, Niccolò da Correggio, Galeazzo de Sanseverino, etc. — il en ajoute d'autres dans une libre et anachronique promiscuité, Hippolyte d'Este, Marullo, Pontano, Tebaldeo, le « piger Aerostus » l'Arioste, Bembo « *Venetus decus* », enfant chéri d'Apollon (Lucrèce soupire) et César Borgia. A ce moment César passe d'une prison à l'autre; il est en Espagne et sa vie n'est pas assurée, mais Hercule, par le pouvoir de la poésie, le fait apparaître libre et beau, portant sur sa poitrine le glorieux insigne du taureau des Borgia aux cornes d'or, orné de pierreries :

> « *Pectore de medio pendens insigne paternum*
> « *Cornibus auratis lucet bos gemmeus...* »

évoquant aussi l'espace d'un instant les grandeurs d'Alexandre VI. Le duc de Valentinois meurt obscurément à Viana? Hercule composera son chant funèbre où les sombres grâces le pleurent et où Lucrèce a pour compagnes de deuil les nobles dames troyennes Cassandre et Polyxène, nobles images de la douleur :

> « *Moesta minus Cassandra, minusque Polixena flevit...* »

De cette mélancolie sans borne il saura faire surgir un espoir pour la duchesse en lui prédisant qu'en elle et dans sa future postérité revivra l'âme de celui qu'il nomme un héros. Parmi les hexamètres de la *Venatio* et du chant funèbre se dégage une délicate élégie qui débute par un vers fluide, d'un souffle virgilien :

> « *Publica cura vale, iam nova revertitur œstas...* »

et qui se poursuit en désignant Lucrèce comme un astre, une étoile, une muse, une inspiratrice. Et les épigrammes? Les capiteuses épigrammes de Strozzi font partie, dirai-je, des ornements spirituels de la vie de Lucrèce en tant que duchesse; elles composent le blason de ses gestes et de sa beauté, fixent ses apparitions à jamais dans une sorte de cristallisation mythologique. Lucrèce chante et son chant évoque les sirènes; la voici, parée de bijoux d'or, et on pense qu'elle avance d'une allure victorieuse après avoir triomphé du dieu de l'amour, dont elle porte les dépouilles. Dans les appartements de la duchesse, un petit Cupidon de marbre sommeille sur la peau de lion, symbole d'Hercule vaincu. Le poète contemple la gracieuse sculpture, que lui-même peut-être a procurée à Lucrèce et s'exclame : « Qui donc s'étonnerait que la Gorgone ait pétrifié l'Atlante Libyque alors que la déesse Borgia a par son regard pétrifié l'amour? » « *Saxificatus amor* ». Le sujet fut tellement apprécié que Strozzi le décomposa et recomposa en de nombreuses variantes, quinze au dire des contemporains. Quant à nous, dans la plus ancienne édition des œuvres de Strozzi, nous en trouvons sept. Lucrèce lisait et acquiesçait. Avec Strozzi le jeu des sentiments prenait sans cesse un tour nouveau; agile, il venait accompagner les pensées où elle inclinait avec un plaisir délicat, un peu, très peu, trouble. Il pouvait y avoir entre eux le secret d'un amour manqué, non désiré et même pas admis par hypothèse, mais qui mettait dans leurs rapports un quelque chose de secret, une manière de complicité entre initiés. D'ailleurs, Strozzi possédait l'art de se montrer bon compagnon : après avoir lu ses vers, il passait à des conseils d'habillement, dessinait un projet de fête ou un programme de concert, suggérait le nom d'un peintre, prenait un visage pensif, tel le héros d'une grande passion ou, pire que tout le reste, murmurait les paroles infâmes et suggestives du pourvoyeur d'amour, de l'entremetteur.

La sympathie mutuelle de Lucrèce et de son beau-frère, commencée à Borgoforte, avait eu tout le temps de progresser et on sait ce que veut dire ce progrès dans la sympathie entre un homme et une femme de ce tempérament. Strozzi, qui était l'ami personnel du marquis de Mantoue, avait immédiatement compris où les choses pourraient en venir et, au lieu de s'en effrayer, s'en était, au contraire, mêlé, assumant la charge de servir de trait d'union entre les deux amoureux. Les lettres découvertes par Luzio dans les archives des Gonzague à Mantoue et que j'ai de nouveau confrontées avec les originaux irrécusables de Strozzi ne laissent subsister aucun doute : celui qui signait du pseudonyme de *Zilio* et accomplissait chaleureusement sa besogne en sollicitant et promettant d'amoureuses douceurs à Lucrèce et François était Hercule Strozzi.

L'intrigue que nous ne pouvons reconstituer qu'en partie, car les lettres sont rares et obscures, durait certainement dès avant l'été 1507 (les accords avaient été conclus cette année-là pendant le carnaval, entre un bal et une fête, quand par deux fois le marquis de Mantoue était passé à Ferrare) et était confiée à une correspondance ultra-prudente et très voilée, rendue plus secrète encore par des signatures, adresses et noms de convention. On procédait de la façon suivante : Strozzi écrivait pour le compte de Lucrèce, qui parfois, d'ailleurs, écrivait de sa propre main à François de Gonzague; les lettres étaient adressées à l'un de ses frères, Guido Strozzi, qui vivait à Mantoue; celui-ci, soit personnellement, soit par son beau-frère Uberto Uberti, qui avait ses entrées libres à la cour, soit par un mystérieux *Ja*, les remettait au marquis. Les réponses suivaient, à rebours, le même chemin. Dans les lettres Gonzague s'appelait Guido et Lucrèce Barbara, en justification de l'adresse; Alphonse d'Este était Camille, Hippolyte était Tigrino et Isabelle, Lena; Strozzi, nous l'avons dit, était Zilio. Ces conventions avaient peu de portée et constituaient un écran pour un cas d'extrême nécessité, car les correspondants étaient absolument sûrs de n'être pas surpris; au reste, la confrontation calligraphique que nous pouvons faire aujourd'hui pouvait être faite mieux encore par les contemporains de Strozzi; et puis comment ne point s'apercevoir immédiatement que la *Barbara* nommée par Zilio masquait quelque tromperie quand, dans une même lettre, il nommait deux « Barbara » et distinguait « la mienne », c'est-à-dire Barbara Torelli, et « la vôtre », celle du marquis, Lucrèce.

L'excuse de Lucrèce ne pouvait plus être, n'était plus désormais le salut de son frère César : se l'était-elle avoué à elle-même? Avait-elle accepté cet enchevêtrement de choses secrètes, coupables et périlleuses, pour que, si jeune encore, non seulement d'âge, mais de désirs et d'espoirs, elle se sentît de nouveau attachée par un fil d'amour? Elle courait un grand risque et son complice Strozzi en courait un plus grand encore, dont il avait conscience, puisqu'il écrivait au marquis que, pour lui, il exposait sa vie « mille fois par heure ». Si Lucrèce pouvait penser qu'en fin de compte, tant qu'elle ne franchissait pas les limites d'une amitié amoureuse, on ne pouvait lui imputer aucune faute, et même s'il lui paraissait valoir la peine d'oser, Strozzi n'avait, comme nous le verrons, nulle intention de la maintenir dans ces limites, lui qui ne souffrait pas comme elle de mélancolies passionnées. Qu'attendait-il donc en retour de son entremise? Un prix considérable, certes, mais lequel, alors qu'il avait déjà des villas, des palais, la gloire, la richesse, la considération? Bien sûr, dépensant à pleines mains, le poète n'avait jamais assez d'argent et, à plusieurs reprises, Lucrèce avait dû lui prêter des sommes importantes; mais c'est là un trop mince motif pour lui, qui n'était ni assez pauvre, ni assez avare, pour jouer une partie aussi dangereuse par intérêt. Aussi bien l'amitié de Strozzi pour Gonzague, pour Alberto Pio, pour Bembo — tous, d'une façon ou d'une autre, mal vus d'Alphonse — que son attitude d'esprit malin avec Lucrèce suggèrent la pensée d'une haine secrète du poète pour les Este et spécialement pour Alphonse. Il est certain que le duc montrait ouvertement qu'il ne l'aimait pas, que de plus il l'avait exclu de toutes les charges publiques et visait à lui ôter aussi ses biens de Comacchio, les étangs poissonneux de bon rapport donnés par Hercule Ier à Tito Vespasiano, et ce sont des raisons non négligeables. Une haine mutuelle trouve chaque jour matière à s'accroître et Strozzi, l'homme aux rancunes figées au profond de lui-même, pouvait éprouver la tentation d'une vengeance raffinée en cultivant les nostalgies et les inquiétudes de la duchesse de Ferrare. Ainsi la roue d'intrigues s'était mise à tourner et les messagers secrets passaient et repassaient le Pô; on ignore si, après les visites du carnaval de 1507, Lucrèce et François purent, au cours de l'été, se retrouver dans l'une des villégiatures ferraraises, mais on sait qu'en décembre la duchesse était enceinte et, bien portante, espérait arriver à terme.

Le carnaval trouva donc, cette année-là, Lucrèce astreinte au repos, mais joyeuse; des fenêtres du palais ducal, comme jadis, à Rome, des fenêtres du château Saint-Ange, en compagnie de ses dames d'honneur, elle regardait passer les groupes masqués et les Ferrarais, se sachant sous le feu de ces regards, déployaient toute leur fantaisie en circulant sur la place, pour faire sourire les jolies bouches là-haut. Les courtisans faisaient des visites aux dames, ainsi que le cardinal Hippolyte, magnifiquement habillé de ses vêtements dorés et brodés à la turque. Durant les fêtes, sans doute, par égard pour la duchesse, y eut-il plus de représentations que de bals. On donna d'abord une églogue de Tebaldeo, bien composée mais froide, puis la comédie, manquée, d'un Grec habitant chez Hercule Strozzi, finalement une belle comédie, qui fut une réussite, d'Antonio dall'Organo. Mais ni Lucrèce, qui avait patronné les deux premières représentations, ni Alphonse, qui avait patronné la troisième, n'obtinrent le succès du cardinal Hippolyte, qui fit représenter *la Cassaria*, comédie de son familier Ludovic Arioste avec de magnifiques décors dessinés en perspective par Pellegrino da Udine.

Une comédie nouvelle vous présente, pleine
De jeux variés que jamais langues
Latines ou grecques ne récitèrent en scène,

disait le prologue annonçant les amours d'Hérophile et de Caridor, aux applaudissements de la cour. Les salles étaient tellement bondées tous les soirs qu'une fois le duc, pour rappeler la populace au respect des lieux seigneuriaux (les soirs de fête pendant le carnaval l'entrée était libre), fit fermer les portes de la grande salle et « berner » hommes et femmes. Le jeu consistait à faire sauter en l'air quelques individus qui, sans mal mais dans des poses grotesques, retombaient sur une couverture dont quatre écuyers tenaient solidement les coins. Pour les femmes on se contentait de soulever leurs vêtements au milieu des rires qu'on imagine.

De son siège, sous le baldaquin ducal, il n'est pas dit que Lucrèce ne se divertissait pas à ces grosses plaisanteries, encore que ses habitudes devinssent de plus en plus réservées et délicates. Autour d'elle, le cadre se transformait; son appartement s'était accru de plusieurs autres pièces, dont une dite la « chambre voûtée de la tour marquise », particulièrement décorée, où la duchesse avait voulu des peintures nouvelles et gaies, ce pourquoi on avait appelé des peintres ferrarais et d'autres. Garofalo, tout d'abord, préparait pour le plafond deux toiles en détrempe, élégantes peintures dans le style gracieux de ces plafonds peuplés de personnages de cour, tels qu'on les voit encore à Ferrare au palais de Ludovic le More. Les toiles peintes pour Lucrèce, maintenant perdues ou exilées en de lointaines collections, s'harmonisaient avec la décoration qui courait autour du plafond et étaient encastrées dans de magnifiques encadrements d'or fin. Lucrèce tenait à cette ornementation d'or; elle gardait encore dans les yeux le scintillement des décorations de Pinturicchio pour les appartements Borgia au Vatican et les peintres obéissaient. C'étaient Ercole Bonacossi, Ludovico Mazzolino, Michele Costa, Domenico Panetti, Niccolò da Pisa, Bartolomeo Veneto. C'est probablement alors que fut peint, entre 1504 et 1510, sans doute par l'un de ces peintres, un portrait de Lucrèce dont l'original est perdu, mais dont diverses copies ont été conservées; les deux meilleures se trouvent, l'une au musée de Nîmes, l'autre dans la collection Nessi, à Côme; cette dernière provient — et c'est un argument de plus en faveur de sa fidélité iconographique — de la fameuse collection de portraits des personnages illustres, réunie par Paul Jove, historien du XVIᵉ siècle. Les copies, très médiocres, ne permettent pas d'identifier l'auteur de l'original. On a avancé le nom de Bartolomeo Veneto, excellent portraitiste, que l'on trouve vers 1506 mentionné dans les registres de garde-robe de Lucrèce, mais aucun document ne confirme cette hypothèse.

On attribue, en revanche, à Bartolomeo Veneto un portrait de belle et délicate facture que possède la *National Gallery* de Londres, et où personne jusqu'ici n'avait reconnu la duchesse de Ferrare. Très élégante, elle porte un habit de velours noir découpé sur fond jaune, avec de très larges manches ornées d'une sinueuse broderie noire et or de palmettes. De son cou pend un collier « à grains » d'or émaillés où figurent les symboles de la passion et des lettres qui devaient probablement composer une phrase latine. Le vêtement s'ouvre sur une gorgerette de voile blanc enrichie d'ornements blancs et roses. La tête est couverte d'une délicate couronne florale de perles et de rubis. Le visage est jeune, mais non éclatant, quoiqu'habilement traité par le peintre. Le cou et la gorge fins et bien en chair, le nez nettement dessiné, les cheveux blonds épars, le menton fuyant (qui rappellent les portraits d'Alexandre VI) établissent des références exactes aux portraits certains de Lucrèce, surtout aux médailles, à celui de Nîmes et même à la fresque de Pinturicchio.

Au château arrivaient, peut-être de Rome, « des colonnes avec leur chapiteau » antiques pour orner l'appartement et le jardin suspendu de la duchesse; et certainement Strozzi était là afin de déterminer où les placer pour qu'elles fissent le meilleur effet. De beaux livres arrivaient aussi, tels les trois illustrés et reliés fournis par le libraire Giovanni Marocco et que le poète feuilletait de ses mains sensibles avec volupté; c'est aussi pour lui que Lucrèce jouissait de composer, entourée de ses filles d'honneur, sous les cieux peints de ses appartements, une sorte de tableau, alors qu'elle choisissait avec l'orfèvre Hercule da Sesso le dessin soit d'un bijou soit d'une chaîne, à moins que ce ne fût une laisse pour sa chienne. Près du siège de la duchesse oscillait dans une cage de filigrane dorée, haut perchée, un perroquet à l'éclatant plumage multicolore.

Maintenant qu'approchait la date de la naissance du bébé, on n'en finissait plus de discuter : le choix du berceau, par exemple, fut fort laborieux, dessiné et redessiné par le ciseleur Bernardino Veneziano. Il en était résulté une chose très compliquée tenant du temple et de l'autel; la place de l'enfant était creusée dans une « pierre cave », en bois, bien entendu, et dorée; aux quatre angles s'élevaient de légères colonnettes soutenant une architrave classique; le ciel du berceau était semé de minces rameaux portant des fleurs et des feuillages d'or battu, qui formeraient au-dessus du bébé une scintillante pergola. Les courtines étaient de satin blanc, les draps et les oreillers de la plus fine toile, bordés d'or. Par surcroît d'élégance, mais surtout peut-être pour le protéger de l'air froid, le berceau devait être placé sous une tente de satin cramoisi à rayures blanches et multicolores, dressée de façon à isoler l'enfant dans l'angle d'un vaste salon pourvu de cheminée et orné pour la circonstance des précieuses tapisseries de la famille d'Este; la brodeuse de la cour, une Grecque nommée Maddalena, se perdait les yeux à broder le trousseau du nouveau-né et les draps pour la mère, également rayés d'or et de soies de couleur. On avait sorti tous les riches ornements de la maison d'Este, tapis, tapisseries, et même une garniture de dentelles anciennes et des courtines de satin ayant appartenu à Éléonore d'Aragon; mais Lucrèce avait voulu que, pour elle, tout fût neuf et s'était fait préparer dans l'une de ses « chambrettes », presque une alcôve, un lit au baldaquin de toile d'argent, orné de franges soyeuses de diverses couleurs; elle avait fait tapisser les parois à ses couleurs, brun et or, rehaussées d'un filet rouge héraldique et princier. Elle avait fait pourvoir d'une provision de bois une autre chambrette dorée possédant une cheminée, où elle prenait son bain quotidien, habitude qui, à l'époque, semblait presque un vice et qu'elle tenait vraisemblablement de ses origines et de son éducation arabo-espagnole. La commère Frassina, sage-femme entre toutes réputée à Ferrare, revêtait, pendant cette période, une orgueilleuse gravité, allant et venant au château ducal et distribuant alentour les pronostics de bon augure pour le prochain événement : sur son conseil on avait déjà choisi la nourrice, une belle et très jeune femme, venue exprès des fermes seigneuriales.

Si quelque sentiment profond émouvait Lucrèce en cette circonstance, c'était chose à garder secrète pour ne point la gâter et nous n'en trouvons nulle trace. Au contraire, la lecture des lettres de Strozzi-*Zilio* à Gonzague donne la certitude étrange que, loin de se sentir anéantie par la vie qu'elle portait dans son sein, le sens de son indépendance personnelle se trouvait alors comme renforcé. Avec Strozzi elle parlait longuement du marquis de Mantoue et comme les Este et les Gonzague étaient presque en conflit déclaré pour les habituelles questions de réfugiés d'une frontière à l'autre, elle échafaudait des plans de réconciliation, de façon à pouvoir de nouveau rencontrer son beau-frère et rester avec lui. « Chaque jour, nous parlons de vous, » commençait par déclarer *Zilio* en décrivant à Gonzague les inquiétudes de Lucrèce : elle savait qu'il avait été malade, s'en attristait, réclamait de promptes nouvelles, car « elle n'est pas aussi peu amoureuse que vous », lui faisait-il dire avec la feinte colère des amants, qui finit si bien dans la douceur des sourires. C'était le 2 avril et le lendemain, à peine l'accouchement fut-il jugé imminent, que le duc Alphonse « quitta Ferrare sans en souffler mot et sa femme avait les douleurs », écrit Sanudo. Le voyage d'Alphonse à Venise avait des motifs politiques, mais il fut décidé ce jour-là à l'improviste, parce que le duc ne voulait pas, une fois de plus, être témoin d'une naissance malheureuse, trop humiliante pour lui. Le lendemain naissait enfin l'héritier du duché, celui qui devait devenir Hercule II, un petit être au nez écrasé, qui fut mis pour dormir et vagir dans son berceau allégorique et « humanistique ».

Tout de suite Lucrèce se porta bien et Alphonse, qui arriva immédiatement à Ferrare, témoigna une joie modérée, trouva, comme on le lui avait annoncé, que l'enfant n'était pas beau mais sain et normal, qu'il semblait avoir la volonté de vivre et, finalement, le duc eut l'orgueil de pouvoir montrer aux ambassadeurs, qui venaient le féliciter, son futur successeur tout nu, afin de leur faire voir « qu'il était sain et normal en toutes choses ». Aux fêtes, au baptême, aux congratulations vint s'ajouter l'amnistie, dont on ne songea même pas à faire bénéficier don Ferrante et don Jules, les deux ensevelis vivants. Moins de cinq jours plus tard, le duc partit pour la France.

*
* *

Qu'Alphonse parte, Lucrèce n'en souffrira pas : après tant d'incertitudes, elle a abordé sur les rives sereines et peut envisager de vivre sa vie personnelle, maintenant que son devoir de duchesse, comme ils disent, est accompli. Du fond de son immobilité, en suivant le jeu des reflets colorés sur le ciel d'argent de son lit, elle se compose un univers accordé à ses idées et à sa sensibilité. Les premiers vagissements du petit Hercule se font vaguement entendre, une paix miraculeuse se diffuse, semblable à celle que font éprouver certains horizons limpides enveloppant les têtes d'anges des peintres du Quattrocento. Prudent, Hercule Strozzi arrive; vers lui Lucrèce tourne à peine la tête et ses yeux s'emplissent de l'harmonie dorée du soleil sur les tentures. A peine retrouve-t-elle le souffle que le nom de Gonzague lui monte aux lèvres et qu'elle s'indigne contre Alphonse, parce que la naissance du bébé n'a été annoncée qu'à Isabelle, sans mentionner le marquis, dans le dessein de l'offenser. Oui, elle condamne « l'erreur et la perfidie de Camille [Alphonse] et de Tigrino [Hippolyte] ». Lucrèce jugeait durement le père de son enfant à un moment où ce jugement devait, tout au moins, être mitigé. Toutes ses attentions vont à François, afin qu'il sache qu'elle lui est fidèle « et non une personne versatile » : qu'il lui ordonne quelque chose et il verra; et même si les Este ne font pas au plus tôt leur devoir envers lui, qu'il s'en plaigne publiquement et elle, publiquement, lui enverra faire des excuses officielles pour le dépit et la confusion de Camille et de Tigrino. En attendant, pourquoi ne trouve-t-il pas le moyen de passer par Ferrare? Elle le verrait d'autant plus volontiers qu'Alphonse sera absent. « Camillo part demain pour la France. » Et Strozzi recommande de répondre au sujet de cette visite : c'est ce qui tient le plus au cœur de la duchesse. On attend la réponse : viendra-t-il? Ne viendra-t-il pas?

Pour adoucir l'attente, Strozzi recourt aux sortilèges de la poésie et lit à la duchesse les premiers vers de son petit poème, le Genethliacon, composé pour la naissance du petit Este. Un même rire unit la terre et le ciel d'avril,

> « Rideat omnis ager, tibi, rideat omnis olympus,
> « Et patris et matris gaudia magna puer... »

Toutes les grâces, la volupté, Vénus et l'amour ne sont-ils point ici dans ce jardin terrestre?

> « Hic Venus, hic Charitei, hic est moderata voluptas
> « Hic amor arcitenens... »

« *Moderata voluptas*, » répète le poète avec un suggestif ralentissement de la voix sur les syllabes pour faire sentir tout le prix de cette mesure dans le plaisir, et Lucrèce s'abandonne tandis qu'il déroule la lente harmonie des cadences latines. Or, argent, velours, un calme luxueux invitent à l'optimisme, tout comme ce soleil d'avril ou ces vers latins bruissants de présages heureux. François de Gonzague écrirait, peut-être arriverait-il à l'improviste, pourquoi ne pas l'espérer? Pourquoi ne le croire point? Lucrèce se répétait qu'avant son départ Alphonse lui avait assuré qu'il n'avait aucun obstacle pour se réconcilier avec son beau-frère et désirait, au contraire, être en paix avec lui. Mais François n'écrivait pas. Que faire? A mesure que la santé de Lucrèce se consolidait, elle devenait plus impatiente et comprenait de moins en moins le silence du marquis de Mantoue. Elle décidait de lui dépêcher Strozzi, puis revenait sur sa décision, ne se sentant pas le courage de se priver d'un tel compagnon. Et voici *Zilio* en train d'écrire à Gonzague en usant de toutes les instances, suggestions, sollicitations d'un entremetteur habile; il lui dépeint les émotions de Lucrèce et se vante presque de leur intensité. Ah! si le marquis voyait où en est arrivée la belle duchesse de Ferrare, l'épouse d'Alphonse d'Este : « Je suis certain que vous n'avez pas de par le monde un serviteur qui fasse pour vous plus que je ne fais. » Ce n'était que trop vrai.

« Si vous veniez, écrivait *Zilio*, elle aurait plaisir plus que de 25 000 ducats et même davantage : je ne sais comment vous exprimer la passion qui la tient, tout à la fois parce qu'elle vous aurait vu volontiers, parce que vous n'avez jamais répondu, parce que vous l'avez mise en souci d'en connaître la cause... Si vous faisiez ce que je vous ai dit bien des fois, vous finiriez par comprendre que je vous conseille en vrai serviteur que je suis... Je vous certifie que [Lucrèce] vous aime, votre tiédeur lui déplaît, mais, outre les mille choses qu'elle loue en vous, il lui plaît que vous soyez secret. Si seulement vous étiez venu! Je vous ai souhaité mille fois la goutte... Je vois tant de bonnes dispositions chez Mme Barbara [Lucrèce] que, vous aimant comme vous savez que je le fais, je voudrais qu'une fois vous soyez content, mais mes sollicitations ne servent de rien si vous-même manquez de sollicitude. »

Borgoforte, Borgoforte. Se reporter par la pensée à ces jours-là était pour Lucrèce reprendre les choses à leur début, repartir chaque fois plus ardemment de ce point secret. La révélation de la tendresse humaine, particulièrement surprenante sur certains visages d'hommes qui semblent étrangers à son expression, peut lui être arrivée à l'improviste par un sourire qui remodelait par ombres et lumières le visage bronzé de Gonzague et qui tranchait, comme par un chaud et facile miracle, le nœud de ses scrupules et de ses amertumes. Certes, François de Gonzague n'avait pas, comme Bembo, le pouvoir de la libérer de son passé en lui ouvrant le chemin d'un monde où le pas devient agile et ailé, mais prince, chef d'État, il pouvait penser la protéger maintenant et à l'avenir. Homme moins lettré, mais plus terrestre, il l'acceptait et l'aimait telle qu'elle était, admettant sans répugnance sa filiation d'un homme d'Église, son divorce d'avec Sforza, l'aventure avec Pedro Caldes, l'assassinat du duc de Bisceglie oublié ensuite, l'infant romain, et jusqu'aux probabilités d'amours infâmes au sujet desquelles tant de rumeurs avaient circulé. Pour Gonzague, tout pouvait avoir été sans rien diminuer du présent ni de l'apport des jours à venir. Ainsi, près de deux ans après leur rencontre, elle en était à l'amour. *Zilio*, observant les progrès, écrivait :

« Elle [Lucrèce] vous aime extrêmement et beaucoup plus que vous ne le pensez, car si vous jugiez qu'elle vous aime autant que je vous l'ai toujours dit, vous seriez plus chaud que vous ne l'êtes pour lui écrire et tenter de venir où elle est. Je vous affirme qu'elle vous aime beaucoup et si vous continuez de la man ère que je vous indiquerai, *si vous n'obtenez pas ce que vous désirez, alors je vous donne toute licence de vous plaindre de moi;* je ne voudrais pas pour tout au monde vous dire une chose pour une autre... Donc montrez que vous l'aimez chaudement, car elle ne veut rien autre de vous. Quand vous me répondrez, ne me répondez pas sur ce sujet; je ne veux pas que vous sembliez avoir besoin d'être éperonné pour vous inciter à l'aimer, car je sais qu'il lui semblerait que vous éprouvez bien peu d'amour. Mettez toute diligence à venir où elle est, vous comprendrez alors que je vous en dis moins qu'il n'y en a. Elle m'a fait retarder le message parce qu'elle voulait vous écrire de sa main, mais ses yeux ne peuvent encore se fixer à cause de la faiblesse [de l'accouchement]. Elle se recommande beaucoup à vous et dit que Camille [Alphonse], avant son départ, lui a dit qu'il aurait plaisir à se réconcilier avec vous, que vous tentiez de le faire, parce que vous pourrez venir aussitôt là où elle sera. Elle voudrait que j'allasse vers vous et puis ne sait pas me laisser la quitter de sa compagnie. De toute façon, écrivez-lui afin qu'il ne paraisse pas que vous êtes froid; je me recommande à vous; je vous écris une autre lettre que vous puissiez montrer... »

Ces sollicitations, promesses, assurances ne laissent aucun doute : Lucrèce y est dépeinte. Il semble cependant que Gonzague traversait alors une crise d'incertitude et perdait le premier élan de ses projets amoureux. Strozzi lui administrait un tonique pour le revigorer, surtout en lui promettant de satisfaire « votre désir », l'ultime rivage de l'amour; mais, en attendant, il réconfortait Lucrèce, lui fournissait des raisons d'espérer et demeurait attentif à tromper les surveillances et à prévenir les soupçons. « Je vous écris une autre lettre que vous puissiez montrer, » avait dit *Zilio* et voici, ponctuellement conservée dans les archives des Gonzague, une autre lettre adressée au marquis de Mantoue, signée Strozzi et datée de ce même 25 avril, dans laquelle il est question d'affaires, lettre qui, s'il en était besoin, confirmerait l'identité de *Zilio* et de ses complices. Réussissaient-ils vraiment à tromper tout le monde, y compris Hippolyte et Isabelle?

Qu'ils fussent entourés d'espions, Strozzi et Lucrèce ne le savaient que trop et l'avaient su du temps de Bembo; ils étaient sur leurs gardes au point de reconnaître au premier coup d'œil les agents provocateurs que leurs adversaires envoyaient à la découverte, comme nous pouvons l'établir grâce à une autre lettre de *Zilio*, datée du mois de mars 1508. Un certain M..., se présentant à Lucrèce, lui tint de grands discours sur la sagesse et l'utilité d'une réconciliation entre Este et Gonzague et finit par dire qu'il se rendrait personnellement à Mantoue pour traiter de cette question et voir s'il réussirait à persuader le marquis de venir à Ferrare. Lucrèce avait répondu par une approbation, mais sans trop s'avancer. Ce même M... se rendit ensuite à Mantoue, se présenta au marquis et lui fit entendre à demi-mots qu'il lui était envoyé par Lucrèce afin de l'inviter à la rejoindre secrètement à Ferrare; mais le message et le messager furent suspects à Gonzague, qui répondit vaguement, fit dévier l'entretien et feignit de ne pas comprendre. Changeant alors de sujet et se mettant à parler d'autre chose, M... dans un coup de surprise lui offrit un petit portrait de Lucrèce. Alors le marquis se fâcha : le croyait-on capable de tomber dans un piège aussi grossier? Il refusa le portrait, mit l'intrus à la porte et écrivit à *Zilio* pour tout lui raconter.

Lucrèce et Strozzi n'avaient pas eu besoin d'épiloguer longtemps pour comprendre que le mystérieux M... avait agi pour le compte d'autrui et pour qui, sinon pour les Este? Au contraire, dans l'affaire du portrait, Strozzi voyait, et peut-être avec juste raison, la patte de chatte d'Isabelle d'Este. Qui était cet M...? Pour avoir si facilement ses entrées dans les deux cours, ce devait être un courtisan des plus appréciés. S'il était possible de l'identifier à Masino del Forno, dit le Modénais, donc M doublement, nous aurions trouvé un fil pour nous conduire avec plus de certitude à travers les obscurs événements qui suivirent. Rappelons que Masino del Forno faisait étroitement partie de l'entourage familier du cardinal Hippolyte.

Les noms d'Isabelle et d'Hippolyte sont peut-être plus importants dans cette histoire que celui d'Alphonse d'Este. Pourquoi Isabelle aurait-elle suggéré l'offre du portrait, sinon pour avoir une preuve de l'intérêt amoureux qui unissait son mari et sa belle-sœur? Ce pouvait être une expérience de la part de la marquise, mais pourquoi suggérer l'idée d'une visite à Ferrare précisément durant cette période d'inimitié entre les deux maisons régnantes? Pour y attirer Gonzague, mais à quelle fin? Uniquement pour voir s'il tombait dans le panneau? Il n'y tomba point, soit qu'il fût retenu par la peur des Este, ou instruit par Strozzi, ou secret en amour, ainsi qu'il plaisait à Lucrèce. Strozzi, pour son compte, manœuvrait avec une habileté digne d'adversaires de cette envergure, sans perdre jamais son calme, ni cesser d'être maître de son jugement. Il avait tout prévu. Ni la correspondance des deux amoureux, ni celle de leur entremetteur ne pouvait être découverte, car les lettres étaient confiées à des gens de toute confiance, qui parcouraient sans cesse cette route et avaient toujours des motifs officiels de franchir le Pô; une fois parvenues, elles étaient gardées dans le plus grand secret, puis restituées, par deux ou trois ensemble, à l'expéditeur, qui les brûlait lui-même. « J'ai eu votre [lettre] — écrivait, en effet, *Zilio* au marquis de Mantoue — avec toutes les miennes et celles de Mme Barbara, qui sont fort bien. Je lui ai donné [à Lucrèce] la vôtre et l'autre au feu... Si vous le désirez toujours, je vous renverrai les vôtres. »

Les preuves de l'intrigue étaient donc détruites au fur et à mesure, ce qui explique pourquoi, de la correspondance Ziliane, seules nous sont parvenues les rares lettres que Gonzague n'a pas eu le temps de lui restituer. Mais ce n'étaient point les seules lettres occultes qui circulaient entre le duché et le marquisat. Une correspondance secrète et sûre existait entre Isabelle et son frère Alphonse, comme en témoigne un très instructif billet de la marquise. Le manège de Strozzi près de son mari ne lui avait pas échappé, non plus que l'intimité de ce dernier avec Uberto Uberti, beau-frère de Strozzi, car, dès le milieu de l'année 1507, elle écrivait au duc de Ferrare :

« Messire Hercule (Strozzi) est beau-frère d'Uberto de Uberti, qui est le plus grand ribaud que la terre ait porté; il est mon ennemi, m'a offensée et s'applique à m'offenser, ainsi que je le ferai savoir de vive voix à Votre Seigneurie quand je pourrai lui parler. Il va souvent à Ferrare et s'y est rendu à nouveau après que messire Hercule fût ici. Je suppose qu'il est venu espionner, car c'est là sa fonction manifeste. J'ai dit ce qui m'importait. Je vous prie bien *que mes lettres soient brûlées, comme je brûle les vôtres, pour mon honneur et mon intérêt.* »

Donc les lettres brûlaient, celles d'Hercule Strozzi, de Lucrèce, de François de Gonzague, d'Isabelle d'Este, d'Alphonse, et si les lettres du cardinal ne brûlaient pas, c'est que, plus avisé que tous les autres, il n'écrivait jamais. Dans la brume des soupçons et des inquiétudes, les maris se trouvaient être tout à la fois liés à leur femme et leur ennemi; chacun avait à cacher un complot, un mensonge, une secrète intention d'atteinte morale; mais à l'examen des motifs qui conduisaient les uns et les autres soit au désordre, soit à la défensive, on verra que dans cet enchevêtrement d'intérêts, d'ambitions, de jalousies, d'orgueil, seule Lucrèce, bien qu'elle fût l'axe de cette joute d'intrigues, avait un motif vrai, un de ces désirs d'amour qui devraient paraître licites en ce monde. « Montrez-lui que vous l'aimez, avait dit *Zilio,* car elle ne désire pas autre chose. » Était-ce un malheur que cette simple « chose » fût pour elle de si mauvais augure?

*
* *

Soudainement, la tempête éclata, précédée d'un prologue de
tragédie. On se souviendra que Lucrèce avait recueilli et donné
asile, après la mort du duc de Valentinois, à un jeune prêtre
espagnol, compagnon de César lors de son évasion de Médina ;
elle l'avait fait loger au monastère de San Paolo et l'invitait très
souvent à sa propre table. Le soir du 4 juin 1508, il revenait de
Castello par la route directe, aujourd'hui corso Porta Reno, qui
de la grand-place conduit au couvent. Cette rue est certainement
plus obscure que celle du Gorgadello, rue des ivrognes, qu'on
croit voir sortir des caves par groupes et chanter à la lune sous
les sages fenêtres des chanoines, presque aussi sombre que la
médiévale *via delle Volte*, enserrée dans ses ombres gothiques.
Les porches antiques, les maisons de guingois forment des
recoins de nuit épaisse, gîtes de chauves-souris ou d'assassins ; les
pilastres des arcades étouffent les voix, qui ne parviennent pas à
s'élancer vers l'air libre, en sorte que la rue ne devient moins
sinistre qu'à son débouché sur la placette où s'élève l'église
Saint-Paul, flanquée de son couvent abrité derrière un mur hostile,
qui par crainte d'un traquenard repousse toute tentative de confiance. Sur le portail, deux angelots un peu craintifs dans leur
candide mission tentent d'éclaircir la sombre atmosphère de ce
lieu et se fient peut-être aux antiques lions de pierre rouge qui
gardent aujourd'hui la porte du monastère, mais devaient, alors,
être à leur place sur la façade de l'église, pour soutenir les
colonnes du petit portail romain. Mais le prêtre espagnol ne
devait plus revoir ni l'église, ni le couvent, ni le gracieux cloître
du Quattrocento : les arcades furent sa condamnation, en pro-
tégeant ses assaillants nocturnes, et le virent tomber, dit un
informateur, « égorgé », sans qu'on ait entendu le moindre cri
et sans qu'on puisse deviner par qui et comment le coup avait
été fait. Faut-il admettre que durant le court temps de sa vie
ferraraise le prêtre se fût fait des ennemis personnels acharnés
contre lui jusqu'à vouloir sa mort ? S'il n'en était pas ainsi,
quelles raisons avaient donc armé la main des assassins ? Ces
questions n'étaient pas près d'être résolues et pouvaient aussi
peut-être concerner les Este, s'ils jugeaient venu le temps d'épurer
l'atmosphère autour de la duchesse de tous les germes de rébel-

lion et de trahison semés par ses favoris des deux sexes. Cet assassinat ne peut certainement être dissocié dans ses causes premières, bien que nous manquions d'informations, de celui qui eut lieu peu après et fut beaucoup plus grave et cruel.

Hercule Strozzi, qui venait d'avoir une fille née de Barbara Torelli, écrivait une élégie, latine ou italienne, que tout Ferrare attendait et qui est, aujourd'hui, perdue. Ceux qui en connurent quelques vers purent dire que l'idée de la mort, comme un pressentiment, marquait d'une note sombre toute la composition. L'esprit rempli de ses phantasmes poétiques, dans la première douceur estivale d'une nuit de juin, il déambulait avec sa béquille à travers Ferrare, sortant des appartements de la duchesse ou de ceux de Barbara, nous ne savons, mais ni ici, ni là, il ne devait plus retourner.

L'aube du 6 juin 1508 éclaira, à Ferrare, l'un des plus célèbres homicides de l'histoire littéraire italienne : à l'angle des rues Praisolo et Savonarola, près du mur médiéval de la maison Romei, close et solide comme un fortin, gisait le cadavre d'Hercule Strozzi : vingt-deux coups de poignard l'avaient transpercé sans altérer ni son élégance, ni son expression hautaine et dédaigneuse; sa béquille près de lui, ses éperons aux pieds, les longues boucles lisses de ses cheveux arrachées dans la lutte et disposées en ordre autour de la tête montraient que ses assassins eux-mêmes étaient, à leur insu, par une ironie ultime du poète, entrés dans son univers esthétique et représentatif.

La ville fut aussitôt en rumeur : non point que Strozzi fût populaire, car, tout au contraire, le peuple détestait la dureté dont il avait fait preuve dans ses fonctions de juge des Sages. Mais c'était un homme très puissant, l'un des premiers à Ferrare par son rang social, sa renommée poétique, sa situation à la cour, sa richesse; et, maintenant, tous les motifs qui avaient, envers lui, suscité l'envie, l'admiration, le dépit, la haine ne comptaient plus près de son cadavre. Assassiné par qui? Prosperi, faisant connaître la nouvelle à Isabelle d'Este, affirmait qu'au sujet des auteurs du crime on disait une chose ou une autre, mais que personne n'osait s'exprimer ouvertement « pour ne pas donner de la tête dans le mur ». Était-ce le mur du château d'Este? Puis, subitement, la chaîne du secret se détendit, tous s'imposèrent silence, eurent l'air de ne nourrir aucun soupçon et de n'avoir pas à exercer leur perspicacité sur ce pro-

blème. Comme un souffle lourd, la peur passa sur Ferrare et
recouvrit d'une grisaille le travail serré des hypothèses et des
soupçons; dans le silence, les légendes trouvèrent un terrain où
s'enraciner et firent dévier la solution du mystérieux problème.
De splendides et fastueuses funérailles furent célébrées qui, étant
données les circonstances, prenaient un relief romanesque; tous les
nobles et tous les intellectuels ferrarais étaient présents quand,
sous l'arcade du Dôme, Celio Calcagnini, le grand philologue
et humaniste de Ferrare, se leva et commença *præsente cadavere*
les périodes arrondies de son oraison funèbre :

« *Magna me cruciat miseratio, torquet jactura, magnitudo vexat
indignitas rei...* » clamait la voix sonore en exprimant la douleur avec une éloquence mesurée. « Qu'était devenu le labeur de
tant d'années, tant de clarté d'âme, tant de ferveur? Un jour,
une heure, tout est détruit... Où est cet esprit aigu? Cette subtilité de l'intelligence? Ce laboratoire des lettres? Cette suavité de
la poésie? » La louange s'amplifiait : « Si l'âpre vers iambique
ou le grave héroïque ou le doux élégiaque le sollicitaient avec
tant d'ardeur, il le saisissait, si heureusement le dominait, chantait de si douces et suaves choses que tous l'enviaient. » Il poursuivait : « Comment s'étonner donc s'il fut tant apprécié de
l'épouse du prince, de Lucrèce Borgia, à qui toujours il fut religieusement dévoué? » Si dans cette réunion de gens subtils
quelqu'un frémit à ces paroles, aucun ne le laissa voir, fût-ce
par un battement des paupières; toute réflexion demeura incom-
municable. Chacun sentait la nécessité d'être prudent, même à
Urbin, où était alors Bembo, qui dut apprendre la nouvelle
de la mort de son ami avec l'angoisse de remords qui, même
dans l'éloignement, l'atteignaient aussi. Seule la femme de l'assassiné, Barbara Torelli, lança un cri désespéré.

Du lit où elle gisait encore avec le bébé de treize jours à ses
côtés Barbara dut supporter une douleur qui n'avait même pas la
possibilité de s'alléger par la pensée d'une fatalité divine. Brisée
dans toutes ses espérances par cette mort soudaine et violente,
Barbara n'abdiquait pas, cependant, ses meilleures qualités féminines et rassemblait immédiatement sous son toit tous les enfants
de Strozzi : les deux siens et quatre autres illégitimes, assumant,
faible, mais courageuse, la tâche de défendre cette nichée sans
père. Les frères d'Hercule, Laurent et Guy, écrivirent une
lettre au marquis de Mantoue, dans l'espoir qu'il tirerait ven-

geance de « qui lui avait fait mourir un si fidèle serviteur ».
François de Gonzague répondit en offrant une récompense de
500 ducats avec l'impunité à celui qui révélerait le nom de l'assassin et il envoya des condoléances à la veuve; il fut aussi parrain par procuration de l'enfant, qui fut prénommée Giulia. Mais
les jours passaient, personne ne se présentait pour réclamer la
prime alléchante, la justice ferraraise semblait dormir : on
commençait à avoir la certitude que le coup était parti de
haut.

Les historiens ont été, eux aussi, de cet avis bien qu'assez
divisés jusqu'à ces dernières années sur les responsabilités du
crime; aussi, lorsqu'ils en faisaient le récit, se référaient-ils à
l'une des deux versions traditionnelles. La première, portée au
compte des origines Borgia de Lucrèce, voulait que la duchesse,
éprise de Strozzi, l'ait fait tuer par jalousie envers Barbara
Torelli; l'autre, qui prétendait que le duc Alphonse, amoureux
de Barbara, avait fait supprimer l'obstacle du mari pour arriver
à ses fins, est absolument gratuite, sans aucune confirmation de
documents ou de témoignages du temps. Plus récemment, Luzio
et Catalano, qui connaissent les lettres de *Zilio*, ont pensé à
une vengeance des Este contre l'audacieux entremetteur de la
duchesse, mais ils n'ont pu arriver à la conclusion que c'était
bien là le mobile du crime; au contraire, en recherchant l'identité des ennemis les plus acharnés de Barbara Torelli et d'Hercule
Strozzi, ils durent convenir que l'homicide avait été perpétré par
les parents de Barbara, ces Bentivoglio qui voyaient dans le poète
ferrarais le revendicateur astucieux et irréductible du patrimoine
et des droits de sa femme. La preuve la plus convaincante de
cette version est la lettre écrite par Barbara elle-même à la marquise de Mantoue, une supplique afin d'obtenir son aide dans la
pénible situation de veuve chargée de six enfants à élever et
éduquer, inhumainement spoliée par les Bentivoglio et par Galéas
Sforza. « Qui m'a ôté mon mari, écrivait en effet Barbara, fait
perdre le [patrimoine] à ses enfants, cherche à m'atteindre dans
ma vie et à me faire perdre ma dot. » Il est clair qu'il ne s'agit
point ici des Este, qui non seulement ne songeaient pas à lui ravir
sa dot, mais la faisaient assister par des gens dignes de confiance
dans ses litiges avec ses parents cupides, et qu'elle fait allusion
à ses ennemis de toujours, les Bentivoglio et Galéas Sforza, ceux
qui avaient supprimé son mari pour arriver plus vite et plus sûre-

ment à la réduire à la misère. Un témoignage de plus en faveur de cette thèse est une lettre envoyée de Bologne au cardinal Hippolyte par l'un de ses informateurs, Giacomo Mugiasca. Ce dernier référait qu'à Bologne on tenait pour certain que l'assassinat d'Hercule Strozzi avait été ordonné par Alessandro Pio, mari d'Angèle Borgia et fils d'Éléonore Bentivoglio, précisément pour le compte des Bentivoglio, et que l'exécuteur du crime était Masino del Forno, le Modénais.

Parvenu à ce point, il faut s'arrêter et réfléchir tout d'abord sur les noms de Pio et de Masino del Forno, désignés comme ordonnateur et exécuteur de l'assassinat. Il est important de souligner que Pio était tout dévoué aux Este et briguait la faveur ducale comme une grâce, pour garder la souveraineté de son petit fief de Sassuolo. Comment eût-il trempé dans l'assassinat d'un homme de cour, favori, entre tous, de la duchesse, s'il n'eût été certain, non seulement de l'impunité, mais encore, avouée ou non, de l'approbation des Este? Masino del Forno, lui, toujours prêt aux tueries et aux complicités sanglantes, était très capable d'avoir mis son poignard au service des Bentivoglio; mais lui aussi, et davantage encore que Pio, ne l'aurait jamais fait s'il n'eût pas su que la chose serait agréable à ses souverains et surtout au cardinal.

Quand on se souvient de quelle manière souterraine procéda le cardinal Hippolyte pour découvrir la conjuration de don Jules, de cette astuce, de cette patience féline pour attendre le moment propice et cueillir les conjurés au point critique et à l'improviste, tout en demeurant dans l'ombre, de façon à écarter toute participation directe de sa part aux faits, on peut reconnaître également dans cette dernière tragédie le même processus. On savait qu'Hercule Strozzi avait des ennemis mortels, qui avaient juré sa perte : rien n'était donc plus facile que de leur faire entendre certaines choses, par exemple que le champ était libre et permises les plus extrêmes entreprises contre le poète ferrarais. Quelques années plus tard, Jove dira, lui aussi, que le juge voulut ignorer les coupables, sans compter que dans une ville qui se vantait d'avoir une police bien organisée, à une époque où on n'hésitait pas, pour les délits bien moindres qu'un tel crime, à mettre les gens suspects à la torture, l'absence d'enquête et d'arrestations est un indice très grave. Quelqu'un a objecté que les registres des procès de ces années-là ayant été brûlés, on n'est pas fondé à incriminer l'incurie de la justice; mais, le témoignage de Jove mis à part, s'il y avait eu des arrestations ou d'actives recherches, les informateurs n'eussent pas manqué de les mentionner, alors que nous les voyons éviter ce sujet comme s'ils s'efforçaient de le passer sous silence. La neutralité complice des Este est évidente et explique tout : les légendes populaires, que les contemporains, avec la logique du bon sens, avaient inventées, attribuant la faute à la maison d'Este et forgeant des romans où se mêlaient les amours secrètes et la jalousie (par une coïncidence instructive, dans les deux versions un sentiment de jalousie est attribué soit à Lucrèce, soit à Alphonse), le silence des humanistes et des informateurs, la terreur de Tebaldeo. De même que le distique de Gerolamo Casio :

> *Hercule Strozzi, à qui fut donné la mort*
> *Pour avoir écrit de Lucrèce Borgia,*

qui, jusqu'aujourd'hui, avait été jugé par les historiens comme un propos en l'air, puisque nul n'ignorait que le poète n'avait adressé à la duchesse que de respectueuses louanges, mais qui prend un sens évident si l'on se réfère aux lettres de *Zilio*. Des moyens nombreux dont disposait le cardinal pour masquer la vérité, le silence était le plus sûr, la peur le plus efficace; au pire, celui qui aurait pu atteindre le fond des choses n'y aurait trouvé que les noms des adversaires de Barbara Torelli et, en admettant qu'il eût d'autres soupçons, n'aurait pu s'aventurer plus avant que sur des hypothèses, car le cardinal n'était pas homme à laisser des traces ou des preuves derrière lui. Barbara, qui avait pénétré le mystère, croyait, comme prévu, à la culpabilité de ses ennemis de toujours; mais peut-être, précisément, parce qu'elle seule, guidée par son angoisse, aurait pu surmonter le silence et la peur et deviner une vérité plus profonde, on lui fit comprendre que sa vie à Ferrare offrait si peu de sécurité qu'elle s'enfuit à Venise avec les enfants Strozzi. Là, frémissante de rébellion et d'amour, elle vécut : sa douleur se dressait contre les forces qui l'enserraient, mais purifiée par le filtre de la culture et de la poésie elle prit forme d'art en un sonnet, la seule œuvre poétique qui nous soit parvenue d'elle, admiré par les critiques de tous les temps jusqu'à Carducci et Mazzoni, à tel point que certains, doutant qu'une femme, et particulièrement Barbara, pût l'avoir écrit, tentèrent de l'attribuer au plus grand poète alors

vivant à Ferrare, l'Arioste. Mais finalement, il lui a été restitué : trop féminin, a-t-on dit, presque un « retour à la nature »,
extraordinaire en ces temps d'imitation pétrarquisante, spécialement dans les deux derniers tercets :

Je voudrais par mon feu à ce froid glacé
Rendre la tiédeur, remodeler avec mes larmes
La poussière pour la ranimer à une vie nouvelle.

Et puis je voudrais, fière et hardie,
Le montrer à celui qui rompit le cher lien
Et lui dire : l'Amour, monstre cruel, a si grand pouvoir.

On ne sut jamais qui était le monstre cruel. Aujourd'hui on
peut établir avec certitude que, quoi qu'il en soit de l'accusation
portée contre Alessandro Pio, l'ordre de mort est venu soit des
Bentivoglio, soit de Jean Galéas Sforza, mais aussi diagnosti-
quer avec une certitude presque équivalente que les Este furent
d'accord pour fermer les yeux et couvrir les assassins par le
silence.

A Venise, Barbara put vivre convenablement, bien qu'elle fût
tourmentée par les conflits d'intérêts avec ses parents, en même
temps que préoccupée d'aider les nombreux enfants de son mari
à faire leur chemin dans le monde. Bien qu'ébranlée par une telle
tragédie, elle sut, cette fois encore, demeurer ferme et, dans son
exil, ne négligea ni l'exercice de l'intelligence, ni les conversations avec les lettrés et les humanistes vénitiens qui venaient à
elle, se plaisaient en sa présence et appréciaient son éloquence
sereine. Quelques années plus tard, on apprit par un chroniqueur
généralement très prudent que Folenghino, gentilhomme de
confiance et agent des Gonzague à Venise, y faisait « brave-
ment l'amour avec celle qui fut l'épouse de messire Hercule ».
Était-ce exact? Ou bien ne verrons-nous là qu'un commérage,
afin de conserver intacte la figure de cette femme qui rappelait
continuellement la « douce mémoire » de son mari et faisait des
donations, par exemple aux chanoines de Sainte Marie in Vado,
pour qu'ils honorassent perpétuellement cette mémoire par des
prières et des offices? On pourrait répondre que la voie de la
fidélité n'est pas unique, que les droits à la consolation sont
nombreux et tous humains.

*
* *

C'est un problème de savoir quelles furent les réactions de Lucrèce. Aucun des chroniqueurs qui connaissaient, et nul ne l'ignorait, l'intimité de la duchesse et du poète ne cite jamais son nom à propos du crime. Nous ne savons pas non plus si elle a ou non aidé Barbara Torelli, qui se sera certainement tournée vers elle comme vers sa protectrice naturelle. Puisque les documents font défaut, nous ne leur substituerons pas notre fantaisie, mais on se figure mieux Lucrèce cherchant à protéger la veuve de Strozzi plutôt que l'abandonnant, à moins, bien entendu, que les Este n'aient trouvé le moyen de l'en empêcher. Quoi qu'il en soit, les choses étaient fort embrouillées et il se peut que Lucrèce, impuissante à garantir la vie de Barbara, lui ait conseillé de quitter Ferrare.

Au château d'Este, tout semblait interrompu dans l'entourage de Lucrèce, non seulement les rapports avec Gonzague, mais toute l'harmonie de la vie; les questions, formulées ou non, se heurtaient à l'attitude indifférente d'Alphonse et d'Hippolyte. Le remords et l'angoisse devaient l'étreindre à la pensée des missions périlleuses que Strozzi avait assumées pour elle, sans pouvoir se rendre compte si c'était là qu'il fallait chercher la cause déterminante du crime, en scrutant les visages calmes des Este, qui feignaient, eux aussi, d'être dans le doute et de nourrir des soupçons. La haine des Bentivoglio, contre laquelle Lucrèce avait durant tant d'années défendu Barbara, pouvait être un motif suffisant de lui faire croire que le poignard venait de là et elle dut finalement en être persuadée. Prudemment. Mais elle était femme à pleurer toute sa vie le poète et l'ami, sans jamais plus prononcer son nom ni se lamenter, et elle se plongeait dans cette solitude spirituelle où les accents lyriques et les aimables courtisaneries de Strozzi ne la rejoignaient plus. Lucrèce se fuyait peut-être elle-même, en ces jours-là où elle s'empressait de nouer d'étroites relations avec la dernière reine de Naples, qui, veuve du roi Frédéric, mort exilé en France, était venue se fixer à Ferrare, bien accueillie et pourvue de résidence et d'apanage par le duc Alphonse. Une semaine à peine après la mort de Strozzi, la duchesse se plaignit de la chaleur précoce, se montra impatiente de partir pour la campagne et parut en proie à d'inquiètes lubies.

Le jour du *Corpus Domini* (la Fête-Dieu), sous prétexte de voir de très près la procession solennelle, elle se fit inviter par la reine de Naples, le cortège devant passer devant ses fenêtres; de bonne heure elle se rendit au palais Pareschi, dont la noble architecture disparaît aujourd'hui sous les enjolivements du XVIIIe siècle. Le palais long et bas se situe via Savonarola, exactement en face de la maison Romei, et des fenêtres du premier étage on voit jusque dans les interstices des pavés la terre qui porta le cadavre d'Hercule Strozzi. Lucrèce se mit à la fenêtre et put contempler l'un des lieux douloureux à son âme. Le passage de la procession, entre les tapisseries que la reine de Naples avait fait exposer sur son palais et sur la maison Romei, le chant sacré, l'éclat des ornements d'or et des cierges, le mélancolique visage de la reine veuve, tout cela était fait pour lui permettre de pleurer douloureusement, intimement, les larmes d'un pieux chagrin qu'elle ne pouvait partager avec personne.

Fuir pour se refaire : et comment se reprendre, comment guérir sinon avec l'aide de celui qui lui semblait vivre vraiment, de son cher François de Gonzague? Lucrèce cherchait un nouvel intermédiaire et le trouva en quelqu'un qu'on ne se serait pas attendu à voir dans ces fonctions : le comte Laurent Strozzi, frère d'Hercule. Après la mort d'Hercule, le comte Laurent, marié depuis quelques mois à une fille très jeunette de Barbara, s'était joint à sa belle-mère et belle-sœur pour adresser des suppliques au marquis de Mantoue afin qu'il vengeât l'assassinat; mais dix jours ne s'étaient pas écoulés que, lui aussi, prenait partie contre Barbara Torelli, parce que, disait-il, « elle a manqué de foi à ma femme et à moi. On vit alors, chose incroyable, Laurent se réconcilier avec le mari de l'autre fille de Barbara, Jean Galéas Sforza, et s'unir à lui pour dépouiller sa belle-mère de sa fortune et de ses biens; cependant, tout autant que Barbara, il devait savoir que cette main qu'il serrait avait pu faire le signe de mort contre son frère... Savait-il autre chose? Et quels étaient ses rapports avec les Este alors que nous le trouvons en juin 1508, le mois même du meurtre, au château, près de Lucrèce, disposé à servir d'intermédiaire entre elle et le marquis de Mantoue?

Il y a là un point véritablement obscur; mais de toute manière on jugera immédiatement de la faible conscience morale de Laurent en constatant avec quelle hâte il s'était associé aux responsables de l'assassinat de son frère contre la veuve de ce dernier. Avec un homme capable d'un tel revirement on pouvait s'attendre à tout, même — et on verra que ce soupçon est fondé — à ce qu'il ait été placé près de Lucrèce pour le compte de quelqu'un qui avait intérêt à la continuation de la correspondance entre la duchesse d'Este et le marquis de Mantoue, mais sous contrôle, bien entendu. Ce contrôle paraît effectivement s'être exercé soit par la complicité du comte Laurent, soit d'autre façon. Certes, on ne peut lire sans stupéfaction, voire sans stupeur, les lignes de présentation que, le 30 juin, Lucrèce adressait de sa propre main à François de Gonzague : « Le comte Laurent Strozzi vient à Votre Seigneurie comme un serviteur non moins dévoué que son frère, messire Hercule; » qu'il ait donc confiance en lui comme en elle-même.

Il semblait à Lucrèce s'être raccrochée à la vie et, pour en éprouver la certitude, elle pensa se rendre en villégiature à Modène et Reggio, où les habitants, qui se souvenaient du pillage exercé en 1505 par les cuisiniers, pages et écuyers (ils avaient volé jusqu'aux draps et aux candélabres), virent avec une certaine appréhension s'installer la cour des deux grandes dames, à qui cependant il fallait faire des réceptions et des présents. La duchesse et la reine se plaisaient fort dans cette agréable région, mais tandis que la reine partait au bout de quelques jours, Lucrèce demeurait, inquiète et ardente, laissant bien voir qu'elle avait choisi ce lieu dans un dessein espéré jusqu'à l'angoisse, c'est-à-dire pour que Gonzague, se souvenant combien la route de Borgoforte à Reggio était facile, refît ce cher chemin et arrivât à l'improviste. Non, Lucrèce ne pouvait cesser de se fier à lui, de désirer son sourire réconfortant, un rayon de voluptueuse chaleur : elle attendait, mais frémissait d'impatience, appelait le comte Laurent, lui ordonnait d'écrire à Mantoue pour solliciter François de venir au plus vite, de ne point laisser fuir les jours favorables, car, à la fin d'août, il lui faudrait regagner Ferrare. « S'il lui était licite, elle ne tarderait pas tant, elle, à venir, » écrivait le nouvel intermédiaire, suivant d'un train débile les traces de son frère. Oui, la duchesse sait que François est malade, mais elle a demandé tant de prières aux monastères de Reggio et de Ferrare qu'il doit être déjà guéri : qu'il vienne, qu'il vienne et réponde sur-le-champ.

La réponse arriva, datée du 25 août, écrite par le secrétaire préféré du marquis, Tolomeo Spagnoli (détesté d'Isabelle), empreinte d'affection réservée, mais ayant le sens d'un refus. Certes, il a grand désir de revoir sa « très cordiale sœur », mais comment y parvenir étant aussi malade? Avant même de recevoir ce billet, Lucrèce, incapable de résister à son impatience, prit une décision : puisque Gonzague est malade, pourquoi n'irait-elle pas le visiter à son chevet, comme elle le fit pour Bembo? Lucrèce, ayant trouvé cette excellente idée, se préparait au voyage avec sa cour et serait partie si l'arrivée à Reggio d'Alphonse et du cardinal ne l'en eût empêchée. Lucrèce, maintenant, ne partira plus : « Mme la duchesse, qui avait délibéré de vous aller visiter, est demeurée et demeurera, » écrit à Gonzague l'un des bouffons de la cour, Martino d'Amelia, et, poursuivant sa lettre, il ajoute que les Este croient d'autant moins à sa maladie, qu'un nécromant leur a fait voir son image et qu'ils se sont étonnés que « le mal ne paraisse pas trop ». Maintenant qu'Hercule Strozzi n'était plus là, les Este se permettaient quelques sourires sur les galanteries manquées du beau-frère mantouan.

Quant à Lucrèce, il ne lui restait plus qu'à réfréner ses désirs, affirmer sa résignation et son espérance, s'aider cette fois encore de la poésie. A Reggio, elle avait trouvé Bernardo Accolti, l'Arétin, arrivé depuis un mois, le poète courtisan que se disputaient toutes les cours d'Italie, son ami d'autrefois, protégé à Rome au temps du duc de Bisceglie. Le rencontrer à ce moment, libre, prêt à se consacrer à elle et à renouveler ses poèmes pour lui plaire, fut vraiment un bienfait des dieux. Bien que le goût littéraire de Lucrèce ne fût ni très éclairé ni très pur, elle ne pouvait se passer de poésie, la sentait nécessaire au développement harmonieux de ses pensées et quasi même de sa vie physique : elle retint à sa cour son nouveau poète, le combla de faveurs et de dons, jouissant d'être servie et courtisée avec souplesse par l'habile histrion. Les délicates magnificences de Bembo et les subtilités métaphysiques d'Hercule Strozzi étaient loin, mais elle se contentait d'avoir cet autre et de reprendre en sa compagnie les thèmes anciens, les problèmes concernant la littérature ou les princes. L'un fut, par exemple, celui des œuvres rimées de Niccolò di Correggio.

Le grand gentilhomme humaniste et guerrier était mort cette année-là, sans amertume, disait-on, d'avoir été « d'abord grand, puis abaissé » et avait laissé un petit poème inédit, Psyché, travail de plusieurs années, dédié à Isabelle d'Este. Avide d'hommages poétiques, envieuse des *Asolani* dédiés à Lucrèce par Bembo et informée de l'édition préparée à Venise par Alde Manuce des œuvres complètes de Strozzi, dédiée à la duchesse de Ferrare, Isabelle, peu après la mort de Correggio, avait écrit à son fils Gian Galeazzo afin de recevoir *Psyché* et sa flatteuse dédicace. Courtoisement et avec mille considérations affectueuses pour la mémoire de son père, le jeune homme répondit que le poème étant terminé depuis quelques années et son père ne l'ayant point fait parvenir à la marquise, il fallait en conclure que sa volonté était de ne pas le lui envoyer. Isabelle, avec une patience tenace, sans se montrer froissée de la réponse, écrivit de nouveau, employa tous les moyens, autorité, courtoisie, prière. Elle n'obtint rien et pensait, peut-être non sans raison, que derrière cette résistance devait se trouver Lucrèce ou, tout au moins, le désir qu'avait Gian Galeazzo da Correggio de faire plaisir à la duchesse de Ferrare. Au terme du mois d'août et de son séjour à Reggio, Lucrèce visita la belle et vaste demeure des Correggio et se fit montrer tout le *Canzoniere* de l'humaniste défunt : serait-il vrai, comme le dirent les partisans d'Isabelle, que Lucrèce tenta de faire changer en sa faveur la dédicace de *Psyché?*

Au seul soupçon d'une pareille tentative, la marquise de Mantoue devait entrer en fureur et, après avoir dressé l'inventaire des désillusions et des échecs dus à sa belle-sœur, se sentir blessée dans son point d'honneur de femme supérieure. C'en était trop vraiment, après avoir imaginé Lucrèce quémandant une amitié qu'on lui aurait concédée mi-protectrice, mi-compatissante, de la voir l'égale des autres et s'attacher des hommes tels que Bembo, Strozzi, le marquis de Mantoue, vaincre, en somme, avec éclat sans donner d'importance mondaine à ses victoires. A son mari Isabelle ne parlait pas de Lucrèce pour ne pas s'infliger l'humiliation d'être traitée de jalouse, mais elle se soulageait avec ses familiers et elle avait trop d'esprit pour que ses propos ne fussent pas corrosifs. Ses partisans faisaient chorus avec elle : par exemple, quand elle fut invitée par Louis XII aux fêtes de Gênes, Sertorio Marziali écrivait de Ferrare que tous se réjouissaient du grand honneur fait à la marquise de Mantoue et que si « quelqu'un » en concevait de l'envie, il ferait tout ensemble « le péché et la pénitence ». Mario Equicola, maître et panégyriste officiel d'Isabelle, celui qui connaissait toutes ses humeurs,

s'exprimait plus clairement encore après avoir été à Ferrare con-
sulter les manuscrits laissés par Hercule Strozzi et adressait à
Ferrare une lettre indignée. Que la marquise sache donc que dans
les papiers de Strozzi se trouvaient quinze épigrammes sur un
Cupidon de marbre qui semblaient s'adapter exactement à celui
de l' « Isabellica Grypta » (c'est-à-dire de la « Grotte » fameuse,
pleine d'œuvres d'art, où se trouvait le Cupidon endormi de
Michel-Ange) et qu'au contraire il « se répandait en louanges de
la Borgia, qu'il désignait par son nom ». Une telle « ambition
bestiale », comme le disait Equicola, enflammé d'une colère toute
méridionale, ne pouvait être tolérée. Pire encore, ajoutait-il, la
duchesse de Ferrare avait, elle aussi, son Cupidon endormi, un
travail moderne qu'on voudrait à la cour d'Este faire passer pour
une œuvre grecque provenant des fouilles et qui justifiait l'inspiration des épigrammes. Quant à lui, Equicola, il ne la justifiait
nullement et avait décidé de « dénoncer une telle ambition et de
faire remarquer que plus les singes (avec révérence de Votre Seigneurie) montent haut, plus ils montrent leurs parties honteuses... »
De son côté, d'ailleurs, la marquise ne perdait pas une occasion,
et tous pouvaient l'entendre, de tourner sa belle-sœur en ridicule
jusque dans sa vertu. A propos d'un voyage du duc Alphonse,
Isabelle « fit des gorges chaudes à propos de la duchesse de Ferrare, qui, pour témoigner près de son mari d'être fidèle et chaste,
faisait dormir dans son antichambre Pietro Giorgio da Lampugnano ». La médisance s'exerçait volontiers à propos de Lampugnano, parce qu'ami et favori de Lucrèce et peut-être aussi parce
qu'Isabelle n'avait pas eu de chance avec lui quand, peu de
temps auparavant, elle lui avait recommandé l'une de ses pro-
tégées pour la cour de la duchesse et s'était entendu répondre
avec une certaine hauteur qu'il n'y avait point place pour elle.
Mettre dans le même sac le gentilhomme et sa souveraine afin de
se moquer d'eux était pour Isabelle une vengeance d'autant plus
savoureuse que, parmi ceux qui l'écoutaient, il y avait entre
autres le secrétaire intime de François de Gonzague, Tolomeo
Spagnoli, qui, on pouvait en être certain, référerait toute la conversation à son seigneur, comme il le fit en effet.

Isabelle devait, dans ses pires moments, se demander quelle
était la voie pour atteindre Lucrèce et la toucher au vif : on lui
avait éloigné Bembo, tué Strozzi, avant peu la duchesse d'Urbin
et elle-même lui enlèveraient Accolti; même en la laissant seule,

on ne trouverait pas le moyen de la frapper dans le lointain refuge où elle se retranchait, toute jeune et si secrète qu'elle pouvait toujours réserver une surprise. Isabelle recueillait l'adhésion et l'admiration de ceux qui l'entouraient, mais Lucrèce possédait la faculté d'ouvrir la voie aux songes et aux désirs par lesquels les hommes oublient leur assujettissement à la loi de la douleur. Leurs souverainetés étaient diverses et séparées; mais si Lucrèce pouvait reconnaître en Isabelle, sans la désirer pour soi-même, la suprématie intellectuelle, l'acuité politique, les triomphes d'une femme du monde et de gouvernement, qui remplissaient d'orgueil la marquise de Mantoue, celle-ci, obstinée et raisonneuse, ne comprenait ni n'admettait l'ondoyant royaume des sentiments et des émotions, sur lequel régnait avec son sourire vague, sa nonchalance détachée et mélancolique, la duchesse de Ferrare.

CHAPITRE XI

LA GUERRE A FERRARE

Septembre ouvrait les portes de l'automne quand Lucrèce regagna Ferrare, seule et sans avoir revu Gonzague. Dans le berceau, sous la pergola dorée, dormait le petit Hercule, grandi, embelli, qui avait encore, comme il l'aurait toujours, son petit nez camus et ses yeux clairs, les yeux « blancs » de sa mère, mais il était « beau et doux, blanc comme du lait caillé ». Lucrèce avait besoin d'une aide de cette sorte, qui tînt ferme, car elle était de nouveau réduite à l'incertitude et plus dolente encore qu'avant son départ de Ferrare du vide qu'Hercule Strozzi laissait dans son âme et dans sa vie. Elle sentait combien la compagnie du poète ferrarais lui avait été presque trop précieuse, incomparable et irremplaçable, sans qu'elle se rendît compte de ce qu'une compagnie nécessaire à ce point pouvait signifier de volonté ardente et masquée de pécher. Maintenant, elle ne se sentait plus maîtresse de ses jours futurs, à vivre dans une gloire furtive et suivant un cheminement secret : les courtisans avaient raison quand, la voyant paraître en public avec son air absent, ils la qualifiaient de « toute déconcertée ». Comme il arrive à ceux que les choses ne satisfont pas et qui ne peuvent les changer selon leurs vœux, elle transformait son univers personnel autant qu'il lui était permis : ainsi renvoyait-elle, courtoisement mais subitement, Béatrice dei Contrari, préposée depuis peu de mois seulement aux soins de l'héritier d'Este. La duchesse ne recevait personne et ne voulait pas tenir sa cour; seul, le poète Bernardo Accolti, qui l'avait suivie depuis Reggio et qu'elle faisait traiter princièrement, la sauvait de sa tristesse; mais après septembre, les documents ne mentionnent plus l'Arétin, signe qu'il avait quitté Ferrare : les Este l'avaient-ils éloigné ou, flairant le vent, était-il parti de lui-même?

Les courtisans remarquèrent qu'Alphonse tenait compagnie à sa femme plus assidument que de coutume, mais sans parvenir à l'égayer; presque tous les soirs il dînait avec elle, peut-être parce qu'il se rendait compte de l'avoir trop abandonnée et de lui devoir quelque réparation. Fut-il traversé, en même temps que d'un vague remords conjugal, de la pensée d'avoir avec elle une correspondance profonde? Ce n'est pas probable et, de toute façon, il était trop tard. Lucrèce l'écoutait parler des affaires du gouvernement, patiente et sûre elle le conseillait ou, le plus souvent, l'approuvait, mais ses pensées tendres elle les réservait pour Gonzague. Elle l'avait invité à Ferrare et, une fois de plus, avait été déçue; alors elle lui envoyait le comte Laurent, chargé d'un message à lui transmettre de vive voix, trop important, à son avis, pour être écrit. Avec François elle avait élaboré un nouveau code secret à base de symboles : faucon signifiait « lettre » ou, peut-être, « baiser » ou « amour », et « fauconnier » désignait Lucrèce; mais elle ne respirait plus l'air enchanté et lourd de secrets du temps d'Hercule Strozzi. Les sentiments eux-mêmes, émoussés, s'affadissaient et procédaient à une allure lente pour, finalement, stagner. Lucrèce sentait le péril, s'énervait, appelait le comte Laurent : était-il possible que, de Mantoue, rien ne fût arrivé? Mortifié, l'intermédiaire reconnaissait qu'il n'y avait rien, en effet, et recevait une pluie de récriminations et d'accusations de la duchesse, à qui il semblait, à la fin, que ses lettres prenaient un chemin tortueux. Avait-elle vraiment des soupçons ou était-ce le hasard qui lui suggérait une parole qui n'était peut-être que trop juste? Le comte Laurent faisait part aussitôt à Gonzague des doléances de la duchesse et, sur tous les tons, le priait d'écrire, mais, mis en garde par qui sait quels avis, peut-être par des insinuations qu'Isabelle faisait parvenir indirectement jusqu'à lui, François de Gonzague restait, bien qu'à regret, loin de Ferrare et écrivait peu. Lucrèce, ainsi négligée, s'attristait, se repliait sur elle-même, devenait sauvage au point d'avoir fait dresser dans le Dôme une tente de campagne pour s'y installer avec ses filles d'honneur, isolée et à l'abri des regards, quand il lui plairait d'aller au sermon; durant tout le Carême elle s'y rendit une ou deux fois. Jamais elle n'eût supposé que ce qui lui apporterait un regain de jeunesse serait précisément ce dont elle avait horreur : la guerre.

Il était évident que le printemps de 1509 verrait les armées en campagne. La ligue de Cambrai, conclue le 10 décembre 1508, y préludait en groupant contre l'orgueilleuse suprématie de la République de Venise le roi de France, le roi d'Angleterre et l'empereur Maximilien. En Italie, Jules II avait vainement tenté de convaincre les Vénitiens de restituer à l'Église les terres et forteresses de la Romagne, jadis conquises par César Borgia et maintenant tombées aux mains des Vénitiens : ils n'avaient restitué que fort peu de chose, puis, enivrés d'orgueil, les délégués vénitiens, convaincus d'avoir toute la République derrière eux, l'avaient pris de haut en refusant terres et forteresses. C'est ainsi qu'en mars 1509 le pape entra dans la ligue, où il amenait Alphonse d'Este qui, après un essai infructueux d'entente avec Venise, trouvait là une occasion propice pour tenter de reconquérir le Polesine de Rovigo, et François de Gonzague, qui, lui aussi, voulait prendre sa revanche sur la Sérénissime République d'un fait qui lui était encore cuisant après dix années écoulées : son licenciement comme capitaine général des troupes vénitiennes en 1497, quelque temps après la bataille de Fornoue. Le duc de Ferrare fut nommé gonfalonier de l'Église, on prépara la guerre, l'artillerie s'ébranla avec fracas, on prit les décisions nécessaires au gouvernement. Alphonse étant au camp, Lucrèce gouvernait à la tête d'un conseil de dix citadins choisis parmi les plus autorisés, avec, à ses côtés, le cardinal Hippolyte, mais la duchesse devrait surtout agir par elle-même, car le belliqueux cardinal se faisait apprêter cuirasse et épée, dont il n'attendait que l'occasion de se servir.

Le premier acte d'hostilité de la ligue fut l'excommunication lancée solennellement par le pape contre Venise. Les Vénitiens souriaient froidement; d'ailleurs, dans la ville de la lagune, on se livrait à des raisonnements qui non seulement étaient optimistes, mais fondaient cet optimisme sur des motifs tous meilleurs les uns que les autres, adaptés aux circonstances, subtils et justes. Les hommes politiques vénitiens, informés minutieusement par leurs ambassadeurs sur les dispositions et les forces des confédérés et suivant le fil de cette logique claire et précise, conforme à la grande tradition de la diplomatie vénitienne, en étaient arrivés à conclure que tout tournerait à leur avantage; mais ils avaient tort. Il était exact que le roi d'Espagne était entré dans la ligue à contre-cœur; que l'empereur Maximilien se payait de mots, sans armée ni argent, comme il l'était alors; que les mercenaires du pape et surtout leurs capitaines ne présentaient guère de garanties quant à leur loyalisme; et qu'entre les alliés régnait une défiance irréductible, bien propre à les diviser : oui, mais les Vénitiens négligeaient de mettre en balance avec l'insécurité des troupes pontificales celle de leurs propres troupes, composées, les unes et les autres, de mercenaires, et par-dessus tout ils oubliaient qu'un puissant ciment unissait les confédérés : la haine contre l'opulence, la splendeur et la superbe de la République de Saint-Marc.

L'armée vénitienne, considérable pour l'époque, comptait 50 000 hommes, bien payés, bien armés, bien vêtus, qui s'ébranlèrent au cri : « Italie! Liberté! » — un cri de patriotes du Risorgimento, — un matin d'avril où le soleil brillait sur les étendards portant, brodé, le mot d'ordre : « Défense de l'Italie. » Sur l'orgueil de la République, qui s'était crue assez puissante pour faire front seule contre l'Europe, le châtiment allait s'abattre : le 14 mai se terminait, à Agnadel près de Crémone, par le triomphe des armées de la ligue, une terrible bataille qui avait duré quatre jours et annonçait le déclin de la suprématie vénitienne sur la terre ferme. Pendant ce temps, l'armée pontificale, sous le commandement du très jeune duc d'Urbin, François-Marie de la Rovère, neveu du pape — le doux Guidobaldo était mort depuis un an — avançait victorieusement en Romagne; les Vénitiens, s'avisant de leurs erreurs, se hâtaient de chercher une planche de salut et envoyaient d'urgence leurs ambassadeurs au pape pour demander la paix, offrir à l'Église les forteresses romagnoles et au roi d'Espagne les villes côtières des Pouilles. « La main qui a frappé doit guérir, » disaient-ils en empruntant le langage évangélique; mais les conditions proposées par le pontife étaient si dures que, plutôt que d'y souscrire, affirmaient les ambassadeurs, Venise appellerait à l'aide les Turcs, ennemis de la chrétienté. Mais un fait venait de se produire qui allait changer la face des choses.

François de Gonzague, à la tête d'un fort détachement d'hommes d'armes, mû par l'un de ses élans irréfléchis, s'était avancé aveuglément avec quelques-uns de ses compagnons jusqu'en territoire vénitien; découvert de nuit par ses ennemis, il avait été encerclé, isolé, capturé avec tous ses bagages, chevaux, tentes, argenterie, tandis qu'il cherchait à se cacher et à fuir. On dit qu'à cette nouvelle le pape, jetant à terre sa barrette pontificale, se mit à hurler de rage; véritablement, il rugissait. Il est certain qu'avec un tel prisonnier dans les mains, les Vénitiens pouvaient changer leur jeu, négocier dans de meilleures conditions, engager une de leurs parties de haute politique. Non seulement François de Gonzague était un prisonnier illustre, le chef d'un État confédéré que le pontife — qui, lui, n'était pas un Alexandre VI — devait protéger, mais il était aussi un ex-allié de Venise et il n'était pas à écarter que, même à présent, pressé par les circonstances et par l'habileté des politiques de la lagune, il ne changeât de camp et, s'il se laissait persuader par les raisons invoquées et les conditions offertes, ne s'alliât, de nouveau, à la République.

A Venise, la capture de Gonzague avait apporté aux citoyens un motif de reprendre courage; une foule nombreuse était sur la place Saint-Marc quand le prisonnier y débarqua. « Rat en cage! Turco [c'était le cri de guerre de Gonzague] est pris! Pendez le traître! » criait-on de toutes parts avec cette frénésie presque joyeuse par laquelle un peuple en guerre se libère de ses inquiétudes. A se sentir entouré d'aussi près par la haine et surtout à entendre le dernier cri, rappelant les vieilles histoires qui avaient couru après la bataille de Fornoue sur la fidélité de Gonzague, quand le marquis était sous la menace d'avoir la tête tranchée, il n'y avait pas de quoi se sentir en sécurité et François devait éprouver une émotion facile à imaginer; mais une certaine dignité ancestrale de gentilhomme ne l'abandonnait pas. A un Vénitien qui lui criait ironiquement : « Bienvenue, marquis de Mantoue! » il répondait, s'arrêtant un instant et le regardant droit dans les yeux : « J'ignore de qui tu parles; celui que tu vois ici est François de Gonzague, non le marquis de Mantoue qui, lui, est à Mantoue, » voulant signifier ainsi que, de toute façon, la maison de Gonzague se continuerait dans la personne de son fils Frédéric.

Il fut mis à dessein dans une prison qui, sans être horrible, lui rappelait sans trêve l'idée d'une geôle afin, qu'il s'en plaignît; plus ses lettres étaient tristes, voire même désespérées, plus le Conseil des Dix s'empressait de les faire parvenir à leur adresse. De sa prison, le marquis de Mantoue se souvenait de tous, non seulement de sa femme et de ses enfants, mais de son chanteur préféré Marchetto, de son peintre Lorenzo Costa, de ses amis, de ses chevaux, de ses faucons, de ses chiens, de tous les compagnons de sa douce liberté; par-dessus tout il se recommandait aux prières des moines et des religieuses afin qu'ils l'aidassent spirituellement. Ses billets désordonnés, où se révélait son caractère impétueux, affectueux, dénué de sens pratique, produisaient à Mantoue une forte impression sur tout le monde, une personne exceptée, mais qui feignait de s'en désespérer et qui était Isabelle d'Este.

Isabelle vivait, finalement, un moment magnifique : à l'annonce de la captivité de son mari, elle avait, soulevée par un souffle de tempête, respiré largement; puis, rassemblant un conseil civique, elle n'avait pas perdu l'occasion d'exercer son éloquence, réussissant à trouver non seulement les mots qui enflamment et émeuvent les cœurs, mais encore ceux qui persuadent les esprits. Elle avait fait chevaucher à travers la ville son jeune fils, le beau Frédéric, adoré du peuple et qui fut très acclamé, puis, rassemblant de temps à autre ses conseillers et les amenant à lui suggérer ce qu'elle-même avait conçu, Isabelle se mit à l'œuvre pour le salut de l'État, le sien propre et celui de son mari. Nous n'ajouterons pas entièrement foi à l'accusation portée contre elle par les Vénitiens de laisser volontiers moisir son époux en prison afin de satisfaire sa passion de gouverner, accusation reprise ensuite par Jules II, mais il est certain que l'occasion de commander lui était, plus qu'une périlleuse ivresse, la libération de ses qualités profondes et de ses instincts spontanés. Que lui importait alors la cour de Lucrèce?

Le roi de France, l'empereur Maximilien et le pape étaient tous d'accord pour ne pas se fier à François de Gonzague : ils négociaient sa libération, bien sûr, mais comme gage de sa loyauté ils voulaient en otage l'héritier Frédéric. Que le fils parte en France et on trouverait moyen de libérer le père. Isabelle, pour ne point se séparer de son fils et surtout pour ne pas trop engager l'État, mettait en œuvre la grande stratégie de la résistance passive, inventait des prétextes, se dérobait dans le dédale des sophismes, gagnait du temps jour par jour, donnant des preuves de froideur, d'intelligence et aussi d'une sentimentalité amoureuse fort restreinte. Elle savait son mari prisonnier, repris d'une attaque de son mal, sans soins, attristé, blessé; lui-même, dans ses lettres, conseillait à sa femme d'envoyer l'enfant en otage, donnant ainsi un gage de sa fidélité personnelle et la déchargeant de toute responsabilité future; une autre femme, plus tendre, à peine plus pitoyable, n'aurait pas supporté de se sentir libre dans ses élégants appartements, de dormir sous le plafond à guirlandes de la chambre nuptiale en songeant au prisonnier dans le malheur. Mais pour Isabelle il importait peu, au regard de la raison d'État, que son mari apprît combien il faut peu de temps pour être oublié du monde et pour rester sans réconfort de parents ni d'amis. Sans doute ne savait-elle pas, ou, le sachant, en souriait-elle avec dédain, que sa belle-sœur Lucrèce s'efforçait d'adoucir la réclusion du prisonnier.

A peine Gonzague fut-il livré à son triste sort que la duchesse de Ferrare sentit son âme transpercée de douleur et une ardeur nouvelle succéder à cette peine. Depuis qu'à son amour manquaient les excitations ambiguës et actives d'Hercule Strozzi, pour la première fois elle sentait se raviver toutes ses tendres pensées, qui rendaient à nouveau son sommeil et ses réveils délicieusement agités et inquiets. Elle ne comprenait pas, ne pouvait pas comprendre l'économie des sentiments affectifs qui faisait d'Isabelle d'Este, ce grand politique féminin, héritière de la subtilité et de la maîtrise de soi d'Hercule Ier, mais il lui était doux d'être la seule consolatrice. Elle voyait les Este n'avoir cure du sort de leur beau-frère, presque se moquer de lui, dans leur sécheresse de guerriers, pour s'être fait prendre si peu glorieusement, désarmé et cherchant à se cacher; mais, pour Lucrèce, ces considérations ne pouvaient être qu'à l'actif de Gonzague et faire de lui une manière de héros trahi par les événements, non point un maladroit et aucunement un homme vil. Ayant éloigné ses invités et appelé Angèle Borgia, la fidèle compagne de ses temps d'amour, elle commença à chercher le moyen d'arriver jusqu'à Gonzague et le trouva, rapide et sûr.

Nous ignorons comment elle réussit à faire parvenir au prisonnier des lettres, des messages et peut-être une aide matérielle pour les soins nécessaires : aucun Ferrarais — et cela prouve combien Lucrèce savait agir en secret — ne mentionna jamais cette action de la duchesse et nous ne l'aurions jamais connue si François de Gonzague ne l'eût révélée lui-même plus tard. Réussir silencieusement était naturel à Lucrèce et, en ce cas, elle y fut autorisée par les Este qui, grâce aux courtoisies sans portée politique de la duchesse, se sentaient libérés de l'obligation de s'intéresser à leur beau-frère. Durant cette période douloureuse, quand la solitude, l'angoisse de la prison et de la maladie étouffaient la parole dans la gorge de Gonzague et tarissaient son espérance, elle seule parvenait à l'atteindre et à alléger ses souffrances de prisonnier. Pour elle, écrire à Gonzague, ordonner des prières dans les monastères, aller prier personnellement était tout un; tel ce 18 août, dix jours après l'incarcération de François, quand, s'étant rendue au couvent du *Corpus Domini*, elle se sentit si souffrante — soit effet de la chaleur, soit fatigue, soit par suite d'une nouvelle grossesse — qu'on craignit pour sa santé. Mais elle se ressaisissait aussitôt, dans un refus de déserter la vie active alors que l'ami avait besoin d'elle et que les Este lui confiaient l'État tandis qu'ils guerroyaient contre Venise. Son jugement mesuré parut d'une si réelle valeur au cardinal Hippolyte — que la proximité de l'ennemi faisait frémir d'impatience belliqueuse — qu'il remit entièrement Ferrare entre ses mains et, ayant revêtu ses armes, s'en fut contre les Vénitiens, impatient de se mêler à la bataille.

Le vent dans les voiles, une escadrille de la flotte vénitienne s'était engagée sur les eaux du Pô, remontant de l'embouchure jusque vers Adria. Pénétrant fort avant, elle menaçait déjà le territoire de Ferrare quand elle rencontra l'aile gauche de l'armée ferraraise commandée par le cardinal Hippolyte. Les deux adversaires en vinrent à la bataille. Ainsi avait sonné pour Hippolyte l'heure de donner légitimement libre cours aux humeurs de son tempérament factieux — et il ne la laisserait certainement pas échapper sans la saisir. Il se jeta dans l'aventure non pas en soldat, mais en vrai général, gardant le commandement, dirigeant les assauts, les embuscades, les surprises, suivant la ligne de son plan stratégique qu'il possédait à fond et appliquait progressivement. La bataille dura toute la journée; entre deux assauts il envoyait des nouvelles à Mantoue et à Ferrare; Isabelle reçut un billet écrit au camp qui l'informait de l'ultime phase du combat et se terminait ainsi : « Avant ce soir l'armée vénitienne sera toute fracassée avec l'aide de Notre-Seigneur. » Toute la nature destructrice du cardinal d'Este semble s'exprimer dans le mot « fracassée ». Le soir arrivait, effectivement, la confirmation de cette grande victoire et de la capture de 18 galères, 5 navires, 28 pièces de grosse artillerie et 140 de petite, un important butin de prisonniers, d'armes, de cuirasses, d'étendards, de trophées : le cardinal offrait tout à son frère pour le triomphe ducal.

Sur le Pô, les navires ennemis, prise de guerre, défilèrent

jusque sous les murs de Ferrare, tout scintillants de canons et d'étendards et traçant leur sillon entre les rives d'une allure paisible et égale. Autour du duc, sur le navire amiral, se tenaient quatre-vingts gardes d'honneur aux casques dorés qui miroitaient sous les rayons du soleil d'automne; les insignes du gonfalonier de l'Église, les aigles de la maison d'Este, les emblèmes des capitaines victorieux, les drapeaux pris à l'ennemi jetaient sous le ciel la note ardente de leurs couleurs dont chacune signifiait l'une des particularités de la victoire. Trompettes, fifres, mortiers et canons se répondaient dans une rumeur de fête. Devant les murs de sa ville, où se pressait une foule dense, Alphonse passait sur la galère *Marcella*, vêtu magnifiquement, paré de bijoux, répondant, calme et cordial, aux acclamations de ses sujets tandis que, derrière lui, le cardinal, son armure échangée contre la pourpre, semblait pétrifié d'orgueil : non seulement cette victoire était son œuvre, mais il avait réussi à ne point s'y complaire et à considérer le triomphe avec détachement; aussi dominait-il tout, la foule, le pays, son frère même. Dans cette solitude le grand orgueilleux se sentait inhumainement satisfait.

Lucrèce, habillée d'or, goûtait au moins cette satisfaction féminine d'appartenir de droit au triomphateur. Elle se rendit à sa rencontre à la tête d'une armée de nobles dames serrées dans vingt carrosses somptueux, tout heureuses d'être jeunes et belles, de pouvoir participer aux exubérantes licences que se permettraient les guerriers au repos. Alphonse descendit de son navire, adressa les salutations d'usage à sa femme, échangea des compliments avec elle et les dames de sa suite, puis monta à cheval parmi les acclamations populaires et, suivi de toute la cour, regagna le palais.

*
* *

Cependant, à Rome, Jules II réfléchissait. Il connaissait les ambitions du roi de France et avait compris qu'introduire dans la place un ennemi comme Louis XII en lui permettant d'établir une suprématie française sur l'Italie septentrionale constituait une erreur telle qu'elle pouvait signifier l'asservissement de toute la péninsule, y compris les États pontificaux. Il fallait une digue contre le péril et qui pourrait jouer ce rôle de digue sinon Venise? Il proclama donc immédiatement la paix, à quoi la Sérénissime République souscrivit aussitôt en consignant les forteresses de Romagne, en permettant la libre circulation sur l'Adriatique, qu'elle aurait voulu considérer comme son domaine propre, et en accordant au clergé vénitien l'exemption de la taxe; c'est ainsi que, le 24 février 1510, les Vénitiens purent venir à Rome se faire relever de l'excommunication en la basilique Saint-Pierre. Après quoi le pape ordonna à tous les alliés de la ligue de Cambrai de déposer les armes, car la guerre était terminée.

C'est alors que se produisit le coup de théâtre ferrarais. Le duc Alphonse, grisé par ses succès militaires, désireux d'essayer de reconquérir les territoires perdus par son père en 1484, et surtout influencé par les suggestions des Français, refusa de cesser la guerre et fit savoir qu'il lutterait contre les Vénitiens, quels que fussent les ordres du pape. Pour quelqu'un qui portait alors les couleurs pontificales, c'était bien là une révolte. Gonfalonier de l'Église? Feudataire du pape? Maintenant, oui, Jules II pouvait témoigner ouvertement son hostilité contre les Este, dont ni les caractères, ni les entreprises ne lui plaisaient et exprimer les raisons qu'il avait mises en avant et qui les visaient spécialement. Ce rebelle, le duc de Ferrare, était celui-là même qui ensevelissait vivants ses deux frères, qui exploitait les salines de Comacchio en déclarant qu'elles lui appartenaient de par l'investiture impériale alors que l'Église avait des motifs de les revendiquer comme siennes, qui s'arrogeait le droit de juger les affaires ecclésiastiques sans tenir compte de la cour de Rome. Le coup de tête d'Alphonse indignait le pontife, mais ne lui déplaisait probablement pas entièrement, puisqu'il lui fournissait le prétexte d'entreprendre cette guerre contre Ferrare, prévue de longue date par le Vatican : tout comme les Baglioni et les Bentivoglio, les Este semblaient destinés à perdre leur pouvoir séculaire. Quand il les aurait chassés de Ferrare, Jules II aurait enfin reconstitué la grande souveraineté temporelle de l'Église. Une autre excommunication très solennelle traversa l'Italie et vint frapper la cité rebelle; immédiatement le pape, allié des Vénitiens, réunit une armée et l'artillerie nécessaire, sachant fort bien qu'avec la valeur d'Alphonse, l'esprit belliqueux de la noblesse, le loyalisme du peuple ferrarais, il s'agirait cette fois d'une guerre dure, que les Français, qui s'étaient déclarés alliés de Ferrare, ne manqueraient pas d'envenimer. Jules II se rendait compte, et les Vénitiens également, quel rôle jouaient les excitations françaises dans la rébellion du duc d'Este; on pouvait, en un certain sens, dire qu'elle était la réponse indirecte donnée au pape par Louis XII, qui avait compris les raisons antifrançaises de la paix avec Venise, pour continuer dans l'Italie du Nord cette guerre de suprématie que Jules II voulait éviter. « Ces Français me font perdre l'appétit et le sommeil, disait le pontife à ses intimes, mais j'espère, avec l'aide de Dieu, les chasser tous de ce pays. »

Ce discours concordait, point par point, avec celui que le doge de Venise tenait à François de Gonzague, avant de le libérer, pour le persuader de s'allier au pontife et à la République : « Il faut détruire tous ces Français, nous ferons de nouvelles vêpres siciliennes et les appellerons les complies de Mantoue. » Par un de ces renversements si faciles en politique, le pape et Venise d'ennemis étaient devenus alliés et la question de la captivité du marquis de Mantoue s'était trouvée résolue par la force des choses. Le prisonnier quitterait sa prison non seulement réconcilié avec ses geôliers, mais destiné à devenir rapidement capitaine des troupes vénitiennes et gonfalonier de l'Église. Cependant, avant de reprendre la route de Mantoue, il devrait, comme garantie de sa fidélité envers ses nouveaux alliés, leur remettre son fils Frédéric en otage. Les Vénitiens n'oubliaient pas que la marquise de Mantoue était une Este et de quel poids! François de Gonzague se sentait si ferme dans son propos qu'il avait ordonné à sa femme d'envoyer l'enfant à Venise, mais Isabelle s'entendait à prolonger son refus avec ses coutumières finasseries sans cesse renouvelées, se servant surtout de l'affirmation exprimée ou sous-entendue : « Je suis mère, » devant laquelle les hommes les plus intelligents ne savent que se taire. Jules II avait alors proposé de prendre l'enfant et de le garder au Vatican avec les compagnons que lui choisirait sa mère et sous la surveillance directe des jeunes ducs d'Urbin, François-Marie de la Rovère et sa jeune femme, la belle Éléonore de Gonzague, fille aînée du marquis de Mantoue et, par conséquent, sœur de Frédéric. Isabelle refusait encore, prenait une attitude angoissée, cherchait des échappatoires et des atermoiements, tant et si bien qu'un jour le pape, furieux, déclara à l'ambassadeur mantouan que c'était elle, « cette p..... de marquise, » qui prolongeait l'incarcération de son mari pour satisfaire sa volonté personnelle de commandement et que le marquis avait grandement raison d'être furibond, sentant qu'il n'était plus prisonnier de Venise mais de « cette ribaude ». De son côté François écrivait à sa ribaude que si Frédéric n'était pas immédiatement envoyé à Rome, il l'étranglerait de ses propres mains, ce qui n'impressionnait nullement Isabelle, fixée depuis longtemps sur le résultat des colères maritales. Finalement, après avoir temporisé aussi longtemps que possible, mis en branle et irrité la moitié de l'univers, Isabelle finit avec des manifestations publiques de douleur et de tendresse sacrifiée par envoyer son fils près du pape.

Dans la Rome intellectuelle et humaniste il fut bien vite de mode de s'émouvoir et de s'attendrir sur le jeune otage, fils de cette mère que tous vantaient et admiraient, lui-même si séduisant et élégant avec son petit visage ovale, ses grands yeux sombres et doux, dans lesquels brillait le feu du regard maternel adouci par la fraîcheur de l'enfance. Son langage et son aspect de jeune archange séduisaient tous ceux qui avaient le sens de la beauté. Il ravit même Raphaël, qui le représenta deux fois dans les « Stanze », plus précisément dans l'*École d'Athènes* et dans un petit portrait. Le pape lui-même, si rude avec ses parents qu'un jour où son neveu s'était permis de lui faire quelques suggestions, il lui demandait en criant s'il voulait « faire le Valentinois », et renvoyait à la cuisine sa fille Félicie, qui n'avait rien d'une ménagère, dès qu'il voyait son petit otage l'accueillait d'un sourire. « Bienvenu mon beau seigneur Frédéric, » était le salut du pontife à l'enfant. Isabelle n'avait donc pas de grandes inquiétudes d'âme à exhaler et à peine Frédéric fut-il arrivé à Rome que François de Gonzague, enfin libéré, rentrait à Mantoue, si heureux d'y être qu'il en oubliait toutes ses indignations contre sa femme, qui ne fut pas longue à lui faire comprendre qu'elle avait agi pour le bien de l'État : il ne lui restait qu'à l'en remercier.

*
* *

Lucrèce était mélancolique. L'excommunication papale la rendait nerveuse. Il lui semblait qu'une malédiction pesât sur elle et il lui manquait maintenant la certitude d'être en règle avec la religion. Elle ne jugeait pas ouvertement les Este et ne se le serait jamais permis, mais, à part soi, elle devait certainement estimer bien aventurée cette décision qui détruisait la paix de sa conscience, si minutieusement catholique et scrupuleuse, en même temps que la paix de l'État. Par bonheur, dans le camp adverse il y avait, mieux disposé que jamais, son chevalier, le marquis de Mantoue, revenu plus dévoué et plus tendre à celle qui s'était faite, il ne l'oubliait pas, sa consolatrice. Dès sa libération, lui était parvenue une chaleureuse lettre de bienvenue de Lucrèce et le comte Laurent avait repris ses voyages d'une rive à l'autre du Pô. La réponse du marquis devait être bien douce et prometteuse, car elle ne se lassait pas de se la faire répéter par le messager; elle l'écoutait, cherchait à imaginer de quel accent la lointaine voix avait prononcé ces mots et, la tête inclinée sur l'épaule, avec une expression lourde de douceur, d'espérance et de douleur : « Laurent, disait-elle, si je n'avais l'espérance que j'ai dans le seigneur marquis que, quel que soit mon besoin, il m'aidera et me prendra sous sa protection, j'en mourrais de douleur. » Cet aveu prouvait son effroi devant la politique d'Este et le peu de crédit qu'elle accordait à la valeur d'Alphonse, à son artillerie et à la bravoure du cardinal. Alphonse, d'ailleurs, ne devait pas perdre son temps à la rassurer et à la convaincre qu'elle était bien défendue, puisqu'à la première avance des troupes pontificales dans la région de Modène, son épouvante fut telle qu'on aurait pu croire à une fuite : en hâte, argenterie, tapisseries, objets précieux furent emballés pour partir vers le nord, à Parme ou à Milan, sous la protection française; mais le peuple ferrarais, qui avait eu vent de ces préparatifs, fit savoir à la cour que si la duchesse et ses enfants partaient, chaque citoyen ne consulterait plus que son utilité personnelle. Lucrèce resta donc, on défit les bagages, les tapis furent déroulés, la cage du perroquet réinstallée et la duchesse se confia à la protection divine et à la très humaine protection de son chevalier mantouan.

Hippolyte d'Este, contraint de quitter Ferrare pour éviter d'encourir la censure ecclésiastique, avait, avant son départ, réuni les nobles et les citadins pour leur adresser un discours. Son éloquence, renforcée par sa passion de l'État, lui fit trouver le ton juste, fort et convaincant : aucune des nombreuses phrases prononcées sur le salut de l'État ne rendit le son d'une attaque contre le chef de l'Église; la guerre y était envisagée comme une nécessité fatale et impersonnelle, plutôt que comme le choc des volontés entre tel et tel autre chef. Enthousiasmés, enflammés, les Ferrarais jurèrent de se laisser ensevelir sous les décombres de leurs maisons plutôt que de céder et de voir la ruine de la dynastie d'Este.

Ce fut un coup dur pour Alphonse de savoir que François de Gonzague avait accepté la double charge de gonfalonier de l'Église et de capitaine général de l'armée vénitienne, devenant ainsi le chef des ennemis de Ferrare. Le jeune duc avait peut-être trop compté sur l'habileté de sa sœur pour que Mantoue gardât une sorte de neutralité dans le conflit. Mais comment le marquis pouvait-il se refuser à ses alliés et libérateurs, qui, par surcroît, gardaient son fils en otage? D'autre part, le lien entre Gonzague et Este n'avait jamais été tellement franc qu'on dût lui sacrifier maintenant la gloire et l'honneur de cette nomination; d'ailleurs, à ces raisons de convenance s'en ajoutaient d'autres, très graves, et qui, malheureusement, demeurent très obscures pour les historiens. Durant cet automne de 1511 avait été fait prisonnier par les troupes pontificales et conduit à Bologne ce Masino del Forno, dit « le Modénais », compromis dans toutes les actions ténébreuses de la maison d'Este. Comme, au dire de Jules II, il était « informé des trahisons et des assassinats du cardinal de Ferrare et leur exécuteur », un minutieux procès lui fut intenté. Si nous nous rappelons la présence du Modénais lors de l'agression d'où Jules d'Este sortit presque aveugle, nous le verrons dans ce cas, par exemple, « informé », mais « exécuteur », quand donc? Sera-t-il hasardeux de remettre sur le tapis l'accusation d'avoir assassiné Hercule Strozzi? Il est difficile de conjecturer mais, quoi qu'il en soit, le Modénais par ses crimes et ses complicités devait avoir l'âme fort noire; cependant, en ce qui concerne le marquis de Mantoue, un indice grave peut nous amener à nommer de nouveau Lucrèce. L'archidiacre de Gabbioneta, intime du pape et plus intime encore des Gonzague, écrivait en ces jours au marquis de Mantoue pour l'engager à se rendre immédiatement à Bologne, où Jules II avait à l'entretenir de faits le concernant : faits terribles, abominables, résultant précisément du procès de Masino del Forno. Il était impossible à l'archidiacre de s'expliquer davantage par écrit, car le pape le lui avait interdit sous peine d'excommunication, mais il pouvait, dès à présent, l'avertir qu'il s'agissait de « choses funestes » tramées contre lui par Alphonse et Hippolyte d'Este. Faut-il rappeler ici le mystérieux courtisan M... qui, en 1508, avait joué le rôle d'agent provocateur près de Lucrèce et de François de Gonzague, cherchant à convaincre ce dernier de faire une visite injustifiée à Ferrare? M... était-il Masino del Forno? Et la visite un piège tendu

par les Este à leur beau-frère? Ou bien s'agissait-il d'une plus
récente embuscade, dans laquelle Lucrèce, ignorante et toute à
ses mélancoliques amours, était engagée d'une façon quelconque?
A peine reçue cette lettre, datée du 26 septembre, Gonzague se
rendit à Bologne et, le 30, il acceptait le commandement de l'ensemble des troupes pontificales et de Venise réunies.

Les alliés avaient cependant à compter avec un adversaire difficile qui ne voulait s'en remettre à la volonté de qui que ce soit :
Isabelle d'Este. Nullement enthousiasmée à la pensée de voir la
ruine de ses frères, qui entraînerait l'affaiblissement de l'État de
Mantoue, et sachant, par ailleurs, que son mari n'avait pas le
choix sur la route à suivre, elle s'était orientée rapidement, avait
fait ses calculs et décidé qu'elle serait au delà du Pô avec le pape
et Venise mais que, en deçà, elle renseignerait ses frères sur les
manœuvres de la double armée et s'efforcerait autant que possible d'entraver l'élan du mari. Elle commença l'exécution de
son plan en laissant traverser le territoire de Mantoue par les
troupes françaises qui, de Milan, se portaient au secours de Ferrare, mais elle avait donné à ses commissaires des instructions
secrètes afin qu'ils parussent avoir été contraints de céder à la
violence et, d'autre part, recommandé aux Français de causer le
moins possible de dégâts aux cultures. Chaque jour, et plusieurs
fois par jour, des messagers franchissaient le fleuve et, grâce à
un service de chevaux minutieusement organisé, reliaient en peu
d'heures Mantoue à Ferrare. Ces diverses manigances n'avaient
pas échappé à la sagacité vénitienne; elles avaient été signalées
au pape. Jules II s'en lamentait avec son entourage, mais comme
par un fait exprès c'étaient les plus secrètement dévoués à la marquise de Mantoue qui l'écoutaient, tel l'archidiacre de Gabbioneta; ils faisaient naturellement tout le possible pour détourner
les soupçons de leur amie. Ainsi Isabelle communiquait avec ses
frères, leur faisait parvenir des secours d'hommes et d'armes, se
chargeait de mettre en gage, chez un banquier de sa connaissance, quelques-uns des plus beaux bijoux de Lucrèce, entre autres
une très pure émeraude qui, jadis, avait ému le cœur de Bembo;
elle avait réussi à persuader son mari de simuler une maladie
ne lui permettant pas d'attaquer Ferrare, ce qui, faisant perdre
du temps aux armées de la ligue, donnait aux Français la possibilité d'arriver en territoire ferrarais et d'en renforcer les défenses.
Les Vénitiens tempétaient et le pape se croyait très habile en

donnant l'ordre à son médecin de se rendre à Mantoue pour constater la maladie de son gonfalonier, sans imaginer que dix ducats sortis du trésor d'Isabelle persuaderaient le médecin de rédiger et signer un certificat d'invalidité.

Mais à la mi-décembre, Jules II, ligoté par les intrigues comme Gulliver au pays des nains, se dégagea et décida d'agir seul, marchant à la tête de son armée avec ses soixante-sept ans et la goutte, sous la neige d'hiver. Les derniers préparatifs terminés, il passa les troupes en revue, entouré de cardinaux et d'évêques, ayant, à ses côtés, Bramante d'Urbin, le grand architecte, son ami, avec qui le soir, après avoir étudié et discuté les plans de guerre, il se récréait en lisant et commentant *la Divine Comédie*. Dante était fait pour la stature héroïque de Jules II : à suivre le poète à travers ses pérégrinations en enfer, au purgatoire, au paradis, il remontait dans sa véritable atmosphère, se libérait des angoisses terrestres, parvenait à un royaume sévère et glorieux où les damnés eux-mêmes étaient grands. Jules II n'aimait pas la guerre pour elle-même, mais comme la condition nécessaire de la réorganisation civile d'un État suivant une conception ferme et juste. Plus les plans et les projets étaient vastes, plus ils le séduisaient, bien qu'il fût engagé dans la lutte contre Ferrare, comme le séduisit le projet de Jacques IV d'Écosse, d'une grande croisade rassemblant toute l'Europe pour la libération de l'Orient. Jules II était si peu belliciste que, malgré toute son antipathie contre les Este, il leur avait fait, en janvier, des propositions de paix qui laissaient Ferrare à Alphonse, tandis que le pape gardait Modène et son territoire, qui étaient déjà conquis; mais Alphonse, et surtout les Français, eurent le tort de croire que ces propositions émanaient de la peur et les refusèrent. Le pape riposta en assumant le commandement des troupes et en assiégeant l'une des places les plus importantes et les mieux défendues des possessions d'Este : la Mirandole.

L'assaut de la Mirandole constitue un épisode célèbre de l'art militaire, tant par la défense obstinée des assiégés que par l'attaque tout aussi obstinée et implacable des assiégeants. Cette conquête accomplie par les troupes pontificales malgré le vent et la neige fut un bel exploit; le pape, qui l'avait inspirée et conduite, voulut sans plus se soucier de son âge et de ses maux pénétrer lui-même dans la forteresse avant que les portes en fussent ouvertes en se hissant au moyen d'une échelle de guerre.

Mais la Mirandole était une position trop avancée et laissait le flanc de l'armée pontificale trop dangereusement découvert pour ne point fournir aux conseillers de Jules II un motif de dissuader leur vaillant chef de s'y maintenir; après avoir laissé un fort détachement dans la forteresse et échappé par miracle à une embuscade ferraraise, qui pouvait le faire prisonnier et ruiner tous ses plans, le pape regagna Bologne et de là l'ancien quartier général de César Borgia, situé dans le centre de la Romagne, à Imola. Le gouvernement des intérêts bolonais avait été laissé aux mains peu sûres du jeune cardinal Alidosi, aussi beau et vicieux qu'il était apathique et incapable. Aux premiers bruits d'armes et de révolte, le cardinal s'enfuit, en effet, à Castel del Rio, puis à Ravenne, où le neveu du pape, François-Marie de la Rovère, le qualifia de traître et l'étendit raide mort. Pendant ce temps, entre les murs de Bologne privée de son chef et gouvernée parmi la confusion, un mouvement de rébellion se développait, exploité opportunément par les Bentivoglio. Avec l'aide française et mettant à profit la saison rigoureuse, qui retardait le rapide rassemblement des troupes non accoutumées au climat, ceux-ci foncèrent à l'improviste sur la ville, en dispersèrent la faible défense et en reprirent possession avec l'espoir de la garder toujours, parmi les chants et les hosannas du peuple qui, dans son enthousiasme, abattait la grande statue de Jules II par Michel-Ange.

Ce n'était point encore assez. Louis XII s'était mis en tête l'idée, périlleuse pour amis et ennemis, de vouloir un nouveau pape — pourquoi pas français? — et tentait d'attaquer le pontife avec les armes spirituelles en contestant la légitimité de son élection et la dignité de sa vie sacerdotale. Il avait fait rechercher dans toute l'Italie, afin qu'elles servissent de témoins à charge dans un futur procès d'immoralité contre le chef de l'Église, les femmes qui avaient eu avec lui des relations intimes et il s'en était trouvé trois; mais cette nouvelle, capable d'émouvoir peut-être quelque moine austère, était sans effet en Italie et hors d'Italie. Un conseil de cardinaux dissidents avait été réuni à Pise pour discuter les accusations et déposer le pape; dans les cathédrales italiennes on voyait affichées les bulles de convocation signées par les cardinaux Briçonnet, Sanseverino, François Borgia, Hippolyte d'Este et Carvajal; mais Jules II était trop intelligent pour ne pas savoir parer le coup immédiatement et trop instruit des choses ecclésiastiques pour ne pas savoir répondre en attaquant la bulle sur ses nombreux points faibles et en déployant une si fulgurante majesté qu'il fut tout de suite évident, quand le groupe des rares et peu convaincus accusateurs se réunit à Pise, que cette tentative de schisme n'aurait pas de suites. Dans les rues les moinillons pisans sifflaient ceux qui avaient eu la présomption de déposer le pontife, et surtout ce pontife-là.

*
* *

Après s'être cru à deux doigts de la ruine lors de la chute de la Mirandole, Ferrare s'était ressaisie, puis, la terreur s'éloignant de plus en plus, elle avait recommencé de vivre avec entrain. « Ainsi Mars et Vénus sont par nous vénérés comme les planètes qui maintenant dominent le monde, » concluait, sans intention de blâme, le très sage Bernardino de Prosperi.

Les Français arrivaient. Les soldats étaient gens de hasard, qui n'avaient pas grand scrupule quand il s'agissait de séduire les filles et de créer du désordre, mais parmi leurs capitaines se trouvait la fleur de la noblesse guerrière française, hommes rompus au péril et à la galanterie, encore nourris des légendes médiévales de chevalerie et de la tradition des cours d'amour, prompts à passer de la bataille à la danse avec cet air d'insouciance qui semble légèreté, mais est, au contraire, bravoure morale. Aux coutumes de la civilité italienne, qui devaient quelques années plus tard être décrites par Baldesar Castiglione dans son *Courtisan*, à la splendeur d'un brillant humanisme, où l'extrême liberté était tempérée par une mesure qui émanait moins d'une règle que d'un aimable goût personnel, les Français ajoutaient le feu, le brio, l'heureuse disposition de leur tempérament pour la vie courtoise. La duchesse donnait des bals et des fêtes et comment ne pas lui répondre avec une égale allégresse? Les Bentivoglio revenus à Bologne, les fêtes se multiplièrent, débordèrent de la cour et des palais pour gagner le peuple : tous les habitants, vêtus de neuf, les femmes avec des fleurs dans les cheveux, sortirent dans les larges rues et se dirigèrent vers le palais ducal, chacun agitant un « Mai », en sorte que sous le balcon de Lucrèce défilaient les vertes frondaisons printanières, fleurs et rameaux apportés en ville de cette campagne proche dont l'air parvenait jusqu'aux rues bien ordonnées, en deçà et au delà de la place, parmi les chants et les cris de jubilation. Aux costumes bourgeois des citadins et des artisans se mêlaient les costumes variés des soldats ferrarais et de ceux d'outre-monts, dans un cliquetis qui rappelait la guerre ambiante, excuse pour les femmes de sourire aux défenseurs en tremblant délicieusement de mille craintes.

La duchesse, maintenant, se révèle de jour en jour plus importante et acquiert une valeur personnelle : Alphonse le comprend si bien qu'il lui épargne les préoccupations et les entraves de nouvelles maternités. Si les Este savent que Lucrèce correspond avec le marquis de Mantoue, ils jugent que c'est le cas ou jamais de l'y encourager, de la protéger et, au besoin, de se servir de cette chaîne pour tenir Gonzague. Aucun danger qu'ils puissent se rejoindre : que donc le passage soit libre pour Laurent Strozzi, qu'il aille et revienne à son gré, porteur de messages et de lettres.

François de Gonzague a pour sa duchesse un regain de tendresse enivrée : à lui, maintenant, de la considérer comme prisonnière, retenue dans sa ville par l'encerclement des troupes pontificales et vénitiennes, elle qui lui demande — avec quels accents! — de la protéger et croit en lui avec la soumission d'un doux aveuglement. Qu'Isabelle lui donne des conseils, soit, il les suit parce qu'il est pris dans la nasse de ses calculs, mais précisément l'exécution de ce plan préétabli, qui exclut toute ardeur aventureuse, mortifie chez François cet élan du bon soldat chez qui l'assaut et la conquête embrasent le sang de chaleur sensuelle. Isabelle ne soupçonne pas que cette mortification fait mûrir en lui des rancunes, qui, plus tard, la guerre terminée, lui feront exclure sa femme de toute participation au gouvernement, humiliant ainsi son orgueilleux tempérament politique. Mais, pour l'instant, François de Gonzague obéit, continue à simuler la maladie et poursuit son roman avec Lucrèce par des voies exaltantes et dangereuses. Voici que, par l'intermédiaire de maître Venanzio, chancelier, il fait parvenir à la duchesse des cédrats, des citrons, de beaux fruits du lac de Garde; le carême venu, il lui fait demander délicatement si elle en observe les prescriptions afin de lui envoyer des célèbres carpes de Mantoue. Il la prie de lui adresser quelques lignes de sa propre main, afin qu'il ait la consolation de voir sa chère écriture et, en toute hâte, le comte Laurent porte le message. Les deux amoureux usent encore de leur langage convenu et symbolique : « faucon » et

« fauconnier » reparaissent dans leurs lettres et dans les récits de leur intermédiaire. Lucrèce fait avertir Gonzague qu'elle lui écrira de sa main dès qu'il le lui demandera par une lettre autographe. Alors on ne pourra rien lui refuser : « Je sais ce que je dis, » ajoute le comte Laurent, toujours embarrassé quand il veut adresser un clin d'œil à son correspondant. Gonzague, dans ses loisirs forcés, se divertissait à composer pour la duchesse la plus tendre lettre du monde. Elle diffère un peu de lui répondre, éprouve quelque remords, et quand, à l'approche de Pâques, elle se retire dans un couvent, c'est en y emportant, sinon la chère lettre, du moins son vif souvenir.

Lucrèce n'allait plus au *Corpus Domini;* depuis 1510 elle avait son monastère fondé, protégé, entretenu par elle et où se trouvaient ses religieuses préférées, celles qui se réjouissent ou s'attristent à son unisson. Ce lui est une seconde maison, où son repos est inviolable, non pas un édifice conventuel mais un petit palais ancien, d'une architecture seigneuriale mesurée et discrète, la maison Romei. C'est près de ses murs qu'en juin 1508 fut trouvé le cadavre d'Hercule Strozzi. Faut-il voir dans ce choix la pensée d'une mystérieuse expiation, d'un hommage ou d'un souvenir? La demeure avait conservé son aspect familier, mais dans la belle cour du Quattrocento située face à l'entrée resplendissait la grande rosace flamboyante, emblème de saint Bernardin, patron du monastère. Pour abbesse, Lucrèce avait choisi Laura Boiardo, qui venait du *Corpus Domini* avec quelques compagnes, et elle y avait fait entrer, parmi les premières novices, cette Lucrèce Borgia, fille naturelle du duc de Valentinois, arrivée de Rome en 1507. Ici, entre les deux cours ensoleillées où il semblait impossible d'entendre prononcer des paroles de guerre, à peine passées Pâques et les cérémonies sacrées, en avril 1511, Lucrèce écrivit à Gonzague.

Elle s'excuse de ne pas lui avoir répondu plus tôt, mais il comprendra certainement son scrupule de n'avoir pas voulu « déranger Votre Seigneurie durant les jours saints ». Comment eût-elle pu, en ces jours pénitentiels, nommer, par exemple, « le faucon »? Que François soit rassuré, le « faucon » va très bien et sa santé est même très améliorée; « il est souvent examiné par d'autres que son confesseur sur certaines choses passées. » Pour tranquilliser sa conscience, Lucrèce se hâte d'ajouter : que ceci soit dit « sans offenser Dieu ni faire tort au prochain », « car autant que la santé, je souhaite à Votre Seigneurie d'être rénovée dans la crainte de Dieu comme un bon fils de saint François, ainsi que je le fais, bien qu'indigne. » Puis Lucrèce se prend à sourire de sa petite leçon de morale et s'en excuse en inculpant ses amies, Sœur Laure et Sœur Euphrosine, qui veulent « qu'en dépit du monde je devienne prédicateur et martyre ». Finalement vient un léger reproche attendri pour « ces paroles trop humaines » employées par François dans sa lettre et qui l'affligent : trop terrestrement amoureuses pour elle qui l'aime, certes, mais comme « seigneur et frère ».

Du monastère, du jardin ensoleillé, de l'encens émane un parfum qui rassure Lucrèce sur ses propres intentions et confère à la lettre une chasteté douteuse, mais douce : que signifiait cette façon de se refuser aux tendresses de François, sinon un biais permettant de parler de ces tendresses, de faire entendre qu'elle les avait comprises et qu'en répondant selon les termes dictés par le devoir, elle en était toute émue? Un amour qui, pour demeurer vivace au temps de la vieillesse, s'aiderait de la religion et des choses pieuses ne devait pas déplaire à Gonzague, qui, alors, s'acheminait, lui aussi, dans la voie de la dévotion. Et puis quel équilibre, quelle sagesse, quelle dignité féminine révélaient ces lignes, où palpitait aussi la coquetterie avec la crainte d'oser se révéler! François, en pensant à sa duchesse, éternellement enfant, sentait s'affirmer physiquement et spirituellement toutes ses qualités masculines; de plus, le fait de la savoir en péril, et de s'exagérer ce péril, l'exaltait plus encore, d'autant qu'à ce moment son espoir d'avoir un jour, à Mantoue, toute à lui la duchesse de Ferrare se changeait en certitude. François de Gonzague était certain, et en cela il avait raison, que malgré les obstacles, les complicités et les astuces de la partie adverse, Ferrare finirait par tomber aux mains de Jules II si le pape poursuivait la guerre; aussi, s'appuyant sur cette certitude et devançant de beaucoup les événements, avait-il déjà envisagé la répartition du butin et réclamé au pape, pour lui-même, d'être l'arbitre du sort de Lucrèce.

Cette requête paraîtrait incroyable si nous ne la lisions clairement dans une lettre de François de Gonzague, datée du 21 janvier 1511. Après avoir assuré le conseiller intime du pape, l'archidiacre de Gabbioneta, que si jamais Alphonse d'Este arrivait en territoire mantouan, il serait sans délai remis au pape, le

marquis ajoute qu'il implore la plus grande clémence envers
« Mme la duchesse, jadis de Ferrare, [Jules II avait déclaré
abrogé le titre d'Alphonse d'Este] et demande qu'à nous soit
confié son salut, et ceci parce que les preuves d'attachement et
de fidélité que seule elle nous a données quand nous étions prisonnier à Venise, et parmi tant d'autres alliés que nous avions,
nous obligent à lui prouver maintenant notre gratitude, et si la
providence de Votre Sainteté ne nous y aidait pas, il n'y aurait
personne pour témoigner de la compassion envers cette pauvrette ». On sent l'émotion, dans ce dernier mot surtout, et ce
billet nous fait aussi connaître l'aide apportée par Lucrèce à son
beau-frère incarcéré à Venise.

Le pape avait dû lui promettre — ou presque — la duchesse,
car François commença de lui faire préparer un appartement
dans un palais proche de l'église Saint-Sébastien, vers les prairies
du Té, et à surveiller le choix des peintures, des tapisseries, des
meubles. Il lui fit part de ses préparatifs, mais probablement sans
mentionner pour quelle circonstance ils étaient prévus et en se
contentant de lui décrire ce qu'elle trouverait à Mantoue, lors
d'une future visite, dans une maison installée pour elle. « Espérons d'en jouir ensemble après tant de tribulations », avait
répondu Lucrèce en remerciant non sans soupirer. C'était bien
également le vœu du marquis de Mantoue, qui déjà se voyait
près de son amie sous le ciel peint des plafonds, tous deux en
longues conversations, lui, le sauveur, penché sur elle, sauvée de
la fuite et de la ruine. Part du butin aux larmes brûlantes, excitante proie de guerre. Comme la vie se faisait engageante en ce
printemps de 1511, où, tandis que lui parvenait l'écho lointain
des combats, François de Gonzague passait le meilleur de son
temps à regarder les peintres et les décorateurs raviver l'or des
corniches ou peindre des arabesques sur les parois; et quand les
tapissiers déroulèrent sous ses yeux les brocarts multicolores à
l'éclat chatoyant de cette couleur mordorée préférée de Lucrèce,
peut-être un vers chevaleresque de Niccolò da Correggio lui tra-
versa-t-il l'esprit comme une soudaine illumination,

Et que soit secret qui revêt le mordoré,
(E chi veste morel secreto sia.)

qui semblait fait exprès pour lui indiquer, ainsi qu'à Lucrèce, le
sens de cette couleur et le sens même de leur amitié amoureuse.

L'été passa et, durant une période d'accalmie motivée par une maladie de Jules II, assez grave pour faire prévoir un nouveau conclave, Lucrèce reprenait la route de Reggio, où elle devait prendre des eaux salutaires pour sa santé; mais peut-être s'agissait-il d'une source allégorique et espérait-elle voir son beau-frère arriver de Borgoforte. Reggio ou l'espérance. Demeurer dans cette plate campagne, imprégnée tout à la fois de la paix champêtre et d'une sensualité suave, pouvait signifier pour Lucrèce être sur le point de s'engager d'un moment à l'autre dans une aventure spirituelle colorée. Elle pouvait dire qu'elle n'espérait rien, mais, tressaillante si quelqu'un frappait à la porte à une heure inaccoutumée, imaginer qu'il s'agissait d'un cavalier venu du nord et apportant le plus joyeux salut. A cause de ces visions sans cesse caressées, Lucrèce aimait Reggio, à tel point que, bien que l'épidémie annuelle eût cessé à Ferrare depuis quelque temps déjà, elle envoya son gentilhomme de chambre, Pietro Giorgio da Lampugnano, au lieu jadis si cher d'Ostellato, porter un message au duc, qui y chassait alors, pour l'informer qu'elle désirait rester à Reggio une semaine encore, ou un mois, ou peut-être même tout l'hiver, et demandait l'autorisation d'y faire venir ses enfants, Hercule et Hippolyte (ce dernier était né en 1509). « Mais les fils demeurèrent, car ainsi voulut le seigneur, » écrit Prosperi. A Rome, le pape se rétablissait, la guerre ne tarderait pas à reprendre, il ne convenait pas que les petits rejetons de la maison d'Este fussent hors de la protection des murailles de leur château. Lucrèce retourna donc à Ferrare, elle y trouva une atmosphère agitée, beaucoup de nouveaux venus en mouvement et la gaieté comme mot d'ordre.

Lucrèce, reposée et en bonne santé, recouvre son entrain. Avec ses perruquiers, maître Gerardo et maître Bartolomeo, elle invente des modes « jamais vues », qui révèlent combien son goût s'est développé sous l'influence des élégantes conceptions d'Hercule Strozzi; avec ses gentilshommes (en fait de lettrés, seul lui restait Tebaldeo), ses musiciens, chanteurs, danseurs, elle organisait des bals et des banquets, mieux appréciés des Français que les représentations dont ils ne réussissaient pas à bien saisir l'expression dialoguée. A tous la vie semblait légère et facile, les soucis étaient renvoyés à plus tard. Alphonse, après avoir assailli les troupes pontificales à la Bastia, armé seulement d'un gourdin, et témoigné d'une valeur qui le fit comparer à Hercule avec sa massue, revint à Ferrare; par suite d'une blessure à la tête, il dut se faire tondre les cheveux, ce dont la ville et la cour parlèrent plus encore que de son courage guerrier. Par esprit d'adulation, certains courtisans, à l'instar du duc, sacrifièrent leur chevelure, petite révolution de cour qui faisait pouffer de rire les demoiselles d'honneur quand, après tant de siècles de têtes chevelues, elles voyaient passer la « compagnie des tondus ». Le cardinal d'Este, revenu à Ferrare après deux mois d'exil, suscitait, pour avoir laissé croître sa barbe, des commentaires jusqu'à la cour de Mantoue, où Isabelle, entre deux manœuvres, se divertissait à plaisanter par écrit sur la barbe du cardinal; mais ce dernier le prit assez mal : « Au sujet de la barbe, lui répondit l'orgueilleux, Votre Excellence [Isabelle] pourra se persuader que je me réglerai selon mon humeur. » Réponse qui ne l'empêchait pas, quelques jours plus tard, de prier sa sœur de lui faire récupérer des bagages détenus par les troupes pontificales, particulièrement certaines flûtes « parce qu'elles sont excellentes et que je serais très navré de les perdre ». Préparatifs de fête, toilettes, plaisanteries, amours, mascarades, flûtes, violes, soupers au jardin, folies de bouffons, de Frittella, par exemple, avec la participation de toute la cour ducale, où la vie n'était certainement pas endormie! Regagnant Bologne reconquise, Laure Gonzague Bentivoglio et Lucrèce d'Este Bentivoglio, dans un bien autre appareil que quelques mois auparavant, étaient accueillies à Ferrare comme des reines, applaudies par le peuple, qui chantait une chansonnette de circonstance scandée sur ce refrain :

> *Le pape rêve,*
> *Qui, voulant Ferrare,*
> *Bologne perdra.*

Les capitaines français, allant et venant d'un côté à l'autre des Alpes, joignaient aux nouvelles de guerre les descriptions des fêtes d'Este, vantaient la duchesse et éveillaient tellement par leurs récits la curiosité de la reine Anne qu'elle désirait voir Lucrèce et que déjà on projetait à Ferrare d'entreprendre, une fois la guerre terminée, le voyage de France. Isabelle, informée la première de ce projet, faisait demander à Alphonse si la nouvelle était exacte, quand lui et la duchesse comptaient se mettre en route, avec quelles suites, etc., etc., à quoi Alphonse fit la seule réponse possible en lui disant qu'on en parlerait le moment venu. A Ferrare, on citait déjà les noms des dames qui accompagneraient Lucrèce : Cassandra, Mamma da Correggio, quelques autres encore; parmi les plus anciennes, il y aurait la modeste Jeronima, femme du médecin Ludovic Bonaciolo, la seule venue de Rome qui fût restée à la cour. Ce voyage n'eut pas lieu. Parmi les admirateurs de la duchesse il y avait un certain capitaine Fondrailles, fort enflammé, mais aussi et mieux le grand guerrier Bayard : l'éloge de Lucrèce écrit par *le Loyal Serviteur*, qui nous apporte le jugement du chevalier sans peur et sans reproche, est resté célèbre :

« Sur toutes personnes la bonne duchesse, qui était une perle de ce monde, leur [aux Français] fit singulier recueil et tous les jours leur faisait banquets et festins à la mode d'Italie, tant beaux que merveilles. Bien ose dire que, de son temps, ni de beaucoup d'avant, ne s'est point trouvé de plus triomphante princesse, car elle était belle, bonne, douce et courtoise à toutes gens. Elle parlait espagnol, grec, italien et français, quelque peu très bon latin, et composait en toutes ces langues : et n'est rien si certain que combien son mari fût sage et hardi prince, ladite dame, par sa bonne grâce, a été cause de lui avoir fait de bons et loyaux services. »

Cela, on doit le comprendre, n'est pas, comme le souhaiteraient certains historiens des Borgia, attachés à une fallacieuse besogne de réhabilitation, un certificat de vertu, mais, et c'est mieux, le témoignage que Lucrèce avait réussi à régner par sa grâce propre. Ainsi les Français la voyaient-ils exercer une souveraineté qui dépassait son geste et son sourire, donnait à chacun la certitude d'être élevé jusqu'à elle, admis à une minute d'intime correspondance, distinct et différent de tous les autres. Encouragée, libérée, illuminée secrètement par la pensée de Gonzague, Lucrèce ne sentait plus le poids de la vigilance ombrageuse des Este, elle avait la sensation, jamais éprouvée jusqu'alors à Ferrare, de pouvoir respirer largement et celle, plus nouvelle encore, d'indépendance qu'à Rome même elle n'avait pas connue. Pouvait-elle ne pas éprouver de gratitude envers ces charmants Français qui, de leur côté, lui découvraient assez de mystère pour forger des romans dans leurs imaginations? Comment résoudre, par exemple, le contraste entre son origine quasi sacrilège et l'innocence de son front? Entre sa grâce sans détours et les sombres histoires qui se rattachaient à elle? Entre la fragilité de sa personne, entre cette limpidité nordique et cette langueur qui alourdissait ses paupières? A la cour, on parlait poésie, musique, amour, on écoutait des concerts choisis, on s'enseignait mutuellement les danses françaises, espagnoles, italiennes; le tour donné par Lucrèce à la conversation procédait des inoubliables enseignements de Bembo ou de ceux, plus récents et plus accessibles, d'Hercule Strozzi. Quelle cour pouvait donner une impression plus courtoise et plus chevaleresque que celle où la duchesse, entourée des plus belles femmes de la ville, parée des incomparables velours vénitiens ou florentins, les mains et les cheveux constellés de pierreries, orientait les entretiens de façon à faire l'éloge de François de Gonzague, le capitaine général de l'armée ennemie? Oui, Lucrèce n'avait pas résisté au désir de magnifier son ami, de le faire admirer dans les grandes réunions de la cour et les Français devaient y voir la fine fleur des coutumes chevaleresques, dans la tradition de Roland et du roi Arthur. Ce discours eût été de trop, convenons-en, si on n'avait point su combien Gonzague aidait secrètement Ferrare; mais, ainsi, tout se revêtait de couleurs héroïques et, attentifs à la douce voix de la duchesse, parmi les sourires des dames, Français et Ferrarais attendaient l'heure de la bataille.

C'est alors qu'arrive Gaston de Foix, grand écuyer, généralissime de l'armée française. Il est beau, jeune, noble, valeureux, amoureux; les femmes se répètent l'histoire de ses exploits et de ses vertus, déjà si éclatantes, et rien ne leur paraît aussi exaltant que la vision du jeune général partant au combat en gardant nu son bras droit pour tenir un engagement d'amour. Il s'arrête à Ferrare, se rend au château, prend part aux fêtes, puis marche vers Bologne assiégée par les troupes pontificales, assure la ville aux Bentivoglio et revient. Pour lui, Lucrèce stimule son imagination, mettant tout en œuvre, bijoux, bals, parures, musiques, banquets; avec la participation de sa cour féminine, elle parvient à recréer l'atmosphère fastueuse qui régnait au Vatican sous Alexandre VI. La renommée de la cour d'Este se propage dans toute l'Italie, pénètre jusque dans les rangs ennemis où certains Espagnols — l'Espagne tenait alors pour le pape contre les Français — se souvenant de la nationalité de la duchesse et des origines aragonaises d'Alphonse par sa mère, demandèrent un sauf-conduit pour venir au carnaval de Ferrare. « Pour faire les jolis cœurs? » demanda ironiquement le duc. « Qu'ils restent dans leurs villes fangeuses comme des chiens de marrans. »

Le 20 février 1512, la nouvelle que les Français avaient repris Brescia aux Vénitiens parvint à Ferrare et raviva l'ardeur du carnaval : Hippolyte, le premier, donna un banquet officiel, puis le duc un splendide dîner d'hommes et la duchesse un banquet suivi d'un bal. Jamais autant que cette année-là, qui devait marquer le début des dominations étrangères sur l'Italie, la péninsule n'avait été bruissante de fêtes, d'amours et d'aventures. Tandis que, du nord, les Français arrivaient à Ferrare, à Naples les Espagnols, alliés du pape, débarquaient au pied du Vésuve. Accueillis dans le luxueux décor d'une cour de reines et de duchesses, qui conservaient sinon le pouvoir, du moins la dignité de leur titre, ils passaient leurs journées en exercices militaires, représentations symboliques et fêtes galantes, à rivaliser d'élégance, à disputer de questions d'amour et de chevalerie, à inventer des mots d'esprit, à composer des vers. Dans l'attente de la bataille, rien ne semblait plus important à ces gentilshommes que de plaire aux dames et, accoutumés comme ils l'étaient à se prendre toujours au sérieux, ils finissaient par se rendre ridicules. Ainsi voyait-on le marquis de Pescara, mari de Vittoria Colonna, arborer un habit de velours fauve ourlé d'argent, agrémenté de trois épigraphes; ou, plus recherché encore, un vêtement de brocart blanc doublé et rayé de satin fauve, brodé de plumes à écrire et d'une sentence signifiant qu'un aussi grand amour ne se peut écrire.

Mais après la halte de Naples vint l'heure de la guerre et, sous le commandement de Raymond de Cardona — François de Gonzague était laissé à sa maladie au château de Mantoue — l'armée pontificale et espagnole s'ébranla, empanachée, resplendissante d'armes magnifiques, de pourpoints brodés d'or et d'argent, de caparaçons enrichis de pierreries, de velours, brocarts, rubans, plumes, bien fournie de chevaux superbes, arabes pour la plupart. De Ferrare une armée se dirigeait vers le sud, beaucoup moins voyante, mais accompagnée par le fracas des pièces d'artillerie, notamment de la bombarde « Julie », fondue avec le bronze de la statue de Jules II, œuvre de Michel-Ange. A la tête de l'artillerie se trouvait le duc Alphonse, « Tremblement de terre, » comme on l'appelait; le commandement suprême était confié à Gaston de Foix.

Près de Ravenne, le 11 avril 1512, les deux armées s'affrontèrent. La sanglante bataille commença dès le matin et se poursuivit sans interruption jusqu'à quatre heures de l'après-midi, dans le fracas des bombardes d'Alphonse d'Este, qui devaient faire, dans le combat, la première grande démonstration d'artillerie. « C'était une chose terrible, écrivait Jacopo Guicciardini à son frère Francesco, d'ouvrir à chaque coup une trouée dans les rangs ennemis, de voir sauter les casques avec les têtes dedans, voler les épaulières et des moitiés d'hommes. » Mais si l'armée franco-ferraraise fut valeureuse, l'armée hispano-pontificale le fut plus encore et se conduisit gaillardement au feu, bien que les panaches et les uniformes bariolés fussent des cibles faciles pour les bombardiers. La bataille se déroula avec cette ardeur et cette inconsciente ivresse où les combattants semblent vivre, durant une suspension du temps, mus par une force supérieure, dans ce climat d'euphorie guerrière où les héros meurent le sourire aux lèvres. Ainsi tomba Gaston de Foix, le jeune guerrier, le premier des 10 000 morts de cette sanglante journée. Au soir du 11 avril, les Espagnols étaient battus et Ravenne connaissait les horreurs du pillage : toutes les richesses de l'armée pontificale, argenterie, chevaux, armes, bijoux splendides, plus 300 000 ducats, tombèrent aux mains des Français survivants : survivants, car leurs rangs avaient été décimés et le moment était proche où l'Arioste entendrait les lamentations que

En robe sombre, les joues ruisselantes de larmes,
Les jeunes veuves répandent par toute la France.

Précédé de dix-huit étendards pris à l'ennemi, sous un dais triomphal, Gaston de Foix, mort, entra à Ravenne le 12 avril dans un cortège funèbre héroïque, qui fut sa romantique et chevaleresque apothéose. Mais sa mort marqua le début des déboires français. Le nouveau généralissime, Mgr de la Pallice, ne réussit ni à maintenir l'union des partis, ni à faire reconnaître son autorité suprême, certains estimant qu'il n'interprétait pas exactement la volonté du roi. Entre les Français et les lansquenets envoyés par Maximilien à l'aide d'Alphonse d'Este, les dissensions étaient continuelles; tandis qu'à Rome on tremblait, dans l'incertitude même de la mort de Gaston de Foix, tant les services d'informations étaient contradictoires et confus, et que Jules II renforçait la défense du château Saint-Ange, déjà les Suisses, sous le commandement du cardinal Schinner, descendaient des Alpes pour défendre le pape et déjà la cohésion française s'effritait.

L'Italie tout entière se dressait contre les Français : Gênes d'abord, puis Rimini, puis Ravenne même se libérèrent. Suisses, Espagnols et tous les alliés italiens qui purent improviser une action s'unirent et conquirent rapidement Parme, Plaisance, Pavie et même Asti, patrimoine héréditaire de la couronne de France. Deux mois à peine après la victoire de Ravenne, les Français repassaient les Alpes, laissant à Milan une garnison et le souvenir de leurs exploits militaires. Jules II, après avoir tout conduit, tout assumé, tout encouragé sans trêve, vivait un moment triomphal. A Rome, le peuple, qui avait tremblé lors de la défaite de Ravenne, parcourait les rues en l'acclamant : « Jules! Jules! »

*
* *

A Ferrare, la tempête s'annonçait. Alphonse, qui, préposé à l'artillerie, avait eu, de ce fait, moins de pertes, dès qu'il s'était senti seul avait regagné l'enceinte de Ferrare avec ses canons, beaucoup d'illustres prisonniers et une grande partie de son armée. Pour ne point irriter le pape, il se tint coi le plus longtemps possible, mais vint le moment où cette attitude fut insuffisante, où il fallut prendre une résolution et devancer une initiative du pontife, qui, en un pareil moment, pouvait signifier la ruine. Après avoir confronté plusieurs projets, on jugea que la meilleure solution était d'endosser la bure des pénitents : le duc se rendrait donc personnellement à Rome pour demander son pardon et faire sa soumission. Isabelle d'Este se chargea d'obtenir du pape un large sauf-conduit pour son frère et se donna la satisfaction de l'apporter elle-même à Ferrare, saluée par toute la ville comme une puissance auxiliatrice et quasi salvatrice.

Le 24 juin 1512, après avoir libéré tous les prisonniers et confié l'État à Lucrèce et au cardinal, le duc de Ferrare chevauchait vers Rome en compagnie de Fabrizio Colonna, qui se félicitait de rentrer chez lui tout en regrettant de savoureuses amours ferraraises. Ils passèrent par Rimini, évitèrent Ravenne, où les femmes romagnoles se disposaient à lapider le duc responsable du sac de la ville en avril, et par la voie Flaminienne descendirent vers Rome, où ils arrivèrent aux premiers jours de juillet. Alphonse logea au palais de Sigismond de Gonzague et son neveu-otage Frédéric de Gonzague vint l'y saluer, porteur d'un message de Jules II, fort rassurant. Les prémices semblaient favorables; cependant, cette même nuit, les Colonna, qui en savaient long sur les détours des affaires vaticanes et qui étaient reconnaissants à Alphonse de l'amitié témoignée à leur chef durant sa captivité, firent entrer dans Rome 500 soldats armés. Ce détachement étant gardé en réserve, Alphonse, dans le vêtement des pénitents, se rendit, le 9 juillet, au consistoire afin de se présenter au pape. Il se déroula, alors, l'une de ces scènes où le pardon, imparti au nom d'une puissance divine, ne froisse pas l'orgueil, fait éprouver l'ivresse de la mortification pure et détachée, conduit l'âme vers un abîme où elle jouit de se laisser tomber, attendrie et fascinée. Alphonse, finalement, pleura, s'abandonnant avec bonheur à ce réconfort qui lui allégeait la peine et la fatigue de tant de jours pleins d'incertitudes : sur ces larmes descendit enfin l'absolution pontificale. L'excommunication était levée sur toute la famille d'Este et sur le duché; seul Masino del Forno avait le curieux privilège d'en être exclu comme coupable de donner asile au cardinal schismatique Sanseverino. La cérémonie terminée, un grand banquet eut lieu chez le cardinal Louis d'Aragon, après quoi l'on attendit que le pape dictât les conditions de la paix.

On s'aperçut alors que Jules II ne desserrait pas son étreinte; des conditions de paix la moins dure était l'immédiate libération de don Jules et don Ferrante d'Este, condition qu'Isabelle, pourtant désireuse de voir libérer ses jeunes frères, jugea, selon la raison d'État, « déshonnête. » Mais cela n'était rien en comparaison de la condition première et principale par laquelle Alphonse devait abandonner Ferrare au pape et accepter Asti en échange. C'était vouloir ruiner la dynastie d'Este et Alphonse ne le pouvait accepter. Le moment était venu de compter sur les 500 soldats des Colonna; sous leur escorte, sans même donner une réponse officielle au pontife, le duc de Ferrare s'enfuit de Rome pour se réfugier à Marino, place forte des Colonna, bien connue du pape, qui, au temps d'Alexandre VI, s'y était souvent retranché. Tandis qu'à Rome Jules II menaçait et tempêtait, furieux d'avoir laissé échapper son ennemi, les Colonna rendaient au duc l'hospitalité ferraraise offerte à leur chef, agrémentant son séjour autant qu'ils le pouvaient par des chasses et des festins champêtres dans les bois fleuris de cyclamens qui

couvrent les pentes de Marino. Pendant ces vacances forcées,
Alphonse, toujours calme et prêt à faire face aux événements,
écrivait à Ferrare d'attendre son retour avec confiance.

Tandis qu'Alphonse d'Este était confiné dans la forteresse de
Marino et que l'avenir de Ferrare paraissait sombre, Lucrèce
apprit la mort, survenue à Bari, des suites d'une maladie, vers la
fin d'août 1512, de son fils Rodrigue d'Aragon, duc de Bisceglie,
à l'âge de treize ans. A cette douloureuse nouvelle, Lucrèce, le
7 septembre, frappait à la porte du monastère de Saint-Bernardin, où Sœur Laura Boiardo l'accueillait avec toutes les consolations de la religion. Mais la blessure semblait difficile à guérir.

Jamais Lucrèce n'avait oublié son petit duc et il a fallu toute
la lourdeur psychologique d'un Gregorovius pour lui reprocher
d'avoir abandonné sans plus s'en soucier le seul gage qui lui
restât de la douce et sanglante aventure vécue avec le prince
d'Aragon. Il est naturel de penser qu'une femme d'une si
vibrante affectivité fut une mère non seulement tendre, mais passionnée, et on peut, d'ailleurs, par les documents conservés dans
les archives d'Este, vérifier la tendresse constante de Lucrèce
pour son fils lointain. Elle avait sous la main, dans ses cassettes,
les registres où se trouvaient décrits les lieux constituant les possessions dépendant du duché de Bisceglie, avec mention de leur
qualité et de leur étendue; nous y voyons, année par année, les
changements des fonctionnaires que Lucrèce choisissait et habi-
litait pour l'administration de ces terres. Qu'elle en prît un soin
attentif à être toujours informée, nous le constatons par la succession des dates et des noms : Enea Caranza, parent d'un prélat
qui fut l'un des intimes de la cour d'Alexandre VI, avait assumé
la charge en 1502 et prêté serment de fidélité entre les mains de
Gonzalve de Cordoue. Aussitôt après la débâcle des Borgia,
en 1504, elle l'avait remplacé par don Pietro Castellar, mais
durant cette même année, avertie peut-être d'une mauvaise administration, Lucrèce avait envoyé Antonio Guialtro visiter les
domaines de son fils pour être informée « de l'honnêteté et de
la dévotion des populations aussi bien que des produits et des
revenus dudit duché »; par conséquent, en inspection. L'inspection valut à Guialtro d'être nommé gouverneur. Cependant,

l'année suivante, il est, lui aussi, licencié et remplacé par Galvano de Alegre, qui prête serment entre les mains du cardinal Ludovic Borgia, et ainsi de suite.

Aux soins du fief princier Lucrèce avait toujours ajouté ceux d'une mère pour son fils : l'enfant avait des gouverneurs et des intendants, mais, en réalité, dès ses premières années, il avait été confié à une gouvernante ou nourrice, bonne fée domestique, arbitre de la santé, des repas, des soins du bambin, à qui Lucrèce ne manquait pas d'adresser un cadeau de vêtements et de linge quand elle envoyait à Bari de gros colis bourrés de présents pour son enfant. Les livres de comptes de Lucrèce, bien que fragmentaires et limités à peu d'années, sont remplis par la description de ces dons, émouvants dans leur diversité, dont le choix révèle un cœur tendre et sensible. Les très fines chemises brodées y alternent avec les habits de velours, de damas cramoisi ou doré, avec les coiffures dorées, les ceintures à nœuds de soie et avec les jouets, particulièrement de petites épées de bois doré et des fleurets dans des fourreaux de velours. La maman remercie par des présents tous ceux qui s'occupent de l'enfant : ainsi le cardinal Ludovic Borgia reçut un jour six équipements de lévrier. Plus fréquemment, Lucrèce adressait des cadeaux à la duchesse de Bari, Isabelle d'Aragon, qui gardait l'enfant près d'elle, le faisait éduquer et exercer au maniement des armes à sa cour avec ses propres enfants et d'autres nobles adolescents. Isabelle d'Aragon, la magnanime ex-duchesse de Milan, était une protectrice rassurante pour le présent et l'avenir du jeune garçon : robuste, loyale, elle tenait une cour seigneuriale de grande classe à Bari, supportait allégrement le poids des années et avait su préserver des atteintes du temps et du malheur « cette grasse gaieté qu'elle tenait de son père », comme disent les chroniqueurs, réussissant à paraître encore à quarante ans « une fraîche et bonne chose ». De Bari elle allait souvent à Naples, où elle était très courtisée, et y emmenait certainement le fils de Lucrèce; à l'un et l'autre endroit les présents de la duchesse de Ferrare leur parvenaient, dont les plus originaux étaient certains masques et barbes pour les déguisements du carnaval et le plus gracieux, une poupée de bois fabriquée par le peintre maître Morelio « pourvue de tous ses membres », peinte et articulée. Cette poupée devait être, plutôt qu'un jouet destiné aux dix-sept ans de la fille d'Isabelle (cette Bona Sforza trop pleine de vitalité, qui allait devenir reine de Pologne, et inspirer à son mari des réflexions empreintes d'amertume exprimées dans un latin poli, mais impossible à citer), un petit mannequin répétant les modèles des plus fameuses toilettes de Lucrèce, semblable à cette poupée que, peu d'années plus tard, François Ier se faisait envoyer en France par Isabelle d'Este « vêtue dessous et dessus comme vous l'êtes vous-même ». Voici, en effet, le trousseau de la « poupée » bien pourvu de robes à larges manches ou à franges, de satin et de velours, brodées et ornées, où ne manquent même pas les fameux *saragoglie*, pantalons amples et plissés coupés dans de luxueux tissus et galonnés d'or, dont la mode, venue d'Espagne, avait été introduite par Lucrèce, qui les portait surtout, probablement, pour monter à cheval. Cette même année 1508, le jeune duc ayant atteint sa neuvième année, l'éducation de Catherine et des pédagogues provinciaux n'était plus suffisante; aussi Lucrèce lui choisit-elle un précepteur de confiance, Baldassare Bonfiglio, qu'elle pourvut d'un costume convenable pour un homme de science, à bandes de velours et satin noir, puis envoya à Bari avec des valises pleines de livres neufs et avec toutes les recommandations qu'on peut supposer.

Lucrèce gardait le désir anxieux de revoir son enfant. En 1504, elle avait tenté de le faire venir à Ferrare, mais son espoir avait été déçu; le 24 juillet 1506, un chroniqueur nous informe que la duchesse projetait de se rendre vers la fin d'août à Lorette, où elle rencontrerait la duchesse de Bari et le petit Rodrigue; l'enfant devait même revenir avec sa mère jusqu'à Ferrare. Puis on ne sut plus rien. C'est durant ce même mois d'août qu'avait été découverte la conjuration de don Jules et il est possible que le compte rendu du voyage de Lucrèce à Lorette ait été négligé par les informateurs dans l'atmosphère de tragédie et d'émoi qui régnait alors au château. Mais il est beaucoup plus probable que, précisément à cause de ces événements, elle n'aura pas pu s'éloigner de Ferrare et n'aura jamais revu le plus beau de ses enfants depuis ce jour où elle le quitta endormi dans son berceau de Santa Maria in Portico.

Adieu, petit duc : à quoi bon maintenant, pour la mère, se rappeler le baptême triomphal à Saint-Pierre, parmi les tambours, les trompettes et le ruissellement des ors? Lucrèce ne reverra plus les vêtements refaits chaque année à de nouvelles mesures, ne sera plus émue à la pensée de ce jeune corps qui de l'enfance passe à l'adolescence pour atteindre bientôt la virilité; elle ne tremblera plus à l'idée que viendra le jour où il faudra donner des explications, quand le petit Aragon interrogera au sujet de son père, et qu'il faudra évoquer, alors, entre la mère et le fils, des événements tragiques et sombres, et qu'elle se trouvera dans le cas ou de mentir effrontément pour sauvegarder la mémoire de César Borgia ou de livrer le nom de l'assassin d'Alphonse de Bisceglie, alternative dramatique qui, d'avance, la faisait frissonner. Et, maintenant, tout s'est résolu de soi-même, brutalement.

Lucrèce ne voulait rien autre que pleurer et prier, mais le cardinal Hippolyte vint au couvent : impossible de le fuir, de ne pas le recevoir, de ne pas écouter ses condoléances glaciales, de ne pas se montrer réconfortée par la nouvelle du prochain retour d'Alphonse d'Este, qu'annoncent en grand secret des messagers arrivés sous un déguisement. Maîtres de la garde-robe et tailleurs étaient là pour les vêtements de deuil; il fallait choisir, commander, essayer; le moment venait aussi de liquider matériellement la petite cour du jeune duc restée à Bari et de recueillir l'héritage. Jacopo Tebaldi et Sigismond delle Anguille furent choisis pour régler toutes ces choses et le plan, fort compliqué, de leur voyage fut établi. Tous les territoires pontificaux étaient à éviter; aussi fallait-il remonter vers le nord, puis, par Mantoue et Sabbioneta, se diriger vers Gênes, côtoyer la Ligurie par Rapallo et Porto Venere, s'embarquer, atteindre Piombino, de Civita-Vecchia passer par Marino (Alphonse serait alors à Ferrare depuis quelque temps), où les Colonna donneraient certainement des aides et des guides, se diriger sur Gaète et, finalement, par Capoue, Naples, Cerignola, Barletta, Trani et Molfetta, arriver à Bari. Bref, un voyage de quatre mois avant que les envoyés de la duchesse puissent rejoindre la cour de Rodrigue de Bisceglie, encore constituée avec le gouverneur Gaspare Bonfiglio, le page Ferrante, le *repostero* Onofrio, le valet de chambre Pedro et deux écuyers. Tous reçurent leur indemnité de licenciement en ducats d'or. Les tapisseries, les vêtements, l'argenterie, les objets divers, un cheval de race, plus un autre, devaient être expédiés à Ferrare. Avant leur départ, les délégués de Lucrèce firent probablement célébrer sous les voûtes romanes de Saint-Nicolas une cérémonie religieuse et élever un solennel catafalque de velours noir, pour donner au service funèbre le caractère de magnificence espagnole prévu par Lucrèce. Ainsi, sous les inéluctables questions pratiques, disparaissait vraiment le petit Rodrigue, submergé, reconnu comme mort, pleuré et tout proche d'être oublié. Qui se souviendrait jamais de lui, excepté sa mère?

Ce soir de septembre, les pâles lumières claustrales s'allumaient au monastère de Saint-Bernardin; peut-être dans la cheminée du rez-de-chaussée, voûtée en forme de baldaquin gothique, le premier feu flambait-il déjà. A cette lueur, dans le vacillement des flammes sur les parois, l'âme tourmentée de Lucrèce pouvait imaginer voir entrer dans la salle un adolescent aux cheveux noirs, au visage doux et épanoui comme une fleur humaine qui, s'avançant vers elle, la considérait avec un regard où la confiance, l'indulgence, l'attente semblaient une imploration. Mais voici qu'à cette vision elle ne savait plus quel nom donner : était-ce Alphonse ou Rodrigue, l'époux ou le fils? tous deux morts à la fleur de l'âge, tous deux si mal défendus par elle, qui les avait appelés l'un et l'autre, d'une façon différente, à leur destin terrestre; et peut-être la plus dure parole, la plus poignante accusation émanaient-elles des sibylles peintes sobrement, deux siècles plus tôt, sur les murailles : c'étaient elles qui, avec une obstination muette et cruelle, prolongeaient la vision en évoquant d'autres tristes sibylles, celles qui, dans la tour Borgia, avaient vu la mort d'Alphonse de Bisceglie.

*
* *

Cependant Lucrèce n'osa pas demeurer en grand deuil quand le retour d'Alphonse d'Este fut certain et s'en tint à la couleur brune. Parti de Marino le 20 septembre, sous la protection de Prosper Colonna, cousin de Fabrice, qui allait rejoindre l'armée espagnole campée en haute Italie, Alphonse, parvenu en Toscane, se sépara des troupes de Colonna et, déguisé, accompagné de quelques personnes, emprunta les chemins de traverse pour faire perdre sa trace aux troupes pontificales le serrant de près. L'Arioste, qui se trouvait précisément en Toscane, vint à sa rencontre avec un groupe de gentilshommes ferrarais et passa des nuits sans sommeil à scruter les bruits perçus dans l'obscurité, prêt à croire avec l'impressionnabilité d'un poète que chaque piétinement des chevaux annonçait la présence ennemie. Ce furent des nuits d'angoisse, où Alphonse prouva son robuste équilibre nerveux en dormant à poings fermés, sans se déshabiller, sur des paillasses de fortune; près de lui se trouvait l'inévitable Masino del Forno, prêt à tout et excommunié. Ayant finalement retrouvé hors de Toscane les troupes des Colonna, accompagné par un détachement de cavaliers presque jusque sous les murs de Ferrare, le duc, après avoir changé de vêtements, car, tout comme ses compagnons, il avait une « chemise en loques », fit à Ferrare une entrée fort acclamée et convoqua immédiatement la foule sur la grand-place pour le saluer et le fêter. Les cloches carillonnaient, les cris de joie retentissaient tandis qu'Alphonse gravissait les marches du palais et rencontrait, dans le second salon des appartements ducaux, sa femme qui s'avançait vers lui : embrassements, allégresse, paroles de bienvenue, toute l'humaine musique de la joie l'accueillait et Alphonse, presque ému, demeura quelques instants en famille, tout en accueillant d'un air joyeux gentilshommes et citadins venus le féliciter. Ses deux fils, Hercule avec son petit nez camard, et Hippolyte, le futur cardinal, créateur de la villa d'Este à Tivoli, pleins d'une adoration béate, regardaient leur père comme un personnage légendaire sorti d'une périlleuse aventure et admiraient chacun de ses gestes; plus tard, ils sauraient qu'en ce moment même Alphonse se préparait à la plus rude tâche de ses fonctions ducales, car il avait déjà décidé, dans son for intérieur, la guerre à outrance contre le pape. Le duc et le cardinal eurent ce jour-là un très long colloque, d'où ils sortirent avec le visage fermé de gens qui ont pris une décision suprême et déjà prévu le pire; cette expression ne les quitta pas même le soir, dans les salons de la duchesse illuminés par les torches, bondés d'une foule heureuse de retrouver l'atmosphère des fêtes après une interruption de plusieurs mois.

Immédiatement, la nouvelle guerre s'amorça; Hippolyte, désireux de conserver son chapeau cardinalice, sauvé par miracle au milieu des écueils du concile schismatique, décida, après avoir rendu à son frère la cité intacte et fortifiée, de s'isoler dans la neutralité et de partir à l'étranger, en Hongrie, dans son évêché d'Agria. Il partit au début de novembre, tandis qu'Alphonse enrôlait et armait des milices et que Lucrèce mettait en gage ses plus fameux bijoux, tout en se faisant réconforter le mieux possible par François de Gonzague. Le nouveau capitaine général de l'armée pontificale était maintenant le neveu du pape, François-Marie de la Rovère, duc d'Urbin. En sa qualité de gendre des souverains de Mantoue, et donc stylé par Isabelle d'Este, il avait fait assurer Alphonse qu'il marcherait contre lui avec le « plus de retenue possible ». Mais ceux qui avaient vu le pontife à la prise de la Mirandole et en connaissaient l'ardeur considéraient la chute de Ferrare comme imminente : François de Gonzague pouvait penser que le temps était proche où, dans le palais de Saint-Sébastien, il verrait la duchesse de Ferrare sauvée de ses ennemis et rendue à la vie. Déjà les armées parcouraient la péninsule quand, à peine les opérations de guerre commencées, Jules II mourait dans les derniers jours du mois de février.

Durant les dix années de son pontificat, il avait montré au monde une figure d'homme grande jusque dans ses intempérances. La magnanimité de Jules II va de pair avec les noms et les œuvres qui sont l'honneur de son règne, tels, pour n'en citer que quelques-uns, la pose de la première pierre de la nouvelle basilique de Saint-Pierre, les chambres de Raphaël au Vatican, le Moïse et la voûte de la Sixtine par Michel-Ange, le grand concile œcuménique dont devait sortir plus tard la réforme de l'Église, la lutte d'un nationalisme confus, mais éprouvé, contre les étrangers. Courageux dans la vie, il le fut aussi dans la mort; préoccupé de l'avenir de ses entreprises, auxquelles il croyait non seulement politiquement mais moralement, il se souvenait des cardinaux transfuges, cette épine au flanc de la papauté, songeait à l'influence qu'ils pourraient exercer sur le prochain conclave et recommandait sobrement, mais avec énergie, de ne donner aucun crédit à ce groupe dissident, afin de ne point diviser et affaiblir les forces de l'Église. Il exhortait les cardinaux à choisir en toute légitimité son successeur, s'accusait d'avoir péché et déclarait qu'il pardonnait sincèrement à tous ses ennemis. Il mourut le 21 février, au soir. Rome était dans les larmes et le peuple témoigna sa douleur en défilant patiemment à Saint-Pierre pour revoir une dernière fois, dans le calme de la mort, le visage de celui qui avait tant lutté et à qui on avait pu si complètement se fier.

A Ferrare, au contraire, il s'en fallut de peu que le *Te Deum* ne résonnât sous les voûtes des églises. Libérés du cauchemar de la guerre, il semblait à tous qu'une intervention céleste les eût délivrés, et Lucrèce la première, bien que le duc ait recommandé une sage modération dans les manifestations de joie, s'en allait, suivie de ses dames, d'un autel à l'autre remercier Dieu d'avoir délivré le monde « de cet Holopherne » en l'envoyant « guerroyer ailleurs », ce qui, à propos d'un pontife, était, à tout le moins, une curieuse façon de s'exprimer. La joie s'accrut encore lorsqu'on apprit que le nouveau pape, élu sous le nom de Léon X, était un ami des Este, Jean de Médicis, fils de Laurent le Magnifique, qui devait attacher son nom à une époque de splendeur humaniste en recueillant et faisant sien le magnifique héritage de Jules II. En fait, Léon X fut un ennemi secret de Ferrare, à qui manquèrent seulement le courage et la résolution d'agir ouvertement contre la maison d'Este. Pietro Bembo lui-même, ami de Lucrèce, appelé par Léon X, avec Sadolet, à la fonction de secrétaire pontifical, n'aurait pu parvenir à unir les esprits. Bembo, se souvenant des cieux ferrarais et de leurs dieux, se donnait la satisfaction de satisfaire les désirs de la duchesse; il lui faisait confirmer le droit à toutes les indulgences reçu d'Alexandre VI et lui procurait certaines faveurs, comme, par exemple, le parrainage du pape pour la confirmation du petit Hercule : à cette occasion, Léon X envoya à l'enfant une médaille représentant l'hydre vaincue par Hercule, allégorie païenne aisée à traduire en termes chrétiens.

Ainsi, une fois de plus, on se trouvait tiré des difficultés. Bien qu'au début le pape causât un peu d'inquiétude par sa lenteur à relever le duc de Ferrare des accusations portées contre lui par Jules II, Lucrèce avait fort bien compris que ces atermoiements étaient dictés au nouvel élu par une prudence temporaire. Elle écrivait, en effet, à François de Gonzague qu'elle était certaine que Léon X agissait ainsi parce qu'il souhaitait ne pas être « calomnié par les vieux seigneurs cardinaux qui lui faisaient la réputation de pouvoir trop facilement être laissé sans information ». En somme, il ne voulait pas être accusé d'agir à la légère. La confiance de Lucrèce était si pleinement justifiée que les marchands lui renvoyaient les bijoux reçus en gage avant même d'avoir reçu la restitution du prêt, car « maintenant les affaires de Ferrare étaient en autre posture qu'à la conclusion du pacte », ainsi que l'affirmait également Isabelle d'Este. C'en était donc fini des guerres rudes et périlleuses, mais une période de la vie de Lucrèce se terminait avec ces actions de grâces qu'elle entendait chanter en passant, légère et majestueuse, d'une église à l'autre, telle que se la représentait alors un orfèvre qui gravait son image et celle du duc Alphonse sur une plaque votive en argent dédiée à saint Maurèle, protecteur de la cité, sans doute en mémoire et reconnaissance de la victoire de Ravenne. Ce travail d'argent niellé aux lignes longues et fuselées n'est peut-être pas, comme l'ont cru, voici quelques années, Donato Zaccarini, qui en fit la découverte, puis Agnelli et Catalano, un nouveau portrait de Lucrèce d'après nature. Pour celui qui a quelque familiarité avec l'iconographie de la duchesse de Ferrare, il apparaît que son profil répète sans aucune variante celui de la médaille qui la représente avec les cheveux tressés et rassemblés dans une fine résille. C'est presque certainement de là qu'il dérive et non pas d'une pose directe : ainsi s'explique, par suite d'une erreur de proportion qui trompa l'artiste astreint à copier, la différence légère, mais sensible, entre la tête de la duchesse, appesantie et trop lourde, et les petites têtes, très réduites malgré leurs boucles, des demoiselles situées derrière elle. De plus, l'interprétation de la figure du petit Hercule d'Este semble intelligemment conçue. Il devait être convenu que l'aîné des enfants d'Este serait représenté près de sa mère; cependant, faute de dessins ou de portraits, l'artiste représenta l'enfant tournant le dos à celui qui regarde, mais levant les yeux vers le saint évêque qui bénit en lui la dynastie d'Este. Ce travail a probablement été exécuté hors de Ferrare, mais, quoiqu'il en soit, et si l'auteur est ce Giannantonio da Foligno, orfèvre de la maison d'Este, révélé par de récentes études, il exécuta son œuvre beaucoup plus d'après des médailles que d'après les modèles vivants.

Qu'à cette figure un peu disgracieuse soit donc ôtée la responsabilité d'être le portrait authentique et significatif de Lucrèce, car il ne l'est pas. Mais il pourra, cependant, nourrir l'imagination de ceux qui voudront évoquer la duchesse de Ferrare dans le raffinement et la richesse de cette *aura* des seigneuries du début du XVIe siècle, à la tête de sa cour, dressée comme pour découvrir les escarmouches d'une lutte déjà perdue pour elle, à laquelle par dédain et mélancolie elle a, d'avancé, renoncé. Ferrare et les Este la voient se soumettre, mais peut-être ne peuvent-ils se glorifier d'une victoire obtenue davantage par une conquête profonde et consentie que par les circonstances temporelles. Maintenant, les problèmes de l'État se desserrent; Alphonse, ses ardeurs militaires assoupies après l'avoir amené à deux doigts de perdre son duché, commence, tout en se maintenant en armes, à reprendre la politique d'équilibre d'Hercule Ier et à l'adapter aux temps nouveaux. Il n'y a plus, pour Lucrèce, de place ni d'activité, excepté celle que lui vaut le fait d'être duchesse : on ne lui demande rien d'autre que d'accepter. A Mantoue, François de Gonzague, se croyant guéri du mal de Naples, fait entendre à ses courtisans qu'il se sent gaillard et prêt à « consommer mariage »; il peut orienter ses désirs vers sa femme ou vers de nouvelles aventures — et clore l'appartement du palais proche des prairies du Té en cherchant à oublier les songes et les projets pleins de douceur et de chimères.

CHAPITRE XII

TEMPS DE PAIX

Il faudrait n'avoir rien compris à l'amour de Lucrèce et de François de Gonzague pour prétendre qu'il dépérissait jusqu'à mourir en raison de l'éloignement et de la difficulté à le maintenir vivace, car tous deux demeurèrent liés jusqu'à la fin. Non, cet amour ne mourait pas, mais il se transformait en une entente spirituelle et religieuse. Une lettre de la duchesse de Ferrare, datée du 4 février 1513, est pleine de confiance, d'amitié, d'abandon. Elle se réjouit de la santé recouvrée de son beau-frère, exprime comme de coutume l'amour qu'elle a pour lui, « son très honoré frère, » le remercie des derniers messages transmis par le comte Laurent et se remet entre ses mains, ainsi que (les Este durent frémir si jamais ils lurent ce qui suit!) toutes choses concernant l'État de Ferrare. Une fois la paix rétablie, il est logique de supposer que Lucrèce espérait, dans l'activité exubérante qui fut sienne après 1513, retrouver les chères habitudes passées, les visites fraternelles, ou pseudo-fraternelles, l'amitié amoureuse de jadis. Mais si elle entretint vraiment cet espoir, il lui fallut bientôt se rendre compte que les relations entre Mantoue et Ferrare ne s'orientaient pas vers une durable entente. Lucrèce se résigna-t-elle? Pas complètement, sans doute, car il était dans son caractère de repousser dans un avenir indéfini toute décision comportant une rupture définitive et d'accueillir les temps nouveaux de bonne foi, avec la pensée qu'un jour ou l'autre surviendrait l'événement qui, par un hasard heureux, changerait le cours des choses et apporterait la solution désirée. Dès l'année 1513, on perd les traces d'une correspondance suivie entre Lucrèce et François et on ne trouve plus d'allusion aux fauconniers, aux faucons, plus de déclarations, de galanteries, de propositions,

d'invitations. Lucrèce devait, cependant, garder son empire sur
son beau-frère, car Isabelle, faisant taire son orgueil, lui écrivait en 1517 pour la prier d'adresser elle-même à François une
demande de grâce pour un familier coupable. Quémander l'intercession de sa belle-sœur et rivale avait dû coûter cher à Isabelle
et d'autant plus que Lucrèce lui répondit de haut qu'elle deman-
derait la grâce, bien que « mal volontiers je m'entremette pour
dévier la justice » : c'était, en somme, donner une leçon. Le froc
de Frère Anselme, du couvent de Sainte-Marie des Grâces, faisait-il toujours la navette entre Mantoue et Ferrare? Laurent
Strozzi mourut de maladie en 1516 et avec lui Lucrèce et
Gonzague perdirent leur dernier — et douteux — intermédiaire.
Qui sait s'ils se revirent jamais? Je n'ai pu réussir à trouver dans
les archives des Este et des Gonzague aucun indice d'une rencontre entre eux dans les années qui suivirent et il se peut qu'il
n'y en ait eu aucune, étant donnée l'inimitié qui régnait ouvertement entre les deux cours voisines. Mais ils se retrouvaient dans
le mystique jardin de la religion et se réjouissaient au récit des
miracles et des choses saintes, sans cependant renier leur passé :
Borgoforte, qui signifiait toujours l'éblouissement de la première
révélation; les danses effrénées du carnaval de 1507 et les ardents
secrets du temps d'Hercule Strozzi. Leur passé justifiait leurs
légitimes espérances et ils se croyaient vraiment destinés à de nouvelles rencontres où ils goûteraient de douces heures en aimable
compagnie : le temps de la jeunesse n'était pas encore si lointain, bien qu'il s'envolât. Amour et espoir maintenaient les âmes
unies et en éveil dans ces deux corps souffrants, mais obstinés,
malgré tout et toujours, dans leur amour de la vie.

En suivant Lucrèce jusqu'à ses dernières années, on notera
immédiatement combien son existence était encore remplie alors
qu'elle était sortie de l'histoire et, si l'on peut ainsi dire, de
l'aventure active de l'amour (exclus celui d'usage conjugal, s'entend). Jamais elle ne se lassa de participer aux charges publiques,
en particulier le soin très important d'examiner les suppliques lui
incombait. Nous ne polémiquerons pas à ce sujet avec les historiens qui n'ont que mépris pour sa compétence en ces matières
et qualifient d'adulation pure *l'acerrimum judicium*, la prudence

et le sérieux que lui avait attribués Alde Manuce en lui dédiant, en 1513, le recueil des poésies complètes d'Hercule Strozzi. Lucrèce était très entendue; évidemment elle n'était pas Isabelle d'Este, mais elle savait remplir sa charge princière, qu'elle n'abandonna, comme le déclare Prosperi, que vers la fin de 1518, quand Alphonse l'assuma lui-même afin d'en soulager sa femme lasse et malde.

Les réunions publiques, qu'elles fussent de devoir ou d'agrément, trouvaient Lucrèce toujours prête, et peut-être davantage encore à présent qu'elle se distrayait avec plus de détachement qu'aux premiers temps de son arrivée à Ferrare; les jours de fête, après avoir quitté le salon ducal pour prendre le léger repas prescrit à heure fixe par le médecin, elle revenait ensuite pour la fin du bal ou de la comédie. Il y eut une époque où les bals et les comédies furent moins en faveur et où vint la mode des devinettes, des « secrets » et autres jeux qualifiés d' « antiques » par les courtisans. L'Arioste et Bembo connaissaient bien, et en parlèrent dans leurs poésies, l'art d'user de la liberté accordée par les règles du jeu pour glisser des mots d'amour dans les oreilles féminines et les courtisans, bien qu'avec une moindre grâce littéraire, en usaient certainement aussi; sans doute le jeu ne devait-il pareille fortune qu'aux aimables licences orales qu'il permettait. La musique n'était pas oubliée; des concerts de choix avaient lieu chaque jour à la cour. Le goût de Lucrèce pour les belles voix et les danses classiques ne se démentit jamais : Dalida de Puti et Graziosa Pio alternent avec Tromboncino et Niccolò di Padova; à Caterina, de Valence, et à la Siennoise Nicole a succédé une danseuse slave, peut-être russe, Dimitria, que la duchesse, toujours séduite par les petites idoles de harem, pare de coiffures dorées, de bijoux et de vêtements de soie. Les nains et les bouffons égayaient les longues soirées d'hiver, entre autres le célèbre Santino évoqué par l'Arioste, habile non seulement à plaisanter, mais à conter des fables. Le soir, après souper, on posait sur la table carrée de la cour un tabouret où le nain grimpait s'asseoir, puis, jetant un regard circulaire de ses petits yeux vifs, il commençait à raconter à la manière d'Ésope. Lucrèce, ses enfants, ses demoiselles d'honneur levaient leurs charmants visages attentifs et amusés vers la face difforme du conteur, qui semblait, au dire d'un courtisan, « un loup prêchant aux brebis. »

Des fables de Santino la duchesse passait aux sermons des prédicateurs en renom. Le couvent de Saint-Bernardin restait son lieu d'élection. C'est là qu'elle se retirait pour suivre les exercices préparatoires aux grandes fêtes chrétiennes ou simplement pour s'isoler chaque fois qu'elle pouvait invoquer un prétexte valable. Les cours de la maison Romei, calmes, gaies, ensoleillées, s'adaptaient bien aux différentes saisons; en hiver le soleil se concentrait sous la loggia, en été on trouvait de l'ombre sous les portiques, qui, aux demi-saisons, protégeaient de la pluie et du vent. Peut-être alors comme à présent, dans la plus petite des cours, celle du XIVe siècle, voyait-on des touffes de ces fleurs candides à quatre pétales, au parfum chaste et pénétrant, dont les moniales fleurissent la statue de la Vierge au mois de mai? On pouvait se fier à ces parfums, tout comme on pouvait se fier au paysage que Lucrèce voyait de sa chambre : jardins de couvents et maisons de gens sans ambition. Tout était satisfaisant, à la condition de ne point abaisser le regard sur la rue voisine et de ne point se sentir frissonner à la vision, soudain présente, d'un groupe enveloppé de manteaux soutenant le cadavre d'Hercule Strozzi, en cette nuit de juin 1508 pareille à d'autres nuits funèbres dans l'ombre des églises romaines.

La prière dissipait de semblables pensées. Sœur Laure arrivait avec Sœur Euphrosine et la fille du duc de Valentinois venait aussi, qui peut-être ressemblait de figure à son père comme elle lui ressemblait pour la vivacité de son intelligence et la souplesse de son esprit. En juin, les jours étaient clairs; on frappait à la porte du couvent et, dans un envol qui allait de sa cornette à l'ourlet de sa jupe, la Sœur tourière courait ouvrir et s'inclinait devant les nobles dames de passage qui s'en venaient visiter la duchesse. Le portique se peuple de silhouettes élégantes; voici que Laure de Gonzague gravit le petit escalier, arrive à la chambre où, vêtue de légère soie noire, Lucrèce, étendue sur un lit de repos, s'excuse de sa faiblesse avec un pâle sourire; le fugace bavardage féminin caquette et aborde, bien entendu, le chapitre des modes. Laure interroge, décrit les plus récentes trouvailles de cette grande innovatrice qu'est Isabelle d'Este; Lucrèce et ses compagnes écoutent avec un enthousiasme fervent et une attention soutenue. La rivalité des deux belles-sœurs se manifeste sur ce terrain avec plus d'évidence que sur aucun autre : Isabelle commande à Ferrare certaines coiffures et bourses brodées, mais Lucrèce voudrait commander à Mantoue une coiffe comme celle de Laure de Gonzague; les petites roses émaillées qui ornent le front de Laure lui plaisent aussi, elle pense les faire copier par l'orfèvre de la cour et escompte déjà un succès mondain.

Lucrèce devait tout à la fois à sa nature féminine, à son époque et à Alexandre VI un amour sensible des bijoux. Ses cassettes, qui, lorsque son cortège nuptial quitta Rome en 1502, semblaient contenir un trésor de légende, furent toujours, à Ferrare, non seulement combles, mais renouvelées et enrichies. Les joyaux de la maison d'Este y prirent place et bien qu'Hercule Ier n'en ait pas fait un don personnel à sa bru, elle ne fut pas longue, les ayant à sa disposition, à les faire transformer à plusieurs reprises, soumettant à son inspiration mouvante le fin et minutieux travail de ses orfèvres. Parmi ceux qu'elle rétribuait à sa cour se trouvait un esprit singulier, Ercole Fideli da Sesso, Juif converti (originairement il s'appelait Salomon), célèbre dans le monde des arts à cause de certaines épées et dagues princières, sur lesquelles il gravait des scènes damasquinées d'un poinçon si habile et si personnel que les allégories les plus rebattues retrouvaient une originalité nouvelle. Maître Ercole avait déjà accompli son chef-d'œuvre en 1498, alors qu'il cisela pour César Borgia une épée sur laquelle figuraient les fastes de Jules César, illustrées suivant les conceptions impératives du duc de Valentinois. Il était donc de longue date apprécié par Lucrèce; aussi, à peine arrivée à Ferrare, le prit-elle à ses gages et l'accabla-t-elle de commandes, au point de ne lui laisser aucun temps pour d'autres travaux. C'est ainsi qu'Isabelle d'Este dut attendre plusieurs années un certain bracelet qu'elle reçut seulement en 1504 avec les excuses de l'orfèvre, qui alléguait à sa décharge l'excès de travail exigé par ceux dont il recevait les ordres. Le fils de maître Ercole, Alfonso, était aussi à la solde de la duchesse; leurs deux noms, ainsi que celui d'autres orfèvres ferrarais et étrangers, reviennent sans cesse dans l'inventaire inédit des bijoux qui va de 1516 à 1518 et nous fait connaître tout le trésor de la duchesse de Ferrare. Il y a 3 770 pièces groupées sous 435 numéros, comptées, décrites, pesées avec l'exactitude étudiée et scrupuleuse des gens d'office, des préposés aux soins du vestiaire. Il y en a des pages et des pages, qui n'ont pas seulement l'attrait et la valeur de l'inédit, mais leur intérêt de choses vécues se manifeste encore par des annotations au bas des pages ou en marge des descriptions, ayant trait à des références ou à des noms qui nous reportent fort en arrière dans la vie de la fille d'Alexandre VI.

Pour créer à soi seul l'atmosphère, nous rencontrons sous le numéro 65, le taureau des Borgia : « Un morceau de tissu d'or, portant d'un côté une couronne de perles, et de l'autre un bœuf (taureau) avec une devise, le tout entouré de perles. » Broderie à l'avers et au revers, on en ignore l'usage, mais l'emblème des Borgia brodé en or et laissé intact parmi ses perles, après un si long temps et après que le nom des Borgia était déchu et détesté, devait évoquer pour Lucrèce des souvenirs toujours vivants puisqu'elle n'avait pas ordonné la destruction de l'inutile broderie. Le numéro 241 mentionne un autre nom de la maison Borgia, celui de Maria Enriquez, veuve du duc de Gandie assassiné, à propos « d'un chapelet de corail blanc séparé tous les cinq grains par treize cornalines et orné d'ambre jaune »; une note en marge : le chapelet ci-énoncé a été envoyé par Madame à sa belle-sœur, qui est religieuse à Gandie, en Espagne, le 29 mars 1517. Reconnaissons sous le numéro 91 de l'inventaire le bracelet en forme de serpent qui avait, au temps de sa plus vive flamme, inspiré à Bembo sa première poésie latine en l'honneur de Lucrèce. Celle-ci, pour en garder le cher souvenir, fit graver les premiers vers sur le bracelet :

Dipsas eram sum facto Tago, etc.

Ainsi les paroles lui demeuraient proches et chaudes, prêtes à faire surgir pour elle seule une tendre et discrète évocation. Autre souvenir de Bembo au numéro 103 : « Une médaille d'or avec une flamme d'émail rouge entourée de palmes, » qui est, ou tout au moins qui lui ressemble en tous points, soit la copie soit l'original de la médaille pour laquelle, en juin 1503, Lucrèce envoya un messager à Ostellato demander une devise à Bembo afin d'illustrer cette flamme et reçut comme réponse : « *Est animum*, » elle consume l'âme. Cependant le registre de garde-robe ne mentionne pas la devise qui, peut-être, ne fut jamais gravée, mais nous fait au contraire savoir que la médaille fut donnée en 1517 au chevalier espagnol de Gabanyllas.

L'élégance de Lucrèce était faite d'un libre composé d'influences internationales, où sa fantaisie avertie mêlait les modes espagnoles, romaines, napolitaines, ferraraises, lombardes, françaises, mantouanes. Volontiers elle portait des bijoux étrangers : par exemple Aldovrandino del Sacrato, ambassadeur en France, lui envoyait sur sa demande de très fines chaînes d'or d'un minutieux travail gothique. Entre les doigts de Lucrèce les chaînes coulent comme une scintillante rivière, l'or devient matière d'allégorie et révèle cette nature des Borgia pour qui le luxe et le faste sont des moyens nécessaires d'exprimer et de libérer leur propre personnalité secrète. Quand Lucrèce lisait l'un des livres, peu nombreux, de sa bibliothèque personnelle (les Este, eux, avaient une bibliothèque célèbre, pleine de manuscrits rares), son Pétrarque ou les *Asolani* de Bembo, ou les poésies d'Hercule Strozzi, ou ses chansons espagnoles, à moins que ce ne fût un livre d'aventures ou de piété, ou encore qu'elle ne recommençât pour la centième fois un ouvrage de philosophie à sa première phrase : « Le fardeau des choses de notre vie, » son geste le plus significatif était d'y laisser inséré l'un de ses nombreux signets précieux, celui, par exemple, brodé de « quatre-vingt-dix perles de grosseur moyenne ». Si le vent frais faisait frissonner sa peau de blonde, elle s'enveloppait le cou d'une zibeline à tête d'or retenue par des boucles et des cordelières d'or; l'été, les éventails étaient de plumes blanches et noires sur des montures d'or battu avec manche de pierres dures. Tous les objets qui l'entouraient valaient à la fois par la noblesse de la matière et par celle du travail. A peine mentionnerons-nous les nombreux colliers alourdis de grosses gemmes, les cascades de perles (deux mille environ « grosses et belles », sans compter les autres répandues par centaines sur les vêtements et les accessoires), les douzaines de bagues et de bracelets (l'un, particulièrement beau, se composait de camées alternant avec des plaques d'or travaillées représentant des animaux), les quarante colliers rigides, les centaines d'épingles, de boutons, d'agrafes d'or et d'émail de toutes formes, les médailles, les émeraudes, rubis, saphirs, et les diamants taillés à plat, « en table, » pour être portés sur le front ou au cou en pendentif. Nous négligerons la liste des pendants d'oreille, des chaînes, chaînettes, ceintures avec ou sans aumônière, les pleines boîtes de petits rubis, perles, cornalines, coraux. Plus intéressants et plus significatifs sont les objets d'usage courant : un encrier d'argent et velours noir, des jarretières d'or battu, un cordon beige comme celui de saint François, mais en soie, avec les quatre nœuds en or, les vases d'or et d'argent massifs pleins de parfums rares, les spatules pour « pétrir le gras », c'est-à-dire pour triturer de sa propre main quelque cosmétique suivant une formule secrète, les peignes d'ivoire et d'argent, les miroirs, tel celui entouré de feuillage d'argent sur fond d'émail vert parsemé de petites perles, comme d'une rosée à peine formée, irisée de reflets bocagers.

Quand venait l'heure de la prière, les doigts pâles de la duchesse égrenaient le chapelet : celui d'or, ou celui d'argent doré, de rubis, de chalcédoine, de cornaline ou encore celui de nacre et d'or; elle ouvrait ses livres d'heures, sa pensée se dégageait des choses terrestres pour s'élever vers Dieu guidée par les enluminures qui ornaient, notamment, « un petit office de la Madone écrit à la main sur parchemin, avec de très belles couleurs, couvert de velours vert avec des fermoirs d'or battu. » Dans la chapelle brillaient les objets sacrés apportés de Rome et augmentés à Ferrare, les croix, les médailles, les calices, les reliquaires ornés de pierreries. Le chapelain, don Rainaldo ou don Bartolomeo, revêtu d'une chasuble de tissu d'or, de brocart ou de velours, officiait avec une lente gravité sacerdotale parmi l'or et les pierres précieuses qui resplendissaient pour la gloire de Dieu; dans le parfum de l'encens, mêlé à celui des fleurs et des cosmétiques rares, la pensée de Lucrèce s'alanguissait parmi les spirales onduleuses de la prière; l'extase de l'esprit se confondait avec l'ébranlement des sens et tout baignait dans une bienfaisante lassitude. C'était peut-être là, finalement, s'abandonner.

Jamais Lucrèce ne se sentit, ne put se sentir Ferraraise; elle donnait à la cité des enfants, des œuvres, de l'assistance, et recevait, en retour, de l'estime; mais d'affection, jamais. Elle s'était habituée au climat, mais n'était pas faite pour comprendre le grand art ferrarais, la peinture austère et rude d'un Cosmé Tura ou la spiritualité dépouillée, d'un Ercole de Roberti et avait fait appel, pour décorer ses appartements, aux enjolivements de Garofalo et de ses élèves; de même, jamais elle ne comprit l'Arioste et lui préféra les poètes qui, par une voie ou par une autre, lui faisaient retrouver les traces de l'humanisme gracieux et chatoyant d'idées de Serafino Aquilano. Ainsi n'éprouva-t-elle qu'indirectement la puissance passionnelle de la ville et les vigoureuses fantasmagories de ce vaste ciel ferrarais, qui révèle le sens du génie de l'Arioste, par l'essor qu'il donne à l'imagination, son ouverture sur des panoramas diaprés et féeriques, les transfigurations et la magie de ses nuages gonflés et colorés.

C'était l'Espagne qui, sur Lucrèce, ne cessait d'exercer la plus constante attraction. Tous ceux qui avaient quelque lien avec la terre d'origine des Borgia étaient sûrs d'obtenir dons, faveurs et protection, autant qu'il était possible à la duchesse de Ferrare. Soit qu'elle reçût la visite de don Enrico Enriquez, père de la duchesse de Gandie et cousin du roi d'Espagne, à qui elle offre l'un de ses chapeaux orné de pierreries, soit qu'il s'agît d'ambassadeurs, de hauts personnages ou de prélats, tous la trouvaient toujours souriante et obligeante. Les livres de sa garde-robe mentionnent, jour par jour, les cadeaux faits aux Espagnols : au chevalier de Santa Croce, au comte Stabella, au chevalier de Gabanyllas et à beaucoup d'autres; autour d'elle se trouvaient des Espagnols autant qu'il se pouvait sans offenser le nationalisme d'Alphonse, comme, par exemple, l'orfèvre Michele, l'écuyer tranchant et homme de confiance Baldassare Sancio, Colla, messire Francesco, fileur d'or. Ce dernier, que Lucrèce avait fait venir de loin en même temps que d'autres artisans, ses compagnons, qu'elle avait envoyé chercher à la frontière ferraraise avec des chevaux et des voitures ducales, avait eu par la suite un drame conjugal : sa femme s'était enfuie à Venise et la duchesse avait lancé à ses trousses Giovan Maria del Formento avec mission de la ramener; mais nous ignorons la suite de l'aventure. Outre ces noms modestes, les livres de comptes en retiennent de plus connus, qui contribuaient à envelopper Lucrèce d'une atmosphère de cour espagnole et dont l'un, au moins, celui de Maria Enriquez, duchesse de Gandie, évoque la pire peut-être des tragédies du passé des Borgia. Lucrèce fut toujours avec elle en correspondance amicale et régulière, bien que conforme en tous points aux règles de l'étiquette. En février 1515, un informateur d'Hippolyte d'Este l'avisait de Rome : « Il y a ici un Espagnol qui vient d'Espagne et qui apporte, de la part de la duchesse de Gandie, deux caisses pour Sa Seigneurie notre duchesse, l'une pleine d'huiles et de parfums, l'autre de confiseries au sucre » : huiles de bergamote et de jasmin, extrait de fleurs d'orangers, sucreries lourdes de miel et d'amandes, ces deux caisses apportaient à Lucrèce l'odeur et la saveur de l'Espagne. Elle répondait par des présents moins pittoresques mais beaux, comme ce rosaire de corail déjà mentionné, bien adapté pour sa belle-sœur, maintenant retirée dans un monastère avec sa fille Isabelle après avoir régné sur le duché jusqu'à la majorité de l'héritier légitime, Juan II. Tous les informateurs devaient,

peu ou prou, être au courant de sa passion hispanisante, car
l'un d'eux, lui écrivant de Florence, lui réfère que le chevalier
Cavriana, se trouvant en Espagne à la cour du roi Catholique,
y a vu le jeune duc de Gandie et qu'aussitôt « il lui est venu à
l'esprit le visage et l'effigie de la Sérénissime duchesse, car il
affirme que la ressemblance est grande sur certains points ». Le
sang des Borgia s'émeut à lire ces mots. Semblable à ceux qui
entrent dans la vie convaincus d'être promis à d'admirables des-
tins, puis, déçus, acceptent la fatalité humaine de leur désillusion,
elle n'était parvenue à trouver un équilibre positif que par étapes
et en s'y aidant par des moyens de fortune : amitiés douteuses,
restrictions mentales, duperies raisonnées. Finalement, elle pouvait se dire ancrée, mais comment vaincre cette illusoire certitude que si le voyage en Catalogne lui était possible, c'est là
qu'elle trouverait le paradis perdu, la félicité resplendissante et
parfaite?

*
* *

Quelle femme ne garde dans sa vie un souvenir de fleurs? A
quoi bon le nier ou feindre de ne se le point rappeler? La mieux
défendue soudain frissonnera à cause de ces glycines, lourdes
seulement de parfum et si évanescentes qu'un peintre rarement
parvient à leur donner une réalité vivante. Le plus périmé des
décors romantiques : pergola d'avril constellée de bouquets de
roses blanches, au clair de lune, dans la nuit bleue, peut sous le
nom de tressaillement, découverte, révélation, receler le piège de
toute une vie.

A en juger par tout ce que les deux Strozzi, père et fils, Tito
Vespasiano et Hercule, avaient écrit en latin à propos de certaines roses que leur avait données la duchesse, on peut bien conclure que Lucrèce avait confié aux roses quelque chose d'elle-
même :

« *Rosa, nata tibi solo...* O rose, née d'un sol heureux, cueillie
par une main agile, d'où te vient cet éclat qui fait de toi la plus
belle parmi les roses? Vénus elle-même t'a-t-elle une fois encore
donné tes couleurs? Ou mieux encore, Lucrèce t'a-t-elle, de ses
lèvres purpurines, donné tant de beauté? »

Mais, accueillis volontiers et toujours opérants par la grâce de
la poésie, ces souvenirs étaient, cependant, moins intimement
vivants que d'autres, que nous ne connaîtrons jamais. Toujours

Lucrèce aima les fleurs, les jardins, la campagne. A peine un
certain air de liberté se dégageait-il de la manière d'être d'Alphonse et de la tiédeur du climat que les ordres se multipliaient :
on préparait les embarcations et les habituels bagages; à l'appel
de la duchesse répondait l'empressement joyeux de ses dames
d'honneur, exprimé soit par Nicole ou Samaritana du premier
groupe, soit par Liona ou Mirandolina du second, ou par les
dernières venues : Laura Rolla, Angela Valla, Contessa Strozzi
(nièce du poète), Isabella et Lucrezia da Castello. La cantatrice
Dalida de Puti (si toutefois le cardinal ne la retenait pas), la danseuse Dimitria, la bouffonne Caterina Matta étaient aussi de la
partie; on s'embarquait pour les longues vacances qui s'éten-
draient du printemps à l'automne et allumaient dans les yeux la
joie du départ. Délices de naviguer sur le fleuve, sur les canaux
étroits, qui semblent entrer amoureusement dans le sein maternel
de la terre; sous un tendre ciel printanier, le grand vent léger
arrivait de la plaine; sur les eaux sans profondeur la barque à la
quille plate, traînée par des chevaux ou des mulets, avançait lentement; il n'y avait de drame que pour les petites oies blanches
et rondes qui se dispersaient en cherchant refuge dans les joncs
au long des berges. Le plus souvent on allait à Belriguardo.
« O Belriguardo d'amour, » devait chanter plus tard Giambattista Guarini et s'exclamait Lucrèce à part soi, arrivant au terme
du court voyage sans poussière, sans fatigue, les yeux rafraîchis
par la verdure de la plus belle villégiature d'Este. Quand la
barque s'arrêtait près de la cour d'entrée qui fermait le cercle
des murailles extérieures et qu'aux yeux de la duchesse apparaissait l'écusson des Este, soutenu par deux anges, comme il
l'est encore aujourd'hui; que le portail, glissant sur ses gonds,
laissait apparaître l'immense cour, les vastes fenêtres gothiques
entourées de terre cuite du bâtiment central avec, au fond, la
grande avenue, les bosquets verdoyants, le vieux puits, et que, de
chaque côté, se découvrait une perspective d'arbres bien ordon-
nancée, elle devait se sentir consolée de toutes ses mélancolies.
　A travers les salles, les loggias, les innombrables galeries, on
passait parmi les œuvres d'art : il y avait les peintures du temps
de Lionel d'Este, les « chambres vertes », peut-être décorées de
feuillages, l'histoire de Psyché peinte par Lazzaro Grimaldi et
les fresques d'Ercole de Roberti, qui avaient absorbé et ravi
Hercule Ier au point de lui faire oublier les affaires de l'État; à

la chapelle il y avait les cent-quarante-cinq anges, les Docteurs de l'Église et les Évangélistes que Cosmé Tura avait peints après avoir été à Brescia étudier l'art séduisant de Gentile da Fabriano.

Mais le grand parc d'une splendeur amène, conçu par l'art de jardiniers à la fois peintres et architectes, riche en viviers, serres, fontaines, jets d'eau, allées, bosquets, parterres, buissons, arbres, fleurs, devait être pour Lucrèce le plus vif attrait de Belriguardo; plaisir goûté non point dans l'esprit naturaliste qu'on pourrait supposer et qui aurait pu, avec l'âge, la conduire à un géorgique retour à la terre, car elle était de formation trop littéraire, trop princière, trop marquée par l'esprit de cour, pour pouvoir jamais bannir son orgueil et la considération scrupuleusement hiérarchique de son rang social. L'Arcadie de Lucrèce devait être une prairie soigneusement peignée, avec de l'herbe bien verte sur laquelle se réuniraient, à l'ombre d'un beau hêtre, dames et gentilshommes vêtus de satin et de velours, tandis que murmurerait à leurs pieds une petite rivière conforme à la géographie spirituelle, « aux eaux claires, fraîches et douces » du poème de Pétrarque. On relirait les *Asolani*, on soulèverait et résoudrait suivant l'humeur du moment des problèmes d'amour platonique; une dame, s'accompagnant sur le luth, chanterait suavement : ce pourrait être, par exemple, Graziosa Pio, de la famille Maggi, beauté milanaise célèbre déjà à la cour de Ludovic le More, belle encore malgré les années et amie intime de Lucrèce. Les tours peintes de Belriguardo attirant les regards ramèneraient les esprits aux occupations de cour et la conversation évoluerait vers les projets de danses et de fêtes champêtres. Mais Lucrèce, de bonne humeur, veut faire plaisir à ses préférées et voir de la joie autour d'elle; à Graziosa Pio et à sa fille Béatrice elle donnera quelques-uns de ses bijoux, des pendants d'oreille en forme de fleurs, des gorgerettes, des coiffures; puis, pour apaiser le léger tourment amoureux que réveille en elle la campagne, on organisera des bals et des festins qui fêteront les fiançailles de la jeune Béatrice Pio. On tresse les guirlandes, les invités deviennent plus nombreux, les trois cents chambres de Belriguardo sont toutes occupées, mais tandis que règnent la danse et la musique, comme le fiancé tarde, une voix murmure ironiquement : « Il y a loin de la coupe aux lèvres. » Celui qui vient de parler est, naturellement, du parti d'Isabelle d'Este.

Pour référer les événements et les potins ferrarais il y avait maintenant, outre le très fidèle Bernardino de Prosperi, un courtisan ami de la marquise de Mantoue, Battista Stabellino, humaniste médiocre mais courtisan spirituel, qui signait ses lettres tantôt Demogorgon, tantôt, tout simplement, Apollon et faisait partie d'une secte plaisante fondée sur un système philosophique du plus superficiel épicurisme. Divertissement pour les trois quarts et pour un quart terreur humaine de la tristesse, ce système avait comme principe de « s'attacher aux choses gaies pour ne pas mourir de mélancolie »; tous les adhérents adoptaient des surnoms plutôt flatteurs, mais avec une pointe de raillerie; ainsi, sous les noms de Dame douce, Dame aimée, Dame rieuse se cachaient d'illustres dames ferraraises ou mantouanes et même Isabelle d'Este. Entre les associés les propos légers et joyeux, les récits enjoués étaient seuls admis; la moquerie donnait du piquant aux conversations élégantes et tournait volontiers à la satire quand la duchesse de Ferrare en faisait les frais.

Quelques-unes de ces mauvaises langues pouvaient se gausser, par exemple, de certaines parties de tarots disputées entre Lucrèce et ses dames préférées, dont l'enjeu était constitué par des massepains et des poulardes farcies qu'ensuite gagnantes et perdantes dégustaient ensemble, trouvant ainsi prétexte à une dînette improvisée; les joueuses, elles aussi, auront ri de leur accord, qui conciliait courtoisement le désir du jeu avec un échange de bons procédés en agréable compagnie. Petits festins et jeux de ce genre s'inséraient particulièrement bien dans la vie champêtre; aussi, pour les rééditer, la duchesse, en toute saison, quand elle ne parvenait pas à transférer sa cour à Belriguardo, s'en allait à Belfiore, spacieuse villa aux portes de Ferrare, décorée par les plus vigoureux peintres ferrarais du Quattrocento, entourée d'un parc célèbre pour sa faune variée, lièvres, chevreuils, renards, sangliers et même des loups. Parfois aussi elle prenait le chemin de la « Castellina » édifiée sur les ruines d'une forteresse, entourée d'une haute pinède avec une allée de cyprès et un vaste jardin. La perle de la « Castellina » était une grotte souterraine abritant une grande vasque alimentée par les eaux du Pô, où l'on se plaît à imaginer la duchesse et ses demoiselles d'atour se baignant et prenant leurs ébats hors de la vue des courtisans.

Mais venaient l'hiver et la période des fêtes officielles, qu'il fallait passer au château, sans plus bouger autrement que pour passer en carrosse dans les rues de la ville. On prenait alors quelques vacances au monastère de Saint-Bernardin et on participait volontiers aux fêtes des palais privés, surtout dans le magnifique palais Costabili où, en 1515, à un grand banquet, Lucrèce retrouva le cardinal Farnèse, frère de Julie, plein d'une sagesse mûrie par l'expérience, où s'annonçait déjà la future majesté du pape Paul III. Durant et après le repas, le cardinal et Lucrèce purent s'entretenir et évoquer des événements lointains, dont seuls ils connaissaient la vérité secrète. On parla de Julie, à qui Lucrèce écrivait encore en 1518, et de Rome. Il suffisait de fermer les yeux un instant pour abolir ces quatorze dernières années et tout ce qu'elles avaient apporté de changements dans les êtres et dans les choses. D'un moment à l'autre, annoncé par son cardinal trésorier, n'allait-on pas voir apparaître Alexandre VI?

*
* *

De l'entourage désormais dispersé d'Alphonse VI, une voix, de temps à autre, se faisait entendre; celle de Vannozza Cattanei s'élevait encore, en sourdine mais bien vivante cependant. Fixée désormais à Rome, la mère de Lucrèce s'était depuis longtemps déjà consacrée aux bonnes œuvres. Ses bienfaits allaient aux églises, mais davantage encore aux hôpitaux, comme, entre autres, l'hôpital de la Consolation, où son tenace instinct maternel avait désiré que fût conservé un buste en argent massif du duc de Valentinois, sans doute pour le sauver des dispersions futures : mais il est, au contraire, probable que le buste finit dans la besace d'un lansquenet de Frundsberg, lors du sac de Rome en 1527. Vannozza aimait, elle aussi, les ornements, mais comme ils ne signifiaient plus rien sur sa personne, les artisans exécutaient sur ses ordres des objets religieux. A Andrea Bregno elle avait commandé un tabernacle de marbre tout semblable à celui de saint Jacques des Espagnols, avec candélabres, décoration d'arabesques inspirée des compositions lombardes très fleuries qui satisfaisait le goût tatillon et prétentieux qu'ont pour les choses et les ornements d'église certaines personnes avancées en âge. Pour l'église Saint-Jean de Latran, elle fit exécuter un tabernacle de métal, peut-être d'argent, enrichi de perles, diamants et turquoises, pierreries qui jadis avaient brillé pour Alexandre VI sur la chair blanche et florissante de sa favorite. A propos d'une croix d'argent massif, elle avait eu un litige avec l'orfèvre Nardo

Antoniazzo, ce dernier prétendant n'avoir pas reçu un payement conforme à la valeur de l'œuvre, Vannozza lui opposant un démenti avec toute la hauteur d'une noble dame d'alors. Après la chute des Borgia, Vannozza, considérée comme une femme de bien et fort estimable, même par un historien comme Jove, qui la connut sur le tard de sa vie, ne cessa de maintenir son rang et de se comporter en dame de qualité. Pieuse, elle avançait dans la vieillesse, privée de tous ses enfants, mais noblement résignée.

Elle connaissait ses limites et gardait ses distances; le ton de sa correspondance avec sa fille est toujours respectueux; dans ses rares lettres conservées aux archives d'Este, toutes datées de 1515 — et il se peut que ce soient les moins significatives — la phrase la plus émue que nous relevions est celle précédant la signature : « Votre heureuse et malheureuse mère »; mais peut-être n'est-ce qu'un tour sentimental issu d'une certaine éloquence romanesque et féminine, vivace à toutes les époques et très en vogue au temps de la Renaissance italienne. En s'adressant à sa fille, Vannozza recommande ou demande, mais rarement pour elle-même, souvent pour l'un quelconque de ses protégés, sauf à ajouter en post-scriptum de s'être trouvée dans l'obligation d'écrire ainsi, se déchargeant par cette phrase (école d'Alexandre VI?) de toute responsabilité et de l'ennui qu'elle pouvait causer. Une seule fois, l'aide est demandée sur un autre ton, les paroles conventionnelles s'attendrissent, une chaleur inquiète ravive le vieux sang : il s'agit de la famille. Jofré, le plus jeune frère de Lucrèce, établi à Squillace où il mène la vie paisible d'un petit seigneur provincial, chargé des enfants nés de son second mariage avec Maria de Mila, avait envoyé à sa mère l'un de ses enfants naturels, garçonnet d'une dizaine d'années, dans l'espoir, probablement, qu'elle trouverait moyen de le caser; la grand-mère l'avait accueilli volontiers et l'aimait sincèrement, mais, prévoyant sa fin prochaine, elle avait écrit à Lucrèce et au cardinal pour leur demander qu'après sa mort, l'enfant fût accepté à Ferrare, où « il serait élevé comme serviteur de Votre Illustre Maison ». On ignore si Lucrèce promit ou non. En 1517 Jofré mourait à Squillace, à peine âgé de trente-six ans; son fils aîné, don François, en faisait part à la duchesse de Ferrare. Moins d'un an plus tard, Vannozza disparaissait à son tour, laissant Lucrèce seule survivante de tous ses enfants. Dans la nuit du 24 novembre 1518, on entendait à Rome l'annonce funèbre répétée de rue en rue : « Messire Paolo annonce que Vannozza, la mère du duc de Gandie, est morte : la trépassée appartenait à la confrérie du Gonfalon. »

A cet avis, où ne figuraient les noms ni de César, ni de Lucrèce, ni de Jofré, les confrères préparèrent de très solennelles funérailles, qui furent présidées par des camériers pontificaux, acte dernier et honorable conclusion de la vie de Vannozza Cattanei. Enterrée à Sainte-Marie du Peuple, une dalle fut posée qui la déclarait vénérable en tant que mère du duc de Valentinois, du duc de Gandie, du prince de Squillace, de la duchesse de Ferrare et hautement illustre par sa piété, son honnêteté, sa sagesse et sa vieillesse. Durant deux cents ans des messes furent célébrées à Sainte-Marie du Peuple, conformément au legs de Vannozza; plus tard, fut enlevée la dalle commémorative, qui n'a été retrouvée que récemment et maintenant est murée dans l'atrium de l'église Saint-Marc, à Rome.

Lucrèce se réfugia à Saint-Bernardin et donna l'ordre que personne ne lui parlât de son chagrin : à quoi lui eût-il servi d'entendre discourir des gens ignorant combien l'image de sa mère lui demeurait présente? C'eût été le moment de recueillir le fils de Jofré recommandé par Vannozza deux années auparavant. Mais il n'existe, dans les archives ferraraises, nulle trace de cet enfant. Dans les registres de garde-robe de Lucrèce nous trouvons mention, en 1518, d'un « Hyeronimo Borgia, garçon », c'est-à-dire page, mais un document plus tardif lui attribue comme père César Borgia. Le petit Jérôme était un adolescent éveillé, actif et aimé non seulement de Lucrèce, mais, chose plus difficile, du duc Alphonse « pour sa valeur ». Il se fixa à Ferrare où il vécut, se maria et mourut. Ainsi, de cette nouvelle grande dynastie, à laquelle Alexandre VI voulait donner l'Europe comme champ d'action, il ne restait que quelques membres dispersés : Louise Borgia qui, laide et intelligente, grandissait en France; Juan Borgia, troisième duc de Gandie, qui devait devenir le père de Saint François Borgia, quatrième général de la Compagnie de Jésus, en Espagne; les fils de Jofré dans un petit coin de l'Italie méridionale; en Campanie, un clerc, Rodrigue, dernier fils et très obscur d'Alexandre VI; à Ferrare, près de Lucrèce, la moniale, fille du duc de Valentinois, le petit Jérôme et son frère, l'infant romain.

L'infant romain est l'une des faces les plus déconcertantes des avatars Borgia. On se rappellera le jeu des circonstances lié à la naissance de l'enfant, sa légitimation ambiguë, le stratagème des deux bulles pontificales précisément à l'époque des tractations matrimoniales entre Lucrèce et Alphonse d'Este et les soupçons qui en résultent. Mais l'intérêt que peut éveiller la personne de Jean Borgia commence et finit à sa naissance. Pour qui attendrait de lui une existence correspondant à ses origines, il faudrait entreprendre de remonter à la source d'une formation psychologique tarée et partir de là pour expliquer la misère de sa vie, qui fut une tragédie humaine comme l'est l'histoire de toute faillite. Il est vrai que l'éducation de l'enfant dut contribuer à cette déficience morale. Depuis la mort d'Alexandre VI jusqu'en 1518, les historiens avaient perdu sa trace et le croyaient à Rome ou à Naples, sous la tutelle de l'un des cardinaux Borgia. Au contraire, comme nous l'avons vu, les documents de 1506-1508 révèlent qu'arrivé à Ferrare en 1505 l'infant fut confié à Alberto Pio de Carpi, pour qu'il l'éduquât; puis on le lui enleva en octobre 1506, quand l'Espagnol Sancio, homme de confiance de la duchesse, « alla à Carpi pour prendre le seigneur don Jean Borgia avec ses affaires. » Ainsi dit le livre des dépenses de Lucrèce, qui note peu après la dépense faite à cette occasion « pour un nautonier qui a conduit le seigneur don Jean Borgia de Finale à Ferrare » par voie fluviale.

Le vent de la conjuration de don Jules avait récemment soufflé sur le duché et bien que Pio, ayant évalué le peu de poids des conjurés, y fût demeuré étranger, il avait à plusieurs reprises témoigné son animosité contre les Este; aussi une lutte entre eux et lui s'était-elle engagée, dure, âpre, amère, qui ne devait se terminer qu'avec la mort du seigneur de Carpi. L'infant Borgia lui fut donc enlevé et ramené à Ferrare, où il reçut une habitation dans ou hors du château, avec sa cour personnelle, un précepteur de valeur, l'humaniste Bartolomeo Grotto, un intendant nommé Cola, un écuyer et même un jeune bouffon, « le petit fou, » que Lucrèce faisait habiller à ses frais. Le livre des dépenses de Lucrèce nous informe jour par jour de la vie de l'infant, qui fait une désespérante consommation de bas, et quand il ne s'agit pas de bas, ce sont des chemises, vêtements, chapeaux. Un jour, il demande à Lucrèce de donner quelques habits à un Espagnol pauvre : on devine si elle ne le permit point! Un autre jour, le précepteur demande des livres, un « Virgile », un

« Donato », c'est-à-dire une grammaire latine, un encrier et des objets de bureau. Le fait que les Este tolérassent l'infant romain à Ferrare semble être une preuve de plus de sa naissance normale. Mais il faut aussi penser qu'il était suffisamment couvert par les deux bulles de légitimation d'Alexandre VI pour que nul ne se permît, non pas même des paroles, mais des pensées hasardeuses sur la duchesse de Ferrare. Tous comptes faits, d'ailleurs, la tolérance des Este était assez précaire, car Alphonse et ses fils ne cessèrent de manifester qu'ils détestaient l'infant. On permit à Lucrèce d'avoir cet enfant près d'elle, mais on le relégua dans le silence, ignoré de tous et même des informateurs cancaniers de la marquise de Mantoue qui, sauf deux allusions de Prosperi mentionnant le petit Borgia comme « fils du duc de Valentinois » et signalant son voyage à Carpi en 1505, ainsi qu'une visite qu'il fit en 1506 à la duchesse, ne parlent jamais de lui, pas même à propos de César Borgia, que la bulle de légitimation lui désignait comme père.

Un mot d'ordre plutôt suggéré qu'exprimé avait dû courir rapidement parmi le personnel de cour, tout comme avait été rapide la consigne de ne plus jamais nommer don Jules et don Ferrante aussitôt après leur incarcération. Jean Borgia, dépourvu de personnalité vigoureuse, souffrait de cette situation humiliante, que l'affection de Lucrèce ne parvenait pas à contrebalancer. Elle l'aimait et même l'aimait avec pitié et effroi en voyant grandir chez lui l'arrogance et l'insolence des Borgia, meurtries par la pauvreté de sa position sociale et économique dans cette existence pénible, faite de compromis, sans l'appui et la discipline de l'autorité paternelle. Quelles réminiscences cherchait-elle sur ce jeune visage, quelles ressemblances, quelles allusions, quels remords? Nul n'en saura jamais rien.

Mais, ayant atteint ses vingt ans, Jean Borgia commença à donner de grands soucis à Lucrèce; faible, fauteur de désordre, incapable d'appliquer son cerveau à aucune étude sérieuse, il était totalement dépourvu de la force, la confiance en soi, l'ardeur et la grâce qui avaient rendu irrésistibles les vices des Borgia. Entouré d'écuyers querelleurs, il les incitait à l'insolence et les poussait à provoquer les écuyers rivaux, particulièrement ceux du petit Hercule d'Este, d'où s'ensuivit un jour, sur la place du Dôme, une telle échauffourée, qu'un mort resta sur le terrain. Il en résulta confusion, arrestations et du mécontentement pour Lucrèce, qui peut-être favorisa elle-même la fuite de l'infant avant qu'Alphonse d'Este, alors à Venise, fût revenu à Ferrare lui infliger le châtiment auquel tous, et lui, le premier, s'attendaient. Il était urgent de soumettre ce garçon difficile à de strictes obligations, quelles qu'elles fussent, propres à lui inculquer le sens du devoir.

Lucrèce essaya tous les moyens; elle avait envoyé à Rome un délégué afin d'obtenir de l'argent pour le jeune Borgia en le demandant à Agostino Chigi, le grand pourvoyeur de la Chrétienté. La requête ne devait pas être très clairement exprimée, car Chigi, mécène de Raphaël, des humanistes et des artistes romains, mais aussi homme d'une précision mathématique dans les questions d'affaires, lui faisait répondre qu'il n'avait pas bien compris comment il devait « donner ou prêter deux cents ducats et en recouvrer cinquante par mois il ne savait d'où, aussi priait-il la duchesse d'écrire clairement ce qu'elle désirait ». Cet emprunt ou un autre dut être conclu, car Lucrèce resta en relations très amicales avec Agostino Chigi et même, au carnaval suivant, lui adressa un cadeau de vingt-six masques avec ou sans barbe, faits par un artisan fameux, Giovanni da Brescia. Mais un prêt pouvait être une aide, non pas résoudre une situation. Lucrèce, après avoir envoyé un prélat, Gerolamo Nasello, de Cervia, à Naples sans aucun résultat, décida finalement, encouragée par les expressions cordiales des dames de la maison royale de France, de l'envoyer outre-monts pour s'y faire une situation. Alphonse d'Este, qui précisément, vers la fin de 1518, se rendait à la cour de François Ier, accepta d'emmener l'infant, tout d'abord sans doute pour en débarrasser Ferrare. Lucrèce, pleine de l'espoir d'avoir trouvé la bonne voie, donna au jeune homme des lettres, lui fit un peu de morale affectueuse, lui choisit deux compagnons parmi les meilleurs de la noblesse ferraraise, del Sacrato et Trotti, lui confia de très beaux bijoux pour la reine Claude de France, des bracelets d'or ornés de grains ajourés contenant des pâtes parfumées très rares (François Ier remarquait par la suite que les parfums portés de cette manière laissent à la reine une agréable odeur sur sa chemise « quand elle va au lit, ce qui lui plaît beaucoup »), présents auxquels s'ajoutaient ceux d'Alphonse : deux chevaux, l'un harnaché d'or battu et l'autre d'argent, plus d'autres bijoux pour le roi, la reine et Madame sœur du roi, destinés à favoriser l'entrée de l'infant à la cour.

Jean Borgia arriva donc à Paris dans la suite d'Alphonse d'Este et fut présenté au roi, à la reine, aux grandes dames de la cour; mais, quand vint le moment de montrer un peu d'esprit, ou tout au moins un peu de civilité, de galanterie, de savoir-vivre, il bafouilla, demeura tout décontenancé et ne sut plus que faire. Il ne réagissait pas aux efforts de l'ambassadeur ferrarais et des gentilshommes de l'escorte qui tentaient de le tirer de son apathie; rien n'avait prise sur lui, pas même l'affection et la gratitude envers celle qui cherchait à lui frayer une route d'avenir, et à l'ambassadeur qui lui proposait d'ajouter quelques lignes sur une lettre destinée à la duchesse de Ferrare, il refusait en répondant sottement qu'il n'avait rien à dire. L'ambassadeur écrivait, lui cherchait de l'argent, en envoyait chercher jusqu'en Espagne et en reçut, on ignore de qui, mais probablement du jeune duc de Gandie, Juan II; il s'efforçait de stimuler son protégé, de lui insuffler le minimum sinon d'intelligence, du moins de vitalité nécessaire à l'aboutissement d'un projet déjà difficile en soi à réaliser. Le roi de France et les dames de la cour devaient se demander à quel titre ce garçon inepte et obtus pourrait prétendre à recevoir des bénéfices français. Finalement, tout le monde perdit patience; Alphonse d'Este avait déjà regagné Ferrare depuis quelques jours quand Sacrato et Trotti le rejoignirent, laissant l'infant aux soins de l'ambassadeur quasi désespéré de cette tâche, comme il appert d'une lettre par laquelle il prie la duchesse d'écrire elle-même sévèrement au jeune Borgia afin qu'il se décide à agir d'une façon ou d'une autre. On ignore la réponse de Lucrèce, mais le fait est que Jean Borgia quitta la France sans avoir abouti à quoi que ce fût et se mit à traîner à travers l'Italie son existence inutile, sans jamais retourner à Ferrare, cependant, dès que Lucrèce ne fut plus là pour le protéger. Plus tard, il eut la fâcheuse idée de revendiquer le duché de Camerino en s'appuyant sur l'investiture qu'il en avait reçu d'Alexandre VI et entreprit un procès contre Giulia Varano, héritière de l'État, jusqu'à ce que le pape lui ait intimé péremptoirement l'ordre de se tenir tranquille. Il finit par regagner sa Rome natale, où nous relevons sa dernière trace en 1548, alors qu'il était engagé dans un litige avec une créancière au sujet de quelques ducats; il y était désormais établi dans la situation honorable et sûre de fonctionnaire pontifical. Ainsi celui dont le nom recèle l'un des plus graves problèmes de la vie de Lucrèce, qu'on va jusqu'à soupçonner d'être le fruit monstrueux de l'inceste, ne sut que faire de soi-même et chercha refuge sous les ailes de l'Église, trop haute pour être atteinte même par les plus lourdes erreurs des hommes.

Vers les derniers temps de sa vie, Lucrèce, découvrant peut-être dans son âme une étincelle de jeunesse qui n'acceptait pas de mourir, songea à ressaisir le fil, jamais complètement rompu, de son amitié amoureuse avec Bembo. Il y avait François de Gonzague, c'est vrai ; mais avec lui, triste et malade, on en était désormais aux oremus, qui ne semblaient pas suffire encore à satisfaire la vitalité sentimentale et spirituelle de Lucrèce.

« Plus je pense à ce remède contre le désespoir que vous indiqua jadis votre ami, plus il me plaît et me paraît toujours de circonstance, » écrivait-elle dans une lettre non datée en reprenant le style allusif. Le 7 août 1517, elle lui adressait un billet plein de recherche, de coquetterie spirituelle, d'une veine à la Bembo. « Mon très cher messire Pietro, — commençait-elle avec l'aimable abandon d'autrefois — sachant que l'attente est la plus grande part de la satisfaction d'une chose attendue, car l'espoir de posséder cette dite chose enflamme le désir et nous la présente rarement telle qu'elle est, mais beaucoup plus belle, j'ai cru bon de différer ma réponse jusqu'à présent afin qu'attendant quelque belle récompense de vos très belles [lettres], vous soyez à vous-même cause de satisfaction et tout ensemble payeur et débiteur. » Il est difficile d'user de plus gracieux artifices : ainsi sommes-nous informés que Bembo écrivait, et plutôt fréquemment, de « très belles » lettres à sa duchesse. Il ne l'avait pas oubliée après tant d'années, devenu si étranger à sa vie par le déroulement du temps qui en avait fait un personnage puissant, honoré, adulé. Messire Pietro était toujours fort bel homme et son élégance spirituelle s'était accrue jusqu'à devenir une pose, mais qui seyait parfaitement à sa magnificence et à sa gentillesse. Il parlait bien et comme il se plaisait à traiter de ses sujets favoris, il pouvait lui arriver de jouir du cercle parfait de ses pensées jusqu'à en éprouver un ravissement intellectuel qui semblait vraiment le séparer du monde extérieur. Ravissement et ivresse lui laissaient cependant tous ses esprits, comme le narre

Castiglione : Emilia Pio, après avoir écouté sa péroraison sur l'amour platonique et le voyant entré dans une sorte d'extase, le tira par la manche en lui murmurant d'une voix mordante : « Faites attention, messire Pietro, qu'avec ces pensées il n'arrive à vous aussi que votre âme se sépare de votre corps, » et avec une promptitude exquise, il put répondre : « Ce ne serait point madame, le premier miracle que l'amour opérerait en moi. »

Le pouvoir de Bembo à Rome était celui d'un vice-roi; aussi les Este, qui ne l'ignoraient pas, ne perdaient-ils aucune occasion de lui envoyer des messagers et des amis pour lui porter hommages et saluts. Un jour, à l'Arioste qui était venu à Rome, il avait avoué combien perdurait en lui le souvenir de Ferrare et le duc Alphonse, ayant appris ces propos, s'empressa de lui faire dire de venir à son gré dans telle villa de la maison d'Este qu'il préférerait et aussi longtemps qu'il le désirerait. Si Bembo se souvenait d'avoir été contraint de fuir Ostellato, en l'automne de 1503, sous peine d'y mourir de faim, tous les vivres ayant été réquisitionnés pour les besoins de la cour d'Alphonse, il devait sourire, non sans mélancolie, à cette proposition. Lucrèce, qui renouvelait les offres de son mari, recevait en réponse des compliments et des remerciements : bien certainement il irait jouir de sa douce compagnie; mais par delà les phrases Lucrèce devait comprendre qu'elle ne le reverrait jamais plus. Au parfait amant, qui avait nimbé sa dame d'une telle gloire amoureuse, la pensée de la revoir amoindrie, dépouillée de son pouvoir, devait paraître insupportable. La beauté flétrie, le corps alourdi par les années et les pénibles maternités l'effrayaient moins encore que la crainte de se trouver dans le cas de demeurer sans possibilité de réaction, dû non au temps ni aux êtres, mais à quelque chose qui au fond de nous s'est dissous en ne laissant plus qu'un sentiment étonné de vide et de tristesse. « Sa » duchesse demeurait toujours celle qui apparut à son chevet de malade, rayonnante de tendresse amoureuse. Que ce soit celle-ci qui reste dans son âme. Peut-être Lucrèce non plus ne désirait-elle pas vraiment le revoir, se contentant de se rappeler à lui par des gestes aimables, des lettres, des présents, qu'Alphonse approuvait : il fallait entretenir l'amitié du grand secrétaire du pape Léon X.

Alphonse d'Este savait qu'il n'y avait plus à craindre que son épouse déviât; pour n'avoir plus cette crainte, il l'avait assujettie physiquement et moralement par de nombreuses maternités. Il avait donc réussi à la tenir en bride et pouvait supposer qu'il y était parvenu en sauvegardant toutes les apparences de l'harmonie et de l'accord entre eux : jamais il ne l'avait aimée d'une vraie tendresse, mais il l'estimait et, sans aller jusqu'à lui être reconnaissant de la descendance qu'elle lui avait donnée (à son point de vue c'était là un devoir), il la considérait en sa qualité de mère des enfants d'Este comme anoblie par la considération de tous et aussi par la sienne propre.

Pour en finir avec Alphonse, nous dirons qu'il était doué d'un tempérament robuste et d'un esprit lent, deux particularités qui, réunies, donnent des hommes massifs dont le manque de compréhension psychologique est, plutôt qu'un défaut, un état naturel, fatal. Partant de ces prémices, son aventure avec Lucrèce se résume facilement : il ne l'avait pas désirée pour épouse, mais, le mariage conclu, l'avait acceptée et trouvée plus docile et plus malléable qu'il ne l'attendait; par la suite, cependant, il avait dû s'apercevoir que gouverner cette petite femme n'était point chose si aisée et il lui avait fallu combattre contre cette ondoyante passivité féminine redoutée des hommes forts. Il s'en était pris alors à la cour espagnole, aux poètes complaisants, aux fréquentations et aux idées qui rendaient la duchesse étrangère à la vie ferraraise; avec l'aide du cardinal Hippolyte, il s'était employé à éliminer peu à peu tout ce qui menaçait l'ordre des choses tel qu'il devait être établi. Et puis, en fin de compte, Alphonse s'était habitué physiquement à sa femme : sans qu'il fût question de fidélité (on se rappellera que dans les premières semaines de son mariage il allait chercher son plaisir, chez des courtisanes), il maintint avec elle des rapports conjugaux continus, qu'il considérait probablement comme de son devoir strict. Les maternités de Lucrèce se succédèrent donc, difficiles et régulières, interrompues seulement durant la lutte incertaine contre Jules II. On peut se demander comment Alphonse, voyant sa femme souffrante, n'avait pas l'idée de l'épargner, car la pensée ne lui en venait certainement pas; peut-être ne comprenait-il pas non plus qu'elle cherchait, autant qu'il lui était possible, à le fuir sous couleur de visites aux monastères, de villégiatures, de saison de cure ou d'isolement. Il devait y avoir un brin d'étrangeté originelle, pas très clair à discerner, chez Alphonse d'Este. Apprécier, comme il en témoignait, les vertus génératives d'une femme est un point de vue normal de la part d'un prince désireux d'assurer sa succession, mais il devient moins normal quand il concerne une maîtresse de sang plébéien comme cette Laura Dianti, plus tard favorite d'Alphonse, qu'enthousiasmé il surnomma Eustochia, bonne génératrice, qui ne lui donna cependant que deux enfants alors que, de Lucrèce, il en eut, tant morts que vivants, au moins sept. Bien que les bâtards fussent alors presque mis sur un pied d'égalité avec la descendance légitime, Alphonse avait eu la preuve avec don Jules des désordres que des sangs étrangers peuvent apporter dans une maison princière et il ne devait pas souhaiter en renouveler l'expérience. Cette satisfaction pouvait avoir d'autres origines : faut-il admettre, en se souvenant des grossièretés sexuelles de sa jeunesse, que le sentiment de la postérité pouvait s'être, chez lui, perverti sensuellement?

Au début de 1519, Lucrèce était enceinte et en très mauvaise santé. Faible, elle se traînait péniblement; cependant, patiente et optimiste, elle se soignait attentivement et espérait mener sa grossesse à bonne fin; en même temps elle s'occupait de l'État (Alphonse était en France), suivait les démarches de l'infant romain à Paris et correspondait avec François de Gonzague, dont la fin approchait. Le 24 janvier 1519, elle lui écrivait en le réconfortant affectueusement et le 29 mars il mourait, consumé par le mal de Naples. Ainsi Borgoforte était bien entré dans le passé; il n'était plus possible de se promettre l'un à l'autre, en sourdine mais dans l'ivresse des souvenirs, une rencontre amicale, de s'en écrire dans la douceur d'un amour fidèle. Du fond de la mémoire resurgissait-il le temps où l'amie faisait écrire par Hercule Strozzi à l'ami : « Tu me plais parce que tu es secret »? Maintenant, le secret s'est fait pierre; les souvenirs, il faut être seule à les maintenir et elle le sentait tant que, dans la lettre de condoléances destinée à Isabelle d'Este, elle n'avait fait écrire que des phrases de circonstance, à peine relevées d'un « j'aurais moi-même besoin d'être consolée », qui, bien que dans l'usage épistolaire du temps, devait exprimer avec justesse le sentiment de Lucrèce. Pour son compte, Isabelle n'avait pas besoin de tant de consolations : reprendre le pouvoir en main, pourchasser tous les conseillers de son mari et tout d'abord le détesté Tolomeo Spagnoli, se sentir valide et puissante ne lui fournissait pas sujet de pleurer; aussi bien ne pouvait-elle encore imaginer que son fils Frédéric, nouveau marquis de Mantoue, voudrait bientôt régner seul.

Mais quelque chose changeait que Lucrèce sentait confusément. Aucun signe apparent, les jours semblaient s'enchaîner suivant leur succession normale et même s'apaisait cette terreur panique d'exister qui, parfois, quand le sang coulait dans ses veines avec une violence effrénée, lui avait fait désirer et demander presque comme une suprême volupté l'anéantissement de la mort. Maintenant qu'elle ne brûlait plus de telles ardeurs, beaucoup de choses qui lui avaient paru insolites ou insupportables révélaient leur sens exact; les hiérarchies morales ne se confondaient plus dans son esprit en un désordre d'où il était impossible de faire émerger un exemple ou un modèle.

Les exemples, les modèles — comment ne l'avait-elle pas discerné plus tôt? — ils étaient là sur les autels, dans la vie des saints. Étant donnée la préparation religieuse, formelle mais assidue, de ses années romaines et celle, plus récente et plus féconde spirituellement, du platonisme de Bembo, la voie de l'amour divin s'ouvrait logiquement pour Lucrèce. Fervente et passionnée, elle accueillait les pénitences, les jeûnes, les prières qui apportent aux fidèles l'espérance du futur incorruptible et bienheureux succédant immédiatement au déclin humain : croire à l'immortalité de l'âme était son ultime acte de foi dans la vie. De sa dévotion à saint François d'Assise on peut induire que, pour Lucrèce, la religion était non seulement espérance, mais suavité ardente; sous la direction de Frère Ludovic della Torre, elle devint tertiaire franciscaine en 1518; elle se mit à porter un cilice sous ses vêtements princiers, à se confesser tous les jours — elle avait toujours aimé parler de ses amours à un confident discret — à communier très souvent. Mais, subitement, l'équilibre qu'elle semblait avoir atteint fut ébranlé comme en ses jours les plus troublés.

Nous ignorons si déjà au début de 1519, quand elle s'aperçut d'être enceinte, un pressentiment pénible vint l'assombrir, mais au mois de mai elle se sentait inquiète. Les assurances de ses moniales et de ses confesseurs ne lui suffisaient pas, elle cherchait un soutien plus fort, une très efficace protection, la plus efficace protection. Peut-être quelqu'un lui suggéra-t-il alors (à moins que ce ne fût un retour angoissé à ses origines) de solliciter du

pape une bénédiction spéciale, une sorte de sauf-conduit pour
traverser avec sécurité les jours mauvais qui s'annonçaient. Vers
la fin de mai, elle fit appeler dans ses appartements l'évêque
d'Adria, Nicolas-Marie d'Este, et avec lui composa une lettre
qui devait sous les phrases pieuses laisser percer l'anxiété de celle
qui la dictait. L'ambassadeur à Rome, après l'avoir lue, la disait
« pleine de tous les sentiments possibles témoignant de son [de
Lucrèce] attachement humble et dévotieux » pour le pontife, et
des « saintes obligations que chaque jour elle éprouve » envers
lui. Une fois la lettre rédigée, un cavalier fut dépêché exprès de
Ferrare à Rome, comme au temps du pape Borgia; ce jour-là
comme jadis, le nom de Lucrèce fut prononcé au Vatican près
du trône pontifical par l'ambassadeur ferrarais, non plus Costabili, mais Alfonso Paolucci.

« Sainteté, dit alors l'ambassadeur, la Sérénissime duchesse,
qui est enceinte et malade, prie Votre Sainteté de l'excuser si
elle n'a pu Lui écrire de sa propre main ». « Ah! répond le
fils de Laurent le Magnifique, elle est enceinte? » et tandis que
l'ambassadeur décrit la maladie de Lucrèce et fait connaître le
contenu de la lettre, Léon X évoque mentalement certaines sur-
prenantes étapes de l'histoire des Borgia et conclut ses pensées
dans un sourire qui, gêné par la graisse et la mollesse des chairs,
ne parvient que lentement à envahir le visage. L'air joyeux et
avec un grand empressement, réfère Paolucci, il répond avec une
onction toute pontificale : « Plaise à Dieu de la conserver » et
trace un geste de bénédiction.

Lucrèce est-elle tranquillisée? Les jours s'écoulent péniblement.
Les médecins, maître Palmarino et maître Ludovico Bonaciolo,
s'apercevant que les choses se compliquent, pensaient à hâter
l'accouchement quand, le soir du 15 juin, naquit une petite fille
souffreteuse et malingre, qu'on ne parvenait pas à alimenter et
qui semblait se refuser à vivre. On décida de la baptiser immédiatement. C'était la nuit. Lucrèce gisait, baignée d'une sueur
malsaine, tandis que, dans l'affairement du personnel de cour,
on allumait les chandelles et préparait la cérémonie. Éléonora
Pico, qui se trouvait être de service, fut la marraine et les
premiers gentilshommes qui se rencontrèrent près des chambres
ducales, Alessandro Feruffino et Masino del Forno, furent les
parrains du bébé qu'on nomma Isabelle-Marie.

La fièvre, qui commença tout de suite à saisir Lucrèce, la

trouva prête à lutter. Il n'est pas vrai, ainsi que plus tard on l'a dit, que les sentiments religieux de ses dernières années l'avaient préparée à mourir. Elle se montrait désireuse de vivre, s'encourageant de la moindre goutte de sang vif, du plus léger soupir qu'elle parvenait à libérer de sa poitrine. Sa tête la faisait souffrir, le poids qui la lui tirait en arrière était un tourment tel qu'on lui coupa les cheveux; tandis que les ciseaux la soulageaient, elle commença à saigner du nez. Mais elle durait; une semaine encore elle dura et ce ne fut qu'au soir du 22 juin qu'elle sut qu'en vérité l'heure de la mort était arrivée. Elle avait perdu la vue et l'ouïe; cependant, de cet abîme elle parvint à remonter douloureusement, à voir de nouveau et à entendre pour se retrouver épuisée en deçà des frontières de la mort. Dehors s'épanouissait le mois de juin plein de soleil, les fruits mûrs et gonflés, tous les sucs de la vie terrestre : pour ceux qui restaient, tout allait bien, de quelque façon que ce fût. Pourquoi donc Alphonse d'Este avait-il ce visage défait par une terreur inhumaine? Voulait-il lui rappeler que c'était à elle de mourir? Elle s'était confessée, avait communié, fait son testament avec de gros legs aux monastères et savait peut-être qu'on avait demandé au Vatican, à son intention, la bénédiction *in extremis*. Et pourtant, non, elle ne parvenait pas à se résigner et, si tendre, ne demandait pas — les courtisans le remarquèrent — à voir ses enfants : elle demandait seulement un jour, une heure, une minute de grâce. Le soir du 22 juin, rassemblant toutes ses énergies, elle se nourrit d'un bouillon concentré et fut si tranquille que tous se demandaient si elle n'arriverait pas à en réchapper. Mais le jour suivant l'agonie commença. « La pauvrette s'en va, » disaient les courtisans.

La journée du 23 s'écoula, le 24 arriva avec son clair soleil joyeux. Lucrèce était calme et semblait avoir perdu conscience. Cependant ici-bas où elle gisait, quelque chose devait encore l'atteindre : c'était la couleur du ciel de Subiaco et le bruit des eaux de l'Aniene, tandis que résonnait le rire éclatant de Vannozza, suivi de ses baisers maternels qui fleuraient la vanille. C'était aussi le rouge de la pourpre cardinalice ébloui et vaincu par le blanc triomphal de l'habit pontifical et le grand visage d'Alexandre VI, tout illuminé par la lumière d'août. Les voûtes du Vatican s'élançaient, terminées et dorées par le pinceau de Pinturicchio, les clochettes d'argent du duc de Gandie tintaient, toutes proches, et on croisait le regard lourd et dangereux de César Borgia. Rome s'estompait dans le poudroiement rose du soir, tandis que la cloche du Capitole célébrait les fastes des Borgia. Peut-être, dans cette rumeur qui semble arriver de temps très lointains, d'une éternité humaine, avec une voix chargée de magie autant que d'une antique et encourageante sérénité, les terreurs finissent-elles par s'évanouir et faire place à une lassitude profonde, toute proche de la paix. Le moment était venu de n'avoir plus peur. Lucrèce regarde le visage de son père comme au matin blanc de neige où ils se quittèrent, le 6 janvier 1502. Tout comme alors, elle soupire à peine quand on lui dit qu'il fallait partir.

BIBLIOGRAPHIE

ACTON (lord), *The Borgias and their latest Historian*, Historical Essays and studies, 1907.

ADEMOLLO (A.), *Alessandro VI, Giulio II e Leone X nel carnevale di Roma*, doc. ined., Firenze, 1886; *Lucrezia Borgia e la verità*, Arch. Stor. Prov. Roma, 1887.

ADINOLFI (P.), *Il canale di Ponte*, Narni, 1860; *La torre dei Sanguigni e S. Apollinare*, Roma, 1863.

ALBERTAZZI (A.), *Un romanzo per Lucrezia Borgia*, « La Lettura », 1902.

ALVISI (E.), *Cesare Borgia duca di Romagna*, Imola, 1878.

ANCONA (A. D'), *Origini del teatro italiano*, 2 vol., Torino, 1891.

ANTONELLI (G.), *Lucrezia Borgia*, Archivio Veneto, t. II, parte II, Venezia, 1871.

APOLLINAIRE (G.), *La Rome des Borgia*, Paris, Bibliothèque des curieux, 1914.

ARCO (C. D'), *Notizie su Isabella Estense*, avec doc., Arch. Stor. It., app. 2, 1845.

BACCHELLI (R.), *La congiura di don Giulio d'Este*, Milano, 1931, 2 vol.

BALAN (P.), *Roberto Boschetti e gli avvenimenti italiani dei suoi tempi* (1494-1529), 2 vol., 1884; *Storia d'Italia*, Modena, 1894-99.

BEMBO PIETRO, *Gli Asolani*, con la dedica a Lucrezia Borgia, Éd. Aldine, 1505, Venezia; *Lettere giovanili di Messer Pietro Bembo*, Milano, 1558.

BENDEDEI (N.), *Lettera al pontefice Alessandro VI per gli sponsali di Lucrezia Borgia con Alfonso d'Este*, Ferrara, 1889.

BÉRENCE (F.), *Lucrèce Borgia*, Paris, Payot, 1937.

BERNARDI ANDREA, *Cronache forlivesi dal 1476 al 1517*, a cura di D. Mazzantini, 2 vol., Bologna, 1895-97.

BERTAUX (E.), *Les Borgia dans le royaume de Valence*, Paris, 1911.

BERTONI (G.), *La biblioteca estense e la cultura ferrarese al tempo di Ercole I*, Torino, Loescher, 1903; *L'Orlando Furioso e la Rinascenza a Ferrara*, Modena, 1919; *Una « putina de legno » di Lucrezia Borgia*, « Archivum Romanicum », II, 91-93.

BERZEVICZY (A.), *Beatrice d'Ungheria*, a cura di R. Mosca, Milano, 1931.

BÉTHENCOURT (DE) FERNANDEZ, *Historia genealogica y heraldica de la Monar-*

quia Espanola, Casa Real y Grandes de Espana, Madrid, 1902, vol. IV, Gandia; *Alejandro VI Sumo Pontifice*, in « Rivista del Collegio Araldico », VI, Roma, 1908.

BLAZE DE BURY (H.), *Les Borgia*, « Revue des Deux Mondes », 1877.

BOSCHI (G.), *Lucrezia Borgia*, Bologna, Cappelli, 1923.

BRANN (H. A.), *The Borgias' myth*, in « Catholic World », 1886, XLIV, I.

BROM (G.), *Einige Briefe von R. Brandolinus Lippus*, in « Römische Quartalschrift », di de Waal, II, Roma, 1888.

BROSCH (J.), *Alexander VI und Lucrezia Borgia*, in « Historische Zeitschrift di Sybel », XXXIII, München, 1875.

BUGGELLI (U.), *Lucrezia Borgia*, Milano, 1929.

BURCHARDI JOH, *Diarium sive rerum urbanarum commentarii* 1483-1506, Éd. L. Thuasne, 3 vol., Paris, 1883-85; *Liber notarum ab anno LXXXIII usque ad annum MDVI*, a cura di Enrico Celani Muratori, « R. I. S. », Città di Castello, 1910-11.

CABANÈS (A.), *Le journal des couches de Lucrèce Borgia*, in « Dans les coulisses de l'histoire », première série, Paris, Michel, 1929.

CAMPORI (G.), *Una vittima della storia - Lucrezia Borgia*, « Nuova Antologia », 1866, vol. II.

CAPPELLETTI (L.), *Lucrezia Borgia e la storia*, Pisa, 1876.

CAPPELLI (A.), *Lettere di Ludovico Ariosto*, Milano, Hoepli, 1887.

CARTWRIGHT (J.), *Isabella d'Este, Marchioness of Mantua 1474-1539*, 2 vol., London, 1903.

CASTIGLIONE BALDESAR, *Il Cortigiano*, annotato e corredato di dizionario biografico, a cura di V. Cian, Firenze, Sansoni, 1919.

CATALANO (M.), *Lucrezia Borgia duchessa di Ferrara*, Ferrara, 1920; *Vita di Ludovico Ariosto*, Genève, 1930, 2 vol.

CÉLIER (L.), *Alexandre VI et ses enfants en 1493*, « Mélanges d'archéologie et d'histoire », XXVI, 1906.

CERRI (D.), *Borgia, ossia Alessandro VI papa e suoi contemporanei*, Torino, 1858.

CHABAS (R.), *Alejandro VI y el duque de Gandia; El Archivo VII*, Valencia, 1893; *Don Jofré de Borja y Doña Sancha de Aragon*, in « Revue Hispanique », IX, 1902.

Chroniques du Monastère de San Domenico e Sisto à Rome, a cura di G. J. Berthier, Levanto, 1919.

CIAN (V.), *Un decennio della vita di Pietro Bembo*, Torino, Loescher, 1885; *Pietro Bembo e Isabella d'Este*, « Giorn. Stor. Lett. It. », IX, 92 sv.

CIONINI NICCOLO, *Angela Borgia e una pagina della storia sassolese del sec. XVI*, Modena, 1907; Estratto, da Atti e Memorie della R. Dep. St. P. per le province modenesi, série V, vol. VI.

CITTADELLA (L. N.), *Notizie amministrative artistiche di Ferrara*, Ferrara, 1868; *Saggio di Albero genealogico e di memorie su la famiglia Borgia, specialmente in relazione a Ferrara*, Torino, 1872.

CLÉMENT (l'abbé), *Les Borgia*, Paris, 1882.

COLLISON-MORLEY (L.), *Histoire des Borgia*, trad. T. Varlet, Paris, Payot, 1934.

CONTI (DEI) SIGISMONDO, *Le storie dei suoi tempi dal 1475 al 1510*, Roma, 1883.

CORIO (B.), *Storia di Milano*, 3 vol., Milano, 1855-57.

CORVO (F.) BARON, *Chronicles of the House of Borgia*, London, 1901.

CREIGHTON, *A History of Papacy*, 5 vol., London, 1887.

CROCE BENEDETTO, *La Spagna nella vita italiana durante la Rinascenza*, Bari, Laterza, 1922; *Versi spagnoli in lode di Lucrezia Borgia duchessa di Ferrara e delle sue damigelle*, Napoli, 1884.

Cronaca di Napoli, di NOTAR GIACOMO, a cura di P. Garzilli, Napoli, 1845.

GALLARI (U.), *Carteggio tra i Bentivoglio e gli Este dal* 1401 *al* 1542, Bologna, 1902; *Un vescovo di Reggio*, Atti e Mem. della R. Dep. di St. Patria per le province modenesi, série IV, vol. IX.

DAL RE, *Discorso critico sui Borgia con l'aggiunta di documenti inediti relativi al pontificato di Al. VI*, Arch. Soc. Rom. St. Patria, IV, Roma, 1881.

DAVIDSOHN (R.), *Lucrezia Borgia suora di penitenza*, Arch. St. It., 1901.

DELABORDE (H.), *L'expédition de Charles VIII en Italie*, Paris, 1888.

DELL'ORO (I.), *Il segreto dei Borgia*, Milano, Ceschina, 1938; *Papa Alessando VI*, Milano, Ceschina, 1940.

DENNISTOUN (G), *Memoirs of the Dukes of Urbino, from* 1540-1630, London, 1851.

DE ROO (P.), *Material for a history of pope Alexander VI*, Bruges, 1924, 5 vol.

Diario Ferrarese dal 1409 *al* 1502, di autori incerti, « R. I. S. », 1928.

EPINOIS (H. DE L'), *Alexandre VI*, « Revue des questions historiques », Paris, 1881.

ERRERA (C.), *Il passaggio per Forli di Lucrezia Borgia sposa ad Alfonso d'Este*, Firenze, 1892.

FARINELLI (A.), *Italia e Spagna*, Torino, Bocca, 1929.

FEDELE (P.), *I gioielli di Vannozza*, Arch. della Soc. Rom. di St. Patria, 1905.

FELICIANGELI (B.), *Il matrimonio di Lucrezia Borgia con G. Sforza signore di Pesaro*, Torino, 1901; *Isabella d'Este Gonzaga a Camerino e a Pioraco*, Atti e Mem. della Dep. storica marchigiana, 1912.

FERNANDEZ Y GONZALES, *Lucrecia Borja*, Madrid, s. d.

FORCELLA (V.), *Iscrizioni delle chiese e d'altri edifizi di Roma*, 14 vol., Roma, 1869-85.

FRIZZI (A.), *Memorie per la storia di Ferrara*, Ferrara, 1791-1809, 5 vol.

FUMI (L.), *Alessandro VI e il Valentino in Orvieto*, Siena, 1877.

FUNCK-BRENTANO (F.), *Lucrèce Borgia*, Paris, « Nouv. Rev. Crit. », 1930.

GAGNIÈRE (A.), *Le journal des médecins de Lucrèce Borgia*, « La Nouvelle Revue », 1888, LIV.

GALLIER (A. DE), *César Borgia, duc de Valentinois, et documents inédits sur son séjour en France*, Paris, 1895.

GANDINI (L. A.), *Lucrezia Borgia nell'imminenza delle sue nozze con Alfonso d'Este*, Atti e Memorie della Dep. St. P. per la Romagna, 1902; *Una cuna del secolo XVI*, Modena, 1894.

GARNER (J. L.), *Cæsar Borgia: A study of the Renaissance*, London, 1912.

GASTINE (L.), *César Borgia*, Paris, Michel, 1911.

GATTI (B.), *Lettere di Lucrezia Borgia a M. Pietro Bembo dagli autografi conservati in un codice della Biblioteca Ambrosiana*, Milano, 1859.

GEBHART (E.), *Un problème de morale et d'histoire: Les Borgia*, « Revue des Deux Mondes », Paris, 1888-89.

GHERARDI JACOPO (da Volterra), *Diario Romano dal VII settembre* 1479 *al XII agosto* 1494, a cura di E. Carusi, Muratori, « R. I. S. », Città di Castello, 1904.

GHIRARDACCI CHERUBINO, *Historia di Bologna*, Muratori, « R. I. S. », 1915.

GILBERT (W.), *Lucrezia Borgia duchess of Ferrara*, London, 1869.

GIOVIO PAOLO, *La vita di Alfonso da Este duca di Ferrara tradotta in lingua toscana da G. B. Gelli*, Venezia, 1597; *Le vite del Gran Capitano e del Marchese di Pescara*, Bari, Laterza, 1931.

GIUSTINIAN ANTONIO, *Dispacci*, a cura di P. Villari, 3 vol., Firenze, 1886.

GORI (F.), *Fortificazioni dei Borgia nella Rocca di Subiaco*, Arch. Stor. Art. Lett. Arch. della città e provincia di Roma, vol. IV, Roma-Spoleto, 1875-83.

GREGOROVIUS (F.), *Lucrezia Borgia*, trad. ital. di R. Mariano, Firenze, Le Monnier, 1874; *Storia della città di Roma nel Medio Evo*, Roma, tip. Voghera, 1910.

GRIMALDI (N.), *Reggio, Lucrezia Borgia e un romanzo d'amore della duchessa di Ferrara*, Reggio Emilia, 1926.

GUICCIARDINI (F.), *Storia d'Italia*, 5 vol., Bari, Laterza, 1929; *Storie Fiorentine dal 1378 al 1509*, Laterza, 1931.

HAGEN (Th.), *Alexander VI, Caesar Borgia und die Ermondung des Herzogs von Biselli*, in « Zeitschr. Kathol. Theol. », 1886, X.

HEUER (O.), *Zur Heirat der Lucrezia Borgia mit Alfons von Este*, in « Deutsche Zeitschr. f. Geschichtswiss », 1889, I.

HOFLER (C.), *Don Rodrigo de Borja* (Papst Alexander VI) und seine Sohne Don Pedro Luis, erster, und Don Juan zweiter Herzog von Gandia aus dem Hause Borja, Wien, 1889.

INFESSURA STEFANO, *Diario della città di Roma*, Roma, 1890.

LA TORRE (F.), *Del conclave di Alessandro VI*, Firenze, Olschki, 1933.

LEONETTI (A.), *Papa Alessandro VI secondo documenti e carteggi del tempo*, 3 vol., Bologna, 1880.

LUZIO (A.), *Federico Gonzaga ostaggio alla corte di Giulio II*, Roma, 1887; *I preliminari della lega di Cambray concordati a Milano ed a Mantova*, Arch. Stor. Lombardo, 4e série, XVI (1911); *Isabella d'Este di fronte a Giulio II negli ultimi tre anni del suo pontificato*, Arch. Stor. Lombardo, 4e série, XVII-XVIII; *Isabella d'Este e Giulio II* (1503-1505), « Rivista d'Italia », XII, 2, 1909; *Isabella d'Este e Francesco Gonzaga promessi sposi*, Milano, Cogliati, 1908; *Isabella d'Este e i Borgia. Con nuovi documenti*, Milano, 1916; *Isabella d'Este e la corte sforzesca*, Arch. Stor. Lombardo, 3e série, XV; *Isabella d'Este nei primordi del papato di Leone X*, Arch. Stor. Lombardo, VI; *Isabella d'Este nelle tragedie della sua casa*, Atti e Memorie della, R. Acc. Virg. di Mantova, N. S., vol. V, 1912; *I ritratti di Isabella d'Este*, « Emporium », mai-juin 1900; *La « Madonna della Vittoria » del Mantegna*, « Emporium », novembre 1899; *La reggenza d'Isabella d'Este durante la prigionia del marito*, Arch. St. Lombardo, 4e série, XVI (1911); *Pietro Aretino nei primi suoi anni a Venezia, e la corte dei Gonzaga*, Torino, 1888; *Precettori di Isabella d'Este*, Ancona, Tip. del commercio, 1887.

LUZIO (A.), RENIER (R.), *Buffoni nani schiavi dei Gonzaga, ai tempi di I. d'Este*, « Nuova Antologia », août-septembre 1891; *Francesco Gonzaga alla battaglia di Fornovo secondo documenti mantovani*, Arch. St. It., série V, tome VI; *Il lusso di Isabella d'Este*, « Nuova Antologia », Roma,

1896, vol. LXIII-LXV; *La cultura e le relazioni letterarie di Isabella d'Este ed Elisabetta Gonzaga:* I. La cultura, « Giorn. St. della lett. ital. », XXXIV (1899); 2. Gruppo ferrarese, *ibid.*, XXXV (1900); 3. Gruppo XXXIII (1899); II. Le relazioni letterarie : 1. Gruppo mantovano, *ibid.*, lombardo, *ibid.*, XXXVI (1900); 4. Gruppo veneto, *ibid.*, XXXVII (1901); 5. Gruppo emiliano, *ibid.*, XXXVIII (1901); 6. Gruppo dell'Italia centrale, *ibid.*, XXXIX (1902); 7. Gruppo meridionale, *ibid.*, XL (1902); Appendici, *ibid.*, XLII (1903); *Mantova e Urbino*, Torino, 1893; *Niccolò da Correggio*, « Giorn. Stor. lett. it. », XXI, XXII; *Gara di viaggi fra due celebri dame del Rinascimento*, « Intermezzo », vol. I, Alessandria, 1890.

MACHIAVELLI NICCOLO, *Tutte le opere storiche e letterarie di N. M.*, a cura di Guido Mazzoni e Mario Casella, Firenze, Barbera, 1929.

MALIPIERO (D.), *Annali veneti dall'anno 1457 al 1500*, ordinati dal sen. F. Longo, Arch. Stor. It., VII, Firenze, 1843.

MARIANA (J. DE), *Historiae de rebus Hispaniae*, Toleti, 1572.

MARICOURT (R. DE), *Le procès des Borgia considéré au point de vue de l'histoire naturelle et sociale*, Poitiers-Paris, 1883.

MARTELLI (U.), *Lucrezia Borgia e la valle siciliana da un manoscritto del secolo XVI*, Spoleto, Prem. tip. dell'Umbria, 1931.

MATAGNE (Le P. H.), *Une réhabilitation d'Alexandre VI*, « Revue des questions historiques », XI, pag. 466, Paris, 1870; V. aussi 1872, 180.

MATARAZZO FRANCESCO. *Cronaca della città di Perugia 1492-1503*, in Arch. Stor. It., vol. XVI, II, Firenze, 1851.

MATHEW (A. T.), *The life and times of Rodrigo Borgia*, London, s. d.

MEDIN (A.), *Il duca Valentino nella mente di Niccolò Machiavelli*, in « Rivista Europea », Firenze, 1885.

MENOTTI (M.), *I Borgia, storia ed iconografia*, Roma, 1917; *I Borgia*, Documenti inediti sulla famiglia e la corte di Alessandro VI, Roma, 1917.

MORSOLIN (B.), *Pietro Bembo e Lucrezia Borgia*, « Nuova Antologia », 1885, vol. LII.

MUNTZ (E.), *Les arts à la cour des papes Innocent VIII, Alexandre VI, Pie III, 1484-1503*, Paris, 1898.

OLIVER Y HURTADO (J. M.), *Rodrigo de Borja: Sus hijos y descendientes*, in « Buletin de la Real Academia de la historia », décembre 1886.

OLLIVIER (O.), *Le pape Alexandre VI et les Borgia*, Paris, 1870.

PARDI (G.), *Il teatro classico a Ferrara*, Atti e Memorie della R. Dep. di Storia Patria, XV, 1904.

PASINI FRASSONI, *Un ritratto di Lucrezia Borgia nella collezione Antonelli in Ferrara*, « Rivista Araldica », XV; *I Borgia in Ferrara*, « Giornale Araldico Genealogico Diplom. », Roma, janvier-février 1880; *Appunti vari sui Borgia*, « Riv. Collegio Araldico », 1910; *I Borgia in Ferrara*, « Giornale Araldico Genealogico Diplom. », Roma, janvier-février 1880; *Lo stemma di Vanozza Borgia de Cathaneis*, « Rivista Araldica », Roma, juin 1909; *Lucrezia Borgia duchessa di Ferrara: Invenzione del suo sepolcro*, « Riv. Collegio Araldico », 1904; *Ritratto di Lucrezia Borgia*, « Rassegna d'arte », XVII, Milano, 1917.

PASOLINI (P. D.), *Caterina Sforza*, 3 vol., Roma, 1893; *Caterina Sforza* Nuovi doc., Bologna, 1897.

PASTOR (L. VON), *Storia dei Papi*, vol. II e III, versione italiana di A. Mercati, Roma, Desclée, 1912; *Supplemento ai volumi I e III della Storia dei Papi*, Roma, Desclée, 1931.

PAZZI GIANNA, *Le delizie estensi e l'Ariosto*, Pescara, Riviera, 1933.

PÉLICIER (P.), *Lettres de Charles VIII, roi de France*, vol. I-V, Paris, 1898-1905.

PICOTTI (G. B.), *La giovinezza di Leone X*, Hoepli, 1928.

PISTOFILO BONAVENTURA, *Vita di Alfonso d'Este*, Atti e Mem. della R. Dep. di St. Patria per le prov. modenesi, série I, vol. III, 1865.

POLIFILO (L. BELTRAMI), *La guardaroba di Lucrezia Borgia*, A l'occasion du Congrès historique de Rome, avril 1903.

PORTIGLIOTTI (G.), *I Borgia*, Milano, 1913; *Un ritratto tizianesco di Lucrezia Borgia?* « Rivista d'Italia », 1915, fasc. X.

PRIULI GIROLAMO, *I Diarii*, Muratori, « R. I. S. », 1912, 1919.

RAJNA (P.), *I versi spagnoli di mano di Pietro Bembo e di Lucrezia Borgia, serbati in un codice ambrosiano*, in *Homenaje ofrecido a Menendez Pidal*, Madrid, 1925, vol. II.

REUMONT (A.), *Vittoria Colonna*, Torino, Loescher, 1883.

RICCI (C.), *Il figlio di Cesare Borgia*, « Rassegna Contemporanea », II, XI.

RICCI (E.), *Vita di Suor Colomba da Rieti*, Perugia, 1912.

RODOCANACHI (E.), *La femme italienne à l'époque de la Renaissance, sa vie privée et mondaine, son influence sociale*, Paris, 1907.

RONCHINI (A.), *Documenti borgiani*, Atti e Memorie delle RR. Dep. di St. Patria per le province dell'Emilia, 1877, vol. I.

ROSCOE (W.), *Vita e pontificato di Leone X*, trad. L. Bossi, Milano, Sonzogno, 1816.

SABATINI (R.), *The life of Cesare Borgia: A history and some Criticism*, London, 1912.

SANCHIS Y SIVERA (J.), *Algunos documentos y cartas privadas que pertenecieron al segundo Duque de Gandia don Juan de Borja*, Valencia, 1919.

SANUDO MARINO, *I Diari dal 1496 al 1532*, a cura di Nicolò Boroni, Venezia, 1879.

SCHNITZER (G.), *Savonarola*, trad. de E. Rutili, Milano, Treves, 1931, 2 vol.; *Zur Geschichte Alexanders VI*, « Histor. Jarhbuch », XXI, 1900.

STROZII POETAE PATER ET FILIUS, *Parisiis: Simon Colinaeus*, 1530, Poésies d'Hercule Strozzi et de Tito Vespasiano Strozzi.

TEDALLINI (SEBASTIANO DI BRANCA), *Diario Romano dal maggio 1485 al giugno 1524*, a cura di P. Piccolomini, in appendice al Diario Romano di Jacopo da Volterra, Muratori, « R. I. S. », Città di Castello, 1907.

TIRABOSCHI (G.), *Biblioteca Modenese*, 6 vol., Modena, 1781-86.

TOMASI TOMASO, *La vita del duca Valentino*, Montechiaro, 1655.

TOMMASINI (O.), *Vita e scritti di Niccolò Machiavelli*, 2 vol., Torino, Loescher, 1883, 1911; *E. Maddaleni dei Capodiferro*, Atti della R. Acc. dei Lincei, 1893, série IV, 10.

TOMMASO DI SILVESTRO, *Diario*, Orvieto, Éd. Fumi, 1891.

TRINCHERA (F.), *Codice aragonese: Lettere dei sovrani aragonesi in Napoli*, Napoli, 1866.

TRUC (G.), *Rome et les Borgia*, Paris, Grasset, 1939.

UGOLINI (F.), *Storia dei conti e duchi d'Urbino*, 2 vol., Firenze, 1859.

UHAGON (F. R. DE), *Relacion de los festines que se celebraron en el Vati-*

cano con motivo de las bodas de Lucrecia Borja con Alonso de Aragon, Madrid, 1896.

VATTASSO (M.), *Antonio Flaminio e le principali poesie dell'autografo Vaticano 2870* (« Studi e testi », I), Roma, 1900.

VENTURI (A.), *Galleria Estense in Modena*, Modena, 1882; *Lavori di Dosso nel castello di Ferrara*, Arch. Stor. dell'Arte, 1889.

VILLARI (P.), *Nuovi studi sui Borgia*, in *Arte, storia, filosofia*, Firenze, Sansoni, 1884.

VILLA-URRUTIA (Marquès DE), *Lucrecia Borja*, Madrid, 1922.

WIRTZ (M.), *Ercole Strozzi poeta ferrarese*, Atti e Memorie della Dep. ferr. di St. Patria, XVI, 1906.

WOODWARD (W. H.), *Cesare Borgia, a biography with documents and illustrations*, London, Chapman, 1913.

YRIARTE (Charles), *César Borgia, sa vie, sa captivité, sa mort*, 2 vol., Paris, 1889; *Autour des Borgia*, Paris, 1891.

ZACCARINI (D.), *Un ritratto di Lucrezia Borgia*, in « La Domenica dell'operaio », Ferrara, 27 avril 1919.

ZAMBOTTI BERNARDINO, *Diario ferrarese dal 1476 al 1504*, a cura di G. Pardi, Muratori, « R. I. S. », Bologna, 1937.

ZUCCHETTI (G.), *Lucrezia Borgia duchessa di Ferrara*, Mantova, 1860, extrait de la « Gazzetta di Mantova », XLIV-XLIX.

ZURITA (G.), *Anales de la corona de Aragon*, vol. IV e V, Saragoza, 1610.

TABLE DES MATIÈRES

Éditions Complexe

le temps et les hommes

la mémoire du siècle
dirigée par André Versaille

Couverture : Pinturicchio : La Disputa di S. Caterina, détail Lucrezia Borgia.
Vaticano, Appartamenti Borgia, Sala dei Santi

Maquette : BBN.

Achevé d'imprimer sur les presses de l'imprimerie
DE BEURS à Borgerhout (Belgique) en février 1983
ISBN/2-87027-106-9
D/1638/1983/5

Editions Complexe.
S.P.R.L. Diffusion, Promotion, Information.
24, rue de Bosnie, - 1060 Bruxelles.

 n° 140